U0861542

清流年鉴

2018

清流县人民政府 主办
中共清流县委党史和地方志研究室 编

方志出版社
Publishing House of Local Records

图书在版编目（CIP）数据

清流年鉴. 2018 / 中共清流县委党史和地方志研究室编.
— 北京：方志出版社，2019.5
ISBN 978—7—5144—3761—4

Ⅰ. ①清… Ⅱ. ①中… Ⅲ. ①清流县—2018—年鉴
Ⅳ. ①Z525.74

中国版本图书馆 CIP 数据核字（2019）第 107828 号

清流年鉴（2018）

编　　者：中共清流县委党史和地方志研究室
责任编辑：张　昊
出 版 者：方志出版社
　　　　　地址　北京市朝阳区潘家园东里 9 号（国家方志馆 4 层）
　　　　　邮编　100021
　　　　　网址　http://www.fzph.org
发　　行：方志出版社图书经销中心
　　　　　（010）67110500
经　　销：各地新华书店
印　　刷：福州力人彩印有限公司
开　　本：889×1194　　1/16
印　　张：23.25
字　　数：834 千字
版　　次：2019 年 5 月第 1 版　　2019 年 7 月第 1 次印刷
印　　数：001~500 册
ISBN 978—7—5144—3761—4　　定价：280.00 元

·版权所有　翻印必究·

编 辑 委 员 会

主　　　任：张春华

常务副主任：周美华

主　　　编：曾嫦珊

编　　　辑：涂丽顺　钟淑珍

　　　　　　唐功轩　陈建民

编　　　务：李兴平

排 版 设 计：陈晓峰

地　址：福建省清流县政府大院内

电　话：0598—5320055　　邮　编：365300

E—mail：smqlfzb@163.com

清流县政区图

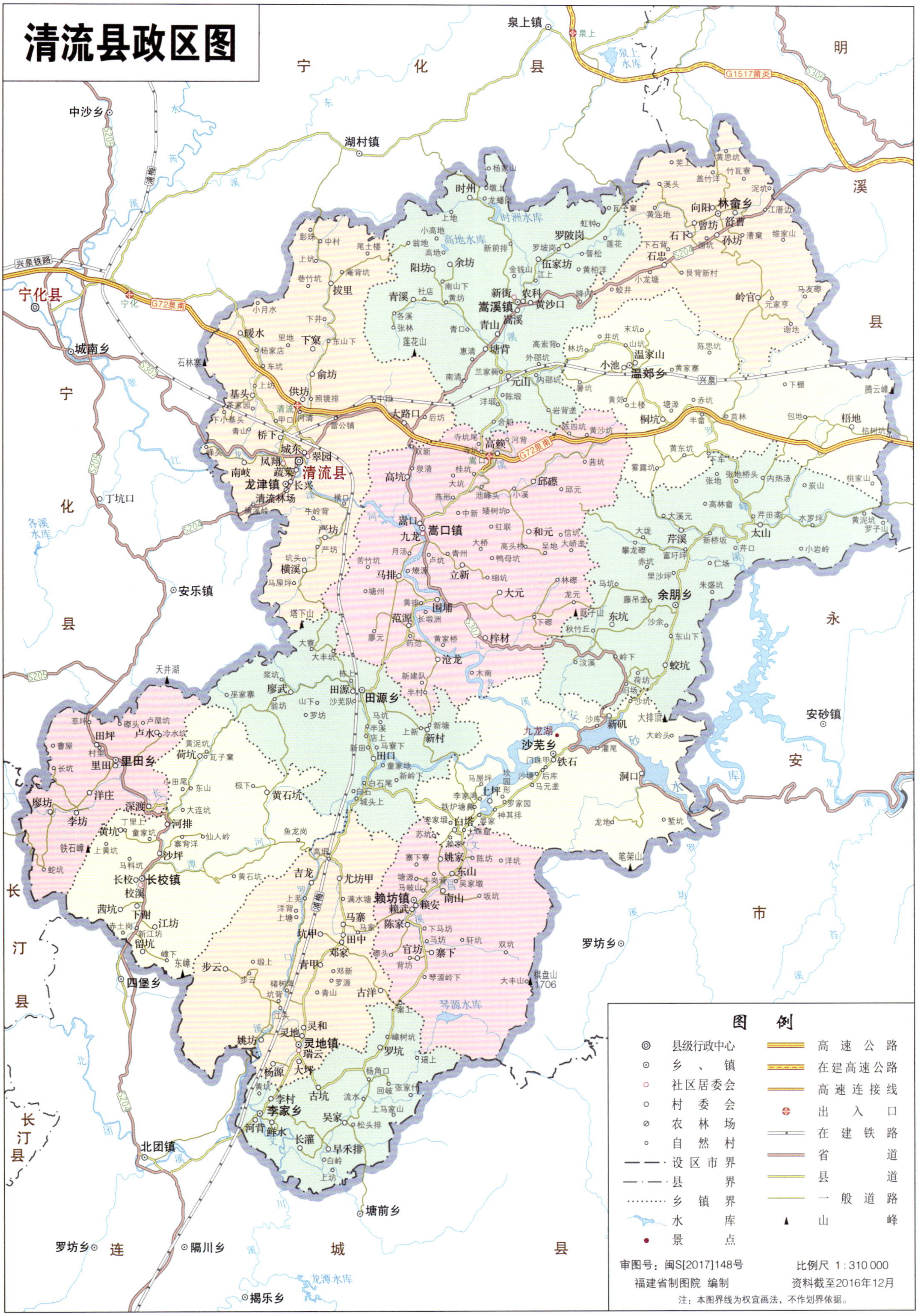
宁化县
明溪县
永安市
长汀县
连城县
清流县
宁化县
嵩溪镇
林畲乡
温郊乡
嵩口镇
余朋乡
龙津镇
田源乡
沙芜乡
里田乡
长校镇
赖坊镇
灵地镇
李家乡
泉上镇
湖村镇
中沙乡
城南乡
安乐镇
丁坑口
四堡乡
北团镇
罗坊乡
隔川乡
揭乐乡
塘前乡
安砂镇
九龙湖
时洲水库
高地水库
琴源水库
泉上水库
龙潭水库
各溪水库
兴泉铁路
G72泉南
G1517莆炎
S204
S205
S306
S307
S308
浦梅
莲花山
石林寨
塔下山
天井湖
铁石嶂
梅花岭
笔架山
腾云嶂
棋盘山
1706
图例
县级行政中心
乡、镇
社区居委会
村委会
农林场
自然村
设区市界
县界
乡镇界
水库
景点
高速公路
在建高速公路
高速连接线
出入口
在建铁路
省道
县道
一般道路
山峰
审图号：闽S[2017]148号
福建省制图院 编制
比例尺 1:310 000
资料截至2016年12月
注：本图界线为权宜画法，不作划界依据。

清流县城鸟瞰（林旭煌摄，2017 年）

5月17日，省委常委、纪委书记刘学新（右2）在市委书记杜源生（左2）、县长张春华（左1）等人陪同下，到清流廉政文化教育基地——林畲乡中华桂花文化园考察

6月18日，第十五届中国海峡项目成果交易会期间，副省长洪捷序（左2）到清流展台参观

10 月 23—24 日，省政协副主席陈绍军（前排左 2）到清流县调研，县委书记池芝发（前排左 1）陪同

2 月 9 日，市委书记杜源生（前中）到清流县调研扶贫项目开发工作

4月12日，市政协主席朱昌贤（前右1）到清流县嵩溪镇森源兰蕙有限公司调研

1月2日，县委书记池芝发和县委常委、纪委书记、监察委主任苏洁共同为县监察委员会揭牌

6 月 30 日，县委副书记、县长张春华率在家的县四套班子领导到县检察院参加主题党日活动

9 月 7 日，县委书记池芝发、县长张春华率领县四套班子成员开展“五比五晒”重点项目调研，图为在气枪厂察看塑料 BB 弹项目进展情况

9月18日，县委书记池芝发带领清流代表团参加厦门经贸洽谈会，并到清流参展企业展台了解情况

3月31日，清流县经济开发区与厦门锋锐科技有限公司签约，县委书记池芝发，县委常委、常务副县长刘远隆出席签约仪式

4月28日，清流气枪厂有限公司与香港朗瑞国际有限公司举行塑胶BB弹生产线项目签约仪式。县委书记池芝发、县长张春华等县领导及部门主要领导出席签约仪式

9月17日，县委常委、常务副县长刘远隆（前左3）与厦门国安达股份有限公司董事长洪伟艺（前左4）在厦门投资贸易洽谈会期间签约“年产1500吨七氟丙烷项目”，县委书记池芝发见证签约仪式

9月30日，由县委、县政府主办，县纪委，县委组织部、宣传部，县文体广电出版局承办的“喜迎十九大 清流清风扬”廉政文艺晚会在县影剧院举行

3月3日，县委宣传部、文明办、县志愿者协会联合举办清流县首届志愿服务“三个最美”先进典型表彰大会

6 月 28 日，县总医院举行成立揭牌仪式。县委副书记、县长张春华（中），县委常委、宣传部长廖祥初（左）为其揭牌

8 月 21 日，清流一中新校区正式启用并举行揭牌仪式

11月12日，2017环中央苏区中国福建清流全民健身骑游文化节暨全国山地自行车赛在嵩口天芳悦潭度假村鸣枪开赛

1月19日，“圆明重光”圆明园文化展在清流县林畲乡中华桂花文化园正式开幕，巡展时间为期3个月

编 辑 说 明

一、《清流年鉴（2018）》系由清流县人民政府主办，县地方志编纂委员会办公室编纂。本年鉴以马克思列宁主义、毛泽东思想、邓小平理论、“三个代表”重要思想、科学发展观、习近平新时代中国特色社会主义思想为指导，坚持辩证唯物主义和历史唯物主义的立场、观点、方法，翔实记载2017年清流县自然、经济、政治、文化、社会、生态文明等方面情况，以供存史资政参考之用，为各界人士了解、研究清流提供基本信息资料，为编修地方综合志书积累资料。

二、《清流年鉴（2018）》采用类目体，以条目为主，分为特载、专记、大事记、清流概貌、中共清流县委、清流县人民代表大会及其常务委员会、清流县人民政府、政协清流县委员会、纪检监察、外事侨务及对台事务、群团组织、法治 军事、经济管理监督、工业、园区与开发区建设、交通、邮政 通信、农业、城乡建设、国土资源管理与环境保护、财政 税务、金融、商贸 旅游、教育、科技 文化 体育、卫生和计划生育、社会生活、乡镇概览28个板块，板块下分条和目，采用规范的语体文记述。附录副科级以上在职领导名录、光荣榜、高级以上职称专业技术人员名表、重要文件选编。

三、《清流年鉴（2018）》资料、插图由县党政机关各部门、乡镇、企事业单位提供，同时得到县委报道组吴火招、杨颖，广播电视台记者陈汝辉、摄影家林旭煌等大力支持。有关数据以县统计局的《统计年鉴》为准，个别采用部门提供数据并加注。政务活动图片以2017年为主，正文资料收录范围为2017年1月1日至12月31日清流县发生的重大事件、重要活动，部门、乡镇、企业宣传彩页内容延伸至2018年。

四、《清流年鉴（2018）》的编纂工作，承蒙县委、县政府领导关心、重视，以及各部门单位、乡镇和社会各界鼎力协作、配合，在此一并致谢。书中难免存在不足、错漏之处，敬请读者批评指正。

总　目

目　录

特　载

专　记

大事记

概　貌

侨　务

对台事务

社会团体

县总工会

共青团清流县委

县妇女联合会

县科学技术协会

县工商业联合会

县残疾人联合会

县计划生育协会

县文学艺术界联合会

县社会科学界联合会

县归国华侨联合会

县红十字会

关心下一代工作

县客家联谊会

县老区建设促进会

县慈善总会

县诚信促进会

法治　军事

法　治

政法与综治

公　安

高速交警

邮政 通信

农　业

乡镇概览

附　　录

特　载

在县委十三届五次全会上的讲话

中共清流县委书记　池芝发

2017 年 11 月 27 日

一、认真贯彻落实省委、市委全会部署，切实把思想和行动统一到党的十九大精神上来

在全省、全市上下兴起学习宣传贯彻党的十九大精神热潮之际，11 月 16 日、11 月 21 日相继召开省委十届四次全会、市委九届五次全会，对学习宣传贯彻党的十九大精神进行了再动员、再部署、再要求，全县上下要把学习宣传贯彻党的十九大精神作为当前和今后一个时期的首要政治任务，在前一段学习宣传的基础上，认真贯彻落实省委、市委决策部署，进一步把学习贯彻习近平新时代中国特色社会主义思想引向深入，进一步在全县兴起学习宣传贯彻热潮，切实把思想和行动统一到十九大精神上来，把智慧和力量凝聚到实现十九大确定的目标任务上来。

党的十九大是在全面建成小康社会决胜阶段、中国特色社会主义进入新时代的关键时期召开的一次十分重要的大会，在党和国家事业发展史上具有重大里程碑意义。大会的主要精神集中体现在习近平总书记所作的报告和《党章（修正案）》中。报告描绘了决胜全面建成小康社会、夺取新时代中国特色社会主义伟大胜利的宏伟蓝图，进一步指明了党和国家事业的前进方向，是一篇光辉的马克思主义纲领性文献，是我们党进入新时代、踏上新征程、书写新篇章的政治宣言和行动纲领。《党章（修正案）》充分体现了党的十八大以来理论创新、实践创新、制度创新的成果，特别是把习近平新时代中国特色社会主义思想确立为党的指导思想，对在新的历史起点上进行伟大斗争、建设伟大工程、推进伟大事业、实现伟大梦想具有重大现实意义和深远历史意义。我们要进一步认认真真、原原本本地研读十九大报告和新修订的党章，深刻领会、准确把握十九大精神的思想精髓、核心要义，着力在学懂弄通做实上下功夫。重点要准确把握以下几个方面：

1. *准确把握中国特色社会主义进入新时代的新论断。*十九大在认真分析国际国内形势发展变化，深入总结回顾过去五年的工作和历史性变革基础上，作出了中国特色社会主义进入了新时代的重大政治论断。这是对我国发展新的历史定位，为我们深刻把握当代中国发展变革的新特征，提供了时代坐标和科学依据。**一要进一步明确这是长期努力的结果**。党的十八大以来，以习近平同志为核心的党中央以巨大的政治勇气和强烈的责任担当，提出一系列新理念新思想新战略，出台一系列重大方针政策，推出一系列重大举措，推进一系列重大工作，解决了许多长期想解决而没有解决的难题，办成了许多过去想办而没有办成的大事，推动党和国家事业发生历史性变革。这些变革是深层次的、根本性的，其力度之大、范围之广、效果之显著、影响之深远，都是前所未有的。这些历史性变革，不仅带来了各条战线、各个行业、各个方面巨大的有形变化，让人民群众有了实实在在的获得感、幸福感，更为重要的是，党的领导全面加强、发展方式深刻转变、国防和军队实现重大变革、中国特色外交全面推进、管党治党从宽松软到严紧硬等深刻变化带来的无形变化，作用将会更加持久，影响将会更加深远。经过长期努力，中国特色社会主义进入了新时代，这是我国发展新的历史方位。**二要进一步明确进入新时代的重大意义**。中国特色社会主义进入新时代，意味着近代以来久经磨难的中华民族迎来了从站起来、富起来到强起来的伟大飞跃，迎来了实现中华民族最伟大复兴的光明前景；意味着科学社会主义在二十一世纪的中国焕发出强大生机活力，在世界上高高举起了中国特色社会主义伟大旗帜；意味着中国特色社会主义道路、理论、制度、文化不断发展，拓展了发展中国家走向现代化的途径，给世界上那些既希望加快发展又希望保持自身独立性的国家和民族提供了全新选择，为解决人类问题贡献了中国智慧和中国方案。同时，报告又用“五个时代”对中国特色社会主义进入新时代的基本定位作了深刻阐述：这个新时代是承前启后、继往开来、在新的历史条件下继续夺取中国特色社会主义伟大胜利的时代，是决胜全面建成小康社会、进而全面建设社会主义现代化强国的时代，是全国各族人民团结奋斗、不断创造美好生活、逐步实现全体人民共同富裕的时代，是全体中华儿女戮力同心、奋力实现中华民族伟大复兴中国梦的时代，是我国日益走近世界舞台中央、不断为人类作出更大贡献的时代。**三要进一步明确新时代赋予的历史使命**。中国特色社会主义进入新时代，赋予了当代共产党人新的历史使命。我们比历史上任何时期都更接近、更有信心和能力实现中华民族伟大复兴的目标，但实现伟大复兴的伟大梦想，必须进行伟大斗争，必须建设伟大工程，必须推进伟大事业。这“四个伟大”相互联系、相互贯通、相互作用，其中起决定性作用的是党的建设新的伟大工程。我们要深刻领会和把握中国特色社会主义进入新时代的重大政治论断，深刻领会和把握这个论断对我们发展理念、工作重点提出的新要求，深入了解和把握当代中国发展变革的新趋势、新特征，以时不我待、只争朝夕的精神，主动适应新时代，拿出更大的勇气、更实的作风，更强的干劲，奋力谱写新时代下建设“宜居宜业幸福新清流”的宏伟篇章。

2. *准确把握习近平新时代中国特色社会主义思想的新内涵*。新时代提出新课题，新课题催生新理论，新理论引领新实践。十九大开创性地提出了新时代中国特色社会主义思想，并写入《党章》，确立为我们党必须长期坚持的指导思想，这是报告最大亮点和最重要的历史贡献。**一要深入领会新思想的核心要义**。习近平新时代中国特色社会主义思想，从理论和实践结合上系统回答了新时代坚持和发展什么样的中国特色社会主义、怎样坚持和发展中国特色社会主义这个重大时代课题，回答了新时代坚持和发展中国特色社会主义的总目标、总任务、总体布局、战略布局和发展方向、发展方式、发展动力、战略步骤、外部条件、政治保证等基本问题，以全新的视野深化了对共产党执政规律、社会主义建设规律、人类社会发展规律的认识，开辟了马克思主义新境界、中国特色社会主义新境界、治国理政新境界和管党治党新境界。**二要深入领会新思想的丰富内涵**。十九大报告用“八个明确”概括了这一思想的主要内涵，即明确坚持和发展中国特色社会主义，总任务是实现社会主义现代化和中华民族伟大复兴，在全面建成小康社会的基础上分两步走，在本世纪中叶建成富强民主文明和谐美丽的社会主义现代化国家；明确新时代我国社会主要矛盾是人民日益增长的美好生活需要和不平衡不充分的发展之间的矛盾；明确中国特色社会主义事业的总体布局是“五位一体”、战略布局是“四个全面”，强调坚持道路自信、理论自信、制度自信、文化自信；明确全面深化改革总目标是完善和发展中国特色社会主义制度、推进国家治理体系和治理能力现代化；明确全面推进依法治国总目标是建设中国特色社会主义法治体系、建设社会主义法治国家；明确党在新时期的强军目标是建设一支听党指挥、能打胜仗、作风优良的人民军队，把人民军队建设成为世界一流军队；明确中国特色大国外交要推动构建新型国际关系，推动构建人类命运共同体；明确中国特色社会主义最本质的特征是中国共产党领导，中国特色社会主义制度的最大优势是中国共产党领导，党是最高政治领导力量。提出新时代党的建设总要求，突出政治建设在党的建设中的重要地位。**三要深入领会新思想的实践要求**。习近平新时代中国特色社会主义思想，深刻揭示了新时代中国特色社会主义的本质特征、发展规律和建设路径，为在新的时代条件下坚持和发展中国特色社会主义提供了科学的理论指引。围绕贯彻落实习近平新时代中国特色社会主义思想，报告提出了“十四个坚持”的基本方略，涵盖坚持党的领导和“五位一体”总体布局、“四个全面”战略布局，涵盖国防和军队建设、“一国两制”和祖国统一、维护国家安全、对外战略，这是对改革开放近40年和党的十八大以来5年经验的深入总结，也是对党的基本纲领、基本经验、基本要求的深度整合和升华，具有长远指导意义。我们要深刻领会习近平新时代中国特色社会主义思想重大的政治意义、理论意义、实践意义，真正做到内化于心、外化于行，从而更好地用它来武装头脑、指导实践、推动工作，使之成为引领各项事业发展的强大思想武器。

3. 准确把握我国社会主要矛盾发生重大变化的新特点。十九大报告指出，中国特色社会主义进入新时代，我国社会主要矛盾已经转化为人民日益增长的美好生活需要和不平衡不充分的发展之间的矛盾。这个重大判断，为新时代谋划发展、推动发展指明了正确方向。**一要牢牢把握社会主要矛盾变化的基本特征**。党的十九大报告中明确指出，我国稳定解决了十几亿人的温饱问题，总体上实现小康，不久将全面建成小康社会，人民美好生活需要日益广泛，不仅对物质文化生活提出了更高要求，而且在民主、法治、公平、正义、安全、环境等方面的要求日益增长，同时，我国社会生产力水平总体上显著提高，社会生产能力在很多方面进入世界前列，更加突出的问题是发展不平衡不充分，这已经成为满足人民日益增长的美好生活需要的主要制约因素。**二要牢牢把握社会主要矛盾变化中的不变因素**。党的十九大报告中明确指出："必须认识到，我国社会主要矛盾的变化，没有改变我们对我国社会主义所处历史阶段的判断，我国仍处于并将长期处于社会主义初级阶段的基本国情没有变，我国是世界最大发展中国家的国际地位没有变。"这些不变的因素，就要求我们要牢牢把握社会主义初级阶段这个基本国情，牢牢立足社会主义初级阶段这个最大实际，牢牢坚持党的基本路线这个党和国家的生命线、人民的幸福线，领导和团结全国各族人民，以经济建设为中心，坚持四项基本原则，坚持改革开放，自力更生，艰苦创业，为把我国建设成为富强民主文明和谐美丽的社会主义现代化强国而奋斗。**三要牢牢把握社会主要矛盾变化对党和国家工作提出的新要求**。我国社会主要矛盾的转化，从总体上反映了我国发展的实际状况，揭示了制约我国发展的症结所在，指明了解决当代中国发展问题的根本着力点。党的十九大报告中明确指出："我国社会主要矛盾的变化是关系全局的历史性变化，对党和国家工作提出了许多新要求。我们要在继续推动发展的基础上，着力解决好发展不平衡不充分问题，大力提升发展质量和效益，更好满足人民在经济、政治、文化、社会，生态等方面日益增长的需要，更好推动人的全面发展、社会全面进步。"我们要紧紧围绕党的十九大对我国未来发展作出的整体战略和安排部署，立足清流实际，保持工作的连续性和前瞻性，一步接一步，连续不断朝着确定的目标前进。

4. 准确把握建设富强民主文明和谐美丽的社会主义现代化强国的新征程。十九大绘制了到本世纪中叶我国社会主义现代化建设的宏伟蓝图，绘就了全面建成社会主义现代化强国的时间表、路线图和任务书，极大振奋了全党全军全国各族人民的信心决心。**一要明确新征程的"路线图"**。报告指出，从十九大召开到2020年，是全面建成小康社会决胜期。从十九大到二十大，是"两个一百年"奋斗目标的历史交汇期。我们既要全面建成小康社会，实现第一个百年奋斗目标，又要乘势而上，开启全面建设社会主义现代化国家新征程，向第二个百年奋斗目标进军，这是党中央综合分析国际国内形势和我国发展条件后作出的重大决策，顺应了实践发展要求，对动员全党全国各族人民万众一心，实现中华民族伟大复兴的中国梦具有重大意义。**二要明确新征程的"时间表"**。以习近平同志为核心的党中央，综合分析国际国内形势和我国发展条件，将2020年到本世纪中叶这三十年分两个阶段来作出战略安排：第一个阶段，从2020年到2035年，在全面建成小康社会的基础上，再奋斗15年，基本实现社会主义现代化；第二个阶段，从2035年到本世纪中叶，在基本实现现代化的基础上，再奋斗15年，把我国建成富强民主文明和谐美丽的社会主义现代化强国。从全面建成小康社会到基本实现社会主义现代化，再到全面建成社会主义现代化强国，是新时代中国特色社会主义的战略安排。这样的战略安排，不仅使实现"两个一百年"奋斗目标的路线图、时间表更加清晰可循，把原定的我国基本实现现代化的时间提前了十五年，也对第二个百年奋斗目标的内涵作了充实和提升。**三要明确新征程的"任务书"**。围绕实现建设富强民主文明和谐美丽的社会主义现代化强国奋斗目标，十九大对我国经济社会发展作出了新的全面部署。**在经济建设上，**强调要贯彻新发展理念，建设现代化经济体系，坚持质量第一、效益优先，以供给侧结构性改革为主线，推动经济发展质量变革、效率变革、动力变革，提高全要素生产率，着力加快建设实体经济、科技创新、现代金融、人力资源协同发展的产业体系，着力构建市场机制有效、微观主体有活力、宏观调控有度的经济体制，不断增强我国经济创新力和竞争力。**在政治建设上，**强调要健全人民当家作主制度体系，发展社会主义民主政治，坚持党的领导、人民当家作主、依法治国有机统一，加强人民当家作主制度保障，发挥社会主义协商民主重要作用，深化依法治国实践，深化机构和行政体制改革，巩固和发展爱国统一战线，巩固和发展生动活泼、安定团结的政治局面。**在文化建设上，**强调要坚定文化自信、推动社会主义文化繁荣兴盛，牢牢掌握意识形态工作领导权，培育和践行社会主义核心价值观，加强思想道德建设，繁荣发展社会主义文艺，推动文化事业和文化产业发展，激发全民族文化创新创造活力，建设社会主义文化强国。**在社会建设上，**强调要提高保障和改善民生水平、加强和和创新社会治理、抓住人民最关心最直接最现实的利益问题，优先发展教育事业，提高就业质量和人民收入水平，加强社会保障体系建设，坚决打赢脱贫攻坚战，实施健康中国战略，打造共建共治共享的社会治理格局，有效维护国家安全，使人民获得感、幸福感、安全感更加充实、更有保障、更可持续。**在生态文明建设上，**强调要加快生态文明体制改革，建设美丽中国。推进绿色发展，着力解决突出生态环境问题。加大生态系统保护力度，改革生态环境监管体制，推动形成人与自然和谐发展现代化建设新格局。同时，十九大还对国防和军队建设、港澳台工作与外交工作等作出了重大部署。这一系列重大战略部署，蕴含着丰富的政策和举措，进一步明确了我国发展的着力点和主攻方向。我们要结合清流实际，一条一条地研究，不折不扣地落实，把每一项部署具体化、项目化，使之成为清流发展的举措、清流发展的实践，不断推动宜居宜业幸福新清流建设取得更大成效。

5. *准确把握全面从严治党的新要求*。党的十九大报告从党和国家事业发展全局出发，着眼我们党在新时代的历史使命，对坚定不移全面从严治党、不断提高党的执政能力和领导水平作出了重大部署。**一要明确总体要求**。报告明确指出新时代党的建设总要求是：坚持和加强党的全面领导，坚持党要管党、全面从严治党，以加强党的长期执政能力建设、先进性和纯洁性建设为主线，以党的政治建设为统领，以坚定理想信念宗旨为根基，以调动全党积极性、主动性、创造性为着力点，全面推进党的政治建设、思想建设、组织建设、作风建设、纪律建设，把制度建设贯穿其中，深入推进反腐败斗争，不断提高党的建设质量。**二要明确最终目标**。报告明确指出要把党建设成为始终走在时代前列、人民衷心拥护、勇于自我革命、经得起各种风浪考验、朝气蓬勃的马克思主义执政党，确保党在世界形势深刻变化的历史进程中始终走在时代前列，在应对国内外各种风险和考验的历史进程中始终成为全国人民的主心骨，在坚持和发展中国特色社会主义的历史进程中始终成为坚强领导核心。**三要明确重点任务**。报告提出了新时代党的建设八个方面的重点任务，即把党的政治建设摆在首位、用新时代中国特色社会主义思想武装全党、建设高素质专业化干部队伍、加强基层组织建设、持之以恒正风肃纪、夺取反腐败斗争压倒性胜利、健全党和国家监督体系、全面增强执政本领，对推进党的建设新的伟大工程作出顶层设计、战略部署，丰富和发展了马克思主义建党学说，进一步回答了新时代“建设什么样的党、怎样建设党”这一历史性课题，标志着我们党对执政党建设规律认识达到新的高度。全县各级党组织要准确把握新时代全面从严治党的新要求，把管党治党的螺丝拧得更紧，不断提高党的建设质量，推动全面从严治党向纵深发展，

二、以习近平新时代中国特色社会主义思想为指导，推动清流各项事业发展再上新台阶

学习宣传贯彻十九大精神，最为重要的就是要把习近平新时代中国特色社会主义思想作为长期坚持的指导思想，统领改革发展稳定各项工作。习近平总书记在福建工作近18年，在改革、开放、发展、党的建设等一系列重大领域取得了极其丰硕的成果，为我们做好各项工作创造了极为宝贵的物质财富和精神财富。在闽工作期间，习总书记曾先后两次深入清流调研指导，看企访商、走村入户，指出清流“山好水好人更好”，与清流干部群众结下了极其深厚的情谊。同时，结合清流调研实际，在农业农村发展、基层组织建设、生态环境保护、干部作风转变等方面提出了许多重要论点、论述、论断，闪耀着马克思主义思想光芒。我们作为清流的干部群众和老区苏区人民，更要以发自肺腑的深厚感情，滴水穿石的努力实践，马上就办的实干作风，确保过硬的从严要求，求真务实、艰苦奋斗的苏区精神，把习近平新时代中国特色社会主义思想学得更深、悟得更透、贯彻得更彻底，真正将这一重要思想贯穿和体现到加快建设“宜居宜业幸福新清流”的全过程、各方面，让清流大地成为这一重要思想落实最坚决、实践最生动、成果最丰硕的示范区。要把贯彻落实十九大精神，与贯彻落实习近平总书记系列重要讲话精神和对清流工作的重要指示精神结合起来，与贯彻落实县第十三次党代会和县委十三届历次全会的部署结合起来，始终保持战略定力，聚焦战略重点，紧盯战略目标，解放思想、锐意进取，凝心聚力、奋力拼搏，做好任务细化、目标分解、进度督查，一件事情接着一件事情办，一年接着一年干，确保各项目标任务落到实处，转化为加快建设“宜居宜业幸福新清流”的生动实践。

1. *坚持新发展理念，切实提升经济社会发展质量*。十九大报告强调，我国经济已由高速增长阶段转向高质量发展阶段，正处在转变发展方式、优化经济结构、转换增长动力的攻关期。我们要立足清流发展实际，围绕“壮大总量、延长产业、做优财政、保持活力、惠及民生”工作重点，坚持新发展理念，坚持以提高发展质量和效益为中心，以推进供给侧结构性改革为主线，突出实体经济发展，不断推动清流发展方式转变、经济结构优化、增长动力转换，确保经济平稳健康发展和社会和谐稳定。**一要加快产业转型升级**。把着力点放在发展实体经济上，持续把延长氟化工产业链条作为主攻方向，鼓励东莹化工、高宝矿业等龙头企业增资扩股、裂变升级，促进产业链向高附加值、高技术含量和高税性环节延伸，打造氟化工产业链和研发基地；要进一步培育壮大新兴产业，深入实施创新驱动发展战略，突出发展清洁生态工业，加快绿色发展；要全面落实“三去一降一补”任务，进一步改造提升煤炭、林产化工等传统产业。要进一步做深做特现代特色农业，推动农业往深加工方向发展，促进农业种、养、加、游有机结合，实现特色农业工厂化、

规模化、产业化。要进一步加快发展现代服务业，鼓励和促进建筑业总部经济发展，大力发展电子商务、商贸物流、休闲旅游等产业，推动现代服务业发展提速、质量提升、比重提高。**二要落实乡村振兴战略**。坚持农业农村优先发展，按照“产业兴旺、生态宜居、乡风文明、治理有效、生活富裕”的总要求，加快推进农业农村现代化，推进落实农村承包土地“三权分置”改革，抓住第二轮土地承包经营权到期后再延长30年的机遇，在盘活土地经营权上下功夫。要发挥清流农业产业的传统优势，大力发展特色农业、设施农业、品牌农业，并通过农村电商等平台，推动清流特色农产品走出去，实现“促一进三”“接二连三”。要加强农村基层基础工作，持续推进农村生活垃圾污水治理和美丽乡村建设，带动乡村社会风气净化，让乡村面貌焕然一新。**三要深化体制机制改革**。紧紧抓住国家新一轮改革开放的重大机遇，认真落实中央和省、市改革部署，推动各重点领域改革持续深化，打造一批具有清流特色的改革经验。医改要进一步健全完善县乡村一体化管理，巩固提升“三医联动”“两票制”“一品两规”等做法，着力在推进紧密型医联体建设上深化落实、在推动医保支付方式改革上深化探索、在建立现代医院管理制度上深化拓展；教改要积极探索“以一带二、结对帮扶、捆绑考核”的教育改革，分别组建以城区两所小学和两所初中部为龙头、包含农村学校在内的小学和初中两大教育片区，一方面通过片区内部师资、设备统一调配，促进城乡均衡发展，缓解城区学校就学压力；另一方面通过校际间开展良性互动的教育教学竞赛，促进整体教学水平提高和教育质量的提升。林改要围绕打通“绿水青山转化为金山银山”的堵点，探索推进合作造林增加村级集体收入，持续加大林权按揭贷款、福林贷等林业金融创新产品拓面扩量；“放管服”改革要以“一趟不用跑”“最多跑一趟”为目标，倒逼职能部门简化审批环节、提高办事效率。

无论是产业转型升级、乡村振兴还是打造现代化经济体系，最终都要落实到项目上，特别是实体经济项目上。各乡镇、各部门要牢固树立“项目是推进各项工作的抓手”思想，鼓足工作干劲，提高工作效率，通过项目支撑，加快清流发展。要落实好“8+3”工作组、县领导挂包、要素保障、一线推进等工作机制，突出签约、开工、投产三个关键环节，有针对性地筛选一批对抓发展、惠民生有重大引领作用的大项目好项目，有重点地建设一批基础设施、重大产业、重大民生、补短板等项目；特别是对县里梳理的31个重点招商签约项目，各工作组、责任领导、责任单位要制定推进方案，增强服务意识，加强沟通协调，推动项目尽早履约落地、加快建设进度。切实把抓发展、惠民生的要求落实到一个个实实在在的项目上。

2. 坚持发展社会主义民主政治，切实巩固和发展生动活泼、安定团结的政治局面。十九大报告强调，我国社会主义民主是维护人民根本利益的最广泛、最真实、最管用的民主。我们要坚持党的领导、人民当家作主和依法治国有机统一，不断提高社会主义民主政治制度化、规范化、程序化水平，更好凝聚方方面面干事创业的共识与合力。**一要加强党对人大、政协工作的领导**。坚持和完善人民代表大会制度，支持各级人大及其常委会依法履行监督权、决定权、任免权，更好发挥人大代表作用，真正使各级人大及其常委会成为全面担负起宪法和法律赋予的各项职责的工作机关，成为同人民群众保持密切联系的代表机关。要加强协商民主制度建设，充分发挥人民政协协商民主重要渠道和专门协商机构的作用，把协商民主贯穿政治协商、民主监督、参政议政全过程，推动协商民主广泛、多层、制度化发展。**二要巩固和发展最广泛的统一战线**。加强党对统战工作的领导，支持各群团组织、工商联、无党派人士积极参政议政、开展民主监督，加强党外知识分子特别是新社会阶层人士的统战工作，着力构建亲清政商关系，深化民族团结进步教育，提高宗教工作法治化水平，紧密联系和团结更多台港澳侨清籍乡亲，不断扩大清流“朋友圈”。**三要推进法治清流建设**。加强对法治建设的领导，推进法治政府建设，深化司法体制综合配套改革，全面推进严格执法、公正司法，全民守法。着力强化法治保障，大力提高法治队伍的思想政治素质、业务工作能力、职业道德水准，支持县法院、检察院发挥职能作用，服务经济发展新常态。深化开展“七五”普法活动、法律“六进”和法制宣传教育进家庭“八个一”活动，进一步提高法治意识，增强法治自觉，培植法治精神，努力让人民群众在每一个司法案件中感受到公平正义，让法治成为全社会的思维方式和行为模式，

3. 坚持文化自信，切实推动文化繁荣。党的十九大报告强调，文化是一个国家，一个民族的灵魂。没有高度的文化自信，没有文化的繁荣兴盛，就没有中华民族的伟大复兴。我们要坚定不移走中国特色社会主义文化发展道路，进一步挖掘文化内涵、打响文化品牌、扩大文化影响，推动清流特色文化创造性转化、创新性发展。**一要落实意识形态责任制**。各级党委（党组）书记要强化责任担当，坚持党管意识形态，按照“每周一联席研判”制度，认真贯彻落实党委（党组）意识形态工作责任制《实施办法》和省《实施细则》，推动责任层县落实。要坚持正确舆论导向，坚守宣传舆论阵地，加强网上舆论阵地建设、管理和使用，推动传统媒体与新兴媒体融合发展，牢牢掌握意识形态工作的领导权。**二要深化精神文明建设**。以创建省级文明县城为抓手，继续深化“争做文明清流人，共建美丽清流城”“我们的节日”等主题活动，全力推进公民思想道德建设，群众性精神文明创建和未成年人

思想道德建设，深入推进关心下一代工作，进一步提高公民文明素质和社会文明程度。继续组织开展道德模范、身边好人、美德少年等推荐评选活动，抓好家庭家教家风建设，推动社会主义核心价值观融入社会发展各方面，转化为人们的情感认同和行为习惯。三**要统筹推进文化事业和文化产业发展**。巩固提升公共文化服务“六联六创机制”成果，以纳入“客家文化（闽西）生态保护试验区”为契机，继续深入实施红色文化保护传承弘扬“六个一”工程和客家文化生态整体性保护，要充分发挥“清流艺坛”“清流县人民政府百花文艺奖”等平台作用，推动文学艺术事业繁荣发展。实施文化产业促进计划，加快推动赖坊文化生态旅游、清流兰花博览园、中华桂花文化园、林畲红色文化旧址群等4个市文化产业重点推进项目建设，以点带面促进文化与相关产业融合发展，不断壮大文化产业规模、优化文化产业结构。

4.坚持以人民为中心，切实提高民生福祉。十九大报告强调，带领人民创造美好生活，是我们党始终不渝的奋斗目标。我们要牢记以人民为中心的发展思想，聚焦群众所需所想所盼，既尽心尽力又量力而行，坚持在发展中保障和改善民生，不断提高人民群众的获得感、幸福感、安全感。**一要全力打赢脱贫攻坚战**。以时不我待的紧迫感，把扶贫开发作作为重大政治任务，层层压实责任，全力打好脱贫攻坚战，确保精准扶扶贫、精准脱贫各项决策部署落到实处。要聚焦全县1027户、322人核定建档立卡贫困户，坚持问题导向，进一步总结推广光伏扶贫、搬迁扶贫，带创孵化基地、电商扶贫、三加三带、完底保障、金融扶贫。家门口就业、资金折股量化等9种“菜单”帮扶模式，积极推进合作造林，千方百计促进贫困村增收；确保所有贫困人口在2018年全部脱贫。同时，所有建档立卡贫困村、贫困空壳顺利脱帽；与全省、全市同步实现全面小康。**二要全力补齐民生事业短板**。按照县委十三届四次全会的部署要求，紧盯薄弱、对接需求，突出重点、精准发力，更加注重增加资源总量，加大投入力度，均衡配置资源，深化体制机制创新，突出抓好教育、卫生与健康、养老、城乡民生基础设施补短板工作。重点要加快实施80个、总投资30. 75亿元的补短板项目，并及时充实一批新的补短板项目，不断增强经济社会发展的全面性、平衡性、协调性，力争到2020年，社会事业发展水平与经济发展水平基本相适应，公共服务体系更加完善，供给能力明显增强，“学有所教”“病有所医”“老有所养”和“宜居宜业”等基本公共服务保障能力和水平迈上新台阶。同时，要把化解房地产库存作为惠民生重点工作，认真落实好中央和省，市去库存的部署，扎实推进“一盘一策”化解房地产库存，进一步促进全县房地产市场稳定健康发展。**三要全力维护社会安定稳定**。各级各部门要坚持守土有责、守土负责、守土尽责，围绕建设更高水平的平安清流，坚持专项治理和系统治理、综合治理依法治理、源头治理相结合，完善党委领导、政府主导、社会协同、公众参与，法治保障的社会治理体制，不断提升社会治理社会化、法治化、智能化、专业化水平。要巩固提升党的十九大、厦门金砖会晤安保维稳工作经验做法，加强预防和化解社会矛盾机制建设，确保全县社会秩序安定稳定，要深入贯彻总体国家安全观，坚决维护国家安全和社会稳定。严格落实安全生产“党政同责、一岗双责”，坚决遏制重特大安全事故，提升防灾减灾救灾能力。加强社区治理体系建设，推动社会治理重心向基层下移，发挥社会组织作用，实现政府治理和社会调节、居民自治良性互动。

5.坚持绿水青山就是金山银山，切实发挥生态优势的核心竞争力。十九大报告强调，我们既要创造更多的物质财富和精神财富以满足人民日益增长的美好生活需要，也要提供更多优质生态产品以满足人民日益增长的优美环境需要。我们要牢记习总书记“绿水青山就是金山银山”的嘱托，主动融入生态省建设，做好“生态+”文章，让清流“山好水好”的生态优势转化为发展优势。**一要坚持绿色发展**。要牢固树立社会主义生态文明观，以发挥清流得天独厚的生态优势为主线，强化绿色发展产业支撑，围绕绿色、生态谋划项目。要强化资源环境倒逼机制，按照节约集约、节能减排降耗、低碳清洁生产的生态环保标准，进一步加快传统产业改造升级步伐。加强项目环评审批管理，坚决拒绝高污染、高排放、能耗比高的项目，要完善扶持政策和激励措施，大力发展节能环保，循环经济产业。要加强生态文明宣传教育，开展创建节约型机关、绿色家庭、绿色学校、绿色社区和绿色出行等行动，倡导简约适度、绿色低碳的生活方式。**二要严守生态红线**。坚持全民共治、源头防治，加强生态系统保护和修复，深入实施大气、水、土壤污染防治行动计划。严格落实“河长制”，大力实施水土流失治理和“四绿”工程，强化山水林田湖的生态保护力度，提升生态环境保护整体效果。加强重点流域水污染综合整治，持续推进城市黑臭水体治理，推进农村及小流域水环境和垃圾面源整治，实现小流域“水清、河畅、岸绿、生态”。**三要强化责任落实**。严格落实环保“党政同责”“一岗双责”，落实自然资源资产离任审计，进一步加强环保目标责任制工作的领导，层层分解细化分工，责任到人，推动各项任务落实。要强化监督检查，定期不定期组织人员对责任目标完成情况进行督查和考核，确保环保责任目标全面完成。要强化考核机制，要将生态环境保护工作作为一项重要内容列入乡镇、部门年终绩效考评，同时作为乡镇党委、政府和相关部门负责人考核评价的重要依据。

三、践行新时代党的建设总要求推动全面从严治党向纵深发展

十九大报告指出，中国特色社会主义进入新时代，我们党定要有新气象新作为。我们要按照十九大提出的新时代党的建设总要求，坚持全面从严治党水远在路上，不断提高党的建设质量。

1. 坚持把政治建设放在首位，坚决维护党中央集中统一领导和习近平总书记在党中央、在全党的核心地位。十九大报告首次把政治建设纳入党的建设总体布局并摆在首位，作为党的根本性建设，凸显了政治建设的极端重要性，政治建设的首要任务是保证全党服从中央，坚持党中央权威和集中统一领导。**一要坚决维护习近平总书记在党中央和全党的核心地位**。党的十八大以来，在进行具有许多新的历史特点的伟大斗争中，习近平总书记站在时代和战略的高度，以马克思主义政治家、思想家、理论家的深刻洞察力、敏锐判断力和战略定力，以非凡的政治魄力、卓越的领导才能、坚忍不拔的意志品格，校正了党和国家前进的方向，引领我们大步走进新时代。实践充分证明，我们党要团结带领人民有效应对重大挑战，抵御重大风险，克服重大阻力，解决重大矛盾，实现中华民族的伟大复兴，必须有习近平总书记这个党中央核心、全党核心的掌舵领航。维护习总书记的领导核心地位，不是抽象的、空泛的，而是具体的、实在的，必须落实到思想和行动的方方面面。我们要牢固树立“四个意识”，深入学习领会中央印发的《中共中央政治局关于加强和维护党中央集中统一领导的若干规定》，更加自觉、更加坚定地向党中央看齐、向习近平总书记看齐，始终在政治立场、政治方向、政治原则、政治道路上同以习近平同志为核心的党中央保持高度一致。**二要以习近平新时代中国特色社会主义思想为指引**。习近平新时代中国特色社会主义思想是我们党必须长期坚持的指导思想，是十九大的灵魂，表明了我们党在理论上高度成熟、高度自信，反映了全党的共同意志和全社会的共同意愿。全县各级党组织都要加强理论武装工作，坚持知行合一、学做结合，推进“两学一做”学习教育常态化制度化，按照中央部署组织好、开展好“不忘初心、牢记使命”主题教育，促使党员干部解决好世界观、人生观、价值观这个“总开关”问题，要教育引导党员干部坚定理想信念，始终保持对马克思主义的信仰、对共产主义远大理想的信念、对中国特色社会主义的信心，进一步坚定道路自信、理论自信、制度自信、文化自信。**三要持之以恒加强党的政治建设**。党的政治建设是党的根本性建设，决定党的建设方向和效果。要把对党绝对忠诚作为必须坚守的生命线和立身之本，严格遵守党章和党内政治生活准则，在任何时候、任何情况下都不触碰政治纪律和政治规矩的“红线”，决不能在政治上搞两面派、做两面人。要严格执行党内政治生活准则，不断增强党内政治生活的政治性、时代性、原则性、战斗性，营造风清气正的良好政治生态。要完善和落实民主集中制的各项制度，严格按程序办事、按规则办事、按集体意志办事，提高科学决策、民主决策、依法决策水平。要根据不同领域党组织和党员特点，以“三会一课”为基本制度，开展党员主题实践，支部主题党日和党支部创先争优等活动，使党内政治生活融入日常、抓在平常、严在经常。

2. 坚持正确选人用人导向，进一步加强干部人才队伍建设。党的干部是推动事业发展的中坚力量。**一要注重强化干部培养使用**。加强干部教育培训，以需求为导向设计培训班次，丰富培训内容，采取以课堂教学为基础，以实践锻炼为载体的培训方式，着力培养打造一支忠诚、干净、担当的干部队伍，抓好后备干部、女干部、少数民族干部和党外干部等队伍建说，选派年轻干部到“8+3”″工作部门挂职锻炼，继续选派干部驻点招商，在一线培养、考验干部。完善精准科学选人用人机制，强化一线用人导向，开展五比五晒、抓党建促脱贫攻坚等专项考核，深入了解掌握干部的德才表现和工作实绩，及时把忠诚干净担当的好干都选出来、用起来。**二要注重强化干部管理监督**。坚持“严管和厚爱结合、激励和约束并重”原则，加强干部管理，注重人文关怀。加强党员干部日常管理监督，制定进一步加强干部监督管理的若干措施，提高干部监督工作的科学化、规范化、制度化水平。进一步强化正向激励，认真落实激励干部的16 条办法、关心关爱基层干部的11项措施，健全完善容错纠错机制，激励干部担当作为，提振干部干事创业精气神。**三要注重加大引才聚才力度**。深入实施“人才强县”战略，坚持党管人才原则，深化人才发展体制机制改革，实施英才计划和高层次人才“十百千”工程。加大引才育才力度，着力在教育医疗、氟化工、特色农业、旅游开发等方面引进和培育一批优秀人才。加强与高校、科研院所对接合作，采取联合培养、委托培养、定向培养等方式，培养紧缺急需人才。优化人才服务，强化人才保障，突出人才宣传，在全县上下形成人人渴望成才、人人努力成才、人才皆可成才、人人尽展其才的良好局面。

3. 坚持夯实基层基础，充分发挥基层党组织战斗堡垒作用。党的基层组织建设是保持党的先进性、提高党的执政能力的重要基础，抓好组织工作质量水平，服务全县经济社会发展，要以基层组织建设为重点，增强党组织的组织力、凝聚力、战斗力。”**一要突出政治引领功能**。要坚定不移把党的领导落实到基层，把党的重大决策部署落实到基层，坚持分类施策与整体推进相结合，坚持组织工作与中心工作相结合，注重宣传引导，努力把各领域基层党组织建设成为宣传党的主张、贯彻党的决定、领导基层治理、团结动员群众、推动改革发展的坚强战斗堡垒。**二要勇于探索创新实践**。深化农村基层组织规范提升工程、机关“轮值书记”试点活动，统筹推进社区、机关、学校、非公企业和社会组织、互联网等领域基层党建工作，不断扩大基层党组织覆盖面。要借鉴跨村联带、片区党建等做法，推动农村党建、社区党建、单位党建、行业党建互联互动，把党组织工作触角延伸到各领域。要坚持“抓两头，带中间”，提升一批党建示范点，整顿一批软弱涣散基层党组织，打造特色亮点树品牌，制定有效措施抓整治，提高先进支部增量，提升中间支部水平，减少后进支部存量，提升基层党组织建设整体水平。要抓好党支部建设，创新方式方法，灵活、合理、规范设置党的基层组织，搭建丰富的活动载体，强化党支部思想教育和议事决策功能，促进党的建设与中心工作紧密融合。制定流动党员教育管理措施，加强流动党员管理。**三要提升服务群众能力**。推进服务型党组织建设，在农村党员干部中开展“亮承诺、晒成绩、评实效”活动，在基层党支部开展“五微”活动，深化拓展“住村工作法”“三亮一比”“四下基层进万家，服务群众零距离”、机关在职党员到社区报到服务等做法，更好地团结联系服务群众，凝心聚力共谋发展。要围绕党建带群建，深化工会、共青团、妇联等群团组织改革，充分发挥其联系群众的桥梁纽带作用。四要推动改革发展进程。深入推进抓党建促脱贫攻坚、“党建富民强村”工程，实施村级集体经济发展攻坚行动，继续选派第五批干部驻村任职，深化“三加三带”帮扶机制，探索“村企共建”新路子，促进农村发展、村民致富。要加强社区党建工作，试点推行社区党建与驻区单位、新兴领域党建融合发展。五要加强过硬队伍建设。以明年村级组织换届为契机，制定加强村干部管理若干措施，实施“能人回归”工程，选优配强农村带头人和驻村第一书记，并通过教育培训、挂职锻炼等方式，提高基层党组织带头人的能力水平。要继续推进村级党组织规范化建设，建强村“两委”班子，建立健全村级领导班子内部制度，制定“两委”职责权力清单，完善党务村务公开、“三资”管理等制度，提升村级党组织战斗力。要注重从产业工人、青年农民中和在非公有制经济组织、社会组织中发展党员，及时总结处置不合格党员试点工作的经验做法，稳妥有序处置不合格党员。

4. 坚持正风肃纪的高压态势，持续营造风清气正的政治生态。以反腐败斗争永远在路上的坚韧和执着，不断巩固压倒性态势、奋力夺取压倒性胜利。**一要加强作风建设**。大力弘扬习近平总书记在福建工作时倡导的“滴水穿石”精神和“四下基层”“马上就办”等优良作风，继承和发扬“苏区精神”，主动深入基层一线访民情、释民惑、解民忧、惠民生、聚民智。要巩固落实中央八项规定精神成果，认真贯彻八项规定《实施细则》，坚决反对特权思想和特权现象，严肃整治“四风”变异变种问题，开展移风易俗专项整治，以优良党风带政风促民风。坚持纪严于法、纪在法前，重点强化政治纪律和组织纪律，带动廉洁纪律、群众纪律、工作纪律、生活纪律严起来。加强对党员干部的日常管理监督，运用好监督执纪“四种形态”，抓早抓小防微杜渐。强化纪律教育和纪律执行，用严明的纪律和严格的监督，使党员干部知敬畏、存戒惧、守底线，习惯在受监督和约束的环境中工作生活。**二要推进反腐败斗争**。以坚如磐石的决心和毅力推进反腐败斗争，坚持无禁区、全覆盖、零容忍，坚持重遏制、强高压、长震慑，着力构建不敢腐、不能腐、不想腐的长效机制。加强基层党风廉政建设，以精准监督助推精准扶贫，加大整治群众身边腐败问题力度。要完善激励和约束机制，加强对权力运行的制约和监督。要健全完善党委巡察制度，推动巡察工作常态化、“全覆盖”，及时发现问题、形成有效震慑。**三要落实监察体制改革**。推进监察体制改革是事关全局的重大政治体制改革。要积极推进改革，县深化国家监察体制改革试点工作小组各成员单位，要按照实施方案、职责分工抓好各项工作落实，确保改革试点工作沿着正确的政治方向顺利推进。要抓好关键节点，扎实做好机构、职能、人员的转隶，推进人员融合和工作磨合，做好过渡时期工作衔接，确保按时按要求组建县监察委员会。要强化纪律规矩，增强“四个意识”，把思想政治工作贯穿改革试点全过程，特别是涉及改革试点任务的有关单位、有关人员要无条件支持改革试点，不折不扣落实改革试点任务，确保改革试点任务圆满完成。

政府工作报告

——在清流县第十七届人民代表大会第二次会议上

清流县人民政府县长　张春华

一、2017年工作回顾

2017年，是本届政府的开局之年，是全县攻坚克难、开拓奋进的一年。在上级党委、政府和县委的正确领导下，在县人大、县政协的监督支持下，全县上下认真学习贯彻党的十九大精神，按照“五位一体”总体布局和“四个全面”战略布局，全力以赴稳增长、促改革、调结构、惠民生、防风险，经济社会保持稳中有进、稳中向好的良好态势。

过去一年的主要工作和成效是：

——综合实力明显提升。坚持稳中求进工作总基调，主动适应经济发展新常态，全面落实稳增长政策措施，预计全县实现地区生产总值100亿元，比增7.1%；人均生产总值首次突破7万元；完成规模以上工业增加值31.8亿元，比增8.5%；县级一般公共预算收入3.62亿元，比增9.0%；固定资产投资115亿元，比增16.4%；社会消费品零售总额23.6亿元，比增11.5%。三次产业结构由19.4 ∶ 47.5 ∶ 33.1优化调整为17.7 ∶ 49.5 ∶ 32.8。新增规模以上工业、服务业企业各5家，限上商贸企业9家。发展质量明显提高，一般公共预算总收入增速高于GDP增速15.2个百分点，占GDP比重由5.32%提高到5.87%，税性收入比重由64.5%提高到76.7%。企业效益明显改善，规模以上工业企业利润总额7.80亿元，比增39.50%。

——发展后劲明显增强。成立“8+3”重点工作专项领导小组，建立领导挂包服务、要素保障、一线推进、正向激励等工作机制。深入开展“五比五晒”项目竞赛活动，新增亿元以上“五个一批”入库项目97个。实施县重点建设项目110个，累计完成投资46.6亿元，展化化工过硫酸盐、鑫中天重组等28个项目建成投产或部分投产。全县新增签约千万元以上项目133个，环保型制冷剂扩建、塑料BB弹、活性石灰生产等67个项目落地开工。园区平台日趋完善，氟新材料产业园完成标准用地开发340亩；总投资3亿元的集美（清流）山海协作共建产业园和总投资3.5亿元的城南园基础设施项目开工建设，建成标准厂房1万平方米。交通基础设施逐步完善，县道白石至白塔路段完成主体工程，浦梅、兴泉铁路清流段全线开工，国道534线林畲蛟井至黄沙口路段加快推进。

——转型升级明显加快。东莹化工成为三明市唯一纳税超亿元民营企业；春舞枝公司成为全市唯一入选“国家商务部2016—2017年度电子商务示范企业”；汽枪厂成为全市2家获得海关高级认证企业之一。实施总投资26亿元技改项目46个，汽枪厂整体搬迁扩建、展化化工10条生产线技改搬迁等项目顺利投产。新增省级科技型企业、市级“两化融合”重点企业6家。清流温泉国家地质公园博物馆竣工，林畲乡村游、赖坊生态游、温泉生态休闲度假游等知名度持续提升。澳洲鳕鱼现代渔业产业园、海峡兰花文化博览园等项目开工建设，现代光伏农业产业园并网发电、县中心粮库竣工投入使用，创新型油茶健康产业加快推进。新增无公害、绿色和有机农产品认证12个、省级副食品基地1家，6家企业列入省市农产品质量安全可追溯体系建设。台湾农民创业园获得农业部综合考评第三名佳绩，林畲桂花小镇跻身省第二批特色小镇创建名单。

——城乡环境明显优化。投资2.3亿元，完成水东路、碧林北路至北山路、新一中校园周边交通渠化、水南路二期、迎宾大道二期交通信号灯系统等项目建设，新扩改乡村道路20千米，改造危桥6座。桥下沿河景观工程二期、龙津广场绿化更新、西门桥头夜景提升、西城区沿河步道景观、北大路LED节能路灯改造等项目竣工投入使用；新改建雨（污）水管道20千米，新增公共停车位345个；铜锣山休闲绿道公园、气象站整体搬迁工程开工建设；管道燃气工程加快推进，龙郡首府、怡景书院等7个小区实现联通供气。引进社会资金建设绿色出行项目，成为全国首个拥有共享单车的县城。标本兼治抓环境综合治理，完成17个环保突出问题整改。实施12个省级美丽乡村示范村、整治村建设，乡镇垃圾转运站和农村三格化粪池建设走在全市前列，长效管护机制逐步健全。全面深化河长制工作，编制“一河一档一策”，实现三级河（段）长全覆盖，河道整治取得明显成效。

——创新活力明显提高。农改稳步实施，顺利完成农村土地确权登记颁证工作。医改初见成效，县总医院、13个乡镇分院挂牌运营，71个村卫生所完成标准化改造，正式开启医疗资源一体化管理模式。林改成效不断提升，新增新型林业经营主体23个、面积6.29万亩，覆盖面达55.0%。金融改革加快推进，大力推广“福林贷”、园区企业资产按揭贷等金融产品，全年新增贷款4.52亿元。教改启动实施，率先试行“县管校聘”教师管理体制，建立正向激励机制，一线教师积极性有效调动。巩固国家生态文明试验区改革成果，探索试行环境污染强制保险制度，东莹化工成为全省首个获得排污权抵押贷款企业。建立健全企业环境信用评价体系，积极推动碳排放权上市，3家企业在海交所挂牌交易。

——**民生福祉明显改善**。全县居民存款余额首次突破60亿元，城镇、农村居民人均可支配收入分别增长9.0%。总投资5.9亿元的15大项37小项为民办实事项目基本完成，南面乡镇实现供水。精准扶贫精准脱贫强力推进，造福工程易地搬迁230户1094人，49个贫困村（空壳村）、206户贫困户光伏电站建成并网发电，全县1797名贫困人口实现脱贫、17个贫困村退出、12个空壳村摘帽。群众住房需求有效保障，改造农村危房61户、棚户区105套，购买49套商品房充实保障性房源。实施积极就业政策，新增就业1209人，城镇登记失业率控制在2.5%。社会保险持续扩面，城乡低保、城乡医疗救助人均补助、城乡居民基本医疗保险补助等社会保障标准进一步提高。社会养老服务体系加快构建，4所日间照料中心和农村幸福院建成投入使用，4家养老机构签订医养合作协议。

——**社会事业明显进步**。坚持教育优先发展，中考成绩单科、全科合格率均位居全市第三位。一中整体搬迁顺利完成。引进福州金桥学校，启动招生办学。实验幼儿园雁塔分园、余朋幼儿园、长校中心幼儿园竣工投入使用，李家幼儿园开工建设。医疗条件不断改善，完成县总医院东院区和龙津社区卫生服务中心改造，县妇幼保健院综合楼、疾控卫生监督综合楼和温郊、里田卫生院竣工投入使用，赖坊卫生院整体搬迁、灵地分院病房综合楼完成主体工程。计生服务水平稳步提高，全面“二孩”政策平稳实施。荣获“创建国家公共文化服务体系示范区先进集体”称号，县体育中心一期体育馆主体完工。选送的优秀运动员葛曼棋在第十三届全国运动会上获4×100米接力金牌及女子200米铜牌。社会保持安定稳定，顺利通过国务院安全生产专项督查，圆满完成厦门金砖会晤、党的十九大等重要节点安保维稳工作。“一盘一策”化解房地产市场风险，全县14个停建楼盘12个复工，住宅、商业用房去化周期分别下降至10.72和15.86个月。严控金融风险，贷款不良率由5.46%下降到2.65%。

——自身建设明显加强。坚持依法行政，自觉接受人大、政协和社会监督，认真办好人大代表议案、建议和政协提案。深化“放管服”改革，实施“双随机一公开”监管，实现权力清单和责任清单“两单”融合。全面推行便民服务窗口周末无休、项目审批周末预约无休，建立“一趟不用跑”和“最多跑一趟”事项488项。完成县行政服务中心搬迁，入驻审批服务事项140项。持续推进政务公开，主动公开政府信息1948条。开通“网上信访服务窗口”，全年处理信访投诉313件，办结率100.0%。扎实推进“两学一做”学习教育常态化制度化，严格落实党风廉政建设责任制和中央八项规定精神，持续反对“四风”，改进作风。强化行政监察和审计监督，完成行政单位公务用车改革，“三公”经费持续下降，廉政建设取得新成效。

此外，统筹推进统计、物价、司法、民族、宗教、气象、档案、科协、方志、人防、双拥、民兵预备役、老区、老龄、残疾人等工作，支持工会、共青团、妇女儿童等事业加快发展。

各位代表，过去一年的成绩来之不易，是上级党委、政府和县委坚强领导、科学决策的结果，是县人大和县政协鼎力支持、和衷共济的结果，是全县人民同心向力、奋力拼搏、砥砺前行的结果。在此，我谨代表县人民政府，向全县人民，向人大代表、政协委员、各民主党派、工商联、各人民团体、无党派人士、离退休老同志、关心和支持清流发展的各界朋友，致以衷心的感谢和崇高的敬意！

在看到成绩的同时，我们也要清醒认识到我县经济社会发展还存在不少困难与问题，主要是：产业竞争力不强，自主创新能力偏弱，具有核心竞争力的支柱产业尚未真正成型；支撑发展的大项目、好项目不多，民间投资意愿不强，持续增长后劲不足；民生补短板任务还很艰巨，教育、医疗、养老等公共服务与群众需求还有较大差距；财政收入基础比较薄弱，保运转与求发展的矛盾依然突出；干部不敢担当、消极懈怠等现象在个别单位和领域仍然存在，破解难题、创新作为的能力还有待提高，等等。对于这些问题，我们一定要高度重视，坚持问题导向，采取有力有效的措施认真加以解决。

二、2018年主要任务

2018年，是全面贯彻落实党的十九大精神的开局之年，是决胜全面建成小康社会、实施“十三五”规划承前启后的关键之年。政府工作的总体要求是：全面贯彻落实党的十九大精神，以习近平新时代中国特色社会主义思想为指导，坚持稳中求进工作总基调，坚持新发展理念，统筹推进“五位一体”总体布局和协调推进“四个全面”战略布局，突出“壮大总量、延长产业、做优财政、保持活力、惠及民生”工作重点，主动适应经济发展新常态，以推动供给侧结构性改革为主线，以提高发展质量和效益为中心，以项目建设为支撑，推动经济社会发展再上新台阶，努力建设宜居宜业幸福新清流。

今年我县经济社会发展主要预期目标是：地区生产总值增长8.5%；县级一般公共预算收入增长6.5%；固定资产投资增长15.0%；外贸出口增长4.0%；城镇登记失业率控制在3.0%以内；社会消费品零售总额增长11.0%；城镇居民人均可支配收入增长8.5%，农村居民人均可支配收入增长9.0%；完成单位生产总值能耗降低和主要污染物减排年度任务。围绕上述目标，重点抓好七个方面工作：

（一）突出项目投资拉动，培育经济发展新动能。

加快项目建设。深入开展“五比五晒”项目竞赛活动，新增亿元以上“五个一批”项目68个，其中谋划项目28个、签约项目16个、开工项目11个、投产项目9个、增资项目4个。全力实施年度计划投资45.2亿元的118个县重点项目建设，突出抓好12个省重点、20个列入省行动计划、19个市重点项目，确保县总医院医疗综合大楼、第三小学等53个项目开工，环保型制冷剂扩建、活性石灰生产等39个项目竣工。严格实行“一个项目一名领导、一套班子、一抓到底”的工作机制，健全正向激励和责任追究制度，确保项目序时推进。

做实项目前期。按照强基础、补短板、惠民生要求，立足区域资源优势和产业发展基础，密切跟踪国家政策导向，聚焦产业转型升级、重大基础设施、社会事业等重点领域，谋划储备一批科技含量高、市场前景好、带动能力强、事关县域发展的大项目、好项目。切实加强人员、经费保障，提高项目前期工作专业化水平。完善项目退出和补充机制，不断调整充实项目库，保持县级储备项目340个以上，提高项目转化率，力争更多项目挤入国家和省、市盘子。

聚力招商引资。充分把握国家实施区域协调发展战略机遇，整合优势资源，修订招商引资考评办法，落实扶持总部经济发展等一系列惠企政策措施，开展产业招商、小分队招商、以商招商。发挥驻点招商工作组作用，深入实施清商“回归工程”，积极参加“6•18”“9•8”“11•6”、氟新材料等专场招商活动，拓展招商渠道。全力抓好项目落地，对重大招商项目成立工作组“一对一”全程跟踪服务，力争在引进大项目、好项目上取得新的突破。

强化要素保障。完善“一月一协调，一季一督查，一季一通报”和重大项目挂牌服务机制，统筹推进要素配套、产业配套、环境配套，创造有利于项目落地、开工、投产的环境。创新融资方式，完善政府融资担保体系，积极运用政府与社会资本合作（PPP）模式，鼓励和引导社会资本进入公共服务、生态建设、基础设施等重点领域。加强工程资金管理，严格执行预决算审计制度，确保资金使用安全、高效。

（二）大力发展工业经济，打造经济发展新引擎。

做大园区规模。大力推进经济开发区、县化工集中区总规和环评修编，加快“一区三园”建设，确保年内完成投资2亿元。其中，城南工业园重点加快集美（清流）山海协作共建产业园、城南新区城镇化等项目建设，适时启动二期扩园工作，年内建成4万平方米厂房，库区移民工业创业园建成投入使用，新增入驻企业5家以上；氟新材料产业园适时启动二期340亩用地开发，力争引进氟化工下游企业2家以上；金星工业园继续完善“三通一平”及配套基础设施，不断提升园区承载力。

壮大工业总量。坚定不移推动资源往产业方向走、向税性环节拓展，鼓励东莹化工、高宝矿业等龙头企业增资扩股、延展升级，开工建设年产1万吨R32、年产2万吨电子级氢氟酸生产等项目，确保东莹化工环保型制冷剂扩建竣工投产，打造氟化工产业链和研发基地。全力抓好109家规模企业达产达标，加快推进水泥窑固废处理、生物颗粒燃料生产、森达木业家俱加工、伊科电子贴片电感生产等一批项目竣工投产。做足增量培育文章，力争全年新增规模以上工业企业、产值超亿元企业各5家以上，实现工业总产值150亿元以上。

加快转型升级。强化政策扶持，进一步改造提升煤炭、建材、林产化工等传统产业，突出发展清洁生态工业，加快机器换工、智能制造、“两化融合”步伐，加大新工艺、新技术、新产品研发和推广力度。实施新一轮企业技改工程，确保东莹化工五氟乙烷生产线技改扩建、高宝矿业尾气技改处理等项目竣工投产。深化产学研合作，加快氟新材料产业园氟化工产业技术创新平台、双叶股份公司生物制造研发中心建设，大力支持诺德生物科技等企业申报高新技术企业。

优化企业帮扶。落实“一业一策、一企一策”帮扶政策，强化企业用地、资金、市场等要素保障，大力营造助力企业发展的良好环境。积极稳妥、分类处置“僵尸企业”，重点抓好钨矿废弃石、津诚化工、捷鸿木业等闲置资产重组，有效盘活闲置资源，最大限度提高资产利用效率。兑现上级政策，减轻企业税费负担。建立健全贷款投向激励机制，推广园区企业资产按揭贷款业务，加大面向中小微企业的信贷扶持力度，力争年内新增信贷投放5亿元。

（三）做优做特现代农业，筑牢经济发展新基础。

做强特色产业。加快推进农业供给侧结构性改革，在稳定粮食生产、做优烤烟的基础上，坚持质量兴农、绿色兴农，推动优势产业由单纯扩大规模向提质提效转变，重点围绕发展花卉、油茶、淡水鱼、豆腐皮、禽蛋等特色产业，依托国家级清流台湾农民创业园、省级农民创业示范基地，开工建设市级现代茶叶产业园，加快推进花卉苗木产业园区、闽台农业合作示范推广项目建设，年内新增苗木花卉种植600亩、现代渔业养殖2万平方米，致力打造绿色智慧现代农业。培育龙头带动。落实农村土地所有权、承包权、经营权“三权分置”办法，鼓励采用土地流转、股份合作等多种方式，引导适度规模经营。加强新型职业农民教育，加快培育一批带动能力强、辐射范围广、组织化程度高，在省市有影响的农业龙头企业、合作社、示范场，力争新增县级农民专业合作社示范社、家庭农场示范场各10家以上，市级各4家以上。建立农产品质量安全可追溯体系，狠抓农产品标准化生产、品牌培育和质量监管，新增“三品一标”认证2个以上。加快产业融合。突出抓好农业“促一进三”、“接二连三”，推动特色农业往深加工方向发展，规划建设农副产品集中加工区，开工建设蒸青绿茶种植与加工等项目，加快推进创新型油茶健康产业、澳洲鳕鱼现代渔业产业园、生态蛋鸡养殖加工产业化等项目建设，力促烤鳗加工厂项目落地。加快农业与生态旅游、美丽乡村建设相融合，推动生态休闲观光产业上档升级，重点抓好现代光伏农业产业园、海峡兰花文化博览园、现代农业观光园等项目建设。

夯实基础设施。组织实施年度投资4200万元的土地整理、烟基工程、农业综合开发等项目建设。全力推进总投资5.7亿元的水利项目建设，重点抓好闽江防洪工程三明段一期、长潭河长校河排沙坪段河道治理工程，开工建设罗口溪吉龙段河道治理一期、嵩溪溪生态水系建设和温郊桐坑水土保持项目，加快推进闽江防洪工程三明段三期、矮洋水库、流水水库等项目前期工作。加大温室大棚和新型农机具推广力度，继续开展花卉种植、养殖业和农田水利设施保险，增强防灾减灾能力。

（四）繁荣发展第三产业，拓展经济发展新空间。

提升休闲旅游业。抓住我县被列入“客家文化（闽西）生态保护试验区”机遇，以“生态休闲”为主题，以温泉度假、乡村旅游为主导，着力打造温泉养生、客家文化、休闲度假和红色旅游四大主题旅游产品。加快灵台山客家祖山文化园二次招商，开工建设大丰山省级森林公园旅游开发、悠然国农旅综合体项目，推进赖坊文化生态旅游，林畲、李家乡村游，北斗山等项目建设，打造生态旅游精品线路。大力发展特色民宿，力争培育2～3家精品民宿。

发展商贸物流业。落实促进消费各项政策措施，释放城乡居民消费潜力。大力发展现代物流，规划火车站周边仓储物流园区，组织苏福茶叶、汽枪厂、大丰山禽业等企业申报物流标准化试点。加快互联网+文化家居产业链项目建设，年内建成1000平方米以上县级物流仓储配送中心和12个乡镇标准化物流中转仓，实现乡镇快递网点、村级邮路覆盖率达100.0%，行政村物流网点覆盖率达70.0%以上，打通农村物流配送“最后一公里”。抓好限上商贸企业和大宗工业品、苗木等限上批发企业的培育和申报工作，促进限上企业加快发展。

培育新兴服务业。完善服务业发展政策措施，加快培育科技服务、信息服务、专业市场等新型业态，大力发展家政、文体、养老等生活性服务业，打造健康养生和养老服务示范基地；积极发展总部经济、金融服务、文化创意等生产性服务业，力争年内引进或培育1～2家总部经济企业。支持农业龙头企业、农民专业合作社、农特产品生产基地入驻第三方交易平台，加快“线下”实体经营与“线上”网络经营融合发展，不断扩大县域电商规模。

稳定房地产业。持续推进“一盘一策”化解房地产市场风险，有效发挥房地产专项收购融资平台和风险处置资金作用，协调好开发商、承建商、业主、银行、债权人等各方关系，推进磐安国际城、北山天城、光明地产等楼盘后续工程施工，进一步减少库存，促进房地产市场平稳健康发展。充分发挥保障房作用，保障困难群众住房需求。制定出台新的政策措施，规范城区危房改建及征迁安置管理。大力扶持建筑业企业发展，鼓励企业增质升级，拓展省内外市场，争取全年新引进资质类建筑企业3家以上。

（五）统筹推进城乡发展，塑造美丽清流新形象。

加快宜居城市建设。围绕“让群众生活更舒适、更方便、更安全”目标，进一步建好城市、管好城市。优化调整县城总体规划，加快火车站站前片区周边地块控制性详细规划编制，全力推进浦梅、兴泉铁路清流段建设，启动火车站站前广场及进出快速通道建设。完善市政配套设施，实施城区备用水源配套工程，加快城区供水和排污管网、城市公交站点、交通信号灯系统、管道燃气、智慧城市等项目建设，新增公共停车位100个以上。实施城区人居环境改善提升工程，完成铜锣山休闲绿道公园建设，加快西城区沿河防洪堤及景观改造、苏区广场边坡治理和重点区域生态修复，全面改造提升城区夜景工程。组建城市综合执法局，建立城市精细管理长效机制，提升城市管理水平。实施乡村振兴战略。按照“产业兴旺、生态宜居、乡风文明、治理有效、生活富裕”的总要求，积极引导人才、资本、信息、技术等要素向乡村集聚，加快推进农业农村现代化，构建城乡融合发展新格局。加快实施乡村道路改造提升工程，启动县道793线龙津至彭殊二期公路、浦梅铁路杨源站站前停车区及道路工程建设，确保国道534线蛟井至黄沙口、县道白石至白塔路段建成通车，提高公路通达通畅水平。围绕“望得见山，看得见水，记得住乡愁”的工作理念，重点打造3-5个美丽乡村精品工程。不断完善农村公共基础设施，实施农村饮水安全巩固提升工程，完成余朋、长校2座35千伏变电站升级改造，改善农村生产生活条件。

持续优化生态环境。践行“绿水青山就是金山银山”的理念，保护和发挥我县良好生态资源禀赋，加强生态环境监管治理，探索构建以政府为主导、企业为主体、社会组织和公众共同参与的环境治理体系。实施总投资2.9亿元的农村生活污水垃圾治理PPP项目，加快推进城区餐厨废弃物处理项目，启动南面乡镇垃圾无害化处理设施建设。全面深化“河长制”和最严格水资源管理制度，持续开展工业污染、畜禽养殖污染、涉砂行为、城乡生活污水垃圾、小水电生态等专项治理。实施大气、水、土壤污染防治行动计划，强化山水林田湖的生态保护力度，完成造林绿化1.7万亩，综合治理水土流失1500公顷，建设生态护岸5千米。

（六）持续深化改革创新，激发经济发展新活力。

深化重点领域改革。持续推动“放管服”改革，完善权责清单动态管理机制，建立健全减权放权监管责任清单，加强事中事后监管。开展综合行政执法体制改革，推进事业单位分类改革和编制管理创新。深化财税金融体制改革，开征环境保护税，严格全口径预算管理，强化预决算信息公开，盘活财政存量资金，提高财政资金使用效益。继续完善县、乡税收分成办法，建立经费核拨与工作绩效相适应的财政结算制度和争取资金配套奖励办法。大力发展普惠金融，推动金融服务向村级延伸。持续深化医改，全面推进医保支付方式和按疾病诊断相关分组（C-DRG）收付费改革，落实分级诊疗和家庭医生签约服务，切实解决群众“看病难”、“看病贵”问题。加快教改，探索建立以实验小学、城关小学为龙头的片区化办学模式和一所城区初中带两所镇初中的“1+2”管理模式，促进城乡、校际均衡发展，有效缓解城区就学压力。稳步推进国有企业改革，健全国有资产管理机制，激发企业内生动力。深化农村集体产权制度改革，探索建立农村产权流转交易平台，推动农村产权和资源要素市场化。鼓励集体林地合作造林，多途径发展壮大村集体经济。

加强人才队伍建设。落实省政府《关于加强山区专业技术人才队伍建设十条措施的通知》要求，统筹推进企业管理、医疗卫生、农业科技等专业人才队伍建设，积极开展现代学徒制职业教育，注重培育本地种养专家、技术能人，建设多元次的人才智库。加强与大专院校、科研院所的交流合作，全力推进台湾农民创业园申报省级专家服务基地。落实“海纳百川”高端人才聚集计划，制定更加积极、更加开放、更加有效的人才政策，创新人才编制管理，完善人才激励机制，有重点地引进各层次专业人才和团队。

实施创新驱动战略。完善创新创业扶持、高新技术企业申报奖励办法等政策措施，激发企业创新创业活力。推动科技成果转化，引导和鼓励企业自主创新。依托“互联网+”等新技术新模式，加快花卉产业和电商产业园科技孵化器建设，鼓励支持大中专毕业生、农村富余劳动力等投身创新创业。优化电子商务小微企业创业环境，对符合标准的小微企业给予低门槛、免租金等政策扶持，力争全年新增创业主体40个以上。

（七）全力补齐民生短板，共建共享发展新成果。

打赢脱贫攻坚战。注重扶贫与扶智、扶志相结合，坚持精准扶贫精准脱贫，对照贫困村退出“六项指标”和贫困户脱贫“两不愁、四保障”标准，完善单位包村、干部包户、驻村帮扶三项制度，保持脱贫攻坚高压推进态势。加快发展一批产业支撑作用明显、群众持续增收的扶贫项目，增强贫困村和贫困户“造血功能”。完善政策体系，落实教育扶贫、健康扶贫、金融扶贫、就业创业扶贫、智力扶贫等帮扶政策，发挥社保政策兜底作用。鼓励企业、社会组织、个人参与扶贫，构建专项扶贫、行业扶贫、社会扶贫“三位一体”的扶贫格局，确保现行标准下农村贫困人口全部脱贫、建档立卡贫困村全部退出、空壳村全部摘帽，做到脱真贫、真脱贫。

稳步推进各项事业。围绕办好人民满意教育，加快学前教育和义务教育学校新建及扩容步伐，开工建设城区第三小学、城区第三幼儿园、长校江坊幼儿园、沙芜中心幼儿园等项目。聚焦儿科、产科、精神科等薄弱学科，开工建设县总医院医疗综合大楼、精神科病房和长校卫生院病房综合楼，加快赖坊卫生院整体搬迁工程，推进基层中医馆建设和村级卫生所改造提升。落实全面“二孩”政策，保持打击“两非”高压态势。巩固国家公共文化服务体系示范区创建成果，加强文物和文化遗产保护利用，推进南山村、官坊村、东坑村、鲜水村申报国家级传统村落。加强文体设施建设，确保县体育中心一期体育馆建成投入使用，启动二期体育场、游泳池、足球场建设。重视民族宗教工作，加大对少数民族村的扶持力度。加强统计工作，完成第四次全国经济普查。深入开展“双拥”活动，做好新形势下民兵预备役和国防动员工作。完成气象站搬迁。提升全民文明素质，促进档案、方志等工作向前发展。

完善社会保障体系。按照兜底线、织密网、建机制的要求，全面建成覆盖全民、城乡统筹、权责清晰、保障适度、可持续的多层次社会保障体系。落实就业创业各项扶持政策，新增城镇就业1200人以上、农村劳动力转移就业1600人以上。加大社会保险扩面力度，稳步提高企业退休职工养老保险待遇和城乡居民基础养老金，提升优抚对象抚恤和生活补助、城乡低保补助水平。支持社会力量投资运营养老机构，加快构建以居家为主体、社区为依托、机构为补充，医养结合、覆盖城乡的养老服务体系，新建农村幸福院20所，乡镇敬老院入住率达到53.0%以上。加强食品药品安全监管，推进食品安全“一品一码”全过程追溯体系和检验检测能力建设。完善未成年人、农村留守儿童、妇女、残疾人关爱服务体系，大力发展社会福利、社会救助、红十字会、慈善、老龄事业，支持关心下一代工作。

维护社会安定稳定。深化“平安清流”建设，完善“雪亮工程”，开展打击涉黑涉恶、涉枪涉爆、侵财类案件等专项行动，保障人民群众生命财产安全。深入开展“七五”普法，持续抓好“法律六进”工作。积极完善矛盾纠纷排查调处机制，畅通群众诉求表达、利益协调、权益保障渠道，努力解决群众合理诉求，有效化解各类社会矛盾。健全完善应急管理机制，提高应对突发事件的能力。加大金融风险防控力度，坚决守住不发生系统性区域性金融风险底线。完善和落实安全生产责任制，深化重点行业领域专项整治，防范各类安全事故发生。全面整顿和规范市场秩序，维护公平有序的市场环境。

三、加强政府自身建设

政府肩负着全面建成小康社会的重任，承载着全县人民的重托。面对新时代、新任务、新要求，我们务必增强政治意识、大局意识、核心意识和看齐意识，以依法、高效、诚信、创新、廉洁的工作作风推动发展、服务人民，努力开创政府工作新局面。

(一) 努力打造法治政府。坚持把依法行政作为政府工作的基本准则，强化法治思维，切实做到“法无授权不可为”“法定职责必须为”，不断提高政府执行力和公信力。健全完善政府法律顾问制度，自觉把政府管理经济社会的行为纳入法治轨道，提高决策透明度和公众参与度，确保政府决策经得起法律考量和实践检验。认真执行县人大及其常委会各项决议并报告工作，主动与县政协协商讨论重大事项，自觉接受人大法律监督、政协民主监督和社会舆论监督，认真办理人大代表建议（议案）和政协委员提案。全面推行政务公开和信息公开，保障群众知情权、参与权和监督权，确保政府权力在阳光下运行。

(二) 努力打造高效政府。强化责任落实，始终保持比学赶超、创先争优的干事创业氛围。坚持讲实话、办实事、求实效，把务实高效作为日常追求，把开拓创新作为工作常态，把破难攻坚作为工作的突破口，切实把改革发展稳定各项任务压实靠牢。建立行政审批职能股室专项考评机制，健全注重实效的行政效能考核体系，实行正向激励与负面清单制度，强化重点工程、重点工作的督查督办，严格落实限时办结制、首问责任制，大力整治不作为、慢作为、乱作为。深化行政审批制度改革，进一步简政放权、放管结合，全面落实窗口无否决权服务和“一趟不用跑”、“最多跑一趟”办事清单，有效提升服务质量。

(三) 努力打造诚信政府。严格履行向社会、企业、群众作出的承诺，把政府履约和守诺服务纳入政府绩效考核评价体系，把经济社会发展目标落实情况和为群众办实事情况作为政府诚信的重要内容。完善政府失信投诉举报机制，建立政务失信投诉举报平台，加强政府采购、招投标、招商引资、融资等重点领域政务诚信建设，通过政务诚信示范引领社会诚信。保持政策的连续性和稳定性，做到言而有信、信守承诺。以社会主义核心价值观为引领，深入开展公职人员诚信、守法和道德教育，将信用建设纳入公职人员培训和领导干部进修课程。完善社会诚信体系，积极引导企业诚信经营。大力弘扬信用文化，增强全体公民的个人信用意识。建立信用评估体系，制定信用评价标准，探索建立诚信体系征信和公示平台，严厉惩处失信单位和人员。

(四) 努力打造创新政府。坚持用发展的办法破解前进中的难题，以创新的精神培植发展新优势，以观念创新、体制创新的大突破，推进经济社会的新发展。牢固树立终身学习不间断、解放思想不停步的理念，认真领会十九大和中央经济工作会对经济形势和经济工作作出的重大判断、重大决策、重大调整，贯彻新发展理念，主动适应新常态下经济转型、改革深化的新要求，围绕产业发展、城乡建设、招商引资、资源整合、项目融资、财政增收等方面，开放思维、拓宽思路，创造性地发挥自己的优势，全力突破关键节点和难点，助推全县经济社会发展迈上新台阶。积极营造开拓创新的良好环境，旗帜鲜明地支持改革者、激励探索者、重用创新者。

(五) 努力打造廉洁政府。始终把纪律和规矩挺在前面，全面落实党风廉政建设责任制。认真执行厉行节约反对浪费各项规定，持之以恒纠正“四风”。严控“三公”经费支出，全面推行公务卡制度，真正让政府过紧日子、让群众过好日子。加强公共资源交易、工程招投标、政府采购、行政审批等重点领域、关键岗位和重要环节的监管，强化不敢腐的震慑，扎牢不能腐的笼子，增强不想腐的自觉。加强纪律教育，强化纪律执行，让党员、干部知敬畏、存戒惧、守底线。准确把握“亲”“清”原则，构建新型政商关系，全力支持企业经营发展，不遗余力为企业排忧解难。

各位代表，新时代赋予新重托，新时代要有新作为。让我们更加紧密团结在以习近平同志为核心的党中央周围，认真践行习近平新时代中国特色社会主义思想，在市委、市政府和县委的坚强领导下，团结和依靠全县人民，不忘初心，牢记使命，埋头苦干，锐意进取，为加快建设宜居宜业幸福新清流，实现全面建成小康社会目标而努力奋斗！

发挥人才引领作用　推动清流加快发展

中共清流县委书记　池芝发

中华民族历来具有尚贤爱才的优良传统，习近平总书记提出，“要择天下英才而用之”、“要树立强烈的人才意识，寻觅人才求贤若渴，发现人才如获至宝，举荐人才不拘一格，使用人才各尽其能”。当前，清流正处在产业转型升级和加快建设“宜居宜业幸福新清流”的关键时期，人才资源作为“第一资源”对于清流发展尤为重要。我们必须以人才、以创新作为根本性支撑，努力走出落后山区县人才工作新路子，使人才成为推动清流经济社会发展的新引擎。

一、要在推动发展中凝聚人才。清流经济总量不大，表象是资金短缺，实质是思想保守，根结是人才匮乏。实践证明，往往一个人可以引进一个项目，一个项目可以引进一批人才、一流人才。我们要更加牢固树立人才是“第一资源”的观念，切实增强实施“人才强县”战略的责任感和紧迫感。要依靠发展引才，充分发挥清流独特的资源禀赋，坚持以产业为主体、项目为载体、需求为导向，靠产业吸引人才，靠项目对接人才，靠需求延揽人才。要创新机制聚才，树立“不求所有、不求所在、但求所用”的山区人才引进观，建立“周末工程师”“假日教授专家”等柔性引才机制，近年来，我县引进各类人才220余人次，其中博士、教授等高层次人才40余人次；建立健全清流人才引进绿色通道，着力打造引才平台，建立清流籍海内外乡亲人才库，实施人才“回归工程”。

二、要在干事创业中培育人才。引才、用才、留才，关键是要让人才有获得感。要注重人才培育，全面落实《县管后备干部挂职锻炼的实施意见》、《关于强化在一线考察了解干部的实施意见》，坚持把项目一线、农村一线、扶贫一线作为培养锻炼、考核提拔干部的主阵地，鼓励支持干部干事创业，从而调动全县干部队伍的积极性。要激发人才活力，把握“人往高处走”这一规律，通过正向激励与多方培育并举，深入开展“英才计划”，加快人才培育，实施高层次人才“十百千”工程（培育10名省级、100名市级、1000名县级人才），建立人才数据库，开展优秀人才评选。要打造人才高地，认真落实《关于扶持清流县重点产业企业人才队伍建设的若干意见（试行）》，通过财政补助、奖励，鼓励企业加强培养博士、高级职称、技能大师等领军人才；激励企业积极构建国家、省级技术中心、研究中心、博士后工作站等人才平台。

三、要在强化保障中留住人才。要优化发展环境，加大投入，不断完善道路交通、园区平台、教育教学、医疗卫生、休闲养老等城市功能配套设施建设，让人才在清流真正能够宜居宜业。要保障人才待遇，严格落实《关于深化人才体制机制改革的实施意见》、《人才公寓管理办法（试行）》等推进人才集聚的政策措施，设立人才工作专项资金，动态保持1000万元；建设人才公寓14套、人才公租房80套，目前，已有5家企业高管人员入住人才公寓、80名紧缺急需人才入住人才公租房；对紧缺急需、重点产业引进人才，依不同层次分别给予10万元至50万元一次性购房补助。要关心人才需求，建立健全党委联系专家和党政领导干部直接联系高层次人才机制，为高端人才工作调动、户口迁转、配偶安置、子女入学、医疗保险、职称评审等方面提供全方位、保姆式服务，解决人才后顾之忧。

——摘自《三明日报》2017年9月13日第A2版

专 记

医疗一体化 群众得实惠

2017年，清流县医疗卫生体制改革向纵深推进，县委、县政府根据全国、全省卫生与健康大会精神和福建省、三明市《关于加快医疗卫生事业改革发展的实施意见》，围绕“抓改革、促发展、补短板、上水平”要求，先后于2月16日出台《清流县医疗卫生资源一体化管理方案》，10月11日印发《关于加快医疗卫生事业发展实施意见》，拉开医疗卫生资源一体化管理改革序幕，同时加大医疗卫生经费投入，补齐医疗卫生短板，进一步推进县域医疗卫生事业发展。

一、实行医疗一体化改革

整合、优化医疗资源配置。改革方案贯彻”保基本、强基层、建机制”的医改总体要求及“资源共享、权责清晰、统分结合、协调发展”的原则，构建以“县级医院为龙头，乡镇卫生院（社区卫生服务中心）为骨干，村卫生所为基础”的县乡村医疗卫生服务体化管理格局。以提升基层医疗服务能力为重点，按照“做强做大西医、做专做特中医、做精做细基层”的目标要求，深化县公立医院改革，推进县总医院建设。5月23日，龙津社区卫生服务中心从县中医院剥离搬迁并独立运营，6月28日，县医院和县中医院资源整合，县总医院和东院区（原中医院）正式挂牌成立。8月 29日，县总医院13个乡镇分院正式挂牌运营。

全面实施县乡村医务集团一体化管理。以逐步形成“基层首诊、双向转诊、急慢分治、上下联动”的就医格局为目标，建立“七个机制”（分工协作机制，发民激励机制，区域资源共享机制，现代医院管理和人才流动机制，双向转诊机制，业务指导和培训机制，全程健康管理和服务机制），保持“三个不变”（机构设置和行政建制暂时保持不变；承担基本医疗、基本公共卫生服务的职能和任务保持不变；财政投入保障机制保持不变）的紧密型医联体，推行“八个统一”（人力资源管理；医疗业务管理；财务制度管理；绩效考核管理；资源配置管理；集中采购管理；信息化建设管理；医保预付管理）管理，全县69个村卫生所纳入一体化管理。县总医院对全县医疗人力资源规划、人员招聘、培训与开发、晋升和继续教育、人事调配、员工关系管理、落实劳动纪律、绩效考核等实行统一管理。分院卫技人员调配使用，毗邻乡镇分院紧缺专业技术人员交流使用，总院中医、超声专业人员定期下派到分院帮扶。

二、提高医疗服务水平

实施疾病收付费制度改革。实施全病种付费，严格控制降低病人个人自付比例，规范医疗护理行为，减轻病人负担。2017年，县总医院门急诊次均费用119.6元，控制在市下达的指标范围内；基层门诊次均费用53.82元，比2016年减少1.28元；城镇职工医保住院病人次均费用自付比32.06%，比2016年下降2.26%。

严格执行医保报销政策。对目录内的中药饮片取消门诊起付线，医保基金报销80%。四是动态调整医疗服务价格。根据2016年9月起实施的第六次医疗服务项目价格调整，涉及131个项目，增加“药事服务费”，进一步优化医院收入结构。至2017年年末，县总医院纯医务性收入占医药总收入的43.03%，药品检查化验占比 50.98%，卫生耗材占医药总收入 5.99%，医药总收入增长控制在 9% 以内的合理范围；目录外用药占比控制较好，药占比（21.39%）和药品耗材占比（27.38%）在全市二级公立医院中均为最低，排名第一。医改工作平稳推进。

三、补齐医疗卫生短板

项目建设。2017 年，完成县妇幼保健院综合楼、疾控卫生监督综合楼和温郊、里田卫生院项目建设并投入使用。实施县医院提升工程，新建医疗综合大楼，实现人才、技术、设备等科学配置，避免重复建设，节约医疗和管理成本。该项目被列入省、市重点项目，总投资 2.8 亿元，完成方案设计、旧病房拆除、三通一平、地勘等前期工作。完成县总医院东院区改造，赖坊、灵地 2 个卫生院门诊病房综合楼主体封顶。县总医院及各分院共投入购买设备资金 1587 万元，引进 1.5T 核磁共振、彩超、脑立体定向仪等医疗设备。

学科技术协作。县总医院与三明市第一医院建立医疗联合体，并开展一系列学术交流和人才培养活动，市第一医院经常下派专家开展会诊、教学查房、手术演示、病历点评等帮扶工作。2017 年，县总医院积极开展医学科研工作，获国家发明专利两项。成功开展超声引导下臂丛神经阻滞、止血带在剖宫产术中的应用、锁骨下静脉穿刺置管术等 6 个新技术新项目，面向农村和社区推广雾化吸入法在儿科的临床应用、电子胎心监护等 12 个适宜技术，取得良好的社会和经济效益。对妇产科、儿科、消化内科重点学科实行“四优先”，即人才引进培养、设备采购、人员待遇、经费保障给予政策倾斜。全年派出重点学科技术骨干 26 人次到省市三甲医院进修儿科纤支镜、镜下治疗、产妇饮食指导等新技术、新项目。

发展中医药。整合两院中医药资源，合并康复医学科，东院区（中医院）突出体现传统的中医特色，广泛开展针灸、推拿、火疗、小针刀等疗法，开展煎药服务，中医特色诊疗进一步突出。中医药诊疗业务增长，全年康复门诊比 2016 年增长 25.3%。东院区（中医院）全年门诊中药处方比例占 67.3%，中药饮片处方占门诊处方总数的 40.9%，门诊 48735 人次，其中采用非药物中医技术治疗 5231 人次，占门诊总人次 10.73%。开展县乡中医药一体化管理工作，促进中医药医疗资源下沉，提高基层中医药服务水平，东院区及嵩口、长校等分院陆续建设中医馆。增设中医辨证论治费工分，提高中医医师工作积极性。着手布局“大健康”服务，设立治未病中心，开设亚健康人群中医药养生保健。

人才队伍建设。2017 年招录医学人才 8 名，引进医学硕士研究生 1 名；安排临床医学大专定向生 14 名，临床医学本科定向生 1 名；委托福建医科大学等 4 所省内本科院校和三明医学科技职业学院定向培养 8 名不同层次临床医学定向生；委托三明医学科技职业学院（宁化教学点）培养 7 名定向乡村医生。9 月，县政府出台《清流县乡村医生养老保障实施意见》，建立乡村医生准入和退出机制，解决乡村医生养老保障问题。

四、改革效果显现

县卫生和计划生育部门及医疗机构上下联动，通力协作，重点实施资源结构优化、医疗龙头提升、强基固本提质、中医振兴发展、公共卫生促进、人才队伍建设、智慧健康医疗七大工程，有序推进县乡村三级医疗卫生服务体系一体化改革，形成了以“县总医院为主体、乡镇各分院（卫生院、社区卫生服务中心）为骨干，村卫生所为基础”的医疗卫生工作新格局，在优化医疗卫生资源结构、提升基本公共卫生服务、提高群众看病就医获得感等方面取得了一定成效。

公益性质进一步显现。随着医疗卫生体制改革的深入推进，清流县资源结构进一步优化，公益管理体制有效回归。明确基层医疗机构的服务功能是为辖区内人民群众提供基本公共卫生服务和基本医疗服务。清流县 13 所乡镇卫生院、1 所社区卫生服务中心全部纳入政府管理和财政保障，人员经费、公用经费和培训费由县财政参照政府确定的全额供给的事业单位相关标准安排，纳入财政预算。收入结构更加合理。县总医院本部及东院区纯医务性收入增加，医院和医生的医技“含金量”显著提高。药品检查化验占比下降，医药总收入控制在 9% 以内的合理范围。

服务能力进一步提升。一是基层医疗和公共卫生服务积极性提高。2017 年县总医院组建后，强化基层医疗服务能力建设和公共卫生工作。对各级医疗卫生机构实行统一绩效考核，在核定的工资总额框架内，监督和指导各医疗机构根据绩效考核结果进行自主分配，提高医生积极性。通过乡镇公共卫生对口帮扶，后进乡镇进步明显，我县公共卫生工作在全市年终考评中，由全市倒数第一跃居第五名。二是县域内就诊率增高。三是双向转诊制度初步建立。落实病种下沉机制，制定双向转诊制度及流程，通过促进优质医疗资源下沉，提升基层医疗服务能力。建立病种分级诊疗目录，下沉病种 10 个。病人转诊减少，分级诊疗初显成效。2017 年，参保人员转诊率 4.34%，比 2016 年下降 0.84%；全县基层门诊 22.13 万人次，占全县门诊量 49.82%；基层住院增长 10.02%。基本实现“小病不出村，一般常见病不出乡（镇）、大病不出县”的目标，充分体现一体化管理后医疗机构的综合实力。全面启动契约式家庭医生签约服务。制定家庭医生签约服务政策，明确签约服务内容和范围、团队组建方式、签约服务形式和收费标准。全县签约率 38.04%、重点人群签约率 75.68%，建档立卡贫困人口和计生特殊家庭签约率 100%。

群众获得感进一步增强。一是医疗护理行为更加规范，医疗纠纷明显减少，医疗安全得到保障。基层群众就医更加方便。家庭医生签约服务铺开，基本公共卫生项目均等化不断夯实，重点人群健康管理水平得到提升。县总医院医师下乡巡诊形成常态，分院与总院药品目录相同，不仅方便了基层群众看病，也改变了基层群众的就医方式。患者就医负担减轻。

作为福建省内陆渔业发展的典型，清流县通过引进技术、优化品种和产业联动等方式，实现了山区淡水渔业的迅速崛起

尽渔事，发鱼财

福建日报社记者 程枝文 通讯员 吴火招 文/图

清流是山区小县，水域面积达7万多亩，加之拥有温泉、冷泉等丰富的地下水资源，当地很早就有养殖各种鱼类的历史。

早在宋朝时期，李家乡养殖的圆吻鲴（当地俗称"安子"）就很出名，在明代常被作为贡品。此外，在清流城关还曾有过"百亩官塘"的养殖基地大场景。目前，清流县淡水鱼养殖面积达5.8万亩，2016年渔业产量2.5万吨，产值4.2亿元。

传统养殖业如何适应现代市场竞争，成为一方富民主业？清流的答案是：走品牌化、高端化、生态化道路，让山区鱼游向八方。

科技领衔 传统产业重焕新生

2006年是清流渔业发展的一道分水岭。这一年，全省淡水渔业工作会议在这里召开。当时，全省其他地区的淡水鱼产业发展缓慢，清流却异军突起。省海洋与渔业厅相关负责人为此批示："淡水渔业有没有前景，清流作出了肯定回答。"

清流县嵩口镇沧龙村是典型代表。沧龙村有几千亩的水库消落区，非常适合养殖淡水鱼。然而，粗放的放养方式，让当地渔民没能挣得多少实惠。

转机出现在2004年。村民陈志仁返乡创业，利用九龙溪旁的滩涂地，辟出80亩鱼塘，养殖溪鱼。他引入推广池塘高效养殖技术、养殖水体在线监测技术，添置了增氧机、投饵机、智能化增氧设备等，迅速致富。

为更好地抱团发展，陈志仁很快牵头成立了沧龙渔业合作社，全村淡水鱼养殖面积一下子从200亩扩大到3500亩，入社的养殖户达到174户，鱼塘每亩利润从600元提高到3000元，年产值3500万元。沧龙村也因此成为"清流县淡水养殖第一村"。"过去这几年，我又引入'物联网+'技术和全智能化管理系统，养鱼成本不断下降，亩产量直线上升。"陈志仁说。

2009年，异军突起的"清流溪鱼"获评国家地理标志保护产品，随后又拿下GAP认证、国家级集体商标注册证，获评福建省名牌产品、福建省著名商标。

在成绩面前，科技创新并没有止步。2015年，沧龙村又率先在全省引进池塘工程化循环水养殖模式，将传统池塘的开放式"散养"升级为"圈养"。"圈养"水槽前端安装增氧推水装置，末端安装集污设施，加装在线监测设备，配套多项先进技术，形成一整套科技含量高的池塘循环水生态健康养殖系统。

"这样有利于促进渔业绿色发展、循环发展、低碳发展，对构建资源节约、环境友好、质效双增的现代渔业有重大意义。"清流县畜牧水产局副局长黄文华说，下一步将把这种模式在全县逐步推开。

品种优化 创制高端绿色路线

就在8月，位于清流县林畲乡的澳洲鳕鱼现代渔业产业园建成投用。可喜的是，首次投放的2.2万尾澳洲鳕鱼鱼苗和8000尾亲本，适应性正常。

黄文华告诉记者，这一高端鱼类品种是去年12月引进的，补齐优化了当地的高端鱼类品种。该项目总投资2亿元，依托省农科院农业工业化研究所的技术，建设集种苗繁育、养殖、加工等为一体的现代渔业产业园。项目分三期建设，第一期投资5000万元，建设1万平方米循环水养殖基地；二期投资7000万元，建设2万平方米种苗培育和养殖基地；三期投资8000万元，建设水产冷链加工及名优淡水鱼观光展示基地。

"选择在此落地建设，是因为这里的水资源好，在苗种培育、养殖技术、病害防治以及加工冰鲜等整条产业链各方面的基础也不错。"澳洲鳕鱼产业园厂长张晓峰说，澳洲鳕鱼适温性广，养殖技术相对容易掌

龙津河冬捕(2017年 林旭煌摄)

殖基础，吸引了大量的返乡创业人士。他们在当地试验养殖不同品种，包括新品种鲤鱼、泥鳅、南美白对虾、小龙虾、观赏鱼等。

“为加强监管，确保水产品质量安全，我们配套建设了水产养殖物联网平台。”黄文华说，一旦遇到养殖技术难题，可直接与专家组对接，进行视频“会诊”。

为促进下游产品开发，清流组建了多家水库小杂鱼加工企业，年加工生产鱼干、鱼圆等休闲食品近百吨，多家烤鳗厂项目也在紧锣密鼓地对接中。

特色渔业还得与生态旅游有机融合。据悉，清流县已成立3家省级“水乡渔村示范基地”，涵

握，公司全程帮忙监管，养好后公司也负责回收、加工和销售。

此外，清流县在鳗鱼养殖上也走在前列。清流水资源丰富且优质，温泉和冷泉均适合鳗鱼的养殖，特别是鳗鱼养殖需要根据不同环境给水加温和降温，当地丰富的温泉、冷泉资源降低了鳗鱼的养殖成本。目前，全县共有15家鳗鱼养殖场，工厂化精养池13万平方米，土池500亩，全县年产量2500吨以上，产值2亿元，居三明各县之首。

值得一提的是，清流县畜牧水产局要求所有进驻的鳗鱼厂必须进行环评，不使用锅炉加热水温，必须使用环保的电加热或者太阳能加热，这种领先的环保做法进一步擦亮了当地健康绿色的现代渔业招牌。

三产联动 拓宽产业发展空间

栽下梧桐树，引来金凤凰。清流县良好的渔业养

盖了冷泉、温泉和特色鱼种资源，打造了集观光、垂钓、美食和温泉养生等不同特色的现代休闲观光渔业基地，年接待游客近15万人次，年收入近5000万元。

为进一步做大“鱼”文章，清流还推出“溪鱼宴”“全鱼宴”。“当地人在溪鱼烹饪上都有一手绝活，我们为此成立了清流县溪鱼发展协会，对在溪鱼选材、烹饪上达到标准的餐馆进行授牌，目前省内外共有10家清流溪鱼美食馆。”黄文华说。

为让更多的人了解清流渔业，清流县目前正在策划一场大型“生态湿地露营骑游”活动。其中包含环湖骑游、临湖垂钓、星光露营、农特产品推荐、农家鱼宴等系列活动，通过活动带领游客感受当地最大水域面积九龙湖的生态之美，实地体验渔家生活、溪鱼美味，亲身领略闽水奇险的神秘与传奇。

——摘自《福建日报》2017年11月24日第3版

清流精准扶贫 招实有效：产业孵化，学本领促脱贫

福建日报社记者 项裕兴 通讯员 沈昌培 文/图

4日，在清流县林畲乡石下村贫困户张慧的花卉基地里，非洲菊、洋桔梗等鲜切花竞相开放，在冬日暖阳的照耀下，生机盎然，令人心旷神怡。

“扶贫基金为我担保了10万元的贷款，我把花种下，现在规模近10亩，每天都有收入，去年仅种植鲜切花纯收入就达到5万多元，让我摆脱了贫困。”看

贫困户张慧利用扶贫基金贷款建起了花卉大棚

爱珍豆腐皮产业孵化基地现场教授贫困户豆腐皮制作工艺

着遍地的花儿，张慧脸上满是喜悦。

清流县是福建省23个扶贫开发重点县之一。2015年三明市被列为国家扶贫改革试验区，清流被三明市列入精准扶贫试点县之一。脱贫攻坚路上，清流县积极探索精准扶贫新机制，通过家门口就业工程、量化折股、产业孵化等举措，精准帮助贫困户脱贫，一年来，已有1588名贫困人口实现脱贫。

家门口就业　实现真脱贫

农村人口致贫的主要原因是文化程度不够，就业渠道窄，为解决贫困户就业问题，清流县依据贫困户的生活技能，安排到园区企业工作，通过务工，得到相关的报酬，摆脱贫困。

林畲乡贫困户阳崇香，家中有年迈母亲，膝下有两个孩子在读书，家庭生活主要靠3亩多的土地收入，生活非常拮据，被认定为贫困人口。乡里扶贫办根据阳崇香的实际情况，将她安排到乡境内的怡达农业有限公司上班。

见到阳崇香时，她正在大棚里记录棚内温度。“在这里上班，每月工资2100元，还可以休息4天。”算下来，一年收入就是2.50万元，阳崇香通过家门口就业工程当年就可以实现脱贫。

“公司在清流发展，我们也要为县里精准扶贫工作尽点力，用工主要考虑贫困人员，目前公司已吸收5个贫困户就业。”怡达公司负责人檀宝林说。

位于清流县灵地镇的宏畅牧业有限公司是一家集肉羊养殖、加工、销售为一体的农业公司。县扶贫办将其列入家门口就业工程公司之一，通过“公司＋贫困户”的模式，无偿帮助贫困户改造羊舍，将肉羊领回去养，以实际增长的重量按市场价格回收。该公司负责人黄友志说，根据在册贫困户的需求，公司一年提供2批肉羊，以每批10头羊为例，一年就可养20头，按照每头羊半年增长20千克，以市场价格毛重15元1千克计算，贫困户年收入可达1.2万元，即可实现脱贫。

量化折股　增收助脱贫

清流全县建档立卡贫困村31个，其中空壳村23个。如何使贫困村、空壳村脱帽？该县实行股权投资、项目整合、扶贫基金、电商扶贫促增收行动计划，通过资金补助、设施租赁、信贷支持等措施，实现自主经营，逐渐形成投资收益，促进村集体增收。

嵩溪元山村是省级贫困村，今年县扶贫办注入量化折股资金80万元，村里将这笔扶贫资金作为股金投入到村级担保基金里，形成了130万元的基金担保规模，按照1∶10的份额，可担保贷款金额1300万元。村里与银行约定，收取利息返还，作为村集体收入增收。

去年初以来，该基金已担保贷款300多万元，按照股份，仅利息返还收入就达7万多元。

“7万多元的利息收入，并不是全部归村集体所有。而是村里提取50%，剩余部分平分给村里贫困户，这样一来，村集体增收了，贫困户还有红利，更重要的是这笔资金的注入，解决了贫困户发展生产资金的贷款担保难题。”元山村党支部书记马俊辉说。

村里贫困户张水根，想发展花卉种植，苦于没有资金，通过担保基金获得6万元的贷款，种植了4亩多的非洲菊，目前花已上市，每天可收入几百元。张水根说，除去归还银行的6万元贷款，当年纯收入就有3万多元，以后就是纯收入了。种植鲜切花，张水根当年就实现了脱贫。

除元山村以外，林畲石下村利用量化折股资金80万元，以每年村集体固定收入8万元入股龙泉鱼庄，发展电子商务，优先销售贫困户的农产品；赖坊镇陈家村利用量化折股资金建设茶叶加工厂房，作为村里固定资产，以租赁给福建双秋农业公司使用，每年获得固定的租金收入……

产业孵化 学本领促脱贫

“扶贫先扶志”，贫困群众只有彻底根除“等靠要”的观念，才能真正走上致富大道。为此，清流县扶贫办细致分析群众贫困原因，组织村民座谈，开展集体评议，与有关部门举办致富技能培训班，通过建立产业孵化基地，让贫困户在基地学本领，拓宽就业门路。

2012年，清流县引进闽晖农业发展有限公司，短短的几年，该公司已发展成省级农业龙头企业。去年，清流县扶贫办将清流县闽晖农业发展有限公司打造为精准扶贫孵化基地和精准扶贫示范基地。针对贫困农户缺资金、缺技术的现状，由乡扶贫办选出10户缺资金、缺技术的精准贫困户在公司基地实践种植花卉，公司负责种苗提供及技术指导，种出的花卉由公司包销，贫困户无任何风险，每年可直接获得每亩1.50万元的收益。贫困户学会花卉种植技术后脱离基地自行创业，空出的大棚由其他贫困户接替种植，由“输血”带动“造血”。

去年6月，贫困户舒庭金在10亩实验基地里分配到2亩地，9月就开始有了收获。“等以后自己创业，就有技术、资金基础了。到时候，我的产品直接按市场价卖给闽晖公司，即使市场行情不好，公司也会以兜底价收购。”舒庭金说。

“产业孵化，既可以解决贫困户无技术、无资金等问题，同时又让他们树立劳动致富的信心，掌握了花卉种植技术，还为今后建设自己的花卉大棚积累了经验。”清流县农业局副局长廖金辉说。 目前，清流县已建立花卉种植、豆腐皮加工、肉羊养殖等孵化基地16个，带动贫困户98户。

——摘自《福建日报》2017年1月12日第11版

宝岛农人清流收获好时光

清流台湾农民创业园获全国评比第三名

清流报道组 吴火招 文/图

近日，农业部办公厅、国务院台湾事务办公室秘书局公布全国29家国家级台湾农民创业园2016年台湾农民创业园发展建设第三方评价结果，清流台湾农民创业园考核结果优秀，排名第三位。同时，在农业部发布的2017年全国农村创业创新园区（基地）目录中，清流台湾农民创业园再次名列其中。

2009年5月，清流县经农业部、国台办批准设立为国家级台湾农民创业园，园区规划总面积21万亩，核心区面积5.6万亩，重点建设花卉苗木产业区、特色养殖区、农林产品加工区、生态休闲旅游区、生态茶叶产业区、高优果蔬种植区等6个产业区。几年来，通过深入开展闽台合作，园区产业功能日趋完善，特色产业日趋壮大。目前落户园区台资企业总数48家，总投资4.9亿元，产值达9.6亿元，涉及种植、养殖、旅游、农林产品加工等多个产业，清流成为三明市引进台资项目最多的县，被授予“全国农产品加工创业基地”、“海峡两岸科技产业合作基地”称号。

贴心服务、深耕合作、互动融合，清流台创园正在展示出勃勃生机。

贴心服务

8月16日，清流台商吴森源在台创园几名工作人员的帮助下，走访了嵩溪几个村。

吴森源来清流发展9年，创办了100亩兰花基地。经过对兰花8年的组培摸索，今年他把一些问题一项项克服了。“今年是个调整期，明年的产量会增加5至10倍，在质的方面也提高了精良单一品系的比重，所以基地面临场地问题。”吴森源想找适合的土地扩大规模。

“吴森源原有基地的用地已经饱和，周边都是山地，没有拓展空间，想在基地不远的地方找个早晚温差大、海拔够高、采光够好的地方扩大生产，我们带他去了嵩溪的阳坊、余坊、青溪、青山等村走了一趟，他对余坊村比较满意。”清流台创园副主任李光华说。

这是清流台创园对台商服务的一个缩影。

在优化台商投资发展软环境上，清流县实行挂钩联系制度，主动走访企业，对项目建设和生产经营中遇到的困难和问题，及时帮助解决，并实行前岗后哨的“一条龙”服务。

园区设立“台胞连心警务室”、涉台巡回检察联络点（室）、台创园司法服务联络点、12315消费维权服务站、工会联合会等，联合农业、土地、工商、台办、外事部门形成综合功能，共同服务台胞，让台商、台企收获大陆政策的红利，让他们只要到一处，就能解决所有问题。

“问题解决没话讲，常常都是主动来问，即使有时候是听说的问题也会来谈，并且马上办，办事效率一流，台湾都还做不到这一点。”当地政府的帮扶让吴森源信心倍增。近几年，他把云南、广东等多个基地转移到了清流。

深耕合作

今年73岁的马一坤是一名退休干部，一次偶然机会认识了台商简文通。2012年简文通在赖坊镇姚家村投资创办东方龙（清流）樱花生态科技有限公司，计划投资9000万元，建设2000多亩樱花种植基地、观光园。

“我是2013年7月去樱花园当副总的，因为简总经常回台湾，所以管理樱花园的事情都是我在帮忙。”马一坤说，自己一有时间就跟着简文通学习，从对樱花的一无所知到逐渐了解，再到兴趣浓厚，樱花的种植、栽培、管理和营销等技术，他基本都学会了。

公司去年新培育的大丰樱品种，马一坤也参与了。“这是把从台湾引进的早樱与本地赖坊大丰山樱杂交出的优良新品种，具有生长快速、开花期特早、花期特长（可达40天）、花色鲜艳、抗病力强等五大特点。”马一坤说。

2014年，马一坤在龙津镇庵背坑租了20亩山地，种植了多种台湾品种樱花，效益颇丰，通过卖苗，两年就把投资成本收回来了。

“像这样的合作关系，在清流非常多。”李光华说，自己前几天收到一名种植百香果果农的求助信息，是百香果挂果后出现表皮褐变的现象。

李光华立马打电话给台商吴嘉城，得到了很专业的回复，问题就此解决。“吴嘉城在果蔬种植和管理上技术响当当，与余朋百香源百香果种植基地有长期的技术合作关系，那里种植的百香果都是台湾品种。”李光华说，吴嘉城很热心，他从台湾带来的新品种，能赚钱的，都会带动当地农民种植。

灵台山葡萄种植园、丝瓜种植基地、三叶木通种植基地、东方美人茶油茶林下套种项目、泥鳅养殖等都是台商与清流本土企业深耕合作的结晶，清台合作正推动当地农业朝着多样化、现代化和休闲化方向发展。

互动融合

许良远是来清流投资发展的第一位台商，他注册成立的福建省清流桦信茶果开发有限公司，是当时福建省规模最大的农业综合开发有限公司，也是三明市首家农业综合开发有限公司。

“40出头来到清流，正是人生的美好时光，一晃就在清流奋斗了20多年。”许良远一边品着茶，一边颇感慨地说道。

在清流住了这么久，让许良远有了当地人的感觉，基地附近的村子里，谁家有喜事，或是村里过庙会，都会过来喊上他去家里热闹一番。而许良远也会按当地的风俗，该随礼的随礼，该庆贺的庆贺。

2015年底，清流县成立了台商联谊会，让清流台商更加有了家的感觉。

“虽然只是个小小协会，却是小而美。”作为联谊会的会长吴森源说，在资金、人力等样样不足的情况下，联谊会仍然能每个月每个台商轮流做东，让大家相聚在一起，互通有无，联络感情。

就在8月16日，做东的便是福建天宝信息科技有限公司，下一个月大家又相约聚在东方美人茶邓国光的茶楼。

“他们的聚会除了台商外，还有和台商合作的本地企业主与本地人，聚在一起，挺像我们本地赶庙会的。”李光华说。

“联谊会不能只是挂名，应该有贡献。”吴森源说，去年年底十几名台商联合起来，有种稻谷的、有做豆腐皮的、也有种菜的，整了350份新年礼包赠送给当地贫困户，让他们欢度春节。

“我们来这里多多少少要对清流有回馈，我兰花基地用的人工99%都是本地人，清一色，1个员工代表一个家庭，雇佣他们多少能为他们补贴家用，增加创业机会。”吴森源说。

据统计，台创园的闽台农业合作辐射推广面积3.5万亩，带动农户6000余户，增加就业1.10万人。

——摘自《三明日报》2017年8月31日第B1版

大 事 记

1月

3日　县政府和东莹化工有限公司举行环保型制冷剂生产项目签约仪式。县委常委、常务副县长刘远隆与东莹化工总经理马洪贵进行项目签约。该项目总投资3.1亿元，建设年产3万吨R32制冷剂和年产3万吨R410a制冷剂生产线各1条，并对原年产2万吨五氟乙烷制冷剂生产项目进行技改扩建，形成年产4万吨五氟乙烷生产能力。项目达产后，可实现新增年销售收入8亿元，创税6000万元。

4—6日　“清流县百万善款关爱留守儿童志愿活动”公益志愿者分别到林畲学校、里田学校、城关中学开展捐赠活动，为留守学生分发文化用品、保温杯等爱心物资。

10日　省宜居办检查组一行到长校镇检查验收“美丽乡村”建设工作。

11日　清流团县委携手新浪福建暖冬小队到温郊小学开展公益行动，为孩子们发放暖冬爱心包94个，内含羽绒大衣、棉裤、运动鞋、书本等，对其中两名特困学生加送被子和毛毯。

15日　三明市公立医院院长及总会计师目标年薪制考核小组到清流县开展考核工作，并在县医院举办“三明医改”政策解读专题讲座。县领导、县医改领导小组成员单位、县卫计局、县医院、县中医院、县妇幼保健院工作人员和各乡镇卫生院负责人约300人听讲。

16—25日　春节前夕，县红十字会联合县妇联、县计生协会、县工会、清流县爱心公益协会等部门，分赴各乡镇走访慰问25位“两癌母亲”和大病患者、困难计生户、特困孩子、孤寡老人，分别送上3000元、1000元、500元不等慰问金，分发省红十字会下拨的“博爱送万家”物资。

17—22日　实验中学6位老师参加中华家庭教育网第69期家庭教育讲师暨家庭和谐培训班。培训会上，实验中学与内蒙呼伦贝尔市陈巴尔虎旗民族中学结为家庭教育共建互助友好学校，海南省妇联李伍珍巡视员为两校授牌。

18日　央视CCTV《美丽中国乡村行》栏目制作的《台湾农业两岸行》节目之《两岸乡味》第五集《大山之恋》播出，展现国家级清流台湾农民创业园建设发展现状，重点介绍福建清流台创园白鹜鸭养殖全貌。

19日　“圆明重光”圆明园文化展在清流县林畲乡中华桂花文化园正式开幕。巡展时间为1月19日至4月18日，为期3个月。

20日　县委书记池芝发，县长张春华带领相关部门对节前食品安全、春运工作进行检查，走访慰问东莹化工、南方水泥、福建红火水泥等规模企业代表。

21日　县委书记池芝发带领县四套领导班子成员一行，到特殊教育学校开展春节前慰问教师活动，并送上慰问金5000元。

21日　县医院党员志愿者深入县城关老年安养中心，开展“县医院延伸服务，探索医养结合新模式”活动。为30多名老人免费开展体检、健康咨询、肢体康复训练及用药指导等服务，并为老人建立健康档案。

2月

5日　县人社局、总工会、民政局、残联、妇联、共青团、开发区管委会等单位在龙津广场举办2017年新春招聘会。16家企业进场招聘，提供就业岗位60余个，招聘员工513人，包括电子商务、旅游服务、机械操作、木工、化工生产、网络客服、工程技术等工种（岗位），以返乡农民工、大中专毕业生和农村富余劳动力、精准就业扶贫人员为主要应聘对象。有600余人次进场咨询应聘，现场达成就业意向200余人。

8日　三明市委书记杜源生率队到清流调研扶贫开发及项目建设工作。市委副书记黄建平，市委常委、秘书长王刚参加调研，清流县委书记池芝发、县长张春华陪同。

8日　住建部发布《关于公布第四批美丽宜居小镇、美丽宜居村庄示范名单的通知》，清流县赖坊镇南山村入选美丽宜居村庄示范名单。

9日　三明市科学技术局公布三明市首批工程技术研究中心名单。清流县鑫磁线圈制品有限公司申报的“三明市磁件工程技术研究中心”名列其中。

9日　全县出现大范围降温天气，莲花山最低气温达-7.2℃，凌晨出现雾凇。

13—14日　县委书记池芝发、县长张春华率党政考察团赴将乐、沙县、梅列学习考察，学习兄弟县（区）招商引资、项目建设、民生事业、城市建设等方面的经验和做法。县委、县政府领导班子，县人大常委会、县政协主要领导以及各乡镇党委书记、乡（镇）长、相关部门负责人参加学习考察活动。

13日　省农业厅公布2017年省级现代农业产业园“3211工程”名单，清流县大丰山蛋鸡现代产业园入选畜禽现代产业园项目。

14日　县卫计局组织县妇幼保健院、县疾控中心和龙津镇卫计办等在龙津广场开展流动人口关怀关爱暨健康促进活动。活动现场提供健康咨询50余人，提供免费义诊100余人，免费发放避孕药具 500余盒，发放健康三明系列丛书200余册。

19日　县台商联谊会在赖坊镇樱花基地举办“烧酒会”暨“清台两岸交流座谈会”。在清台商及三明、建宁、沙县、连城等市、县会员50多人欢聚一堂，赏樱花、叙友情，谋发展。县委副书记李光明、县委统战部长郭芳及台办、台创园等单位负责人参加此次活动。

20日　县法院执行局举行涉民生执行案款发放仪式，为20名农民工发放拖欠工资款46万元。

27日　县公安局召开“打黑恶•缉枪爆”专项行动工作新闻发布会，县委报道组、清流县电视台、清流县广播电台3家新闻媒体及微型公众号“清流人”等应邀参加会议。县公安局党委委员、副政委苏联辉发布县公安局贯彻落实全省“打黑恶•缉枪爆”专项行动的工作部署、开展情况和取得的阶段性成果。全县收缴枪支56支，黑火药1千克，子弹52发，废弃枪管3支，收缴烟花爆竹9件，抓获涉枪涉爆逃犯2名，破获非法制造枪支弹药案1起。

28日至3月1日　县委书记池芝发率队赴厦门开展项目对接活动。县委常委、常务副县长刘远隆，县经信局、国土局、商务局和贸促会主要领导参加活动。

3月

1日　县委宣传部在清流县城关中学举行以“保护红色遗址、利用红色资源、传承红色基因”为主题的红色文化进校园启动仪式，组织全体师生开展“学习宣传《三明市红色文化遗址保护管理办法》、保护红色遗址、弘扬红色基因”签名活动。县委宣传部、县教育局、城区学校代表参加启动仪式。

同日　清流县县、乡河长制办公室揭牌成立，标志着清流县全面深化河长制工作正式启动实施。

3日　县委宣传部、县委文明办、县志愿者协会联合举办清流县首届志愿服务“三个最美”先进典型表彰大会。三明市委宣传部调研员陈里平，县委常委、宣传部部长廖祥初、县政府副县长周美华等出席大会，参加表彰大会的还有各乡镇、各新创省市级文明单位（学校）分管精神文明工作的领导、龙津镇4个社区书记以及受表彰志愿者150余人。大会表彰首届“最美志愿者”12名、“最美志愿服务工作者”10名、“最佳志愿服务组织”10个。

6日　县公务用车制度改革领导小组委托福建中拍拍卖有限公司在县公共资源交易中心举办第一场公车改革取消车辆拍卖会，拍卖车改公车19辆，拍卖总额63.1万元。

7日　县四套班子领导带领全县机关、企事业等23个单位的干部职工及青年志愿者300余人，到昊天油茶基地参加义务植树活动，共种植油茶3000余株。

9日　嵩口镇举办扶贫光伏发电项目剪彩仪式。该项目总投资25万元，装机容量30千瓦，每天可发电120千瓦至200千瓦，每年村财为此增收4万元。

9日　清流县中燃天然气工程竣工并正式通气点火。

11日　厦门大学附属第一医院、厦门市红十字会到清流县开展“救心行动革命老区行博爱义诊”活动。厦门大学附属第一医院心脏科专家为到场的22名心脏病患者做心脏体检，普及相关知识及注意事项，并进行现场答疑。与7位“先心”（先天性心脏病的简称）患儿家长达成手术意向。对2016年已定向实施救助的“先心”患儿进行回访。厦门市红十字会向“先心”患儿捐赠衣服、鞋子等爱心物资。

15日　县市场监督管理局联合县农业局、电信局、烟草局等10多个部门，开展“网络诚信、消费无忧”3.15集中宣传活动，先后到佳嘉惠超市、县实验中学宣传食品安全相关知识。依法对2016年以来执法行动中收缴的假冒伪劣商品进行集中销毁，包括假冒天之蓝、海之蓝名酒9件54瓶，劣质药酒8瓶、劣质竹筒酒136瓶、假冒电视卫星接收器、解码器、锅面等18台价值总计近4万元。

17日　县妇联举行“贫困母亲

两癌（乳腺癌和宫颈癌）救助”中央专项彩票公益金发放仪式，为18名“两癌”贫困母亲各发放救助金1万元，计18万元。

18日　清流泉州商会响应县委、县政府精准扶贫号召，向田源乡田源村捐赠扶贫款5万元、向县妇联捐赠春蕾助学金5万元。

22日　三明市政府党组成员陈瑞喜率市委市政府开展脱贫攻坚“春季攻势”调研检查组到清流县林畲、嵩溪、嵩口、龙津等乡镇进行调研检查。县委书记池芝发、县长张春华等陪同。

24日　县长张春华、副县长江勇、县商务局有关人员到三明惠农电商双创园交流学习。

24日　县首个“儿童快乐家园”项目落户龙津镇凤翔社区。省妇儿基金会统一配置儿童读物3000余册、文体用品20多个种类100余套，价值10万元。

30—31日　三明市小学英语（闽教版）优质课评比暨教学观摩研训活动在清流县实验小学举行，活动主题是“基于课标下的小学英语表达能力的教学模式”。来自清流、明溪、宁化、将乐、泰宁和建宁的6位选手参加优质课评比。市教科所、普教室的领导和各县（市、区）的小学英语教研员及一线教师近100人参加这次活动。最终评出一等奖两名，二等奖3名。活动还邀请北京教育学院教授付学军作专题讲座《小学英语教学设计策略》；明溪县教师进修学校邓金兰老师作题为《小学英语课堂教学存在的问题与对策》的专题讲座。

31日　清流县经济开发区与厦门丰锐电子科技有限公司举行电子包装材料和五金生产项目签约仪式。县委书记池芝发，厦门丰锐电子科技有限公司董事长江志锋出席签约活动。该项目位于城南区，总投资5000万元，规划用地0.67公顷，建设年产载带1.25亿米，胶盘12万个，盖带加工100万盘生产线。项目投产后，年产值可达5000万元，年创税300万元以上。

4月

6日　县人社局在龙津广场开展清流县2017年就业创业政策宣传活动。向群众宣讲社会保险补贴、创业场地租金补贴、创业担保贷款贴息、失业保险稳定岗位补贴、失业保险政策等就业创业政策，提供咨询服务100多人，发放宣传单400余份。

12日　三明市政协主席朱昌贤到清流县调研。市政府党组成员陈瑞喜、清流县委书记池芝发等陪同调研。

13日　县政协组织卫生、农业（扶贫）、科技、科协、文化等部门科技人员，到李家乡为贫困群众开展“送技术、送义诊、送文化”活动，县农业局（扶贫）工作人员向贫困群众宣传扶贫政策和农业实用技术。

18日　省教育厅组织7名教学名师，到清流实验小学开展“送培下乡”活动。活动涵盖语文、数学、英语和音乐等多门学科，通过示范课、听课讲评、开专题讲座等多种形式，对来自全县各乡镇小学骨干教师近80人进行培训学习。

24日　台湾新北市金山朝天宫主任委员陈德福一行40余人到清流参观访问，并在嵩溪龙山妈祖宫举行妈祖祭拜仪式和系列文化交流活动。

27日　尤溪县委书记、县人大常委会主任杨永生，县长廖金辉一行就党风廉政教育工作到清流县考察学习。清流县委书记池芝发、县长张春华等陪同考察。

28日　清流气枪厂有限公司与香港朗瑞国际有限公司签署世际环球塑胶弹生产线项目。该项目拟投资1.80亿元，其中计划利用外资5000万元，建设年产5000吨塑料弹生产线。是清流县2017年引进的第4个外资项目。

5月

1—2日　泉州南安市洪濑商会商务考察团到清流县考察，县委统战部部长马方明，县政府常务副县长刘远隆陪同考察。

同日　清流县种苗花卉管理站配合福建农林大学在嵩口镇邱寨村平窠开展野生兰科植物虾脊兰资源调查。调查地点平窠位于北纬26°10′39″、东经116°58′45″，海拔高度550米。调查发现虾脊兰属植物分布193株，可确定的种有钩距虾脊兰，此外在该区域还发现有丰富的春兰、建兰、寒兰、金线兰等兰科植物资源。之前并未有虾脊兰在清流的记载。

7日　三明市政协、农工党市委会组织的科技、文化、卫生“三下乡”活动在林畲乡举行。来自市第一医院、中西医结合医院、心理健康协会的专家共接待咨询问诊300余人次。活动发放科学种植、生态养殖、健康养生等科普图册4000余册。农业组专家深入种养基地，为村民讲解果树、花卉种植以及淡水养殖等技术方法，答疑释惑。

8—9日　农业部畜禽产品质量安全监督检验中心到清流县开展畜禽产品抽样监测工作，省农业厅农产品检测中心、三明市动物卫生监督所、县畜牧兽医水产局相关人员陪同检查。

14日　“健康家庭、健康中国”2017年国际家庭日宣传活动（福建）暨三明市人口文化艺术团到清流县慰问演出。省卫计委副主任、省计生协会常务专职副会长阮诗玮，市卫计委主任蔡金明，县长张春华等领导参加活动。省、市、县领导为全县20户计生幸福家庭代表授牌，为10户受助母亲发放幸福工程帮扶款，为20名计生贫困母亲发放慰问金。并通过专家义诊、政策咨询、发放药具和宣传资料等方式，向群众宣传重视家庭建设、促进家庭健康的理念和知识。

13—14 日　全县第一届小学生规范汉字听写大赛在清流县城关中学举行。全县 15 所小学 75 名学生参加比赛。

18 日　清流县举行 Hellobike 共享单车投放运营发布会，首批 300 辆共享单车正式向市民开放。该项目是县委、县政府 2017 年为民办实事项目之一，也是推行绿色低碳环保出行、降低能源消耗、减少空气污染的有效举措之一。清流成为全国首个引进共享单车的县城。

23 日　清流县龙津社区卫生服务中心举行揭牌仪式，标志着龙津社区卫生服务中心从清流县中医院剥离，开始独立运行。

24 日　三明市副市长张元明带领市医改领导小组到到清流县调研指导医改工作。清流县领导张春华等陪同。

25 日　福建双叶生态农业科技股份有限公司在海峡股权交易中心举行专场挂牌鸣锣仪式。清流县委常委、副书记李光明，县委常委、统战部长马方明等到场祝贺，与海峡股权中心、双叶公司、所罗门投资有限公司等近 100 人共同见证双叶公司具有里程碑式重要意义的一刻。

26 日　集美区副区长李宗泽率区党政代表团到清流县开展山海协作联席活动。代表团一行在县领导谢锦山、刘远隆陪同下，先后考察走访灵台山生态农业科技园、长校镇河排美丽乡村示范点、灵台山客家文化馆、集美（清流）山海协作共建产业园等地，听取相关情况介绍，并就“山海协作”工作进行对接。

5 月　省扶贫“两会”向挂钩帮扶村清流县龙津镇下窠村捐赠并免费安装价值 5 万余元的儿童户外游乐设施。

6 月

1 日　县长张春华、副县长周美华到城关小学、实验幼儿园、特殊教育学校等看望慰问少年儿童，并送上节日慰问金。“六一”儿童节活动期间，各乡镇中小学校开展森林“小卫士”评选表彰活动，通过森林防火知识竞赛、写一篇有关森林防火作文、出一期森林防火黑板报、把森林防火法律法规带回家等形式开展评选。全县表彰森林“小卫士”160 名，其中中学生 30 名，小学生 130 名，并为获奖的学生颁发森林“小卫士”奖状和奖品（书包、笔盒、笔等学习用品）。

1—2 日　市政协主席朱昌贤一行到清流县检查指导防汛工作。县长张春华，县委常委、纪委书记陈孝秉，陪同检查。

7 日　农业部发布 2017 年全国农村创业创新园区（基地）目录，清流县台湾农民创业园名列其中。

8 日　清流县举行“禁毒影片进百村活动”启动仪式。副县长、禁毒委副主任江勇，县公安局局长、县禁毒委副主任董美华等相关领导参加仪式。董美华为禁毒影片放映队授旗。随后，县文体广电出版局农村公益数字电影放映队结合农村电影放映“2131”工程，到 13 个乡（镇）111 个行政村开展“禁毒影片进百村”大型禁毒宣传活动。

9 日　清流高速征管所、高速交通执法中队、高速交警五大队一行走进实验中学，利用展板、讲座、发放宣传材料等形式，开展高速交通安全宣传，受教育师生 2000 余人。

10 日　由林畲乡人民政府主办的“苏区门户　原乡生态——清新好林畲”一日游拉开帷幕。活动吸引来自周边县市游客 300 名，活动内容有苏福茶园品茗茶、观摆字龙、赏旗袍秀；闲游中华桂花文化园；拜访毛泽东旧居、红军医院遗址；游览怡达兰花基地；登临仁寿峰，访古道、拜古佛、俯瞰林畲，以及打糍粑等民俗体验活动，红歌会表演等。

12 日　省政府发布 2016 年度福建名牌产品的通知，经省名牌产品评定工作会议审定，清流县福建省双秋农业有限公司生产的“双秋”茶叶（乌龙茶、红茶）、福建省宏硕生态农业发展有限公司生产的“宏态”牌白鹜鸭、清流县闽晖农业发展有限公司生产的“闽晖”牌鲜切花（非洲菊、玫瑰及百合）3 项产品获“2016 年度福建名牌产品”称号。

13 日　由三明市文化广电新闻出版局、邯郸市文化广电新闻出版局主办，三明市非物质文化遗产保护中心、邯郸市非物质文化遗产保护中心、清流县文体广电出版局、清流县非物质文化遗产保护中心承办的“邯郸、泉州、三明”三地非遗展演在清流县电影院举行。

15 日　由省农业厅、省体育局、省农民体育协会主办的 2017 年福建省全民健身运动会首届农民健身操（舞）大赛在泉州市举行。清流县代表三明市参赛，在规定套路比赛中获一等奖，自选套路“山丹丹花开红艳艳”获三等奖。

13—16 日　参加第九届海峡论坛的台湾青年农民中华农耕文化福建行考察团，到清流台湾农民创业园区考察交流。考察团一行先后到清流森源兰惠、东方龙（清流）樱花生态科技有限公司、东方美人（清流）茶业有限公司等地进行实地考察。

17 日　清流县政府与福建千叶百肽生物科技有限公司举行蔬菜萃取纯植物性一氧化氮供体项目签约仪式，县长张春华、县人大主任张仕权、县政协主席邓炳辉、县委统战部长马方明等领导和千叶百肽公司董事长庄为觉博士出席签约仪式。该项目拟总投资 1 亿元，其中计划利用外资 2000 多万元，建设种植基地面积 66.67—133.33 公顷，厂房与配套基础设施 1 万平方米，以及纯植物性一氧化氮供体萃取生产线、口服液生产线、纤维饲料生产线、固体饮料、食品、压片糖生产线等。

17日 县文体广电出版局“星娃”艺术团派出51人参加“舞动中国—排舞联赛”（福建赛区），获幼儿组（大集体）规定曲目、串烧曲目、自选曲目3个第一名；小学乙组（大集体）规定曲目、自选曲目和小学乙组（小集体）串烧曲目3个第一名；获幼儿组和小学组团体总分两个第一名；洪巧明获优秀教练员奖。在单人赛角逐中，“星娃”艺术团陈欣悦获幼儿组单人曲目第一名；陈俐萱、马菡攸分别获小学乙组单人曲目第二、三名；黄佳琪、陶婉翊获小学甲组单人曲目第二、三名。

18日 县委常委、常务副县长刘远隆，副县长胡立峰率团参加第十五届中国•海峡项目成果交易会。清流县对接项目62项，总投资10.28亿元；邀请重要参会专家、客商6人，组织春舞枝花卉、苏福茶业、伊科电子、双叶猕猴等参展企业4家，参展产品4类36种。

20日 “福建省百侨百企科教扶贫助学行动”走进清流、走进林畲学校，向贫困留守儿童赠送书包、羽毛球拍、乒乓球拍、篮球、足球等学习与运动用品。

20日 三明市党风廉政新闻宣传工作会议在清流县召开。清流、宁化、永安等县（市、区）纪委分管领导、宣传部长和从事宣传报道工作人员出席会议。

21日 清流县教育局与福州金桥学校举行合作办学签约仪式。教育局局长江长文、福州金桥学校校长康泽宇代表合作双方在合作办学协议上签字。县教育局将原清流二中交予福州金桥学校办学，采取民办学校教学模式。项目总投资1亿元，前期投资1000万元。计划办学班级30个，招生1200人。

26日 县公安局治安大队联合田源、沙芜派出所民警，上门为辖区居民免费安装县第一批二维码门牌。居民通过手机微信扫二维码可实现一键报警、租赁房屋申报、居住证办理、第三方缴费等服务。

28日 清流县总医院揭牌成立。县长张春华、县委宣传部部长廖祥初、副县长周美华出席揭牌仪式。组建总医院是实现“医疗、医保、医药”三医联动改革向纵深发展，优化医疗资源配置，推动分级医疗和双向转诊落到实处的一项重大改革。

7月

6日 清流县林畲乡第一次归侨侨眷代表大会召开，参会归侨侨眷代表31人。市侨联主席关文良，县委常委、统战部部长马方明到场祝贺，并为清流首个乡镇侨联——林畲乡归国华侨联合会揭牌。林畲乡为传统侨乡，出国人员200多人，侨眷1000多人，主要分布在意大利、匈牙利、奥地利等国家和地区。林畲乡侨联的成立为地方党委、政府联系广大归侨侨眷搭建了桥梁，在引资引智、为侨服务、海外联谊等方面将起到积极作用。

12日 三明市副市长、市公安局局长陈育煌到清流调研督导公安工作。县长张春华等陪同调研。

14—16日 县委书记池芝发、县长张春华带队赴杭州开展氟化工专场招商活动，邀请三明市经信委副主任郭明星、中国氟硅有机材料工业协会副秘书长董明、副秘书长胡锡云以及全国氟化工领域较有影响力的客商代表100余人参加招商推介会。经对接洽谈，就氟化工领域签订合作协议5项，总投资额6亿元。

14—16日 福建医科大学研究生院“健康护航”实践队到清流县田源乡、长校镇开展暑期社会实践活动。

15日 中国老区建设促进会副秘书长宋红蕾一行到清流县调研脱贫攻坚工作。省人大原副主任、省老促会会长谢先文，市老促会会长阎伟强陪同调研。

19日 解放军一七四医院夏继斌主任及专家医疗队一行到嵩溪镇开展义诊惠民活动。

19日 省政协副主席陈绍军率调研组一行，到清流县开展“提升水产品食品安全保障水平”民主监督专题调研。三明市政协副主席伍成康，县委书记池芝发等陪同调研。

20日 清流县灵地镇益晟农林有限公司迁移基地红线内一万多棵树，支持县域内铁路工程顺利进场建设，为铁路建设“让路”。

21日 清流县在集美（清流）山海协作共建产业园项目现场举行第二季度“五比五晒”重点项目集中开工奠基仪式。县长张春华等在家的党政领导班子及县直有关部门、各乡镇主要领导出席开工仪式。

28日 县政府公布第一批历史建筑名单，旨在加强对具有一定历史、科学、艺术等价值的历史建筑的保护与管理。首批公布的祖驯公祠等13处明清建筑分布于长校、灵地等8个乡镇。

30日 清流县组织开展“学讲话学先进，争做政治合格的表率”主题党日系列活动。张春华、张仕权、邓炳辉等在家的四套班子领导以普通党员身份前往李家乡李彬先进事迹展览馆参观学习。

7月 县职业技能实训基地被省人社厅、省财政厅评为二类职业技能实训基地，补助经费250万元。

7月 县金春源生态农业公司新引进台湾红心火龙果试种成功。

8月

3日 广东明溪商会会长邱侦文、广东清流商会会长尤贵成等人组成考察组，到清流县沙芜乡考察九龙湖旅游投资项目，清流县工商联等相关部门负责人陪同。

4—5日　三明市青年企业家协会一行38人在团市委书记余志伟等带领下到清流县进行投资考察。县委常委、统战部部长马方明陪同考察。

7日　县计生协会举行“创建幸福家庭活动——生殖健康援助行动‘蓝氧’项目启动会”。该项目由中国人口福利基金会以公益支助方式提供先进技术设备，依托县妇幼保健院为育龄妇女提供“蓝氧”治疗。对该项目前3000个治疗包内的治疗对象实行免费政策。免费对象包括低保户、建档立卡贫困户、独生女、农村二女户、计生特殊家庭、低收入残疾计生家庭、“幸福工程”项目受助户、县内流动人口计生困难户已婚育妇及部分计生女工作者。(“蓝氧”治疗是通过蓝氧发生器产成高浓度的气浆态的蓝氧溶液，可以2—5分钟就杀灭有害细菌，有效率99.90%，治愈率96.70%，是当前被认为最有广阔应用前景的治疗手段之一。)

8日　长校镇政府与福建昌昊盛园养老产业开发有限公司签订《清流县里山秐居康养旅游度假项目投资合同》，县政协主席邓炳辉，县委常委、政法委书记欧阳圣雄等参加签约仪式。

9日　第四届全国地方志优秀成果（年鉴类）评比结果揭晓，清流县地方志编纂委员会办公室编纂的《清流年鉴（2015）》获全国地方志优秀成果（年鉴类）二等奖。

19日　多氟多股份有限公司技术总监薛峰峰一行在市经信委原材料科科长陈永贵陪同下，到清流县考察氟化工产业项目。

21日　清流一中举行新校园揭牌仪式，标志着清流一中新校园正式投入使用。县政府副县长周美华在仪式上致贺词。新一中项目是县委、县政府坚持“教育先行”、实施“科教兴县”战略的一项民生工程，校园占地面积9.11公顷，总建筑面积50079平方米，主要建筑包括教学楼3幢，学生宿舍4幢，行政办公楼、科技楼、图书馆、体艺馆、食堂(人才保障用房)各1幢，标准运动场1个，有教学班72个，可容纳学生3600人，项目总投资逾2.20亿元。2013年3月开工，2017年1月竣工验收。

29日　清流县总医院嵩溪、李家等13家分院正式挂牌，标志清流紧密型医联体完成组建，正式开启医疗资源县乡村一体化管理模式。

29日　广东清流商会会长尤贵成携广东狮子会感恩服务队一行到清流开展助学扶贫捐赠活动。为40名贫困学生每人发放1000元助学金，计4万元。

8月　福建水利电力职业技术学院信息工程系师生一行22人，到嵩溪镇开展主题为“喜迎十九大·青春新建功”的大学生“三下乡”志愿服务活动。活动共服务接待群众1000余人次，发放问卷200份，收回有效问卷180份，发放宣传单2000多份，义务维修电脑3台。志愿者们还进村入户慰问困难同学1名及建档立卡贫困户4户。

8月　市政协副主席包萍带领调研组一行13人到清流县开展“推进禁毒工作社会化”调研。

9月

5—7日　清流籍田径运动员葛曼琪在第十三届全国运动会上夺得田径女子200米铜牌和女子4×100米接力赛金牌。

13日　省关工委“福光助学金”发放仪式在清流一中举行，省关工委副主任、福光基金会副主任黄常谔，省关工委委员、福光基金会副主任张光倬，县关工委主任许天赠，县政府副县长周美华出席发放仪式。首次获福建省福光基金会资助高一学生10名，每年每人获资助2000元，连续3年。

16—17日　国务院安委会第六督查组到清流县对安全生产大检查工作进行综合督查。省安监局、煤监局局长郑李亭，市长余红胜，市委常委、政法委书记纪熙全，县领导张春华等参加安全生产大检查综合汇报会议并陪同督查。

17日　县委书记池芝发，县委常委、常务副县长刘远隆参加三明市在厦门召开的市团座谈会暨项目签约仪式。刘远隆与厦门国安达股份有限公司董事长洪伟艺在台上签约“年产1500吨七氟丙烷项目”。

27日　嵩口镇围埔村举行长段洲大桥通车仪式。长段洲大桥于2016年11月动工建设，全长46米，宽8.5米，工程总预算158万元。大桥连接贯通围埔村3个村民小组的交通，同时缩短了围埔至沧龙河前组路程，便利2村4个村民小组1000余人出行。

28日　“2014—2016年神农福建农业科技奖”评选结果揭晓。由宏畅（福建）农牧科技有限公司、福建农林大学动物科学学院、清流县畜牧站等单位完成的“南方清洁型羊舍关键技术研究与集成应用”项目获三等奖。

30日　由县委、县政府主办，县纪委、组织部、宣传部、县文体广电出版局承办的“喜迎十九大　清流清风扬”廉政文艺晚会在县影剧院举行。三明市纪委副书记黄惠元、市纪委常委张连，清流县政府县长张春华、县人大常委会主任张仕权、县政协主席邓炳辉等领导出席晚会。

10月

2日　广东三明商会秘书长叶国强先生、佰匯皮革有限公司邱海荣先生一行回乡考察项目投资环境。与县商务局就三叶木通果酱、榨油、果皮茶等深加工方向以及种植规模、地点、厂房建设等进行商讨，并先后考察县经济开发区以及部分闲置资产。

12日　幸福工程福建省组委会《为了贫困母亲的微笑》专题纪录片摄制组到清流采风。

17日　县农业局邀请福建省农科院、福建农林大学的4名专家、教授组成验收组，到里田乡洋庄村粮食产能区开展现场测产验收。专家组经田间考察，在福两优366百亩示范片选择出有代表性的田块3丘，每块田实割0.1亩，经测产验收，示范片平均亩产677.37千克，增产显著。2017年，县农业局在全县建立粮食产能区52片，总面积3200公顷，其中重点示范片面积1660公顷。

20日　清流县被省农业厅、省财政厅列入“省级现代畜禽产业园创建”备选名单。

20日　全国老龄办公布2017年全国“老有所为”先进典型人物推选结果，清流县城关老人协会理事长巫正根榜上有名。

23—24日　省政协副主席陈绍军率省政协教科文卫体委员会、省住建厅、省农业厅等省直对口帮扶单位领导，到清流县开展经济社会发展和脱贫攻坚工作调研，协调推进清流产业发展和脱贫攻坚工作。市政协副主席陈欣，县领导池芝发、张春华、邓炳辉、李光明等陪同调研。

27日　国家林业局林改司副司长、林业产业工作领导小组办公室副主任李玉印，省林业厅副厅长欧阳德到清流县调研花卉苗木产业。县委副书记李光明、副县长邹卫东等陪同。

30日　市政协主席朱昌贤到清流宣讲党的十九大精神，县委书记池芝发、县政协主席邓炳辉等县委理论学习中心组成员，及县直有关单位负责人参加学习。

11月

1日　省人大常委会党组副书记、副主任苏增添到清流县宣讲党的十九大精神，市人大常委会主任徐铮、副主任刘万年、副市长林俊德，县委书记池芝发等县领导参加学习。

1—3日　县委副书记李光明带领县环保局、商务局、贸促会一行人会同省商务厅美洲大洋洲处赴上海开展招商活动。

3日　三明市谢安平名师工作室“让学习真实发生”专题教研展示活动在清流县实验小学学术报告厅举行。活动以现场授课、讲座和集体研讨方式进行。来自“谢安平名师工作室”各市县的成员以及清流县教师进修学校教研员、城区及各乡镇小学教师代表近百人参加活动。

4—5日　清流县城关中学代表队选送的节目《瑶族舞曲》在三明市中小学生合唱和管乐比赛中获中学组管乐二等奖（县级校第一名）。

6日　县委书记池芝发、县长张春华率团参加第十三届海峡两岸林业博览会暨投资贸易洽谈会。清流县完成签约项目7项，项目总投资9.93亿元（其中台资1600万美元，港资600万美元），投资5亿元的朵伶朵俐餐饮项目和投资1亿元的免漆生态板生产项目在林博会项目签约仪式上签约。林博会期间，清流县组织30家企业36种产品参加展示展销，现场交易金额214.5万元，完成林博会产品订货贸易额1.36亿元；参展的九利油脂有限公司的“9利”牌茶籽油、耿道理生物科技有限公司的文心兰、清龙生态兰花有限公司的清花蝶3种产品获林博会金奖。

8日　2017年度黄仲咸教育基金会奖学金发放仪式在清流一中举行，奖励品学兼优学生90人，共计9万元。

8日　清流消防大队在龙津广场举办县首个“119”消防宣传月文艺汇演。

11日　“环中央苏区·2017中国·福建·清流全民健身骑游文化节”暨“全国山地自行车赛”开幕式在县龙津广场举行。三明市副市长张文珍、省市体育局领导、清流县委书记池芝发，以及著名自行车运动员王祯出席活动开幕式。比赛由省体育局指导，省旅游发展委员会支持，三明市政府主办，省社会体育指导中心、省铁人三项运动协会、三明市体育局、清流县政府承办。开幕式后，进行4.6千米荣誉骑行。

15日　清流县设立全省首个生态综合执法大队检察官办公室并正式揭牌成立。

15日　县纪委9家派驻机构正式揭牌授印。县委常委、纪委书记陈孝秉出席揭牌仪式。

18—22日　第十九届海峡两岸花卉博览会在漳州东南花都举行。清流县组织清龙生态兰花、鑫瑞花卉合作社、鸿翔农庄、健宇家庭农场4家花卉企业、42件展品参与国兰、鲜切花两大类评奖，获3金3银4铜。

19日　第二届清流太山畲族风情旅游文化节在余朋乡太山畲族村举行。文化节以庙会节庆为平台，举办“过火山”“舞龙摆字”“竹竿舞”，观畲族礼，听畲族歌，品畲家美食等各种畲族民俗活动，吸引各地游客3000余人前往观摩、游玩。

20日　市委宣讲团成员、市委副秘书长、政研室主任郭亚兴到清流县开展十九大精神宣讲活动。县四套班子领导，原任副处级以上离退休干部代表，各乡（镇）党委书记、乡（镇）长、宣传委员，县直各部、委、办、局主要领导，省、市属各单位负责人，企业代表等聆听宣讲报告。

20—21日　县公安局城关派出所连续抓获邹某文、邹某富、江某3名吸、贩毒违法犯罪嫌疑人，依法扣押冰毒2.5克和吸毒工具。

22日　县畜牧站被全国畜牧总站授予2017年“全国畜牧（草原）技术推广示范站”。

23日　省禁毒总队副总队长蔡祖荣在市局禁毒支队支队长庄建敏和市禁毒办专职副主任阮明宝陪同下，到清流县三明市毒品预防教育示范校——清流县实验中学检查毒品预防教育工作开展情况。

28 日　举行县工人文化宫及综合档案馆项目奠基仪式。市总工会副主席张素梅，县委副书记李光明等出席奠基仪式。

12 月

1 日　县疾控中心联合县妇联在龙津广场开展主题为“共担防艾责任 共享健康权利 共建健康中国”的大众防治艾滋病宣传活动。活动悬挂横幅 1 条、张贴海报 4 张、发放女性健康手册 200 份、预防艾滋病折页 400 份、扑克牌 100 副、防艾宣传护手霜 50 支、安全套 200 个。

1 日　省经信委、省财政厅联合公布 2017 年福建省“专精特新”中小企业名单。清流伊科电子科技有限公司被认定为专业化中小企业。对经认定的省级“专精特新”中小企业，省里除给予财政资金奖励外，省经信委还将在政策信息、企业管理咨询诊断、企业高级经营管理人才培训、展览展示等方面给予重点支持。

3 日　清流县九龙湖矿业公司与央企中化地质矿山总局福建院在福州签订合作投资协议。中化地质矿山总局局长尚红林，清流县县长张春华、副县长陈姜出席签约仪式。

4—6 日　中国旅游资源整合联盟考察团到清流县考察旅游产业，县领导彭平刚、陈荣辉、李志明陪同考察。考察团一行先后到李家鲜水村、长校灵台山、林畲桂花园、毛泽东旧居等多处景点实地考察，详细了解清流文化旅游资源和产业发展情况。

5 日　清流县举行龙郡华联购物广场项目签约仪式，副县长王舒，县商务局、龙郡华联百货有限公司等负责人出席。该项目位于龙郡首府南区地下室二层，预计总投资3000万元。项目于8月开工建设，占地总面积 13000 平方米，打造集品牌展示和销售为一体，购物、休闲、餐饮、娱乐等多种业务互动共生的大型综合购物中心。

9 日　三明市妇联十九大巾帼宣讲队“三明心家园巾帼宣讲队”到清流县开展“学习十九大精神，弘扬优秀传统文化”主题宣讲活动。

19—22 日　福建省第六届特殊奥林匹克运动会在福建省残疾人体育运动管理中心（福州）举行。清流县特殊学校选派 4 名运动员代表三明市代表队参加本届特奥会，斩获五金四银一铜。

20 日　灵地中心小学举行2016—2017 学年“黄新民奖学金”发放仪式。73 名孩子获奖学金。黄新民乃灵地籍人，当代著名军事防化专家。“黄新民奖学金”是由其子黄宁少将成立，由老人孙女黄岩女士提供 20 万元作为本金存入银行，用年利息作为奖学基金。从 2012 年至今，“黄新民奖学金”基金先后奖励品学兼优的孩子 3000 余名，支出 30787 元。

27—28 日　省交通厅副厅长梁金焰带领省政府安委会考核督查组一行 4 人到清流县考核 2017 年度安全生产工作落实情况。

28 日　清流溪鱼产业带头人——嵩口镇沧龙渔业合作社党支部书记、理事长陈志仁被人力资源和社会保障部、农业部授予“全国农业劳动模范”称号。

补　遗

2016 年 12 月 30 日　国家卫生计生委公布 3370 所“2015—2016 年度群众满意的乡镇卫生院”名单，清流县嵩口中心卫生院和嵩溪卫生院上榜。

同日　福建省科技厅公布福建省 2016 年认定 519 家高新技术企业名单，清流伊科电子科技有限公司和三明捷鸿家俱有限公司 2 家企业榜上有名。至此，全县有高新技术企业 5 家。

概　貌

区位 区划 面积

【位置】 清流县位于三明市西部，地处北纬 25° 46′～26° 22′，东经 116° 38′～ 117° 10′。东接永安市、明溪县，西连宁化县东部，南与连城、长汀县接壤，北与宁化县南部、明溪县相邻。距三明市区 80 千米。

【行政区划】 2017 年年末，全县设龙津、嵩口、嵩溪、长校、灵地、赖坊 6 镇，沙芜、余朋、温郊、林畲、里田、李家 7 乡，辖 111 个建制村和 8 个社区。下设居民小组 49 个、村民小组 893 个（见表 1）。

【面积】 全境东西宽 53.8 千米，南北长 65.2 千米。总面积 1806.33 平方千米。其中耕地面积 1.32 万公顷，林地面积 15.41 万公顷。水域面积 3940.41 公顷。

表 1

2017 年清流县行政区划

区域名称	所辖建制村（社区）数	建制村（社区）名称
龙津镇	18	城东、城南、蔬菜、渔沧社区、长兴社区、凤翔社区、翠园社区、大路口、南岐、严坊、横溪、桥下、供坊、俞坊、下戈、拔里、基头、暖水
嵩口镇	13	嵩口、马排、围埔、范元、沧龙、梓材、大元、和元、邱寨、高赖、高坑、立新、九龙社区
嵩溪镇	13	嵩溪、农科、黄沙口、罗陂岗、伍家坊、青山、塘背、元山、青溪、阳坊、余坊、时州、新街社区
长校镇	11	校溪社区、长校、江坊、留坑、茜坑、下谢、沙坪、黄坑、河排、荷坑、黄石坑
灵地镇	15	灵地、灵和、青甲、步云、姚坊、杨源、大坪、邓家、田中、马寨、尤坊甲、吉龙、坑甲、古洋、瑞云社区
赖坊镇	8	赖安、赖武、寨下、姚家、官坊、陈家、东山、南山
田源乡	4	田源、田口、廖武、新村
沙芜乡	5	白塔、上坪、铁石、新矶、洞口
余朋乡	5	余朋、蛟坑、东坑、芹溪、太山
温郊乡	4	桐坑、温家山、小池、梧地
林畲乡	8	林畲、舒曹、曾坊、石下、石忠、岭官、向阳、孙坊
里田乡	7	里田、田坪、卢水、深渡、洋庄、李坊、廖坊
李家乡	8	古坑、罗坑、吴家、早禾排、长灌、李村、鲜水、河背
合　计	119	

自然环境

地质地貌

【地质】 清流县境地层发育齐全，从元古代至第四纪均有其代表。出露面积1163.80平方千米，占全县总面积五分之三。地层展布基本上受北东向构造线控制，东南部沙芜塘—李家一线主要出露晚古生代沉积地层；西北部与宁化县交界处主要出露震旦纪—寒武纪变质岩地层；县境东北与中部主要分布侵入岩及零星出露的沉积岩；沿明溪—清流一线则集中分布中生代红层盆土。最老的地层为震旦系，自震旦纪至奥陶纪，县境一直处在地槽发育阶段，志留纪末期受加里东造山运动影响，结束本区地槽历史。在地质发育的各个时期伴随着不同强度的构造变动，如断裂、褶皱、火山运动、岩浆侵入、变质作用等构成县境复杂的地质历史。

【地貌】 县境地势自东、南、北三面向中部和西部倾斜，地形起伏，峰峦叠嶂。由于新构造运动的抬升和溪水强烈侵蚀切割，形成境内低山丘陵广布、盆地零星并以低山为主的丘陵山地地貌。同时，县境内地形的横向变化具有明显的分带性，北部城关—林畲一带，以低山丘陵为主，地势自西向东呈阶梯状抬高；南部里田—沙芜一带，多分布中山和低山、丘陵和盆地，呈相同排列。

自然资源

【水利资源】 清流县境内河流密布，河流水系由四面向中部地带汇聚，水力资源丰富。以九龙溪为干流，流域面积100平方千米以上的河流有嵩溪、罗口溪、罗峰溪、长潭河、文昌溪等五大支流，均属九龙溪水系。全县理论水电蕴藏量7.70万千瓦，可开发的水利资源38处（指100千瓦以上水电站）。装机容量可达5.50万千瓦，年发电能力2.48亿度，占理论蕴藏量71.40%。县多年平均径流量17.42亿立方米，境内地下水面积1825万吨/平方千米，年径流量34.60亿吨。嵩口镇、余朋乡和龙津镇暖水村有温泉7处，日总流量1万吨以上。李家乡、嵩口镇、林畲乡有冷泉8处，总出水量1411.20吨/小时，日出水量3.39万吨。

【植物资源】 2017年，全县林地面积15.41万公顷，其中有林地面积14.21万公顷，森林蓄积量1441.55万立方米，森林覆盖率78.71%。属亚热带常绿阔叶林带，南岭东部山地常绿槠类照叶林区，闽西博平岭山地常绿槠栲类照叶林小洲。根据国家林业局1998—2001年全国陆生野生动物和珍稀濒危植物调查及全国第二次湿地资源调查清流调查（2010年4月至次年11月）资料显示，全县有维管束植物176科562属1383种，其中蕨类植物31科56属124种，裸子植物8科9属40种，被子植物137科497属1219种。属国家Ⅰ级保护植物两种。银杏，分布在林畲乡岭干村，有3株。南方红豆杉群落，分布在温郊乡温家山544公顷山地中；国家Ⅱ级保护植物8种；省重点保护植物14种。植被典型建群种以壳斗科米槠、苦槠、丝栗栲、闽粤栲、钩栗、甜槠、青岗栎占优势，少部分为楠、樟、木荷等，伴生的落叶树种有安息香科的拟赤杨、金缕梅科枫香，林下木有香槟杜鹃、石斑木、黄瑞木、连木、毛冬青、乌药、福建山樱、百两金、朱砂根、绒楠、让木，在郁闭的常绿阔叶林下草木较少，常见有金狗喜、观音座莲等蕨类植物。层间植物有昆明鸡血藤、木通、紫藤、三叶木通等。20世纪70年代后，大力种植杉木、马尾松，拓展为清流县优势树种，杉、马树种蓄积量占全县立木蓄积量79.40%。以壳斗科为主的常绿阔叶树林由于长期开发，已不再是清流县主要植被群，为杉、松为主的常绿针叶林群落所取代。清流县林副产品主要有油茶籽、油桐、松脂、山苍籽、笋干、乌桕、棕片、板栗、红菇、香菇、黑木耳等。

【动物资源】 据全国第二次湿地资源调查数据显示，清流县有野生动物30目79科343种。其中云豹、豹、黑鹿、蟒蛇属国家一级保护野生动物；猕猴、穿山甲、豺、黑熊、大灵猫、小灵猫、金猫、河鹿、水鹿、红角隼、白鹇、褐翅鸭鹃等国家二级保护野生动物34种；豹猫、眼镜王蛇、眼镜蛇、白额山鹧鸪等省重点保护野生动物20种。

【矿藏资源】 清流县矿藏资源丰富，有煤、铁、锰、钨、稀土、石灰石、萤石等矿藏30余种，矿藏地108处，尤以钨、锰、煤、铅、锌、石英石、滑石、辉绿岩、石灰石为主，其中水泥灰岩储量达2亿吨以上，煤储量为3000万吨以上，铅、锌金属10万吨以上，滑石黏土30万吨以上，石英石1000万吨以上，辉绿岩2万立方米以上。县境矿藏主要蕴藏于西北部的城关—嵩溪—林畲北东向条带上，以及东南部的灵地—沙芜—余朋一带。

【旅游资源】 清流旅游资源丰富，全县拥有天然景区19处，尤其是“一湖一洞”（省级风景名胜区沙芜九龙湖、九龙洞）、“二泉”（国家级温泉地质公园，李家万亩生态冷泉避暑休闲度假区、“三山”（大丰山省级森林公园、灵台山、北斗山）、“四景”（林畲毛泽东旧居、嵩溪玄武岩、赖坊古民居、李家景秀园林）乃生态旅游胜景佳境。其中，大丰山省级森林公园峰、崖、洞、石形态迥异，泉、潭、溪、洞各具特色，是融原始生态、道教文化为一体的山岳型生态旅游区。北斗山是省内丹霞地貌与原始森林完美组合的峰丛型生态型旅游景区。灵台山，一山藏四寺，山、湖、溪、泉、寺相映成趣，是闽西北最大的寺庙群和佛教旅游胜地。首期投资1.6亿元的灵台山中华客家祖山文化园建设已初具规模，2012年成功举办有海内外客家乡亲6000人参加的第25届世界客属恳亲大会“灵台朝觐”活动。九龙洞为福建省最早古人类遗迹化石发掘地，为湖滨溶洞群，洞长3000米，洞内钟乳千姿百态、璀璨神奇。赖坊镇现存明清时期完好古建筑50处，被称为闽西客家建筑的“活化石”，是国家级历史文化名镇（乡）。地处山谷，清幽静谧，富有东南亚风情的生态温泉度假区—天芳悦潭为国家AAAA级旅游景区。林畲海峡两岸中华桂花文化园是国内桂花品种最多、规模最大的桂花专业博览园，为国家AAA级旅游景区，年内与圆明园管理处联合举办为期3个月的“圆明重光”——圆明园文化巡展。

气　候

概　况

2017年，清流县气候总体平稳。主要气象灾害有台风、暴雨、高温和气象干旱，所造成县域经济损失较轻，气候年景较好。

全年平均气温异常偏高，降水正常、日照显著偏多。年平均气温19.1℃，较常年偏高1.0℃；极端最高气温37.9℃，极端最低气温-1.8℃；年降水量1669.5毫米，时空分布不均，夏季偏多，秋冬季偏少，春季正常（见图1）；年日照时数1814.8小时。

单位：毫米

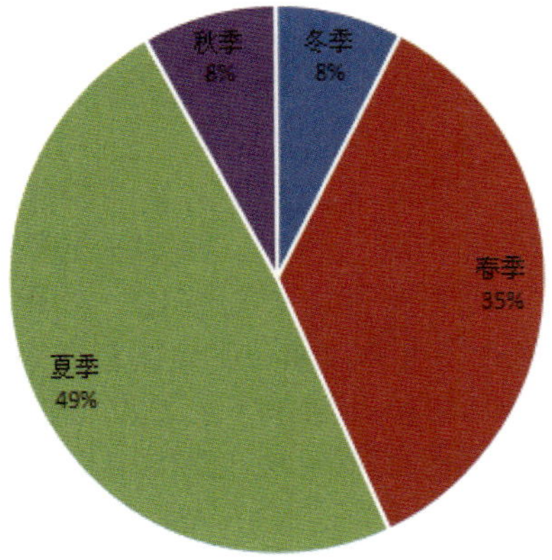

图1　2017年全县各季节雨量分布

注：冬季（2016年12月—2017年2月）、春季（2017年3～5月）、夏季（2017年6—8月）、秋季（2017年9—11月），年度（2017年1—12月）

全年全县先后遭受8场暴雨到大暴雨过程，汛期汛情主要呈现降雨强度强、范围广等特点，春季出现雷雨大风或冰雹等强对流天气，夏秋季有3个台风影响县域，以上气象灾害造成不同程度的影响。主要异常天气气候事件是：

1. 冬季气温异常偏高，出现有气象记录以来最强“暖冬”。

2. 雨季开始早、结束迟、历时长，降水前少后多、旱涝急转。5月降水偏少2成，6月降水偏多3成，6月上旬和中旬分别出现两次降水高峰。

3. 7月30日—31日台风“纳沙”和“海棠”21小时先登陆福清，双台风先后登陆同一地，且登陆间隔时间之短，历史未见，造成全县直接经济损失575.5万元。

4. 出现夏秋连旱。8月下旬至11月中旬，降水量较常年同期偏少4成，出现气象小到中旱。

气候特征

【概况】　境内属中亚热带季风气候，具有大陆性气候和海洋性气候特点，气候温暖湿润，夏季昼长夜短，冬季昼短夜长，四季分明。2017年，清流县平均气温异常偏高、降水正常、日照时数显著偏多。

【气温】　2017年，清流县平均气温在19.1℃，较历年平均值偏高1.0℃，为异常偏高。年极端最低气温为-1.8℃，出现在2017年12月21日；年极端最高气温为37.9℃，出现在7月25日（详见图2）

单位：℃

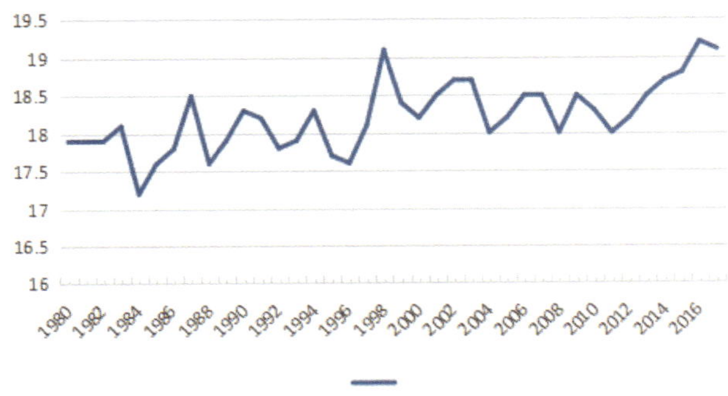

图2　清流县平均气温的年际变化情况

冬季：清流县平均气温11.3℃。与常年同期相比，异常偏高。

春季：清流县平均气温18.2℃。与常年同期相比，属正常。

夏季：清流县平均气温 27.09℃。与常年同期相比，显著偏高。

秋季：清流县平均气温 20.8℃。与常年同期相比，异常偏高。

【降水】 2017 年降水量为 1669.5 毫米（详见图 3），与常年相比，属正常。

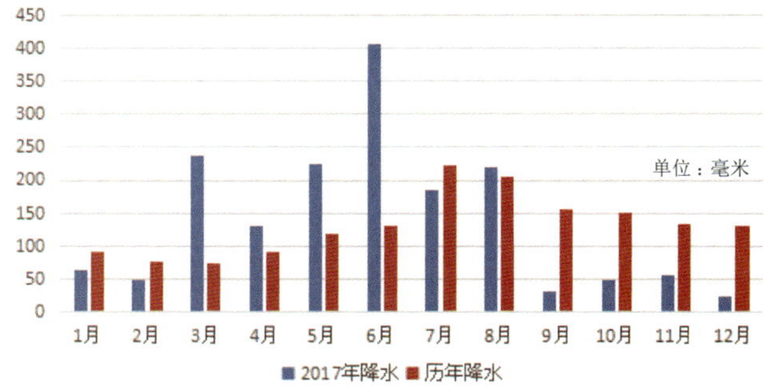

图 3 2017 年清流县降水量与历年同期降水量比较

冬季：清流县降水量 127.7 毫米，与常年同期相比，属偏少。

春季：清流县降水量在 591.6 毫米，与常年同期相比，属偏少。

夏季：清流县降水量 809.4 毫米，与常年同期相比，属偏多。

秋季：清流县降水量 133.8 毫米；与常年同期相比，属偏少。

【日照】 2017 年，清流县日照为 1814.80 小时，与常年相比显著偏多。由日照时数逐月变化分析得，3 月、6 月、11 月日照时数较少，而全年日照最多的月份是 8 月（详见图 4）。

单位：小时

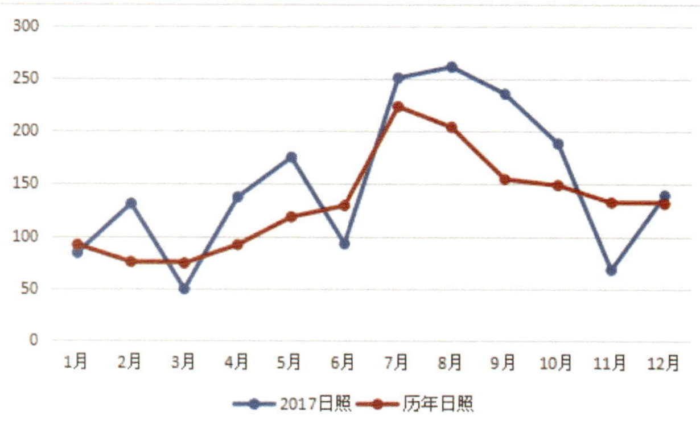

图 4 清流县日照时数逐月变化曲线

人文历史

【建置沿革】 **中华人民共和国成立前建置** 清流，古属黄连。在《尚书·禹贡》中为扬州之域，在《周礼·夏官·职方》为七闽之地，春秋末为闽越地，秦属闽中郡，汉属会稽郡，三国吴永安三年（260 年）属建安郡绥安县，晋属将乐县，隋开皇年间（581—600 年）并入绍武县。唐贞观三年（629 年）黄连改为镇。嗣圣三年（686 年）属建州。开元二十六年（738 年）属汀州府龙岩县。天宝元年（742 年）改黄连为宁化县府驻地，镇仍旧。后唐同光二年（924 年）王元将县府迁至宁化县府今址。后晋（936—947 年）时黄连归属宁化麻仓里，设清流驿。

北宋元符元年（1098 年），提刑王祖道认为宁化地界广远，难于管理，遂划宁化六个团里、长汀三个团里置清流县。南宋绍定元年（1228 年）撤销县制。元朝至元八年（1271 年），又恢复清流县建制，属汀州路。明洪武元年（1368 年）属汀州府。清代仍属汀州府。1912 年，实行省、道、县三级地方政制，属福建省西路道。1914 年，属汀漳道。1932 年，清流县苏维埃政府成立，清流属中央苏区。1934 年 3 月，属第八行政督察专员公署。1935 年 10 月，属第七行政督察区。1946 年，属第九行政督察区。1947 年 7 月，属第六行政督察区。

中华人民共和国成立后建置 1950 年 2 月 22 日，清流和平解放，成立清流县，属福建省人民政府永安专员公署管辖。以区辖乡，全县设 3 区，辖 42 个乡镇，各区设区公所。嵩溪区驻地在嵩溪村，辖 1 镇 12 乡；沙芜区驻地在沙芜塘，辖 12 乡；灵地区驻地在灵地村，辖 17 乡。1951 年 1 月，调整为 5 区 81 乡（含 1 个镇）。1956 年 4 月，撤销第五区，调整为 4 区 43 乡镇。1956 年 5 月，并入龙岩专员公署。1958 年 5 月，撤区并乡，全县并为 1 镇 15 乡。同年 10 月，实行公社化，各乡镇改称人民公社。1959 年 2 月，清流县与宁化县合并，称清宁县，原清流县辖区设 6 个公社、8 个管理区。1961 年 6 月，又分清流、宁化两县，恢复清流县建制，设 14 个公社、106 个大队，属龙岩专员公署管辖。1963 年 5 月，属三明专员公署管辖。1968 年 11 月，成立清流县革命委员会，属三明地区革命委员会。全县设 14 个公社革命委员会、111 个大队。1980 年 4 月，全县设 14 个公社管理委员会、108 个大队。同年 10 月，清流县革命委员会改称清流县人民政府。1982 年 3 月，全县设 1 个镇和 14 个公社管理委员会、108 个大队和 5 个居委会。1983 年 4 月，三明地区实行“市带县”的领导体制，清流县属三明市管辖。1984 年 9 月，行政区划恢复乡镇建制，设15个乡镇人民政府、112个村和5个居委会。1990年，全县设3镇12乡和111村、4个居委会。1992年10—12月，灵地乡、长校乡撤乡建镇，全县设5镇10乡，111个村和4个居委会。2003年5月，居委会整合改称社区居民委员会。2006年9月，龙津镇和东华乡合并为龙津镇，全县设5镇9乡，111个村和7个社区居民委员会。2007年12月，邓家乡并入灵地镇，全县设2007年12月，邓家乡并入灵地镇，全县设5镇8乡，111个建制村和7个社区。2008年8月，灵地镇设立瑞云社区。2016年7月8日，省政府批复同意赖坊撤乡建镇，所辖行政区域不变。

【人口】 2017年年末，全县人口总户数41404户，人口155853人。迁入1075人，迁出1962人。全县常住人口城镇化率30%。年内，全县出生2996人，其中男1591人，女1405人，出生率19.22‰；死亡3551人，死亡率22.78‰；自然增长率-3.56‰。（计生数据，统计口径为上年10月至当年10月末）

民　族

2017年，县域总人口中，以汉族为主，占97.95%。少数民族有畲族、土家族、回族、苗族、高山族、彝族等24个，共3199人，约占总人口2.05%。人口相对较多的少数民族为畲族，有2589人，主要分布在龙津、嵩溪、嵩口、林畲、余朋等12个乡镇；土家族186人，主要分布在林畲、龙津、嵩口、嵩溪、田源、里田等9个乡镇；回族111人，主要分布在以龙津为主的6个乡镇；苗族101人，主要分布在林畲、田源、龙津为主的10个乡镇；高山族51人，主要分布在龙津镇为主的3个乡镇；彝族40人，主要分布在林畲、嵩口、余朋等5个乡镇；侗族25人，主要分布在龙津、嵩溪、李家、林畲为主的9个乡镇。布依族21人、主要分布在龙津、林畲为主的5个乡镇。瑶族18人，主要分布在龙津、林畲、沙芜、灵地、李家5个乡镇；其他依次有土族12人，白族8人，纳西族6人，蒙古族5人，水族、黎族各4人、藏族、傣族各3人，朝鲜族、仡佬族、佤族、东乡族、羌族各2人，维吾尔族、拉祜族各1人。

2017年分乡镇人口情况一览表

表2　　　　　　　　　　　　　　　　　　　　单位：户、人

年末总户数		总人口					出生人数	死亡人数	迁　入	迁　出
		合　计	城镇人口	乡村人口	男　性	女　性	合　计	合　计		
全县合计	41395	155977	46825	109152	81546	74431	3282	3577	1126	2148
龙津镇	10911	34863	24290	10573	17940	16923	705	673	583	605
嵩溪镇	4367	17938	9655	8283	9204	8734	396	295	71	249
嵩口镇	4396	18017	4317	13700	9304	8713	350	390	70	270
灵地镇	3600	13160	3529	9631	6997	6163	297	375	61	158
长校镇	3721	14516	3939	10577	7727	6789	344	323	81	182
赖坊镇	2532	10380	148	10232	5556	4824	220	328	49	102
温郊乡	1019	4500	0	4500	2307	2193	88	86	25	60
林畲乡	1784	7083	947	6136	3687	3396	145	192	32	132
沙芜乡	1205	4552	0	4552	2374	2178	86	101	20	65
田源乡	1614	6691	0	6691	3504	3187	159	181	31	74
余朋乡	1529	6019	0	6019	3165	2854	102	139	19	67
李家乡	3178	11543	0	11543	6173	5370	231	345	55	112
里田乡	1539	6715	0	6715	3608	3107	159	149	29	72

注：统计数据来源于县公安局，为2017年12月末数据，与计生数据统计口径不一致

方　言

清流方言属客家话，其性质主要体现为以下三项语言特征：①古非组字今白读层为双唇音声母。②古宕摄合口三等非组字今读 -i-。③“寅”字读“以脂切”。

清流方言内部差异较大，可谓是“五里不同调，十里不同音”。从语言特征上看，首先是西部方言和东部方言的不同。二者区别在于古全浊声母的清化结果不同。东部方言逢塞音塞擦音大体不送气，西部方言逢塞音塞擦音大体送气。如表3（有些字未记录到白读音）：

清流东西部方言声母发音差异

表3

	同定	旗群	坐从	动定	住澄	步並	直澄	伏奉
龙津	꜁tʰuŋ	꜁kʰi	꜀tsʰo	꜀tʰuŋ	ʧʰi꜅	pʰu꜅	ʧʰieʔ꜆	pʰuʔ꜆
嵩溪	꜁tʰɤŋ	꜁kʰi	꜀tsʰo	꜀tʰɤŋ	ʧʰi꜅	pʰu꜅	ʧʰieʔ꜇	pʰuʔ꜇
嵩口	꜁tʰom	꜁kʰi	꜀tsʰo	꜀tʰom	ʧʰi꜅	pʰu꜅	ʧʰeʔ꜆	fuʔ꜆
温郊	꜁tʰəŋ	꜁kʰi	꜂tsʰa	꜂tʰəŋ	ʧʰi꜅	pʰu꜅	ʧʰiʔ꜇	pʰuʔ꜇
林畲	꜁tʰəŋ	꜁kʰi	꜂tsʰue	꜂tʰəŋ	ʧʰi꜅	pʰu꜅	tsʰɿ꜅	pʰuʔ꜇
长校	꜁tʰəŋ	꜁kʰi	꜀tsʰo	꜀tʰəŋ	kʰu꜅	pʰu꜅	ʧʰʅʔ꜇	pʰuʔ꜇
长校江坊	꜁tʰuŋ	꜁kʰi	꜀tsʰo	꜀tʰuŋ	kʰu꜅	pʰu꜅	ʧʰʅʔ꜇	pʰuʔ꜇
里田	꜁tʰəŋ	꜁kʰi	꜀tsʰou	꜀tʰəŋ	tsʰu꜄	pʰu꜄	tsʰɿʔ꜇	pʰuʔ꜇
田源田口	꜁toŋ	꜁ki	꜂tsʰa	toŋ꜅	ʧi꜅	pu꜅	tsʰɿʔ꜇	pʰuʔ꜇
余朋蛟坑	꜁toŋ	꜁ki	꜂tsʰa	toŋ꜅	ʧy꜅	pu꜅	tsʰɿʔ꜇	fuʔ꜇
沙芜	꜁tʌŋ	꜁ki	tsʰɔʔ꜇	tʰʌŋʔ꜇	ʧi꜅	pu꜅	tsʰɿʔ꜇	pʰuʔ꜇
赖坊	꜁taŋ	꜁ki	tsʰɑʔ꜇	tʰaŋʔ꜇	ʧi꜅	pu꜅	tsʰɿʔ꜇	pʰuʔ꜇
灵地吉龙	꜁taŋ	꜁ki	tsʰɔʔ꜇	tʰaŋʔ꜇	ʧi꜅	pu꜅	tsʰɿʔ꜇	pʰaʔ꜇
李家鲜水	꜁taŋ	꜁ki	tsɤʔ꜇	taŋʔ꜇	ʧi꜅	pu꜅	tsɿʔ꜇	fuʔ꜇

由表可见，从龙津至长校（江坊），古全浊声母清化逢塞音塞擦音大多送气，灵地（吉龙）至余朋（蛟坑），古全浊声母清化逢塞音塞擦音部分送气部分不送气，古平声、去声字一般不送气，古上声、入声字一般送气（浊上读入阳去的一般不送气）。李家（鲜水）古全浊声母清化逢塞音塞擦音大多不送气。

东部方言可根据古浊上字白读层的表现分为田余片和赖灵片。田余片通行于田源乡和余朋乡，古浊上字今白读层归上声。赖灵片通行于赖坊乡、沙芜乡、灵地镇、李家乡，古浊上字今白读层归阳入。田余片和赖灵片下还可划分小片，不一一赘述。

西部方言可分为龙嵩片、温林片、长校片、里田片。龙嵩片通行于龙津镇、嵩口镇、嵩溪镇。温林片通行于温郊乡、林畲乡。长校片通行于长校镇。里田片通行于里田乡。龙嵩片和温林片下还可划分小片，本文从略。区分西部方言四个片的音韵特征很多，略举4条（表4）：

清流西部方言四个片音韵特征

表4

	浊上白读阴平	去声分阴阳	歌=家、宝=饱	有鱼虞分韵痕迹
龙嵩片	+	+	+	+
温林片	−	+	±	+
长校片	+	+	−	−
里田片	+	−	±	+

有些乡镇并不能单一划归某个方言或方言片，如嵩口镇划归西部方言龙嵩片，可围埔村一带方言却应划归东部方言。长校镇划归西部方言长校片，可黄石坑一带方言却应划归东部方言。

虽然清流方言客家话性质相当清楚，可是作为一种搭界方言（清流县东面即为通行闽语的永安市），县内各乡镇方言均不同程度地带有一些闽语成分，可视为客闽互动的结果。最明显的例子为“柿”字县

内方言普遍都有 k^h- 的读法，如龙津、嵩口、嵩溪“柿”都读［ᶜk^hi］（比较永安：［ᶝk^hi］）。再如沙芜话，以下几项均可视为闽语成分：①来母字读 s-。例如：露 su²雾｜鸡健 ꜀kai sɔ²尚未下蛋的小母鸡｜杉𬟽 ꜀som saiʔ꜆杉树的细枝。②儿子叫“囝哩”［ᶜkie ꜀li］。③脚叫“骹”［꜀k^hia］。

地方风味

【土特产】 清流较有名气的土特产产主要有红菇、闽笋干、老鼠干、粉条、清流溪鱼，嵩溪豆腐皮、高地米，灵地红荷芋，林畲雪薯、板鸭，赖坊红皮花生、姚家大蒜等。

【美食】 美食主要有九龙湖白刀鱼、七星岩羊肉、红菇淮山羹、清炒豆腐皮等，小吃主要有兜汤、地瓜包、青粿、黄粿、卷蒸、千层糕、芋头糕等。

文化遗存

【非物质文化遗产】 清流为客家县，这里的人民聪明、勤劳，热爱生活，长期的农耕文化，为后人积淀下许多独特的非物质文化遗产，主要有2008年入选“中国民间艺术之乡”名录的长校“十番锣鼓”、供坊“三角戏”、省级非物质文化遗产民间祈福舞蹈——李家“五经魁”，温郊的民俗活动“水射中秋”“地滚龙灯”，赖坊走古事、清流横溪的闽笋干制作、嵩溪的豆腐皮制作工艺，赖坊东山的草席编织工艺、长校传统打锡、打银工艺、服饰等。

【物质文化遗产】 至今留存且保存完好的有列入中国历史文化名村的明清时期赖坊古民居50余座，林畲毛泽东旧居，发现1万多年前古人类化石的沙芜九龙湖的“狐狸洞”，嵩溪黄沙口的清流开基始祖巫罗俊墓，余朋东坑的太平古寨、龙津镇大基头村的石洞寨，长校“八家“七家”客家围屋等。

风　　俗

清流属客家县。晋末“永嘉之乱”和汉、唐历史上的几次大战乱，迫使大批的中原汉人逃难，迁徙到清流定居。中原汉族的习俗亦被带到清流。截至2017年清流客家民俗尚保留不少中原汉人遗风，其特点为崇尚淳朴，讲究实际，安分守己，勤俭诚实，衣食住行不追求奢侈，这些习俗特点，伴随着清流900多年经济、社会发展历程而传承、衍变，一些不适应社会发展、愚昧落后的习俗逐渐被淘汰、摒弃。

【婚嫁习俗】 清流人婚嫁习俗，基本上延续和保留中原汉人古代的婚俗——“六礼”：即“纳采”“问名”“纳吉”“纳徵”“请期”“迎亲”。这些古老的婚嫁习俗仍在乡村保留。旧时新娘在走出娘家门之前要拜别祖宗，同时放声大哭，表明与父母难离难舍，不忘父母养育之恩。名曰“哭嫁”。长校一带过去还有“吵嫁”的习俗，即男方迎亲队伍到女方家时，女家亲房故意对迎亲队伍进行一番无端挑剔和刁难，致使双方争吵，意寓越吵越发。清流客家婚嫁习俗还有“三朝回门”“满月”（结婚满一个月）等。

【生育习俗】 清流妇女生育有许多习俗。大致有催生、坐月子、报喜、满月酒、开荤、剃头、安名、百日、过周等。

【祝寿习俗】 清流传统祝寿习俗是逢十过生日，俗称“做寿”“庆寿”，龙津、嵩溪镇叫“做十”。也有些乡镇如田源一带是逢一过生日。有些乡镇小孩十岁生日相当隆重，孩子成年后，却又遵循“三十无人做，四十无人知，五十杀只鸡，六十交朋友，七十开门大庆贺”的习俗。清流人为父母做生日，祝寿，是从父母50岁寿辰开始的。但一般50岁寿诞规模小，60寿诞开始才会大宴宾客。做寿大都放在生日前数日进行，忌讳推后。

【丧葬习俗】 清流各地丧葬习俗大同小异，主要程序有移床、沐浴更衣、报丧、入殓、守灵、 择吉课送烛礼、孝服、出殡、做功德与烧灵屋、享土与做七等。“捡金”是清流客家沿袭下来的丧葬习俗，属二次葬，该习俗与客家先民的南迁历史密切相关。推行火葬后，丧服逐渐简化已由佩戴黑纱、白花所代替。

【岁时习俗】 清流每个岁时几乎都是节日，节日的主题大多与祭祀和吃相关。

立春，大门倒贴“春”字，门两侧插上刚绽初芽的翠柳，摆放供桌供品，一俟时辰到即家家户户燃放鞭炮接春。

除夕，贴春联，吃团圆饭，初一开门放炮，寓即“开门红”，此日，债主不得上门讨债。龙津镇拔里村一带仍保留大年初一请家狗“选食”习俗。即把猪肉（代表肉类）、麻蛋（代表谷类）、炸豆腐（代表豆类）各1份同时喂食自家养的狗。家狗最先选食的，可作一年农事的参考。

元宵节，赏花灯，吃汤圆。历史上，元宵节还伴随着驱邪逐瘟的送瘟船活动，如今已稀见。

清明，扫墓、吃清明粿。

立夏，吃立夏丸。

端午，吃粽子，家家门上挂艾叶、菖蒲、葛藤，以辟恶镇邪、灭虫除害。大人、小孩洗“药浴”，过去，大人会给小孩佩戴装有冰片、雄黄、熏草、艾叶、五谷等制成的香包，用于驱邪。煮红蛋（意即平安蛋）分发给小孩吃。龙津、嵩口等地在此前后还举办划龙舟、水上捉鸭比赛。

“七月半”，即鬼节，人们烧冥纸祭先人。晚上，小孩不能出门。

吃新　“吃新”也称“尝新”，即吃新米饭，清流农村较为盛行。在农历六月第一个卯日，此前一天，各家各户都要做米粿、糍粑或炸麻蛋送给外村的亲戚朋友品尝。当日则邀请亲戚朋友到家里就餐，有些村还会举办演戏、游神等庆祝活动。

中秋节，吃月饼赏月华。旧时，农村还有请“扁担神”“月姑姐”，以及烧瓦塔、燃烟堆等拜月习俗。

重阳节　俗称“九月节”，农村家家户户做米冻、打糍粑、杀鸡鸭、买猪肉，宴请亲友。当日，各地举办登山、菊展等活动。各乡镇、各村老人协会都在重阳节前开展敬老活动，给老人集体祝寿，发放红包等。

冬至　俗称“冬年”。清流人历来有在冬至进补的习俗。一般为吃狗肉。清流人还有在冬至前酿酒习惯，认为冬至这天的水最好，酿出的米酒最佳。

【风水信仰】　择日习俗，但凡逢结婚、建房、修墓等大事，比较讲究的人家会请风水先生选日子。

排八字算命，清流人通常在孩子出生后和结婚前要排八字算命。

堪舆习俗，清流部分人建房、造墓时，要请风水先生进行一些堪舆操作。

还有若即将面临重大改变（举家搬迁外出，长期外出谋事，重要投资）时，自己无法充分把握未来发展走势的问题，迷信者也会找个算命先生算算，以帮助自己“决疑”，以寻求心灵解脱。

【民俗活动】　清流民俗活动众多，如长校拔龙，嵩溪灯会、赖坊“走古事”打醮等一直沿袭至今，规模较大，参与人数众多，嵩口龙舟赛，温郊梧地村的“射水节”、地滚龙灯，沙坪村元宵游船灯、车灯也已恢复。而各乡镇传统庙会众多，有群众基础，如嵩溪五通庙会、里田上元节即豫章公庙会、灵地“七巧”庙会、余朋东坑姑婆神庙会、围埔庙会抢菩萨、东山萧瑀寿诞庙会、林畲三月会、廖武村衣冠会、芹溪“六月六”，以及赖坊的摆五方、打醮等。

国民经济和社会发展

【概况】　2017年，清流县围绕加快建设“宜居宜业幸福新清流”工作目标，突出“壮大总量、延长产业、做优财政、激发活力、惠及民生”工作重点，落实稳增长政策措施，全县实现地区生产总值101.89亿元，比上年增长7.90%；人均生产总值首次突破7万元；固定资产投资115.58亿元，比增16.90%；社会消费品零售总额23.96亿元，比增13%。第一、二、三产业增加值分别为17.68亿元、49.84亿元、34.38亿元，三次产业比重为17.40 ∶ 48.90 ∶ 33.70。新增规模以上服务业企业5家，限上商贸企业9家。全县财政总收入完成5.89亿元，较上年增长22.68%。其中：地方级一般收入3.62亿元，较上年同期增收2980万元，增长8.98%；税性收入比重77.28%，较上年同期提高12.76个百分点。县级一般公共财政预算支出17.53亿元，较上年增长16.84%。一般公共服务、公共安全、教育、科学技术、社会保障和就业、医疗卫生、节能环保、城乡社区支出等8项重点支出完成10.73亿元，增长25.82%。全县金融机构本外币各项存款60.21亿元，比增10.50%，本外币各项贷款余额30.64亿元，增长15.18%，贷款不良率由5.46%下降到2.78%。全县进出口总额2131万美元，比降311.90%。全年全县居民人均可支配收入19958万元，比2016年增长9.10%。人均生活消费支出14295万元，比2016年增长7.10%。

【农业提质增效】　围绕推进农业供给侧结构性改革主线，实现农林牧渔业总产值28.78亿元，比2016年增长3.89%；农民人均纯收入18060元（与人均可支配收入不一致），同比增长9.70%。完成农村土地确权登记颁证工作。全年粮食播种面积1.79万公顷，粮食产量9.15万吨。种植设施蔬菜面积318.67公顷，建设生态茶园面积200公顷。种植烤烟面积2446.67公顷，收购烟叶5110吨，烟农收入1.65 亿元。新增种植花卉苗木面积80公顷，实现渔业产量2.73万吨。推进林业金融改革创新，全县完成“福林贷”（指省委、省政府为持续深化林权制度改革、盘活小额林业资产，创新推出的林业小额担保贷款产品）放贷金额2302万元，授信金额4511万元。办理林权抵押30笔，贷款金额1.42亿元，抵押面积3866.67公顷。新增新型经营主体示范点3个，其中省级标准化家庭林场1个、市级示范家庭林场2个。办理林权流转97起，流转金额1598.40万元，流转面积2786.67公顷。推广“基金站＋村委会＋农户”森林经营新模式，完成造林面积2820公顷。实施水利重大项目9个、面上项目13个，完成投资3.26亿元。城北溪安全生态水系工程(一期)、河道岸线及河岸生态保护蓝线规划、水资源节约保护项目、农村饮水安全巩固提升工程、小型农田水利重点县建设、新增千亿斤粮食产能工程等项目完工。治理水土流失面积1563.33公顷。澳洲鳕鱼现代渔业产业园、海峡兰花文化博览园、生态蛋鸡养殖加工产业化等项目开工建设，现代光伏农业产业园并网发电，创新型油茶健康产业加快推进。新增农民专业合作社82家、家庭农场88家、专业大户10家。新增无公害、绿色和有机农产品认证12个、省级副食品基地1家，6家企业列入省市农产品质量安全可追溯体系建设。台湾农民创业园获农业部综合考评第三名。双秋农业有限公司生产的“双秋”牌茶叶（乌龙茶、红茶）被省质量技术监督局评为“福建省名牌产品”。清流县被列为省级现代畜禽产业园创建县，现代渔业重点支持县。福建省大丰山禽业发展有限公司获“国家蛋鸡标准化示范场”称号。

【工业转型升级】 主攻氟新材料产业链延伸，加快构建以氟新材料、电子轻工等为主体的支柱产业体系，全年完成工业固定资产投资36.70亿元；投入1.50亿元，实施福宝氟新材料产业园、集美（清流）山海协作共建产业园等基础设施建设；年产3万吨R32和3万吨R410a环保型制冷剂、气枪厂新型连发电动枪、世际环球塑胶弹等一批项目落地或投产；东莹化工成为全市唯一纳税超亿元民营企业。投资22.60亿元，实施技改项目46个；新增省级科技型企业、市级“两化融合”(以信息化带动工业化、以工业化促进信息化，走新型工业化、可持续发展道路，实现信息化和工业化的高层次的深度结合）重点企业6家。完成气枪厂整体搬迁扩建、展化化工10条生产线技改搬迁等项目并投产，气枪厂成为全市2家获得海关高级认证企业之一。扶持企业做大做强，新上规模以上工业企业7家，总数111家，实现工业产值142.80亿元。

【三产发展加速】 清流温泉国家地质公园博物馆竣工。投入2.56亿元实施赖坊生态文化旅游、林畲乡村游、中华桂花文化园等旅游项目，举办“圆明重光文化展”、第二届赖坊樱花文化旅游节、环中央苏区2017中国·清流全国山地自行车赛、“清新好林畲一日游”等活动。全年主要景区(天芳悦潭生态旅游景区、中华桂花文化园、灵台山及各重点旅游乡镇）接待人数21.60万人次，比2016年增长21.10%，旅游收入3506万元。培育电商经营主体，拓宽农产品销售渠道，全年新增入驻正统网电商企业14家，实现电子商务交易总额9.80亿元，春舞枝公司成为全市唯一入选“国家商务部2016—2017年度电子商务示范企业”。县中心粮库竣工投入使用。推进“一盘一策”化解房地产库存，全县14个停建楼盘12个复工。严控金融风险，贷款不良率由5.46%下降至2.78%。全县个体工商户7400户，比2016年增长15.90%;从业人员1.61万人，比增16.70%；注册资金9.90亿元，比增24.74%。

【实施项目竞赛】 开展“五比五晒”(比谋划、晒前期，比招商、晒签约，比开工、晒进度，比投产、晒成效，比服务、晒质量）项目竞赛，新增亿元以上“五个一批”(谋划一批、签约一批、开工一批、投产一批、增资一批)入库项目127个，获全市2017年度“五比五晒”竞赛活动一等奖。实施县重点建设项目110个，累计完成投资45.54亿元，占年度投资计划101.10%，超序时进度1.1个百分点，展化化工过硫酸盐、鑫中天重组等28个项目建成投产或部分投产。新增签约千万元以上项目154个（其中亿元以上项目40个），总投资118.92亿元；环保型制冷剂扩建、塑料BB弹、活性石灰生产等76个项目（亿元以上15个）落地开工，引进境内项目资金6.68亿元。浦梅、兴泉铁路清流段全线开工，县道白石至白塔路段完成主体工程，国道534线林畲蛟井至黄沙口路段建设加快推进。

【统筹城乡建设】 投资2.30亿元，完成水东路、碧林北路至北山路、新一中校园周边交通渠化、水南路二期、迎宾大道二期交通信号灯系统等项目建设。桥下沿河景观工程二期、龙津广场绿化更新、西门桥头夜景提升、西城区沿河步道景观、北大路LED节能路灯改造等项目竣工投入使用。开工建设铜锣山绿道休闲公园。市政公用设施建设完成投资10.20亿元。新改、扩建城市道路6.30千米、雨、污水管网20千米、供水管网约9千米、燃气管网5.30千米和绿道10千米，新增公共停车位345个。引进社会资金建设绿色出行项目，成为全国首个拥有共享单车的县城。管道燃气工程加快推进，龙郡首府、怡景书院等7个小区实现联通供气。“一盘一策”化解房地产市场风险，全县14个停建楼盘12个复工，住宅、商业用房去化周期分别下降至10.72个月和15.86个月。完成汶溪至东坑、新桥板至芹溪等乡村公路建设20千米及红联桥、太山工区桥等危桥改造6座。实施12个省级美丽乡村示范村、整治村建设，以及乡镇垃圾转运站和农村三格化粪池建设，完成投资2.53亿元；长效管护机制逐步健全。林畲桂花小镇跻身省第二批特色小镇创建名单。

【发展社会事业】 坚持教育优先发展，完成清流一中整体搬迁，全县中考成绩单科、全科合格率均位居全市第三位。引进福州金桥学校，启动招生办学。实验幼儿园雁塔分园、余朋幼儿园、长校中心幼儿园竣工投入使用，李家幼儿园开工建设。医改初见成效，县总医院、13 个乡镇分院挂牌运营，71 个村卫生所完成标准化改造，开启医疗资源一体化管理模式。完成县总医院东院区和龙津社区卫生服务中心改造，县妇幼保健院综合楼、疾控卫生监督综合楼和温郊、里田卫生院竣工投入使用，完成赖坊卫生院整体搬迁及灵地分院病房综合楼主体工程。实施全面“二孩”政策。获“创建国家公共文化服务体系示范区先进集体”称号。《清流年鉴（2015）》获全国地方志优秀成果（年鉴类）二等奖。县体育中心一期体育馆主体完工。选送的优秀运动员葛曼琪分别获 2017 年中日韩田径对抗赛女子 100 米亚军，第十三届全国运动会上 4×100 米接力金牌及女子 200 米铜牌。清流县通过国务院安全生产专项督查。

【落实民生保障】 总投资 5.90 亿元的 15 大项 37 小项为民办实事项目基本完成，南面乡镇实现供水。精准扶贫精准脱贫强力推进，造福工程易地搬迁 230 户 1094 人，安排专项扶贫资金 1280 万元，为全县 49 个贫困村（含空壳村）的 206 户贫困户，建设 30 千瓦村级光伏电站 1 座，并竣工并网发电，建成后每年村财增收 4.60 万～5 万元，全县 1840 名贫困人口实现脱贫、12 个贫困村退出、12 个空壳村摘帽。群众住房需求有效保障，改造农村危房 61 户、棚户区 105 套，购买 49 套商品房充实保障性房源。新增就业 1209 人，城镇登记失业率控制在 2.50%。社会保险持续扩面，城乡居民参保率 95.31%。城乡低保、城乡医疗救助人均补助、城乡居民基本医疗保险补助等社会保障标准进一步提高。社会养老服务体系加快构建，4 所日间照料中心和农村幸福院建成投入使用，4 家养老机构签订医养合作协议。

【生态环境保护】 城区环境空气质量保持在国家二级标准以上，辖区内主要河流地表水水质达到国家Ⅲ类水标准以上，交界断面水功能达标率 100%，饮用水源水质达标率 100%，完成市政下达工业污染物排放量指标。完成 17 个环保突出问题整改。全面深化“河长制”（由各级党政主要负责人担任“河长”，负责辖区内河流的环境保护和污染治理的监督管理责任制度）工作，编制“一河一档一策”（对辖区内的河流进行现状调查，建立河流档案，科学诊断存在的突出问题，明确提出具体目标任务，因地制宜制定对策措施，实现“河畅、水清、岸绿、景美”目标），实现三级河（段）长全覆盖。巩固国家生态文明试验区改革成果，探索试行环境污染强制保险制度，东莹化工成为全省首个获得排污权抵押贷款企业。建立健全企业环境信用评价体系，推动碳排放权上市，3 家企业在海交所挂牌交易。

【政府自身建设】 深化“放管服”改革，做好行政审批权取消、下放与承接，全县承接省市下放权力 87 项（2015 年 81 项、2016 年 6 项），取消 80 项，调整 3 项。实现权力清单和责任清单“两单”融合，县直 35 个部门单位保留权责事项 5085 项，其中行政权力事项 3978 项、公共服务 183 项、其他权责事项 924 项。实施“双随机一公开”（即在监管过程中随机抽取检查对象，随机选派执法检查人员，抽查情况及查处结果及时向社会公开）监管，全县 23 个单位实施双随机监管事项 173 项，开展抽查 957 次。全面推行便民服务窗口周末无休、项目审批周末预约无休，建立“一趟不用跑”和“最多跑一趟”事项 488 项。完成县行政服务中心搬迁，入驻审批服务事项 140 项。构建网上网下一体化政府服务体系，网上办事大厅入驻部门单位 39 个，入驻事项 491 项；办结业务 2031 件。办好人大代表议案、建议和政协提案。持续推进政务公开，公开政府信息 1948 条。开通“网上信访服务窗口”，全年处理信访投诉 313 件，办结率 100%。推进“两学一做”学习教育常态化、制度化。落实党风廉政建设责任制和中央八项规定精神，持续反对“四风”，改进作风。强化行政监察和审计监督。完成行政单位公务用车改革。“三公”经费持续下降。

【依法治县】 坚持依法行政，自觉接受人大、政协和社会监督。深入实施“七五”普法规划，推进法治清流建设，贯彻落实国家机关“谁执法谁普法”责任制，制定下发《清流县实行“谁执法谁普法”责任实施意见》和《清流县“谁执法谁普法”责任制考核管理办法》，相关部门、单位建立普法责任清单。健全完善政府法律顾问制度，把政府管理经济社会的行为纳入法治轨道，提高决策透明度和公众参与度。全县对 1999—2016 年县政府和县政府办公室的规范性文件进行全面清理，废止已失效、不符合法律法规规定规范性文件 47 份。强化法治保障，新设“12348”法律服务热线平台，为办事群众提供电话咨询和现场解答服务。建立卫生、国土、林业、移民、发改、住建、人力资源和社会保障、市场监督管理、交通运输、畜牧业水产管理、婚姻家庭等行业性调委会（调解室）共 11 个。全县排查各类矛盾纠纷 469 件，调处成功 465 件，调解率 100%，调解成功率 99.10%。全县办理行政应诉案件 5 件，其中驳回起诉 2 件、撤诉 1 件、行政机关胜诉 1 件、败诉 1 件。加快生态综合执法队伍建设，挂牌成立生态综合执法大队。

中共清流县委员会

综　　述

【概况】　2017年，中共清流县委认真贯彻习近平新时代中国特色社会主义思想，围绕“五位一体”总体布局和“四个全面”战略布局，全面落实中央和省、市各项决策部署，团结带领全县各乡镇、部门和广大党员干部，围绕加快建设“宜居宜业幸福新清流”工作目标，突出“壮大总量、延长产业、做优财政、激发活力、惠及民生”工作重点，加快经济社会发展，保障和改善民生，全面从严治党，各项事业建设取得新进展、新成效。

【落实中央和省、市决策部署】2017年，中共清流县委把学习贯彻习近平总书记系列重要讲话精神和治国理政新理念新思想新战略以及党的十九大精神作为重要政治任务来抓。结合清流实际，组织县几套班子学习1998年2月16日时任福建省委副书记习近平同志在清流调研时重要讲话精神，引导全县党员领导干部牢固树立“四个意识”，坚定维护以习近平同志为核心的党中央权威。县处级领导以身作则，向党员、干部、群众面对面宣讲十九大精神，推动十九大精神进村入户、家喻户晓；研究贯彻，聚焦十九大部署的新目标新任务，推动党中央决策部署转化为清流发展的生动实践。贯彻落实省委十届三次全会、市委九届四次全会精神，召开县委十三届四次全会，重点研究补齐教育、卫生和健康、养老、城乡基础设施等领域短板，制订出台《关于加快社会事业发展补齐民生短板确保如期全面建成小康社会的决定》，制订教育、卫生与健康、养老和城乡民生基础设施等领域“1+4”政策体系，策划实施补短板项目80个、总投资30.75亿元。

【促进经济社会发展】　2017年，清流县推进供给侧结构性改革，适度扩大总需求，保持经济稳定增长。全年实现地区生产总值101.90亿元，比2016年增长7.90%；人均生产总值首次突破7万元。19项经济指标中9项增幅居全市前三位，14项居全市前六位。其中，全社会工业用电量、实际利用外资、公共财政总收入、地方公共财政收入、社会消费品零售总额等5项指标增幅居全市第一，规模以上工业增加值增幅居全市第二，金融机构本外币贷款余额、限上批复销售额、限上餐饮营业额等3项指标增幅居全市第三。开展驻点招商、外出招商，推行项目审批事项周末预约无休制度，在全市“五比五晒”项目竞赛活动中获一等奖。全年新增亿元以上“五个一批”入库项目127个，新增签约千万元以上项目133个，环保型制冷剂扩建、塑料BB弹、活性石灰生产等67个项目落地开工。110个县重点建设项目中开工建设108个，累计完成投资45.54亿元，占年度投资计划101.10%，超序时进度1.10个百分点。

【推动产业转型】　2017年，清流县工业新增省级科技型企业、市级“两化融合”重点企业6家。氟化工、林产、轻纺、建材等主导产业完成产值97.34亿元，比增18.62%，占全县规模以上工业企业总产值68.41%。发展新兴产业，培育发展新材料、新能源及节能环保等产业。将氟新材料产业链延伸作为主攻方向，加快构建以氟新材料、电子轻工等为主体的支柱产业体系。全年累计完成工业固定资产投资36.70亿元；累计投入1.50亿元实施福宝氟新材料产业园、集美（清流）山海协作共建产业园等基础设施建设；年产3万吨R32和3万吨R410a环保型制冷剂、气枪厂新型连发电动枪、世际环球塑胶弹等一批项目落地或投产。全县规模以上工业企业累计实现产值142.79亿元，同比增长19%，东莹化工成为全市唯一纳税超亿元民营企业。农业突出抓好“接二连三”（即农业与二三产业融合发展），推动农业往深加工方向发展，光伏现代农业产业园、昊天油茶健康产业、澳洲鳕鱼等一批示范项目加快推进。三产注重培育消费热点，加快电子商务、生态旅游发展。农村电子商务服务站点进一步完善，春舞枝公司成为全市唯一入选“国家商务部2016—2017年度电子商务示范企业”。投入2.56亿元实施赖坊生态文化旅游、林畲乡村游、中华桂花文化园等旅游项目；成功举办“圆明重光文化展”、第二届赖坊樱花文化旅游节、环中央苏区2017中国·清流全国山地自行车赛、“清新好林畲一日游”等活动，提高清流旅游知名度。

【创新体制机制】 2017年，清流县立足实际，制订出台改革任务12类51项。其中，深化医药卫生体制改革，县总医院、13个乡镇分院挂牌运营，正式开启医疗资源一体化管理模式；推行集体林权制度改革，创新开展“合作造林”机制，新增新型林业经营主体23个、面积4193.33公顷，覆盖面达55%；金融体制改革，大力推广“福林贷”、园区企业资产按揭贷等金融产品，全年新增贷款4.52亿元；教育改革，率先试行“县管校聘”教师管理体制，建立正向激励机制，一线教师积极性有效调动。

【推进脱贫攻坚】 2017年，清流县推行资源开发、股份合作、项目带动等3类贫困村（空壳村）增收模式，及光伏扶贫模式、搬迁扶贫模式、带创孵化基地模式、电商扶贫模式、三加三带模式、兜底保障模式、金融扶贫模式、家门口就业模式、资金折股量化模式等9种贫困户帮扶“菜单”。全县3个市级贫困乡建成乡级分布式光伏电站3座计873千瓦；安排专项扶贫资金1280万元，为49个贫困村（含空壳村）各建成30千瓦村级光伏电站1座，已并网发电，日均发电120千瓦时，每年每村可增收4.60万元～5万元；对符合建设条件的220户贫困户各建设6千瓦户用光伏电站1座，日均发电24千瓦时，每户年可增收8000～8500元。推进合作造林，组织31个省级贫困村认购县农村信用合作联社股份，促进贫困村增收。完成造福工程易地搬迁230户1094人。年内全县1840名贫困人口实现脱贫、12个贫困村退出、12个空壳村摘帽。造福工程国定落实214人，占任务108%；省定落实102人，占任务100%；全县小额信贷完成3155万元，占任务117%，贷款贫困户590户，覆盖面达58%；雨露计划完成培训711人，占任务的200%。

【为民办实事】 2017年，清流县总投资5.90亿元，基本完成为民办实事项目15大项37小项。其中：新一中整体搬迁新建项目、实验幼儿园雁塔分园、城区夜景改造提升工程建成投入使用；铜锣山休闲绿道公园、县总院医疗综合大楼开工建设；管道燃气项目铺设管网11千米，8个小区实现进户供气；共享单车Hellobike成功入驻；新建停车位345个、公交站点6个；水东路等一批老街道路面得到改造，新建成一批交通信号指示系统。同时，实施教育、卫生和健康、养老、城乡基础设施等领域补短板工作。

【推进生态建设】 2017年，清流县强化生态环境保护，构建环境治理体系。将万元GDP用水量、单位GDP能源消耗降低、森林覆盖率、森林蓄积量、城区空气质量达到国家标准比例、主要流域Ⅰ～Ⅲ水质比例、主要污染物排放总量减少等7项生态文明指标写入清流县“十三五”经济社会发展规划。6月，出台《清流县贯彻落实〈国家生态文明试验区（福建）实施方案〉任务分工方案》，提出6个方面24项重点任务和26项改革成果要求；细化年度国家生态文明试验区改革成果清单，明确责任单位和进度要求。鼓励社会资本进入生态环境保护市场。落实“河长制”，突出源头严控、注重过程严管、强化依法严治。县内全部河流已明确县、乡、村三级“河长”“河段长”。辖区内主要河流地表水水质达到国家Ⅲ类水标准以上，交界断面水功能达标率100%，饮用水源水质达标率100%。加强空气质量监测和预报预警体系建设，专项整治工业污染，严控机动车尾气排放，管控城市扬尘，城区环境空气质量继续保持在国家二级标准以上。抓好12个示范村、整治村环境综合整治工作，完成乡镇垃圾转运站和农村三格化粪池建设，长效管护机制逐步健全。配合中央环保督察，完成环保突出问题整改17个。推进造林绿化和水土保持综合治理，全县完成造林面积2820公顷，森林复盖率78.69%，治理水土流失面积1593.33公顷。推进生态文明体制改革，试行环境污染强制责任保险制度，3家企业办理环境污染强制责任保险。

【维护社会稳定】 2017年，清流县推进“一盘一策”化解房地产库存，全县14个停建楼盘复工12个，住宅、商业用房去化周期分别下降至10.72和15.86个月。全年完成省内建筑业产值54.14亿元，比2016年增长16.10%。商品房销售面积12.48万平方米，其中销售住房484套面积6.37万平方米，同比分别增长5.97%、37.88%；销售商业办公房产面积6.11万平方米。严控金融风险，贷款不良率由5.46%下降到2.78%，比年初下降2.5个百分点。通过国务院安全生产专项督查，完成厦门金砖会晤、党的十九大等重要节点安保维稳工作，社会保持安定稳定。

【支持人大及其常委会工作】 2017

年，中共清流县委加强和改进对人大工作的领导，坚持和完善人民代表大会制度，全力支持县人大常委会依法行使重大事项决定权、监督权和任免权。支持县人大常委会依法加强对计划预算审查、经济发展、民生改善、生态建设、依法治县等领域的重点问题开展工作监督和法律监督。加强和改进代表工作，发挥代表作用，听取代表提出农村道路建设、改善村容村貌、提升教育卫生质量等方面意见建议，支持代表开展调研、视察活动。办理人大建议88件。增强对“一府两院”监督实效。

【推进民主协商发展】 2017年，中共清流县委加强和改进对政协工作的领导，推进协商民主建设，支持政协依照章程履行职能，推动政协有序开展专题协商、对口协商、界别协商、提案办理协商，支持政协委员围绕重大课题开展视察考察、专题调研，加强民主监督。办理委员提案60件。同时，深入学习贯彻中央统战工作会议精神和中共中央《中国共产党统一战线工作条例（试行）》，加强与各民主党派、工商联、无党派人士的联系，做好民族、宗教、侨务、对台工作，积极开展工会、共青团、妇联等人民团体改革。

【法治清流建设】 2017年，清流县实施“七五”普法规划，推进法治清流建设。5月，制订《清流县法治政府建设实施方案》，明确工作任务、责任主体、时间进度、成果形式、评估核查方法，将法治建设同经济社会发展同部署、同推进。贯彻落实国家机关“谁执法谁普法”责任制，制订下发《清流县实行“谁执法谁普法”责任制实施意见》和《清流县“谁执法谁普法”责任制考核管理办法》；提高法治队伍思想政治素质、业务工作能力、职业道德水准，支持县法院、检察院发挥职能作用，服务经济发展新常态。

【落实从严治党责任】 2017年，中共清流县委坚持把党建作为硬任务，落实全面从严治党政治责任。引导全县党员领导干部学深学透中共十九大精神，以习近平新时代中国特色社会主义思想为指导，推动各项工作有效落实；扎实推进“两学一做”学习教育常态化制度化，开展专题学习研讨；围绕弘扬“马上就办、真抓实干”精神、学习廖俊波同志先进事迹、观看《将改革进行到底》等主题召开专题座谈会和交流会；开展与领导干部谈心谈话；引导全县上下进一步增强政治意识、大局意识、核心意识、看齐意识。落实意识形态责任制，将意识形态工作纳入基层党建述职内容，纳入文明单位测评指标体系，纳入各乡镇、各单位绩效考核体系和巡察工作范畴。制定出台《关于规范提升农村基层党组织建设水平的实施方案》《清流县基层党建工作经费使用管理办法（暂行）》等制度，规范提升基层党建工作。制订出台《关于进一步关心关爱基层干部的若干措施》《关于一线考察了解干部的实施意见》和《关于激励干部担当作为 提升干事创业精气神的实施办法（试行）》，注重在一线考核、培养使用干部，激发干部干事创业的热情和工作主动性。全面落实党委主体责任和纪委监督责任，推进党风廉政建设和反腐败斗争。

重要会议

【县委全体会议】 2017年9月8日，召开县委十三届四次全体会议。全会听取和讨论县委书记池芝发讲话和县委副书记、县长张春华对相关文件稿所作的说明，审议通过《中共清流县委关于加快社会事业发展补齐民生短板确保如期全面建成小康社会的决定》。主要目标：到2020年，社会事业发展水平与经济发展水平基本相适应，公共服务体系更加完善，供给能力明显增强，“学有所教”“病有所医”“老有所养”和“宜居宜业”等基本公共服务保障能力和水平迈上新台阶。主要任务：突出人民满意教育，加快补齐教育事业短板；突出人民健康水平，加快补齐医疗卫生事业短板；突出养老服务体系，加快补齐养老服务短板；突出宜居宜业环境，加快补齐城乡民生基础设施短板。《决定》提出要多元投入保发展，聚集人才强支撑，创新机制提效率，共建共享造氛围。各乡（镇）党委、政府要科学规划布局，明确量化目标、时间表、路线图和责任人，确保落地见效；各职能部门要加强统筹协调，牵头抓好各项任务的推进实施，推动各项任务落实。会议并讨论教育、卫生与健康、养老、城乡民生基础设施等领域相关配套文件。

11月27日，召开县委十三届五次全体会议。会议讨论县委常委会工作报告，听取和讨论县委书记池芝发所作的报告。全会主要任务是，深入学习贯彻党的十九大精神，组织动员全县各级党组织、广大党员和干部群众，坚持以习近平新时代中国特色社会主义思想为指导，全面落实省委十届四次全会、市委九届五次全会部署，把政治建设放在首位，突出“壮大总量、延长产业、做优财政、保持活力、惠及民生”工作重点，加快经济社会发展，加快推进“宜居宜业幸福新清流建设”。全会号召，全县广大党员干部要紧密地团结在以习近平为核心的党中央周围，坚持以习近平新时代中国特色社会主义思想为指导，解放思想、锐意进取，凝心聚力、奋力拼搏，为实现十九大描绘的宏伟蓝图而努力奋斗。

【县委常委（扩大）会】 2017年1月17日上午，县委书记池芝发主持召开县委常委（扩大）会议，传达贯彻十八届中央纪委七次全会、省纪委十届二次全会、市纪委九届二次全会和全省市县巡察工作推进会精神，研究《关于2016年度落实党风廉政建设责任制情况问题清单整改方案》、成立县8+3重点工作专项领导小组及干部人事工作，并对当前工作进行部署。

1月22日下午，县委书记池芝发主持召开县委常委（扩大）会议，专题研究2016年度工作考评情况。

2月27日上午，县委书记池芝发主持召开县委常委（扩大）会议，传达全市“五比五晒”项目竞赛活动动员会、全市综治（平安建设）和环保责任书签字仪式精神，研究讨论关于在全县开展“五比五晒”项目竞赛活动、全县重点项目及责任分解方案和乡镇重点建设项目等3份材料征求意见稿。

3月6日上午，县委书记池芝发主持召开县委常委（扩大）会议，传达省市全面深化河长制工作会议、政法工作会议、宣传部长会议、组织部长会议以及全省统战部长会议、省委第九检查组对三明市落实2016年全面从严治党主体责任检查情况集体约谈会等会议精神，研究讨论《清流县全面深化河长制实施方案》《清流县乡镇纪委统一管理体制改革工作实施方案》，通报县委常委班子述责述廉评议情况，部署工作。

3月20日上午，县委书记池芝发主持召开县委常委（扩大）会议，传达学习全国“两会”和省委、市委常委（扩大）会议精神，以及省、市机关党的工作会议、全市统战部长会议、全市创建新一届省级双拥模范城（县）动员部署会议精神，部署领导干部个人重大事项报告有关事宜，研究《清流县2017年度工作考评办法》《2017年清流县招商引资工作方案》《2017年清流县招商引资工作考评办法》《关于开展铁路征迁竞赛活动的方案》等4份文件讨论稿和公立医院改革有关事项，以及有关人事工作。

4月1日下午，县委书记池芝发主持召开县委常委（扩大）会议，传达学习市委常委（扩大）会议、全省市县两级纪委派驻监督全覆盖及乡镇纪检组织建设工作推进会精神，以及市委组织部陈炎标部长清流调研重要讲话精神，研究讨论《清流县2017年巡察工作计划》《清流县选派干部驻点招商工作方案》和《关于激励干部担当作为 提升干事创业精气神的实施办法》等3份文件讨论稿和三明市道路交通安全综合整治先进个人推荐工作。

4月11日，县委书记池芝发主持召开县委常委（扩大）会议。会议听取农业农村、扶贫、工业、城建、商贸旅游、重大基础设施、生态保护等7个工作组及医药卫生体制改革情况汇报，传达学习省市环境保护督察工作视频会议和全市医改工作现场会精神，并就以上事项进行研究。会议期间到实地察看部分重点建设项目。

4月19日下午，县委书记池芝发主持召开县委常委（扩大）会议，传达学习省市对台工作会议精神，研究讨论铜锣山绿道休闲公园、城区夜景提升、县医院医疗综合大楼等3个初设方案和火车站前片区概念规划及广场意向设计方案，以及县政府百花文艺奖评审方案、《关于开展县总医院组建工作的意见》和《清流县组建总医院工作实施方案》等3份文件讨论稿。

4月28日上午，县委书记池芝发主持召开县委常委（扩大）会议，传达习近平总书记对廖俊波同志的重要指示、《中共福建省委关于开展向廖俊波同志学习的决定》和全市配合环保督察工作推进会精神，研究讨论《2017年全县党建工作要点》《关于开展“四下基层进万家、服务群众零距离”主题实践活动的实施意见》《关于规范提升农村基层党组织建设水平的实施方案》《关于建立清流县处级党员领导干部党建工作联系点制度的通知》《关于进一步促进村集体经济增收的激励措施》《关于印发〈清流县委书记抓基层党建工作述职评议中市委反馈及自身查摆问题的整改任务书和时间表〉的通知》等6份文件讨论稿，及人事工作。

5月11日上午，县委书记池芝发主持召开县委常委（扩大）会议，传达省、市维稳工作会、全市推进“两学一做”学习教育常态化制度化工作座谈会和《关于2016年度全市落实全面从严治党主体责任检查情况的报告》精神，研究讨论《清流县法治政府建设实施方案》《清流县招商引资若干规定（试行）》《清流县森林防火奖惩和责任追究

4月28日，县委书记池芝发主持召开县委常委（扩大）会议（杨　颖摄）

办法》《清流县人民政府关于实施强师优师工程提升教师队伍整体素质的方案》《清流县关于深化人才发展体制机制改革的实施方案》《关于推进“两学一做”学习教育常态化制度化的实施方案》等6份文件讨论稿，听取2016年度科级干部年度考核工作情况汇报。

5月19日上午，受县委书记池芝发委托，县委副书记、县长张春华主持召开县委常委（扩大）会议，学习传达省纪委刘学新书记在清流调研时重要讲话和全省纪检监察机关精准监督助推精准扶贫工作推进会精神，并贯彻部署相关工作。

6月7日上午，受县委书记池芝发委托，县委副书记、县长张春华主持召开县委常委（扩大）会议，传达市委常委（扩大）会议、全市安保维稳工作视频会和全省基层党建工作会议精神，研究讨论《清流县委县政府领导班子成员安全生产工作责任清单》《清流县县直部门安全生产责任清单》《清流县生产经营企业安全生产主体责任清单》《清流县全面深化改革领导小组2017年工作要点》《关于建立县委常委、党员副县长与重点统战对象联系交友制度的通知》《清流县禁毒工作责任追究办法》《关于进一步关心关爱基层干部的若干措施（试行）》等7份文件讨论稿。

6月29日下午，受县委书记池芝发委托，县委副书记、县长张春华主持召开县委常委（扩大）会议。会议传达全市宗教工作会议、全市基层党建工作会议和全市“党建带关工委建设”工作现场会议精神，研究讨论《清流县人民政府、中化地质矿山总局战略合作协议》《关于共同出资设立有限责任公司的协议》《清流县迎接2017年市委市政府工作检查方案》《关于申报里田乡里田村为“中央红军村”的请示》等4份文件讨论稿。

7月13日下午，受县委书记池芝发委托，县委副书记、县长张春华主持召开县委常委（扩大）会议。会议传达学习市委常委（扩大）会议、全市深化人才发展体制机制改革座谈会和《福建省生态环境保护工作职责规定》精神；讨论研究赖坊生态文化旅游产业发展项目有关问题及《关于建立健全党委和政府系统外聘法律顾问制度的实施意见（讨论稿）》、县处级领导干部2016年度考核等工作。

7月17日晚，县委书记池芝发主持召开县委常委（扩大）会议，开展落实全面从严治党主体责任集体约谈，组织收看中央电视台《将改革进行到底》专题片，部署下阶段工作。

7月23日晚，县委书记池芝发主持召开县委常委（扩大）会议，集中收看中央电视台《将改革进行到底》专题片，学习习近平总书记在福建的探索与实践党建篇、改革篇、开放篇，并安排部署下阶段工作。

8月1日上午，县委书记池芝发主持召开县委常委（扩大）会议，传达贯彻市委常委（扩大）会、全市全面深化改革领导小组会、脱贫攻坚现场推进会、基础教育改革发展现场会、市委半年经济形势分析会、市委上半年党风廉政建设形势分析视频会等会议精神。下午，召开县委常委议军会议，组织观看国防教育片，听取县人武部、消防大队、武警大队等驻清部队工作情况汇报，并就相关事项进行部署。

8月14日上午，县委书记池芝发主持召开县委常委（扩大）会议。会议传达习总书记在省部级主要领导干部专题研讨班上的重要讲话、省市保密工作会议、全省农村精神文明建设工作经验交流会、全省落实“三会一课”制度现场推进会等会议精神和《关于加强新形势下党的督促检查工作的实施意见》《被巡视党组织配合党中央巡视工作规定》等文件精神；听取全县贯彻落实意识形态工作责任制督查调研情况汇报，讨论研究《关于2017年度清流县绩效管理工作方案》《清流县厦门会晤风险隐患责任化解清单》《关于调整县政法系统干部管理工作的意见》《关于加强新形势下宗教工作的实施意见》《关于清流县总工会、共青团清流县委、清流县妇联、清流县科协4个改革方案》《关于进一步加强和改进离退休干部工作的实施办法》等6份文件讨论稿，并就以上事项进行部署。

8月24日上午，县委书记池芝发主持召开县委常委（扩大）会议。会议开展“两学一做”学习教育常态化、制度化第二专题学习研讨，传达市委九届四次全体会议精神、市委落实全面从严治党主体责任“回头看”暨扶贫领域监督执纪问责工作第二次集体约谈会精神；通报市委主体责任“回头看”检查反馈情况和全县扶贫领域“全交叉”巡察发现问题情况；讨论《林业系统腐败窝串案涉案人员“四种形态”处置方案》《关于全面落实县纪委向县一级党政机关派驻纪检机构的方案》等2份文件讨论稿；研究县教育局提交的关于表彰2016—2017年度教育工作先进集体和个人名单，并就以上事项进行部署。

9月7日下午，县委书记池芝发主持召开县委常委（扩大）会议。会议听取“8+3”工作组工作情况汇报，传达全省检察长研讨班和全市检察长座谈会精神，讨论研究提交县委十三届四次全会审议的有关文件，研究县发改局等部门领导职数调整、机关事业干部调动借用、调整县文化改革发展工作领导小组、成立县委网络安全和信息化领导小组、建立清流县优秀传统文化传承发展联席会议制度等相关事项。

9月22日下午，县委书记池芝发主持召开县委常委会议，传达全省新的社会阶层人士统战工作会议精神，研究关于厦门会晤筹备和服务保障工作先进个人推荐以及人事问题。

10月9日上午，县委书记池芝发主持召开县委常委（扩大）会议，通报换届以来工作情况，传达全省脱贫攻坚现场推进会、全市乡镇工作现场会、市委常委（扩大）会关于贯彻省纪检监察机关推动移风易俗工作座谈会、全国社会治安综合治理表彰大会和省委常委（扩大）会、全市国有企业党的建设工作会等会议精神，研究全县水利和环境综合治理及道路工程 PPP 项目（一期）、推进合作造林增加村级集体收入和关于认购县农村信用联社增资扩股股份等 3 项工作。

10 月 18 日下午，县委书记池芝发主持召开县委常委会议，组织学习党的十九大报告、市委中心组学习（扩大）会精神，开展“两学一做”学习教育常态化、制度化第三专题学习研讨，传达贯彻全市脱贫攻坚推进会、市第二批“中央红军村”命名大会和《中共福建省人大常委会党组关于加强和改进人大代表履职有关工作的实施意见》精神，讨论研究《清流县精神文明创建评选审核中行使“一票否决”的实施细则》《关于规范我县各级文明单位文明奖金发放的实施意见》2 份文件讨论稿及人事工作。

10 月 19 日晚，县委书记池芝发主持召开县委专题会议，通报国务院安委会督查组在清流县开展安全生产大检查“回头看”督查过程中发现的隐患问题及整改意见，并就做好整改工作进行部署。

10 月 29 日上午，县委书记池芝发主持召开县委常委（扩大）会议，传达党的十九大、省、市委常委（扩大）会议和全市群团改革工作座谈会精神，并就以上事项和人事工作进行研究。

11 月 27 日上午，县委书记池芝发主持召开县委常委（扩大）会议，传达全省深化监察体制改革试点工作动员部署电视电话会议精神，讨论研究县委十三届五次全会有关文件，以及县残联和县科协换届、团县委专兼挂职配备有关事项及人事工作。

12 月 14 日上午，县委书记池芝发主持召开县委常委（扩大）会议，传达贯彻习近平总书记关于进一步纠正“四风”，加强作风建设的重要指示精神和三明市生态环境保护工作汇报会、全省社区治理工作视频会、市委市政府工作务虚会、全省组织部门学习贯彻党的十九大精神会、全省城市基层党建工作经验交流座谈会等会议精神；听取县人大常委会、县政府、县政协、县法院、县检察院等党组和县总工会、团县委、妇联、老干局、关工委、老促会、老体协等部门工作情况汇报，讨论研究县“两会”、侨联换届、台联换届、县十届政协委员增补工作，以及省级文明村镇、文明单位、文明校园推荐名单和“满意在三明”30 周年“十大文明人物”推荐名单，并对以上事项进行部署。

12 月 21 日上午，县委书记池芝发主持召开县委常委会议，组织开展“两学一做”学习教育常态化、制度化第四专题学习研讨，传达贯彻全市非公企业和社会组织党建工作联席会暨园区党（工）委书记抓非公企业党建述职评议会、全市党外知识分子和新的社会阶层人士统战工作推进会精神，讨论研究《关于进一步加强干部监督管理若干措施》《关于清流县驻村任职干部管理办法》2 份文件讨论稿及安排近期工作。

【专题会议】 2017 年 6 月 23 日和 6 月 29 日，受县委书记池芝发委托，县委副书记、县长张春华两次主持召开造福工程专题会议。县政府及相关部门领导及各乡（镇）书记、乡（镇）长出席会议。会议指出，省电视台报道龙津镇桥下村违规套取造福工程补助资金问题后，龙津镇和各有关部门高度重视，做了大量细致工作，取得成效。会议要求全力以赴做好 2015 年度违规发放造福工程资金的追缴，确保在近期内全部追缴到位，上交县财政。会议指出，造福工程扶贫搬迁工作是中央提出脱贫攻坚“五个一批”工程中的头号工程。各乡镇、各有关部门要依法依规落实好“造福工程”，用足用好扶贫资金。各乡镇、各部门要加大自查自纠力度，及时、稳妥做好整改工作，预防和化解矛盾纠纷，把问题解决在基层，解决在内部。县财政局、农业局要尽快制定完善资金使用管理办法，进一步规范全县造福工程补助资金使用和管理，保障项目资金安全。审计部门要提前介入，对资金的使用进行跟踪审计，做到“早发现、早整改”。县纪委要以零容忍态度严惩造福工程等领域违规违纪行为，着力解决扶贫开发等领域群众反映的突出问题。

7 月 20 日下午，县委书记池芝发主持召开专题会议，与各乡镇党委书记就落实党风廉政建设主体责任进行集体约谈，部署工作。

7 月 24 日上午，县委书记池芝发主持召开驻点招商工作组阶段性成果汇报会，听取驻珠三角和驻闽南沿海 2 个招商工作组工作情况汇报，部署招商工作。

10 月 19 日晚，县委书记池芝发主持召开县委专题会议，通报国务院安委会督查组在清流开展安全生产大检查“回头看”督查过程中发现的隐患问题及整改意见，并就做好隐患问题整改工作进行部署。

12 月 1 日，召开县委“高考移民”综合治理工作专题会议，传达 11 月 30 日省政府“高考移民”综合治理工作专题会议精神。县委书记池芝发主持会议。会议强调，“高考移民”问题引发众多家长和考生关注，清流县“高考移民”考生人数较多、涉及面广，做好“高考移民”综合治理工作，事关清流安定稳定。会议决定成立县“高考移民”综合治理工作专项领导小组，由县委书记任组长，县长，政法委书记，县政府分管城建、教育领导，公安局局长为副组长，县委办、县政府办、政法委、公安局、教育局、住建局、信访局、县一中为成员单位。同时抽调县委政法委、县检察院、法院、公安局、教育局、司法局等相关人员组成劝导组，于 12 月 2 日出发，分别前往“高考移民”考生所在地与家长进行沟通劝导。要求县教育部门迅速与考生家长取得联系，劝导“高考移民”考生尽早主动返回原籍报名，参加2018年高考。

【全县经济工作暨机关作风建设会议】 2017年2月6日召开。县委书记池芝发、县长张春华、县人大常委会主席张仕权、县政协主席邓炳辉等领导出席会议，县委书记池芝发主持会议。会议肯定2016年全县经济社会发展取得的成绩，并对2017年经济工作提出要求。池芝发指出，2017年经济工作，要坚持稳中求进工作总基调，突出抓好五个方面：壮大总量、延长产业、做优财政、激发活力、惠及民生；要加强党对经济工作的领导，全县上下用过硬的作风、扎实的工作、坚强的执行力，确保全年各项目标任务圆满完成。县长张春华安排部署2017年经济工作。县委、县政府确定2017年经济社会发展目标是：地区生产总值增长9%；地方一般公共预算收入增长6%；农林牧渔总产值增长5%；规模以上工业增加值增长9%；全社会固定资产投资增长18%；实际利用外资增长6%；外贸出口增长14.80%；农村居民人均可支配收入增长9%；城镇居民人均可支配收入增长9%；社会消费品零售总额增长13%；居民消费价格指数控制在3%以内；城镇登记失业率控制在3%以内。会议表彰2016年度先进单位和个人。

【县委学习中心组学习（扩大）会等学习会】 2017年4月20日，召开县委学习中心组学习（扩大）会议，邀请闽南师范大学外语系教授、硕士生导师郑声滔作自强奋斗励志人生专题讲座，三明市委宣传部副部长纪任才作《落实意识形态责任制》专题讲座，县几套班子领导，各乡镇党委书记或乡镇长，县直机关各党委书记，县直各部、委、办主要负责人，省、市属各单位负责人，部分县规模企业负责人出席会议。5月11日，召开清流县学习廖俊波先进事迹座谈会，由县委副书记、县长张春华主持，部分乡镇党委书记、县直机关负责人作交流发言，县委书记池芝发作重要讲话。县几套班子领导，各乡镇党委书记县直各部门主要领导，省、市属各单位主要领导出席会议。9月22日，召开县委学习中心组学习（扩大）会议，邀请省委党校应急管理培训中心主任肖文涛教授作《突发性事件处置与舆论引导》专题讲座。县委常委、宣传部长廖祥初主持会议。县委学习中心组成员、各乡镇党委书记、乡镇长、县直各部、委、办主要负责人、省、市属各单位负责人出席会议。11月20日，邀请市委宣讲团成员、市委副秘书长、政研室主任郭亚兴宣讲党的十九大报告。县几套班子领导，原任副处级以上职务离退休干部代表，各乡镇党委书记、乡镇长，县直各部、委、办主要负责人，省、市属各单位负责人，企业代表出席会议。12月7—10日，分2期举办清流县领导干部学习贯彻党的十九大精神专题研讨会，采取主题报告、专题讲座、分组研讨等相结合的培训教学方式进行，县委书记池芝发作主题报告。县处级领导干部，各乡镇党委书记、乡镇长、县直各部、委、办主要负责同志，省、市属各单位、清流监狱、武警大队、消防大队主要负责人出席会议

【县委2018年工作务虚会】 2017年11月28日，县委书记池芝发主持召开县委2018年工作务虚会，贯彻中共十九大和省、市全会精神，谋划制定2018年经济社会发展的目标任务、工作思路和工作重点。县委副书记、县长张春华，县人大常委会主任张仕权，县政协主席邓炳辉等领导参加会议。县主要经济部门及省市属单位负责人参加会议。会议强调，2018年全县工作要围绕加快建设“宜居宜业幸福新清流”工作目标，突出“壮大总量、延长产业、做优财政、保持活力、惠及民生”工作重点，确保清流经济平稳健康发展和社会和谐稳定。农业农村工作着力引导特色种植业、养殖业发展，做强现代渔业，打赢脱贫攻坚战，打造美丽乡村示范村；工业着力完善园区基础设施，服务好所在企业，围绕产业配套加大项目招商，盘活停产企业项目；城市建设着重经营管理好城区，完善功能提升品位；强化三产旅游，推进特色乡村旅游；坚持从严治党，加强基层组织建设；深入推进改革创新，持续做好医改、林改、教育改革、人才改革等工作；要持续改善民生，全力维护社会安定稳定。县长张春华通报全县经济指标，并对抓好当前工作进行安排。

重要活动

【学习考察】 2017年2月13—14日，县委书记池芝发、县长张春华率党政考察团赴将乐、沙县、梅列学习考察。各乡镇党委书记、乡（镇）长、相关部门负责人参加学习考察活动。学习考察中，考察组人员结合清流实际进行现场点评。池芝发指出，要学习兄弟县（区）在招商引资、项目建设、民生事业、城市建设等方面经验和做法，通过这次学习考察，查找差距，精准发力，树立信心，勇立潮头奋发作为。张春华要求，要学习兄弟县（区）强烈的干事创业氛围，领导干部要沉到一线，做好表率，不断推动清流经济社会向前发展。

【铁路建设重要节点工程调研】 2017年3月5日，县委书记池芝发带领调研组到全县铁路建设重要节点工程——峰果岭隧道出口项目、浦梅铁路塘州工区、灵地镇拌合站等地进行实地调研。县委常委、宣传部部长廖祥初陪同调研。池芝

发肯定各沿线乡镇及县铁办等部门在勘测定界、临时用地、拆迁安置等方面全力配合，得以保障项目前期顺利推进。池芝发要求，施工单位要按照铁路项目的建设程序，安全、保质保量组织好施工；各有关单位和部门要发扬“马上就办、真抓实干”精神，做好安民惠民工作，依法维护施工环境；沿线各个乡镇要严格按照施工要求和时间节点高质量完成各项工作任务；县铁办要发挥综合协调、督促检查作用，做好工作跟踪督导，为浦梅、兴泉两条铁路的全线开工建设扫清障碍，确保铁路建设工作顺利开展。

【下基层调研】 2017年1月5日，县委书记池芝发到龙津华府、新一中、迎屏佳苑、文华新城、光明城市广场、北山天城项目建设现场调研。1月18—19日，县委书记池芝发到沙芜乡、田源乡、李家乡、赖坊乡、长校镇、里田乡、余朋乡、嵩口镇、中铁五局集团有限公司浦梅铁路PM-4标工程指挥部、东莹化工、展化化工、昊天油茶有限公司调研。2月5日，县委书记池芝发到展化化工、东莹化工、南洋服饰、春舞枝花卉有限公司、电子商务产业园、伊科电子调研。2月19日，县委书记池芝发到浦梅铁路九龙溪钢便桥建设现场、横溪村、莲花山保护区管理处调研。3月21日，县委书记池芝发到龙津镇拔里村、俞坊水库、体育中心项目建设点、集美（清流）产业园建设项目点、卫计局、地税局调研。3月22日，县委池芝发书记到县商务局、贸促会走访调研，并围绕当年商务重点工作与全体干部职工进行座谈。3月29日，县委书记池芝发到余朋乡、赖坊镇调研。4月18日、21日，县委书记池芝发分别到沙芜乡、嵩口镇调研。5月4日，县委书记池芝发到龙津镇调研。7月21日，县委书记池芝发调研城区重点建设项目前期工作。池芝发指出，要坚持以人民为中心的发展思想，切实做好保障和改善民生各项工作，谋民生之利、解民生之忧，尤其要坚持优先发展教育，加快推进教育现代化，办好人民群众满意的教育。8月7—10日，县委书记池芝发到长校镇黄石坑村、留坑村、江坊村、黄坑村、荷坑村、河排村、茜坑村；里田乡深渡村、卢水村、田坪村、里田村、廖坊村、李坊村、洋庄村；温郊乡小池村、桐坑村、温家山村调及田源乡廖武村、田口村调研。8月15—17日，县委书记池芝发到林畲乡岭官村、向阳村，余朋乡蛟坑村，沙芜乡新矶村、上坪村、白塔村，赖坊镇陈坊村及李家乡、灵地镇调研。 8月28日上午，县委书记池芝发到清流一中参加、指导新学年第一次教职工大会。8月29—31日，县委书记池芝发到龙津镇暖水村、基头村、横溪村、严坊村、世际环球塑胶有限公司及城关小学、城关中学、实验中学、实验小学、实验幼儿园调研。9月7日，县委书记池芝发率“8+3”重点工作专项领导小组到福宝园基础设施建设项目、嵩溪镇综治中心建设项目、澳洲鳕鱼养殖项目、世际环球塑胶BB弹生产线项目等地实地调研。9月12日，县委书记池芝发到嵩口镇立新村调研美丽乡村建设工作情况；到马排村了解马排花海温泉养生苑项目地块事宜及村部规范化建设情况；到龙津社区卫生服务中心调研机构设置及功能定位等情况。9月20日，县委领导池芝发、李光明到光伏农业产业园建设项目、爱珍豆腐皮专业合作社、大路口村、实验幼儿园雁塔分园调研。10月16日，县委书记池芝发带队到东莹化工环保型制冷剂生产扩建项目现场办公，帮助企业协调解决问题，并实地察看计划新上环保制冷剂小钢瓶灌装项目现场。10月19日，县委书记池芝发到县公安局调研。11月1日，县委书记池芝发陪同广东客商到集美共建产业园、气枪厂调研。11月8日，县委书记池芝发到里田乡光伏发电长廊项目现场调研；到长校镇里山耘居康养旅游度假项目现场调研；到罗口溪防洪堤项目现场调研；到灵地镇金桥美术教育写生基地项目拟选址点调研。12月4日，县委书记池芝发到林畲乡曾坊村连星组、黄沙口村村部、元山村村部及嵩口镇沧龙村调研。12月18日，县委书记池芝发到邱寨村村部调研。

4月11日，县委书记池芝发到李家乡早河排村无花果基地调研（李家乡提供）

【外出招商】 2017年2月28日至

8 月 20 日，县委书记池芝发到龙津镇长兴社区为党员上党课（龙津镇提供）

3 月 1 日，县委书记池芝发和县委常委、常务副县长刘远隆率领县经信局、国土局、商务局和贸促会主要领导赴厦门开展项目对接活动。此次招商围绕氟化工下游产品、电子科技、农产品深加工等产业领域，与部分省企、厦企进行“一对一”考察交流。5 月 31 日至 6 月 4 日，县委书记池芝发率领县经信局、国土局、商务局等单位负责人赴北京开展招商活动。7 月 14—16 日，县委书记池芝发、县长张春华带队赴杭州开展氟化工专场招商活动，常务副县长刘远隆和经信、商务、环保、经济开发区等部门负责人及市经信委副主任郭明星、中国氟硅有机材料工业协会副秘书长董明、副秘书长胡锡云以及全国氟化工领域较有影响力的客商代表 100 余人参加招商活动。此次招商推介会，就氟化工领域签订合作协议 5 项，总投资额达 6 亿元，并达成多个合作意向。9 月 17—18 日，县委书记池芝发带队到厦门参加 2017 年“9•18”厦门国际投资贸易洽谈会并到泉州家世比家俱有限公司、福建悠然国有限公司等企业参观走访。11 月 6—9 日，县委书记池芝发率团参加第十三届海峡两岸林业博览会暨投资贸易洽谈会。林博会期间，邀请福建朵伶朵俐餐饮投资管理有限公司、清流向阳红农林科技发展有限公司、福建双叶生态农业科技有限公司、昊天（深圳）恒业有限公司等 32 家知名企业参展。洽谈会策划项目 9 个，完成可签约合同项目 7 项，总投资 10 亿元；确定上台签约项目 2 个，总投资 6 亿元。

【县委书记下基层上党课】 2017 年 8 月 20 日，县委书记池芝发到龙津镇长兴社区，围绕“学《准则》《条例》，争做执行纪律合格的表率”这一主题，给全体党员上党课。长兴社区共 50 余名党员聆听党课。

【全面从严治党“两个责任”集体约谈会】 2017 年 12 月 11 日，县委书记池芝发到龙津镇主持召开落实全面从严治党“两个责任”集体约谈会。12 月 12 日，清流县委副书记、县长张春华到嵩溪镇就落实全面从严治党“两个责任”约谈乡镇主要负责同志。

重大决策

【出台《清流县法治政府建设实施方案》】 2017 年 5 月 15 日，县委、县政府颁布《清流县法治政府建设实施方案》，提出工作目标：力争到 2017 年，各项法治政府建设的制度机制基本建立健全；2018 年，重点领域和关键环节取得重大突破和进展；2019 年，基本完成《纲要》《方案》确定的各项目标任务；2020 年进一步拓展、完善和巩固，基本建成职能科学、权责法定、执法严明、公开公正、廉洁高效、守法诚信的法治政府。《方案》要求加强党对法治政府建设的领导，针对法治政府建设存在的问题，明确任务、提出措施，增强法治政府建设的针对性和实效性；依法全面履行政府职能，建立健全相关制度，提高政府工作人员法治思维和依法行政能力，自觉接受党内监督、人大监督、民主监督、司法监督。

【制订《关于深化人才发展体制机制改革的实施方案》】 2017 年 5 月 15 日，县委、县政府颁布《关于深化人才发展体制机制改革的实施方案》，就深化人才发展体制机制改革的指导思想、推进人才管理体制改革、加强人才引进机制、完善人才培养机制、强化人才激励机制、健全人才保障机制和加强党对人才工作的领导等提出具体措施和办法。

【出台《清流县森林防火奖惩和责任追究办法》】 2017 年 5 月 15 日，县委、县政府出台《清流县森林防火奖惩和责任追究办法》。县政府授权县森林防火指挥部组织对森林防火责任单位的防火责任制落实情况进行考核，乡（镇）年度森林防火责任制考核 90（含）分以上的为达标，90 分以下（不含 90 分）的为未达标，国有林场年度森林防火责任制考核 95（含）分以上的为达标，95（不含）分以下的为未达标。并制订责任追究和奖惩办法及奖励标准和处罚标准。

【出台《加快养老事业发展的实施意见》】 2017 年 9 月 19 日，县委、县政府出台《加快养老事业发展的实施意见》。总体目标：到 2020 年全县基本建成以居家为基础、社区为依托、机构为补充，医养结合、覆盖城乡的养老服务体系；基本形成政府主导、市场运作、放管结合、优化服务的发展机制。全县养老服务水平明显提升，养老主要指标达到或高于全省平均水平。每千名老人拥有养老床位数达到35张以上，护理型床位占养老床位数的30%以上，养老机构与医疗机构合作签约率达到100%。所有养老机构都能够以不同形式提供医疗卫生服务。居家养老服务照料中心覆盖建制镇全部社区，农村幸福院建设覆盖60%以上的建制村。基本养老服务覆盖全体老年人，形成“低端有保障，中端有市场，高端有选择”的多层次养老服务格局，让全县老年人能够安享晚年。重点任务：《意见》按照“保基本、托底线、补短板、调结构、惠老年”的要求，提出加快实施居家养老服务、机构养老服务、兜底保障、医养结合、精神关爱、养老产业培育、养老服务队伍建设等七大工程。《意见》要求各乡镇党委、政府将发展养老事业纳入经济社会发展规划，各相关部门要各司其职，协调配合，形成合力。并决定将发展养老事业所需资金列入年度财政预算，引导和鼓励更多信贷资金和社会资本投向养老事业。

【出台《关于加快医疗卫生事业发展的实施意见》】 2017年10月11日，县委、县政府出台《关于加快医疗卫生事业发展的实施意见》，提出发展目标：到2020年，建立覆盖城乡的基本医疗卫生制度，居民主要健康指标保持在全市中上水平，人均预期寿命达到80岁；医疗服务体系进一步健全，主要医疗卫生资源指标力争达到常住人口床位配置6张/千人、执业（助理）医师数达到2人/千人、注册护士数达到3人/千人；公共卫生服务能力进一步提升，重大传染病得到有效防控，卫生应急处置能力显著提高，卫生综合监督执法体系更趋完善；群众看病就医更加便捷，多样化需求逐步得到满足，健康清流建设迈上新台阶。重点任务是围绕“抓改革、促发展、补短板、上水平”要求，实施资源结构优化、医疗龙头提升、强基固本提质、中医振兴发展、公共卫生促进、人才队伍建设、智慧健康医疗七大工程。《意见》要求各级政府强化规划引领、强化项目带动、强化机制创新、强化人才政策和强化监督评价。

【出台《补短板提质量加快教育事业发展的实施意见》】 2017年10月12日，县委、县政府出台《补短板提质量加快教育事业发展的实施意见》，提出发展目标：到2020年，教育各项主要发展指标达到全市平均以上水平，力争部分指标保持全市前列，教育事业发展水平与清流经济社会发展位次相匹配，学前三年入园率超过98%，义务教育巩固率稳定在98%以上，高中阶段入学率超过97%；基础教育质量稳步提升，现代职业教育加快发展，教育作为全县创新驱动主力军的作用更加凸显；优质教育资源总量不断扩大，教师队伍素质全面提升，教育公共服务供给能力基本满足人民群众多样化需求。主要任务：扩大普惠性学前教育资源；进一步促进义务教育均衡发展；做优做强普通高中；推动职业教育产教深度融合；统筹加强中小学教师队伍建设。《意见》提出要完善教育投入机制，财政教育支出占公共财政支出比例不低于省核定标准，各类教育生均公共财政预算公用经费达到全省平均水平以上；依法保障教师平均收入水平不低于当地公务员平均收入水平。同时要做到创新教育管理机制、强化项目支撑和严格督查考核和考评机制。

撰稿：赵桂花

巡察工作

【概况】 2016年9月，县委巡察工作领导小组成立。由县委常委、县纪委书记担任组长，县委常委、县委组织部部长担任副组长。下设巡察工作领导小组办公室，县委巡察一组、二组，巡察办主要承担综合协调、组织指导、制度建设、监督管理、服务保障等工作，同时履行上级巡视巡察工作联络组办公室（简称联络办）职责。巡察组在巡察工作领导小组领导下承担巡察任务，根据巡察任务确定并授权，实行组长负责制。核定行政编制7名，

2月21日，县委召开2017年第一轮巡察工作动员部署会（县委巡察办提供）

其中正科级领导职数3名、副科级领导职数3名、科员职数1名。

2017年，县委巡察办贯彻落实中央巡视工作方针，把纪律和规矩挺在前面，以落实“两个责任”为抓手，以“发现问题，形成震慑”为重点，抓好巡察工作，推进全面从严治党向纵深发展。全年巡察发现问题760个，移交问题线索130条。根据巡察移交线索，立案审查21人，党纪政纪处分21人，移送司法机关处理1人，通报批评7人；对2个单位进行通报批评，廉政提醒谈话149人，诫勉谈话7人，书面检讨5人。根据巡察发现共性、倾向性问题，建立健全有关制度26项。查处县卫计局个别干部干扰、破坏巡察工作案件，维护巡察制度严肃性。

【常规专项巡察】 2017年，县委巡察办运用常规巡察、专项巡察、交叉巡察等方式，开展常规巡察3轮7批次、专项巡察5批次。对13个乡镇全部进行财政资金安全专项巡察、扶贫领域机动式专项巡察和扶贫领域“全交叉”专项巡察；对2个乡镇开展助推精准扶贫机动式专项巡察；对县统计局开展机动式专项巡察。

【财政资金安全专项巡察】 2017年4月14日至5月10日，县委巡察办组成4个专项巡察组，对全县各乡（镇）财政资金安全开展专项巡察。发现乡（镇）党委、政府对财务管理重视不够，存在资金安全监管责任落实不到位、专项资金和往来资金监管不到位、现金库存使用量大、安全意识薄弱、财务人力资源不足、管理混乱、财务账户和会计核算管理不规范、网银监管机制不健全、信用社柜员办理对公网银业务不规范、印鉴核对不认真等9个方面共性问题13个、具体问题74个。对全县各乡镇账户清理整顿，撤并账户130个，责成有关单位整改问题82条。

【扶贫领域专项巡察】 2017年7月，县委巡察办组成4个专项巡察组，对全县13个乡镇开展扶贫领域机动式专项巡察。7月25日至8月6日，由机动式专项巡察转为“全交叉”专项巡察。13个专项巡察组，对全县13个乡镇开展扶贫领域“全交叉”专项巡察。向巡察的13个乡镇党委反馈问题182条，向有关职能部门提出意见建议44条，移交问题线索24条；问责处理74人，追缴违规发放各项补助资金255.32万元；收回部门及乡镇各类滞留补助资金988.60万元。

撰　稿：余国卿

办公室工作

【概况】 2017年，县委办履行中枢职责，全力做好沟通联络、后勤服务。全年接待国家、省、市领导40余批。完成全国山地自行车赛、烈士公祭、安全生产大检查等活动20余场。全年组织县委全会、经济工作会、常委会议、专项工作会议等各类会议100余场。全年督查单位保密工作120家，开展保密“两识”教育19期，受训人员1000余人次。完成全省电子政务内网清流汇集点建设。办理各类电报710份。及时通报县四套班子主要领导和县委副书记工作碰头会工作安排。印发《县委大事记》12期、《情况通报》15期。全年接待来访群众220余人次。

【以文辅政】 2017年，县委办准确把握政策理论导向和县委意图，做好综合文稿工作。全年累计完成各类汇报材料30余份、领导讲话稿70余篇、会议纪要35份，共计100余万字。全年审核处理各类文件350余份，其中县委文件61份、县委办文件84份、内部明电123份，规范性文件备案40份。

【督查督办】 2017年，县委办围绕县委中心工作，全年开展督查40余次，完成省市督办件14件，下发《县委重要事项督办通知单》6份，编发《落实与反馈》20期。

【调查研究】 2017年，县委办围绕工业转型升级、推进清流生态文明建设等11个重要课题开展调研，撰写并刊发在《决策参考》署名文章4篇。

【信息工作】 2017年，县委办及时向上反映全县经济社会发展动态和社情民意。全年编辑《清流快讯》正刊52期、增刊12期，上报省、市委信息680余条，被省、市委信息刊物采用80条。全年上报要情专报和应急信息65份。

撰　稿：赵桂花

组织建设

【概况】 2017年，县委组织部围绕全县工作重点，深入贯彻落实中共十九大精神，推进“两学一做”学习教育常态化、制度化，加强领导班子和干部队伍建设，夯实基层组织基础，加大人才发展体制机制改革力度，强化自身建设，提高组织工作科学化水平，为加快建设“宜居宜业幸福新清流”提供坚强组织保证和人才支撑。

【干部教育培训】 2017年，县委组织部健全完善“集中学习和现场教学、社会实践和撰写论文、异地培训和交流总结”的“三段式”干部教育培训模式，组织学员前往浙江大学、井冈山等地进行异地学习培训。定期聘请外县优秀教师到县讲课。举办中共十八届六中全会、十九大精神专题研讨班等各类班次12期，培训干部骨干1049人。

【关爱基层干部】 2017年，县委组织部制订出台《清流县激励干部担当作为 提升干事创业精气神的实施办法(试行)》《关于进一步关心关爱基层干部的若干措施》，建立健全关心关爱基层干部的长效机制，激励基层干部在一线建功立业。在“五比五晒”项目竞赛、党建促脱贫攻坚等重点工作、重点项目和重要任务推进过程中，开展干部专项考核。

【调整充实领导班子】 2017年，县委组织部落实县委定期议班子、议干部制度，增强领导班子整体功能。补缺补齐、调整充实、配强各级领导班子。全年调整干部2批162人次，其中提拔使用66人（提任正科19人、副科47人），由非领导平级转任领导职务19人，交流36人，免职1人。推行干部任职试用期制度，实行委任制试用期干部46人，考核试用期满干部22人并及时办理任职手续。

【年轻干部培养与管理】 2017年，县委组织部加强年轻干部培养选拔和后备干部挂职锻炼工作。选派9名年轻干部到县重点部门进行一对一帮扶锻炼，选派6名优秀干部到“8+3”工作组锻炼，选派两批、10名干部到珠三角、闽南沿海两地实施驻点招商。加强选调生、大学生村官日常管理，建立定期汇报制度，实行选调生转正定级驻村任职制度。

【干部宏观管理】 2017年，县委组织部建立新版科级干部信息库，充实完善信息库单位机构、人员信息资料，协调县保健办建立全县科级干部健康档案。制订县属机关事业单位工作人员调配规定和调整县政法系统干部管理意见。全年招考公务员10名，招聘事业单位工作人员4名。严格执行党员领导干部因公因私出国（境）有关规定，做好出国出境审核报批工作，集中保管领导干部因私出国（境）证件。

【干部日常监督】 2017年，县委组织部对存在苗头性、倾向性问题的领导干部，采取提醒、函询、诫勉等措施。全年谈话1人次、函询7人次。执行领导干部个人有关事项报告制度，对瞒报、漏报的按规定进行处理。做好有关信访举报调查核实工作和“12380”举报平台维护工作。与县纪委、效能办定期联合开展干部监督工作，通过明察暗访、随机突查等形式，加强干部日常监督管理，防止乡镇干部“走读”。

7月20日，清流县2017年村（居）党组织书记第一期培训班开班（县委组织部提供）

【“两学一做”学习教育】 2017年，县委成立“两学一做”学习教育常态化制度化领导协调小组，组织开展4个专题学习研讨，确定每月10日为“党员主题日”。形成“三会一课”制度常态化、长效化，推动学习教育融入日常、形成制度。建立县处级党员领导干部联系基层联系点制度，全县169名科级党员领导干部挂钩联系226个党支部。制订加强党建工作宣传实施方案，在县电视台、清流新闻网开辟“党建在清流”“身边的好党员”“脱贫路上党旗红”等专题栏目，建立“清流党建”微信公众号、“组织工作交流群”等，营造学习教育良好氛围。

【人才队伍建设】 2017年，县委出台《清流县关于深化人才发展体制机制改革的实施方案》，围绕人才管理体制改革、人才引进、人才培养、人才激励、人才保障等5个方面出台措施26条。建立“柔性人才”机制，每年核定10名以上高层次人才专用的“柔性编制”和“柔性职数”，实行专编（职）专用、人退编（职）收的动态管理机制。县人力资源和社会保障局为3名教师使用“柔性职数”获得高级职称评审资格。建立“周末工程师”“假日教授专家”等柔性引才机制，柔性引进各类人才50余人次，其中博士、教授等高层次人才20余人次。清流县建立人才工作领导小组成员单位联席会议制度，将人才工作目标责任制纳入全县绩效考评体系。县委组织部对接安排1名清华大学生到县短期挂职“县长助理”。选派13名干部参与第二批“千名干部服务千家企业”活动。推荐1个创业团队申报省第六批引才“百人计划”。推进闽台人才交流，深化以商招商，年内落地台商企业4家，引进台湾方面人才5人。到经济开发区开展“人才政策进园区”

活动，扩大企业人才政策宣传。建立全县人才库和党委联系专家、党政领导干部直接联系高层次人才制度，为人才需求提供服务，协调解决人才工作调动、子女入学、配偶安置、医疗保险等实际困难31件次。

【党员管理】 2017年，县委组织部开展“撸起袖子加油干、建设幸福新清流”为主题的党员春训，每季度对村（居）书记实行全覆盖培训。推荐40名村支部书记参加省市各类培训。全年新发展党员116名。组织全县党员干部收看《将改革进行到底》《榜样》等大型政论专题片，并制作《总书记嘱托记心间，老区人民谱新片》电教片。采集401个党组织和7681名党员基本信息，采集完成率和完整度均达100%。提前谋划2018年村级组织换届工作，选拔推荐村级后备干部388人。加强对驻村蹲点干部、下派第一书记、非公和社会组织党建工作指导员等下派干部的管理。

【农村基层党建督导】 2017年，县委组织部组建农村基层党建督导组4个，每季度对全县各村（居）党组织党建工作进行全覆盖督促指导，通过“查问题、抓规范；找根源、促提升；动真格、抓攻坚”督导方式，督促指导村（居）党组织抓好各项党建工作。开展村干部履职情况专项整顿，约谈无法正常履职村干部21人，按程序辞退拒不改正的村干部12人。采取领导挂包、干部驻点形式，实行“一村一策”，推进软弱涣散党组织整顿转化。

【落实基层组织保障】 2017年，县委组织部完成全县14个新建、29个修缮村级活动场所建设项目。规范村干部报酬待遇，将村主干职务工资财政补助标准由750元/月提高到1100元/月，其它村两委干部按550元/月核定。为281名村干部落实养老保险。制订《清流县基层党建工作经费使用管理办法（暂行）》，并将县机关党建经费列入县财政预算，保障机关党建活动正常开展。分别给予22个党建示范点和13个软弱涣散党组织5千元、1万元经费补助，支持抓好班子配备、场所设置、制度建设等工作。

【党建促脱贫】 2017年，县委组织部出台党建促脱贫攻坚实施方案，组织各级党员干部挂钩联系1113户贫困户，帮助制定“一户一策”脱贫计划，帮助实现精准扶贫、精准脱贫。深化“三加三带”党建扶贫机制，探索“党支部+”的模式，打造林畲乡石下、嵩溪镇元山、嵩口镇沧龙等一批产业发展示范村。县财政补助1200余万元，为49个建档立卡贫困村、空壳村建立光伏发电站，为每个村每年带来村财收入4万元；县财政将统一委托国投公司购买信用社股份取得分红的形式，帮助贫困村脱贫。

【拓展基层党组织服务功能】 2017年，县委组织部深化“住村工作法”，通过干部住乡、住村、夜访等形式，现场收集民情、代理事务、解决问题；各机关党组织结合各自实际，成立“金叶先锋”“国网福建电力光明先锋共产党员服务队”“林业服务小分队”等队伍，将部门政策、技术、资源带到农村、企业。

【非公企业和社会组织党建】 2017年，县委组织部推进非公企业和社会组织“两个覆盖”（党的组织覆盖和工作覆盖）健全非公企业和社会组织工委工作机构，明确兼职副书记及委员，选齐配强工作队伍。把非公企业和社会组织党建工作列入全县工作考评和基层党建工作述职评议的重要内容，建立县委、乡镇（机关）党（工）委、支部三级联抓非公企业和社会组织党建工作机制。举办全县非公有制企业和社会组织党务工作培训班，编写《清流县非公企业和社会组织党建工作手册》。单独组建泉州商会、双叶、苏福、大丰山禽业等4家党支部。修订完善非公企业和社会组织党建指导员选派和管理办法，全县选派党建指导员35人，其中县委非公和社会组织工委选派5名党建指导员服务指导重点企业和社会组织9家。加大财政支持力度，分别给予每名党建指导员2000—5000元工作补助经费。东莹化工党支部、春舞枝党支部、嵩溪爱珍豆腐皮党支部被评为市级先进基层党组织。

撰　稿：黄清剑

宣传工作

【概况】 2017年，全县宣传思想文化工作紧扣中心、服务大局，坚持团结稳定鼓劲、正面宣传为主的方针，深入学习宣传贯彻习近平新时代中国特色社会主义思想和中共十九大精神，贯彻落实党委（党组）意识形态责任制，培育和弘扬社会主义核心价值观，为建设“宜居宜业幸福新清流”提供思想保证、精神动力、舆论支持和文化条件。

【贯彻中共十九大精神】 2017年，县委宣传部召开全县学习宣传贯彻中共十九大精神专题会议，组建县委中共十九大精神宣讲团和业余讲师团，进部门、乡镇、企业、学校宣传宣讲53场。在县广播电视台、新闻网、微信公众号等媒体平台开设专栏；举办“喜迎中共十九大 建设幸福新清流”等各类文艺演出及主题作品征稿活动；在城区高速路旁、各乡镇中心位置制作中共十九大精神户外大型宣传牌等。全县上下形成学习宣传贯彻中共十九大精神浓厚氛围。

【落实意识形态工作责任制】 2017年，县委宣传部健全和完善意识形态工作检查考核机制，制订印发

9月26日，县委宣传部召开全县优秀传统文化传承发展联席会（杨　颖摄）

《2017 年度宣传思想文化工作和落实意识形态工作责任制考评方案》，颁发《2017 年意识形态工作责任书》，将意识形态工作纳入党建工作责任制、巡察内容、文明单位考评和领导班子、领导干部目标管理，以及年度绩效管理考评。建立“联席研判”制度和专项督查考评制度。年内对年初颁发意识形态工作责任书的 13 个乡镇、34 个县直单位和省市属部门督查考评 2 次，确保意识形态工作无盲区、不出错。

【县委学习中心组理论学习】 2017 年，县委宣传部制订《清流县贯彻落实中国共产党党委（党组）理论学习中心组学习规则的实施意见》，完善“理论学习、集中研讨、实地观摩、专家讲座”相结合学习机制。全年举办县委学习中心组理论学习 19 次，开展学习贯彻中共十九大精神等交流研讨 9 次，邀请领导、专家、学者开展专题讲座 5 场，组织中心组成员到福州、厦门集美、将乐、沙县、梅列等地学习考察。县委学习中心组成员每人订阅《党的十九大报告》、《习近平谈治国理政》（第一卷和第二卷）、《习近平关于全面从严治党论述摘编》等理论读物 10 余种；编发“网上半月堂”理论学习专刊 31 期；运用微信等新媒体平台推送社科理论知识 60 余期。

【舆论引导】 2017 年，县电视台、清流新闻网开设《五比五晒》《马上就办、真抓实干》《精准扶贫摆脱贫困》等专题专栏 8 个，宣传中央和省委、市委、县委的安排部署。开辟“党建在清流”“为你点赞，新清流的好党员”等栏目，宣扬廖俊波、李彬，以及县域陈志仁、倪筱蓉等人物先进事迹，用“身边典型”教育“身边人”。县委成立网络安全和信息化领导小组，县委宣传部牵头召开全县网络安全和信息化工作专题会、自媒体负责人座谈会等 3 次，落实网络媒体主体责任自觉性和主动性。建立全县互联网应急值班和网上有害信息巡查制度，完善网络舆情监看 24 小时值班制度。开展舆论环境专项整治工作，加强网络舆情上报、研判和处置引导。全年上报各类网络舆情信息 1000 余条，开展专项巡查 5 次。

【拓展对外宣传工作】 2017 年，“清流新闻”微信公众号推送清流新闻 101 期，信息 320 余条。县委报道组在市级以上媒体刊发各类新闻 302 条。其中，在《三明日报》刊发 61 篇，头版 14 篇，全市排名第三；省级以上网站及媒体刊发 30 余条，其中《七旬老兵：人到哪儿 旗就升到哪儿》在《中国红色思源网》刊发，在《福建日报》上刊发《大山深处绽放“美丽产业”》和《邓水木：给自己找一个梦想》等通讯，展示清流经济社会文化发展新成效。

【文化产业发展】 2017 年，清流县实施重点文化产业企业扶持计划，对福建省凡承影视传媒有限公司等 6 家新增文化产业企业奖励 16 万元。推进清流兰花博览园、林畲红色文化旧址群、海峡两岸中华桂花文化园等市级文化产业重点项目建设，累计完成投资 2.80 亿元。推荐林畲中华桂花文化园评选第十一批省级文化产业示范基地。推进中央红军村建设，里田乡里田村被命名为三明市第二批“中央红军村”。

【繁荣文化事业】 2017 年，县委宣传部开展“清流县人民政府百花文艺奖”（2014 年 10 月 1 日至 2017 年 9 月 30 日）评选工作。县文联召开全县文艺工作座谈会，动员文艺工作者推动全县文学艺术事业繁荣发展。完成《清流文艺》第二期出版工作。陈立忠木雕作品“为人民服务”获第十届海峡两岸（厦门）文化产业博览交易会铜奖。组织赴港参加“共圆中国梦、百姓大舞台”全民文艺汇演大赛，京剧《军民鱼水情》和越剧《碧玉簪·送凤冠》获“共圆中国梦 百姓大舞台”全民文艺汇演大赛一等奖。清流“星娃”艺术团获 2017 年“舞动中国—排舞联赛”福建赛区第一名。

撰稿：刘 清　陈惠林　邹新根

精神文明建设

【概况】 2017 年，县委精神文明建设工作办公室（以下简称县文明办）围绕县委、县政府工作重点，以“争做文明清流人，共建美丽清流城”为主题，争创省级文明县城，深化社会主义核心价值观建设，提高城市文明程度和市民文明素质，强化未成年人思想道德教育，推进志愿服务工作，为加快建设“宜居宜业幸福新清流”提供精神动力和道德支撑。

【文明村镇创建】 2017年，县文明办开展创建文明生态村、星级文明户、“美德在农家”、农村社会风气突出问题专项治理等活动，修订完善村规民约19个，推动农民转变观念，树立新风。做好省委文明办“五古丰登”创新品牌工作，创建地方文化特色突出、村居环境宜人整洁、社会风气文明和谐、经济社会协调发展、更有古道乡愁、更富人文情怀的美丽乡村28个，实现61%以上村镇达到县级及县级以上文明村镇。农村文化活动更加多样，各乡镇组织开展半台戏演出近20场，弘扬当地优秀传统文化。

【文明单位（行业）创建】 2017年，全县新一轮申报创建全国文明乡镇培育对象1个；申报创建省级文明单位12个、文明乡镇2个、文明学校4个、文明村1个；申报创建市级文明单位44个、文明乡镇5个、文明学校8个、文明村4个、文明社区2个；创建县级文明单位65个、文明村（居）62个、文明乡镇4个、文明学校16个。开展文明单位（学校）创建竞赛，召开专题推进会议2次，引导各级文明单位参与文明县城创建，参与结对（村）社区共建活动。落实“门前三包”“门内达标”、共建路段卫生责任制、公共文明引导等工作，发挥文明单位带头示范作用。落实文明单位动态管理，实行单位每两月抽查，乡镇每季度督查，文明办每半年巡查的三级督查机制。修订《清流县精神文明创建评先审核中行使“一票否决”的实施细则》，规范文明单位的创建与管理。

【文明家庭创建】 2017年，县文明办从“家庭、家教、家风”三大要务着手，开展文明家庭创建活动。制订《清流县文明家庭标准及评选办法》，组织开展第一届“文明家庭”“最美家庭”评选。开展“家风润万家”主题实践活动，举办“传承良好家风 建设文明家庭”演讲比赛3场和“传承好家训 培育好家风 弘扬贤文化 共筑中国梦”书画展。开展家风家训征集活动，征集到家风家训300余条。

【公民思想道德建设】 2017年，县文明办督促各级文明单位、各类媒体及社会媒介常态化刊播“讲文明树新风”“满意在三明”和“图说我们的价值观”，把社会主义核心价值观宣传工作列入年度精神文明考评。投入19万元，设置大型宣传广告16面、宣传栏40个、核心价值观公益广告灯杆宣传牌280块、交通分隔栏宣传牌80块、墙体宣传画60块，印发《清流县创建省级文明县城知识》宣传手册5000份，《致市民的一封信》5000份。发动各级文明单位利用宣传橱窗、LED电子屏刊播公益广告。举办创城宣传文艺晚会10余场。

【开展“我们的节日”主题活动】 2017年，县文明办发挥社区文明单位联络站功能，按照分时分片、自主发挥、主题鲜明的活动要求，先后开展“金鸡闹元宵，幸福新清流”元宵文艺演出、“缅怀革命先烈 弘扬爱国主义精神”清明节祭扫革命烈士纪念园活动、“喜迎十九大 共筑中华魂——我们的节日·端午”中华经典诵读活动、“阅读人生 文

5月26日，县文明办组织文明单位在实验中学举行我们的节日——端午中华经典诵读展演活动（县文明办提供）

明家庭 书香清流”中秋文艺晚会等主题活动10余场，活跃传统节日文化氛围。

【开展“好人建设”活动】 2017年，县文明办将“好人建设”活动纳入文明创建各类考评，每月开展“我推荐，我评议身边好人”活动。做好第六届全国道德模范、第五届福建省道德模范推荐评选工作，组织开展第五届三明市道德模范评选表彰活动。推选法院蔡忠新、嵩溪爱珍豆腐皮专业合作社理事长兰爱珍、嵩口学校教师马招德3名候选人参评全国、省市道德模范。开展清流县最美人物候选人、学雷锋示范标兵、示范岗推荐评选工作。举办身边好人、道德模范交流座谈会。建设和弘扬“好人文化”，塑造向善向上社会风气。

【未成年人思想道德建设】 2017年，县文明办开展“清明祭英烈”、六一“学雷锋 争当美德少年”、七一“童心向党”歌咏比赛和十一“向国旗敬礼”网上签名寄语四项集中性活动。开展“爱学习、爱劳动、爱祖国”及党史、国情教育以及经典诵读、童谣传唱等活动。组织开展第三届县“美德少年”评选表彰活动。推荐优秀少年——嵩溪中心小学余宣参加第四届省市“美德少年”评选。组织道德模范、身边好人、美德少年、最美人物进校园开展事迹演讲、现场交流和公益活动。推进乡村学校少年宫建设，加强已建项目动态管理。与教育局联合举办“同在蓝天下·欢乐共成长”乡村学校少年宫活动成果展示。组织开展未成年人心理健康辅导进校园、进社区、进家庭“三进”活动，举办中小学生心理健康团体辅导、亲子心理游戏、心理健康测试及矫正、心育公益大讲堂等系列活动，提高心理健康宣传教育普及率。开展县乡青少年宫、青少年校外活动中心、妇女儿童活动中心、青少年校外体育活动场所以及各类教育实践基地落实公益服务政策专项督查，推动服务水平提升。开展“阳光行动”和“零点行动”，开展文化市场、网吧、电子游戏经营场所监管和整治。结合创城工作，净化社会文化环境，规范校园周边经营秩序，对辖区内网吧、娱乐场所进行集中执法检查10余次，责令整改40余起。

【诚信文化工程建设】 2017年，县文明办开展“诚信进校园”“诚信经营企业”“诚信示范一条街”等评选表彰活动。评选表彰城关小学等“诚信教育示范学校”6所；“诚信教师”38名；“诚信之星”学生40名；清流供电公司、清流气枪厂、华通物流等诚信经营企业8家。设置诚信公益广告20余幅。在龙津广场、主要交通路口LED屏曝光失信人员名单。整治制假售假行为。县法院、县市场监督局、县电视台等部门联合开展突出问题集中整治11场，处理投诉和信访35件，处理“12315”平台投诉300余件。将诚信建设列入文明单位考核内容，建立诚信信息平台，召开诚信联席会，聘请监督员，设立举报电话，对各类违反诚信行为进行全方位监督。

【县志愿者协会第二届理事会召开】 于2017年2月24日召开。会议回顾总结县志愿者协会成立后工作情况，肯定成绩、总结经验，研究部署当时和其后一个时期协会工作任务和措施。会议选举产生第二届志愿者协会理事会领导班子，审议通过志愿服务活动规划、志愿服务工作条例。

【培育志愿服务品牌队伍】 2017年，县文明办把社区作为经常性志愿服务活动的主要场所，创建“社区志愿服务驿站”。依托社区物业，设立“爱心门铃”“邻里一家亲”等项目。围绕关爱他人，以“邻里守望·情暖清流”为主题，开展社区家政、心里疏导、医疗保健和法律援助等志愿服务，并建立稳定常态的扶助机制；围绕关爱社会，开展文明引导、文明旅游宣传、文化惠民志愿服务、“红十字”应急救护进社区等志愿服务活动；围绕关爱自然，实施“美丽清流·美丽心灵”环保志愿服务活动，开展植绿护绿、清洁家园、母亲河保护、垃圾分类等志愿服务。发展网络文明传播志愿者，参与网上文明创建，引领网络新风。树立志愿服务品牌人物，涌现爱心家园公益协会、电网学雷锋志愿服务队、县医院学雷锋志愿服务队、城关老人协会红土地艺术团、长校镇农民文化合作社、妇联巾帼志愿服务队等优秀志愿服务组织。开展清流县首届“三个最美”志愿服务先进典型评选活动。入选候选对象志愿者33名、志愿服务工作者15名、志愿服务组织18个。公众参与投票数7万余票，投票页面访问量60多万人次。3月3日上午，22名先进个人与10个优秀组织受到表彰。

撰稿：罗庆麟

统战工作

【概况】 2017年，县委统战部按照省、市委统战工作部署及目标管理要求，创新思路，发挥主观能动性，提高统战工作水平，发挥统一战线职能作用，为实现“建设宜居宜业幸福新清流”的目标提供力量支持。

【思想政治引领】 2017年，县委统战部落实意识形态责任，引导统一战线成员学习贯彻中央、全省、全市统战部长工作会议精神和《中国共产党统一战线工作条例（试行）》，在思想上行动上与习近平同志为核心的党中央保持一致。开展“主题党日系列活动”，组织总商会会员企业家参加“三明市第

9月29日，县委统战部举办统战宣传信息工作培训会（县委统战部提供）

二期商会讲座暨国际国内新形势与‘一带一路’专题报告会”;举办“轮椅上的自强大学梦”“企业法律风险防控”等专题讲座及党外干部培训班和统战系统信息员培训班，凝聚共识、凝聚人心。

【党外干部培养】 2017年，县委统战部对全县党外干部实行动态管理，将一批优秀年轻党外干部加入到人才库中培养。5月，选派2名优秀党外科级干部参加市社会主义学院培训班学习；7月，举办党外干部培训班1期，参加培训党外科级干部、县管科级后备干部共40名。制订《县委常委、党员副县长与重点统战对象联系交友制度》，规定15名县领导每年至少与所联系的重点统战对象交谈或听取意见1～2次。

【促进非公经济发展】 2017年，县工商联（清流商会）加强商会建设，指导清流泉州商会、广东清流商会召开周年庆典活动；在清流首家异地商会——清流县泉州商会成立党支部，支部隶属县经济开发区党委。开展非公经济代表人士理想信念教育，将法治文化、诚信文化融入到企业文化建设中，构建新型政商关系。开展招商引资活动，号召异地商会、在外乡贤等开展“融入五比五晒，突出招商引资”活动。借助广东清流商会成立两周年年会举办招商推介会，达成意向项目2个。引导非公有制企业家主动参与“百企帮百村”精准扶贫行动、“光彩行动”等社会公益事业。推动非公企业通过“雨露计划”扶贫培训等方式吸纳贫困户就近就地就业增收。组织县农业龙头企业与林畲、里田等教育扶贫基金会搭桥牵线，资助贫困学生15名、5万元。广东清流商会、清流泉州商会捐赠14万元用于贫困户发展生产，15户贫困户43人实现脱贫。多种渠道开展捐资助学献爱心活动，累计募集捐赠资金25.30万元，帮助贫困学生100余名。

【港澳台侨统战工作】 2017年，县委统战部依托国家级台湾农民创业园和海峡论坛等平台，推动园区产业交流与对接，引进台湾新品种新技术6个，辐射推广面积33.33公顷。举办“清流樱花文化旅游节”“烧酒会”，接待近20名台湾专家和企业家到清流参加第九届海峡论坛台湾青年农民中华农耕文化福建（清流）行活动。举办中秋台商座谈会，来自清流、大田、建宁、连城等4县30多名台商参加。建立县领导挂包台资企业机制，10名县领导挂包指导重点台资企业，帮助台企解决实际困难。发挥台商服务中心、涉台巡回检察联络点等涉台服务平台作用，维护台商合法权益。开展“五大关爱——爱侨惠侨护侨”行动，做好“知侨、懂侨、暖侨”工作，走访慰问归侨侨眷，帮助2名高龄贫困归侨列入省财政、省侨联精准补贴范围。开展“福建省百侨百企科教扶贫助学行动”走进清流活动，向林畲小学50名贫困学生发放“科教文体包”。指导林畲乡、温郊乡成立乡镇侨联组织。

【少数民族工作】 2017年，县民宗局围绕“一村一品”特色产业，推进少数民族精准扶贫。投入帮扶资金38万元，指导和扶持少数民族村群众创办专业合作社4个，对全县15户、52名少数民族精准扶贫户进行区别帮扶，年内全部实现脱贫。全县7个少数民族自然村建立少数民族自然村发展经济和社会事业项目库，策划包装补助项目5个。以余朋乡太山村第二届畲族风情文化节、桂花园畲族文化活动为契机，完善“清流高山族文化室”项目建设。

【宗教事务管理】 2017年，县民宗局强化宗教活动场所规范化管理，指导基督教“两会”履行监管职责。全县认定备案宗教教职人员38人。开展宗教活动场所财务规范管理，全县已开立单位银行结算账户场所28个。对全县110处民间信仰场所开展调查摸底，建立信息数据库。申报里田豫章公祠为省级民间信仰联系点，灵地文昌宫、田源黄氏宗祠为市级民间信仰联系点。指导县佛教协会对里田三子甲禅休养老项目进行可行性调研。开展宗教慈善活动，县佛协在"六一节"开展关爱少儿行动，向长校、里田1500余名学生捐赠学习用品价值1万余元。召开《灵台山志》编纂筹备工作及业务培训会议，研究部署《灵台山志》编纂工作。

撰　稿：舒秀琴

老干部工作

【概况】　2017年，县委老干部局加强和改进离退休干部工作，创新离退休干部党组织建设，引导离退休干部发挥正能量，以“八看八赞，喜迎十九大”（“八看八赞”：一看五年奋斗目标，赞幸福新清流；二看五比五晒活动，赞新班子新作为；三看美丽乡村建设，赞城乡协调发展；四看精准扶贫工作，赞服务三农成就；五看“四个意识”增强，赞全面从严治党；六看高速高铁发展，赞清流交通跨越；七看“三个示范”提升，赞晚年美好生活；八看正能量活动开展，赞时代老人风采）主题活动为抓手，调动全县离退休干部为建设“宜居宜业幸福新清流”献计出力。

10月26日，组织20多名离退休老干部参观考察县重点项目建设

【离退休干部党组织建设】　2017年，县委老干部局加强离退休党建工作指导，建立离退休干部临时党支部。全县有离退休干部1868人，其中党员890人。年内成立临时党支部2个（县直机关退休协会联合党支部和渔沧社区临时党支部），离退休干部党支部13个。离退休党员管理采用“双重管理”模式，老党员既可参加原单位组织生活，又可就近就地参加临时党支部组织生活。党支部普遍建立“党员活动日＋”组织生活制度，每月固定1天为党员活动日。离退休党支部采取理论研讨、学习培训、参观考察、组织宣讲等形式，引领离退休干部党员不忘初心，牢记使命。

【“八看八赞”活动】　2017年，县委老干部局制订“八看八赞”活动实施方案，开展“八看八赞、喜迎十九大”文艺演出、书画摄影作品展等。在县老干局微信公众号、老年大学网站进行“八看八赞”活动宣传报道。组织离退休干部参观考察东莹化工、气枪厂等县重点项目建设，了解清流经济发展状况，为县委、政府决策部署和受老百姓欢迎的实事、好事点赞。

【离退休干部精神文化生活】　2017年，老干部活动中心在节日、纪念日，举办离退休干部庆祝活动、离退休干部书画展、离退休干部游园比赛等文体活动。以召开座谈会、举办建党96周年系列活动，为老干部们创造追忆历史、愉悦身心、丰富精神生活的交流空间。全年组织老干部集中学习21次，举办各类报告会6场，座谈会3次，印发学习辅导资料1500余册。老年大学创新办学形式，办学规模不断扩大。年内在校学员452人，开设专业18个，有23个教学班级，聘请教师23人。

【“最美老干部”评选】　2017年，县委老干部局会同县委组织部、县委宣传部、县委离退休工委、县委老干部局、县人社局等部门，在全社会开展评选“最美老干部”活动。推荐、宣传各行各业中健康向上、精神富有、可敬可亲，深入基层和群众，热心参与和谐社区建设工作，当好政策法规宣传员、矛盾纠纷调解员、社情民意信息员、社区建设指导员、服务群众勤务员的“最美老干部”，树立与时俱进、发挥作用的先进典型，弘扬中华民族传统美德。

【信息工作】　2017年，县委老干部局报送信息38条，其中老干部工作29条、支部工作6条、综治工作2条、调研文章1篇。

撰　稿：罗剑鸣

机关党建

【概况】　2017年，县直机关党工委围绕县委、县政府提出的“壮大总量、延长产业、做优财政、激发活力、惠及民生”工作重点和“服务中心、建设队伍”两大核心任务，履行全面从严治党主业主责，深入学习贯彻党的十九大精神，建立工委、党委“双重”督查制度，开展“轮值书记比担当，服务中心展作为”试点活动，深化“党建服务品牌”“1263”机制建设，助推“五比五晒”项目竞赛、“四下基层进万家，服务群众零距离”等主题实践活动开展，推进“两学一做”学习教育常态化、制度化，不断提高机关党建工作水平，为加快建设“宜居宜业幸福新清流”提供政治和组织保障。

【学习型党组织建设】 2017年，县直机关党工委组织机关党员干部学习十九大会议精神及重要理论成果。将十九大精神、党章、习总书记系列讲话、党内政治生活重要文件，有关省情、市情、县情等重要知识汇编成《党员应知应会知识手册》，印发3000册，机关党员人手1册。利用“清流机关党建”微信公众号，加大县直机关各级党组织学习贯彻十九大精神的宣传力度，营造良好学习氛围。将意识形态工作纳入党建考评。规范县直机关各党委中心组学习会，以“五型对子联合党课”为载体，丰富学习形式；结合“五比五晒”项目竞赛活动，学习廖俊波先进事迹，组织全体党员继续开展“三亮一比”“四下基层进万家，服务群众零距离”等主题实践活动。成立4个督导组，采取明察暗访、听取汇报、座谈交流、查阅资料等方式，对基层党组织学习教育情况进行专项督导，推进“两学一做”常态化、制度化。组织县直机关各党委从习近平总书记全面从严治党战略思想、推进“两学一做”学习教育常态化、制度化等5个方面开展党建重点课题研究。完成党建重点课题调研文章32篇，其中《开展“轮值书记”工作的探索与思考》《“党建扎根塑魂”党建品牌实践与探索》2篇论文获三明市机关党建重点课题调研三等奖。

【服务型党组织创建】 2017年，县直机关党工委丰富创建服务型党组织内容，促进党建工作与中心业务工作深度融合，形成“一党委一品牌，一支部一特色”工作局面。经贸系统党委立足“三服务一争创”党建服务品牌，发挥职能优势和党员先锋模范作用，不断提升为民服务质量；供电有限公司党委打响“光明先锋”为主题的党建服务品牌，组织党员服务队进社区、进企业、进学校、进农村，履行供电企业承诺和便民服务；实验中学党支部创建“党员五走进，办人民满意学校”党建服务品牌，提升师德教育，促进教育教学质量显著提高，为全县中考成绩在全市单科及格率、全科合格率排名中取得第三名发挥重要作用；国土局党支部创建“争当三个表率，做优秀共产党员”党建品牌，有效治理慵懒散拖、不作为、乱作为现象；县纪委党支部形成“清流清风”6个系列活动党建品牌载体，并通过廉政教育品牌“清风大讲坛”，不断提升党员干部思想素质。

8月29日，召开县直机关严格落实“三会一课”制度现场推进会

【“四下基层进万家，服务群众零距离”主题实践活动】 2017年，县直机关党工委结合“三亮一比”“五比五晒”项目竞赛等活动，深化“住村工作法”。县领导以身作则，带动全县各级党员领导干部每月定期进村入户，通过干部住乡、住村、夜访等形式，现场收集民情、代理事务、解决问题；各机关单位深入基层开展服务，成立“金叶先锋”“国网福建电力光明先锋共产党员服务队”“林业服务小分队”等党员志愿服务队伍，将部门政策、技术、资源带到农村、企业，有效解决服务群众“最后一公里”问题。

【“党员奉献日”活动】 2017年，县直机关党工委结合每月10日的主题党日活动，组织县直机关各党委、各支部开展“党员奉献日”活动。为庆祝中国共产党成立96周年，“七一”前夕，组织12个党委党员志愿服务队伍在龙津广场举行大型“党员奉献日”活动，为群众提供义诊、科技服务、法律咨询、食品安全宣传等志愿服务1000余人次。将在职党员到社区报到服务纳入“主题党日”计划，推出“居民心愿我来圆”党员服务群众系列服务。全县2000余名在职党员进社区报到服务，为200多户困难居民点亮“微心愿”300余个，帮扶困难居民物资价值5万余元。

【轮值“书记”试点活动】 2017年，县直机关党工委制订开展轮值“书记”（选拔优秀年轻党员干部轮流担任党支部副书记，协助党支部书记研究和落实支部各项工作）比担当，服务中心展作为”试点活动方案。在县委直属机关党委、林业局党委等8个党委中的14个支部开展轮值“书记”试点活动，确定35名优秀年轻党员干部参加轮值。6月上旬，举办为期3天的全县机关党务干部暨轮值“书记”培训班，参训轮值“书记”35名。对开展轮值“书记”活动成效明显的试点党支部补助活动经费3000元。将轮值“书记”试点活动列入年终党建考评，特别是作为“党建服务品牌”考评的重要参考依据。在参与轮值的党支部示范带动下，促进县直机关各支部相互学习、齐头并进、使党建工作和单位业务工作有机融合，如县法院开展“‘灯光法庭’进万家，党员服务零距离”活动，促进一批金融执行案件办结。年轻党员干部在实践中得到锻炼和提高，4名轮值“书记”被提拔使用，20名列为县管后备干部。轮值“书记”试点活动得到省市工委及县委肯定。经验文章《轮值“书记”比担当 激发活动展作为》在省直机关工委主办的《党的生活》(2017年第11期）刊物上全文发表。

【全面从严治党】 2017年，县直机关党工委初向县直机关各党委颁发党建工作责任书，年中召开县直机关党委书记联席会。工委班子成员挂钩联系基层党组织，督促机关各党委书记及其班子成员主动作为，把党建责任落实到行动上。机关党建工作列入全县年度工作考评，对61个县直部门和28个省市属部门开展党建工作专项考评。12月中旬，召开年度县直机关党委书记抓基层党建工作述职评议会。13名机关党委书记进行述职，与会人员逐一进行现场测评。同时，工委向县委作抓基层党建工作述职。推行工委、党委党建“双重”督查，与“两学一做”督导检查有机结合，督查组采取看台帐、查阅党组织活动记录、座谈交流、实地察看等形式，对县直机关各党委、各支部党建工作进行督查，做到督查全覆盖，建立督查结果“统一”运用的“2+1”督查工作机制。

【实行“1263”机关党建工作机制】 2017年，县直机关党工委深化“1263”机关党建工作机制（即实现机关党建走前头〞一个目标〞，落实〞服务中心、建设队伍〞两大任务，抓好〞一岗双责〞、促进履职、思想作风、党内监督、文明和谐、基层组织〞六个重点〞，坚持省、市、县〞三级联创〞，不断提高机关党建科学化水平，引导机关党员为推进福建科学发展跨越发展做出新的更大贡献），着力在抓好“一岗双责、促进履职、思想作风、党内监督、文明和谐、基层组织”六个重点，全面夯实基层基础，推动“1263”机制在县直机关各级党组织全覆盖。落实党内激励关怀帮扶机制，工委走访慰问老党员和生活困难党员22人次，发放慰问金1.13万元；代表县委走访慰问62人，发放慰问金4.25万元。机关各级党组织走访慰问650余人，发放慰问金26万余元。8月下旬，召开县直机关落实“三会一课”制度现场推进会，组织与会人员现场观摩县林业局机关支部、地税局支部、实验中学支部、法院（总支）等示范点落实“三会一课”制度情况。各级党组织每个季度按时报送“三会一课”制度开展情况纪实表。全年举办培训班3期，即全县机关党务干部暨“轮值书记”培训班、入党积极分子暨发展对象培训班和县直机关党支部书记培训班，机关党支部书记、机关专（兼）职党务干部和入党积极分子暨发展对象共417人参加培训。年内完成林业局、文教系统、卫生系统、经济开发区、县委直属机关、县总医院、供电有限公司、经贸系统、政府直属机关等9个党委的成立或换届工作，审批增补党委委员5名，发展新党员43名。制订下发《清流县直机关党支部工作法》。指导县直机关各级党组织建立“党员之家”，为党员提供交流、活动和学习平台。

【党群机构绩效考评工作】 2017年，县直机关党工委抓好21家党群部门的绩效考评工作，对绩效考评工作中一级指标、二级指标、指标来源及分值、内容等进行说明，对党群部门上报的工作方案进行审核把关。同时，与县效能办沟通协调，研究出台具体考评实施办法，分配考评组成员及考评部门，并牵头考评组对21家党群部门进行绩效考评。

【开展喜迎十九大等系列活动】 2017年，县直机关党工委举办“岗位当先锋，喜迎十九大”主题演讲比赛；开展“不忘初心，砥砺前行”，千名党员“重温当年入党志愿书，畅谈今日创业建新功”活动；举办“撸起袖子加油干，建设‘幸福新清流’”为主题的首届“工业”杯气排球邀请赛、“喜迎十九大，提振精气神——机关男子篮球邀请赛”等11项活动。

撰　稿：罗春凤

机构编制

【概况】 2017年，县委编办围绕县委、县政府中心工作，深化体制改革，规范机构编制管理，解决重点领域体制机制问题，推进依法行政工作，为加快建设宜居宜业幸福新清流提供体制机制保障。县委编办获三明市编办系统“喜迎十九大、展现新形象”活动综合评比二等奖，1人被评为全省机构编制工作先进工作者。

【组建县监察委员会】 2017年，县委编办完成县监察委员会机构设置、内设机构调整和领导职数核定，并于12月25日批复设立县监察委员会。

【纪检派驻机构全覆盖】 2017年，县委编办撤销原县纪委、监察局派驻20个县直部门单位的纪检组、监察室，重新设立9个派驻纪检机构。

【法院、检察院机构编制上收】 2017年，县委编办组织人员对法院、检察院机构编制人员情况进行核实，并就有关内容加强与“两院”沟通协调，及时上报机构编制移交表和在编人员名册，全面完成上收工作。

【行政审批制度改革】 2017年，县委编办组织35个县直部门单位开展权责清单编制工作。全县保留权责事项5085项，其中行政权力事项3978项、公共服务183项、其他权责事项924项。开展“减证便民”专项行动，清理各类证照和证照年检事项。保留县级证照和证照年检事项162项，取消调整县级证照和证照年检事项37项。组织相关部门单位对县级行政许可事项和中介服务事项进行清理和调整，取消县级行政许可事项4项，调整规范县级中介服务事项5项。

【重点领域行政体制改革】 2017年，县委编办将原县卫计局承担的深化医药卫生体制改革工作综合协调等职能划由县政府办公室承担，县政府办公室增设内设机构“医改股”，增加医改相关职责，同时增加县数字办事业编制2名。为推进生态文明试验区建设工作，县发改局增设内设机构“生态建设股”，增加生态建设相关职责，增加总规划师副科级领导职数1名。县公安局治安管理大队内设机构“管理行动中队”，加挂“食品药品环境犯罪侦查中队”牌子，并增加相应职责。

【支持河长制工作】 2017年，全县实施河长制，县水利局设立县水资源与河务管理中心，县委编办核定其编制6名；同时增加副局长领导职数1名。

【事业编制管理】 2017年，县委编办为保障重点区域、重点领域和重点工作编制需求，全年撤销、整合事业单位8家，精简收回事业编制15名。为加强经济开发区、乡镇安全生产监管力量，在经济开发区企业服务中心编制总量内调剂事业编制2名，用于配备安全生产监管专职人员。在各乡（镇）下属事业单位人力资源和社会保障事务所加挂“安全生产监督管理站”牌子，增加安全生产监督管理职责。

【撤销县房地产开发公司】 2017年，制定县房地产开发公司单位撤销、人员分流方案。8月，撤销清流县房地产开发公司，并将原有2名在编人员连人带编划转到住建局下属事业单位房地产交易管理所。

【城市管理体制改革】 2017年，县委编办根据“建管分离”精神，重新梳理住建局、城管局职责。从县市政园林管理站划转2名编制给县工程造价管理站；县环境卫生管理站划转3名编制给县龙翔城市建设投资管理中心。

【组建县总医院】 2017年，县委编办将龙津社区卫生服务中心与中医院由原合署办公调整为独立设置；县医院、县中医院整合组成“清流县总医院”。各乡镇卫生院、社区卫生服务中心和各行政村卫生所纳入总医院一体化管理，形成责权统一，分工协作的县域内医联体。保留原中医院和基层医疗机构的名称及相应财务制度，乡镇卫生院和社区卫生服务中心加挂县总医院分院牌子。会计核算中心归口县总医院管理，并更名为清流县总医院分院会计核算中心，并对其主要职责进行调整。

【服务人才工作】 2017年，县委编办组织开展教育、卫生、产业等方面人才工作实地调研，并形成人才工作专题调研报告。会同组织、人社部门做好定向委培、“三支一扶”、大学生村官安置等人才引进工作。全年核定事业单位招聘名额113名、定向委培生名额9名、大学生村官1名、转业士官4名，安置“三支一扶”高校毕业生8名，审核2018年公务员（参公）招考名额41名。

【核定高层次人才专用“柔性编制”】 2017年，县委编办从全县空余事业编制总量中，核定高层次人才专用“柔性编制”10名，实行专编专用、人退编收动态管理机制。

【理顺教育系统入编手续】 2017年，县委编办制订教师调配重点向教学一线单位倾斜、严控非教学一线人员调整方案，对主要承担教学一线工作的245名借用教师予以办理调动入编手续，理顺教学一线借用教师关系。

【实施“双随机一公开”监管】 2017年，县委编办组织县直部门完善本单位“双随机一公开”实施方案、“两单两库一细则”（即随机抽查事项清单和多部门监管责任事项清单、执法检查人员名录库和检查对象名录库、随机抽查事项细则），提升监管公平性、规范性和有效性，营造公平竞争市场环境和法治化、便利化营商环境。全县23个单位共梳理编制双随机监管事项173项。开展抽查957次，并将抽查结果及时向社会公开，接受群众监督。

【事业单位登记管理】 2017年，县委编办推行事业单位法人年度报告公示制度和事业单位开办资金验资，做好法人证书使用监督检查。年内全县事业单位新注册29家、注销2家、变更83家，对225家事业单位进行换证和公示。加强中文域名注册管理，完成 13 个未确认或规范加挂标识单位的整改，实现规范挂标率 100%。加强对机关、群团单位赋码工作指导，全年办理统一社会信用代码赋码单位 11 家，变更 28 家。

撰　稿：谢小海

党校教育

【概况】 2017 年，县委党校贯彻落实全国、省、市党校工作会议精神，加强自身建设，深化教学改革，创新培训理念，提高培训质量，发挥党校“阵地”“熔炉”和“智库”作用，推动全县干部教育培训事业和理论创新工作发展，为加快建设宜居宜业幸福新清流提供智力支持和干部人才保障。全年举办各类培训班 21 期，培训学员 1200 人次。其中，举办中青年干部培训班、科级干部进修班、党务干部培训班、入党积极分子暨发展对象、新任领导干部廉洁从政教育、基层团干、妇干、综治业务、党外干部、村（居）组织书记主任、党的十八届六中全会、十九大精神专题研讨等各类班次 18 期，培训学员 1049 人次。与县市场监督管理局、台创园、清流监狱党委联合举办培训班 3 期，培训学员 151 人次。到县直各部门、乡镇、社区开展党员春训、十八届六中全会精神和十九大精神、“两学一做”、党史教育等宣讲 70 多场次，受训 5000 余人次。

【聚焦主业主课】 2017 年，县委党校在主体班单列党性教育单元和“两学一做”学习教育专题，达到理论教育与党性教育课程占总课程量 70% 以上，其中党性教育课占总课程比例达 20% 以上，课程更新率 30% 以上。同时将综治平安建设、计生卫生、禁毒、反邪教、普法、党风廉政、档案、保密、水土保持、生态建设、双拥、统一战线、依法治县、谁执法谁普法、学法用法、诚信教育等内容纳入学校主体班教学。

【创新培训方式】 2017 年，县委党校实施送课上门教学形式，将培训调研需求函印发到各乡镇（街道）和有关单位，授课教师、授课内容等实行双向选择。推行课堂教学、现场教学与交流研讨三位一体教学模式，组织科干班学员到井冈山开展党性教育，接受革命传统教育。开设“学员微讲堂”，全年开展案例教学 9 场次、电教课 20 场次、班级研讨 12 场次、论文交流 3 次、学员论坛 12 次、现场教学 9 次、从政经验交流 3 次、党性分析会 2 次。

【打造教学基地品牌】 2017 年，县委党校利用清流丰富的文化资源优势，建立党性教育、产业发展、文化建设三个教学主题现场教学基地，即党性教育主题“不忘初心，继续前进——弘扬苏区精神”；产业发展教学主题“生态发展、绿色发展——推进农业供给侧结构性改革”；客家文化建设教学主题“弘扬客家文化，传承客家精神——推动文化产业创新发展”。收集县域时政、历史、人文特色教材如《客家丛书》《中国共产党清流历史》《八项规定应知应会》《党务工作手册》《清流清风讲坛》等 10 多种，编写《清流县教学基地现场教学手册》《清流县水土保持教学手册》等。主体班次均安排相应的现场教学课。全年承接泉州、三明市委党校主体班（3 次）、大田党校、县主体班次教学 9 批 600 多人次，并向全省县级党校印发教学基地宣传册。教学基地建设的做法得到省委党校肯定，并在全省党性教育现场会作经验交流。

【师资队伍建设】 2017 年，县委党校派出教师外出学习培训 16 人次，其中参加国家行政学院学习 1 人，参加省委党校十九大精神培训 1 人，参加省委党校师资培训 1 人，参加市委党校精品课听课 4 人，参加市十八届六中全会精神宣讲理论骨干培训班学习 2 人，参加市十九大精神宣讲理论骨干培训班学习 1 人，参加浙江大学培训 3 人，参加井冈山革命传统教育学习 1 人。全校教师参加县委中心组集体学习 3 次，参加党校教育、教学研究会 4 人，组织教师在主体班看专题教育电教片 6 场次。参加福建干部网络培训 4 人、应急管理培训 5 人、专技人员继续教育网络培训 9 人，全部通过考试。同时，采取专兼职教

6月6日，2017年科级干部进修班开学典礼

师结合方式加强师资库建设。建立兼职教师师资库40多人。全年外聘县外和市级教师18人次、县部门领导22人次授课。

【科研和信息工作】 2017年，县委党校教师撰写论文21篇，承担的省委、市委党校课题结项各1篇，市社科联课题结项1篇；2017年省委党校立项1篇，市社科联立项1篇，市委党校课题申报1篇；入选全市党校年会论文3篇，其中获优秀论文1篇，收录市《红色文化市高端论坛资料选编》1篇；完成部门任务8篇。组织指导学员围绕县情开展调研，撰写资政文章32篇。上报各类信息90条，其中清流快讯采用9条、增刊1篇。2016年全省党校系统信息工作第二名。编发《清流党校通讯》2期。

【校园建设】 2017年，县委党校推进校园文化建设，投资30万元建设“三思”园；整治学员食堂、宿舍；配齐教学设备；投入15万元改造教室2间。

撰　稿：郭丽红

保密工作

【概况】 2017年，县保密局以压实保密工作主体责任、完善保密工作机构机制、保密自查自评全覆盖和保密宣传教育工作规范化、常态化为重点，大力推进保密工作转型升级，有效提升保密工作整体水平，为建设宜居宜业幸福新清流提供有力保障。

【落实保密工作主体责任】 2017年，县保密局把保密工作领导责任制和保密工作主体责任纳入年度保密工作督查重点内容，县委保密委成员单位和市县重点督查单位带头落实保密工作主体责任，推动各项重点保密工作落实。各级党委（党组）、各单位把保密工作纳入重要议事日程和工作规划，主要负责领导定期听取工作汇报，研究解决保密工作中存在问题。全县各乡镇和机关单位均成立保密工作领导小组，并配备工作能力较强兼职保密干部。

【完善保密工作机制】 2017年，县委召开常委专题会议传达贯彻省、市保密工作会议精神，明确年度保密工作任务，完善保密工作机构和保密工作督查机制。调整县委保密委员会成员，成立清流县保密工作督查小组，推行“保密三员”（即保密法规知识宣传员、保密业务指导员、保密工作督查员）工作模式，定期对全县开展保密督查，推进保密督查工作规范化、科学化和常态化。

【保密工作督查】 2017年10月，县保密局组织对全县120个单位进行“保密自查自评”全覆盖督查。县保密工作督查小组通过查阅资料、现场查看询问、随机抽查检查计算机等方式，对受检单位的保密自查自评工作情况作出整体评价，对存在问题提出具体整改要求。

【保密宣传教育】 2017年，县保密局推行保密专题党课，并纳入全县机关单位和乡镇年度保密工作督查项目，全年开展各类保密专题党课讲座19次，受教育干部职工1000多人。县委党校把保密“两识”（保密知识、保密意识）教育纳入各类主体培训班次和保密师资建设，全年开展保密“两识”宣传教育课4期，受教育学员149人。

【保密保障服务】 2017年，县保密局开展送保密宣传资料上门服务和宣教资料借阅常规化工作，方便各单位和乡镇开展保密法规、常识学习教育工作。完成高考试卷保密室验收工作。在金砖会议、县重大会议活动期间，做好相关保密保障服务工作。

撰　稿：董美英

县人民代表大会及其常务委员会

综　述

【概况】　2017年，县人大常委会围绕县委、县政府“壮大总量、延长产业、做优财政、激发活力、惠及民生”工作重点，依法履职，有效作为，围绕县委决策部署开展监督工作，为推动“宜居宜业幸福新清流”建设发挥积极作用。全年召集县人民代表大会1次，召开常委会会议10次；作出决议决定6项；听取和审议“一府两院”专项工作报告10项；开展执法检查、评议2项；开展调研、督查15次；任免地方国家机关工作人员70人次；开展代表活动4次。

【推动依法行政】　2017年，县人大常委会开展《中华人民共和国科技进步法》和《福建省科学技术进步条例》执法检查，配合市人大检查《中华人民共和国教育法》实施情况和开展贯彻实施《中华人民共和国水土保持法》及《福建省水土保持条例》情况调研。审查县政府报送备案规范性文件7件。组织相关部门宣传贯彻《三明市城市市容和环境卫生管理条例》。举行人大决定任命的国家机关工作人员正式就职时公开向宪法宣誓仪式8次47人。

【代表建议督办】　2017年，县十七届人大一次会议代表提出建议88件，确定重点督办的代表建议10件。县人大常委会组织开展督办月活动，推进办理工作。县政府专门召开代表建议交办会，研究部署代表建议办理工作，将代表建议办理工作列入乡镇年度绩效考评。县政府督查室联合县人大人代室，先后2次开展代表建议办理情况督查，通报办理情况。年内基本解决和正在逐步解决的代表建议74件，并由承办单位答复代表，占代表建议总数84.10%。

【做好信访工作】　2017年，县人大常委会领导在接访日接待来访群众，协调解决群众合理诉求。县人大信访室依法按程序处理信访事项，维护群众的合法权益。做好信访形势综合分析，为人大监督工作提供社情民意。加强信访交办件督查督办，化解矛盾纠纷，营造安定稳定社会环境。全年受理群众来信来访34件（批），办结29件（批）。

【加强自身建设】　2017年，县人大常委会坚持依法按程序办事，集体行使职权。修订完善常委会会议议事规则等工作制度8项，提升县人大常委会和机关工作制度化、规范化水平。改进调研作风，提高调研质量，增强审议发言的针对性和实效性。推进“两学一做”学习教育常态化、制度化，突出四个专题学习讨论，巩固和扩大学习教育成果。强化人大党组主体责任，深入贯彻廉洁自律准则、党内监督条例等党内法规，推动党风廉政建设落到实处。重视乡镇人大工作，加强沟通联系，召开工作座谈会，总结交流工作经验，推进全县人大工作。

重要会议

【第十七届人民代表大会第二次会议】　2017年12月26—28日在清流影剧院召开，会期3天。会议实有代表153名，出席大会代表152名。会议听取并审议县长张春华所作的《清流县人民政府工作报告》、县人大常委会主任张仕权所作的《清流县人大常委会工作报告》、县人民法院院长邓长峰所作的《县人民法院工作报告》，县人民检察院检察长董新所作的《县人民检察院工作报告》，书面审查《2017年国民经济和社会发展计划执行情况及2018年国民经济和社会发展计划草案的报告》和《2017

12月27日，县第十七届人民代表大会第二次会议开幕

年预算执行情况及2018年预算草案的报告》。表决通过《关于县人民政府工作报告的决议》《关于县人大常委会工作报告的决议》《关于县人民法院工作报告的决议》《县人民检察院工作报告的决议》《关于清流县2017年国民经济和社会发展计划执行情况及2018年国民经济和社会发展计划的决议》《关于清流县2017年预算执行情况及2018年预算的决议》。本次大会代表提出建议批评意见共76件。选举苏洁为县监察委员会主任、罗金华为县人大常委会委员。

【县十七届人大常委会会议】 2017年，县十七届人大常委会会议第一次会议于1月6日召开。会议听取和审议县人大常委会2017年工作要点和监督工作计划；审议关于设立县十七届人大常委会代表资格审查委员会的决定草案；审议人事事项，作出任命廖传金为县人民检察院副检察长的决定。组织新、老人大常委会委员开展履职交流活动。

第二次会议于2月28日召开。会议表决通过新一届县人民政府23个组成部门等人事任免事项，拟任人员分别做任职表态发言，并向宪法庄严宣誓；审议通过县人大常委会议事规则等工作制度9项。

第三次会议于3月28日召开。会议分别听取和审议县科技局局长邓文清受县人民政府委托所作的关于《中华人民共和国科技进步法》执法检查报告和县畜牧水产局局长黄非受县人民政府委托所作的关于现代渔业发展情况报告；审议人事任免事项，作出关于冯庆平等职务任免的决定，全体拟任命人员进行任前表态发言并向宪法庄严宣誓。

第四次会议于5月27日召开。会议分别听取和审议县检察院检察长董新所作的关于贯彻落实市人大《关于加强生态环境检察监督推进生态环境保护的决定》情况报告和县环保局局长陈健受县人民政府委托所作的关于水污染防治情况报告、2016年环境状况和环境保护目标完成情况报告；审议人事事项，作出关于廖尚培等任职的决定、许可县人民检察院对县十七届人大代表魏正光采取限制人身自由的强制措施并暂时停止其执行代表职务的决定。

第五次会议于7月28日召开。会议分别听取和审议县财政局局长张增旺受县政府委托所作的关于清流县2016年财政决算报告、2016年上半年财政预算执行情况报告、2017年县级一般公共预算调整报告；县审计局局长廖志明受县政府委托所作的关于2016年县财政预算执行和其他财政收支审计情况报告；县发改局局长李钦火受县政府委托所作的关于清流县2017年上半年国民经济和社会发展计划执行情况报告；县人民法院院长邓长峰所作的关于县人民法院执行工作情况的报告；作出关于批准清流县2016年财政决算的决议和2017年县级一般公共预算调整的决议。会议审议人事任免事项，作出关于杨木森等任免职务的决定。

第六次会议于9月28日召开。会议分别听取和审议县经信局局长江定荣受县人民政府委托所作的关于氟化工产业发展情况报告和县农业局副局长马步光受县人民政府委托所作的关于全县精准扶贫工作情况报告，并进行精准扶贫工作满意度测评；审议人事事项，作出关于免去张成彬等职务的决定。

第七次会议于11月24日召开。会议听取和审议县住建局局长李积钦受县人民政府委托所作的关于火车站及周边地块规划建设情况报告和县卫计局局长吴爱银受县人民政府委托所作的关于全县医疗资源整合改革情况报告，听取和审议县财政局副局长雷鸣受县人民政府委托所作的关于年度财政预算调整工作报告，并作出关于批准清流县2017年县级财政收支预算调整的决议；审议县人民政府县长张春华的提请报告，作出关于陈荣辉、王舒任清流县人民政府副县长的决定，并举行宪法宣誓仪式。

第八次会议于12月6日召开。会议听取和审议王恒英等提交的辞呈，作出关于接受王恒英、邓文清、余生贵辞去县十七届人大代表职务的决定；审议通过县人大常委会代表资格审查委员会关于清流县第十七届人大代表资格的审查报告；审议通过关于补选县第十七届人大代表的决定、关于补选县第十七届人大代表的工作方案；作出关于接受李怀忠、黄瑜俊辞去县十七届人大常委会委员职务的决定。

第九次会议于12月21日召开。会议听取和审议关于县十七届人民代表大会代表资格审查报告；审议人事事项，作出关于接受李钦火辞去三明市第十三届人大代表职务的决定，选举苏洁为市十三届人大代表；听取和审议县十七届人大一次会议代表建议办理情况报告；审议通过召开县十七届人大二次会议有关文件及事项。

第十次会议于12月28日召开。会议审议县监察委员会主任苏洁的提请报告，作出关于单建林等人任职的决定。

监督工作

【听取和审议县检察院专项工作报告】 2017年5月27日，县十七届人大常委会第四次会议听取和审议县检察院关于贯彻落实《三明市人大常委会关于加强检察监督推进生态环境保护的决定》专项工作报告，督促县检察院围绕生态环境领域问题，强化行政执法检察监督职能，完善工作机制，为推进县域生态文明建设提供司法保障。

【计划预算审查监督】 2017年7月28日，县十七届人大常委会第五次会议听取和审议全县国民经济和社会发展计划及财政预决算执行情况报告、审计工作报告，作出批准2016年县本级财政决算的决议和关于批准清流县2017年县级一般公共预算调整的决议。提出在计划执行方面，要加强“五比五晒”工作督查，加大招商引资力度；加强农业基础设施建设，延伸拓展农业产业链；注重培育新型农业主体，壮大农村经济；加大企业技改投入，推动企业转型升级；协调解决中小企业融资难等问题，加快工业园区建设，推动园区改造升级。提出在预算执行方面，要加强财税征管，严格预算执行，强化财政监管。11月24日，县十七届人大常委会第七次会议听取和审议年度县财政收支预算调整情况报告，作出关于批准2017年县级财政收支预算调整的决议。

【听取和审议现代渔业发展情况报告】 2017年2月底至3月初，县人大常委会调研组先后到嵩溪、林畲、嵩口、沙芜等乡镇实地查看现代渔业发展情况，召开座谈会听取乡镇、沧龙渔业合作社及相关部门的情况汇报，形成调研报告。3月28日，县人大常委会召开第3次会议听取和审议县畜牧水产局局长黄非所作的清流县现代渔业发展情况的报告和县人大常委会调研组所作的关于现代渔业发展情况的调研报告，针对县域渔业科技创新能力不强，水产品加工流通滞后等问题，提出要突破加工推进渔业产业升级，强化服务提升水产品质量等方面的审议意见。县政府及有关部门积极落实审议意见，推动全县渔业做优做特，促进农民增收。

【听取和审议水污染防治工作情况报告】 2017年4月19日至5月16日，县人大常委会调研组实地查看城区饮用水源点、污水处理厂、东莹、展化化工污水处理、长灌溪流域治理及各乡镇生活垃圾污水收集处理等情况，并抽查两家选矿厂污水处理情况。召开部门座谈会，听取关于水污染防治工作情况汇报，形成调研报告。5月27日，县人大常委会召开第4次会议，根据调研情况和存在的问题，提出要加强水源地保护，确保饮用水安全；全面落实“河长制”，改善河道水质；完善工作机制，强化联合监管；持续推动生态环境保护等审议意见。

【听取和审议氟化工产业发展情况报告】 2017年8月下旬至9月上旬，县人大常委会组成调研组实地查看东莹化工、高宝化工等企业的生产经营情况，召开座谈会听取相关部门关于清流县氟化工发展情况的汇报，形成调研报告。9月28日，县人大常委会召开第6次会议听取和审议县经信局局长所作的《清流县氟化工产业发展情况汇报》，结合县人大常委会调研组的调研报告，提出要加大萤石资源勘探开发力度、加强氟化工产业发展协调领导、完善产业发展规划等方面审议意见。县政府对审议意见提出的问题进行研究处理，全年氟化工产业发展势头良好。

【调研全县教育工作情况】 2017年8月，县人大常委会和县政协成立联合调研组，深入乡镇、学校开展教育工作调研，查找分析教育工作存在的问题，提出要切实加强教育管理、着力提升县一中教育质量等七个方面意见建议，形成调研报告，以送阅件方式呈报县委。县委书记池芝发批示，要求县委、县政府分管领导牵头组织县教育、人社、编办等部门对调研报告中提出的问题和建议进行研究，提出解决办法。

【听取和审议全县精准扶贫工作情况报告】 2017年8月下旬，县人大常委会调研组开展精准扶贫工作调研，通过深入乡镇实地察看、进村入户、与部分贫困户座谈等方式，结合座谈会中相关部门的工作情况汇报，详细了解全县精准扶贫工作开展情况，形成调研报告。9月28日，县人大常委会召开第6次会议听取县农业局副局长马步光所作的《清流县精准扶贫工作情况报告》和县人大常委会调研组《关于精准扶贫工作情况的调研报告》，常委会组成人员对两个报告进行审议，并进行工作满意度测评。针对调研发现的部分脱贫对象内生动力不足、有的职能部门协调配合不够密切等问题，提出要强化帮扶责任、加大帮扶力度、落实帮扶措施、加强精准扶贫工作督促检查等方面的审议意见。

【听取和审议火车站及周边地块建设情况报告】 2017年11月上旬，县人大常委会调研组察看供坊和杨源火车站建设点情况，召开座谈会听取县住建局、发改局、城投公司、铁办等有关单位的情况汇报，并前往永安、宁化、建宁等地调研，学习经验，形成调研报告。11月24日，县人大常委会召开第7次会议，根据调研情况和存在问题，对县域火车站点建设提出要明确抓总部门，强力协调推进；要注重规划引领，谋划功能布局；抓好项目前期，加快项目建设的意见建议，提交县政府及相关部门办理。

【听取和审议全县医疗资源整合改革工作情况报告】 2017年11月上中旬，县人大常委会调研组就全县医疗资源整合改革工作情况开展调研。调研组实地察看嵩口、李家等乡镇卫生院、村卫生所医疗卫生情况，与部分医务人员和群众交谈，听取各方意见。召开座谈会听取县卫计局、总医院等相关单位工作情况汇报，并前往长汀县、将乐县了解借鉴外县医疗资源整合改革工作。11月24日，县人大常委会第7次会议听取和审议县卫计局局长吴爱银所作的《清流县医疗资源整合改革工作情况报告》和县人大常委会调研组《关于全县医疗资源整合改革工作情况的调研报告》，提出要切实加强医改工作领导力量，健全工作机制，加强医疗人才队伍建设等方面的审议意见，并将持续跟踪监督医改工作，促进医疗资源整合改革工作有序推进。

代表工作

【代表履职平台建设】 2017年，县人大常委会贯彻落实《中共福建省人大常委会党组关于加强和改进人大代表履职有关工作的实施意见》，建立代表之家和人大代表服务中心。各乡镇建立“人大代表联系群众活动室”，推广使用福建省三级人大代表履职服务平台，密切代表同人民群众的联系，方便代表依法履行职务。完善和落实县人大常委会组成人员联系县人大代表制度，深入乡村走访联系代表，广泛征求代表意见建议。组织代表参与县人大常委会开展的执法检查、视察调研，邀请代表列席常委会会议，扩大代表对县人大常委会工作的参与。

8月31日，组织清流县的市十三届人大代表到永安、明溪开展视察活动

【代表培训】 2017年4月，县人大常委会开展县人大代表初任培训，组织学习宪法、代表法、监督法等法律和依法履职业务知识，提升代表依法履职水平。

【代表活动】 2017年9月，县人大常委会将全县13个乡镇和县机关选区的县人大代表分成4个片区，分别开展代表活动。创新活动方式，丰富活动内容。受市人大委托，组织清流县的市人大代表到永安、明溪开展视察活动，为推动发展建言献策。同时，做好将乐、建宁等县人大组织的市人大代表到清流县视察服务保障工作。

重大事项议决

【关于设立县第十七届人大常委会代表资格审查委员会的决定】 2017年1月6日，县十七届人大常委会第1次会议通过关于设立清流县第十七届人大常委会代表资格审查委员会的决定，其组成人员：林新建任主任委员，李仁德任副主任委员，包红英、李怀忠、黄水林、黄瑜俊、赖汉生（按姓名笔画顺序排列）任委员。

【关于批准2016年县本级财政决算的决议】 2017年7月28日，县十七届人大常委会第五次会议听取和审议县财政局局长张增旺受县人民政府委托所作的《关于提请批准2016年清流县本级财政决算草案的报告》和县审计局局长廖志明受县人民政府委托所作的《关于2016年度财政预算执行和其他财政收支情况的审计工作报告》，决定批准2016年县本级财政决算。会议指出，2016年预算执行中仍然存在一些困难和问题，审计工作也存在一些薄弱环节。提出要进一步做好全口径预算管理，提高预算的准确性；严格预算执行，强化预算项目的绩效管理；进一步加强财税征管，加强财政和审计监督；规范政府性债务管理，合理控制政府债务规模，逐步充实偿债准备金，有效防控政府债务风险。

【关于批准2017年县级一般公共预算调整的决议】 2017年7月28日，县十七届人大常委会第五次会议听取和审查县财政局局长张增旺受县人民政府委托所作的《关于清流县2016年县级一般公共预算调整草案的报告》。鉴于2017年省政府批准核定清流县新增地方政府债务限额2.73亿元，由省财政以新增地方政府债券形式安排，比年初预算增加1.73亿元，相应增加县级公共预算收支。结合县人大调研组开展的情况调研，经审查，会议同意县人民政府提出的清流县2017年新增政府债务限额2.73亿元，同意新增债务限额的使用安排和县级公共预算调整草案，决定批准清流县2017年县级公共预算调整草案。预算调整后，2017年县级一般公共预算收入总计11.46亿元，县级一般公共预算支出总计11.46亿元，实现收支平衡。审议要求，县人民政府有关部门要按照地方政府债券转贷资金规定的用途，细化项目预算，并将细化的项目预算报县政府研究同意后，由县财政部门组织预算执行；要加快政府债券转贷资金项目实施和资金拨付进度，发挥债券转贷资金在稳增长、调结构中的积极作用。

【关于批准2017年县级财政收支预算调整的决议】 2017年11月24日，县十七届人大常委会第七次会议听取和审议县财政局副局长雷鸣受县人民政府委托所作的《关于清流县2017年财政收支预算调整草案的报告》。审议认为，工矿、建筑企业实现税收增加，拉动全县税收收入增长，但国家取消、停征部分行政事业性收费项目后，非税收入减收明显，刚性支出政策较多，财政收支预算执行情况发生较大变化，对年初预算作出调整是必要的。会议决定批准清流县2017年财政预算调整草案。

【关于补选县第十七届人大代表的决定】 2017年12月6日，县十七届人大常委会第8次会议通过补选清流县第十七届人大代表的决定，决定补选4名代表，分别在嵩口镇、嵩溪镇、李家乡、沙芜乡各补选1名。选举日为12月20日。

【关于召开县第十七届人民代表大会第二次会议的决定】 2017年12月21日，县十七届人大常委会第9次会议通过关于召开清流县第十七届人民代表大会第二次会议的决定，会议于12月26日至28日召开，会期3天。

【关于陈荣辉等任职的决定】 2017年11月24日，县十七届人大常委会第7次会议审议通过县人民政府县长张春华的提请，决定任命陈荣辉、王舒为清流县人民政府副县长。

【关于接受李钦火辞去市第十三届人大代表职务的决定】 2017年12月21日县十七届人大常委会第9次会议审议通过李钦火本人的辞呈，决定接受李钦火辞去三明市第十三届人大代表职务，并报三明市人大常委会备案。

【补选三明市第十三届人大代表选举结果报告单】 2017年12月21日县十七届人大常委会第9次会议补选苏洁为市十三届人大代表。清流县十七届人大常委会组成人员共21人，出席会议21人，发出选票21张，收回选票21张。其中有效票21张，废票0张。计票结果如下：苏洁：赞成21票，反对0票，弃权0票。

撰 稿：陈 瑶

县人民政府

综　述

【概况】　2017年，清流县认真贯彻落实中共十八大和中共十八届三中、四中、五中、六中全会和中共十九大会议精神，以习近平新时代中国特色社会主义思想为指导，深入推进依法行政，加快建设法治政府，围绕“壮大总量、延长产业、做优财政、保持活力、惠及民生”工作重点，全县上下共同努力，经济社会保持稳中有进、稳中向好的良好态势。全年实现地区生产总值（GDP）101.89亿元，比2016年增长7.90%；农林牧渔总产值28.79亿元，比增3.89%；规模以上工业增加值32.01亿元，比增8.60%；完成固定资产投资115.58亿元，比增16.90%；实现社会消费品零售总额23.96亿元，比增13%；公共财政预算收入5.88亿元，其中地方公共财政预算收入3.62亿元，税性收入比重由64.50%提高到76.70%；城镇居民人均可支配收入28266元，比增9.30%；农村居民人均可支配收入14403元，比增9%。

【提质现代农业】　2017年，清流县实现农林牧渔业总产值28.78亿元，同比增长3.89%；农民人均纯收入18060元，同比增长9.70%。推进粮食产业机械化、规模化、专业化现代化水平，全县拥有拖拉机3574台，全县水稻耕种收综合机械化水平73.22%。全县推广测土配方施肥技术面积2.13万公顷、推广稻草还田面积6000公顷，建立耕地质量保护与提升项目县级中心示范片3片，建立乡级示范片13片。全年完成农产品质量安全监测总数5083个，合格率99.84%。完成粮食播种面积1.79万公顷，粮食产量9.15万吨。建设标准化果树种植示范基地，推进猕猴桃产业、梨产业等果业发展。种植烤烟面积2446.67公顷，收购烟叶5110吨，烟农收入1.65亿元。新增种植花卉苗木面积80公顷，实现渔业产量2.73万吨。新增新型林业经营主体23个、面积4193.33公顷，覆盖面达55.0%。澳洲鳕鱼现代渔业产业园、海峡兰花文化博览园等项目开工建设，现代光伏农业产业园并网发电、县中心粮库竣工投入使用，创新型油茶健康产业加快推进。新增农民专业合作社82家、家庭农场88家、专业大户10家。新增无公害、绿色和有机农产品认证12个、省级副食品基地1家，6家企业列入省市农产品质量安全可追溯体系建设。台湾农民创业园获农业部综合考评第三名，林畲桂花小镇跻身省第二批特色小镇创建名单。

【升级新型工业】　2017年，清流县投资22.60亿元实施技改项目46个，新增省级科技型企业、市级“两化融合”重点企业6家。气枪厂整体搬迁扩建、展化化工10条生产线技改搬迁等项目顺利投产，加快推进环保型制冷剂生产扩建项目，东莹化工成为县级纳税超亿元民营企业。扶持规上企业做大做强，全年新上规模以上工业企业7家，总数111家，实现工业产值142.80亿元。全年亿元以上产值企业已达32家，氟化工、林产、轻纺、建材等主导产业完成产值97.34亿元，比增18.62%，占全县规上工业企业总产值68.41%。发展智能制造，工业化与信息化深度融合，改造提升传统优势产业。气枪厂、伊科电子、南洋服饰、捷鸿家俱等6家企业实施“机器换工”55台（套），引进先进自动化生产设备和高端数控机床，推进生产线数字化改造。气枪厂、伊科电子、东莹化工、彩之龙4家企业被列为市级“两化融合”重点项目。全年新增省级科技型企业、市级“两化融合”重点企业共6家。改造提升传统产业。林产工业金知了生态板生产项目投产，凯林竹业扩建项目进行基础施工。发展新兴产业。培育发展新材料、新能源及节能环保等产业。加快清流福宝氟化工园区建设，打造氟化工产业链和研发基地，东莹化工环保型制冷剂生产扩建项目基础施工；光伏农业大棚发电并网发电；钨矿废弃石重选循环利用项目兼并重组。全年新兴产业实现产值14.63亿，比增21%。实施品牌战略，做大品牌经济规模。金星园被认定为市级小微企业创业基地，伊科电子被认定为福建省专业化中小企业，双秋农业发展有限公司的“双秋”牌茶叶（乌龙茶、红茶）获福建省名牌产品称号。全县工业企业累计用电5.54亿千瓦时，同比增长27.03%，居全市第一位。其中南方水泥、博鑫光电、展化化工、东莹化工、高宝矿业等5家企业累计用电4.08亿千瓦时，占全社会工业用电总量73.6%。全县规模以上工业企业综合能源消费量31.49万吨标准煤，控制在市下达35万吨标准煤以内。

浦梅铁路九龙溪大桥建设施工现场（陈汝辉摄）

【发展第三产业】 2017年，县政府推进赖坊生态文化旅游项目、天芳悦潭温泉度假区、灵台山等重点景区建设和招商工作，培育电商经营主体，拓宽农产品销售渠道。8个市级三产重点项目，总投资33.4亿元，年度计划投资7.9亿元，全年完成投资9.52亿元，完成年度计划的120.52%。全年新增入驻正统网电商企业14家，实现电子商务交易总额9.80亿元；春舞枝公司成为全市唯一入选“国家商务部2016—2017年度电子商务示范企业”。贯彻实施促进房地产市场健康发展实施意见，全县14个停建楼盘12个复工，住宅、商业用房去化周期分别下降至10.72和15.86个月。强化金融风险化解，不良贷款率比年初下降2.68个百分点，圆满完成市里下达的目标任务。

【推进项目建设】 2017年，县成立政府“8+3”重点工作专项领导小组，深入开展“五比五晒”项目竞赛活动，新增亿元以上“五个一批”入库项目127个，荣获全市2017年度“五比五晒”竞赛活动一等奖。实施11个省重点建设项目，累计完成投资15.47亿元，占年度计划119%；20个省行动计划重大项目，累计完成投资23亿元，占年度计划130.90%；15个市重点建设项目，累计完成投资30.87亿元，占年度投资计划121.50%；110个县重点建设项目，累计完成投资45.54亿元，占年度投资计划101.10%，28个项目建成投产或部分投产。全县新增签约千万元以上项目133个，67个项目落地开工。园区平台日趋完善，氟新材料产业园完成标准用地开发22.67公顷；总投资3亿元的集美（清流）山海协作共建产业园和总投资3.50亿元的城南园基础设施项目开工建设，建成标准厂房1万平方米。交通基础设施逐步完善，浦梅、兴泉铁路清流段全线开工，国道534线林畲蛟井至黄沙口路段加快推进。

【优化城乡环境】 2017年，县政府投资2.3亿元，完成水东路、桥下沿河景观工程二期等一批项目建设。开工建设铜锣山绿道休闲公园，新改建雨（污）水管道20千米，新增公共停车位345个。管道燃气工程加快推进，龙郡首府、怡景书院等7个小区实现联通供气。引进社会资金建设绿色出行项目，成为全国首个拥有共享单车的县城。标本兼治抓环境综合治理，完成17个环保突出问题整改。辖区内主要河流地表水水质达到国家III类水标准以上，交界断面水功能达标率100%，饮用水源水质达标率100%。城区环境空气质量继续保持在国家二级标准以上。推进造林绿化和水土保持综合治理，完成造林面积2820公顷，森林覆盖率78.69%，治理水土流失面积1593.33公顷。实施12个省级美丽乡村示范村、整治村建设，全面深化河长制工作，编制“一河一档一策”，实现三级河（段）长全覆盖。

【生态环境保护】 2017年，县政府着力构建环境治理体系。6月，出台《清流县贯彻落实〈国家生态文明试验区（福建）实施方案〉任务分工方案》，提出6个方面24项重点任务和26项改革成果要求；对2017年国家生态文明试验区改革成果清单进行细化，明确责任单位和进度要求。鼓励社会资本进入生态环境保护市场。总投资70487.42万元的《清流县水利和环境综合治理及道路工程PPP项目(一期)》完成招标工作。同时，积极申报PPP项目前期经费和清流县城乡垃圾环卫一体化项目。组织企业开展碳排放权交易工作，高宝、红火、东莹3家企业完成全年履约清缴工作，在海交所挂牌交易。新增永福化工、展化化工、博鑫光电、德兴源化工4家企业拟纳入福建省碳排放权交易市场。建立河长会议、联席会议、河长制工作巡察、督导检查、考核考评等相关制度，出台河道专管员聘用管理、加强河道保护管理、涉砂行为规范整治、安砂水库清流库区网箱养殖清理整治工作等实施方案和办法，建立“一河一档一策”。持续开展工业污染、畜禽养殖污染、涉砂行为、城乡生活污水垃圾、小水电生态等专项治理，实现“水清、河畅、岸绿、生态”目标。

【提高行政服务水平】 2017年，县行政服务中心搬迁，全面推行便民服务窗口周末无休、项目审批周末预约无休，建立“一趟不用跑”和“最多跑一趟”事项488项。入驻审批服务事项140项。构建网上网下一体化政府服务体系，推进电子证照系统建设。网上办事大厅入驻部门单位39个，入驻事项491项，其中最多跑一趟事项428项；办结业务2031件。

【“放管服”改革】 2017年，县政府做好行政审批权取消、下放与承接，制订下发《清流县行政审批事项清单动态调整管理办法(试行)》。全县承接省市下放权力87项(2015年81项、2016年6项)，取消80项(2015年20项、2016年60项、2017年4项)，调整3项(2016年)。缩短审批时限，项目审批、核准法(规)定时限20天缩减为5天，项目备案法(规)定时限5天缩减为3天。全年共实现零差错办理各类审批、核准、备案项目239个(其中：审批65个、核准3个、备案171个)，总投资95.31亿元。

【商事制度改革】 2017年，清流县除各类企业的设立登记、公司的合并、分立、企业改制等较复杂的登记事项实行一审一核外，其余登记事项均由注册官一人办结，所有审批项目不超过2个环节。对设立登记、改制等较复杂的登记事项在申请材料齐全、符合法定形式情况下，承诺缩短为法定时限的60%内办结。年内来发放新设立企业“一照一码”营业执照和电子营业执照各398份，发放新开业个体工商户一照一码营业执照1144份，同时为1036户个体户办理、换发“两证整合”新版营业执照。放宽经营范围，实行“先照后证”登记制。简化住所登记手续，允许“一照两址”“一址多照”。指导企业登录福建省工商红盾网进行网上申报，通过系统自动校验生成相同和相近名称目录，供申请人自助查询比对，自主选择名称，并向名称有权核准机关申报。简化名称登记材料。

【权力清单和责任清单“两单”融合】 2017年，经梳理，全县县直35个部门单位保留权责事项5085项，其中行政权力事项3978项、公共服务183项、其他权责事项924项。

【行政事业性收费项目清理】 2017年2月，县政府对全县所有行政事业性收费项目进行全面清理审核，确定清流县本级年度有收费资质的行政事业性收费单位名单及其收费项目清单，并及时通过清流县政府门户网站向社会公布。自4月1日起，取消或停征41项中央设立的涉及企业或个人的行政事业性收费。并在清流县政府门户网站公布行政事业性收费单位名单及项目。8月，在清流县政府门户网站公布《清流县涉及企业行政事业性收费目录清单》。

【持续改善民生】 2017年，清流一中整体搬迁完成，清流县新引进福州金桥学校招生办学，开工建设幼儿园5所。县总医院、13个乡镇分院挂牌运营，71个村卫生所完成标准化改造，清流县开启医疗资源一体化管理模式。获“创建国家公共文化服务体系示范区先进集体”称号。县体育中心一期体育馆主体完工。总投资5.9亿元的15大项37小项为民办实事项目基本完成，南面乡镇实现供水。完成造福工程易地搬迁230户1094人，49个贫困村(空壳村)、219户贫困户光伏电站建成并网发电，全县1840名贫困人口实现脱贫、12个贫困村退出、12个空壳村摘帽。社会保险持续扩面提质，社会养老服务体系加快构建，4所日间照料中心和农村幸福院建成投入使用，4家养老机构签订医养合作协议。社会保持安定稳定，顺利通过国务院安全生产专项督查，圆满完成厦门金砖会晤、中共十九大等重要节点安保维稳工作。

【打造“阳光信访”】 2017年2月，清流县做好领导干部定期接待群众来访活动，坚持每月15日为县委书记、县长接访日，每个工作日安排一名县领导参加接访；乡镇和部门每周一轮流安排一位党政主要领导在乡镇或部门综治信访维稳中心接访群众，实现领导接访时间、人员、部门“全覆盖”。6月，在县政府门户网站开通“网上信访服务窗口”，实行网上信访受理制度。全县受理群众来信来访276件次，比2016年同期减少63件次；“12345”便民服务平台共办理群众信访事项465件，比上年同期增加156件，省长信箱共办理群众信访事项45件，办理回复率均达到100%。

【排查调处矛盾纠纷】 2017年

2月，全县建立卫生、国土、林业、移民、发改、住建、人力资源和社会保障、市场监督管理、交通运输、畜牧业水产管理、婚姻家庭等行业性调委会（调解室）共11个。全县共排查各类矛盾纠纷469件，调处成功465件，调解率100%，调解成功率99.10%。其中山林土地纠纷78件，损害赔偿纠纷70件，邻里纠纷146件，合同纠纷10件，房屋宅基地纠纷21件，其他各类矛盾纠纷144件。

【社会治安防控】 2017年，清流县推进公共领域视频监控建设，全县接入视频监控"共享平台"的各项视频监控达491路；城区治安巡逻队员达50人，实现对城区主要街道开展24小时巡逻。1—10月，全县刑事案件同比下降13.20%，其中，八类暴力犯罪案件同比下降53.30%，"两抢一盗"、诈骗等多发性侵财类案件同比下降13.60%。

法治政府建设

【概况】 2017年5月，县委、县政府制订《清流县法治政府建设实施方案》，明确工作任务、责任主体、时间进度、成果形式、评估核查方法，将法治建设同经济社会发展同部署、同推进。年内县政府常务会议4次研究、审议法治政府建设工作。11月，县政府办公室组织开展《清流县法治政府建设实施方案》落实情况督查，对存在的问题采取有针对性的解决措施。

【实施"双随机一公开"监管】 2017年，县政府组织县直部门完善本单位"双随机一公开"实施方案、"两单两库一细则"（即随机抽查事项清单和多部门监管责任事项清单、执法检查人员名录库和检查对象名录库、随机抽查事项细则），全县23个单位实施双随机监管事项173项，开展抽查957次，并将抽查结果及时向社会公开。

【推行法律顾问制度】 2017年，县委、县政府印发《关于建立健全党委和政府外聘法律顾问制度的实施意见》，全县所有乡镇、部门相应推进政府法律顾问制度，保证法律顾问在制定重大行政决策、推进依法行政中发挥作用。

【重大行政决策合法性审查】 2017年，县政府建立健全重大行政决策合法性审查机制，未经合法性审查或经审查不合格的，不得提交上会讨论。

【规范性文件备案审查】 2017年，县政府向市政府、县人大常委会报备规范性文件7件。对1999—2016年县政府和县政府办公室的规范性文件进行全面清理，废止已失效、不符合法律法规规定规范性文件47份。

【综合执法体制改革】 2017年，县政府对住建局、城管局职责重新进行梳理，实行"建管分离"。从县水利局、环保局、国土局、住建局、畜牧兽医水产局、交通局、林业局、农业局、森林公安分局抽调工作人员，组建县生态综合执法大队，打造齐抓共管的联合执法格局。推进城市管理、市场监管、文化、商务领域综合行政执法体制改革。健全行政执法与刑事司法衔接机制，规范全县行政处罚案卷。年内组织全县176 名干部参加全省行政执法资格考试，行政执法主体、执法人员名单及时向社会公布。

【政务公开】 2017年，全县共制作获取政府信息2571条，其中主动公开信息数1948条。编制清流县政务（政府信息）公开标准化工作手册，制订主动公开和依申请公开、考核评议、责任追究等10项制度。将决策、执行、管理、服务、结果"五公开"的要求纳入政务活动各环节。将"五公开"落实到公文办理程序、会议办理程序中，建立健全主动公开目录。印发政务公开工作主要任务分解表，确定各单位公开的重点和热点问题。利用政务微博微信、政务客户端等新平台，扩大信息传播，开展在线服务，增强用户体验。

【行政复议和应诉】 2017年，全县共办理行政复议案件6件。其中，裁定不予受理1件，撤回申请1件，维持行政决定4件。县财政预算安排行政复议经费5万元，充实县政府法制办工作人员，保证办案需要。全县共办理行政应诉案件5件，其中驳回起诉2件、撤诉1件、行政机关胜诉1件、败诉1件。加强和改进行政应诉工作，强化行政机关负责人及工作人员出庭应诉。组织相关人员观摩法院行政案件庭审，提升行政机关应诉能力。召开县政府和县法院联席会议，开通法院与金融部门"点对点"执行查询系统，加强社会诚信体系建设，督促县、乡（镇）政府和部门落实、反馈法院司法建议书，开展法律培训等，建立依法行政与公正司法良性互动机制。

【依法行政】 2017年，全县举办行政机关工作人员法律知识培训班5期，分别就行政诉讼、预防职务犯罪、信访、国家安全等举办法治讲座，培训全县行政机关领导班子、股室负责人1000余人次。

【落实"七五"普法】 2017年，县政府健全完善党委领导、人大监督、政府实施、各部门齐抓共管、全社会共同参与的法治宣传教育工作机制。印发《县委宣传部、县司法局关于在全县公民中开展法治宣传教育的第七个五年规划（2016—2020年）》《清流县实行"谁执法谁普法"责任制实施意见》和《清流县"谁执法谁普法"责任制考核管理办法》，推进全民法治宣传教育。

重要会议

【县政府全体会议】 2017年2月9日，县政府召开全体会议，贯彻中央、省、市工作部署，以及县第十三次党代会、县“两会”和全县经济工作会议精神，动员各级各部门“撸起袖子加油干”，确保新一届政府开好局、起好步。刘远隆、周美华、陈姜、江勇、邹卫东、胡立峰、钟田华等县政府领导出席会议。县政府各成员单位，县直有关部门、省市属驻清流单位主要负责人，各乡镇长及部分邀请单位负责人参加会议。张春华要求全县各级各部门要增强“不进则退，小进、慢进也是退”的紧迫感和危机感，集聚发展力量，解决发展难题，促进发展提速增效；始终做到有激情、有想法、有冲劲、有担当，让“马上就办、真抓实干”在清流立起来、传开来，形成常态，全面提升干事创业精气神。用心、用力把本职工作做好，确保全面完成目标任务，为全县发展大局作出新的贡献。

【县政府党组（扩大）会议】 2017年10月29日召开。县政府党组书记、县长张春华主持会议。会议传达贯彻省委常委（扩大）会议、市委常委（扩大）会议和县委常委（扩大）会议精神，部署政府系统学习宣传贯彻中共十九大精神。刘远隆、陈荣辉、陈姜、江勇、邹卫东、王舒、林峥声等县领导参加会议。张春华要求，县政府党组成员及政府各组成部门要把学习宣传贯彻中共十九大精神作为当前首要的政治任务来抓，制定系统学习计划，结合实际学、带着问题学，全力做好经济运行、民生保障、安全稳定等各项工作，与时俱进，确保圆满完成全年目标任务。

【县政府常务会议】 2017年1月23日上午，县长张春华主持召开县政府常务会议，讨论研究农村地籍和房屋调查工作经费、龙津小学建设项目、职业教育中心工作方案、教师激励措施、医疗卫生资源一体化管理方案、全民参保登记工作实施方案、畜禽产品检疫及流通管理工作和基层动物检疫协检员管理办法、城区巡游出租车更新方案、国有林场整合方式和职工股处置等问题。

3月31日下午，县长张春华主持召开县政府常务会议，讨论研究关于铁路建设借款、物资总公司拟收购清流县新建民爆公司60%股份、全年审计工作计划安排、调整公租房租金标准、龙津镇城东村雷公铺地块土石方搬挖前期费用、全县重点流域生态补偿资金安排、财通公司拟划财鑫公司资产、档案馆建设、新建170路视频监控方案等事宜及《公立医院管理委员会工作规程》《县政府机关食堂运营方案》《清流县乡镇招商引资转移支付补助办法》《清流县县域产业发展专项资金管理办法（试行）》《清流县“十三五”环境保护专项规划》等文稿。

5月8日，县长张春华主持召开县政府常务会议，组织学习廖俊波同志先进事迹，研究讨论《清流县招商引资若干规定（试行）》《清流县关于深化人才发展体制机制改革实施方案（讨论稿）》《清流县旧村复垦新增耕地挂钩指标交易资金管理办法（讨论稿）》《化解房地产库存 促进房地产市场稳定健康发展的若干意见》《化解商业办公房地产库存补充意见（讨论稿）》《清流县促进总部经济发展的意见（讨论稿）》《清流县南面集中供水工程运营管理方案》《征收城市规划区农村集体耕地留置用地使用管理实施意见》等文稿及清流县工业园区基础设施建设项目列入三明市工程总承包试点、补助有关乡镇征收集体土地工作经费、水东路1号地块土地收储、元鸿广场项目土地性质商改住、嵩口幼儿园新建项目后续资金缺口问题、清流县城乡垃圾治理PPP项目工程包、里山耘居康养旅游度假项目、引进社会资金兴办高中、非98原代课教师养老补助、教师激励措施方案、公办幼儿园命名及添置设施设备经费等问题。

5月9日上午，县长张春华主持召开县政府常务会议，研究讨论《清流县法治政府建设实施方案（征求意见稿）》《清流县森林防火奖惩和责任追究办法（讨论稿）》《清流县标准地址二维码管理工作实施方案》等文稿及共享单车项目建设、新闻绩效考核办法、清流县林权抵押贷款风险处置方案、清流县林业资源开发与保护建设项目问题、清流县森林消防大队龙津水泵中队方案、配备金砖会晤安保维稳装备、公益性岗位管理、公务员处分等问题。

7月13日上午，县长张春华主持召开县政府常务会议，讨论研究关于《清流县“十三五”食品药品安全专项规划（草案）》《贯彻落实省机关效能建设正向激励若干措施的实施意见（讨论稿）》等文稿及年度新增地方政府债务限额安排（草案）、全年第二批重点流域生态补偿资金安排、小型农田水利工程保险、2016年度县本级预算执行和其他财政支出的审计整改、长校烟草站扩建、嵩溪客运站建设项目用地协议出让方案、龙津镇城南村十里铺地块（二）工程公开挂牌出让方案等问题。

8月7日上午，县长张春华主持召开县政府常务会议，研究讨论《2017年度烤烟生产工作目标及考核办法》《2017年度清流县绩效管理工作方案》等文稿及关于李家乡罗口溪李家段防洪工程调整增加投资、龙津镇城南村三角坑地块（十一）工业用地公开挂牌出让等问题。

9月4日下午，县长张春华主持召开县政府常务会议，讨论研究关于公积金贷款公转商贴息、县政府性债务风险应急处置预案、不动产登记存量数据整合建库项目经费、数字清流地理空间框架建设项目经费、采购商品房用于保障房和安置房、购置公安治安巡逻大队业务用房、启动林畲乡撤乡建镇、贯彻落实省政府加快推进居家社区养老服务十条措施和促进养老机构健康发展十条措施实施意见、加快养老事业发展实施意见、加快医疗卫生事业发展实施意见、乡村医生养老保障实施意见、加快推进家庭医生签约服务工作实施方案、补短板提质量加快教育事业发展的实施意见、加快城乡民生基础设施建设的实施意见、建立“两违”治理长效及共同责任机制、餐厨废弃物无害化处理等问题。

9月30日下午，县长张春华主持召开县政府常务会议，传达全市安全生产专题会议精神，并讨论研究《县水利局结余资金使用方案》《清流县库区移民旅游创业园整体招租（租赁权竞卖）方案》《清流县深化集体林权制度改革，壮大村级集体经济实施方案》《进一步加强和规范农村集体“三资”监管工作实施意见》及扶贫领域问题资金置换整改、重点流域生态补偿结余资金使用安排、拟认购县农村信用联社增资扩股股份、解决精神病障碍患者监护人责任保险金等问题。

10月16日上午，张春华县长主持召开县政府常务会议，讨论研究全县河长制工作、精神文明创建评先审核中行使“一票否决”的实施细则、规范清流县各级文明单位文明奖金发放的实施意见及发放2016年度各级文明单位奖金的建议等问题。

11月20日上午，县长张春华主持召开县政府常务会议，讨论研究关于2017年财政收支预算调整、生猪养殖场标准化升级改造补助补充意见、县直部门单位权责清单审定、提高社区干部待遇、干部政纪处分等问题。

12月14日晚，县长张春华主持召开县政府常务会议，研究讨论关于清流县2018年财政预算（草案）、2017年国民经济和社会发展执行计划及2018年国民经济和社会发展计划报告（草案）、《政府工作报告（送审稿）》、人大建议及政协提案办理情况、2018年为民办实事项目安排、财政支农资金拨付、新一轮城镇基准地价修订更新、有关人员处分等问题。

【安全生产会议】 2017年2月9日，县政府召开全县安全生产暨第一季度防范重特大生产安全事故会议，通报2016年安全生产工作情况，部署下阶段安全生产工作。会议由副县长陈姜主持，县长张春华及各位副县长，县安委会成员单位主要领导，各乡（镇）乡（镇）长、分管领导及县重点企业负责人参加会议。会议提出，要时刻紧绷安全生产意识；坚持问题导向、全面整治安全隐患；突出重点领域，开展安全隐患大排查大整治，坚决防范和遏制各类生产安全事故发生，为全县经济社会稳定健康发展提供安全稳定的环境。全县安全生产暨第二、第三、第四季度防范重特大生产安全事故会议分别于6月2日、7月27日、11月3日召开。

【县政府廉政工作会议】 2017年3月28日，县长张春华主持召开县政府廉政工作会议。县政府班子领导出席会议。县委常委、纪委书记陈孝秉到会指导。会议传达贯彻国务院、省政府、市政府廉政工作会议精神，回顾2016年政府系统党风廉政建设和反腐败工作，安排部署2017年工作。张春华要求政府部门坚定不移正风肃纪、反腐惩恶，持续开展简政放权工作，提高行政效能，强化权利监督，从源头上预防和减少腐败问题发生。12月21日，县长张春华主持召开落实党风廉政建设主体责任集体约谈会。县政府党组成员参加会议。会议要求，县政府党组班子要自我革新，筑牢防线，旗帜鲜明讲政治，持续强化主体责任意识；要认真履职，敢抓善管，严于律己，守住底；要把对自身廉政建设要求从廉洁修身上升到廉洁齐家，培育清廉家风；要认真落实好中央八项规定精神，筑牢抵御腐败坚强防线。

【全县禁毒工作会议】 2017年3月28日，县长张春华主持召开全县禁毒工作会议。县委常委、政法委书记欧阳圣雄，副县长江勇参加会议。会议学习贯彻习近平总书记关于禁毒工作的重要指示和国家、省、市禁毒工作会议精神。张春华要求各乡（镇）、各部门增强做好禁毒工作的政治责任感、历史使命感和工作紧迫感，做到禁毒宣传到位、打击力度到位、摸排巡查到位、督导促进到位，高效有序地推动禁毒工作。县委常委、政法委书记欧阳圣雄通报全县禁毒工作情况。会上向各乡（镇）、各有关部门颁发禁毒目标责任书。

【迎接国务院安全生产委员会延伸巡查工作动员会】 2017年4月11日，县长张春华主持召开。县领导刘远隆，周美华、陈姜、胡立锋、董美华、林铮声参加会议。县长张春华要求全县各乡镇、各部门落实属地责任、监管责任、主体责任，强化责任追究，围绕巡查重点抓自查、围绕隐患问题抓整改，围绕巡查重点抓整治。并对煤炭、安监、旅游、交通运输等部门提出具体要求。

【河长制工作推进会】 2017年8月18日，县长张春华主持召开河长制工作推进会暨涉砂行为专项整治规范工作动员部署会。刘远隆、陈姜、江勇、邹卫东、胡立峰、林峥声等县领导出席会议。会议要求进一步完善河长制的组织体系，履行好管护主体责任，落实好督查、调度、协调、考核和联合执法工作，把全县河库治理好、保护好、管理好，为建设“宜居宜业幸福新清流”提供有力的保障。

【全县深化河长制工作推进暨百日攻坚农村垃圾专项治理动员会】 2017年10月20日，县长张

10月20日，召开全县深化河长制工作推进暨百日攻坚农村垃圾专项治理动员会（杨　颖摄）

春华主持召开全县深化河长制工作推进暨百日攻坚农村垃圾专项治理动员会。副县长邹卫东、胡立峰，全县各乡镇、环保局、法院、公安局、住建局等相关单位参加会议。张春华指出，生态环境是与人民群众息息相关的大事，是实现可持续发展的重要保障，是关系国家长治久安的战略举措。会议要求各专项治理行动小组要确保年内完成治理工作；各级、各部门要抓好河长制攻坚治理、农村生活污水垃圾治理、环保突出问题整改等三项重点工作，加快实现"河畅、水清、岸绿、景美"的生态环境建设目标，为建设宜居宜业幸福新清流作出新的更大贡献。

【县政府与县总工会年度联席会议】 2017年11月14日，召开县政府与县总工会2017年度联席会议。县委副书记、县长张春华，县委常委、组织部部长、县总工会主席谢锦山，县委常委、常务副县长刘远隆等县领导参加会议。副县长周美华主持会议。县政府办、县财政局、住建局、人社局、编办等相关部门负责人及县总工会全体班子成员列席会议。谢锦山通报全县工会工作情况并提出请求县政府支持解决问题。县直各有关部门就县总工会提请县政府支持解决的问题进行发言。张春华指出，全县各级工会组织一如既往地维护职工合法权益，支持政府开展工作，凝聚全县工人队伍智慧力量，多提一些建设性的意见和建议，为县委、县政府决策提供参考。助力企业技术改造和产业转型升级。要发挥好桥梁纽带作用，为党和政府分忧，为职工群众解难。

【扶贫工作绩效考核工作会议】 2017年12月22日召开。县领导张春华、李光明、彭平刚、谢锦山出席会议。县委副书记李光明通报全县扶贫四项重点任务完成情况，分析各乡镇扶贫工作存在的短板和存在的问题。县长张春华强调，各乡镇要坚持政策导向，严格对照国家和省、市、县有关政策，逐项认真梳理、推动落实，确保各项政策落地见效；要建立责任清单、整改清单，全力消除差距、补齐短板；要全力推进造福工程任务完成；要强化资金管理，确保资金安全。

重要活动与调研

【检查指导防汛备汛工作】 2017年6月1—3日，县长张春华和县委常委、宣传部部长廖祥初、副县长邹卫东到县防汛指挥中心和李家乡等地，检查指导全县防汛备汛工作。张春华强调，各级各部门要时刻保持高度警惕，坚决避免麻痹思想和侥幸心理；各乡镇挂包干部要深入挂包村，做到情况清、底数明；强降雨期间，分管领导必须坐镇，严格值班制度；各级各部门要加大排查力度，特别是对水库、堤防等重点地区、重点部位进行巡查监测和隐患排查整改；要做好灾害抢险和应急处置工作，确保灾情一旦出现，能迅速组织人员投入抢险救灾工作。

【农村工作调研】 2017年2月20日下午，县长张春华带领县直有关部门负责人到嵩溪镇开展调研，听取嵩溪镇工作汇报。张春华要求嵩溪镇做优农业，突出工作重点。加大招商力度，优化服务。并就嵩溪镇提请协调解决的关于嵩溪客运汽车站、花卉产业发展、改善通村通组道路和矿泉水招商引资等问题进行部署。2月22日，县长张春华带领发改、财政等有关部门领导到林畲乡开展调研，听取林畲乡工作汇报。张春华要求林畲乡引进一批生产性、税源型的好项目，加大品牌创建，着力改善民生。并就林畲乡提请协调解决的关于中华桂花文化园建设用地用途变更、红色遗址群保护与开发、乡村旅游产业开发、省道204线林畲段境内环境整治、加油站建设和旅游景点讲解员等问题进行部署。3月29—30日，县长张春华与县委常委、纪委书记陈孝秉、副县长邹卫东、县检察院检察长董新及县财政局、发改局、国土局等部门负责人到里田乡、嵩口镇开展工作调研，听取里田乡、嵩口镇工作汇报。张春华指出，要突出农业地位，打出自己品牌；要培育新型农业经营主体，努力实现农业增效、农村增财、农民增收；要打好脱贫攻坚战，寻找脱贫项目措施，做到帮扶措施、帮扶资金、帮扶技术、帮扶项目精准到位。并就里田乡提请协调解决的关于增加长潭河里田段河道清淤工程和红色旅游项目建设资金问题进行部署。4月9日，县长张春华到龙津镇、嵩溪镇、嵩口镇、赖坊镇、长校镇和里田乡，调研了解环保突出问题整改落实情况。5月31日下午，县长张春华到长校镇调研，听取长校镇工作情况汇报，并对提请解决的问题提出具体指导意见。9月12日，县长张春华到龙津镇下戈村，嵩溪镇伍家坊村，林畲乡林畲村、舒曹村，余朋乡东坑村，沙芜乡上坪村，赖坊镇陈家村，长校镇茜坑村，里田乡里田村（图片找里田乡），实地调研美丽乡村建设工作开展情况。9月20日上午，县长张春华、副县长陈姜带领县旧村复垦领导小组成员一行，到嵩溪、嵩口督查2015年旧村复垦项目实施进度。张春华要求，各乡镇成立项目实施攻坚小组，开展为期10天的拆迁复垦攻坚行动，争取早日申请县级初验。10月1日上午，县长张春华到长校镇、田源乡调研，了解乡镇黄标车淘汰、三格化粪池、扶贫专项资金整改、生猪养殖标准化等重点工作推进情况，针对存在问题提出指导意见。

【工业企业调研】 2017年1月19日下午，县长张春华到展化化工有限公司调研，了解生产经营状况。5月22日上午，县长张春华到嵩口镇德兴源化工有限公司、大路口展化化工有限公司调研。8月16日下午，县长张春华到嵩溪镇红火水泥厂调研，听取生产经营情况汇报，并对下一阶段工作提出指导意见。9月13日上午，县长张春华带领县有关领导和县直部门有关负责人，先后到彩之龙有限责任公司和民政印刷厂调研，就不良资产盘活等问题提出指导意见。

3月24日下午，张春华县长、江勇副县长率领县商务局一行到三明惠农电商双创园交流学习。

9月12日，县长张春华（右二）到里田乡调研美丽乡村建设（里田乡提供）

8月25日，县长张春华到县法院就“持续推进‘两学一做’学习教育，争做执纪合格表率”上党课。

8月26日，县长张春华带领县政府办、安监局有关人员组成的检查组以“四不两直”方式到展化化工、北坑钨矿、闽通公司等企业开展安全生产大检查工作。

【宣讲中共十九大精神】 2017年11月3日，县长张春华到挂包的嵩溪镇元山村宣讲中共十九大精神。嵩溪镇党委主要负责人、元山村部分党员群众代表参加宣讲活动。张春华指出，中共十九大报告蕴含一系列新的重大思想、重大观点、重大判断、重大举措，全面贯彻党的十九大精神，是当前和今后一个时期首要的政治任务。要把学习宣传贯彻党的十九大精神同当前各项工作结合起来，把党的十九大精神转化为全村党员、群众的自觉行动，发展经济，深化农村土地制度改革，完善承包地“三权”分置制度。

【落实全面从严治党约谈】 2017年12月12日，县长张春华到嵩溪镇就落实全面从严治党“两个责任”约谈乡镇主要负责同志，听取嵩溪镇关于落实党风廉政建设主体责任情况汇报。张春华强调，要旗帜鲜明讲政治，要挺纪在前讲规矩，强化责任讲担当，实现源头防腐，推动管党治党不断走向“严紧硬”。约谈会上还进行了落实全面从严治党“两个责任”民主测评。

重要文件

【颁布《清流县“十三五”加快残疾人小康进程规划纲要》】 2017年5月31日颁布。《规划纲要》提出目标：到2020年，残疾人权益保障制度基本健全、基本公共服务体系更加完善，残疾人事业与经济社会协调发展；残疾人社会保障和基本公共服务水平明显提高，共享全面建成小康社会的成果。其中残疾人家庭人均可支配收入年均增速>6.50%；困难残疾人生活补贴目标人群覆盖率98%；重度残疾人护理补贴目标人群覆盖率98%。提出主要任务是完善残疾人民生兜底保障13项重点政策最低生活保障制度，落实残疾人就业增收重点项目12项、残疾人基本公共服务重点项目

8 项、保障条件和服务能力建设重点项目 6 项。要求各级政府将加快残疾人小康进程纳入全面建成小康社会大局、纳入重要议事日程，列为政府目标管理和绩效考核内容；将《规划纲要》的主要任务指标纳入当地国民经济和社会发展总体规划及专项规划，统筹安排、同步实施，确保纲要各项任务落到实处。

【颁布《清流县“十三五”食品药品安全专项规划》】 2017 年 7 月 28 日颁布。《规划》以 2015 年为基期，规划期限 2016—2020 年。确定发展目标：到“十三五”期末，食品药品安全治理体系基本建立，食品药品日常监管能力明显提高。食品安全年抽检量达 4 份 / 千人 • 年，药品安全年抽检量达 100 份，药品经营企业 100% 符合 GSP 要求，医疗器械经营企业 100% 符合质量管理规范要求。此间，要建立和完善食品药品风险监测网络体系。主要任务是落实食品安全示范省创建工作，推进政府治理体系现代化，完善制度与标准体系，提升风险监测和预警能力，完善风险防控体系、技术支撑体系和人才队伍体系，构建社会共治体制机制，创新产业发展促进体系。重点建设工程有：检验检测能力建设工程、监管能力提升工程、食品药品安全放心工程、食品药品安全教育工程、食品药品监管人才工程和食品药品创新工程。

【出台《清流县乡村医生养老保障实施意见（试行）》】 2017 年 9 月 6 日出台。《实施意见》确定乡村医生养老保障对象为持有《福建省乡村医生证书》或《中华人民共和国执业（助理）医师（护理、药学等卫生专业技术资格）证书》等执业资格证书，及《中华人民共和国乡村医生执业证书》或《中华人民共和国医师执业证书》等执业注册证书，注册在清流县村卫生所并在岗为农村居民提供基本医疗和基本公共卫生服务的乡村医生。年龄满 60 周岁，在本县村卫生所工作，具有县级以上卫生行政部门（或农村卫生协会）曾按规定颁发的相关资质证书或历史档案资料，且已离岗的乡村医生（赤脚医生、卫生员）。补助标准：由县财政按当年农村居民最低生活保障标准的一定比率给予老年乡村医生养老生活补助，按月发放。《实施意见》对 12 月 31 日止，年龄 60 周岁及以下的在职在岗乡村医生养老保障等作相应规定。

机关效能建设

【完善效能建设工作机制】 2017 年，县政府效能办强化效能监督职能，突出治理“庸懒散拖”等不作为、慢作为、乱作为的整治问责力度。制订年度机关效能建设工作要点及督查工作计划，将全县各单位机关作风建设、效能建设工作纳入督查工作重点计划，并针对工作落实中存在问题，进行跟踪督查，以《督查与反馈》形式进行通报。完善绩效管理，深化“马上就办”，强化责任担当，推动机关工作人员履职尽责。

【机关效能督查】 2017 年，县政府效能办以县委、县政府安排和交办的重点工作为主线，对全县各单位进行效能专题督查 5 次。联合县纪委、县委督查室、县政府督查室，对全县 10 个省行动计划重点项目进展情况进行督查。同时对行政审批和公共服务事项办理工作进行督查，完善办事指南，优化工作流程，缩短服务时限，提高办事效率，规范行政审批和公共服务事项办理工作。采用电话督查、调取考勤记录、巡查办公室、暗访摄像、集中点名等方式，对全县 13 个乡镇，80 余个县直部门进行机关效能建设情况督查，针对督查中发现的问题，向所在单位提出意见和建议，限时整改。联合县纪委、组织部组成督查组，通过明察和暗访相结合，针对重大节庆、庙会等重点时间段，机关工作人员遵守机关效能情况和重大事件（严重灾害性天气、抢险救灾、森林防火、重大安全事故等）中领导干部到岗到位、履行职责情况进行督查。

【受理效能投诉】 2017 年，县政府效能办加大投诉件自办、联办、督办力度，做好投诉电话和来信登记，及时受理、批办、自办、转办到调查办结、反馈等全过程材料分类处理，形成档案资料，做到规范化；实行限期办结制，规定办理投诉件的时限，除特殊情况和复杂的投诉件外，一般事项在 2 ～ 7 个工作日内办结，当日能办的当日办结，复杂的事项在 10 个工作日内办结，并向投诉人反馈办理结果。采取效能监察措施和手段，对一些影响大、涉及群众切身利益及影响发展环境的投诉件，加强跟踪督办，确保问题得到解决。全年受理群众投诉 65 件，全部办结，未发生回访现象。

政务工作

【督查督办】 2017 年，县政府办公室开展效能督查 21 次，开展“五比五晒”“精准扶贫”“河长制”“环保督查”等专项督查 13 次。编发《督查与反馈》36 期，其中县长张春华批示 19 件。

【信息服务】 2017 年，县政府办公室刊发《清流快讯》52 期，同时增刊的形式传达领导重要工作部署和讲话精神，向省、市政府报送政务类信息 320 余条。分别在《三明快讯》《八闽快讯》发表介绍清流典型经验文章各 1 篇。

撰　稿：蔡东海

行政服务工作

【概况】 2017年，县行政服务中心管委会深化行政审批制度改革和公共资源配置市场化改革，提升全县行政审批和公共资源交易服务质量，服务群众、服务项目、服务企业、服务民生、服务发展。全年入驻行政服务单位窗口15个、设立综合窗口1个、分中心5个，审批和服务事项434项，受理办件8639件，办结8639件，按时办结率100%；县公共资源交易中心完成建设工程、产权交易等项目230项，交易总额10.10亿元；完成政府采购380项，交易总额2300万元。

【新建行政服务中心投入使用】 2017年，县行政服务中心搬迁工作是县委、县政府为民办实事项目之一。县行政服务中心管委会按照标准化建设要求，抓好行政服务中心新址设计招标、装修设计、预算、财审以及工程公开招标工作。行政服务中心新址位于龙津镇长兴北街536号（景鸿世纪广场二楼）。7月动工，11月竣工。总投资2200余万元，建成大厅面积3000余平方米，设有工作窗口60个，有容纳200人的大招标室1个、小招标室2个、评标室3个，配有音频系统、视频系统、叫号系统、监控系统等设施，为方便群众办事，实现"最多跑一趟"创造良好条件。

【规范《办事指南》】 2017年，县行政服务中心管委会重新梳理各类办理事项《办事指南》，明确事项名称、事项类别、办理依据、受理机构、审批机构、申请条件、申请材料、办理流程、法定办理时限、承诺办理时限、发放证照情况、收费标准、收费依据、表格下载、填表示例、投诉电话、咨询电话、办公时间、办公地址、乘车路线、状态查询等21项内容，为办事群众提供方便。

11月14日，举行嵩口镇高标准农田建设项目招投标会（县行政服务中心提供）

【提高审批效率】 2017年，县行政服务中心管委会将审批服务流程统一整合为"受理、审查、决定"3个环节，推行"一审一核"两环节制，提升审批服务效率。除个别复杂事项外，承诺时限统一控制在法定时限50%以内，559项（含小项）事项压缩减少审批时限2790个工作日，压缩比例67%。对依法需要进行检验、检测、检疫、现场勘察、专家评审、社会听证等审批事项，列入服务指南，纳入电子监察系统管理，并对外公开、接受监督。实行投资项目"一口受理、同步审批、限时办结、信息共享"并联审查审批，督促各并联审批阶段牵头部门单位制定项目并联审批工作流程，加快完善投资项目在线审批监管平台，全面梳理投资项目审批事项清单和办事指南，落实投资项目统一代码制度。年内投资项目在线审批监管平台事项梳理38项；实现投资项目赋码165个，总投资76.65亿元。

【优化"便民"服务方式】 2017年，县行政服务中心管委会推行"五项服务"（限时服务、上门服务、跟踪服务、延时服务、预约服务）、"四办制度"（资料齐全的马上办、资料不全的指导办、特殊项目跟踪办、重大项目挂牌办）和"三清制度"（咨询服务一口清、发放资料一手清、受理材料一次清），提供人性化服务。在林业服务中心等办事窗口，推行便民服务周末无休制度，做到接到预约立即到场，及时办理，畅通审批服务绿色通道。各窗口推行无否决权服务，对申请人提出的需求、诉求，特别是涉及非标准化的申请，其行使否决权必须得到批准，并给申请人以合理解释和引导服务。推行"一趟不用跑""最多跑一趟"办事清单。全年梳理形成"一趟不用跑"办事项目清单83项和"最多跑一趟"办事项目清单405项，占总事项数比例85.70%。推动经济开发区、工业园区和项目引资单位落实代办主体责任，全程代办入园和引资项目建设期间所有行政审批手续、中介服务事项。

【"减证便民"专项行动】 2017年，县行政服务中心管委会对没有法律、法规以及规章依据的一律予以取消，建立企业和个人有效证照核验、行政机关及相关机构主动调查核实、部门之间信息共享等机制，对有关事实进行审查认定，从源头上避免各类奇葩证明、循环证明等现象。年内共清理取消各类证明总数51项。

【网上审批智能化服务】 2017年，县行政服务中心管委会完善网上办事大厅建设，全年进驻服务事项总数465项（含子项）。推进电子证照系统建设，推行“网上申报、信任在先、办结核验”和“网上申报、全程在线、办结取件”等全程网办方式。年内在网上办事大厅推送、办理各类办件1917 件。

【创新乡镇基层服务方式】 2017年,县行政服务中心管委会按照“分级管理、逐级指导”的原则,推进县、乡、村办事服务一张网建设，通过规范场所设置、规范人员配备、规范项目入驻、规范典型培育，使凡与群众密切相关的计生、民政、国土、村建、农业、劳动保障、司法等事项都集中进入便民服务中心办理。同时依托乡镇便民服务中心，强化乡镇与村居的协调联动，推行“就近办、马上办”，让群众在家门口即可办事。

【强化服务监督】 2017年，县行政服务中心管委会完善行政服务审查工作，明确部门负责人以及不同职级办事人员在不同环节的审查职责，明确各个审查环节的廉政防控点。县行政服务中心及分中心均纳入省行政服务中心远程视频监督系统。远程视频监督系统于6月1日正式开通，对服务态度、办理时限、办理流程、办理质量等方面进行实时监控。

【公共资源配置市场化改革】 2017年，县行政服务中心管委会建立清理和规范公共资源交易规则长效机制，打造市县一体化交易体系。中心协同相关单位共同制定、规范政府投资项目招标投标管理制度。工程交易信息不仅在福建省招标与采购网进行公开，并在县政府门户网站设立交易公开栏，专门发布交易信息。目录内的政府采购项目全部实行网上电子化招投标。全年完成公共资源交易230期，工程预算金额11.10亿元，中标金额10.10亿元，节约1亿元，节约率9%；政府采购380期，预算采购金额2432.50万元,中标金额2300万元,节约132.50万元，节约率5.40%。

【政务公开】 2017年，县行政服务中心管委会明确各单位信息公开重点、工作要求，指导督促各级各部门对号入座，逐项逐条抓落实，做到全面彻底公开、主动及时公开、细化条目公开。完善信息发布、信息查询、信息报送等制度，增强公开载体发布信息、解读政策、回应关切、引导舆论的功能。加强督促检查，健全实时在线监察、每月网络巡查、季度重点抽查和点对点督办的运行机制，将督查结果纳入绩效评估范围，确保公开工作落到实处。年内制作获取政府信息2386条，其中主动公开信息1983条，在县集中公开栏公开县委、县政府重大决策部署及各部门单位热点信息等6期、278条。

撰　稿：李兆贵

机关事务管理

【概况】 2017年，县机关事务管理局深入贯彻国务院《机关事务管理条例》，按照“管理上层次、服务上水平、工作创一流”的指导思想，探索新形势下机关事务发展的特点和规律，为机关工作提供优质、高效服务。

【公共机构节能】 2017年，县机关事务管理局在全县党政机关、事业单位开展节约用电、节约用水、节约燃油活动，全面落实公共机构节能管理措施，争创“全国节约型公共机构示范单位”。选派2名干部（县经信局、实验中学各1名）参加清华大学节能管理培训。建立358个单位的公共机构能源消耗名录库，完成公共机构能耗统计工作。

【公务用车改革】 2017年，县机关事务管理局实施《清流县公务用车制度改革实施细则》，年内封存拍卖车辆123辆，建成40个车位的公务用车平台停车场。

【办公用房管理】 2017年，县机关事务管理局加强办公用房清理工作督促检查和业务指导。对全县副科级以上领导干部办公用房进行逐一、全面核查，指导各乡镇、各部门按规定要求抓好整改。年内调剂改善15个单位办公用房3571平方米，移交县财通公司办公用房1546平方米作为经营性用房出租。

【机关大院平安建设】 2017年，县机关事务管理局定期组织对消防、食品、公务用车、综治、用电用气、修缮施工的安全生产检查，并及时通报和公布安全生产管理工作情况、隐患排查情况。建立政府机关大院安全应急网络，推进平安建设。配合有关部门做好信访维护工作，提高应对和处置突发事件能力。全年门卫登记外来人员进出5600人次，外来车辆进出8600余辆，维护信访秩序657批、4900多人次。

【机关食堂管理】 2017年，县机关事务管理局投入资金100余万元，修缮可以容纳260多人用餐的机关食堂干部餐厅，委托清流宾馆运营管理。建立监督员管理制度，加大对食品安全、食品质量、加工过程、就餐秩序等监督管理力度，营造良好就餐环境，提升就餐满意度。

撰　稿：廖美桃

信访工作

【概况】 2017年，县信访局开展“责任落实年”活动和“大排查”“大化解”“大整治”活动，强化目标和问题导向，强化责任担当，着力解决影响社会和谐稳定的信访突出问题，维护群众合法权益，确保全国及省、市重大会议和重大活动期间全县安定稳定。全年各级信访部门受理群众信访件333件次，比2016年同期下降29.57%。1人被评为2012—2015年福建省信访系统先进工作者。

3月15日，县委书记池芝发接待上访群众，倾听诉求（县信访局提供）

【日常接访】 2017年，县信访局规范群众来访接待工作，落实领导干部定期接访制度，坚持每月15日为县委书记、县长接访日，每个工作日安排1名县领导参加接访；乡镇和部门每周一轮流安排1名党政主要领导在乡镇或部门综治信访维稳中心接访群众，实现领导接访时间、人员、部门“全覆盖”。推行领导干部联合接访、重点约访、专题接访、带案下访和领导包案等工作机制，集中力量解决疑难复杂信访问题。县委书记池芝发带头作表率，到温郊乡上访户陈某家带案下访，现场调解其反映的耕地承包经营权纠纷及补偿未到位问题。发挥县综治中心、县委群众工作部职能作用，健全和完善卫计局、国土局、人社局、交通局、环保局、林业局、住建局、农业局、文广局、教育局等重点单位联合驻点办公的调处机制，构建“统一领导、部门协调、统筹兼顾、标本兼治、各负其责、齐抓共管”的信访工作新格局，改变群众在多个部门之间往返奔波的状况。通过“一站式”办理，使一大批信访问题经联合接访得到有效解决。年内参加接访的县、乡两级领导干部1036人次，接待初访群众78批次133人次，受理信访事项78件，当场解决7件，落实责任单位71件，落实领导包案71件。其中，县处级领导接待群众来访176批1404人，其中接待初访群众55批71人次。

【推进”阳光信访”】 2017年，县信访局推进信访信息系统的运用规范化建设。6月，在县政府门户网站开通“网上信访服务”窗口，实行网上信访受理制度，引导群众多上网、少走访，“让数据多跑腿、群众少跑路”，变走访为“网访”。“12345”便民服务平台全年办理群众信访事项524件，比2016年增长51.88%，“省长信箱”办理群众信访事项45件，办理回复率均为100%。

【“大排查”“大化解”“大整治”活动】 2017年，县信访局继续开展“三无”县乡村创建活动，11个乡镇达标，占84.62%，达标村（社区）117个，占98.32%；在全国及省、市“两会”“一带一路”国际合作高峰论坛、十九大等重大会议和金砖会晤期间，每月开展一次信访突出问题滚动排查，共排查4期，排查出信访突出问题77件。各乡镇及部门对排查出来的问题逐一明确责任领导和责任人，已化解73件，4件得到基本稳控。

【信访积案化解】 2017年，县信访局按照“属地管理、分级负责，谁主管、谁负责”的原则，实行领导包案责任制，落实“五个一”包案化解措施（即一名包案领导、一个工作专班、一套化解方案、一份会议纪要、一套稳控措施），与信访人面对面交流，确保信访积案化解到位。年内5件市级信访积案全部化解。

【信访事项公开听证和专案评审工作】 2017年，县信访局组织开展信访事项公开听证和信访事项专案评审各2件，提高信访工作透明度、社会认可度和公信力，实现案结事了，息诉息访。

撰　稿：江雨帆

人民政协清流县委员会

综　述

【概况】 2017 年，政协清流县委员会（以下简称县政协）认真贯彻中共十八大、十九大精神，按照县第十三次党代会总体部署，履行政治协商、民主监督、参政议政职能，推进协商民主建设，创新履职方式，协商建言更加有效，努力打造“同心、有为、和谐、活力”四型政协，为建设宜居宜业幸福新清流作出贡献。政协第十届清流县委员会开展专题协商议政 3 次，专题调研 1 次，征集社情民意 26 件。政协十届二次会议期间收到提案 78 件，立案 60 件，其中重点提案 4 件，全部办复，委员满意或基本满意率 100%。

【参与中心工作】 2017 年，县政协主席、副主席参与县“8+3”重点工作领导小组和“五比五晒”重点工程项目工作，牵头推动清流温泉国家地质公园博物馆落成开馆，地质公园通过省国土资源厅开园初验；林畲桂花小镇入选福建省第二批特色小镇创建名单；“圆明重光”圆明园文化巡展走进林畲桂花文化园，第二届樱花文化旅游节在赖坊举行，乡村旅游加快发展；清流一中新校园正式投入使用；磐安国际城盘活重启工作稳步推进；浦梅铁路清流段主线用地完成征迁；广东招商，引进深圳铁汉生态、福建海峡畅想文化集团、上海县区旅游协会合作联盟等一批企业前来考察；世纪环球塑料 BB 弹生产线、里山耘居康养旅游度假、赖坊悠然国农旅综合体等重大项目完成签约。组织部分委员和科协、科技、卫计、农业、文广等部门专家到李家乡开展文化、科技、卫生“三下乡”活动，提供送书、送药和义诊服务。选派机关干部到林畲乡孙坊、石下驻村任第一书记，争取项目资金，助力村民休闲广场、小河流域治理、烟田水渠修复和道路硬化等基础设施建设。联系相关委员企业对口开展帮扶活动，政协班子成员挂包的 4 个贫困村（空壳村）全部脱帽，挂包的 14 户贫困户实现脱贫。

【发挥委员主体作用】 2017 年 5 月 18 日，县政协举办委员培训班，邀请省社科院舆情研究中心副主任曲鸿亮研究员、省政协办公厅副巡视员肖飞分别作“通向人类命运共同体之桥”“如何当好一名政协委员”专题讲座。开展“访委员、进企业、解难题、促发展”活动，走访全县 36 家委员企业，为企业加快发展建言。完善委员管理机制，出台政协委员履职考评办法，要求每位委员每年至少撰写一份提案、反映一条社情民意、参加一次调研、提出一条建议。与省电视台公共频道合作，组织对春舞枝花卉、伊科电子、桂花文化园、大丰山禽业等 6 家委员企业进行采访，展现委员创业历程，宣传委员履职风采。

【文史宣传工作】 2017 年，县政协开展文史知识进乡镇、社区、企业、家庭“四进”活动，赠送《客家系列丛书》《清流姓氏》《清流革命遗址遗迹通览》等书籍。编印出版《清流古村拾遗——“三坑”记忆》，挖掘东坑、黄石坑、迪坑客家古村落文化，丰富客家史藏。与《人民政协报》合作，通版宣传清流经济社会发展及县政协协商民主建设实践。与县旅游局、三明市摄影家协会联合举办“美丽清流”旅游风光摄影大赛，出版《美丽清流》画册。

【交流联谊】 2017 年，县政协加强与工商联、驻外商会沟通交流，走访驻外商会。推荐和吸纳在外乡贤中的商会和行业代表为十届县政协委员，促进清商回归和外商投资。加强与少数民族和宗教界人士联系，开展少数民族工作视察、宗教工作视察和走进本土道教等系列活动，协助县委、县政府做好民族宗教工作。加强与省、市及兄弟县(市、区)政协的联系，配合省市政协开展“提升水产品食品安全保障水平”民主监督、红色遗址保护与开发利用、推进禁毒工作社会化等专题调研，组织委员到长汀、连城、武平等地学习考察，开展客家文化交流。

重要会议

【政协第十届清流县委员会第二次会议】 2017年12月25—28日召开。应到会委员148名，实出席大会委员141名，列席大会的县领导31人、有关部门负责人132人。会议听取县政协主席邓炳辉所作的常委会工作报告和县政协副主席李志明所作的提案工作报告。会议选举李寿荣为十届县政协秘书长；会议列席县十七届人大二次会议第一次大会，听取和讨论县人民政府工作报告，讨论县计划、财政预算报告以及县法院、检察院工作报告；听取县政协十届二次会议提案初审情况报告；审议通过县政协十届二次会议决议。会议期间收到提案99件，经提案审查委员会初审，立案96件（其中并案4件），另3件转为委员来信。县委书记池芝发在闭幕会上作重要讲话。

【政协第十届清流县委员会常委会议】 第一次常委会议 于2017年3月17日召开。十届政协常委参加会议，各乡镇政协委员联络组组长及县政协机关副科级以上干部列席会议。会议传达学习全国、省、市“两会”精神；邀请县政府副县长胡立峰作“民事纠纷及其解决机制”法律知识专题讲座；通过政协十届清流县委员会办公室和各专门委员会主任、副主任名单。

第二次常委会议 于2017年6月27日召开。十届政协常委参加会议，副县长胡立峰应邀出席会议。会议听取县政府关于上半年全县经济社会发展情况通报、县财政局关于上半年县财政预算执行情况报告、县发改局关于上半年国民经济和社会发展计划执行情况汇报，协商讨论关于推进国家级客家文化（闽西）生态保护实验区建设事宜。

第三次常委会议 于2017年9月22日召开。县政协常委、县直有关部门负责人、各乡镇委员联络组组长、县政协机关全体干部出席会议。会议专题协商“强化园区发展要素支撑，促进园区经济持续健康发展”课题。

6月27日，召开县政协十届二次常委会（县政协提供）

第四次常委会议 于2017年11月24日召开。县政协常委、县政府副县长胡立峰，县政府督查室、县农业局、林业局、旅游局、城管局等部门负责人，县政协重点提案人出席会议；县政协副科级以上干部列席会议。会议听取县农业局、林业局、旅游局、城管局等部门对《关于扎实做好精准扶贫的几点建议》《关于加快发展清流花卉产业的提案》《关于加快我县乡村旅游发展的建议》《关于城区停车场改造建设方案的建议》4个重点提案办理情况的汇报，并组织学习中共十九大精神。

第五次常委会议 于2017年12月15日召开。县政协常委参加会议，县政府副县长王舒，县法院、县检察院、县政府办等有关单位领导应邀出席会议；县政协机关副科级以上干部列席会议。会议讨论通过县政协十届二次全会工作报告及有关会议文件；听取和讨论县政府工作报告（征求意见稿）、县法院工作报告（征求意见稿）、县检察院工作报告（征求意见稿）、县政府办关于县政协十届一次会议提案办理情况的通报；听取县委组织部关于增补十届县政协委员协商人选名单的介绍说明，协商通过增补十届政协委员名单及县政协十届二次会议等其他事宜。

政治协商

【客家文化（闽西）实验区建设专题协商议政】 2017年6月，县政协以清流被纳入国家级客家文化（闽西）生态保护实验区为契机，组织开展专题调研，召开十届二次常委会议进行协商，形成《推进我县国家级客家文化（闽西）生态保护实验区建设》调研报告，提出政府主导、长远规划，倾力保护、传承弘扬，市场运作、激活产业，宣传辐射、营造氛围等四个方面意见建议。县委书记池芝发、县长张春华对报告作出批示。常委会作进一步整理后，形成《加快推进国家级客家文化（闽西）生态保护实验区建设的建议》，以专报件上报省、市政协。时任省委常委、宣传部部长高翔对《建议》作出批示。

【开展“提升教育质量”专题调研】 2017 年 8 月，县政协按照县委书记池芝发点题要求，与县人大常委会组成调研组，就“提升清流县教育质量课题”开展联合调研。调研组深入全县所有乡镇和学校，同教师、家长代表等进行面对面座谈，了解全县教育现状，剖析存在问题和原因，从切实加强教育管理、加强师德师风建设、合理调整教师编制、完善职称评聘制度、提升县一中教育质量等 7 个方面提出建议。调研建议被吸收到《中共清流县委关于补短板 提质量 加快教育事业发展实施意见》及《清流县人民政府关于强师优师 提升教师队伍整体素质的实施意见》中。

【“提升美丽乡村建设水平”专题协商议政】 2017 年 9 月，县政协组织开展“加强农村环境综合整治 提升美丽乡村建设水平”专题调研，同时召开县、乡（镇）、村三级协商会，协商推进美丽乡村建设。协商成果梳理后形成《加强农村环境综合整治 提升美丽乡村建设水平的建议案》。县政府采纳《建议案》意见，出台《加强农村环境综合整治 提升美丽乡村建设水平的实施意见》，将建议案的 15 条建议分解落实到各乡镇和有关单位。《人民政协报》、人民政协网以《福建清流县政协“开放式”协商“会诊”农村建设——让美丽乡村回归田园风光自然生态》为题，对协商会进行专题报道。

【“推动园区加快发展”专题协商议政】 2017 年 9 月，县政协组织委员和县经济开发区管委会、经信局等部门人员组成调研组，围绕“强化发展要素保障，推动园区加快发展”课题，到各工业园区进行调研，到周边县（市）经济开发区学习考察，召开十届三次常委会进行专题协商，分析园区规划、产业布局、基础配置、人才保障等因素，围绕园区持续健康发展建言献策，从完善发展规划、增强造血功能、完善配套设施、淘汰落后企业、简化办事手续等方面提出 13 项意见建议，供县委、县政府和有关部门决策参考。

9月22日，县政协召开“提升美丽乡村建设水平”专题协商会（县政协提供）

【收集社情民意】 2017 年，县政协发挥乡镇委员联络作用，指导和促进乡镇政协委员收集社情民意。县政协网站开通网络提案提交和征集社情民意窗口，广泛征求意见建议。开展“为清流发展献计策”活动，将征集到的 26 件事关县经济社会发展的建议汇编成册，供县委县政府决策参考。

提案工作

【重点提案】 2017 年 2 月 8 日，县政协第十届第二次主席会议召开，协商确定将“精准扶贫、加快发展清流花卉产业、加快乡村旅游发展、城区停车场改造建设”等 4 件提案作为重点提案，并明确领导责任分工，跟踪督办。年内，4 件重点提案全部办复，承办单位分别在县政协十届二次会议上作专题报告。其中黄文华等委员提出的《关于做好现代农业精准扶贫的几点建议》，县政府采取选好产业扶贫项目、加强实用技术培训、加大扶贫资金投入和企业结对帮扶等措施，实现脱贫攻坚新成效；黄芳等委员提出的《关于加快我县乡村旅游发展的建议》，县政府出台《清流县扶持旅游产业发展的暂行办法》引导乡村和农户开发主题乡村民宿、农家乐，并进行技能培训，组织“樱花文化节”“温泉——七星岩农家乐之旅”等乡村旅游活动；李金红等委员提出的《关于加快发展清流花卉产业的建议》，县政府出台《2017 年清流县花卉苗木双创示范基地实施方案》，对企业投入的研发资金和引进品种分别给予补助；吴仁桂等委员提出的《关于城区停车场改造建设方案的建议》，县政府规划先行，合理配置停车资源，多措并举，年内新增城市停车泊位 345 个。

【提案办理】 2017年，县政协严格做好委员提案的征集审查、提案交办、督办落实、民主评议等工作，落实县领导领衔督办重点提案、往年提案“回头看”、同类提案集中督办、重点提案民主评议、提案办理工作纳入绩效考评等做法，提升提案办理质量。县政协十届一次会议共征集到以提案形式提出意见、建议78件（全部为大会提案），其中委员提案75件、党派团体提案3件。经提案审查委员会初审，由于内容相同或相近并案8件，立案60件，10件转为委员来信。县政府收到提案后，交由35个部门单位和乡镇办理并全部办复，办复率100%，其中已经解决或基本解决40件，占提案总数66.60%，委员满意或基本满意率100%。

视察监督

【调研森林公安执法情况】 2017年5月，县政协开展森林公安执法情况视察，详细了解森林公安执法情况。针对存在的问题提出加快补充基层警力、加强基础设施建设、加大执法经费保障力度等建议，形成送阅件报送县委、县政府。县政府召开常务会，专题研究解决该项问题。

5月18日，县政协主席邓炳辉走访委员企业清流森源兰蕙公司（县政协提供）

【调研重点项目建设情况】 2017年11月，县政协组织委员对县城市重点项目建设情况进行视察。委员建议：要突出做好“宜”字文章，完善城市体育、文化、教育等综合功能；要突出“绿”色特点，凸显清流县青山绿水特色资源；要抓住“为民”根本，推进为民办实事项目建设；要严格工程质量安全，建成“放心”工程，改善城区“宜居宜业”环境。

【精准扶贫工作视察】 2017年10月至11月，县政协组织委员对灵地、沙芜、田源、嵩口、余朋、里田、长校等7个乡镇的精准扶贫工作情况开展监督视察。视察组听取各乡镇精准扶贫工作汇报，实地视察扶贫项目进展情况，对扶贫工作给予充分肯定，同时对进一步推进精准扶贫工作提出意见、建议。

【开展委派监督】 2017年，县政协委派50余人次，参加市中院在清流监狱的减刑假释案件庭审以及县域总体规划修编、土地利用总体规划修编调整暨完善规划调整方案、新一中公交站点设置、土地基准地价调整等一系列听证会和乡镇、部门述职评议会。

撰稿：张华　古冬梅

纪检监察

综　述

【推进监察体制改革】 2017年，县成立深化国家监察体制改革试点工作小组，制订试点工作实施方案、县纪委监委内设机构调整方案、监委班子配备方案，落实监委办公场所、经费保障、执纪车辆、监委会挂牌等事宜。开展转隶人员资格认定、档案审查、考察考核、个别谈话、登门家访等工作，提前安排拟转隶人员至县纪委跟班学习，及时完成案件线索清理、移交，有序推进监察体制改革试点工作。

【乡镇纪检体制改革】 2017年，县纪委推进乡镇纪委管理体制改革，实行乡镇纪委调配使用、考核待遇、硬件配备、经费保障、工作标准、督促指导“六统一”规范化管理。推行住村“五访”（即调研走访、带信下访、明察暗访、执纪回访、圩日接访）机制，提升乡镇纪委执纪能力。全年13个乡镇立案24件、比2016年增长20%，实现乡镇纪委100%自办案件。

【执纪审查安全建设】 2017年，县纪委制订乡镇纪委谈话室管理制度汇编，建立12项“走读式”谈话安全制度，得到三明市纪委肯定和推广。加快廉政警示教育基地和标准化纪律审查办公场所建设。在县政府大楼一楼增设县纪委“走读式”谈话间和信访接待室，新建乡镇纪委谈话室13间。执纪审查谈话和取证过程全程录音录像，确保执纪审查安全零事故。坚持“一案一反思、一案一剖析、一案一整改”，向县林业局、龙津镇发出纪律检查建议书、整改通知书4份，提出整改意见24条，做到以案促改、以案促建。

【廉政宣传】 2017年，县纪委开展“亲情助廉”卡征集，举办廉政文艺晚会、主题征文、演讲比赛等“四个一”喜迎十九大主题宣传活动，编印《喜迎十九大　清流清风扬征文选集》，组建“十九大精神宣传轻骑兵”，入村居、下田头、进企业和学校，用个性鲜明的“实话土话”宣讲中共十九大精神。廉政文艺晚会微信点播量超过3万人次。打造“六位一体”（县法院、赖坊古民居、南山村、中华桂花园4个廉政教育示范点、网站、微信公众号、微信群、大讲坛、半月刊）“清流清风”主题廉政教育品牌，弘扬清风正气。深化移风易俗专项治理，重申纪律规定，整治铺张浪费，倡导庙会新风，编唱“庙会新风”民谣，引入“庙会+旅游”模式，让传统回归本位，实现群众增收入、减负担。编印《落实中央八项规定精神简明实用手册》，对容易出现偏差的14个方面、214个常见问题进行逐一“问答式”解读。结合林业系统腐败窝案，先后召开林业系统以案促改动员会、典型案例通报会4次。用“身边案”教育“身边人”，依托清流法院、清流监狱，组织开展旁听庭审3批次200余人，“铁窗前”现身说法活动4批215人次，增强警示教育真实感和震慑力。

【巡察监督全覆盖】 2017年，县纪委制订出台2017—2021年巡察工作规划和年度巡察工作计划，配齐专职巡察人员7名，组建巡察工作人才库。全年开展3轮7批次14个单位常规巡察，派出4批次20个专项巡察组对乡镇财政资金安全、扶贫领域资金、审计局进行专项巡察，移送问题线索124条，立案17起，给予党政纪处分20人，移送司法机关1人。及时通报6个被巡察单位巡察情况，向14个被巡察党组织反馈问题701条，督促建章立制26项，对落实整改不力的2个单位进行通报批评，持续发挥巡察震慑遏制治本作用。推进派驻监督全覆盖。设置派驻纪检组9个，派驻机构从30家精简至9家、精简率70%，人员编制从36名减少至27名，监督范围扩大至96家，实行派驻机构人、财、物、事一体化管理。建立派驻机构负责人轮岗交流制度，开展规范化建设试点，实现对县级党和国家机关派驻全覆盖。

【自身建设】 2017年，县纪委开展“清流清风大讲坛”活动，组织纪检监察干部轮流登台授课。邀请上级领导、知名教授专题授课，重点讲授中共十九大精神、“五抓五重”要求、纪检监察业务等内容。精选22篇优秀讲稿汇编《清流清风大讲坛选萃（一）》供党员干部参考学习。先后抽调22名基层纪检监察干部跟班学习，抽调59人次参与巡察，着力提升纪检监察干部“坐下来会写、站起来会说，在内会管理、对外会协调”的能力素质。严格考核奖惩，先后表彰9个单位、18名纪检监察干部，向县委推荐干部18人，约谈落实工作不力的8名干部。分级开展廉政家访，建立廉政档案40余份，核实涉及纪检监察干部问题线索3条，给予诫勉谈话2人。

9月8日，县纪委邀请县检察院检察长董新到清流清风讲坛进行法制讲座（杨 颖摄）

重要会议

【县纪委十三届二次全会】 2017年1月24日，在龙津国际大酒店召开县纪委十三届二次全会，会期1天。县四套班子领导成员，县法院院长、检察院检察长；县纪委委员；各乡（镇）党委书记、乡（镇）长，纪委书记、副书记；县直各部、委、办、局副职以上领导；副科级以上事业单位主要领导，县属国有或国有控股企业厂长（经理）；省市属单位主要领导、纪委书记、纪检组长，清流监狱监察室负责人；县直单位派驻监察室主任；执法部门科、股、室主要负责人；县纪委机关全体干部等470余人参加会议。市纪委纪检第三纪检监察室副主任林旗出席会议。县委常委、县纪委书记陈孝秉主持会议，并代表县纪委常委会作《推动全面从严治党向纵深发展，为建设宜居宜业幸福新清流提供坚强保证》工作报告。会议回顾总结2016年党风廉政建设和反腐败工作，部署2017年工作任务。县委书记池芝发在会上讲话。全会号召，要更加紧密地团结在以习近平同志为核心的党中央周围，在县委和市纪委领导下，把全面从严治党推向纵深，做好党风廉政建设和反腐败各项工作，以奋发有为的精神状态和优异工作成绩迎接党的十九大胜利召开。会议通过《全会决议（草案）》。

【党风廉政建设形势分析会】 2017年8月1日召开，县委书记池芝发主持会议并讲话，县四套班子领导，各乡镇党委书记、乡镇长，县直各部门主要负责人，省、市属驻清单位主要负责人，县纪委监察局班子成员、县委巡察组全体成员、县直部门纪委（纪工委）书记、派驻纪检组长、乡镇纪委书记约200人参加了会议。县委常委、纪委书记陈孝秉在会上通报全县上半年党风廉政建设情况，部署下阶段工作，严格落实从严管党治党政治责任，推动全面从严治党向基层延伸、向纵深发展。

监督执纪

【正风肃纪】 2017年，县纪委完善县委大督查机制，实行“部门主办、专责督办、纪委查办”三级督查联动，通过混合编组、随机抽取、抵近督查等方式，突出对脱贫攻坚、“5·19”救灾资金落实、生态环保整治、“五比五晒”等重点工作的督查，督促上缴未使用的“5·19”救灾资金442.91万元，出台规范招投标程序等文件3份。对落实工作不力、违反会风会纪的34名干部进行问责，其中给予诫勉谈话3人，提醒谈话11人，通报曝光20人。紧盯重要节点和“四风”表现新动向，开通网上“四风”举报直通车。通过定期会商、联查联访、线索互移等方式，治理“一桌餐”、违规发放津补贴、违规购买高档白酒等“四风”突出问题。先后开展“1+X”专项督查87次，清理退回超领津补贴340余万元，查处违反中央八

7月10日，县委召开推进扶贫领域监督执纪问责工作第一次集体约谈会（杨　颖摄）

项规定精神问题20起26人，通报曝光典型案件10起。建立县管干部廉政档案467份，实行一人一档、动态管理、实时更新。坚持抓早抓小，动辄则咎，对党员干部出现的倾向性、苗头性问题及时提醒，严防小错酿大祸。运用"四种形态"(经常开展批评和自我批评、约谈函询，让"红红脸、出出汗"成为常态；党纪轻处分、组织调整成为违纪处理的大多数；党纪重处分、重大职责调整的成为少数；严重违纪涉嫌违法立案审查的成为极少数）问责562人次，其中谈话函询486人次、比增216%，党政纪轻处分41人，重处分35人，移送司法机关4人，第一、二种形态占比为94%。

【扶贫领域突出问题查处】 2017年，县纪委紧盯扶贫领域突出问题，对敢动扶贫资金财物"奶酪"的严惩不贷。全年核查扶贫领域问题线索33条，给予党政纪处分10人、诫勉谈话6人、通报批评2人、提醒谈话56人、责令书面检查2人。

纪律审查

【夯实"两个责任"】 2017年，县纪委完善责任链条，出台"分层谈话、分级负责"约谈办法。县委主要领导先后8次召开县委常委会研究部署党风廉政建设工作，听取专题汇报11次，作出指示37次，约谈乡镇主要领导26人，"一对一"列出"全面从严治党问题清单"，并亲自督促落实整改。通过例行谈心谈话、"两同时"谈话、提醒谈话、诫勉谈话等方式，分级开展日常廉政谈话3200余人次。完善述责述廉和接受评议办法，严把述前报告审核关、述中质询评议关、述后问题整改关。健全倒查问责、责任追溯等制度，实行连带倒逼"问责"，先后对落实"两个责任"不力的18名科级干部进行问责，其中党纪处分3人、诫勉谈话4人、提醒谈话11人。

【违纪案件查办】 2017年，县纪委完善信访件提级交叉办理机制，对被反映人为村主干、乡镇站所负责人、县直部门股室负责人，反映问题比较严重、违纪金额较大、案情相对复杂的重大疑难信访件，采取异地交叉、提级办理等方式，快查快处。全年共受理检控类初信初访81件、办结63件、转立案6件，其中提级办理26件、转立案2件。实行问题线索归口管理、集体研判、全程监督，建立"机关+乡镇+派驻"片区协作执纪审查模式。成立4个协作片区，采取片区内交叉审查、上下协同、定期会商等一体化审查方式，提升审查实效。全年处置问题线索230条，实际办案63件，办结61件，结案率97%，其中自办案件52件、自办率83%；贪污贿赂25件、比增213%；经济大案21件，科级件12件，移送司法机关4人，追缴违纪款1900余万元。

撰　稿：赖法钻

外事侨务及对台事务

外　事

【概况】　2017 年，县外事部门办理党政机关因公出国（境）团组 2 批 2 人次，批准 1 批 1 人次。帮助企业申报并办结 APEC 商务旅行卡 1 份。协调促成清流县佰佳好电子商务有限公司邀请外国人（加纳）来华经商合作。

【外国人管理】　2017 年，县外事部门配合公安部门开展“三非”（外国人非法入境、非法居留、非法就业）外国人摸排和法律知识宣传，全年发放外国人管理相关法律知识 113 份，当场与企业负责人签订预防雇佣外国人非法就业《承诺书》20 份。

【外事活动】　2017 年 1 月，苏福茶业有限公司董事长、总经理苏水标作为福建品牌茶企领军人物，参加由省政府组织的闽茶欧洲行活动。7 月 7 日，县政府副县长胡立峰、民政局局长刘忠接见回清流探亲的玛蒂娜（中文名储旭）及 12 年前从县福利院收养其的美国乔纳森·安德鲁夫妇，了解玛蒂娜生活、学习情况，欢迎她常回清流探亲，感谢乔纳森·安德鲁夫妇收留玛蒂娜并视为己出的善举，向他们赠送清流风光画册。

撰　稿：陈爱珍

7 月 7 日，县政府副县长胡立峰（右二）、民政局局长刘忠（右一）接见回清流探亲的玛蒂娜（中文名储旭）及收养其的美国乔纳森·安德鲁夫妇（民政局提供）

侨　务

【概况】　2017 年，全县有海外华侨 58 人、海外华人 11 人、出国人员 1894 人，分布在 31 个国家与地区。县侨办贯彻落实中央和省委、市委侨务工作精神，汇聚侨界智慧和力量，开展以“大爱中华”为主题的培育和践行社会主义核心价值观活动，强化归侨侨眷和海外侨胞价值认同。加强侨情调研，完善“侨界重点人士、贫困侨、新侨人才、海外侨社侨团、侨资企业”侨情数据库。深化与沿海侨务外侨系统“山海协作结对子”互动机制，共享侨力资源。向市外侨办和有关部门呈报《关于清流县侨资企业发展现状及分析》，为上级了解清流县侨资发展提供帮助。开展“创业八闽——侨界建功”和“服务项目带动、促进侨资回归”活动，参与县重大经贸招商活动。开展侨界交流活动，提出《清流县关于对侨务系统如何发挥优势服务“一带一路”建设的工作建议》。加强与旅居海外台胞社团联系与交往，促进亲情乡谊，扩大交流合作。

【实施“侨爱工程”】 2017年，县侨办开展“侨爱心365行动”，鼓励侨界热心人士捐赠公益和慈善事业，参与“送项目、送科技、送温暖”和“百侨帮百村——共建美丽乡村”活动，在扶贫济困、爱心助学、促进就业、引智下乡、发展项目等方面提供支持和服务。与省、市外侨办和县扶贫办合作，全年为清流10名特殊困难户大学生子女各支助“关爱工程”助学金1万元。6月20日，由福建省侨联、福建省东南科技产业开发研究院联合组织的″福建省百侨百企科教扶贫助学行动″走进林畲乡，向林畲中心小学捐赠科教文体包50个，价值2.50万元。

【归侨、侨企服务】 2017年，县侨办开展“下基层、进侨企、解难题、促发展”活动，建立与外经局、经贸局联系机制，协助解决侨企实际困难。开展“五大关爱——爱侨惠侨护侨”（“五大关爱”：关爱贫困归侨、侨乡留守老人儿童、侨资企业、新侨回国创业人员）行动，配合开展农村和城镇贫困归侨侨眷情况摸底、建档立卡工作，帮扶贫困归侨侨眷脱贫致富。建立以关心老归侨、困难归侨侨眷和子女在国外的空巢老人的生活、健康为重点的帮扶机制，依托各乡镇和各级困难职工帮扶中心，为他们落实医疗保障、困难救助。为龙津镇严坊村77岁重病老归侨吴继成发放慰问金1000元，慰问高龄贫困归侨2名。对列入省财政、省侨联精准补贴人员，每人每年发放1200元补助。开展涉侨法律咨询和援助服务，妥善处理涉侨涉诉问题；完善维护侨界群众权益机制，建立县级“涉侨维权服务中心”。全年接待侨眷侨属来访8人次，及时做好化解矛盾工作；受理海外出生子女来闽定居申请9件，全部办结；受理办结“三侨生”身份证明3件。

【侨史编纂】 2017年，县侨办做好《福建侨联史》及《三明华侨史》清流县章节修编工作，提供县域侨情、侨务工作、归侨参与经济工作、实施《中华人民共和国归侨侨眷权益保护法》和清流县侨联等文稿共5篇，1.22万字；参与编辑出版《海外三明人》《天涯海角三明人·中册》等书目，提供文稿2篇，字数3500字。

撰　稿：陈爱珍

对台事务

【深化清台交流】 2017年，全县接待台湾同胞83批次，720人。引进台资项目5个，占全市新批办台资企业55.6%，总投资2800余万美元，合同利用台资500余万美元；在谈和跟踪台资项目10个，引进新品种20个，新技术6个。嵩溪妈祖庙彭氏乡亲、林畲巫氏宗亲、赖坊马氏宗亲等民间团体分别与台湾新北市金山朝天宫妈祖庙、彰化巫氏宗亲、苗栗马氏宗亲交流。其中巫氏宗亲交流团1批9人赴台，对接台湾彰化巫氏宗亲；4月24日，台湾新北市金山朝天宫、北天一宫等民间团体艺人10批126人到清流参观访问并举行系列文化交流活动。嵩溪镇、嵩口镇、林畲乡等7个乡镇分别与台湾苗栗县大湖乡、南投县水里乡等6个乡镇结为友好乡镇，签订互访合作框架协议5份，4个清台村里成功对接。

【台商联谊“烧酒会”】 2017年，4月28日，台资企业福建（清流）九龙生物科技有限公司召集在清台商及建宁等台商联谊会会员代表举办“烧酒会”，围绕“宣传企业产品、交流先进技术、谋划项目发展”等主题开展一系列活动，共享投资成果，交流生产经营管理心得体会。年内台商联谊会共组织“烧酒会”10场、310人次，共享信息120条，促成合作项目4个。

【助推台企台商发展】 2017年，县委台办建立健全领导挂包台企帮扶机制。选择20家重点台资企业，由15位县领导、20个县直相关部门负责人挂包指导，帮助协调解决实际困难10件。开展帮台企渡难关、帮项目破难题“两帮”行动，

4月28日，清流台商举办“烧酒会”（县委台办提供）

组织走访台企台商30人次，“政策进台企”23人次，协调解决台企台商实际困难10件。10月，组织森源兰蕙生物科技有限公司申报全省百家特色台资企业。

【完善涉台基础台账】 2017年，县委台办更新各项涉台基础台账，完善民间交流资源数据；梳理公务赴台团组相关材料，做好公务人员赴台证件登记管理；完善在清台商、台资企业信息资料库，实行动态管理，确保政企联系渠道快捷通畅；完善常住台胞和台属资料，为台胞回乡寻亲提供服务。建立到清流县台湾青年创新创业台帐，开展台资企业聘用台湾劳工情况调研26人次、收集台湾青年到清流县就业实习岗位征集表20份。

【台湾优秀人才引进】 2017年，县委台办协助福建省清流桦信茶菓开发有限公司董事长台商许良远向福建省海峡两岸人才交流合作协会申报《台湾优秀人才来闽创业创新（引进聘用支持类）材料》。11月，拟就《关于引进台湾优秀人才来清创业创新的具体办法》，报县政府审批。全年引进台湾管理人才5人，总数21人。

【涉台法律服务】 2017年，县人民法院制订涉台案件审判庭工作规则、受案范围和审判流程，开辟涉台案件绿色通道，对涉台案件实行立案、审理、执行“三优先”，促进涉台审判专业化。设立涉台民商事案件合议庭，聘请3名涉台事务工作人员担任特邀调解员，聘请1名台商担任陪审员。开展“送法进台企，服务零距离”活动。年内涉台庭审结涉台民事案件1件，涉台司法互助送达3次，主动送法到园区24次。设立涉台巡回检察联络室，聘请本地6名台商以及县委台办、台创园管委会、派出所、司法所12名干部为涉台巡回检察联络员，建立涉台巡回检察工作微信群，第一时间掌握涉台工作动态和台商法律诉求。

撰　稿：张道正

李家冷泉（林旭煌，2017年）

社会团体

县总工会

【概况】 2017年，清流县总工会新组建工会14家，新发展会员287人，新发展农民工会员240人。全县有工会组织686家，其中企业工会534家，组建率97%。换届工会28家。全县有工会会员21655人，其中农民工会员10071人，入会率97%。推进县工商联常执委企业建会工作，截至年末，县级工商联常执委企业45家，其中已建会35家。10家未建会企业中，7家企业由于人数过少未达建会标准。推荐参评省“五一”劳动奖章1人。组织3名专干到市总工会跟班学习，提高服务职工能力和水平。

【第十七届六次全委（扩大）会议召开】 2017年8月22日，召开县总工会第十七届六次全委（扩大）会议，参会委员19名，选举产生出席三明市总工会第十一次代表大会代表12名。

【工会基础设施建设】 2017年11月28日，工人文化宫建设项目开工。项目位于县城新区屏山大道旁，县检察院余法院正对面，占地面积7959.90平方米，建筑面积7904.67平方米，地下室出入口面积89.03平方米，地下停车库建筑面积1479.30平方米。年内，城南工业园区和金星工业园区2个职工文体中心建设完成并投入使用。

【工会工作宣传】 2017年，清流县总工会在《工人日报》《三明日报》发表县总工会新闻各2篇，在《三明新周报》发表13篇。开通县总工会微信公众号，加强工会政策法规宣传，及时反映基层工会工作动态，扩大工会影响力。获2017年“中国梦•劳动美”全市工会新闻宣传竞赛活动三等奖。

【弘扬劳模和工匠精神】 2017年，清流县总工会加大劳模先进事迹宣传，“五一”期间对2名劳模、6名平普通劳动者进行专题宣传。组织劳模与挂钩村结对精准帮扶困难户3户、12人。弘扬新时期劳模精神、劳动精神和工匠精神，在优秀职工中发掘和培育劳模（职工）创新工作室，做好“劳模创新工作室”推荐申报工作。评选县级“金牌工匠”10人。

4月15日，县总工会举办趣味运动会（县总工会提供）

【劳模服务工作】 2017年，清流县总工会开展劳模“三金”（生活困难补助金、特殊困难帮扶金、春节慰问金）发放等工作，选送1名省劳模参加中央党校省劳模培训班，选送5名省劳模到外省工人疗休院疗休养。重阳节期间，走访慰问70岁以上劳模33人。

【技能竞赛】 2017年，清流县总工会组织东莹化工、南方水泥、烟草、伊科电子、供电公司、教育、卫生和计划生育局计16家企事业单位工会开展技能比武、“五小”（小改造、小发明、小设计、小建议、小革新）竞赛等劳动竞赛，引导职工在助推实体经济发展中建功立业，覆盖职工人数2000余人。选送16个项目参加市级“五小”竞赛，获一等奖、二等奖各1个，三等奖3个。从技能比武中评出“县五一劳动标兵”3名。县伊科电子有限公司制造一部被评为省“工人先锋号”。

【职工技能培训】 2017年，清流县总工会联合或委托基层工会、行业工会、第三方福建省爱心教育发展有限公司举办月嫂初级培训班、职工摄影技术初级培训班、苗木鲜切花种植培训班、溪鱼养殖培训班、育儿嫂培训班等职工技能培训各1期，参训500余人。

【工资集体协商】 2017年，清流县总工会与县人社局等相关部门合作，推进工资集体合同到期履约和续签工作。重点抓好25人以上的非公企业以及行业性、区域性工资集体协商。年内续签到期企业46家，累计完成工资集体协商合同签订451家，覆盖职工数1.47万人。

【职工维权】 2017年，清流县总工会建立健全劳动争议调解组织，完善三方协商机制、劳动争议调处机制、工会劳动保护机制。法律援助中心和劳动争议视频调解中心与县法院、律师事务所达成协议，县法院委托专人和律师事务所委派律师通过网上网下互动往来，为有求援助职工排忧解难。建立由律师和相关部门分管领导组成的县级职工维权组织，拓宽群众诉求渠道，构建和谐劳动关系。

【职工法治宣传教育】 2017年，清流县总工会在全县职工中开展法治宣传教育主题活动，先后举办全县女职工维权法律宣传讲座和工会系统“尊法守法·携手筑梦”服务农民工法治宣传讲座，编印法律宣传手册1500本，与相关部门联合开展安全生产宣传月活动，深入乡镇、园区、企业、社区开展法治宣传教育活动，突出职工权益维护、困难救助、信访处理等职能，把矛盾和纠纷化解在前端。

【关爱帮扶职工】 2017年，清流县总工会联合县交管大队、房管部门开展调查研究，加强和完善工会系统困难职工档案，精准帮扶建档立卡困难职工54人。实施“三关行动”（关心困难职工、关爱特殊群体、关注创业人员），开展“四季四送”活动。“两节”期间，慰问困难职工160户，发放帮扶慰问金29.40万元。“夏送清凉”活动期间，为中铁五局、公路段施工道班、南方水泥等15家单位人员送去降温慰问品500余份。“金秋助学”期间，深入走访困难职工并资助困难职工子女上大学19人，发放助学资金5.7万元。重阳节期间，慰问70岁以上劳模33人。

【职工医疗互助】 2017年，清流县总工会强化女职工关爱行动、职工医疗互助和大病补助等服务项目。第七期医疗互助累计组织8613名职工参加，筹集互助金52.10万元，截至11月末，已救助住院职工403人次，核发医疗补助金37.64万元（其中女特病补助1人1万元，职工死亡慰问金2人2000元，7～10级伤残补助1人600元），人均补助934元，单人单次最高补助1.39万元。第八期职工医疗互助工作吸引8673名职工参加，总金额90.43万元。其中财政拨款人数4460人，金额49.11万元，非财政拨款4214人，金额413270元。做好职工人身意外险等协调服务工作。

【职工文体生活】 2017年，清流县总工会开展“健康快乐，美丽同行”女职工趣味运动会，组织全县机关企事业单位652名女职工观看“三八”主题电影。开展“开展法治宣传，服务保障发展”为主题的职工法制宣传月活动，组织600余人次的网上网下法律知识竞赛、“职工最美家庭”评选活动、“岗位当先锋，喜迎十九大”主题演讲比赛、“职工心向党，喜迎十九大”抄写党章硬笔书法比赛等，举办“凝聚正能量，建功十三五”首届乡镇基层工会趣味运动会、“税改杯”气排球赛、“撸起袖子加油干”“五一”工会文化大集进园区慰问演出。参加县委文明办举办的“我们的节日—端午”诵读展演活动；组队参加市第十六届职工运动会并获团体总分第四名、市“建设新三明·我来加油干”演讲比赛二等奖；联合团县委、县妇联举办全县职工“建设新清流·我来加油干”征文活动，获优秀奖征文3篇。

撰稿：江　凤

共青团清流县委

【概况】 2017年，共青团清流县委贯彻落实中央、省、市、县群团工作会议精神，加强思想引领，提升服务水平，树立品牌、打造“青”字亮点，推进从严治团。全县有注册志愿者3800人，新增100余人，全年组织青年志愿者开展各类志愿服务活动72余场，参加人数500余人。获2017年福建省大中专学生志愿者暑期“三下乡”社会实践活动先进单位、2017年三明市青年文明号组织工作先进单位。

【基层团组织建设】 2017年，共青团清流县委促成县级财政、乡镇加大对团县委和各级团组织工作经费保障，协调解决基层团组织普遍存在的缺编制、缺人员、缺场所、缺经费“四缺”问题。制定《清流县共青团工作考核实施办法》，乡镇团建工作纳入2017年度党建工作考评，占5%比重。完成13个乡镇团委换届选举工作，选举产生团委委员95人。依托福建数字共青团系统，以严标准、严要求推动团组织生活规范化、常态化，创建三星级团支部15个。

【青少年思想教育】 2017年，共青团清流县委在全县团员青年中掀起学习宣传十九大精神热潮，通过各类网络新媒体推送十九大学习内容27条，举办十九大精神网络知识竞赛，参赛团员青年3000余人。开展十九大精神宣讲活动，各级团干部带头到学校、企业、乡镇、村居宣讲。开展“如何做一名合格团员”“青春喜迎十九大 不忘初心跟党走”“喜迎十九大 我向习爷爷说句心里话”系列教育活动57场，受教育团员、少先队员2.20万余人次。围绕“中国梦”“社会主义核心价值观”“红色文化”等主题，结合“三五”学雷锋纪念日、“五四”青年节、“六一”等重要节日开展主题活动63场。

【青少年禁毒宣传】 2017年，共青团清流县委在全县范围内组建近100人的青年禁毒志愿者队伍。组织乡镇、学校通过签名活动、发放禁毒宣传册、举办禁毒知识讲座、观看禁毒宣传教育片《毒戒》等形式，开展禁毒宣传教育活动50余场，受教育人数5000余人。

【预防和保护未成年人】 2017年，清流县预防青少年违法犯罪考评工作位居全市第一名。共青团清流县委成立县首个青少年社工服务机构—“童行”青少年社会工作服务中心，承接2017年度福建省重点青少年群体社会工作项目服务和司法社工服务项目，重点青少年群体受益80人。全年联合预青成员单位开展“法制进校园”活动5场，为5000余名学生普及法律知识。组织全县青少年观看首部预防未成年人违法犯罪微动漫《迷•途》。组织60余名家长与学生参观长校镇河排村“美丽乡村•青春法制宣传教育示范点”。

3月23日，团县委组织开展“保护母亲河 青春河小二”主题实践活动（团县委提供）

【暑期学生社会实践活动】 2017年，共青团清流县委举办2017年清流县第一届暑期返乡大学生社会实习活动，为53名大学生青年提供交流锻炼平台。围绕县河长制、精准扶贫等中心工作，对接各高校7支实践队开展青春护河、青春环保等专项活动。暑教活动特色做法被团市委列为典型经验进行宣传推广。清流县获“福建省暑教工作先进县”称号。

【助力精准扶贫】 2017年，共青团清流县委争取9名大学生志愿者，到县内开展为期2年的支教、支医等工作。开展“阳光助学 播散希望”“国酒茅台•国之栋梁”圆梦助学活动，资助县内贫困学生19人、6.20万元。联合新浪福建、百侨百企、爱心妈妈等社会各界爱心人士开展关爱贫困儿童慰问活动，帮助学生500人。组织三明市青年联合会委员为田源中心小学30名贫困家庭学生、留守儿童送去慰问金、微心愿礼品共计9000余元。联合三明市助学促进会、“童行”青少年社工机构，深入全县各乡镇走访事实孤儿30名，开展助学补助。主动对接扶贫办，定期走访慰问挂包村困难户及贫困留守儿童、事实孤儿，宣传扶贫政策，帮助树立脱贫信心。

【服务青年就业创业】 2017年，共青团清流县委开展公务员及事业单位笔试、面试考前公益培训班5场，服务清流县备考青年500余人。打造市、县青年创新创业示范项目基地5个，组织嵩溪爱珍豆腐皮农民专业合作社参加青春扶贫项目大赛，获铜奖；组织里田乡胡蜂养殖项目参与第四届“创青春”福建省青年创新创业大赛，获现代农业成长组优胜奖。帮助玲雅艺术中心、盆景葡萄2个项目获市创业补贴项目资金共计8万元。

【打造“青”字号品牌】 2017年，共青团清流县委组织青年文明号单位开展“青年文明开放周”“青心同行送清凉”“优质服务示范月”等活动52场；推荐上报4个窗口单位争创“市级青年文明号”，均被授予称号。其中，法院法警大队及国土资源局不动产登记中心获市“优秀青年文明号”称号。

【关心关爱青少年成长】 2017年，共青团清流县委举办清流县“何以缘青春 邂逅太极城”大型暑期青年男女交友联谊活动，为县内80名单身青年搭建沟通交流平台。联合青少年宫开办联合青少年宫开办暑期少儿拉丁舞健身公益培训班2期，80名少儿参与。举办成人拉丁舞公益培训班，受益青年70余人。

撰稿：田　炜

7月4日，省妇联主席吴洪芹（右二）到嵩口蓝莓基地调研（县妇联提供）

县妇女联合会

【概况】 2017年，县妇女联合会坚持服务大局与服务妇女相统一，重点围绕妇联改革、精准脱贫、家庭文明、权益维护等工作，团结带领全县妇女为建设“宜居宜业幸福新清流”贡献巾帼力量。清流县检察院公诉科被授予“全国巾帼文明岗”称号、清流医保中心等3家单位被授予“省级巾帼文明岗”称号。

【基层妇联建设】 县妇女联合会以“三统一、四同步”工作法（统一流程、统一执委构成、统一村妇联牌规格，同步挂牌、同步建群、同步建组织、同步开展活动），推进“乡镇妇联组织区域化建设全面铺开，农村妇代会改建妇联工作全面完成”“两全”目标实现。13个乡镇妇联通过组织区域化建设，执委共313人，平均每个乡镇执委24人、副主席（兼职副主席）2—3人。5月23日，在林畲石下村成立全市首个村级妇联。119个村(社区）成立妇联，选举产生妇联执委1677人，平均每个村（社区） 执委13～14人、副主席2人。

【结对帮扶贫困妇女】 2017年，县妇女联合会开展“N+1”结对帮扶贫困妇女活动，组织42名（个）妇联干部、红旗集体、文明岗、示范基地负责人、女能手等与10名贫困妇女结对帮扶。发挥巾帼示范基地示范带动作用，全国巾帼脱贫示范基地爱珍豆腐皮合作社办扶贫车间，采取“公司＋基地（合作社）+贫困妇女”模式，向贫困户提供免抵押、免担保、免利息贷款。省级巾帼示范基地健宇家庭农场聘用精准贫困妇女3人。年内评选命名县级示范基地9个，均优先录用建档立卡贫困妇女。

【贫困妇女创业培训】 2017年，县妇女联合会举办巾帼精准脱贫家政培训班初级班和提高班2期，花卉种植培训班1期。组织妇女参加省、市妇联举办的创业技能培训，提高贫困妇女就业能力。全县200多名妇女（其中50多名建档立卡精准贫困妇女）参加培训。

【贫困妇女儿童爱心资助】 2017年，县妇女联合会争取财政出资为建档立卡贫困妇女购买性安康保险10万元；争取清流泉州商会捐赠春蕾助学款5万元；争取上级组织捐赠春蕾助学款4500元。开展“母亲健康1+1”募捐活动募捐善款11.20万余元，联系爱心企业为贫困妇女赠送白鹜鸭苗3000余只。慰问“两癌”贫困妇女35人、23.10万元，其中得到中国妇女发展基金会救助18人，每人1万元。春节慰问贫困妇女9人，发放慰问金共计7000元。“六一”期间，为40名贫困儿童发放慰问金共计2万元，为70名留守儿童每人发放价值200元的书包等学习用品。常年开展“爱心妈妈”招募活动，已招募爱心妈妈志愿者80余名，与105名贫困留守儿童结成帮扶对子。

【维护妇女权益】 2017年，县妇女联合会通过三八维权月、反家暴日、宪法日等时间节点，宣传《中华人民共和国反家庭暴力法》、新《中华人民共和国婚姻法》《妇女权益保障法》等法律法规。联合县公安局在全市率先出台并施行反家暴告诫制度，推进县法院实施反家暴人身保护令，年内发出“反家暴告诫书”8份、“人身安全保护令”2份。联合民政局在前来婚姻登记的新人中开展签订《反家暴承诺书》活动。开展“幸福归巢”活动，为10户起诉离婚的家庭开展引导干预，复合6户，和平分手4户。全年接待来访36件次，处理率100%。

【家庭文明建设】 2017年，县妇女联合会开展“平安家庭”创建工作，6个村被评为市级“平安家庭”示范村。评选表彰县级“平安家庭”示范村9个、平安家庭示范户29户。争取县财政家庭教育专项经费5万元，组建“家庭教育专家库”，入库成员35人。策划开展“家风家教伴成长”系列活动，组织家庭教育公益大讲坛入学校、社区、乡村12场次。联合县教育局举办为期3天的家庭教育讲师班，专家库成员、教师和家长代表等180余人参加培训。表彰命名南山村马氏宗祠等县级家风家教创建示范基地6个，评选命名示范性家长学校20所。各级妇联开展“最美家庭”“五好家庭”“好婆婆”“好媳妇”等评选活动，表彰文明先进典型。通过微信公众号“清流女性之声”，宣传家庭教育知识和相关活动。组建清流好父母成长训练营微信群，传播家教知识。

【延伸妇联工作触角】 新增清流县爱心家园为团体会员，合作开展服务贫困妇女儿童工作。新建清流泉州商会妇女之家。

撰　稿：范丽华

县科学技术协会

【概况】 2017年，县科学技术协会围绕县委、县政府工作重点，履行为科技工作者服务、为创新驱动发展服务、为提高全民科学素质服务、为党和政府科学决策服务的工作职能，为建设“宜居宜业幸福新清流”作出应有贡献。

【服务科技工作者】 2017年，县科学技术协会落实县委县政府人才工作政策，搭建技术需求平台，实现企业产业与院校对接，举办技术培训，培养乡土人才，举荐宣传科技人才，营造尊重人才氛围。深入学会（协会）、企业科协调研，倾听科技工作者呼声和建议，为科技工作者解决实际问题，组织推荐参评省市优秀科技工作者，组织推荐科技工作者参加省市举办的各类技术培训班，邀请三明市电视台和县电视台采访“第五届福建省优秀科技工作者”——县畜牧兽医水产局高级工程师黄文华，并制成专题通过电视等新媒体宣传报道。

【服务企业创新发展】 2017年，县科学技术协会深入企业征集“6·18”中国海峡项目成果交易会技术需求。利用中科院院士、省科协副主席谢华安到嵩溪镇、里田乡、长校镇调研杂交水稻育种基地建设情况契机，组织农技人员陪同调研，听取杂交水稻种植技术指导。协调帮助嵩溪青龙兰花基地，长校三叶木通果公司、葡萄种植基地、里田胡蜂养殖基地等企业与福建农林大学、三明农科所等科研院所开展合作，实行校企技术对接。借助省市科协平台，向伊科电子等企业推广科技信息应用服务项目。开展2017年三明市科学技术学术年会论文征集，组织推荐5篇优秀论文参加年会评选，其中获奖2篇。在企业开展征集技术需求对接科研院校活动，征集技术需求4项。

【科学普及】 2017年，县科学技术协会研究制定《清流县全民科学素质行动计划纲要实施方案(2016—2020)》。落实市、县关工委领导关于在龙津镇南歧村建设青少年科学活动室的建议，投资2万元，购置科技活动器材20余件。与清流县有线电视台签署合作协议，联办《科普新说》电视栏目，每周三、六晚定期播出。组织申报科普中国e站7个，在全县科技工作者中推广使用“中国科技工作者之家”平台（“科猫”APP），“清流科普”微信等，宣传普及农村生产生活科技知识、反邪教、禁毒等科普知识。4月、5月，到李家乡、嵩口镇开展“三下乡”活动，5月、9月在龙津广场分别举办以“科技强国 创新圆梦”为主题的科技活动周科普宣传

4月1日，中科院谢华安院士到清流指导水稻种植（县科协提供）

活动以及以“创新驱动发展，科学破除愚昧”为主题的清流县2017年全国科普日活动启动仪式。组织农业、医学、水产、老科协等方面的科技科普工作者到协会、社区、学校开展科普知识讲座培训。

【培养青少年科技创新能力】 2017年，县科学技术协会组织青少年参加第32届福建省青少年科技创新大赛，一中高一（1）班黄叶岚同学申报的《创新课堂教学模式 共享优质教育资源——基于二孩政策下农村小学教学点课程安排的思考》获银牌（指导老师：罗伟彬、余娟）。高三（1）班伍若男同学的《人性化便携课桌椅套件》（指导老师：赖治和）及高二（4）班罗志文同学的《缩口式替芯绘图笔套》（指导老师：余娟）两个项目获铜牌。培养青少年学生创新意识，邀请市科技馆科普大篷车到嵩口、嵩溪等中小学巡展，参加科普体验近2000人。

【科技扶贫】 2017年，县科学技术协会落实省、市科协定向省级扶贫开发工作重点县的农民科技扶贫“万名培训”工作，助推县精准扶贫工作，培训农民350人，培训内容主要有花卉苗木、移动互联网+、淡水养殖等现代农业知识。

撰　稿：杜国清

县工商业联合会

【概况】 2017年，县工商业联合会（总商会）落实中央、省、市、县经济工作会议部署，融入“五比五晒”，突出招商引资，推动“百企帮百村”精准扶贫行动，促进经济新常态下非公企业转型升级，为建设宜居宜业幸福新清流作出贡献。获福建省“五好”县级工商联称号。

【招商引资】 2017年5月20日，县工商业联合会（总商会）举办清流县招商引资推介会，达成三叶木通种植基地及系列产品开发和彩印及纸箱生产线等2个意向项目，并举行签约仪式。引导广东清流商会回家乡清流考察项目，初步达成纸箱生产项目投资意向。引导泉州清流商会11名企业家到城南工业园、集美产业共建园等实地进行考察。邀请南安市洪濑商会考察团一行考察天芳悦潭温泉度假区、灵台山中华客家祖山文化园、城南工业园区等项目。邀请杭州三明商会到清流县考察项目及投资环境。三明市青年企业家协会一行38人到县内考察项目及投资环境，了解清流县县情、资源优势、优惠政策等。

【清流县泉州商会党支部成立】 2017年6月5日，清流县泉州商会举行党支部成立大会，选举清流泉州商会会长、华晟（福建）实业有限公司董事长黄志成当选为第一届党支部书记，支部隶属中共清流县经济开发区委员会管理。

【扶贫助残活动】 2017年1月18日，厦门清流商会在里田乡慰问锅蒙山老红军老战士，发放慰问金1万余元，100余名会员企业家向清流县“爱心助残 • 安居工程”捐款3万元。县工商业联合会（总商会）联合县妇联、清流泉州商会等单位至李家乡、里田乡等乡镇开展庆“六一”春蕾助学及慰问活动，为40余名贫困儿童发放慰问金各500元，为70余名留守儿童各发放生活用品价值200元。清流泉州商会会长黄志成向田源乡田源村捐赠5万元，商会名誉会长蔡文雄向县妇联捐赠春蕾助学款5万元。清流县双叶生态科技股份有限公司向清流扶贫协会捐赠10万元。广东清流商会向40名贫困学生各发放助学金1000元，并带领部分会员企业家向县残联“爱心助残 • 安居工程”捐赠3万元。争取省工商联“同心 • 海西春雨光彩助学”行动助学金资助优秀贫困大学生5人、共计2.5万元。争取市工商联“金湖酒业 • 鱼跃龙门——光彩助学行动”助学金资助优秀贫困大学生7人、共计2.8万元。

【加强商会企业联系】 2017年2月2日，县工商业联合会（总商会）在山城山庄召开清流在外异地商会企业家迎新春座谈会，广东、浙江杭州、厦门、上海等地返乡过年的

5月27日，县工商联（总商会）举办企业法律风险防控专题讲座（县工商联提供）

近40位成功企业家、在外乡贤以及清流部分企业家、台商参加座谈会。3月9—12日，县总商会赴广东实地调研走访广东清流商会，视察东莞明生纽扣实业有限公司、东莞市益海五金制品有限公司等会员企业生产经营情况，听取商会工作情况报告及新常态下清流在外乡贤企业发展的建议意见。走访苏福茶业有限公司、怡达兰花有限公司、福建省清流县气枪厂有限公司、县伊科电子有限公司等企业，为企业发展建言献策。

撰　稿：汤春玮

5月18日全国助残日，县残联为听力残疾朋友作《耳聋及其防治》讲座（县残联提供）

县残疾人联合会

【概况】 2017年，县残疾人事业稳步发展。8月，完成乡镇残联换届工作。11月，完成县残疾人联合会换届工作。全县有残疾人5847人。全年安排残疾人就业79人，征收残疾人就业保障金252万元。慰问贫困残疾人家庭100余户、发放慰问金5万元。接待残疾人来信来访12人（次），来电200余人（次），办结率100%。

【残疾人康复服务】 2017年，全县635人（次）残疾人得到康复服务，县残疾人联合会完成残疾儿童康复训练16人。开展“办实事、献爱心、送温暖”辅助器具适配服务整乡推进活动2场，配发辅助器具152人、160件。为38名重度残疾人居家改造盲道、坡道、卫生间，安装门铃、扶手等，每人补助1000元。实施0～6岁残疾儿童抢救性康复、人工耳蜗、彩票公益金等康复服务项目。组织康复、辅具业务人员培训班、残疾儿童康复机构师资培训班和家长培训班6期，受训对象30多人次。推荐康复工作人员参加全省培训2人次。

【残疾人社会保障】 2017年，县残疾人联合会落实困难残疾人生活补贴和重度残疾人护理补贴制度，全县有3157名残疾人领取两项补贴。做好残疾人参加新型农村合作医疗保险工作，为持证残疾人交纳医疗保险150元／人•年。为84名肢体、精神、智力一级重度残疾人发放居家养护补助，每人补助资金2000元。

【残疾人救助】 2017年，县残疾人联合会实施残疾人意外伤害保险制度，为3556名残疾人购买保险，其中46名残疾人或残疾人家庭获得理赔13.8万元。对40名缴纳职工养老保险的残疾人按政策给予补贴共计9.97万元。建立特困残疾人临时救助制度，为3户特困残疾人家庭发放临时救助金1.9万元。

【残疾人就业扶贫】 2017年，县残疾人联合会为残疾人提供免费职业技能培训62人（次）。为73名农村贫困残疾人提供就业创业扶持资金5000元／人。为15名自主创业、个体创业的残疾人提供社会保险补贴，为13名残疾人提供小额贷款贴息1.90万元。举办残疾人就业援助月活动，组织专场招聘会、洽谈会2场，为残疾人提供职业介绍、登记、咨询等服务80多人次。

【残疾人“安居工程”建设】 全县贫困残疾人无房户9户，危房户44户，全部列入“安居工程”建设。其中，重建34户（搬入新居24户，10户已在装修），修缮19户（完成15户）。为重建及修缮户拔补资金55.65万元。

【残疾人教育助学】 2017年，县残疾人联合会做好未入学残疾儿童调查摸底、助学、残疾人高考服务、“扶贫助残大学圆梦行动”等工作。实施残疾学生和低保残疾人家庭子女助学补助，每人补助1000～3000元，高中阶段补助范围由残疾学生扩大到低保残疾人家庭子女，大学阶段由全日制教育扩大到自学考试、电大、远程教育的残疾学生和低保残疾人家庭子女。全年为16名残疾人大学生和5名贫困残疾人家庭子女提供助学补助共计10.80万元。

【残疾贫困户精准扶贫】 2017年，县残疾人联合会精准识别全县残疾人贫困户387户452人，并全部建档立卡。落实“一户一策，一户一项目”的帮扶措施，在技能培训、创业就业、就学就医、危房改造、市场信息等方面给予政策叠加扶持。至年末，全县脱贫177户、203人。其中，县残联挂包的3户精准扶贫户中脱贫1户。

【残疾人文体活动】 2017年，县残疾人联合会开展助残日、文化周、健身周等文体活动，县特校选送的7名运动员在第六届全省特殊奥林匹克运动会上获五金四银一铜。

【残疾人事业宣传】 2017年，县残疾人联合会在《残联之窗》专版出刊4期，集中宣传残疾人事业、助残政策、自强模范、扶残助残先进事迹。在线网站发布信息200余条，微信公众号发布信息100余条。

【残疾人基础信息动态更新】 2017年，县残疾人联合会完成2017年残疾人基本服务状况和需求信息数据动态更新工作，全县完成5镇8乡共119个村（社区）5847人的数据动态更新，注销死亡残疾人228人，入户率96.86%。

撰　稿：上官昭

县计划生育协会

【概况】 2017年，县计划生育协会以开展“基层计生协组织建设提高年”和“计生家庭帮扶提高年”活动为契机，强组织、增活力、优服务，协会工作有新发展。全县有各级计生协会133个，其中县级1个、乡级13个、村级119个。

【基层计生协会组织建设】 2017年，县计划生育协会规范乡级计生协会工作，龙津镇等7个乡（镇）达到先进乡（镇）计生协会标准，占乡（镇）总数53.80%。36个村达到“六好”示范村（居）标准，占村（居）总数30.30%。更换和调整未发挥作用及村书记、村主任、村计生管理员家属担任计生协会小组长的“挂名”小组长23个，全县达“五好”协会小组323个，占小组总数70.20%。

【创建幸福家庭】 2017年5月14日，“健康家庭、健康中国”2017年国际家庭日宣传活动（福建）暨三明市人口文化艺术团到清流慰问演出。活动现场，省、市、县领导为全县20户“幸福家庭”代表授牌，现场为20位计生贫困母亲发放慰问金每人500元。七夕期间，县计划生育协会与县妇联、文明办联合开展“和睦夫妻 幸福家庭”主题故事及图片征集活动。

【计生工作宣传】 2017年，县计划生育协会探索建立“互联网+计生协会”工作新模式，建立县级微信公众号1个，微信工作群2个，QQ工作群2个（其中1个为助学群）。乡级建立微信公众号2个、微信工作群24个、QQ工作群7个。村级建立微信工作群114个、村级计生协会小组群63个。全县计生宣传服务活动被各级新闻媒体报道277篇，其中国家级媒体9篇，省级媒体182篇，市级媒体86篇。各级计生协会共开展宣传活动81场次，宣传人数1.38万人次，发放宣传材料2.45万份。

【计生贫困家庭帮扶】 2017年，计生小额贴息贷款188户、692.90万元，县计划生育协会发放计生小额贴息238户、37.78万元。全县幸福工程项目累计救助计生户767人次、741.60万元，年内救助42户、85万元。10月，幸福工程福建省组委会《为了贫困母亲的微笑》专题纪录片摄制组到嵩溪镇“爱珍”豆腐皮合作社，采访幸福工程受助母亲兰爱珍等带领计生贫困群众发展生产，增收致富的先进事迹。

【计生意外保险工作】 2017年，县计划生育协会与清流人寿和财险公司共同开展计生意外保险工作，将低保计生家庭、建档立卡贫困户计生家庭、独女户家庭、二女户家庭，低收入残疾计生家庭，孤儿（含监护人1名）家庭，计生特殊家庭，困难计生工作者家庭纳入政府保障范围，并增加猝死理赔条款。全年参保4673户，参保金额46.35万元，其中100元参保4597户（政府出资2737户），50元参保76户。年内赔付

5月14日，开展2017年国际家庭日主题宣传活动，同时为部分贫困母亲发放幸福工程项目款（县计生协会提供）

69例、29.83万元，赔付率64.35%。

【落实“安居工程”】 建立确定里田乡田坪村，灵地镇邓家村等5户低保二女户（独女户）为省“安居工程”对象。省、市、县每户各配套资金2万元，共计30万元助其建新房，已建好4户，购买商品房1户。

【青春健康教育活动】 2017年，县计划生育协会在县实验中学建立青春健康教育示范基地，以基地为龙头，在各乡镇开展健康教育家长培训。联合余朋乡、长校镇、林畲乡计生协会开展青春健康教育沟通之道培训班3期，培训家长200人。余朋乡计生协会在市计生协会召开的青春健康教育工作推进会上作经验交流。

【“金秋助学”活动】 2017年8月18日，县计划生育协会举行2017年“生育关怀——金秋助学”捐赠及发放仪式，为22名计生困难家庭发放助学金8.50万元。其中，省级金秋助学对象2人、2万元/人，分4年发；市级金秋助学对象5人每人3000元；县级金秋助学对象助学15人每人2000元，县级助学资金由中国人民财产保险公司清流支公司、“幸福工程”项目示范户李金红分别捐赠1.40万元和1.60万元。

【“创建幸福家庭活动——‘蓝氧’项目”】 2017年8月7日，在县妇幼保健院召开清流县“创建幸福家庭活动——‘蓝氧’项目”启动会，全县13个乡镇计生协会会长、秘书长、龙津镇8个村居秘书长共40余人参加启动会。9月13日，中国人口福利基金会生殖健康援助行动项目办公室执行主任田振丽携同珠海市新依科蓝氧科技股份有限公司总经理孙云凯，到清流县开展生殖健康援助行动“蓝氧”项目调研。此项工作开展直接为计划生育群众提供生殖健康系列服务，突破生殖道感染治疗瓶颈。至年末，印发宣传折页5000张，治疗育龄妇女200余人次。

【慰问计生困难人员】 2017年，县计划生育协会结合“关爱计生家庭帮扶提高年”活动，走访慰问计生困难家庭、计生特殊家庭、计生协困难职工、流动人口和“三留守”人员。全县“两节”期间慰问计生困难户169户，发放慰问金10.40万元。“5·29”计生协会会员活动日期间，县计生协会走访慰问计生困难户61户，发放慰问金3.40万元。乡镇计生协会慰问计生困难家庭（含留守儿童）184人，发放慰问金2.18万元。

撰　稿：曾福秀

县文学艺术界联合会

【概况】 2017年，县文学艺术界联合会围绕县委、县政府工作大局，开展以“喜迎十九大建设幸福新清流”和开展“建设宜居宜业幸福新清流”为主题的一系列活动，为繁荣清流县文艺事业作出新的更大贡献。5月，召开全县文艺工作座谈会，号召文艺工作者努力推动清流县文艺事业和文艺工作在新起点上实现新发展。2人获三明市“深入生活扎根人民”主题活动表现突出的文艺志愿者称号。

【文艺采风】 2017年，县文学艺术界联合会走进李家乡彩风，了解李家乡秀丽的自然景观及淳朴的风土人情，就李家乡依托冷泉资源打造“冷泉小镇”等项目为李家旅游开发、文化保护等方面提出意见建议。协助赖坊镇做好“南山村”马氏宗祠廉政家训教育示范点展厅文化策划设计创作。

【组织文艺活动】 2017年，县文学艺术界联合会组织文艺创作、表演节目100余个，参加清流县“半台戏”公共文化服务配送活动56场，丰富群众精神文化生活。

【举办“清流艺坛”讲座】 2017年，县文学艺术界联合会举办“清流艺坛”讲座2期，第一期“深入生活、扎根人民”文艺名家走基层公益讲座，邀请市文艺名家为音乐爱好者传授歌词、歌曲创作知识，提高音乐创作水平。第二期邀请县摄影家对摄影爱好者进行摄影技术

9月14日，县文艺创作苑作家到李家乡采风（县文联提供）

培训和指导，为摄影爱好者提供学习和创作机会。

【文艺创作】 林旭煌摄影作品参加“生态三明 绿色家园”全国摄影赛，7幅作品获奖，6幅作品入选三明市“国土杯”摄影大赛。沈光义书法作品入展第二届中国书法注册教师作品展，12件作品入展全国及省市级各类书法大赛。刘建煌书法作品入展“八闽鱼水情”第二届双拥书画展。魏建昆、童金根和马驰3人各1件美术作品入展“八闽丹青奖”第二届福建省美术双年展三明选拔展，其中魏建昆国画《走古事》入展“八闽丹青奖”第二届福建美术双年展。清流县京剧戏曲联谊会赴港参加“共圆中国梦、百姓大舞台”全民文艺汇演大赛，表演的4个京剧戏曲节目中，京剧《军民鱼水情》、越剧《碧玉簪＊送凤冠》获一等奖，京剧《娄山关》获二等奖。清流“星娃”艺术团参加2017年“舞动中国——排舞联赛”福建赛区比赛6个组别均获第一。清流文学院出版《清流文艺》第二期（余朋专刊）。联合县委宣传部发起“喜迎十九大·幸福新清流”主题作品征集活动，评出一、二、三等奖及优秀奖20件。

撰 稿：洪玉荣

县社会科学界联合会

【概况】 2017年，县社会科学界联合会贯彻落实《中共中央关于加快构建中国特色哲学社会科学的意见》精神，开展理论学习宣传研究、社会科学普及、阵地建设等各项工作，取得较好成效。

【社科理论宣传】 2017年，县社会科学界联合会通过举办报告会、学习会、座谈会等方式，开展习近平新时代中国特色社会主义思想、“中国梦”和社会主义核心价值观等理论宣传与诠释。先后邀请市社科联主席蔡建境、省委党校应急管理培训中心主任肖文涛教授为县委学习中心组扩大会议分别作《传统“修身”思想与人的现代化》《突发性事件处置与舆论引导（突发事件的政务舆情回应策略）》专题讲座。开展2017年百场社会科学专题报告会。结合县委党的十九大精神宣讲团宣讲活动，到全县各个乡镇、社区、企业，阐释和解读党的十九大精神。

【社科课题研究】 2017年，县社会科学界联合会向市社科规划办申报课题3项，其中《三明国家扶贫改革试验区精准扶贫研究》《清流县花卉产业发展的现状与发展方向研究——以三明市清流县花卉产业发展的实践为例》2项课题获得市立项课题。选送2篇优秀文章参加三明市第八届社科成果评奖活动。完成2016年市级课题《基层社区党员教育培训的现状与对策研究——以三明市清流县社区党员教育培训的实践为例》结项。

【弘扬红色文化】 2017年，县社会科学界联合会选送3篇论文参与首届中国红色文化高端论坛理论研讨征文活动，其中《传承弘扬红色文化 发挥党校阵地熔炉作用》入选，编入《长征从这里出发——红色文化高端识途论坛资料选编》一书。8月，联合县党史室、文广局、教育局等单位走进清流一中、实验中学等中小学校园，开展“山上山下战旗红”清流革命史讲座、观看红色电影等红色文化进校园系列活动。

【社科普及活动】 2017年，县社会科学界联合会参与清流县文化、科技、卫生“三下乡”集中服务活动，开展政策宣传、科技咨询、创业辅导等服务。组织动员社会各界群众参与第六期、第七期社科知识有奖竞答活动，县社科联被省社科联授予优秀组织奖和鼓励组织奖。联合县文广局、县委文明办、实验中学等单位举办“喜迎金砖会晤，放飞青春梦想”文艺展演。联合县委文明办深入县实验中学举办“喜迎金砖会晤”知识讲座，150余名中学生聆听。与县疾病预防控制中心联合在县教师退休协会，通过“百姓讲坛”栏目举办主题为《冠心病的预防与保健》健康教育讲座，100余名退休教师听讲。11月10日，举行清流县2017年社会科学普及

11月10日，在龙津广场举行社科普及宣传周活动（县社科联提供）

宣传周活动启动仪式，进行赠书仪式、科普基地授牌仪式等，展示社科知识展板（图片）50余幅，发放各类社科宣传资料2000余份，接受咨询500余人次。

【社科阵地建设】 2017年，县社会科学界联合会开展市、县两级社科普及基地申报评定工作。清流县中华桂花文化园被命名为第二批市级社会科学普及基地，里田锅蒙山战斗纪念馆被评为县级社会科学普及基地。

撰 稿：余倩芳

县归国华侨联合会

【概况】 清流县第一次归国华侨侨眷代表大会1981年9月召开，出席会议代表47人。会议选举产生县归国华侨联合小组领导班子，由王家纯（归侨）任组长，庄璇璇（女、归侨）、何作火（侨眷）任副组长。1991年1月，经三明市编委批复，成立县归国华侨联合会，行政编制1人。

2017年，县侨联深入学习贯彻中共十九大精神及习近平新时代中国特色社会主义思想，围绕“壮大总量、延长产业、做优财政、保持活力、惠及民生”的工作重点，发挥独特优势，积极有序推动侨联改革发展，凝侨心、汇侨智、聚侨力、护侨益，建好“侨胞之家”，为建设“宜居宜业幸福新清流”作出新贡献。

【服务侨界群众】 2017年，县归国华侨联合会做好“知侨、懂侨、暖侨”工作，走访慰问归侨侨眷5户，发放慰问金6000元。配合开展农村和城镇贫困归侨侨眷情况摸底、建档立卡工作。将2名高龄贫困归侨列入省财政、省侨联精准补贴范围，每人每年补助1200元。加强侨捐侨情调研，建立侨捐数据库。开展“福建省百侨百企科教扶贫助学行动”，为50名贫困学生发放“科教文体包”。

【依法维护侨益】 2017年，县归国华侨联合会协助有关部门妥善处理，畅通侨界群众利益诉求渠道，切实维护侨界群众合法权益，全年共接待侨界来访5人次，反映问题均得到妥善解决。

【县第九次归侨侨眷代表大会】 2017年12月22日召开。侨界代表40人参加会议。三明市侨联主席关文良，清流县委常委、统战部长马方明出席大会。会议表示，要把广大侨界群众智慧和力量凝聚到党的十九大确定的各项目标任务上来，围绕建设“宜居宜业幸福新清流”目标，发挥桥梁和纽带作用，不断提高凝聚力和社会影响力。会议选举产生清流县侨联第九届委员会，委员9人，张岐山当选为主席，陈惠灵、方敏为副主席，秘书长由陈惠灵兼任。

【林畲乡归国华侨联合会成立】 2017年7月6日，林畲乡召开第一次归侨侨眷代表大会，参会归侨侨眷代表31人。三明市侨联主席关文良，县委常委、统战部长马方明到场祝贺，并为林畲乡归国华侨联合会成立揭牌。林畲乡有出国人员200多人，侨眷1000多人，主要分布在意大利、匈牙利、奥地利等国家和地区。会议选举产生林畲乡侨联第一届委员会，黄德秀当选为主席。

【温郊乡归国华侨联合会成立】 2017年11月9日，温郊乡召开第一次归侨侨眷代表大会。参会归侨侨眷代表25人。三明市侨联主席关文良，县委常委、统战部长马方明，县侨联主席张岐山、温郊乡党委书记肖仓满等出席会议。温郊乡国外的乡亲有170多人，归侨侨眷500多人，主要分布在意大利、匈牙利、澳大利亚、新加坡、法国等国家和地区。会议选举产生温郊乡侨联第一届委员会，易宏增当选为主席。

撰 稿：张岐山

县红十字会

【概况】 2017年，清流县红十字会弘扬“人道、博爱、奉献”精神，开展红十字“三救三献”（人道救助、救灾、救护，无偿献血、造血干细胞捐献、人体器官捐献）工作，发挥政府人道救助领域桥梁纽带作用。全年接受社会捐款30万元。16人被授予“2014—2015年度全国无偿献血奉献奖（铜奖）”。

【人道爱心救助】 1月4日，在第十个“福建爱心公益日”期间，联合团县委、县总医院开展爱心募捐、义诊、提供健康咨询、示范心肺复苏技能等活动，募集善款3472元。深入田源乡田源村慰问低保困难户10户，送去爱心大礼包、食用油等生活用品。春节前夕，慰问“两癌”母亲25人，各发放博爱送万家物资和慰问金3000元。3月11日，协助厦门大学附属第一医院到清流县开展“救心行动革命老区行”博爱义诊活动，免费体检先天性心脏病患儿22人，并与7名先天性心脏病患儿家长达成手术意向（手术后可获1万元～1.50万元救助）。联合县妇联在龙津广场举行“母亲健康1+1”公益募捐活动，募集善款11.22万元。引导大病对象发起轻松筹，募集救助金额12.57万元。

【应急救护知识培训】 在县委党校中青班举办红十字应急救护知识培训课。联合县卫计局开展应急救护“六进”（进机关、进企业、进社区、进农村、进学校、进家庭）活动启动仪式暨应急救护知识与技能普及培训，参加普及培训110人。为55

5月13日，清流县红十字会携手县妇联在龙津广场举行以“关爱母亲·情暖清流”为主题的“母亲健康1+1”现场公益募捐活动

名田源乡（村）干部开展急救知识普及培训。联合市扶贫开发协会到嵩溪镇开展应急救护知识培训，各村书记、扶贫协理员、乡村医生及贫困户代表等51人参加培训；依托清流县中小学生社会实践基地开展红十字体验式生命教育活动，全年普及培训学生19期2026人。

【开展“三献”工作】 全年组织1002人参加无偿献血，计采集血量33.43万毫升，动员27名造血干细胞捐献志愿者采集血样并录入中国造血干细胞捐献者资料库。

【红十字工作宣传】 以“1•1”爱心公益日、“5•8”世界红十字日、“6•14”世界献血日、“9•9”世界急救日等节日开展宣传活动，全年发放宣传资料2000余份。开通县红十字会微信公众号，及时将各项工作开展情况和动态信息报送县政务网、新闻网、微信群等宣传媒体。全年编发《清流县红十字简报》19期，编发微信信息32条。

撰　稿：李冬艳

关心下一代工作

【概况】 2017年，县关心下一代工作委员会加强青少年思想道德建设，参与社会治理创新，推进“基层工作创新年”活动，建立健全党建带关工委建设工作机制，发挥“五老”（老党员、老专家，老教师，老战士、老模范）作用，促进青少年成长成才。

【青少年思想道德建设】 2017年，县关心下一代工作委员会发挥学校主渠道作用，利用红色资源开展革命苏区光荣传统教育，组织广大青少年参观毛主席旧居纪念馆、革命历史遗址，瞻仰革命烈士纪念碑，祭扫革命烈士陵园，接受爱国主义教育。组织城区学校师生到烈士陵园开展“清明祭英烈 弘扬长征精神”活动。开展“中华魂”读书活动。发放“中华魂”（辉煌与梦想）中小学生读本5000册。引导学生读书活动与课堂教学相结合、与道德养成教育相结合、与体验实践教育活动相结合。组织关工委老同志到城区各中学宣讲十九大精神。与县教育局在全县中小学校联合举办“学习贯彻党的十九大精神”暨“三爱”“两史”主题教育知识竞赛活动，近万名学生参加竞赛。

【关爱青少年】 2017年，县关心下一代工作委员会与有关部门建立“通报工作，沟通情况”会议制度，联合开展法制宣传进校园、村（居）活动 。做好第二轮“未成年人零犯罪”学校、村（社区）创建工作。引导青少年树立遵法、学法、守法、用法自觉性。发挥青少年社会教育活动中心作用，引导中小学生健康上网，养成科学实验、认真阅读等良好习惯。对失足、失管、失学、失业、失亲等“五失”青少年采取爱心捐助、法律援助、结对帮扶、牵手帮教、就业创业服务等办法，解决其学习、生产、生活方面的困难和问题，提高“五失”青少年幸福指数。走访慰问全县146名失足青少年、1100多名留守儿童，进行心理疏导，从学习、生活等方面进行关爱和帮扶。开展在校中小学生特困家庭慰问活动，共慰问35户，发放慰问金1.75万元。做好助学金发放工作，发放省关工委“河仁基金”3万元，受益贫困学生100名。省关工委“福光助学金”从高一开始连续资助清流县家庭困难学生10人、3年，每人每年2000元。厦门南普陀寺慈善会资助清流县考上本一的贫困大学生5人，每年资助5000元，连续资助4年至大学毕业。县扶困助学基金200万元全部到位入户，年内利用基金利息开始扶助困难学生。

【支持农村青年创业致富】 2017年，县关心下一代工作委员会做好“种子工程”示范户、“种子工程进农企联系点”和新型农业经营主体的科技帮扶、指导服务工作，促进青年农民创业致富。协助市关工委到嵩溪镇开展农业科技下乡服务活动，在墟场上设立科技服务咨询点，发放科技书籍、资料600多份；专业技术人员到种植大户现场解答有

9月13日，县关心下一代工作委员会在清流一中举行省关心下一代“福光助学金”清流发放仪式（县关工委提供）

关技术疑难问题。市关工委农业科技服务团土肥、毛竹、食用菌、果蔬、畜牧、花卉等专家对农技员、种养大户提出的技术问题共同研讨对话座谈。协助省市关工委举办“福建农村青年致富种子工程”闽西北花卉生产技术与营销培训班。参加培训人员50余人。

【“党建带关工委建设”工作机制】 2017年9月，县委召开全县“党建带关工委建设”工作推进会，并制订印发《2017年清流县关心下一代工作意见》，要求各级党委建立考核、激励、督查机制，实现党建和关工委建设双促、双建，强化关工委工作保障。把“党建带关工委建设”纳入基层党委工作职责和年终考核内容，在全县党建百分制工作考评中占比5分。动员一批基层老领导、老教师、老模范、老村书记、老村长、社工以及老人协会成员加入到关心下一代工作中，构建多方参与的工作格局。

【“基层工作创新年”活动】 2017年，县关心下一代工作委员会建立健全基层关工委组织，组建国有企业电力公司、林业公司、烟草公司和民营企业东莹化工公司、气枪厂公司等5家关工委。全县关工委组织机构共166个，实现乡镇、行政村、社区、完小以上学校、部门、企业等关工委组织全覆盖。配齐配强部门、乡镇、学校、村（居）常务副主任167人。同时，把村老年人协会、老体协和关工委三者结合，村支书担任关工委主任，老年人协会、老体协会长（原退休教师、老村支书）担任常务副主任，关工委与老年人协会、老体协三块牌子、一支队伍，在村党支部协调下，共同做好关心下一代工作。全县各乡镇、行政村多方整合资源，把党员活动室、文化广场、农家书屋、幸福院、老年人活动中心等场所做到“老少结合”，纳入关心下一代活动阵地。常态开放科技、棋艺、书画类活动场所。建立县关工委工作职责、会议制度、学习培训制度、工作激励制度；乡村关工委建立留守儿童家访制度。龙津镇南岐村和长校镇河排村被确定为全市“基层工作创新年”典型示范。全市关工委基层工作创新推进会在清流县召开，两个试点村工作情况在会上作典型经验介绍。

撰　稿：凌锦椿

县客家联谊会

【概况】 2017年，县客家联谊会在县委、县政府和县政协领导下，贯彻省、市客家会议精神，发挥客家联谊交流作用，在宣传客家知识、对外联谊交流、客家专题调研、建言献策和发挥客家桥梁作用等方面取得新成效。

【宣传客家知识】 2017年，县客家联谊会配合“清新福建，水韵清流——福建省全民健身百村行（长校站）暨因‘果’随缘客家祖山行”活动宣传，在灵台山客家祖山文化园制作大型客家知识宣传长廊140米，发放客家宣传册页1000余份。为各乡镇和学校制作客家知识专题宣传栏和宣传册页，统一格式，统一内容。应邀到县委党校、乡镇和社区开展客家知识培训课。开通“清流客家”微信公众号，设清流客家、姓氏探源、客家美食等栏目，全年发布客家文章和简讯58篇。组织县客家研究会会员在《福建客家》《三明客家》《环球客家》等报刊杂志发表《学习客家基本知识的几点心得》《清流梧地中秋节泼水习俗》等文章60余篇。开展客家史料知识“四进”（进乡镇、进社区、进企业、进家庭）活动，走进渔沧社区、昊天茶油公司、嵩溪镇元山村、清流实验中学等，赠送《客家系列丛书》《清流姓氏》《清流革命遗址遗迹通览》等书籍。

【客家联谊交流】 2017年，县客家联谊会接待世界客家文库钟菱主任、总编及编辑人员到清流县采风，接待三明客家研究院院长蔡登秋带领学员到长校开展田野调查。利用客家传统节日，端午、中秋佳节，组织台湾乡亲聚会，联络乡谊。参加在甘肃陇西县召开的中华李氏西平忠武王诞辰1250周年纪念暨第二届西平忠武王宗亲联合会第一次会议，并作题为“数代艰辛寻根，认祖归宗圆梦”的演讲。参加海峡两岸交流基地授牌暨第六届海峡两岸定光佛文化旅游节开幕式活动仪式，并代表祖山禅院与武平均庆院及台湾定光佛寺、鄞山寺联合发布举办海峡两岸定光佛文化旅游节活动倡议。

【客家生态保护试验区课题调研】 2017年，清流县作为古汀州八县之一被列入国家级客家文化（闽西）生态保护实验区，县客家联谊会配合县政协开展“推进我县国家级客家文化（闽西）生态保护实验区建设”，深入李家、灵地、余朋等有关乡镇调查了解客家文化资源保护与传承现状。到武平县、长汀县学习考察，召开客家研究老专家老干部座谈会及相关部门调研座谈会。县政协召开十届二次常委会，专题协商推进县国家级客家文化（闽西）生态保护实验区建设，形成调研报告提交给县委、县政府。该调研报告在《三明客家》《福建客家》上全文刊登。协同政协提出《加快推进国家级客家文化（闽西）生态保护实验区建设的建议》，得到省委常委、宣传部长高翔批示。《人民政协报》报道该课题调研情况。

【美丽客家乡村建设调研】 2017年，县客家联谊会到嵩溪镇调研，提出该镇要做足清流客家始祖文化，打造传播客家家风家训文化，体验耕读文化、宗祠文化、红色文化、美食文化为一体的客家文化保护区。参与《长校镇志》初稿评审工作，提出意见建议。参与长校五郎公公园建设，对公园文化元素设计提出意见建议。参与李家乡冷泉开发规划设计，研讨县域28个温泉、冷泉泉眼命名，增添美丽乡村文化内涵。

【编纂客家系列丛书】 2017年，县客家联谊会参与县政协文史委《“三坑”记忆——清流古村拾遗》一书的资料征编和出版工作，全面反映东坑、迪坑、黄石坑这3个在清流历史发展中曾经辉煌、各具千秋的客家古村落风貌，丰富清流客家史籍。推进客家系列丛书《乡愁》征编出版工作，做好文稿撰写、图片采辑和编写等工作。

撰稿：江天德

10月27日，县客联会深入嵩溪镇爱珍豆腐皮生产车间实地调查了解豆腐皮地理标志产品制作工艺（曾嫦珊摄）

县老区建设促进会

【概况】 2017年，县老促会围绕“建设宜居宜业幸福新清流”这一目标，发挥参谋助手作用，开展老区状况调查研究，为党委、政府建言献策，促进老区经济和社会发展。县老促会连续第六次获全国老区宣传工作三等奖。

【老区苏区宣传】 2017年，县老促会做好《三明市红色文化遗址保护管理办法》宣传工作。挖掘和保护利用红色资源，邀请文体局、党史办、老区办等部门对全县红色遗址、遗迹资源进行登记造册，建立档案。根据中国老促会关于编纂革命老区发展史的意见要求，开展筹划编纂《清流革命老区发展史》前期工作。配合省老促会编纂《福建红色遗产》，开展资料收集、整理、筛选工作。全年在《中国老区建设》《红土地》《红色思源网》《中国老区网》刊发稿件16篇。订阅赠送《中国老区建设》《红土地》杂志165份。

【青少年爱国主义和革命传统教育】 2017年清明节期间，县老促会组织中、小学校师生开展祭奠烈士活动，为青少年讲革命故事。5月，联合老区办在城关中学、实验中学举行以“牢记历史，缅怀先烈，珍爱和平，开创未来”为主题的革命传统教育宣讲活动，向师生发放《清流革命斗争史》《红色印痕》《清流苏区之光》等书籍，激发学生爱党爱国、勤奋学习热情。

【老区调研】 2017年，县老促会配合中国老促会开展全国百县老区调研活动，调研组深入嵩溪爱珍豆腐皮合作社产业扶贫点、林畲怡达兰花基地、毛泽东旧居、向阳村造福工程异地搬迁安置点，了解清流县脱贫攻坚工作及基础设施建设情况，听取全县扶贫开发工作情况汇

7月15日，中国老区建设促进会副秘书长宋红蕾（左二）带领调研组到清流县调研脱贫攻坚工作（杨　颖摄）

报。调研组肯定清流县在脱贫攻坚的工作措施和取得成效，并围绕县委、县政府的中心工作献计建言。围绕绿水青山，生态保护，红色遗址保护，老区脱贫致富进行调研并形成报告。协同县老区办做好省老区办关于开展老区乡村脱贫攻坚专题调研，就清流县老区乡村建设发展主要做法和成就、面临的主要困难问题和意见、老区村贫困的主要原因及加快脱贫的对策建议形成专题报告。

【老区实用技术培训】　2017年，县老促会邀请县科协、林业、农业、畜牧水产等有关部门专家、技术人员，深入老区乡村开展技术讲座3期，受益600余人。组织编写《油茶丰产林栽培实用技术》《羊的饲养与管理》《标准化淡水养殖池塘建设和养殖实用技术》《香妃茶花一叶一芽短枝扦插繁殖技术》等技术手册，发放给老区群众对照学习，掌握实用技术知识。

【捐资助学】　2017年，县老促会做好黄仲咸教育基金会奖学金发放工作，年内奖励资助学生90人、9万元。2002—2017年，全县累计受助、受奖学生1761人，资金117.30万元。争取厦门旅港同学会支持县教育事业资金1.50万元。

【为老区办实事】　2017年，县老促会协调老区、财政等部门争取补助资金48万元，实施嵩口立新村、范元村，里田乡里田村，嵩溪镇农科村道路硬化以及龙津镇俞坊村里地防洪堤、嵩溪镇塘背新建排洪渠建设项目。组织医务工作者深入老区乡、村开展义诊活动。深入乡村慰问贫困户和革命“五老”人员20人、慰问金2万元。协助挂钩村梓材村制定《梓材村三年发展规划》《梓材村小康建设规划》及帮助争取资金65万元建设林坑桥、木兰桥。

撰　稿：陈先根

县慈善总会

【概况】　2017年，县慈善总会坚持以加快推进现代慈善事业为目标，坚持扶贫济困、帮贫解难宗旨，开展慈善各项工作，为清流县文明和谐发展作出努力和贡献。

【“金秋助学”活动】　2017年，县慈善总会开展“金秋助学”活动，为考上大学的低保户、受灾户、精准扶贫户家庭学子29人及孤儿1人、分别发放5000元助学金，计15万元。资助7名孤儿就读高中，每人每年1200元，共计8400元。

撰　稿：李晓芳

县诚信促进会

【概况】　2014年3月28日，清流县诚信促进会成立大会暨第一届会员大会召开。会议审议并通过《清流县诚信促进会章程（草案）》，选举包玉山为县诚信促进会会长。县诚信促进会是由全县各行各业、各个阶层社会有识之士自愿结成的、非营利性的社会团体。诚信促进会有理事15名，常务理事9名，会长1名，副会长兼秘书长1名。

2017年，县诚信促进会学习贯彻省、市关于诚信与信用建设文件精神及习近平总书记关于社会主义核心价值观和诚信体系建设的论述，坚持围绕中心，服务发展，主动作为，深化诚信“六进”活动，开展“诚信八闽行”活动，促进“诚信清流”建设。获市2017年度诚信先进工作单位。

【第二次全体理事会暨表彰大会召开】　2017年，县诚信促进会5月19日上午，县诚信促进会召开第二次全体理事会暨表彰大会。原清流县委书记、三明市第十二届人大常委会副主任、福建省诚信促进会副会长、三明市诚信促进会会长陈有极，清流县委常委、宣传部部长廖祥初到会指导。县诚信促进会理事单位负责人及获表彰的县“诚信教育示范学校”“诚信教师”“诚信之星”代表，共计80余人参加会议。会议选举雷根旺同志担任清流县诚信促进会会长，增补调整副会长5名。

【开展诚信建设征文评选活动】 2017年，县诚信促进会与县委文明办、县发改局联合组织开展“诚信八闽行、喜迎十九大”诚信建设征文评选活动。向机关、学校征集诚信征文60余篇，评出成年组一、二、三等奖7名，学生组一、二、三等奖18名。

【校园诚信建设】 2017年，县诚信促进会与县委文明办、县教育局联合开展“诚信文化进校园”系列活动，通过写征文、展作品，创示范、评明星等活动，促进诚信教育进教材、进课堂。评选县城关小学等6所学校为“诚信教育示范学校”；黄世良等38名教师为“诚信教师”；叶子尧等40名同学为“诚信之星”。

【“家风润万家”主题实践活动】 2017年，县诚信促进会联合县委文明办、县妇联组织开展“家风润万家”主题实践活动，举办“传承良好家风 建设文明家庭”演讲比赛和书画展3场，弘扬诚信美德，提升市民文明素质，营造诚实守信的家庭道德风尚。

【诚信宣传】 2017年，县诚信促进会利用清流新闻网，清流有线电视台、清流政府网、户外电子显示屏等媒体，以及公告栏、跨街横幅、宣传栏等方式，开展以诚信为主题的宣传教育活动，引导全体公民强化信用观念和诚信意识，营造“人人讲诚信，人人守信用”的社会诚信氛围。

5月19日，县诚信促进会召开第二次全体理事会暨表彰大会（来自清流新闻网）

【树立诚信典型】 2017年，县诚信促进会发掘和培育能够代表清流特色的诚信建设先进单位和个人，宣传和推广先进经验，发挥典型示范作用。分系统、分行业开展“诚信个人”“诚信单位”“诚信企业”评选表彰活动，提高单位、企业诚信意识，树立诚实守信的社会道德风尚。与县委文明办、县市场监督管理局、县消费者权益保护委员会联合开展诚信商家、放心消费示范店（企业）活动，评出三明南方水泥有限公司、清流嵩溪爱珍豆腐皮农民专业合作社、清流县龙津龙城漳太面包店、新华书店、清流县龙津才子专卖店商业信用良好，诚实守信经营，消费认可的示范店5家。县市场监督管理局获省第五届诚信先进单位。

【诚信督查】 2017年，县诚信促进会开展整治诚信缺失行动。重点在龙津广场、主要交通路口LED屏曝光失信人员名单，整治制假售假行为。法院、市场监督局、、人行、电视台等部门联合开展突出问题集中整治11场，处理投诉和信访35件，处理“12315”平台投诉300余件。把诚信建设列入文明单位考核内容，建立诚信信息平台，召开诚信联席会，聘请监督员，设立举报电话，对各类违反诚信行为进行全方位监督。

撰　稿：陈天助

法治 军事

法 治

政法与综治

【概况】 2017年，县政法委（综治办）围绕县委、县政府中心工作，以护航“厦门金砖会晤”和中共十九大安全稳定为工作重点，推进平安清流、法治清流和过硬队伍建设，推进司法体制改革，成立综治服务中心，发挥综治协调作用，为全县经济和各项社会事业发展创造和谐稳定的社会环境。清流县被省综治委授予2013—2016年度第三轮第三批“平安县（市、区）”。

【政法综治宣传】 2017年，县政法委（综治办）组织平安建设宣传队，编排平安建设文艺宣传节目，到9个乡（镇）开展综治“三率”巡回宣传活动，发放《安全防范进家庭》等宣传资料1万余份，接受法律咨询1000多人次，悬挂横幅320条，举办讲座90余场，出动宣传车60余次。

【矛盾纠纷排查化解】 2017年，县政法委（综治办）成立县安保维稳部，开展风险隐患排查，排查出风险隐患 78个，厦门金砖会晤前化解75个，化解率96%。排查确定敏感人员17人，逐人跟踪管控，稳控率100%。厦门会晤及中共十九大期间，全县无群众赴厦、赴京非正常上访，未发生重大网络舆情事件。全县无有组织或被组织、串联上访情况发生。全年排查化解各类矛盾纠纷392起。

【社会治理创新】 2017年，县政法委（综治办）开展社会治安问题整治、视频监控建设、道路消防安全管理工作。重点推进农村视频监控“村村通”建设，打造“平安家乡”。推进综治网格化建设，规范综治中心建设。所有乡镇全部挂牌成立综治中心和网格化服务管理信息中心，并按照“两厅四室”要求，健全各功能室，与村一级实现互联互通，119个村居全部成立综治工作站。全县发案率同比下降9.90%，破案率同比上升27.30%。全县发生一般以上道路交通事故32起，死亡12人，受伤26人，经济损失8000元，事故起数同比下降8.57%、受伤人数下降29.73%、直接经济损失下降24.67%；查处严重交通违法行为28310起。

6月17日，在龙津广场举行共铸平安幸福清流文艺演出（杨　颖摄）

【强化民间调解作用】 2017年，县政法委（综治办）整合民间调解资源，探索“三法”（降温法、开锁法、分解法）“五心”（真心、耐心、虚心、恒心、决心）民间调解工作法，在全县5个镇成立民间调解工作室，以德高望重的老同志为主，融合民间“口碑”调解能手，聘请专兼职调解员19人，全年化解信访疑难问题6件。

【严重精神障碍患者管理服务】 2017年，县政法委（综治办）依托“一三三”［建立一套规范化的管理档案、办理三种标准化的医疗卡证（社保卡、殊病种就诊卡、残疾证）、完善三项人性化的社会保障（办理严重精神障碍患者伤害社会保险、设立严重精神障碍患者救助基金、建立严重精神障碍患者以奖代补监护管控机制）］工作模式，落实“一历五单”［患者病历，家属通知单、乡镇卫生院（社区卫生服务中心）对接单、派出所告知单、乡镇（街道）提示单、重点对象管理清单］和排查随访救治责任，实行无缝管控。全县列入《国家严重精神障碍患者信息管理系统》595人，列管585人，管理率98.32%；全县三级以上精神障碍患者74人，全部录入省重点人员管控工作平台进行管理。全年无精神障碍患者肇事肇祸事件发生。

【综治联防联动机制】 2017年，县政法委（综治办）与13个乡镇及114个县直机关和省市属单位主要领导签订综治（平安建设）责任书，制定综治落实情况考评细则，对2016年综治平安建设工作领导不重视，责任不落实的10个单位进行“挂牌督办”和“一票否决”。

撰　稿：谢梅秀

公　安

【概况】 2017年，县公安局贯彻落实省市县委政法工作会议和公安厅局长会议精神，以中共十九大和厦门会晤安保工作为主线，强化各类专项打击整治和社会面治安管控，提高维护公共安全能力水平，促进全县社会政治安定稳定。年内，被评为省、市优秀人民警察各1人，市优秀公安科所队1个；获得各级各类表彰43人次，其中省市级表彰6人次，集体三等功4次，个人三等功6人次；个人嘉奖15人次；先进个人12人次。

1月19日上午，市委常委、纪委书记游宇飞(左2)一行到县公安局看望慰问民警（杨　颖摄）

【打击刑事犯罪】 2017年，全县立刑事案件491起，与2016年同比下降20.60%；破历年及当年案件296起。其中，立八类暴力犯罪案件10起，同比下降44.40%；破15起，同比下降34.80%。立“两抢一盗”案件233起，同比下降28.10%；破75起。立诈骗案件139起，同比下降17.80%；破94起。抓获各类犯罪嫌疑人215人，抓获网上在逃人员37人。抓获清流籍犯罪嫌疑人余某铃，侦破“1•27”嵩口持刀抢劫案。9月8日，抓获犯罪嫌疑人蔡某强，破获酒后故意伤害致人死亡案件。

【开展“飓风肃毒2017”行动】 2017年，县公安局立破毒品刑事案件6起，抓获网上逃犯1人，抓获毒品犯罪嫌疑人20人，起诉毒品犯罪嫌疑人13人，查处毒品行政案件12起；查获吸毒人员63人，送三明强制隔离戒毒5人，责令社区戒毒12人。

【遏制经济犯罪】 2017年，县公安局打击恶意逃废债、非法集资、地下钱庄、金融诈骗、虚开骗税等金融财税领域经济犯罪和网络传销、假币、侵权假冒等社会民生领域经济犯罪，开展信贷风险隐患排查工作，受理案件25起，立经济犯罪案件24起，破23起，涉案价值1293.90万余元，挽回经济损失63.70万元，抓获犯罪嫌疑人17人，其中刑拘6人，移送起诉13人。

【“打黑恶·缉枪爆”专项行动】 2017年，县公安局抓获九类涉恶案件历年逃犯1人，抓获率为100%；破获九类涉恶案件2起，刑拘7人，逮捕3人。对全县涉爆单位、烟花爆竹批发单位和销售点、零售商铺等进行清查，收缴枪支141支，其中以火药为动力的枪支7支；收缴炸药1千克、子弹514发、雷管

370 枚、仿真枪管制刀具 154 支、烟花爆竹 834 件；破获涉枪涉爆犯罪案件 11 起，逮捕 3 人。

【社会治安治理】 2017 年，县公安局受理治安案件 427 起，比 2016 年下降 61.40%，查处 427 起，结案 342 起；查处违法人员 278 人，其中罚款 161 人次，拘留 117 人次。全县清查旅馆业 268 家（次）、加油站 51 家（次）、寄递物流 163 家（次）、娱乐场所 84 家（次）、洗浴中心 39 家（次）、烟花爆竹销售点 202 家(次)、民爆储存库 32 个(次)。清查出租房屋 84 户，新登记出租房屋 45 户，新采集流动人口 1875 人。

【标准地址二维码管理】 2017 年 8 月，县公安局实现地址清理、房屋登记、人员采集、二维码门牌换发、地址标注“五个 100%”。至 12 月，全县地址核实门牌号 41558 个，安装门牌 31881 个，标注地址 45868 个，访查房屋 43616 户，采集实有人口 61280 人。

【道路交通安全整治】 2017 年，县公安局开展五类十项严重交通违法行为查纠。全年发生一般以上道路交通事故 32 起，死亡 12 人，受伤 26 人，经济损失 8000 元，事故起数比 2016 年下降 8.57%，死亡人数上升 100%，受伤人数下降 29.73%，直接经济损失下降 24.67%；查处严重交通违法行为 2.83 万起。

【公共安全视频监控网络建设】 2017 年，新建 170 路监控系统被县委、县政府列入 2017 年为民办实事项目之一，年内任务全部完成并接入县公安局视频监控共享平台。

【“巡防工程”建设】 2017 年，县公安局新招聘治安巡逻队员 20 人，城区治安巡逻队员达到 50 人。购置城关建材城某楼房，作为巡特警反恐大队和治安巡逻大队的办公业务用房。城区巡逻路线覆盖重点区段人员活动密集点 10 个和重点要害单位部位，实行 24 小时武装巡逻，实现“1、3、5”(在城区内接到处置命令马上出警，不同的区域 3 分钟或 5 分钟内到达现场）分钟要求，做到“白天见警力，晚上见警灯”。

【市际检查站建设】 2017 年，县公安局在省道 204 线路边建设市际检查站，完成外观标识建设、安装视频监控、公安网连接等工作，相关装备按照检查站配备标准配备，并投入使用。

【关爱民警】 2017 年，县公安局推进“暖警”工程建设，新建李家派出所，7 月 17 日正式投入使用，改造装修县局招待所 4 间，建成标准化民警宿舍 18 间。建立省英烈基金会清流定向基金，争取省厅英烈基金会扶残助困金 1 万元。年内探视慰问生病住院民警及家属 22 人次，发放慰问金 6400 元，为县局 10 余位困难民警申请工会、组织部、党工委困难慰问资金共计 5000 余元。

撰　稿：陈年昌

高速交警

【概况】 2017 年，三明高速交警支队五大队围绕“防事故、保平安、促和谐”主线，严管队伍，严控路面，履行职能，各项工作取得较好成效。在厦门“金砖会议”安保中，被省公安厅交警总队授予集体三等功；被总队授予个人三等功 6 人次，授予嘉奖 2 人次。二中队获市级“青年文明号”称号。

【路面隐患排查】 2017 年，三明高速交警支队五大队在春运、汛期、夏季等重要时间节点，联合路政部门开展路面隐患排查工作。排查出安全防护设施、道路交通标志标线、道路安全提示标志等安全隐患问题 8 处并及时进行整改。在事故多发点增加爆闪灯 10 个，同时还整改隧道内灯光、隧道口防撞沙桶等安全设施。大队辖区全年发生一般程序处理交通事故 7 起，受伤 1 人，经济损失 13.30 万元。事故起数比 2016 年下降 46.10%，受伤人数下降 50%，经济损失下降 20.80%。

【交通违法行为查处】 2017 年，三明高速交警支队五大队现场查获各类违法行为 2.48 万起。其中 9+X 类重点违法共 2.15 万起。“9 类”重点违法 2168 起中酒毒驾 61 起、客车超员 502 起、货车超载 5 起、超速 1136 起、不按道行驶 147 起、占用应急车道 1 起、涉牌涉证 274 起、违法停车 35 起、2 至 5 时违规运行 7 起;“X 类”重点违法 1.93 万起中未系安全带 9172 起、超速 9014 起、不按道行驶 1 起、防护警示标志 1140 起。每月人均现场查处量 98.20 起，与 2016 年同期相比上升 19.60%；现场查处重点交通违法量占现场查处总量 86.80%；非现场违法录入 2.64 万起，与 2016 年同期相比下降 1.40%。办理行政拘留案件 20 起、危险驾驶案 3 起。

【交通专项整治】 2017 年，三明高速交警支队五大队开展“春季预防交通事故专项整治行动”“夏季预防交通事故专项整治行动”“三个不发生创建活动”“冬季预防交通事故专项行动”等专项整治行动，在辖区主要高速出入口、服务区组织开展酒驾醉驾、涉牌涉证、两客一危一货、旅游客车专项整治、“夜查”等专项整治行动 173 次，出动警车 692 辆次，出动警力 2768 人次。

【保障路面秩序】 2017 年，三明高速交警支队五大队采取与路政联合巡逻、分时巡逻、阶梯巡逻等方式，加大巡逻力度。除每日安排足够警力上路执勤执法外，还增加 12 时至 15 时、21 时至 23 时、凌

1月23日，交管科工作人员深入危化运输企业检查（三明高速交警支队五大队提供）

晨1时至5时路上执勤巡逻，并增加恶劣天气巡逻密度，通过鸣警报器、喊话提示等方式，提醒客、货运驾驶员降速行驶，防止疲劳驾驶。在“元旦”“春运”“清明”“五一”“国庆”及全国、全省“两会”“厦门金砖会晤”“十九大”等重要安保期间，周密部署，强化监督，确保辖区道路交通安全、平稳。

【高速公路交通安全宣传警示】 2017年，三明高速交警支队五大队深入辖区闽通长运、宁化安顺、海峡科化烽林分公司、东莹化工等重点企业走访40次，对各类企业245名重点车辆驾驶人通过“上交通安全课、发送资料、展示展板”等方式宣传高速公路交通安全知识及安全出行注意事项。组织观看警示教育片，以案说法，并督促企业对车辆驾驶人进行心理疏导。利用双微平台，随时对辖区路况信息、交通气象和交通安全预警、安全提示等情况进行更新；曝光严重交通违法行为，报道专项整治行动进展情况；解答微博、微信网友提出的道路交通热点、难点问题。全年发布微信159条，关注人数累计192人。回复微信网友提问140余条。利用违法受理室、事故处理、服务区、闽赣省际执法站等“固定哨”，对前来处理交通违法、交通事故的司机和群众进行道路交通安全宣传。

撰稿：王　凯

森林公安

【概况】 2017年，县公安局森林分局围绕省、市森林公安局工作部署，践行“敏锐维稳、主动治安、实力应对”理念，开展林区治安综合治理。全年查处各类案件173起，其中刑事案件立22起，破21起（侦破省局挂牌督办特大案件4起），逮捕7人，刑事拘留14人（次），取保候审23人，移送起诉17起、23人，抓获网上逃犯9人；查处林政案件151起，处罚150人次，处罚企业4家次，挽回经济损失110余万元。全年受理群众来信及有关部门转办查报件10件，结案率100%；调解涉林纠纷10起。全年编发各类信息346条，被市局采用155条，省局采用13条，清流政府网站发布150条。

【基层项目建设】 2017年，县公安局森林分局完成灵地森林派出所新业务用房和芹口森林派出所执法办案场所建设并投入使用。新增嵩口森林派出所办公用房建设项目，争取到指挥中心及林区道路卡口监控系统建设项目，完成卡口选址。

【执法规范化建设】 2017年，县公安局森林分局开展警务督查和专项督查13次，聘请警风监督员4名。加强执法监督检查，建立落实全警配备及规范使用执法记录仪的阳光执法制度。选派民警参加省、市森林公安局业务培训20余人次，提高执法办案质量。投入30余万元，配齐配强执法办案装备，实现科技强警。

【打击涉林违法犯罪行为】 2017年，县公安局森林分局开展“2017

7月25日，在龙津农贸市场查获国家二级保护动物——野生棘胸蛙（县公安局森林分局提供）

利剑行动”“打击破坏野生动物资源违法犯罪专项行动”“打击非法侵占林地专项行动”，根据季节变化，组织开展保护候鸟巡查。出动警力 1400 余人（次），检查餐馆饭店、集贸市场等场所 115 处，发放粘贴《保护野生动物承诺书》96 份，收缴野生动物 132 头（只）、捕鸟网 60 余张、捕兽夹一批。全年查处各类涉林违法犯罪案件 173 起，挽回损失 110 余万元。对 2015—2016 年 18 起擅自改变林地用途案件开展林地复绿“回头看”，督促被处罚人履行复绿职责。

【平安林区建设】 2017 年，县公安局森林分局推进林区治安群防群治基础工作；深入林区和林区边界开展护林、防火巡查、禁毒、禁猎巡查，排除安全隐患；加强伐区、木材加工企业及涉林矿山监督管理，与企业责任人签订《保护森林资源告知书》，建立巡查台账；做好林区突出问题重点整治工作，开展侦防协作，提高辖区边界涉林违法犯罪行为的打击防范能力。

【森林普法宣传】 2017 年，县公安局森林分局全年开展以“森林防火”“保护野生动植物”“综治宣传月”“禁毒”“禁坟”“警企恳谈会”“巡回法庭”等多主题多形式的普法宣传 50 余场次，被县级以上新闻媒体报道 11 次。

撰　稿：周伟泉

消　防

【概况】 2017 年，清流县消防大队有官兵 48 人，其中干部 7 人，战士 17 人，合同制消防员 13 人，专职网格员 5 人，文职人员 6 人。行政指挥车 2 辆，消防车 5 辆。按照城市二级消防站标准配齐常规器材和特勤器材。担负县域 13 个乡镇，4 个街道、社区居委会，171 个建置村的防火、灭火救援任务。年内，消防大队全力实现队伍建设正规化、消防执法规范化、灭火救援实战化，确保部队内部和辖区火情“双稳定”。大队、中队被评为市级“青年文明号”，大队被团市委评为“第七届三明青年五四奖章集体”；被支队评为“优秀共产党员”1 人、“优秀共青团员”2 人、“三等功”1 人；获支队嘉奖 10 人（次）；被评为“十佳青年岗位能手”1 人，1 名官兵母亲被评为“十佳好母亲”。

【落实消防安全责任制】 2017 年，县消防大队提请政府召开消防工作联席会议 4 次、专项整治行动协调会 3 次。与各乡镇、县直有关单位签订《消防安全责任状》，推动政府出台关于高层建筑消防安全综合治理、电气火灾综合治理等通知方案 10 余份，全县完成消防安全示范社区建设 8 个，社区覆盖率 100%。

【消防安全排查整治】 2017 年，县消防大队提请县政府组织经信、教育、住建、文广、安监、旅游、民政、商务、卫计和消防等部门联合开展高层建筑专项整治、电气火灾综合治理和冬春火灾防控工作等消防安全专项整治行动 10 余次。开展火灾隐患排查整治，检查单位 1398 家，发现县老年安养中心、三明天明包装有限公司等存在重大火灾隐患并督促整改违法行为 1990 处，临时查封 18 家，责令“三停”（停止使用、停产、停业）5 家，罚款 26.70 万元，拘留 1 人，政府挂牌督办重大火灾隐患单位 1 家，重大火灾隐患销案 2 家。

【消防宣传教育培训】 2017 年，县消防大队发送消防警示短信 5 万余条，悬挂横幅标语 200 余条，发放宣传图册 1 万余份，利用电视台、电影院、楼宇 LED 大屏幕滚动播放《福建省消防条例》、《消防安全常识二十条》及消防公益广告。消防站定时对外开放接待来访群众 1500 余人次，单位员工参加职业消防员培训 300 余人，开展消防培训 30 场，灭火逃生演练 32 次，受教育群众 6000 余人。

【抢险救援】 2017 年，县消防大队接警 70 起，出动车辆 130 辆次、警力 818 人次，抢救被困人员 13 人，疏散被困人员 15 人，抢救财产价值 130.43 万元，先后成功处置“4·24 华晟贸易仓库火灾”“7·30 嵩口镇山松木业工厂

11月9日上午，县消防大队在龙津广场隆重举行“关注消防、平安你我”文艺汇演（县消防大队提供）

仓库火灾”“8·29 沙芫交通事故”。遏制龙津镇吉家快捷酒店、城关南门桥饭店、星坪饭店等火灾蔓延，并予以处罚。

【消防队伍建设】 2017 年，县消防大队协助 3 家乡镇专职消防队完成法人登记工作；乡镇和村级专职（志愿）消防队伍完成组建并投入使用，3 个乡镇配备兼具灭火功能的洒水车、水泵等器材。全县建立微型消防站 41 家，组织微型消防站培训、拉动和联合演练 3 轮 130 余次，提升队员“三知、四会、一联通”（知道消防设施和器材的位置，知道安全通道和出口，知道建筑布局和功能。会疏散逃生，会扑救初期火灾，会穿戴防护装具，会使用消防器材。公安消防支队或大中队与微型消防站、微型消防站与队员要保持通信联络畅通）和微型消防站火灾防控的能力。

【经费保障】 2017 年，县消防大队年初财政经费预算 398.40 万元，比 2016 年增长 15%。政府追加相关业务费 46.83 万元，议军会争取 21 万元。专项采购经费 19.50 万元，用于合同制经费、消防车采购、信息化建设、营房修缮等事宜。

【警民共建】 2017 年，县消防大队开放消防站，组织驻地机关、团体、群众代表进队参观学习、感受消防文化。八一期间，组织官兵深入县福利院、敬老院、特殊学校开展关心帮扶及相关慰问活动。为驻地中小学入校新生开展义务军训及消防安全培训工作，开展捐资助学扶贫活动。为驻地企事业单位、机关团体及社会单位开展灭火救援演练及消防业务培训工作。

撰　稿：廖立明

检　察

【概况】 2017 年，县检察院有内设科室 16 个，行政编制 50 人，实有在编 43 人；工勤编制 5 人，实有在编 2 人。首次确定员额检察官 17 名，司法辅助人员 26 人。县检察院办理的行政公益诉讼案件入选最高人民检察院院第八批指导案例；扶贫领域职务犯罪专项预防获全省检察机关第二届“十佳预防项目”展评优秀预防项目。年内，有 29 个集体和个人获市级以上表彰，其中 2 人被授予全国检察机关侦防能手人才。微动漫《迷·途》“为了明天——关爱青少年彩虹行动”获微电影大赛微视频类二等奖，受团中央表彰；公诉科被中国妇女联合会授予“全国巾帼文明岗”称号，被三明市检察机关“授予 2012—2016 年度全市检察机关先进集体”。全年信息、宣传和调研文章被市级以上（含市级）采用 278 篇，被授予全省检察机关信息工作先进单位、全省检察机关文化建设示范院。

6月22日，三明市人民检察院检察长张时贵（右1）到县检察院调研（县人民检察院提供）

【惩治刑事犯罪】 2017 年，县检察院受理移送审查逮捕案件 50 件 67 人，移送审查起诉案件 114 件 134 人，经审查依法批准逮捕 39 件 51 人，提起公诉 120 件 157 人。提前介入一批重大案件的侦查活动，依法快捕快诉。

【社会矛盾化解】 2017 年，县检察院推行检察长接待日、控告申诉首办责任制等制度，建立 12309 举报电话、网上信访、来信、来访、远程视频接访“五位一体”的综合受理平台，拓展群众诉求渠道，接待受理来信来访群众 149 人次。加强对未成年人特殊司法保护，坚持“教育、感化、挽救”的方针，依法不捕 13 人，不诉 1 人。

【职务犯罪查办及预防】 2017 年，县检察院查办各类职务犯罪案件 4 件 4 人，其中贪污贿赂案件 3 件 3 人、渎职侵权案件 1 件 1 人，含科级干部 1 人，涉案总金额 300 余万元。联合县委党校、国税局建立预防职务犯罪共建机制，开展预防宣传和警示教育 13 次，受教育人数 1000 余人。开展的“扶贫领域职务犯罪专项预防”项目被福建省人民检察院评选为全省检察机关优秀预防项目。

【履行法律监督职能】 2017 年，县检察院向县畜牧水产局发出检察建议，整治清流县九龙溪流域小网滥捕、电鱼等违法行为，督促开展打击非法捕捞行为 14 次，拆除非法捕捞设施“灯光诱捕”104 处，烧毁卷轮100多个、电线600多米，查扣电鱼机2台。向清流县国土资源局发出检察建议，督促依法收缴一家砂岩矿欠缴保证金30.5万元。

【打击经济领域犯罪】 2017年，县检察院打击破坏企业生产经营犯罪案件3件，批捕非法经营、合同诈骗等破坏市场经济秩序犯罪嫌疑人3人，依法办理陈某某等6人非法经营1300余万元案、清流吉阳公司法定代表人孙某某合同诈骗1.67亿余元案等。

【打击民生领域犯罪】 2017年，县检察院制定《清流县人民检察院开展“破坏环境资源犯罪专项立案监督活动”和“危害食品药品安全犯罪专项立案监督活动”实施方案（2017—2018）》。年内，督促县市场监督管理局移送危害食品安全案件1件。抓好“两法”（行政执法和刑事司法）衔接信息共享平台运用，25家初始化单位已全部接入“两法”衔接平台。

【开展诉讼监督】 2017年，县检察院督促公安机关立案1件5人，建议行政执法机关移送涉嫌犯罪案件1件1人，发出应当逮捕犯罪嫌疑人建议书，建议公安机关逮捕犯罪嫌疑人1件1人，追捕到案2件2人，提起抗诉1件1人，获依法改判，追诉2件2人，改变侦查机关定性7人，针对侦查机关在侦查过程中的违法现象和不规范行为，提出口头纠正意见5次，发出纠正违法通知书9份、检察建议书1份。开展在押人员逮捕后羁押必要性审查5件5人，发出变更强制措施建议5件5人，均获采纳。开展社区服刑人员脱管、漏管专项检察活动，针对社区矫正中存在的监管漏洞制发检察建议2份均获采纳。针对相关行政机关履职不到位等问题发出检察建议3份，均已整改。

【接受民主监督】 2017年，县检察院保障人大代表对检察工作的知情权、参与权和监督权，每月发送检察工作简讯2次，每半年到各乡镇向人大代表通报工作，每年邀请人大代表进行视察、评议。自觉接受政协民主监督，邀请政协委员列席重要会议、活动20余人次。

撰 稿：余生发

法 院

【概况】 2017年，县人民法院以“四行动”（服务发展行动、创新引领行动、典型领跑行动、公信提升行动）“两硬仗”（两年基本解决执行难与集中清理信访积案和各类长期未结案件）“一工程”（建设“不敢腐、不能腐、不想腐”“三不腐”机制工程）为抓手，坚持公正司法，各项工作取得新进展。年内，受理各类案件3055件，审执结2790件，审结率91.30%，比2016年上升7.90%。全年为经济困难当事人缓减、免交诉讼费15.30万元，落实司法救助28万元。服务保障脱贫攻坚，投入帮扶资金3.70万元。院集体获省市各类表彰4次，10名干警被授予省、市级荣誉称号。

【刑事案件审判】 2017年，县人民法院审结刑事案件154件、211人。审结危险驾驶犯罪案件32件、32人。审结孙某某合同诈骗案、黄某某非法吸收公众存款案等经济犯罪案件11件、17人。审结涉毒涉麻犯罪案件6件、11人。审结贪污贿赂案件5件、5人。审结“两抢一盗”犯罪案件21件、31人、电信诈骗犯罪案件2件、3人。

【民商事案件审判】 2017年，县人民法院审结民商事案件1111件，诉讼标的3.20亿元。审结民间借贷案件327件，涉案标的6272.10万元。审结财产权属、民事侵权案155件，其中机动车交通事故案件64件。审结房地产领域纠纷案件57件、林权纠纷案件8件。化解农村土地“三权分置”（指在坚持农村土地集体所有的前提下，促使承包权和经营权分离，形成所有权、承包权、经营三权分置、经营权流转的格局）过程中发生的各类纠纷。

【金融案件审判】 2017年，县人民法院审结金融案件148件，涉案标的1.20亿元，其中涉公司清算案件2件。完善市场主体救治机制，化解县建行诉宏志矿业有限公司等金融借款合同纠纷。依托金融司法

9月13日，清流法院嵩溪法庭揭牌（县人民法院提供）

服务中心，构筑金融风险联防联控体系，与金融部门合作开展“走万户、访民情、促公正、保平安”活动。“灯光法庭”（清流法院金融审判庭开展的夜间法庭，在农忙时节到农户家中进行诉前调解）巡回审理案件32件，结案标的7296.50万元。走访金融欠款农户81家，收回贷款10.20万元。

【少年、家事审判拓展】 2017年，县人民法院创新“三四五”（热心服务、耐心倾听、爱心关怀“三用心”，推进家事审判改革；准确把握“案外、庭前、庭中、庭后”四个环节，加大调解力度；换位思考法、亲情感化法、心理疏导法、冷暖交替法、协助调解法“五步走”）家庭纠纷化解机制，审结涉少刑事案件和家事民事案件164件。适用当事人财产申报、离婚诉讼冷静期等制度，制作专门家事文书80份，发出人身安全保护令2份。举办“关爱留守儿童·传递法律温暖”“法护成长”等青少年普法活动18次，编发校园法制期刊6期、2.10万份。

【生态文明保护】 2017年，县人民法院审结涉生态刑事案件16件25人、民事案件17件。坚持打击与保护并行，健全司法告知和生态修复制度，将被告人“复绿补种”、赔偿经济损失等行为纳入刑事量刑考量范畴。

【攻坚执行难题】 2017年，县人民法院着力破解查人找物和财产变现难题，“点对点”查控范围覆盖12大类26个协助执行单位；建立执行悬赏保险机制，完善网络司法拍卖。纳入失信被执行人名单515人，限制高消费103人，限制出境2人，司法拘留41人（次），因拒执移送公安立案侦查4件、4人，判处拒执罪2件、2人。年内，受理各类执行案件1680件，执结1509件，比上年分别上升16.60%和36.70%；执行结案率89.80%，执结到位标的1.80亿元。开展为期三个月的“雷霆”专项行动，出警56次、147人（次），执结案件349件，到位金额2781.20万元。开展“金融执行大会战”，执结金融执行案件117件，到位标的1.10亿元；攻坚涉民生专项执行，为氨盛化工、信和光伏等公司307名工人追回工资款221.30万元。

【规范审判程序】 2017年，县人民法院在全市法院率先使用“一案一人一账号”案款管理系统，实现案款流转与发放全程留痕。通过12368执行短信公开平台推送节点信息，上网公开执行裁判文书，以公开促公正。以群众反映强烈的信访案件为突破口，重点整治不规范执行行为，处理群众来信来访15件、42人（次）。

【防控维稳】 2017年，县人民法院落实大调解“四四三”[构建村居（社区）、乡镇（街道）、县级、行业等“四级调解平台”，健全领导干部定期接访包案、机关干部下基层排查化解、信访与“三调联动”衔接、社区稳定风险评估“四个机制”，实行常态化研判、网络化督导、系统化保障“三化运作”]工作部署，诉前调解案件163件。利用远程视频调解系统，调处当事人在外地、在境外的民事案件7件。

【组建新型审判团队】 2017年，县人民法院坚持以法官为核心、以审判业务需求为导向，组建6个审判团队和1个执行团队。第一批11名聘用制书记员已全部到位。成立由4个专业法官组成的会议团队，为重大疑难案件审理提供法律适用意见。缩减提请审委会讨论案件范围，审委会讨论案件数量较2016年同比下降52.80%。

【深化科技运用】 2017年，县人民法院加强司法管理数据录入和实际应用。年内，所有案件电子卷宗随案生成，历史档案数字化工作完成前期招标。利用“法信——中国法律应用数字网络服务平台”等智能辅助办案系统，升级执行指挥“总对总”（与最高人民法院财产查控系统对接，可实现全国范围内被执行人在多家银行存款信息的查询、冻结及部分银行存款的扣划执行）查控体系。

【基层法庭建设】 2017年，县人民法院筹措资金翻新修缮灵地人民法庭。9月，嵩溪人民法庭综合楼建成并投入使用。基层法庭全年审结案件224件，调撤率49.60%。

【接受民主监督】 2017年，县人民法院邀请政协委员参加“法院开放日”活动，聘请代表委员担任廉政监察员和人民陪审员。举办人民陪审员培训班2期，人民陪审员参审案件378件，参审率93.10%。

撰　稿：林　晶

司法行政

【概况】 2017年，县司法局稳中求进，攻坚克难，维护社会稳定，服务科学发展，为建设宜居宜业幸福新清流做出应有贡献。

【“七五”普法】 2017年，县司法局发放法治宣传资料9.40万份，接受法律咨询1000多人次，悬挂横幅320条，举办讲座90余场，出动宣传车60余次。组织开展“送法进校园”“法制夏令营”“模拟法庭”等活动，宣传枪爆犯罪、安全教育、禁毒等方面法律法规，增强青少年法律意识。协调龙津、嵩口、嵩溪等10个乡镇配合《法制日报》驻福建记者站举办“乡村普法行”法治讲座，提高农村干部法律知识和法律意识。联合县法院、农业局、教育局、统计局、总工会、城市管理局等17家单位、部门在龙津广场开展“12·4”国家宪法日系列宣传活动，现场解答咨询120余人次，发放宣传物品600余件。

4月7日，县司法局到县消防大队开展“送法进军营”法律知识讲座（县司法局提供）

组织廉政法律法规知识测试2次和举办行政机关工作人员法律知识培训3期。7月、11月，依法治县办对13个乡镇开展普法依法治理工作半年、年终检查，督促、指导各乡镇补齐短板，完善依法治乡（镇）工作。在巩固原有法治文化阵地基础上，新增沙芜、长校、赖坊法治长廊3处。加强基层民主法治建设完善村民自治机制。开展民主法治示范村（社区）创建活动，申报长校河排村为省级民主法治示范村，龙津长兴社区为全国民主法治示范社区。

【法律援助服务】 2017年，县司法局为全县31个贫困村、23个空壳村聘请法律顾问，提供无偿公益法律服务。走访1119户贫困户了解法律援助服务需求，为82名贫困户提供法律援助。投资3.86万元新建“12348”法律服务热线平台，结合法律援助、公证等职能，服务社会稳定，引导当事人合法合理表达诉求，减少、化解社会矛盾纠纷。年内，全县律师和法律工作者办理各类诉讼案件157件，非诉案件33件。担任法律顾问46家，代写法律文书81份，提供法律咨询3871人次，挽回、避免经济损失2亿元；律师参与县领导信访接待35人次；县公证处办理各类公证368件；法援中心办理各类法律援助案件84件，代写法律文书18件，为受援人挽回经济损失近800万元。

【人民调解】 2017年，县司法局完善多元化纠纷调解衔接机制。在长校、嵩溪、嵩口、龙津、灵地等5个镇成立民间调解工作室，聘请专兼职调解员19名。总结出“五心”（热心接待民众、耐心倾听民声、细心化解民怨、公心换取民心、爱心促成和解）、“三法”（降温法、开锁法、分解法）创新调解方法，提高纠纷解决成效。开展“防风险保稳定，护航金砖会晤，喜迎党的十九大”人民调解专项行动，专门成立调解小组27个，深入村、居（社区）、企业及县重点建设项目地排查化解矛盾，确保厦门金砖会议、十九大期间社会稳定。全年排查出各类矛盾纠纷512件，其中山林土地纠纷84件、损害赔偿纠纷75件、邻里纠纷165件、合同纠纷10件、房屋宅基地纠纷24件、其他纠纷154件。调处成功508件，调解率100%，调解成功率99.20%。

【社区矫正】 2017年，县司法局开展“两类”人员（社区服刑人员和刑满释放人员）大排查、大走访8次，逐一登记造册“两类”人员832人。开展全县社区服刑人员涉毒尿检2次，无一人涉毒。集中点阅全县社区服刑人员并进行现场集中教育学习5次，受教育560人次。每天随机抽查社区服刑人员手机定位轨迹和社区服刑人员电话各20个，依法办理社区服刑人员不准出入境备案，与厦门、泉州司法局协作管控在厦、在泉清流籍刑满释放人员100人。全县累计接收社区矫正人员858人，累计解矫745人，在矫人员113人。

【安置帮教】 2017年7月，县司法局联合县商务局举办“两类人员”电商技能短训班两期，参训100余人，为两类人员回归社会提供技术支持。协调相关部门，对生活困难、患严重疾病等情况“两类”人员，帮助落实临时救助、过渡安置、就业保障等政策。全县在册刑满释放人员721人，衔接率98%，帮教率98%。

撰稿：林 锋

福建省清流监狱

【概况】 2017年，福建省清流监狱落实“治本安全观”，突出主责主业，创新教育改造方式方法，强化警职队伍建设，确保监狱安全稳定。全年采集狱情1.16万余条，处置异常狱情110余件。实现第17个“四无”（无狱内重大案件、无押犯脱逃、无非正常死亡、无重大安全事故）安全目标。

【监狱安全隐患排查】 2017年，福建省清流监狱开展风险隐患问题排查，排查出隐患问题23个，化解率100%。组织“百日安全攻坚战”活动，开展各类督察410余次，督察发现各类问题441起，下发效能整改通知书、隐患整改通知书等26份，整改落实问题隐患70余处。

消除各类较大安全隐患27起，下发服刑人员告诫通知书5份。

【提高教育改造质量】 2017年，福建省清流监狱坚持以“治本安全观”为指导，以提高服刑人员教育质量为目标，不断强化教育改造工作机构、人员、经费、设施等机制保障，夯实教育改造工作基础。突出教育改造工作的人文关怀，丰富、创新监区文化活动，拓宽服刑人员兴趣小组活动参与面，组织服刑人员排练“鬼步”热舞，编排适合服刑人员的广场大众舞，探索开展“武林大会”“跑男游戏”“闯关任务”等综艺娱乐比赛，激发服刑人员的参与热情。开展亲情帮教会11场，参与亲情帮教活动服刑人员400余人次，服刑人员家属达1000余人次，并以此为契机，举办行跪拜礼、盥足仪式、赠书传道等旨在教化服刑人员崇德向善，感恩父母家人的传统亲情文化仪式。突出传统文化的教育引导，增强服刑人员自我改造动力。把优秀传统文化教育与新一轮“中华魂”主题教育活动相结合，通过创新授课、主题讨论、演讲比赛等形式，引导服刑人员树立和践行社会主义核心价值观。坚持把伦理道德教育、因果教育、爱与感恩教育和励志教育相结合，帮助服刑人员建立知善恶、辨是非、遵伦理、畏法纪、勇改过的改造意识，引导服刑人员深挖犯罪根源，、做好人生规划。坚持每月开展一次内容丰富、形式多样心理健康教育，推广服刑人员愤怒控制训练、正念训练等团体辅导活动，强化心理干预措施，对摸排出来的重点及思想极端服刑人员，及时进行心理健康评估，及时识别、干预和治疗服刑人员心理疾病，从源头上控制服刑人员影响安全的风险点。探索符合服刑人员心理特征的心理教育授课方法和内容，鼓励民警制作心理健康教育授课课件，完善心理健康教育体系。

【服刑人员创业就业指导】 2017年，福建省清流监狱与驻地人社部门合作开设电子商务与酒店管理专业，招收170余名服刑人员入学。加强服刑人员创业就业指导，对即将刑满释放人员进行SYB（针对有劳动能力和创业愿望的失业人员及其他创业人员开展的创业能力培训）培训指导，吸引社会企业进监招聘，为服刑人员搭建创业就业平台。

【素质强警】 2017年，福建省清流监狱开展岗位业务培训、技能训练、岗位练兵活动。开展入职培训新民警11人、组织基层民警32人到莆田监狱、泉州监狱开展跟班学习，与闽西监狱联合组织中层以上领导干部122人到浙江大学继续教育学院参加能力培训；组织分管改造领导、狱政管教48人到闽南师范大学开展狱政狱侦业务培训；组织近三年入警的新民警91人到武警中队开展封闭集训，做好31名见习民警实践带教工作。

【执纪监督】 2017年，截至11月，福建省清流监狱开展规律性检查22次，突击检查41次，专项监督检查5次，查处问题86起，服刑人员刑释前谈话1044人，开展纪委书记接待日活动11次、纪检委员接待日活动70次、纪检检察联系会议3次、执法监督员座谈会1次，抽查230名服刑人员会见录音；处置信访举报件9件。

撰　稿：伍传杰

11月9日，福建省清流监狱干警开展岗位大练兵（福建省清流监狱提供）

军　　事

人民武装

【概况】 2017年7月，县人武部机构调整，按照军队改革新编制体制要求，设现役干部3人，设军事科、政治工作科与保障科3个科室。年内，县人武部围绕强军目标，强化“四个意识”（政治意识、大局意识、核心意识、看齐意识），突出重点，求实创新，军事训练有序开展，部队安全稳定，国防动员建设明显提升。1人被军分区评为安全管理先进个人和优秀基层干部，获军分区嘉奖1人，长校镇武装部被军分区评为规范化达标先进单位。

【练兵备战】 2017年，县人武部对辖区交通主干线、水库等重点目标和易发生地质灾害点进行实地勘察，修订完善处置突发事件和防汛

10月12日，开展县民兵营长暨情报信息员集训（县武装部提供）

抗洪、抗震救灾、森林火灾扑救等各类战备方案和配套保障方案。组织室内战术作业，进行民兵应急分队实战化拉动演练，得到军分区高度评价。

【民兵组织整顿】 2017年，县人武部完成基层骨干民兵（简称基干民兵）实战化编组任务。合理编组基干民兵应急、支援、储备3类队伍，编实龙津镇、嵩溪镇和嵩口镇3个乡镇为主的1个民兵重点应急连，为平时应急、战时应战打下基础。

【专武民兵集训】 2017年，县人武部举办专武干部、民兵营（连）长、民兵分队集训7期，参训242人。参加年度省、市"三新"专武干部集训及装备使用、维修等专业技术骨干集训23人。

【征兵工作】 2017年，县人武部围绕市征兵工作"两保、一降、一杜绝"（即保质量、保廉洁，降低退兵率，杜绝责任性退兵）总目标要求，开展征兵工作，县乡两级首次在全县聘请廉洁征兵监督员，自觉接受群众监督，完成征兵任务。

【双拥共建】 2017年，县人武部主动协调驻军部队参加"双拥模范县"创建活动，做好迎接省、市"双拥创城"检查，组织干部职工和民兵预备役60余人参加植树活动。做好精准扶贫工作，走访慰问"五老"人员、贫困户10户。开展助学兴教活动，帮扶贫困学生19人，对接助学兴教资助款4.20万元。

撰　稿：刘先松

武　警

【概况】 2017年，武警大队按照《大队落实〈纲要〉工作规范》，发挥"前沿指挥所"作用，抓基层打基础、实现"两个确保"（确保以执勤处置突发事件为中心的各项任务圆满完成，确保部队内部高度稳定和集中统一），完成上级赋予各项任务，清流中队、六中队实现执勤零通报。9月份在金砖安保勤务中，立个人三等功一人，受支队嘉奖8人，被评为"金砖会晤安保标兵"1人；在上等兵评功评奖中，评出优秀义务兵16人，受到支队嘉奖4人，受到大队嘉奖5人，受到中队嘉奖7人；12月，支队记个人三等功4人，五中队一班立集体三等功；下属四中队、六中队被武警福建总队评为基层建设先进中队。在年终评功评奖中，受到支队嘉奖5人，评出优秀干部4人、优秀士官17人、优秀义务兵28人。

【军事训练】 2017年，武警大队进行新兵岗前培训和执勤能力考核，考核全部合格上岗。宁化中队、六中队在支队实战化快速射击集训考核中，分别取得第四、第五名，宁化中队1人在支队龙虎榜创纪录活动中获得两项第一，1人在支队搏击教练员、器械教练员集训中，取得第二、第三名。大队突出抓执勤编组、执勤课题以及擒敌术、刺杀、防暴装备操作与使用、自动步枪操作、专勤训练以及体能等科目训练，通过月、季考核，大队官兵训练成绩达到良好以上。

【政治教育】 2017年，武警大队组织官兵学习领悟习总书记系列重要讲话精神。大队督促所属中队深入学习三级党委扩大会议、"三个筹划会"和"两会"精神，开展以"维护核心、听从指挥"主题教育、"两学一做"教育活动为主要内容的专项教育。清明期间，开展革命纪念园扫墓和"清明祭英烈"演讲活动。5月，大队推荐至总队技术学兵11人，指挥士官集训20人，学员苗子和士官学校考生10人，培养党员发展对象16人。6月，在总队"四会"优秀政治教员授课评比中获得第一名。

【应急演练】 2017年3月，武警大队针对"两节""两会""3·14"等敏感期，会同目标单位开展联合方案演练、联合安全检查，提高两警协同处置、共保安全能力。5月，组织对五中队、宁化中队应急班进行拉动；6月，指导五中队、宁化中队与县政府开展防汛演练，补充抢险器材，为担负抢险救援任务做准备。

【临时勤务】 2017年1—6月，武警大队共出动兵力6次59人，完成武装押解、两会安保、献祭花圈、

7月25日，组织开展反恐演练（武警大队提供）

防汛演练等各类临时勤务。10—12月，大队出动兵力6次75人，完成武装押解勤务2起、客家祭祖警卫1起，

【厦门金砖会议安全保卫任务】 2017年8—9月，在金砖安保环闽设卡任务中，武警大队协同公安干警查验车辆33249辆、人员130469人，查获违法车辆26起，在逃人员14人，涉毒人员103人，套用车牌1套、管制刀具35把、毒品4.50克，为金砖会晤铸牢安全屏障。

【安全隐患排查治理】 2017年，武警大队结合开展安全大检查和"百日安全竞赛"活动，开展执勤隐患排查治理。协调监狱拆除四中队2号岗楼下方残余墙体，更换探照灯2台，完成1号岗楼新建工程；指导六中队加装摄像头，解决北侧监墙监视区因监狱办公楼过高导致不能通视的问题；指导宁化中队争取经费35万余元，完成执勤台改造、探照灯安装及巡逻道蛇腹型刀刺网更换。

【后勤管理】 2017年，武警大队四中队投入2万余元，更换各楼层洗漱池、部分班宿舍空调等设施。投入25万余元，新建塑胶篮球场和更换库室门等零星工程建设。协调县政府为五中队争取经费30余万，用于冲锋舟库、战备综合库、车库改造。

【解难帮困】 2017年，选退期间，武警大队为3名上等兵申请评残，为4名干部、4名士官申请困难补助。

撰　稿：陈　平

人民防空

【概况】 2017年，县人防办按照人防建设"战时防空、平时服务、应急救援"服务宗旨，履行职能职责，提高服务质量。年内审批人防工程易地建设9件，征收人防易地建设费77.70万元。

【防空警报维护】 2017年，县人防办派出专业警报技术人员更换电声警报器电路主板7个。12月9日，防空警报试鸣日鸣响率100%。

【人防宣传教育】 2017年，县人防办投入3.39万元人防宣传经费，编印《人防简报》3期，印制《防空防灾知识手册》1000册。利用广播电视台与街心公园大型LED屏幕宣传《中华人民共和国人防法》《福建省人民防空条例》及人防知识1个月，悬挂人防宣传横幅标语18条。在县委党校和4所中小学开展人防教育，受教育的党政机关干部260人、学生5000多人。

【人防工程易地建设专项检查】 2017年，县人防办开展收缴防空地下室易地建设费专项检查工作，追缴入库人防易地建设费255.34万元。县人民法院受理裁定光明地产项目人防易地建设费408万元，进入执行程序。县国贸泰达物流开发有限公司建设的公路港信息管理中心项目欠缴人防易地建设费9.60万元，进入司法程序。

撰　稿：万国华

经济管理监督

发展和改革

【概况】 2017年，县发展和改革局全力推进“五比五晒”项目竞赛活动、生态文明建设、扶贫开发建设、社会事业发展、第十五届“6·18”项目成果交易会等重点工作，加强经济运行监测分析，及时提出相关对策措施。加强固定资产投资跟踪管理，挖掘新增潜力，确保固定资产投资稳步增长。全年完成固定资产投资115.60亿元，比2016年增长16.90%。实施投资工程包21个，年度计划投资8.30亿元，实际完成投资8.46亿元，占年度计划101.90%。抓好第三产业督促管理，市级三产重点项目8个，总投资33.40亿元，年度计划投资7.90亿元，实际完成投资9.52亿元，完成年度计划120.52%。

【服务县域经济发展】 2017年，县发展和改革局深化行政审批制度改革，精简投资项目审批前置条件。实行“一口受理”“限时办理”制度，提高当日办结率，全年实现零差错办理各类审批、核准、备案项目248个(其中审批69个、核准3个、备案176个)，总投资100.28亿元。加强国家政策和投资导向研究，全年争取到国家和省上资金补助项目34个，项目总投资1.69亿元，其中补助资金1.09亿元，项目涉及重点流域生态补偿金、重大产业提升工程、扶贫改革试验区项目、以工代赈项目、清流县档案馆建设、闽江防洪工程三明段（一期）、新增粮食产能田间工程、集镇供水工程、重点防护林工程、“6·18”科技成果转化、游客集散中心等。服务实体经济，为企业排忧解难。东莹化工在办理新增生产生活附属设施项目“环保型制冷剂项目附属配套工程”时急需征占用地、用林，县发展和改革部门及时与省、市发改委沟通协调，省重点办出具《关于确认清流县新型环保制冷剂生产项目建设内容的复函》，对项目办理用地、用林手续提供保障。

【项目资金监管】 2017年，县发展和改革局开展2013—2017年扶贫专项资金、2014—2017年中央预算内投资项目的监督检查自查工作，督促项目业主抓好整改，确保资金规范管理和专款专用。加强对政府投资小规模工程建设项目招投标监督管理，规范招投标市场秩序，解决招投标活动中存在的挂靠资质、串标围标、违法转包等问题。联合监察局、财政局等7个部门下发《关于进一步加强和规范政府投资工程建设项目招标投标管理工作的通知》《关于进一步加强和规范政府投资小规模工程建设项目招标投标管理工作的通知》《关于进一步加强和规范政府投资小规模工程建设项目招标投标程序的通知》等文件，规范和简化招投标程序。

【融资方式创新】 2017年，县发展和改革局引导符合条件的企业到主板、“新三板”、海峡股权交易中心挂牌上市，年内列入省重点上市后备企业3家，即宏畅（福建）农牧科技有限公司、福建省大丰山禽业发展有限公司、福建省宏硕生态农业发展限公司。5月25日，福建双叶生态农业科技股份有限公司在海峡股权交易中心挂牌。加快推进国家专项建设基金项目建设，全年列入1～6批国家专项建设基金项目5个，项目总投资13.46亿元，安排专项建设基金1.05亿元。项目全部开工建设，完成投资3.32亿元，支付专项建设基金0.84亿元，支付率79.93%。推广PPP运作模式，录入国家重大建设项目库项目12个，总投资37.37亿元。其中，总投资7.05亿元的清流县水利和环境综合治理及道路工程PPP项目（一期）已落实社会投资人并洽谈项目合作协议和PPP项目合同。向上申报PPP项目前期经费和清流

6月18日，县委常委、常务副县长刘远隆（左2）、县发改局局长李钦火（左3）参加第十五届中国海峡项目成果交易会（杨　颖摄）

县城乡垃圾环卫一体化项目，列入2018年中央预算内投资补助，资金3400万元。依托“6·18”工作机制，推动各种创新要素向中小微业聚集，推进对接项目落地转化，引导更多民间资本投入中小企业对接项目。展化化工、邱元农业、华溪薯业3个项目获省级扶贫开发工作重点县项目成果转化扶持资金126万元。2017年第十五届“6·18”落实企业技术需求征集21项，落实项目对接75项，总投资15.60亿元。

【生态文明建设】　2017年5月、6月，县发展和改革局分别制订并以政府办名义下发《关于落实清流县国家生态文明试验区2017年改革成果清单的通知》，以县委、县政府名义出台《清流县贯彻落实〈国家生态文明试验区（福建）实施方案〉任务分工方案》。县发展和改革局完成省级空间规划编制资料收集工作；组织高宝、红火、东莹3家企业完成2017年度碳排放权交易相关工作，并成功在海交所挂牌交易。申请清流县南面乡镇饮用水源地环境治理工程、清流县俞坊水库水源涵养林森林生态功能提升工程列入三明市实施小流域生态修复与可持续发展试点工程；申请实施文昌河生活污水和垃圾处理设施建设项目列入全市山水林田湖生态保护修复捆绑项目；制定《清流县龙津镇桥下溪小流域生态修复与可持续发展试点示范方案（2017—2019年）》；清流县城乡垃圾环卫一体化项目列入2018年重点流域水环境综合治理中央预算内投资计划。展化化工有限公司利用“一种生产过硫酸钠产生的氨水回收处理系统专利技术和一种化工污水处理系统专利技术”获2017年“6·18”科技成果转化资金扶持，补助资金46万元。

【“五比五晒”项目竞赛】　2017年，全县新增1000万元以上“五个一批”项目库存数428个，总投资401.50亿元；新增亿元以上“五个一批”项目库存数149个，总投资304.79亿元。比谋划晒前期，全县新增1000万元以上谋划项目库存数163个（其中：亿元以上项目81个），总投资200.84亿元。比招商晒签约，全县组织各类招商活动117场（次），新增1000万元以上签约项目库存数110个（其中：亿元以上项目25个），总投资92.76亿元。比开工晒进度，全县新增1000万元以上开工项目库存数71个（其中：亿元以上项目24个），总投资57.41亿元。比投产晒成效，全县新增1000万元以上投产项目库存数61个（其中：亿元以上项目14个），总投资38.46亿元；新增1000万元以上增资项目库存数23个（其中：亿元以上项目5个），总投资12.03亿元。比服务晒质量，实行领导挂包、要素保障、一线推进等工作机制，推广项目全程代办、容缺后补审批、网上审批、周末预约无休办理等服务。

【重点项目建设】　2017年，11个省重点建设项目累计完成投资15.47亿元，占年度计划119%；20个省行动计划重大项目累计完成投资23亿元，占年度计划130.90%；15个市重点建设项目累计完成投资30.87亿元，占年度投资计划121.50%；110个县重点建设项目累计完成投资45.54亿元，占年度投资计划101.10%。

撰　稿：张华涛

统　计

【概况】　2017年，县统计局以统计改革为主线，以统计服务为中心，以统计基础建设为抓手，努力提高统计数据质量和统计服务能力。开展全国第三次农业普查工作，全面完成各类统计报表上报工作。新增入驻“正统网”电子商务企业7家，入驻“正统网”企业总数46家。

【统计培训】　2017年，县统计局深入乡镇、企业开展统计培训，提高统计数据质量。1月，举办全县规模以上工业统计报表培训会；3月，组织全县有关部门和乡镇的分管领导、统计人员共58人参加的固定资产投资、统计法培训会；4月，深入龙津镇举办规模企业统计员业务培训会，该镇23家规模企业统计员参加培训。

【基础统计数据质量监控】 2017年，县统计局修订和完善统计数据质量评估制度，建立和完善统计数据责任追究制度。按照“开网即查、随报随审、关口前移”的数据审核模式，对源头数据采用线上线下相结合、计算机程序与人工审核相结合的审核方式，并自定义审核公式，对企业网报的数据进行全方位审核监控。强化对数据波动异常企业的检查与核实。

【完成全国第三次农业普查】 2017年，县统计局完成所有农业经营户和农业经营单位的入户登记和PDA录入上报工作。全县普通农业经营户26190户，规模农业经营户1459户，农业经营单位684个。

【住户样本调查轮换】 2017年，县统计局完成全部15个调查点的摸底调查工作，以及全县150户住户调查样本轮换户业务培训，并进行试登记。

【2017年人口抽样调查】 2017年，县统计局完成本次县人口抽样调查6个样本点的入户调查，完成情况为459户，登记人口数1736人。

【统计服务】 2017年，县统计局抓好以GDP为龙头的统计月报、季报、年报各项经济指标的评估审核，分析县域经济运行态势，发挥统计晴雨表作用。加强对经济运行的预警预测。完善月度、季度经济形势分析会议制度，关注苗头性、突发性和系统性问题，客观反映县域经济社会在新常态下的发展特点。每月及时在清流县政府门户网站发布统计月报和每月经济运行分析报告，为县域经济的发展出谋献策。做好《清流统计年鉴》编印工作，为领导决策提供依据。2017年，统计信息被《清流快讯》采用6篇，被市统计局网站采用11篇，被《福建统计工作》采用1篇。在固定资产投资项目入库、建筑、工业、商贸企业上规上限申报以及服务社会各界需求过程中，逢节假日、休息日实行“预约无休”工作制；在办理过程中，逢下班时间延时服务，办结为止。

【统计普法及执法】 2017年，县统计局针对统计工作中存在统计违法等问题，结合“农业普查”开展《统计法》宣传活动，着重抓好《中华人民共和国统计法》《中华人民共和国统计法实施细则》《统计违法违纪行为处分规定》《福建省统计工作管理办法》《中华人民共和国行政复议法实施条例》《统计从业资格认定办法》《全国农业普查条例》《中华人民共和国行政复议法》《统计执法检查规定》的宣传。开展统计执法检查，年内通过“双随机”抽取全县13家规上企业进行统计执法检查，行政处罚企业3家，其中进入一般处罚程序企业1起，简易程序2起。

撰　稿：陈奕华

5月3—8日，县统计局工作人员进村入户对收支调查记账户进行现场指导培训（县统计局提供）

审　计

【概况】 2017年，县审计局围绕县委、县政府重大决策部署和“马上就办，真抓实干”的工作要求，拓展审计工作领域。全年完成审计项目51个，查出问题资金1.91亿元，其中管理不规范金额1.07亿元，违规金额8419万元。核减工程款约5763万元。查出非金额计量问题141个，提出审计建议69条。移送纪委案件1件，移送问题线索10条、扶贫领域问题3个。5份审计报告、1份审计要情获县委、县政府主要领导批示。

【民生资金审计】 2017年，县审计局重点审计精准扶贫、保障房、民政系统救灾救济三项惠民资金、公立医院改革、经济责任审计等项目12个，发现存在改变专项资金用途、资金拨付不及时或重复拨款、专项资金结存量大、财务及经办人员监管失职、项目推进缓慢、精准扶贫识别不准、惠民政策未落实等问题55个，从体制机制建设、资金管理、政策解读、责任落实等层面提出审计建议20条，整改完成40个，整改完成率73%。

【预算执行审计】 2017年，县审计局首次采用省、市、县审计机关三级联动方式，重点关注县本级财政预算执行情况、加快产业转型升级资金使用绩效、支持现代农业发展资金使用绩效、财政事权和支出责任划分、地税部门税收征管和优惠政策执行情况。审计查出问题金额6052.68万元，其中改变资金用途300万元，未按规定纳入预算管理4604.12万元，其他1148.56万元。

【政府投资项目审计】 2017年，县审计局确定15家中介机构列入助审名录库，审计项目建设全过程。发现项目建设合同严谨性不足、签证不细致不合规、拨付工程进度款不合规等问题，并督促责任部门整改。全年完成政府投资项目审计33个，送审价5.82亿元，审后价5.24亿元，核减工程款0.58亿元。

【领导经济责任及财务收支审计】 2017年，县审计局开展台创园、里田乡、灵地镇、公安局（市统一组织）、供销社、行政服务中心、清流一中等7个单位领导经济责任审计（其中任中审计3个、离任审计4个）及龙翔城市建设投资有限责任公司财务收支审计。重点揭示被审计单位在重大经济决策、执行财经纪律、国有资产管理、工程项目建设等方面存在的问题，审计发现问题47个，问题金额3461万元，提出审计建议23个，移送纪委案件1件，通过审计督促责任人“在其位，谋其政”。

【审计问题整改】 2017年，县审计局向纪委、主管部门移送问题线索10条。组织作出诫勉、提醒谈话处理32人。责令个人退回违规发放津补贴36.97万元。对2016年31个审计项目、104个问题整改落实情况开展“回头看”，对“整改不到位的坚决不放过”。通过精准扶贫审计，推动全县扶贫联席会议、综合检查、责任追究等3个管理机制建立。通过惠民政策审计，促进民政系统开展自查工作，规范乡镇民政办财务管理，促进全县80周岁以上老人高龄补贴政策调整。

撰 稿：罗水梅

11月20日，县国家重大政策项目跟踪审计组成员深入集美创业园建设施工现场实地查看（县审计局提供）

物价管理

【概况】 2017年，县物价局以“防通胀、保民生、促发展”为工作重心，完善价格调控，深化价格改革，加强价格监管，发挥价格职能，努力保持市场价格平稳运行，服务地方经济发展。

【市场价格监测】 2017年，县物价局落实重要商品和服务价格监测报告制度，定期采集涉及农副产品、重要能源、农资商品、建筑材料等4类28个品种价格信息，向县委、政府和市物价局报送价格监测数据和分析资料，并通过县政府政务集中公开栏和微信公众平台向社会公布，全年公布重要商品和服务价格监测数据及分析资料12期。

【发布民生价格信息】 2017年，县物价局专人负责定期采集城关3家超市和农贸市场31种主要食品及水、电、气、成品油等5种民生价格，在清流电视台、清流新闻网、政府门户网、以及《清流网》和《清流县物价局》微信公众平台发布“价比三家”的《晒价格——清流县民生价格信息》，全年发布57期，实现民生价格信息发布渠道多元化。

【规范政府定价行为】 2017年，县物价局贯彻落实《福建省定价目录》和《政府制定价格行为实施细则》，对目录中授权县级人民政府管理的商品和服务价格，科学、规范地实施管理，按规定程序做好调定价事项，履行制定价格职责。按照新的定价规则程序和要求审批县医院停车收费标准，程序清楚，手续完备，得到三明市物价局好评和肯定。

【发挥价格职能作用】 2017年，县物价局贯彻落实《福建省人民政府关于发挥价格机制作用促进国家生态文明试验区（福建）建设的意见》（以下简称《意见》）和省物价局贯彻落实《意见》任务分解表，落实省级出台的环保收费、电价、水价、气价等价格改革政策，关注市场价格动态，及时汇总上报重点价格工作进展情况，督促各项工作落实。建立清流县农业水价综合改

5月7日，县物价局在龙津广场开展纪念《价格法》实施十九周年宣传活动（县物价局提供）

革联席会议制度，推进农业水价综合改革。贯彻省物价局《关于运用价格政策促进补齐民生短板的意见》，落实促进教育事业、养老事业、城乡民生基础设施建设的各项价格、收费政策，补齐民生短板，加快各项民生事业发展。

【公布收费目录清单】 2017年2月，县物价局对全县所有行政事业性收费项目进行全面清理审核，确定县本级2017年度有收费资质的行政事业性收费单位名单及其收费项目清单，及时在县政府门户网站向社会公布，严格执行收费目录清单制度，未经公布的单位均无权征收行政事业性收费。

【收费清单动态管理】 2017年，县物价局根据《财政部、国家发展改革委关于清理规范一批行政事业性收费有关政策的通知》，自2017年4月1日起，取消或停征41项中央设立的涉及企业或个人的行政事业性收费。对照中央及省市对应取消或停征的收费项目，对2017年度行政事业性收费目录清单进行重新清理规范，确保上级出台的取消或停征收费项目减负政策全部落实到位，减轻企业和社会负担。

【涉企收费管理】 2017年，县物价局加强涉企收费管理，落实涉企收费目录清单常态化管理制度。8月，经清理审核，再次公布《清流县涉及企业行政事业性收费目录清单》，其中包括2017年7月31日前由国家和省制定出台的22个部门共计35项涉及企业的行政事业性收费目录。做到收费目录进清单，清单之外无收费。

【经营服务性收费管理】 2017年，县物价局组织开展本级涉企经营服务性收费清理工作，重点对以企业为缴费主体的各类经营服务性收费、特别是行政审批前置中介服务收费进行清理规范，于12月底完成清理工作，并在县政府门户网公布《政府定价管理的经营服务性收费目录清单》，其中包含省、市、县三级政府定价管理的经营服务性收费目录清单。

【价格收费检查】 2017年，县物价局开展涉农、涉企、教育、医疗、机动车停放服务收费等专项检查，查处价格收费违法案件1起，实施经济制裁金额34.80万元，其中没收违法所得金额31.80万元，并处罚款3万元。

【受理价格举报投诉】 2017年，县物价局打造“12358”价格举报监管平台，全年受理价格投诉举报件6件，其中立案查处涉及价格违法行为投诉案件1件，罚款500元；其余5件经调查核实后及时给予答复，维护消费者合法权益。

【规范价格认定工作】 2017年，县物价局严把涉案价格认定工作质量关，受理价格认定业务47起，标的195.70万元，其中：刑事案件34起，标的76.07万元；行政事项价格认定业务13起，标的119.63万元。受理涉纪案件价格认定业务1起，为司法、纪检、行政等机关办理案件提供依据。

【服务公车改革】 2017年，县物价局价格认证中心接受县公务用车改革领导小组办公室提出的价格认定协助，开展公务用车价格认定工作，为公务用车拍卖会提供依据。全年受理拍卖底价认定业务4批次、78辆次，认定标的值139.84万元。

【价格争议调处】 2017年，县物价局在县汽车站和九龙购物中心建立价格争议调解处理工作站2个，推进工作站点规范化管理。加强价格争议调解处理与价格举报投诉联动工作，强化价格争议调解与人民调解、司法调解的衔接配合，提升价格争议调解处理的服务能力和水平。全年受理价格争议调解处理业务2起，涉案金额1700元。

【落实公平竞争审查制度】 2017年，县物价局贯彻落实国务院在市场体系建设中建立公平竞争审查制度意见，牵头建立县公平竞争审查工作局际联席会议制度，并于12月主持召开首次局际联席会议，推进公平竞争审查制度实施。

【《中华人民共和国价格法》宣传】 2017年5月初，县物价局组织开展纪念《中华人民共和国价格法》

实施十九周年大型踩街暨价格咨询等系列活动。并在县人民政府门户网、清流新闻网、清流网、清流物价等网站和微信平台发布《价格法》相关宣传资料和信息。

【推进权责清单融合】 2017年，县物价局推进权力清单和责任清单融合，依据有关法律法规及省市部门权力清单，对照本单位的行政权力清单和公共服务事项清单进行规范调整，取消7项、合并1项、调整2项、增列行政权力事项2项；根据“三定”方案确定职能，增列其他权责事项5项。经梳理融合，保留权责事项32项，将梳理调整后的权力清单和责任清单融合编制出《清流县物价局权责清单》，上报县委编办审核后统一对外公布。

撰　稿：陈俊窕

8月30日，市食药监局食品总监游荣纲（左3）到清流开展食品药品安全隐患排查整治督查工作（县市场监督管理局提供）

市场监督管理

【概况】 2017年，县市场监督管理局依法履行职责，规范市场经济秩序，推进市场监管执法，服务市场主体稳步发展。全年全县新增各类市场主体1260户，其中各类企业320户，全县市场主体10580户，首次突破1万户。企业年报工作受到省工商局全省通报表扬。2名干部代表三明市参加全省食药系统知识竞赛获全省第一名。1名干部被省工商局评为先进工作者。

【商事登记制度改革】 2017年，县市场监督管理局开展“五证合一”“一照一码”、电子营业执照、“先照后证”等登记制度改革，推出《便企服务十举措》，实行周末预约无休和“一趟不用跑、最多跑一趟”的电子登记制度。

【商品品牌战略实施】 2017年，全县新申请商标注册85件，其中省著名商标3件、三明市知名商标6件、地理标志证明商标2件。全县已注册商标682件。县市场监督管理局进一步推动县域企业品牌创建工作。9月，召开全县品牌创建工作表彰会，表彰单位8家，发放奖金24万元。

【食品行业示范创建】 2017年，县市场监督管理局组织开展食品安全示范店创建活动，实现乡镇所在地及较大行政村创建1户“农村食品安全示范店”；推进“合作社+农户”豆腐皮小作坊示范创建，推行豆腐皮小作坊标准化生产。

【助力企业发展】 2017年，县市场监督管理局开展以“服务零距离、质量零缺陷”为主题的企业质量技术精准服务，实施企业产品和服务标准自我声明公开。鼓励重点企业主动向社会发布《企业信用报告》。推进企业首席质量官制度，指导企业提升基础管理工作。全年办理动产抵押登记3件，债权抵押登记585万元；拍卖备案3件，合同金额155万元。

【食品安全监管】 2017年，县市场监督管理局开展流通环节食用农产品和乳制品、食用油、饮料、酒类、调味品等节日热销食品监督检查。加大对餐饮酒店的行业标准管理，保证群众“舌尖上的安全”。全年抽检食用农产品240批次，快检食品3600个样品，一次性餐具500批次，酒类、茶叶30批次。查处在卤制品中添加罂粟粉案1起、在包子中添加甜蜜素案2起、以及不合格水产品、竹筒酒等案件。加强校园食品安全监管，安排布置全县33家公立学校食堂升级改造和“明厨亮灶”建设。突出对校园周边餐饮店、食杂店开展监督检查，查处各类食品案件14起，为学生营造良好的食品安全环境。

【食品药品安全追溯管理体系建设】 2017年，县市场监督管理局开展食品药品安全风险分级管理评定、食品安全追溯管理体系建设。完成全县食品生产销售餐饮服务单位的风险分级管理评定工作，辖区食品药品生产零售企业、大型超市纳入食品药品安全追溯管理系统。在豆腐皮、花生等生产企业开展“一品一码”工作试点。

【民生计量器具检测】 2017年，县市场监督管理局开展各类计量器具检测工作，检测压力表、加油机等各类计量衡器共计 2539 台（件）。

【电梯安全专项治理】 2017 年，县市场监督管理局开展电梯应急救援演练宣传，抓好电梯隐患整治，依法查处使用、维保中的违法违规行为。全县有电梯 375 台，其中正常使用 341 台。

【消费维权】 2017 年，县市场监督管理局开展以“网络诚信 消费无忧”为主题的系列宣传活动。在全县范围内开展“诚信商家·放心消费”创建工作，营造安全和谐消费环境。全年受理各类申诉、举报、咨询 307 件，办结率 100%。

【监督执法】 2017 年，县市场监督管理局开展“红盾护农”农资产品专项检查，履行监管职责，维护农民权益。抽查农资经营企业 24 户，抽查样品（自行抽检）16 个，其中 2 个样品不合格；立案查处 2 起，案值 1.48 万元，罚没款 1.95 万元，没收不合格化肥 4.80 吨。加强成品油市场整治。对市场上存在的油品无证照经营、违规建设加油站点、违法设置储油库（罐）进行查处取缔并拆除。加强成品油市场监管，遏制走私违法行为，全年查处加油站使用未按照规定申请计量检定的燃油加油机案件 1 起，查处加油站销售不合格柴油案件 4 起，取缔非法储油点 3 个。加大老年人保健品销售管控，采取对提供场所的宾馆、酒店经营者约谈、签责任状、全程逐个报备、跟踪监管等方式，严管严查。

撰稿：强 蔷

安全生产监督

【概况】 2017 年，县安全生产监督局落实安全生产“党政同责、一岗双责、齐抓共管、失职追责”要求，突出抓好安全生产大检查、大排查、大整治和重点行业（领域）专项整治，构建双重预防工作机制，遏制重特大生产安全事故发生。全年发生生产安全事故 2 起，死亡 1 人；与 2016 年同期相比，事故起数下降 33.33%，死亡人数下降 66.66%。全县未发生较大以上生产安全事故。

【完善安全生产责任体系】 2017 年，县安全生产监督局制订《县长副县长安全生产目标责任制》，印发《清流县县委县政府领导安全生产工作责任清单》《清流县县直部门安全生产责任清单》《清流县生产经营企业安全生产主体责任清单》3 个责任清单，向下层层签订安全生产目标责任书，明确乡镇、村两委班子以及乡直单位责任与任务，做到安全生产“三级五覆盖”，安全生产责任精细化、管理网格化。

【健全安全生产考核指标】 2017 年，县安全生产监督局实行安全生产“一票否决”制，将安全生产任务落实情况列入各级各部门年度工作目标综合考评和绩效考评。由县安办综合各乡镇各部门的工作情况，形成安全生产履职报告，专送县委组织部门作为考察干部时的参考。

【重大安全风险源摸排】 2017 年，县安全生产监督局组织开展较大以上事故规律研究，聘请市县相关方面专家对危险化学品重大危险源企业进行全面摸排并建立台账和应急预案。全县存在危险化学品重大危险源企业 4 家，即东莹化工、高宝矿业、展化化工和永福化工。对此 4 家企业建立风险管控台账和安全生产事故应急预案，完成“一图一卡一册”编制。实施安全风险等级分级管控，对各区域、各领域主要风险点进行摸排评估。对排查出的 9 个行业领域 49 个风险点建立档案和安全风险数据库，并对全县非煤矿山、危化企业安全风险辨识和安全风险等级进行评定，完成“红橙黄蓝”四色安全风险空间分布图绘制并上墙，在企业醒目位置设置安全风险公告栏，规范制作并发放给企业员工安全风险告知卡。全县所有乡镇和安全生产监管重点部门均已实现“挂图作战”。

8月26日，县长张春华（左二）带队深入重大安全危险源企业——展化化工检查（县安监局提供）

【安全生产大检查】 2017 年 7 月，县安委会制订下发《清流县政府安委会关于印发安全生产大检查工作实施方案》，召开6次相关会议进行动员部署，各乡镇、各部门、各企业对照检查内容，开展辖区内所有行业领域的安全生产大检查、大排查、大整治。从县委书记到县长、副县长，每人带队到企业、工地、所挂包的乡镇检查均不少于8次，全年检查企业、工地150家次，查出隐患446条。被责令停产整顿企业2家。

【安全生产专项整治】 2017年，各级各部门排查发现各类隐患2857条，全部完成整改。县安全生产监督局针对“水、火、人车、顶板、中毒窒息”等主要致灾因素开展专项治理，加快产能9万吨以下煤矿淘汰关闭整治，完成辖区保留的4家煤矿安全体检，查处和整改隐患283条，下达整改意见书45份，立案调查和停产煤矿1家。推进采空区事故隐患治理，着力整治非煤矿山六类事故隐患（地下矿山中毒窒息事故、火灾事故、透水事故、坠罐跑车事故、冒顶片帮事故和露天矿山及排土场边坡坍塌事故），推动建设地采矿山安全避险“六大系统”，检查非煤矿山45家次，整改问题隐患85项，下达整改指令书16份，行政处罚1家，罚款0.50万元。开展危险化学品综合治理和化工医药、非药品类易制毒化学品、醇基燃料专项整治，检查危险化学品企业89家次，整改安全隐患97条，下发整改指令书28份，现场处置决定书3份，行政处罚企业1家，罚款1万元。开展烟花爆竹经营场所“下店上宅”“前店后宅”等不符合安全条件问题整顿，查处经营“三无”产品、非法贮存经营（零售）网点4个，纠正存在不安全经营状况和行为43个，收缴非法烟花爆竹16箱。开展道路交通安全“三年提升工程行动”，以三轮车、出租车、摩托车、农村客运车和大中型客车等为重点开展专项整治，严厉查处酒后驾驶、客运车辆超员超载超速、涉牌涉证、三轮车非法载人等各类交通违法行为2.73万起。开展在建工程、人员密集场所、易燃易爆单位、建筑施工工地、“三合一”场所和高层建筑等安全大排查，出动警力933人次，排查社会单位1377家，发现并督促整改火灾隐患1960处，临时查封18家，责令“三停”4家，行政处罚36起，罚款22.58万元。建筑施工方面重点开展深基坑、高支模、脚手架、建筑起重机械、高层建筑专项整治，检查在建项目38个，整改隐患38条，打击非法违法行为25起。开展工贸企业粉尘防爆、涉氨制冷、有限空间“三项治理”，检查粉尘涉爆企业10家，整改隐患19条。开展打击“黑气”、液化气钢瓶专项整治行动，排查和整改安全隐患23条。同时，开展旅游、特种设备、水利、水上交通、渔业船舶、校车及校园周边环境等行业领域安全专项整治工作。

【建立非煤矿山企业安全管理人员跟班培训制度】 2017年，县安全生产监督局率先在全市建立全县非煤矿山企业安全生产副矿长到县安监局跟班学习培训的制度，规定凡新任矿山安全管理人员都要跟班培训后才能上岗。从8月下旬开始，分3个批次，每批次安排5人进行为期40天的学习培训。期间除学习安全生产法律法规、日常管理业务知识和业务技能外，还随同县安监局工作人员入矿下井开展检查监管及执法工作，增强安全生产意识，掌握解决实际问题的能力。

【委托乡镇安全执法】 2017年，县安全生产监督局在落实县级安全生产执法计划的同时，委托乡镇进行安全执法，并签订行政执法委托协议书，明确受委托主体、委托执法权限、范围、责任、期限和纪律，增强乡镇安监站执法权威。年内，全县乡镇安监站制定监管执法计划，明确乡镇安全监管执法目标任务，提高基层监管执法实效。

【创新安全检查方式】 2017年，县安全生产监督局实行煤矿、非煤矿山和危险化学品等高危行业领域专家对口“会诊”或不定期抽查“会诊”制度以及政府购买第三方技术力量进行安全生产检查，解决基层政府工作人员隐患排查能力普遍不足问题。对全县辖区4家危险化学品生产企业、13家非煤矿山企业和1家烟花爆竹批发企业等高危行业领域开展“政府买服务，专家查隐患”活动，查出隐蔽性较强问题12条。建立非事故预防性强制处罚机制，下发《关于进一步落实安全生产大检查强化警示教育和联合惩戒的通知》实行事前行政处罚，强化过程性、预防性执法，将安全生产监管关口前移。全县执行行政罚款103.57万元。

【打击违反安全生产法律法规行为】 2017年，县安全生产监督局加大对违反安全生产法律法规行为的惩戒力度，大幅提高非法违法行为成本，维护法律法规严肃性。按照“四个一律”（对非法生产经营建设和经停产整顿仍未达到要求的，一律关闭取缔；对非法违法生产经营建设的有关单位和责任人，一律按规定上限予以经济处罚；对存在违法生产经营建设行为的单位，一律责令停产整顿，并严格落实监管措施；对触犯法律的有关单位和人员，一律依法严格追究法律责任）和“五个一批”（曝光一批重大隐患、惩治一批典型违法行为、通报一批“黑名单”生产经营企业、取缔一批非法违法企业、关闭一批不符合安全生产条件企业）的工作要求，对违规生产企业实施停产整顿5家，征收罚款60.87万元。通过县政府门户网站和安委办文件曝光清流县永兴木业有限公司等56家违法违规企业和个人，起到警示和震慑作用。按照“四不放过”（事故原因没有查清不放过，事故责任者没有严肃处理不放过，广大职工没有受到教育不放过，防范措施没有落实不放过）原则，对8月发生的秋口煤矿事故企业和相关责任人员进行立案查处和严肃问责，查处相关责任人7人，罚款41.30万元。

【监管队伍建设】 2017年，县安监局列入县政府组成部门，编制由9人增加到14人。投资120余万元，添置办公设施及执法装备。县财政每年预算安排安全专项经费30万元，全额落实执法人员津贴待遇。配齐配强县安全生产执法大队工作人员，13个乡镇均设立安监站，行政村（社区）配备协管员，基本建成三级网格化监管网络，做到人员、经费、办公场所和设施“四到位”。

【应急救援体系建设】 2017年，县安全生产监督局制订全县安全生产应急工作要点，修订完善煤矿、非煤矿山、危险化学品等安全生产专项应急预案7个。开展煤矿灾害、特种设备、燃气消防、校园应急疏散、交通事故救援等应急演练活动45次，应急救援处置能力增强。

【安全生产宣传】 2017年，县安全生产监督局开展“法制宣传月”“安全生产月”和“安康杯知识竞赛”等活动，利用各种新闻媒体和短信平台宣传《新安全生产法》《福建省安全生产条例》《职业病防治法》等法律法规，增强企业和群众安全生产法律意识。在“安全生产宣传咨询日”，组织29家单位集中开展宣传活动，通过安全知识答疑解惑、发放宣传手册、资料、宣传小礼品、安全警示教育展板、安全知识谜语竞猜等形式，取得良好的宣传效果。全年举办安全生产培训班63期，培训3150余人次，发放安全宣传手册和宣传材料1.20万份，安全宣传物品470余件，展出宣传图片160多幅，接待群众咨询1450多人次，受教育群众2万多人次。

撰　稿：陈华彩

非公有制经济

【概况】 2017年，县非公有制经济办着力探寻服务企业的新方法新途径，力求在促进县域经济总量稳步增加方面取得新成效。全县个体工商户7605户，比2016年增加14.07%；从业人员1.68万人，比上年增长16%；注册资金10.33亿元，比上年增长22.12%。私营企业2286户，比上年增长71.62%；从业人员3.26万人，比上年增长123.72%；注册资本143.38亿元，比上年增长55.66%。上交税收3.20亿元。新增规模以上工业、服务业企业各5家，限上商贸企业9家。非公经济约占经济总量80.30%，一、二、三产比例约为17.7 ∶ 49.5 ∶ 32.8。东莹化工成为三明市唯一纳税超亿元民营企业；春舞枝公司成为全市唯一入选“国家商务部2016—2017年度电子商务示范企业”；气枪厂成为全市2家获得海关高级认证企业之一。台湾农民创业园获农业部综合考评第三名。

【县域项目建设】 2017年，新上项目110个，完成民间投资46亿元。全县非公规模以上企业109家，展化化工过硫酸盐、鑫中天重组等28个项目建成投产或部分投产。实施总投资26亿元技改项目46个，气枪厂整体搬迁扩建、展化化工10条生产线技改搬迁等项目投产。新增省级科技型企业、市级“两化融合”重点企业6家。澳洲鳕鱼现代渔业产业园、海峡兰花文化博览园等项目开工建设，现代光伏农业产业园并网发电，创新型油茶健康产业加快推进。

【创新服务非公会员企业】 2017年，邀请三明市中级人民法院法官张天明到清流作企业法律风险防控专题讲座，100多名会员企业家参加。组织7名企业家参加三明市工商联牵头举办的服务非公经济发展银企对接会，拓展融资渠道。组织会员企业赴清华大学参加三明市企业家发展创新研修班学习。组织部分执委以上企业家赴林畲乡中华文化桂花园参观“圆明重光”文化展、考察苏福茶业有限公司等企业。组织8名企业家参加“三明市第二期商会讲座暨国际国内新形势与‘一带一路’专题报告会”。

【执委会暨迎中秋座谈会】 2017年9月26日召开，会员企业负责人40余人参加。会议组织学习福建省工商联第十一次代表大会和县委十三届四次全体会议精神，审议通过修订《清流县工商联（总商会）会费管理制度》，并参观清流气枪厂有限公司和县城南工业园区集美产业共建园。

【品牌创建】 2017年，全县非公有制经济新增“三明市知名商标”2件，总数21件，新增“福建省著名商标”1件，总数9件。新增“市名牌产品”1件，总数43件。

撰　稿：汤春炜

工　业

经济和信息化

【概况】 2017年，县经济和信息化局以“壮大总量、延长产业、做优财政、激发活力、惠及民生”工作重点为抓手，集智聚力，真抓实干，促进全县工业经济平稳较快发展。全县新增规模以上工业企业5家，总数109家，累计实现产值142.79亿元，比2016年增长19%；实现增加值32.01亿元，比上年增长8.6%，居全市第2位。全县完成工业固定资产投资36.7亿元，比增 24.60%，其中技改完成投资22.60亿元，比增16.10%。全县工业企业累计用电5.54亿千瓦时，同比增长27.03%，居全市第一位。其中南方水泥、博鑫光电、展化化工、东莹化工、高宝矿业等5家企业累计用电4.08亿千瓦时，占全社会工业用电总量的73.6%。全县规模以上工业企业综合能源消费量31.49万吨标准煤，控制在市下达的35万吨标准煤以内。

【工业生产调度】 2017年，县经济和信息化局加强目标管理，结合市下达清流县目标考核任务，调整全县工业经济目标任务，明确各部门和乡镇责任，加强每月调度协调，确保完成全年工业目标。每月对全县主要工业经济指标进行综合分析，了解工业经济运行、企业生产经营、项目建设情况及存在的问题，掌握骨干企业发展情况，预判工业经济运行走势。加强沟通协调，确保企业生产正常运行。全年县工业增加值、工业用电量增幅位于全市前列，特别是用电量连续10个月居全市第一位。

【惠企政策落实】 2017年年初，县出台春节期间连续生产和新增用电奖励政策。县经济和信息化局多渠道加强省市县惠企政策宣传，推动惠企政策落实。合理配置各类资源，帮助企业降低用气、用电及融资等成本。组织5家制造业企业申报省级一季度增产增效用电奖励资金187.1万元，为6家制造业企业申报市级6月正向激励奖励资金19.9万元，落实29家规上企业一、二、三季度县级增产增效用电奖励资金329万元。

【发展主导产业】 2017年，县经济和信息化局协调解决重点行业、主导产业遇到的突出困难和问题，

10月21日，县委常委刘远隆、县经贸局局长江定荣到新上规模工业企业——金知了工贸有限公司调研（县发展和改革局提供）

集中优势资源向主导产业和重点企业倾斜。全年亿元以上产值企业32家，氟化工、林产、轻纺、建材等主导产业完成产值97.34亿元，比2016年增长18.62%，占全县规模以上工业企业总产值68.41%，为全县工业提供有力支撑。

【项目竞赛活动】 2017年，县经济和信息化局全力推进“五比五晒”项目竞赛活动。全年完成工业“五个一批”项目82个，占任务数106.50%。谋划项目有年产5000吨氢氧化锂、年产3000吨六氟磷酸锂等27个；签约项目有东莹化工环保型制冷剂生产扩建、年产20万吨活性石灰等18个；开工项目有城南园基础设施、福宝化工园基础设施建设、东莹环保制冷剂、冠裕笋类食品加工生产等19个；竣工投产项目有昌盛炭业竹炭生产、三明咏华环保塑料袋、展化过硫酸盐区建设等8个；增资建设项目有展化过硫酸盐、鑫中天化工重组、金山萤石矿、明胜萤石矿等10个。其中鑫中天化工重组项目和展化化工新增两条电解线项目投产。

【重点项目建设】 2017年，县经济和信息化局及时宣传省、市出台的推动企业兼并重组、新一轮企业技改的政策措施，帮助企业分析和对接省、市政策，力争更多项目得到省市支持。全年县25个重点建设项目（其中：续建项目4个，新开工项目21个）完成投资12.97亿元，完成县委县政府下达任务的104%。其中，4个续建项目全部竣工，新开工项目有18个完成年度投资计划，6个项目竣工。省市重点项目3个，集美（清流）山海协作共建产业园已在进行基础施工；环保型制冷剂生产扩建项目完成土方搬挖、地勘和图纸设计、宿舍楼施工；城南新区新型城镇化建设项目已在进行部分基础施工。省行动计划项目4个，其中省重点项目2个，另2个为艾恩格电器设备生产、福宝化工园基础设施建设项目。艾恩格电器设备生产项目已在进行厂房施工，福宝化工园基础设施建设项目一期土方已基本完成，已在建设护坡、挡墙等。市重点项目5个，其中3个为省重点项目，另2个为福宝化工园基础设施建设、艾恩格电器设备生产项目。

【企业帮扶】 2017年，县经济和信息化局围绕战略性新兴产业发展、传统产业升级改造、民营经济发展等领域，向上级争取两化融合、技术创新、增产增效、节能技改、市外中标等项目和资金。全年为企业争取到省市县补助资金2393万元。加强与银行、融资担保机构沟通协调，为企业穿针引线，争取银行融资支持。协调相关商业银行为小微企业发放无还款续贷，帮助企业解决转贷资金难题，为企业扩大产能提供资金保障。年内，帮助思恩电气、镇源食品、冠益食品争取农村信用社贷款共780万元，帮助气枪厂争取建设银行贷款1500万元，组织明鑫木业、凯林竹业参加三明市成长贷产融合作政银企对接会。落实《清流县人民政府关于进一步做好地产品采购工作的意见》，开展县内中小企业“手拉手”活动，不定期召集本县原材料生产企业进行协调，争取县内最大化消耗当地工业产品，以缓解企业销售难问题。利用省内外组织的博览会、展销会等平台，组织企业参展，拓展企业产品省内外市场。全年组织苏福茶叶、双叶生态农业和伊科电子等3家企业参加“6·18”产品参展；组织东莹化工、高宝矿业、永福化工参加在杭州举办的氟化工产业“手拉手”活动；鼓励企业参与省外、市外投标，为伊科电子等企业争取市外中标奖励。

【推进两化融合】 2017年，县经济和信息化局以发展智能制造为主攻方向，以提高工业化与信息化深度融合为突破口，改造提升传统优势产业，打造制造业竞争新优势。引导清流气枪厂、伊科电子、南洋服饰、捷鸿家俱等6家企业实施“机器换工”55台（套），引进先进自动化生产设备和高端数控机床，推进生产线数字化改造。为企业申报“两化融合”项目，气枪厂、伊科电子、东莹化工、彩之龙4家企业被列为市级“两化融合”重点项目，为气枪厂、伊科电子申报并争取到市级两化融合项目补助资金81.80万元。

【创建企业品牌】 2017年，县经济和信息化局帮助金星工业园申报市级小微企业创业基地，组织伊科电子和展化化工申报福建省“专精特新”中小企业。其中金星园被认定为市级小微企业创业基地，伊科电子被认定为福建省专业化中小企业，双秋农业发展有限公司的“双秋+图形”牌茶叶（乌龙茶、红茶）获福建省名牌产品称号。

【提升传统产业】 2017年，县经济和信息化局以做大总量，调优结构，完善链条为主攻方向，改造提升煤炭、林产化工等传统优势产业，促进产业提质增效、转型发展。煤炭产业在淘汰落后产能新形势下，重点推进秋口煤矿4扩15技改项目，设计方案已报市煤行办审批，地上、井下、设备等“三类”工程已开始技改施工。林产工业重点推动产业由粗加工向精深加工转变，其中，金知了生态板生产项目已投产，凯林竹业扩建项目已在进行基础施工。

【发展新兴产业】 2017年，县经济和信息化局以突破关键技术、提高核心竞争力、壮大产业规模为主攻方向，培育发展新材料、新能源及节能环保等产业，打造新的经济增长点。全年新兴产业实现产值14.63亿，比2016年增长21%。重点加快清流氟新材料园建设，打造氟化工产业链和研发基地，推进东莹化工环保型制冷剂生产扩建项目早日进行基础施工；加快推进光伏农业大棚并网发电；推动钨矿废弃石重选循环利用项目兼并重组，与上海苍骏实业有限公司达成合作协议。

【推进节能降耗】 2017年，县经济和信息化局围绕年度节能降耗目标任务，强化节能责任，把节能审查作为项目备案、审批、核准必备条件。落实《福建省单位GDP能耗考核体系实施办法》，加强对各乡镇和县重点用能企业节能目标完成情况的考核。开展以“节能有我，绿色共享”为主题的节能宣传周活动。围绕重点节能减排工程，向上争取政策资金扶持，及时下达2016年组织福建高宝矿业、三明南方水泥申报的余热余压自发用电奖励资金31.82万元。累计完成燃煤锅炉淘汰蒸吨数39.40吨，完成整治数20台，提前完成市下达2014—2017年燃煤锅炉节能环保综合提升20吨任务。发展节能和循环经济项目11项，超额完成市下达任务。为南方水泥申报省级、昌盛炭业申报市级节能和循环经济项目财政奖励资金181万元。为6家工业企业环保设施提升改造项目申报县财政补助资金142.20万元。

【促进人才强企】 2017年，县经济和信息化局组织8名企业管理人员和业务骨干参加省、市经信部门举办的现代企业管理、商业模式创新、电子商务、经济转型升级、安全生产等培训，帮助企业管理人员提升经营管理能力和水平。举办“学生劳动就业校企合作暨供需见面会”，组织东莹化工、气枪厂、伊科电子等12家企业和职业高中学生进行供需交流，为企业用工和学生就业搭建桥梁。与县人社局联合举办2017年企业用工招聘会，参与现场招聘企业16家，提供电子商务、旅游服务、机械操作、化工生产、网络客服、工程技术等就业岗位60余个，达成就业意向200余人。帮助展化化工、东莹化工等11家企业16人申报列入县企业经营管理人才库，高宝矿业、鑫港混泥土等4家企业6人申报列入县专业技术人员库。

【安全生产监管】 2017年，县经济和信息化局落实“一岗双责、党政同责”责任制，把安全生产工作落实到具体股室、具体人员。坚持定期召开企业安全生产工作例会，分析安全生产形势和企业履行安全生产职责情况，督促企业履行职责，做到安全生产工作有制度、严监督、重落实。加大宣传教育，开展“安全生产月”宣传活动，深入重点企业检查企业主体责任落实情况，指导山海民爆有限公司清流分公司开展安全生产应急演练。加强对辖区内企业安全生产监督检查，在加强日常监督基础上，全年集中开展4次安全生产大检查，就检查发现的安全制度不健全、内业资料不完善、安全监管不全面等存在问题，督促企业整改。

撰　稿：黄金富

规模工业

【概况】 2017年，全县有规模工业企业101家，平均从业人员11330人，实现工业总产值114.24亿元，工业销售产值113.00亿元、实现利润总额9.07亿元，应缴税收总额5.05亿元。

【工业门类及经济指标】 2017年，全县有规模煤炭开采和洗选业企业2家、平均从业人员589人，工业总产值2.28亿元，工业销售产值2.29亿元、实现利润总额1807万元，应缴税收总额1286万元。

规模有色金属矿采选业企业3家、平均从业人员423人，工业总产值2.69亿元，工业销售产值2.67亿元、实现利润总额1693万元，应缴税收总额2127万元。

规模非金属矿采选业企业8家、平均从业人员454人，工业总产值6.24亿元，工业销售产值6.15亿元、实现利润总额5535万元，应缴税收总额4551万元。

规模农副食品加工业企业10家、平均从业人员913人，工业总产值5.27亿元，工业销售产值5.18亿元、实现利润总额3826万元，应缴税收总额949万元。

规模食品制造业企业3家、平均从业人员354人，工业总产值1.99亿元，工业销售产值1.99亿元、实现利润总额530万元，应缴税收总额52万元。

规模酒、饮料和精制茶制造业企业8家、平均从业人员712人，工业总产值5.62亿元，工业销售产值5.59亿元、实现利润总额4023万元，应缴税收总额1142万元。

规模纺织业企业1家、平均从业人员46人，工业总产值5893万元，工业销售产值5893万元、实现利润总额159万元，应缴税收总额124万元。

规模纺织服装、服饰业企业8家、平均从业人员793人，工业总产值6.15亿元，工业销售产值6.15亿元、实现利润总额1920万元，应缴税收总额932万元。

规模木材加工和木、竹、藤、棕、草制品业企业22家、平均从业人员2017人，工业总产值20.78亿元，工业销售产值20.72亿元、实现利润总额5006万元，应缴税收总额5456万元。

规模家具制造业企业3家、平均从业人员323人，工业总产值2.66亿元，工业销售产值2.53亿元、实现利润总额814万元，应缴税收总额784万元。

规模造纸和纸制品业企业1家、平均从业人员139人，工业总产值6575万元，工业销售产值6575万元、实现利润总额111万元，应缴税收总额200万元。

规模印刷和记录媒介复制业企

捷鸿家具车间（杨　颖摄）

业1家、平均从业人员48人，工业总产值8338万元，工业销售产值8338万元、实现利润总额608万元，应缴税收总额244万元。

规模文教、工美、体育和娱乐用品制造业企业1家、平均从业人员239人，工业总产值1.23亿元，工业销售产值1.23亿元、实现利润总额106万元，应缴税收总额87万元。

规模化学原料和化学制品制造业企业10家、平均从业人员1850人，工业总产值30.66亿元、工业销售产值30.03亿元、实现利润总额4.94亿元，应缴税收总额2.18亿元。

规模医药制造业企业1家、平均从业人员96人，工业总产值6358万元，工业销售产值6358万元、实现利润总额70万元，应缴税收总额114万元。

规模橡胶和塑料制品业企业1家、平均从业人员132人，工业总产值1.65亿元，工业销售产值1.65亿元、实现利润总额127万元，应缴税收总额100万元。

规模非金属矿物制品业企业5家、平均从业人员720人，工业总产值11.27亿元，工业销售产值11.27亿元、实现利润总额9100万元，应缴税收总额3633万元。

规模有色金属冶炼和压延加工业企业3家、平均从业人员267人，工业总产值2.77亿元，工业销售产值2.75亿元、实现利润总额501万元，应缴税收总额710万元。

规模金属制品业企业2家、平均从业人员288人，工业总产值2.01亿元，工业销售产值1.99亿元、实现利润总额242万元，应缴税收总额371万元。

规模通用设备制造业企业1家、平均从业人员66人，工业总产值8509万元，工业销售产值7202万元、实现利润总额196万元，应缴税收总额24万元。

规模电气机械和器材制造业企业3家、平均从业人员416人，工业总产值2.92亿元，工业销售产值2.92亿元、实现利润总额259万元，应缴税收总额755万元。

规模其他制造业企业1家、平均从业人员84人，工业总产值8094万元，工业销售产值8046万元、实现利润总额85万元，应缴税收总额54万元。

规模电力、热力、燃气及水生产和供应业企业3家、平均从业人员361人，工业总产值3.65亿元，工业销售产值3.65亿元、实现利润总额4578万元，应缴税收总额4990万元。

供　稿：统计局

重点企业及名优产品

【福建省清流县东莹化工有限公司】 该企业2002年11月成立，位于清流县龙津镇大路口化工园，厂区占地面积14.67公顷，主营无水氟化氢、五氟乙烷制冷剂等系列氟化产品的生产、销售，生产能力为无水氟化氢5万吨/年、五氟乙烷制冷剂2万吨/年。2017年末，有员工300余人，固定资产3亿元，全年实现工业总产值15.2亿元，实现利税4.4亿元。

【福建三明南方水泥有限公司】 该企业2008年4月成立，原名福建红火水泥有限公司，2016年7月，企业名称变更为福建三明南方水泥有限公司。位于清流县嵩溪镇农科村，厂区占地面积30.67公顷，主营硅酸盐水泥生产、销售，年产各种等级硅酸盐水泥200万吨。2017年末，有员工350余人，固定资产5.2亿元，实现工业总产值13.4亿元，实现利税1.04亿元。主要产品“虎球+HUQIU+图形”“青山虎+QSH+图形牌通用水泥”获“2015年福建省名牌产品”，2017年获国家工信部“绿色工厂”称号。

【福建省展化化工有限公司】 该企业2004年6月成立，位于清流县龙津镇大路口化工园，厂区占地面积约20公顷，主营过硫酸铵、过硫酸钠、过硫酸钾等过硫酸盐系列产品的生产、销售。年产过硫酸盐系列产品4.2万吨。生产规模在国内同行业中排名前列，产品远销国际市场及国内广东、福建、上海，浙江等20余个省市，为福建省重点企业。2017年年末，有员工160余人，固定资产1.3亿元，实现工业总产值3.1亿元，实现利税2300余万元。先后通过 ISO 9001：2000 质量管理体系认证和福建省清洁生产验收，多次获得省市“安全管理先进单位”称号。

【福建高宝矿业有限公司】 该企业 2007 年 11 月成立，位于清流县温郊乡福宝氟新材料产业园内，厂区占地面积 230 亩，主营无水氟化氢、有水氢氟酸等氟系列产品的生产、销售，年产氢氟酸 5 万吨。2017 年末，有员工 220 余人，固定资产 2.4 亿元，实现工业总产值 11.9 亿元，实现利税 9100 多万元。

撰　稿：王冰凌

城镇集体工业

【概况】 2017 年，县城镇集体工业联合社围绕大局，服务发展，务求实效、服务民生、突出特色、为建设宜居宜业幸福新清流作贡献。

【推动工艺美术产业发展】 2017 年，县城镇集体工业联合社组织富鑫工艺品等企业和艺人参加第十二届中国（莆田）海峡工艺品博览会，李建清的石雕作品《万寿无疆》《福在眼前》分别获金奖和铜奖，陈奕洪的木雕作品《毛泽东像》《五帝钱》分别获银奖和铜奖。动员 3 家企业参加 2017 年福建最具创意文化产品展等活动，鼓励支持有条件的 3 名艺人申报工艺美术专业技术职称。

撰　稿：邹运光

石雕《万寿无疆》（作者：李建清）

木雕《毛泽东像》（作者：陈奕洪）

煤炭行业

【概况】 2017 年，全县煤矿企业 5 家，全年煤炭产量 12.96 万吨、销量 13.31 万吨（上年库存 3500 吨），上缴税收 1217.06 万元。

【煤炭生产监管】 2017 年，县煤炭行业管理办公室实行春节后煤矿复工申报验收审批制度。全县 5 家煤矿企业已有罗口煤业有限公司罗口煤矿、罗口煤业有限公司上坪煤矿、秋口煤矿 3 家煤矿批准复工。指导帮助罗口煤业有限公司等 2 家已复工煤矿企业做好年度生产计划。

【化解煤矿过剩产能】 2017 年，全县关闭煤矿 5 家，压减产能 33 万吨，其中新源煤矿、中渡煤矿、长灌煤矿、上坪煤矿各压减产能 6 万吨，马地煤矿压减产能 9 万吨。煤矿企业投入资金 288.96 万元，消除矿山隐患。各关闭煤矿已完成政府公告、硐口封闭施工、通过上级验收。安置职工 285 人，发放安置金 1093 万元，化解社会矛盾。

【煤炭项目工作】 2017 年，罗口煤矿扩建项目（6 扩 15）获省、市部门批准，项目投资 2072 万元，工期 10 个月。秋口煤矿资源整合项目（15 万吨 / 年）获省、市部门批准，项目投资 2328 万元，工期 10 个月。推动瑶上煤矿项目（30 万吨 / 年）招商引资重启项目建设。

【煤矿生产安全】 2017 年，县煤炭行业管理办公室落实煤矿全面安全“体检”专项工作会议及专项工作推进视频会议精神，以“一定五落实”（“一定”即定目标：将全县煤矿“零死亡”确定为工作目标；“五落实”即落实责任、落实监管、落实专项治理、落实质量提升、落实警示教育培训）措施，改善县煤矿安全生产环境。成立专煤矿全面安全“体检”工作专家组。6 月始，实行“周覆盖”安全巡查。加强厦门金砖会晤、十九大会议、汛期等重点时期煤矿安全工作，落实专人包矿盯守。推进安全生产标准化建设，全面提升煤矿安全质量标准化建设水平，加强对煤矿质量标准化工作指导、监管和考评，罗口煤业有限公司上坪煤矿被列为全省二级安全生产标准化试点企业，已通过市、县级初评。

【打击非法、违规开采】 2017 年 1—4 月，县煤炭行业管理办公室在全县集中开展“严厉打击煤矿非法开采和违规开采行为专项行动”（以下简称“专项行动”）。县政府成立以常务副县长为组长，县经信局局长为副组长，县直有关部门副职领导为成员的专项行动工作领导小组，明确各部门职责，重点打击范围和工作要求，确保专项行动有序开展。各产煤乡镇建立乡镇领导分片包干、责任到人的工作机制。1月20日前，对辖区内非法采矿点和已关闭的37个矿硐进行全面摸排，编号建档，逐一落实巡查责任人；采取定期巡查和机动巡查相结合方式，严防死守，杜绝非法和关闭的矿硐死灰复燃。开展煤矿超层越界开采专项检查整治行动，各煤矿企业开展自查；县国土、煤炭、安监等部门组成联合检查组对煤矿进行现场检查，未发现县煤矿有超层越界开采现象。

【风险分级管控和隐患排查治理】 2017年，县煤炭行业管理办公室结合复工复产验收，对煤矿水害、火灾、瓦斯、顶板等进行全面隐患排查。在县罗口煤业公司上坪煤矿组织开展双控预防机制建设试点工作，管控安全风险，实行隐患排查治理的闭环管理工作。不定期组织技术人员以"四不两直"（不发通知、不打招呼、不听汇报、不用陪同接待、直奔基层、直插现场）方式，对1家关闭退出煤矿、1家停产停建煤矿、3家已复工复产煤矿组织开展"全覆盖"安全生产大检查，排查安全隐患。针对北京煤监局异地监察执法检查组检查发现县罗口煤业有限公司上坪煤矿的10个大项、68个小项问题，督促煤矿企业逐项整改落实。全年检查发现隐患283条，开具执法文书45份，已整改283条，整改率100%。全年实现无重大安全生产事故。

撰 稿：刘新根

中华客家祖山文化园（林旭煌摄，2017年）

园区与开发区建设

台湾农民创业园

【概况】 2017年，清流台湾农民创业园管理委员会围绕“立足特色、突出重点、注重创新、辐射带动”工作重点，着重从产业带动、项目建设、两岸交流、服务台商、自身建设等方面下功夫。年末，园区台资企业50家，其中农业企业35家，总投资4.95亿元，实现产值10.10亿元，比2016年增长5.20%。清流台湾农民创业园被列入2017年全国农村创业创新园区省级专家服务基地，在农业部、国台办综合考评中获第三名。

【培育主导产业】 2017年，清流台湾农民创业园管理委员会持续推进花卉苗木、特色养殖、农林产品加工、生态旅游休闲四大产业区发展壮大，促进产业转型升级。花卉苗木产业区。依托森源兰蕙、清龙兰花、千筑种苗、东方龙樱花、东方美人茶等台资企业，辐射带动全县种植兰花、鲜切花、樱花等各类花卉苗木面积4400公顷。特色养殖产业区。利用晟源水产、宏畅农牧、嘉德冷泉养殖等台资企业，引进台湾新品种、新技术、新工艺，成功养殖台湾虹鳟、金鳟、泥鳅、南美白对虾、俄罗斯鲟等。农林产品加工区。园区台资农业加工企业生产的“梦园”牌系列茶、东方美人系列茶、清流正红系列茶、台湾丝瓜精油、清流豆腐皮、赖坊花生等生态有机农产品，深受广大消费者青睐，辐射带动5000余人增收。生态休闲旅游产业区。发挥清流旅游资源丰富优势，农旅融合，推进重点闽台农业合作示范基地转型升级，促进一产与休闲观光、生态旅游产业深度融合发展。依托台资农业企业在赖坊镇建设生态茶园和樱花生态观光园面积各133.33公顷。2月，在樱花园举办第二届清流樱花文化旅游节，吸引海峡两岸游客2万余人到园区观光；东方龙（清流）樱花生态科技有限公司被中国生态旅游品牌发布盛典组委会授予“中国生态旅游优秀赏樱基地”称号；在嵩溪镇建设兰花文化博览园面积10公顷和仿野生铁皮石斛观光园面积66.67公顷。4月，在石斛兰花园举办清流生态石斛兰花园开园仪式，并在中央七套“农广天地”栏目播出；在林畲乡建设生态茶园面积400公顷；在长校镇建设集新品种展示、葡萄采摘、休闲娱乐为一体的现代农业观光园面积20公顷；在里田乡建设盆景葡萄基地及火龙果、百香果采摘园面积13.33公顷。

【闽台合作项目建设】 2017年，清流台湾农民创业园管理委员会按照“资金跟着产业走”思路，统筹全县涉农项目资金集中投向台创园核心区、农业产业集中区，重点实施总投资9800万元的闽台合作项目11个，加大园区水、电、路及喷、滴、灌、钢架大棚等基础设施建设，园区基础设施日趋完善。

精品兰花催花大棚项目。依托森源兰蕙公司，建设玻璃温控大棚面积1280平方米以及精品兰花催花大棚及盆栽兰花展示区。

樱花观光园建设项目。东方龙樱花基地新增种植面积33.33公顷，种植规模面积133.33公顷。完成园区观光步道、樱花观景台、停车场等配套设施建设。

元臻农业开发“东方美人”蒸青绿茶项目。在油茶林下套种“东方美人”面积33.33公顷，新建占地面积850平米标准化茶叶加工厂房1座及蒸青绿茶生产线1条，打造具有台湾元素的生态有机茶园品牌，完善园区晒青场、蓄水池等基础设施建设。

生态茶厂技改项目。引进茶叶加工新技术、新设备，提高茶叶品质，在兰山茶饮、东方美人茶叶加工基地分别建设茶叶萎凋晒青场面积1200平方米、600平方米。

三叶木通种植及加工项目。已

建设三叶木通种植示范基地面积13.33公顷，与九江学院三叶木通研究所合作，开发三叶木通果醋、茶等深加工系列产品，形成规模化种植加工体系，增加附加值。

丝瓜种植与加工项目。建设台湾丝瓜引种示范推广基地面积13.33公顷，实现产值120万元。

大丰山生态农业公司扩大养殖规模项目。在原有25万羽蛋鸡存栏规模的基础上，养殖规模扩大至40万羽，新建标准化鸡舍，完善道路、沟渠、护坡等建设，引进德国先进蛋鸡养殖一体化设备，达到清洁养殖效果。

灵台山生态农业科技园项目。建设游客接待中心、农产品展示展销中心、农家乐餐厅1500平方米，完善停车场、沟、渠、路及蓄水池等基础设施。

清流生态兰花公司石斛仿野生种植基地基础设施建设项目。完成基地卵石步道、木制步桥、景观台、护坡等基础设施建设。

晟源水产新建面积2.67公顷养殖基地建设项目。完成道路硬化4250米、PE管道铺设1510米、护坡档墙300立方米等，新增养殖面积2.65万平方米。

益丰农有机肥加工厂建设项目。完成5000平方米厂区主体建筑物建设，完成2条有机肥生产线安装、调试及投入使用，完善厂区水电及沟渠路等基础设施。

【争取项目资金】 2017年，清流台湾农民创业园管理委员会争取到部级、省级项目资金680万元。其中，争取农业部海峡合作项目资金100万元，主要用于支持樱花精品园项目建设和海峡两岸交流与合作。争取省农业厅、财政厅台创园建设资金200万元，主要用于支持等项目建设。争取省农业厅闽台合作项目资金60万元，主要用于支持引进台湾高产工业丝瓜基地、台湾东方美人茶蒸青绿茶基地等项目建设。争取省农业综合开发项目320万元，用于支持嵩溪、赖坊等乡镇台资企业集中区建设排水工程4.64千米、道路工程3.56千米，以及相关配套设施建设。

【招商引资】 2017年，清流台湾农民创业园管理委员会利用“6·18”“11·6”、农交会、农博会、花博会、茶博会、厦门经贸洽谈会等平台，通过以商招商，宣传清流资源优势，吸引台（外）商到清流投资创业。年内，新引进台资项目4个，均为投资千万元以上项目，分别为福建乾农生态农业发展有限公司、福建省清流融旺养殖有限公司、三明元臻农业开发有限公司、福建龙兴源生态养殖有限公司，均已开工建设，部分实现投产。做好项目策划储备工作，年内策划投资额1000万元以上毛竹工艺品加工、笋竹深加工、淘汰蛋鸡提炼蛋白粉、百香果种植与深加工等招商项目3个。

赖坊大丰山禽业蛋鸡清洁养殖鸡舍（陈汝辉摄）

【清台交流联谊】 2017年，清流台湾农民创业园管理委员会接待台商52余批次560余人。利用清流台商联谊会平台，组织台商举办“烧酒会”6场次，邀请厦门、泉州、漳州、江西、沙县及连城、建宁周边和在清台商300余人次参加；4月，林畲乡巫氏宗亲前往台湾巫氏宗亲联姻结对交流；6月，通过台资企业联络，对接近20位台湾种植、养殖专家和企业家到清流参加第九届海峡论坛台湾青年农民中华农耕文化福建（清流）行活动，三明元臻农业开发有限公司与台湾邓记茶业、乾农生态农业发展有限公司与台湾吉祥农果场现场签订合作意向2项。邀请台湾苗栗县兰花协会、台湾佳欣集团、台中市海峡两岸经济发展协会、台中市生态农业考察团、台湾农渔业产销联盟发展协会等一行深入清流台创园区进行项目实地考察。

【打造园区品牌】 2017年9月，清流台湾农民创业园管理委员会组织森源兰蕙公司、东方美人茶叶公司台商代表参加北京第十五届农交会，清流台创园选送的9家台资企业七大系列的30余个品种参加交易会；11月，组织6家台资企业10位台商参加“三明林业博览会”，组织5家台资企业，选送五大系列15个农产品参加南京大陆台资企业展销会。园区台资企业森源兰蕙、清龙生态兰花等公司选送的展品，分别在中国花卉博览会、中国兰花大会、海峡两岸花博会上，获金奖

清流县国家级台湾农民创业园台资企业部分参展产品（台湾农民创业园提供）

5 项、银奖 6 项、铜奖 5 项；清龙生态兰花公司选送的“兰花”获福建省首届花卉电商产品金奖。

【引进台湾“五新”技术】 2017 年，清流台湾农民创业园管理委员会抓好台湾农业优良品种和先进适用技术的引进、吸收和再创新。年内引进台湾美人瓜、苹果苦瓜、嘉玉瓜、发酵施肥、台湾丝瓜、蒸青绿茶等新品种新技术 6 个，辐射推广面积 66.67 公顷。

【加大技能培训】 2017 年 10 月，清流台湾农民创业园管理委员会投入 6.80 万元，委托县委党校、清流县行政学校举办“台湾现代农业产业技术培训班”，邀请台湾农业专家、学者，市委党校老师授课，围绕农业供给侧结构性改革、台湾休闲农业等开展台湾现代农业产业技术培训，参加培训农业创业者 60 余人；11 月，组织管委会干部和台资企业人员、台湾青年等 12 人，参加由省农业厅、省政府台湾事务办公室秘书处在漳州和福州举办的两岸现代农业合作交流培训班。

【提供融资服务】 2017 年，清流台湾农民创业园管理委员会针对台资农业企业生产资金缺，贷款难、融资难的瓶颈问题，以年初三明银监局出台扶持台湾农民创业园发展六条措施为契机，加强与各商业银行对接，引导各银行允许台资企业利用厂房、设备等作抵押贷款，解决台资企业资金等要素保障。年内帮助园区台资农业企业落实贷款 810 万元。同时，向省农业厅申请贷款贴息资金 8.40 万元，有效缓解台资企业资金难问题。

【落实惠台政策】 2017 年，清流台湾农民创业园管理委员会对入园台资项目在城乡建设用地指标等方面优先，在不低于国家规定的最低价标准前提下，台资农业项目在同等条件下给予一定的地价（租金）优惠。落实省、市、县各项惠台政策，指导、帮助企业开展政策性项目和补助资金的争取申报。为园区台资企业向上争取到 680 万元资金，同时协调发改、商务、农业、林业、畜牧水产等部门从各口径向上争取扶持项目和资金 300 余万元。用好台资农业种养企业均享受下浮 30% 农业生产用电优惠和符合条件的台资企业贷款贴息等，对接上级部门政策“漏斗”，用好用足政策，全力推动园区发展。

【拓展农产品交易空间】 2017 年，清流台湾农民创业园管理委员会引导台资农业企业等生产经营主体与电商平台的对接与合作，拓展农产品线上线下交易，扩大农产品市场销售。清龙生态兰花公司、天宝信息公司与本来生活网洽谈线上销售合作意向，宏畅电子商务公司通过电商平台（020）销售东方美人茶、赖坊花生、白鹜鸭（蛋）、湖羊系列产品、清流红菇等及三明周边地区的农特产品 300 余类，年销售额 5000 余万元。

撰　稿：赵小明

经济开发区

【概况】 2017 年，县经济开发区管理委员会围绕“壮大总量、延长产业、做优财政、激发活力、惠及民生”工作重点，贯彻落实“五比五晒”项目竞赛活动，以园区建设为重点，推进项目建设，筑巢引凤，抓好招商、投产企业运行管理。

【园区基础设施建设】 2017 年，县经济开发区管理委员会创新机制，采用工程总承包（EPC）［即对工程项目可行性研究、勘察、设计、采购、施工、试运行（竣工验收）等实行全过程或若干阶段的承包］模式，推进福宝化工园、集美（清流）山海协作共建产业园、移民工业创业园基础设施建设，降低工程造价成本，缩短建设周期。全年，累计投入资金 4800 万元用于园区基础设施建设。其中，城南园总投资约 1700 万元，进行园区场地平整、道路管网、绿化、人行道、垃圾中转站、文体中心等基础设施建设。金星园总投资约 200 万元，进行维护修缮及文体中心建设项目。福宝园总投资 2900 万元，完成土方搬挖工程和生态挡墙工程，工业水泵房及边坡支域、道路及给排水等项目已开工建设。东莹化工二期

集美（清流）山海协作产业园项目一期施工现场（县经济开发区提供）

扩建项目投资1200万元，完成土方搬挖工程及基础设施建设。

【招商引资】 2017年，县经济开发区管理委员会发挥“以商招商、以企引企”作用。利用“6·18”“9·18”、氟化工专场等大型招商活动平台，做好东莹化工环保型制冷剂、桥梁构件生产、BB弹生产、智能插座转换器生产、千叶百肽、实弹射击俱乐部等项目跟进与对接。做好吉阳太阳能和锦兴木业闲置厂房的盘活，为二次招商提供便捷途径。年内，成功签约项目4个，在谈项目18个。

【企业融资服务】 2017年，县经济开发区管理委员会继续推广园区企业资产按揭贷款业务，为伊科电子、气枪厂等5家企业发放按揭贷款4573万元。做好企业资产按揭贷款贴息资金兑现相关工作，为思恩电器有限公司、冠裕食品有限公司、镇源食品有限公司、伊科电子、气枪厂等企业申报贷款贴息。完成龙津镇高树亭山城山庄东北侧厂房的竞拍收储工作。

撰　稿：黄　斌

山海协作产业园

【概况】 2016年5月19日，清流县政府与集美区政府签订《集美（清流）产业园框架协议》，两地由此开启单方援建向双方共建的新模式。双方协议在清流县城南工业园区内，共建一个占地面积6.67公顷的产业园小微双创基地。双方合作期限5年，其间税收收入用于园区开发建设，期满后产业园移交清流县管理。该项目是双方进行山海合作，扩大共建领域，促进清流经济跨越式发展的省重点项目。2017年3月，集美（清流）山海协作产业园被认定为第四批福建省山海协作共建产业园区。县经济开发区管委会负责该项目规划建设和进度跟踪。项目总用地面积6.39公顷，总建筑面积93275.71平方米，总投资约2.20亿元，资金由集美区与清流县共同筹措，其中集美区出资1亿元，项目建设分两期实施，其中一期建设研发楼、宿舍、食堂、四栋标准厂房、道路管网及附属基础设施，计划工期10个月，二期建设标准厂房（7幢）、室外堆场、广场铺装、绿化、停车场、边坡支护及道路管网等附属设施。

【集美（清流）山海协作产业园建设】 2017年7月，集美（清流）山海协作产业园项目一期进场施工，至年末，建设的1#、2#、3#、5#4幢厂房完成初验，进入室外附属道路管网等基础设施建设；研发楼、宿舍楼、食堂、电子实验室已封顶，进入室内外装修。产业园定位引进电子、轻工、智能制造等方面的工业企业项目。

撰　稿：黄　斌

交　通

公路建设

【概况】　2017年，县交通运输管理局推进交通基础设施建设，全年安排公路重点建设项目2个，计划投资1.43亿元，年度完成投资1.45亿元。完成危桥改造6座、农村公路新（改）建25千米。全县通乡镇和通行政村公路硬化率均达100%。

【建设项目策划】　2017年，县交通运输管理局策划项目4个，即X793线龙津至彭殊生态旅游公路二期项目、县道巫河线（田源至河排）公路完成施工图设计；国道G534（纵七）清流城关过境线南岐至横溪段公路完成行业审查；桐坑至高赖互通公路等项目着手进行前期工作。谋划“十三五”期间将G534线清流嵩溪塘背至城关横溪岭路段25千米按设计时速60千米/小时，双向四车道一级公路标准拓宽改建并列入交通部部库补助，已在对接并着手项目前期工作。

【重点公路项目建设】　2017年，省道204线林畲蛟井至嵩溪黄沙口公路改建项目总投资9800万元，2017年，完成投资8000万元，路基主体工程、蛟井中桥、黄柏样大桥下部构造基本完成，路面完成单幅2千米，完成工程量81%。县道田源白石至沙芫白塔建设项目总投资3000万元，年度完成投资2800万元，路基工程全部完成，路面基本完成，附属工程序时推进，完成工程量93%。

【农村公路与危桥改造】　2017年，县交通运输管理局投资2200万元，改造危桥6座，即红联桥、太山工区桥、炭山桥、茶家园桥、长塅桥、张家园桥；排查、鉴定县道余李线（X788）李家桥为四类以上危桥，将其列入2018年省厅危桥重建项目库及三明市农村公路危桥改造计划，计划投资约400万元，施工便道已贯通。投资1500万元，完成农村公路新（改）建25千米，即大路口至暖水塘、双塘至下溪背、寺林庵至江头、姚坊至水库、雾露坑至雾露坑，寨头至邱元，岭下至田背，范元至箭下移民队，纹溪至东坑、新芹线等乡村公路。

撰　稿：肖治胜

省道S204线清流县林畲蛟井至嵩溪黄沙口公路改建工程（陈汝辉摄）

铁路建设

【概况】 2017年，兴泉、浦梅铁路清流段建设各项工作有序推进，县境内2个标段主线和施工便道全线贯通，临时用地征地工作进入扫尾阶段。

【铁路沿线征迁工作】 2017年，各乡（镇）召开征迁动员会，同时利用电视、座谈会、宣传栏、宣传手册等多种形式宣传征地拆迁有关政策，确保群众知情权和参与权。年内，县铁路建设办公室对服务铁路建设部门和沿线乡镇征迁工作开展情况进行常态化考核4次。兴泉铁路清流段全线开工建设，主线征地面积70.67公顷，占主线用地100%；坟墓迁移325座；签订建（构）筑物拆迁协议25户，占应拆迁户80.65%，拆除面积7930平方米，占65%；完成10千伏及以下电力杆线迁改16处，占总量94%，35千伏电力杆线迁改进场施工；通讯线路迁改22处，占总量88%；征用临时用地面积70.33公顷。浦梅铁路清流段主线征地面积116.87公顷，迁移坟墓613座，100%完成任务；签订建（构）筑物拆迁协议122户，占应拆迁户99.19%，拆除面积2.09万平方米，占总量60%；完成10千伏及以下电力迁改19处，占总量90.40%，35千伏电力迁改进场施工；通讯迁改完成30处，占总量75%；征用临时用地面积71.18公顷。做好拆迁户安置工作。年内，完成田源乡、李家乡、灵地镇安置地块"五通一平"前期工作，并交付拆迁户建设使用。龙津镇、嵩溪镇安置地"五通一平"工作处在扫尾阶段。做好铁路建设维稳工作，及时协调、处理土地权属、补偿费分配争议、农民工工资拖欠纠纷等，将矛盾解决在一线。针对施工过程中出现的影响群众通行、排水灌溉等生产生活问题，主动对接业主单位，协调解决问题27件。

浦梅铁路九龙溪大桥建设现场（陈汝辉摄）

【用地报批】 2017年，县铁路建设办公室协调国土、林业等部门做好铁路主线用地报批工作。浦梅铁路清流段主线用地报批于11月22日获国土资源部批复；兴泉铁路清流段主线用地报批组卷于9月上报审批，林业用地获国家林业部核准。组织各施工单位及时办理临时用地报批工作。兴泉、浦梅铁路清流段分别完成林业临时用地报批手续3批次面积35.26公顷、9批次面积60.40公顷。

【安全生产大检查】 2017年，县铁路建设办公室召开专题安全生产工作会议5次，培训各标段和有关人员198人次。建立每周巡查制度，进行施工现场检查106次，发现问题145个，下发整改通知11份，提出现场整改意见115条。

撰　稿：郑周玲

运输物流

【概况】 2017年，全县完成客运量109.89万人次，周转量8874.26万人千米；货运量408.09万吨，周转量38987.50万吨千米。货车增加95辆，吨位数达1126.52吨位。

【客运业】 2017年春运期间，全县投放客运车辆70辆、1488座位，比上年增加146座。发送旅客5.59万人次，完成客运周转量429万人/千米。共发班车5024班次，其中加班、包车196班次，输送旅客4476人次。年内，更新客运车辆3辆。推进城乡客运一体化试点工作，投入农村客运车辆29辆，开通农村客运线路24条，420个客位。全县107个行政村通班车，通车率96.40%。符合通客车条件的建制村100%开通农村客车。全县已建农村客运站11个、村候车亭98个。

【学生周末班车】 2017年，全县有学生周末班车59辆，其中旅游车3辆，外调车辆2辆。班线8条，分别为清流至李家（长灌）、清流至赖坊（官坊）、清流至余朋、清流至沙芜、清流至长校、清流至廖武、清流至嵩溪、清流至嵩口。全年运送学生32822人次，1820班次，遇节假日、周末学生返家客运高峰，在原班线运行车辆基础上加密班次，采取预售票方式，送票到学生手上，同时到学校接送学生，确保学生安全返家。全年政府财政补贴 20 万元。

【现代物流业】 2017 年，新增“清流县村通物流有限公司”普通货物运输企业。全县各类普通货物运输车辆注册 423 辆，吨位 3640.96 吨；牵引车辆 69 辆、吨位 1884.81 吨。县内唯一大型危险货物运输企业久鸿危险货物运输有限责任公司有 15 辆运输车、501.35 吨位，全年运输收入 600 万元，上缴税收 48 万元。

撰稿：肖治胜

交通管理

【运输市场整治】 2017 年，县交通运输管理局开展交通运输市场整治，规范运输行业管理。重点打击校园周边非法营运行为，查处非法营运车 9 辆，处罚 5 辆、15 万元。依托公路局沙芜道班固定治超点开展 24 小时不间断治理超限运输。对辖区重点公路、重点工地和货运场站、砂石料场进行布控，强化源头监管。全年出动执法人员 1147 人（次），依法查处各类道路运输违法行为 225 起。检查车辆 4002 辆（次），查处违法超限超载车辆 140 辆（次），卸载货物 2288 吨，罚款 114.40 万元。拆解整改非法改装车辆 67 辆，罚款 23.20 万元。排查货运企业、砂石料场 18 家，签订承诺书 18 家。全年开展安全检查 150 家（次），查出安全隐患 146 个，责令限期整改。

【运输安全管理】 2017 年，县交通运输管理局应对春运、台风、雨雪天气、节假日、汛期、高考期间及“金砖会晤”等运输安全工作，组织开展各类平安创建活动。金砖会议期间，层层建立安全生产责任制，客运站把好“配载关、日趟检关、危险品查堵关、证照齐全有效关”。按“人归点、站管车”原则，落实人车分流措施，确保驾乘安全。嵩口高速执法中队加强隧道、桥梁安全保护区隐患排查工作和公路用地及建筑控制区监管。强化恶劣天气联动管控，做好全年防汛防台防范雨雪冰灾等恶劣天气联动管控工作。科学研判节假日客流变化形势，做好与交通监控、高速交警及社会救援力量的沟通，强化联动，提高处置效率。

【河道执法】 2017 年，县交通运输管理局加强部门协作，开展水路运输专项整治及综合联合整治。在龙津河、九龙湖的通航水域内与渔政执法人员开展航道巡航执法工作，保障航道安全。全年出动水上巡航 40 次，执法人员 420 人，清理拦河网 1 道。全县有采砂船舶 140 余组、运输船舶 315 艘。联合开展采砂船舶执法，责令停止生产 16 组，其中强制上岸 2 组。

【规范寄递物流业】 2017 年，县交通运输管理局落实物品寄递及货物运输实名制，摸底排查重点寄递物流企业、重要区域，清查出无证经营寄递物流业户 22 家，抄报市邮政管理局；检查寄递物流企业 52 家（次），发现问题 6 处，整改 6 处。年末，全县已办证寄递物流企业 15 家。

【路产路权管理】 2017 年，县交通运输管理局对“兴泉、浦梅”项目铁路施工道口进行专项检查，督促中铁企业依法办理道口许可并签订协议，落实道口日常维护与管理职责。全面治理县、乡道违规占道、乱堆乱放等危害交通安全及破坏路产路权的违法行为，并对沿线群众进行宣传教育。

【车辆维修管理】 2017 年，县交通运输管理局加强全县车辆维修企业进行日常监管和市场整顿工作，严厉打击只收费不维护、二维检测企业乱收费、只收费不上线检测等违法违规行为，确保车辆维修质量。加强道路运输车辆 GPS 监管。年内全县“两客一危”企业 GPS 系统安装率 100%。实现车辆安全动态管理。

【机动车驾驶员培训市场监管】 2017 年，县交通运输管理局工作人员不定期深入驾培学校检查，督促驾培机构严格遵守《机动车驾驶员培训管理规定》，做好机动车驾驶员培训工作。年内普通机动车驾驶员培训 3146 人，其中小型汽车培训 2769 人、摩托车 377 人。

撰稿：肖治胜

高速交通执法

【概况】 2017 年，省交通综合行政执法三明高速公路支队三大队嵩口中队（以下简称嵩口高速执法中队），管辖泉南线永宁段 K212+500 米至 K266+500 米，其中清流路段 17 千米。全年上路巡查 623 次、总里程 5.84 万千米；清障车辆 416 辆次，累计发生执法案件 97 起；参与处理交通事故 90 起，未发生重大交通事故；协助高速交警实施封道、分流等交通管制 6 次，通知养护部门修复损坏路产 65 处。

【保护路产】 2017 年，嵩口高速执法中队加强日常巡查和例行路产排查，践行交通执法与养护部门联合巡查机制，严查损坏路产逃逸及盗窃路产违法行为。开展“爱路护路宣传月”活动，将宣传工作贯穿于全年路产管理工作中。配合大队开展历年未结路产案件清理、路产损坏索赔工作。

【维护路权】 2017 年，嵩口高速执法中队开展例行桥涵检查工作，防范涵洞桥梁堵塞堆积和危及公路安全违法行为，及时发现和消除安全隐患。对辖区内非公路标志进行全面清理，纠正公路用地放养牲畜、种植作物等行为，通知养护部门修复损坏隔离栅。对辖区建筑控制区进行排查，及时发现和纠正建筑控制区违法行为。

【专项执法】 2017年，嵩口高速执法中队开展“雷霆1号”整治路域环境百日专项执法行动，重点打击各类侵占高速公路用地、危害高速公路安全的违法行为。开展为期15天的“春雷1号”专项执法行动，严查道路运输违法行为。开展“春雷2号”机动车维修专项执法行动，对社会救援收费标准公示情况、救援设备、人员配备情况等进行全程监管，遏制社会救援机构擅自增加收费项目、以污染路面清洗名义向当事人收取费用、不开具规范发票、使用假冒伪劣零件修理车辆等行为，维护当事人权益。年内对抢修单位开展监管14次。开展“春雷3号”打击道路运输违法行为百日专项执法行动，重点打击客运班车、客运包车、危险化学品运输等各类违法行为。检查醇基燃料运输从业人员的从业资质和托运人委托的危险货物运输企业承运资质等。加强与宁化中队及高速交警五大队沟通协作，在泉南闽赣口开展执法勤务检查工作。在嵩口收费站出入口检查三轴以上货车超限运输违法行为。结合“情满旅途”活动，与高速公路交警部门和地方交通综合执法机构协同配合，查处高速公路违法上下客、倒客等客运经营违法行为。配合高速交警做好凌晨2—5时客车落地休息监管工作，做好车辆信息登记工作。

【道路施工监管】 2017年，嵩口高速执法中队开展路面施工监管18次，针对检查中发现的问题要求立即整改。对施工超载、不按规定布控、不按章程作业等行为，严肃处理。

【交通安全宣传教育】 2017年6月，嵩口高速执法中队开展“全面落实企业安全生产主体责任”活动，深入货运企业、客运站、校园、服务区等宣传安全驾驶、安全行车、安全出行知识。开展安全生产谈心对话、安全承诺宣誓、安全生产事故警示教育、安全法制知识竞赛等安全培训教育活动。

5月27日，嵩口高速执法中队开展高速公路执法检查（嵩口高速执法中队提供）

【交通安全监管】 2017年，嵩口高速执法中队加强隧道、桥梁安全保护区隐患排查工作和公路用地及建筑控制区监管。强化恶劣天气联动管控，做好全年防汛防台防范雨雪冰灾等恶劣天气联动管控工作。科学研判节假日客流变化形势，做好与交通监控、高速交警及社会救援力量的沟通，强化联动，提高处置效率。

撰　稿：范建平

高速征管

【概况】 2017年，省高速公路车辆通行费清流（中心）征收管理所拓展闽通卡业务，提升客车ETC支付率。全年征收通行费7591.02万元，日均征收20.80万元，比2016年增长29.93%。

【查处违章逃费等行为】 2017年，省高速公路车辆通行费清流（中心）征收管理所开展“客车座位证实不符”“利用服务区违章逃费车辆查处”及“查处假冒鲜活农产品运输车辆”等专题活动，排查嫌疑数据。联合闽通卡网点业务员加大对客车使用假行驶证、私自加装座位和业务办理环节审查力度，查获闽通卡加装座位车辆2辆。配合做好整车式称重系统改造工作。

撰　稿：江凤玉

公路养护

【概况】 2017年，县公路分局下设公路站4个，即嵩溪公路站、里田公路站、沙芜公路站、城关公路站。年平均在职职工66人，全年负责专养公路里程120.82千米，干线优良率92.80%，超计划0.80%。分局被三明市公路局评为“安全工作先进单位”；分局办公室被三明市总工会授予“五一先锋号”称号；沙芜公路站被三明市公路局授予“先进（班站）集体”称号；3人被三明市公路局评为先进工作者。

【公路预防性养护】 2017年，县公路分局对全线桥涵、隧道、挡墙等构造物及破损路面、排水系统和沿线易发水毁路段进行全面排查，及时修复。各班（站）做好公路巡查，路面、路肩保洁，及时清除路障，修补路面坑槽并清灌缝。完善新接养S307线永安界至洞口路段缺陷项目5.25千米，完成涵洞检查通道701米、涵帽17个、公里牌4块、百米桩36个，空心砖沟墙加高6413米，涵洞损坏修复118.11立方米。

【保障汛期公路畅通】 2017年，防汛期间，县公路分局加强值班和公路巡查，重点检查和巡视桥梁、涵洞、沿河挡墙等构造物，高边坡路基、地质灾害隐患点等危险源，发现隐患及时排除整改。受强降雨天气影响，管养的S204和S307沿线发生多处溜方，及时组织机械设备进行清理。同时组织班组对沿线破损水沟、桥涵进行修复。6月22日，S307线沙芜乡灌尾村K360.840～K360.890右侧路基坍塌，组织人员对现场进行安全布控，同时现场进行方案设计，采取应急措施对缺口进行抛石反压回填，左侧开通临时便道，确保公路安全通行。

【专案工程项目建设】 2017年，路面大修（改造）工程铁石村到新矶村路段完成主体水泥混凝土路面工程；路面置换板修复工程完工；灾毁恢复重建工程全部完工，完成置换板6400平方米、片石混凝土挡墙838.50立方米；生态示范路集镇整治工程完工，新建花池246.11立方米、混凝土水沟170立方米、盖板块231块，硬化面积476.18平方米；完成生态示范路水沟修复工程和灾害防治工程；林畲毛泽东旧居广场停车区工程，完成地面硬化，栏架、休息亭、公厕建设等，占计划61.50%；完成S307线安保工程，新建钢筋混凝土防撞墙402米；沙芜水毁点修复工程完工，完成路基抛石回填3580立方米。

【"美丽交通生态公路"建设】 2017年，县公路分局实施S307线永安界至洞口路段绿化工程5.25千米的和S204、S307线生态示范路绿化提升工作，种植香樟1036棵、紫薇1256棵、红花继木球1475棵、红叶石楠球1945棵、红叶石楠苗10.26万株、大叶栀子3.15万株、杜鹃花2577株、红花继木苗6万株、红叶石楠球335棵、罗汉松球25棵、茶梅5000株、罗汉松球30个、金森女贞球26个、红叶李29棵、紫玉兰17棵、樱花20棵、红豆杉22棵、丹桂10棵、茶花120棵、草皮4000平方米等。同时做好S204、S307沿线绿化补植补种工作，并按季节做好绿化管护工作。

4月6日，养路工人在清理S204线枯病树枝（县公路局提供）

【平安交通建设】 2017年，县公路分局对施工现场进行综合性检查及一般性安全检查16次。检查出一般安全隐患12条，全部整改消除。开展安全生产月活动，张贴宣传标语100张，发放机动车驾驶员交通事故预防"十要十不开"资料50份、"安全生产月"活动主题手册500份。定制实用性小水壶300个、小扇子1000面，分别印上"关爱生命、关注安全""压实企业安全主体责任、助力平安交通纵深发展"等宣传语，进乡镇、进班站开展安全宣传。开展安全消防防火演练及公路安全应急抢险实地演练，提高职工安全防火及应急抢险应变能力。为4个班站配置监控设备；修复嵩口隧道消防栓；为班站、应急仓库等更换灭火器52个；新增应急仓库货架、应急仓库物资用品、安全警示标志、红绿灯（临时交通控制信号设施）；整治S307线高坑村事故易发路段，增设震荡标线71.40平方米、悬臂式标志牌4面、安全警示标志牌4面。加强桥梁管养，落实桥梁养护工程师制、桥梁日常监管与养护责任制，每座桥梁确定桥梁监管人、日常养护责任人。

【路政管理】 2017年，县公路分局与县交通综合执法大队联合组织专项清理行动6次，制止污染公路36起、堆放物品24起、违法架设1起、拆除非公路标志牌9面，清理桥下堆放沙石138立方米。坚持每月上路巡查不少于15个工作日，制止非法种植农作物7

起、违法设置非公路标志4起，违法架设管线3起；办理路产损坏赔（补）偿案件20起，收取赔偿费8.97万元；受理公路路产损坏赔、公路平交道口占用费6.34万元，制止路面违章行为41起。办理许可案件2起，受理协议式管理16起，全部办结；发放非标续批手续告知函17份、路政行政许可责令改正通知书1份，收取非公路标志牌占用6472元。在全国第3个"路政宣传月"中，出动路政宣传人员92人次，宣传车辆22辆次，开展集中宣传、联合执法活动10次，发放宣传单2000余份，赠送环保宣传购物袋500个，设置宣传展板12块，悬挂横幅8条，并利用4块LED显示屏进行滚动宣传。

【提升应急能力】 2017年，县公路分局重新修订《防台风应急预案》《桥梁、隧道突发事件应急预案》《地震应急救灾预案》和《防抗冰冻灾害应急预案》，做好应急保障、应急救援队伍建设。做好应急机械设备管理、使用、保养、维修等工作，机械使用率68%，完好率97%，实载率59%。

【提高路网服务水平】 2017年，县公路分局完善公路路况信息报告制度，年内报送96330路网平台计划性养护事件715件、交通事故8件、自然灾害1起、其他事件6起，处置完结率100%。

【农村公路管养】 2017年，全县公路规划路线总里程1342千米，农村公路养护里程769.10千米（其中县道养护里程162千米、规划县道41.70千米、乡道252千米、村道313.40千米）。全年群众性养护公路经费353万元（县级配套），有专兼职养护人员126人。2个农村公路应急养护基地投入使用，并配备应急设备及物资。实施农村公路水毁保险机制，投入农村公路保险83万元，并在年内水毁项目修复中通过理赔对余李线、溪燕线等县道及部分乡道进行修复，余朋乡、嵩溪镇、长校镇、灵地镇等乡镇受益。年内先后完成县道余李线、小桐线水沟硬化工程、嵩灵线路面转换工程及田七线、余李线余朋至杨梅后与沙芜至白塔段的公路绿化招投标工作。强化对县道及各乡镇农村公路汛期专项安全巡查，督促指导养护单位及时抢修，对无法立即修复的，设置相应安全警示设施。

撰 稿：林姝颖

和谐自然（林旭煌摄，2017年）

邮政 通信

邮　　政

【概况】　2017年，中国邮政集团公司清流县分公司坚持稳中求进、进中提速工作总基调，把握发展新态势，落实发展新理念，深化改革，提高质量、提升效益，完成邮政业务总收入2101.3万元，比2016年增长4.2%，有效收入累计完成1623万元，累计完成收支差390.5万元。

【金融业务】　2017年，中国邮政清流分公司着眼项目经营、网点经营、客户经营；完善老年、商贸、返乡等客户建档，紧追各类补偿资金、粮农资金、代发工资、地方重点项目资金等，通过开展项目营销活动，年末余额6.99亿元，全年余额净增9751万元，代理保费6900万元。全年实现金融业务收入1457.3万元，占收入比重69.4%。

【邮政业务】　2017年，中国邮政清流分公司邮政基础业务围绕“创新、转型、融合、提升”主线，加快转型发展步伐，全年累计实现收入542.8万元。函件业务：通过整合资源、二次创业、融合发展，全年函件业务实现收入57.2万元。报刊业务：以校园报刊为重点抓手，加大线上自助订阅，全年完成报刊流转额356万元、实现收入105万元。集邮业务：通过开展微营销竞赛活动，拓展客户规模，客户群从政务商务客户向个人消费群体转变，实现收入97.9万元。分销业务：围绕项目营销，转变销售模式，培育精英销售，发挥自营优势，实现收入98.6万元。代理业务：通过代缴电费、电话费、代售彩票，代开税票，实现收入19.1万元。包裹快递业务：组建专业化营揽投部，提升寄递队伍能力，为客户提供“仓储+运营+寄递”一条龙服务，开展一乡一品、一月一品造包运动，主攻轻小件寄递市场，实现包裹快递业务收入164.2万元。

撰　稿：江　慧

12月28日，清流县税邮合作代征税签约仪式（县邮政局提供）

电　　信

【概况】　2017年，中国电信清流分公司设办公室（财务）、网络部、销售服务部、政企客户部四个部室，下设中片、南片、北片3个支局以及1个核心商圈。正式员工数35

人．年内，公司以“量质并重、加快规模发展”“聚焦重点环节、提升服务水平”为主线，以“规模经营、流量经营，市场份额”为导向，强化收入成本意识，努力实现企业规模与效益双丰收。实现全光网，4G网络全覆盖。全年完成主营业务收入2285万元，天翼净增1719部，宽带净增2022户，高清机顶盒净增4751部。

【主营业务提升】 2017年，中国电信清流分公司利用“提前续约享优惠”活动提升宽带续约率，至年末，宽带续约率76.25%，比全市平均高4.2个百分点；管控存量用户导高成无限流量套餐。指导用户使用互联网应用，全触点推荐用户使用天翼视讯，网点重点辅导中老年用户使用微信、翼支付、欢go客户端等应用，提高流量使用率。成功拿下中铁5、3、11局等多个铁路建设方订单，累计新增百兆光宽181部、员工团购天翼216部、尚品宽带5条、专线2条，年增收超35万余元。签约居家养老项目，新增天翼用户620户。营销成功全县乡镇中小学、高速交警、编办等多家单位通信业务。网络改造升级新增宽带300余户，公安视频专项20余条。结合入村入户、融合叠加、标清改高清等方式提速高清发展，提升宽带粘度。发展赖坊他网信息化村宽带高清80户。

【ICT业务拓展】 2017年，中国电信清流分公司ICT（Information and Communication Technology的缩写，即信息和通信技术）项目取得重大突破。中标公安局“平安清流”治安监控项目，金额152余万元，中标教育局实验幼儿园项目，金额49余万元。介入物联网相关企业上下游产业链，新增优恩公司光伏发电项目物联网卡2000张，并向上挖掘市场，协议期新增物联网卡3万张。

【网络建设改造】 2017年，中国电信清流分公司投资850万元，推进全县全光网建设，加快宽带网络升级提速，新增天翼4G基站125个，实现4G网络全覆盖，打造IP化、智能化、融合化、扁平化的下一代综合信息服务网络。新建嵩口一余朋新中继路由和嵩溪至林畲第二路由，实现所有乡镇传输双路由，提升抵御自然灾害的网络可靠性。

【网络综合维护】 2017年，中国电信清流分公司聚焦运维重点工作任务，推进集约化维护、强化新网络新业务支撑能力。完成现场综合化维护工作，推进老旧设备退网，完成S1240交换设备及其它老旧设备退网。在现场综合化维护中清流分公司获“全省十佳网格”，获2017年全市网络资源竞赛三等奖。

撰 稿：陈学凯

7月31日，电信技术人员在进行抗击台风“海棠”基站维护工作（中国电信清流分公司提供）

移 动

【概况】 2017年，中国移动清流分公司落实集团公司“大连接”战略，树立“以客户为中心、以市场为导向”两大理念，立足当前、布局长远，围绕“能力提升”工作主线，推进公司业务健康可持续发展。全年运营收入5000余万元，年末分公司拥有移动用户7万余户，占全县移动通信客户总份额70.24%；其中4G客户占公司移动客户总份额65%。家庭宽带用户超1.20万户。

【4G网络建设】 2017年，清流移动分公司通过“网络大建设”实现13个乡镇、106个行政村4G覆盖，实现热点区域、高速4G全覆盖，完成城区深度覆盖，城区下载速率达30兆比特／秒。宽带建设实现全光网络建设，104个行政村宽带覆盖。全县累计有宏站94个，微站37个，光缆路由133千米，杆路23段。

【基础设施建设】 2017年，清流移动分公司新建基站137个，光缆皮长239千米，杆路131千米。全县有移动2G基站 267个，4G基站247个。按分层分级方式进行传输网组网，全年建设预覆盖光缆54处，实现90%光交进行政村。全年新增宽带小区106个、宽带端口2.40万个，实现所有新建小区光网建设，所有行政村光网络覆盖。

【市场营销】 2017年，清流移动分公司组织2G/3G进农村57场，发展4G客户436户；4G客户转化率92.90%，全区第一位；4G+手机销售占比全区前3。截至年末，累计新增市场占有率58.70%，日均通信客户份额77.96%，4G客户净增份额60.64%，均在全区排名第一。宽带份额40.07%，排名第二。电视渗透率84.50%，数字化服务收入1000余万元，均排名第三。

【信息化项目拓展】 2017年年初，清流移动分公司与清流县政府签订为期5年的“互联网+”战略合作协议。开展公安、教育、医疗卫生、交通等行业的集团信息化抢挖攻坚战。全年集团信息化收入完成870万元，集团专线收入完成260万元。两类专线到达数（含在建）450条，年内新增平安清流、全区学校报警等两类专线175条。

【渠道建设】 2017年，清流移动分公司包含自有营业网点、营业厅引商入柜、指定专营店、宽带服务站、授权代办网点、加盟店、直销员等102个，各网点主要分布在城关及各乡镇行政村，为农村客户提供便捷服务同时，做到全方位服务。公司拥有4G渠道53家，其中四星级以上核心渠道36家，占比67.92%。

【通信综合楼投入使用】 2017年12月16日，清流移动分公司通信综合楼投入使用。该项目于2014年6月开工，2015年7月竣工，完成资金投入2913万元，其中征地290万元，土建1780万元，二次装修（含空调、智能化）843万元。占地面积0.55公顷，总建筑面积6061.20平方米（其中：地上面积5786.70平方米，地下面积274.50平方米），包括地上8层，地下1层，建筑高度31.50米。一层为门厅、营业厅、油机房、配电房；二层为员工食堂、妈妈小屋和儿童活动室；三层为通信机房；六至七层为标准办公层，八层为多功能会议室、员工活动休闲室。四至五层为预留办公楼层。在建的三楼机房配套工程立项批复189万元。

撰　稿：郭瑞霖

4月6日，中国联通清流分公司组织员工开展消防演练（中国联通清流分公司提供）

联　通

【概况】 2017年，中国联通清流分公司贯彻“实施聚焦战略、创新合作发展”要求，坚持“聚焦资源，迅速推动4G发展上规模”工作主线，以“抓党建、促发展、控成本、转机制”为核心目标，开展各项工作。拓展3G/4G行业应用、综合业务，成功签约综合业务集团8个。承办“2017年福建省全民健身运动会三明市首届电子竞技大赛清流分赛区”的“王者荣耀争霸赛”；取得全市“校园市场营销竞赛”小县第一。全年完成主营收入1066万元，比2016年增长3.60%。新增移动网用户3967户，比增11%；新增宽带用户652户，比降16%。全年无安全事故发生。

【降本增效】 2017年，联通清流分公司核对基站电费，降低与铁塔基站费用结算，实现降低成本电费3.26万元。整合自有营业厅，降低企业经营风险，减少营业亏损。

【机制体制改革】 2017年，联通清流分公司响应国有企业混合所有制改革号召，召开员工大会，进行机制体制改革宣传。10月末，机构改革方案落地执行，划小单元为政企网格、社区网格、建维网格，小CEO模式初具雏形，人员平稳过渡。

【平安监控验收】 2017年，联通清流分公司对全县平安监控2013年一期30路、2014年二期28路进行验收，全部合格。

撰　稿：黄可彬

农　业

综　述

【概况】 2017年，县农业局围绕推进农业供给侧结构性改革主线，以农业增效、农民增收、农村增绿为目标，全面完成各项主要农业经济指标。实现农林牧渔业总产值28.78亿元，比2016年增长3.89%；农民人均纯收入18060元，比增9.70%。全年争取到各类项目资金7252.84万元。清流县被列为省级现代畜禽产业园创建县，现代渔业重点支持县。县畜牧站被评为2017年全国基层畜牧技术推广示范站；县畜牧水产局被三明市农业局评为2016年度完成渔业安全生产目标责任制先进单位。福建省大丰山禽业发展有限公司获“国家蛋鸡标准化示范场”称号，清流县沧龙渔业专业合作社理事长陈志仁获“全国农业劳动模范”称号，清流县畜牧兽医水产局选派工作人员代表三明市参加省海洋与渔业厅水产品禁用药物快检技能竞赛获团体和个人三等奖。

【农业综合生产能力提升】 2017年，县农业局完善田间配套工程，投资559万元，实施改造中低产田新增粮食产能提升项目面积249.80公顷。投资952万元，实施高标准农田项目建设面积266.67公顷。投资1212.64万元，实施2017年农业综合开发提前批项目，建设标准农田面积666.67公顷，通过项目实施，项目区可新增粮食产量815吨，年新增产值1700万元，项目区人均增收580元。

【光伏农业观光园项目开工建设】 2017年，总投资1.85亿元的光伏农业观光园项目开工建设，项目将太阳能发电与设施农业有机结合，实现发电、种植加工、休闲观光、精准扶贫为一体的三产融合（即一二三产业融合）综合体。15兆瓦农业光伏科技大棚于8月底实现全容量并网发电；办公综合楼主体完工，在建农业设施大棚5个区。

【农业服务】 2017年，县农业局下派各级专业技术人员85人，围绕春耕生产、苗期田间管理、病虫害综合防治等工作，开展蹲点式、面对面技术指导、服务。全县完成推广测土配方施肥技术面积

5月18日，县农业局在龙津广场开展清流县农产品质量安全“一品一码”全过程追溯体系建设普法宣传活动（县农业局提供）

21333.33 公顷、推广稻草还田面积 6000 公顷。建立耕地质量保护与提升项目县级中心示范片 3 片，乡级示范片 13 片，完成种植紫云英面积 1833.33 公顷。制作、发放病虫情报 11 期、800 余份，手机短信发布病虫防治信息 1800 余条，完成水稻病虫害统防统治面积 1100 公顷（次）；全县水稻发生各种病虫草鼠面积 9514 公顷（次），防治面积 1.91 万公顷（次）；经济作物发生各种病虫草鼠面积 5720 公顷（次），防治面积 13400 公顷（次）。实施农业“12316”热线咨询服务，县乡累计接待来电来访 2.37 万人(次),其中接待来电 1.07 万人(次),接待来访 1.3 万人(次)。县农业服务中心接待来电来访 60 人（次）。来电来访中，需求技术 12245 人（次）、需求信息 5642 人（次）、需求种苗 5195 人（次）、其他项 637 人（次）。专家现场指导 3052 人（次），技术咨询 7391 人(次),举办实用技术培训班 162 期，受训人数 6101 人（次），科技赶集 25 期 94 人（次）。通过开展咨询服务，累计挽回经济损失 929.34 万元，新增经济效益 919.36 万元。

【农产品质量安全】 2017 年，县农业局利用下乡检查、开展技术指导以及上街开展农产品质量安全宣传咨询服务活动，发放标准化操作手册，各类蔬菜、水果质量安全生产技术规范口袋纸和明白纸，加强农业标准宣传、推广，编印发放农业标准化技术资料、农产品质量安全告知书、《清流县农业生产经营主体生产记录表》等宣传资料 6000 余份，推进全县农产品按标生产水平。组织开展农产品质量安全风险排查，督促生产经营主体按标准生产、合理用药、科学施肥，全面落实农产品质量安全源头控制措施。开展农产品质量安全专项治理行动，重点开展禁限用农药专项整治、农资打假专项治理、茶叶农残超标专项治理、豆芽生产专项治理和生产记录专项执法检查等五项整治行动，检查生产经营主体 162 家次，出动 600 人次，发放宣传资料 3000 余份，发放《清流县农业生产经营主体生产记录本》324 册，现场咨询培训 3 场次，指导 600 人。全年完成农产品质量安全监测总数 5083 个，总体合格率 99.84%；全年送实验室检测样品 48 个样。落实可追溯平台企业 40 家，其中年内新增 4 家。完成 34 家可追溯平台注册企业的可追溯终端采购、分发。全县纳入国家食品药品监管平台涉农企业 50 家。在全省率先实行农产品“一品一码”全程可追溯管理，列入省市级农产品质量安全可追溯体系建设企业 6 家。

【落实惠农政策】 2017 年，县农业局落实地力支持保护补贴 1214 万元，受益面积 8800 公顷；种粮大户补贴 22 万元，受益面积 496.53 公顷；水稻保险承保面积 8466.67 公顷，理赔 228 万元；为建档立卡贫困户投保人身意外险 26 万元；完成农村土地确权合同签订 27673 份，合同签订率 98%。

撰　稿：雷志荣

种植业

【概况】 2017 年，县农业局建立连片面积 33.33 公顷以上水稻产能区示范片 52 片，总面积 3200 公顷，其中重点优质稻示范片面积 1660 公顷，示范推广两优 688、荃优丝苗、晶两优华占、晶两优 534、两优 616、福两优 366、中浙优 8 号等优质稻品种。在嵩口镇马排村核心示范片面积 13.33 公顷的基础上辐射带动嵩溪镇、嵩口镇、温郊乡、林畲乡、里田乡、龙津镇等建立机收再生稻示范片共计面积 84.13 公顷。全县完成粮食播种面积 1.79 万公顷，其中水稻面积 1.15 万公顷、旱杂粮面积 6466.67 公顷。粮食总产量 9.15 万吨，与 2016 年基本持平。

【推广“五新”集成应用】 2017 年，县农业局推进水稻机械育插秧，年内新增水稻工厂化育秧示范点 1 个，全县示范点 7 个。推进县粮食产业机械化、规模化、专业化水平，规模种粮大户和家庭农场 150 余

10 月 13 日，省农科院作物所技术人员正在给清流桂夏豆 2 号、华夏 10 号大豆生产基地测算产量（县农业局提供）

户，全县水稻耕种收综合机械化水平73.22%。在嵩溪、嵩口、余朋建立桂夏豆2号、华夏10号大豆种生产基地面积66.67公顷，完成省级储备大豆种子生产25吨任务。

【果树更新换代】　2017年，县农业局优化果树产业生产布局和品种结构，完成新植果园面积30公顷，其中优质柑桔类面积13.33公顷、芙蓉李面积10公顷、猕猴桃面积3.33公顷、早熟梨面积3.33公顷。猕猴桃产业历经4年，进入初投产丰收期，市场供不应求。县旺林生态农场、森泰果蔬专业合作社申报福建省园艺标准园创建项目。

【经济作物规模种植】　2017年，全县完成蔬菜种植面积4866.67公顷，完成设施农业大棚验收面积8.13公顷，全县设施蔬菜总面积318.67公顷，其中钢架大棚面积38.67公顷，中小拱棚面积113.33公顷，遮荫棚面积166.67公顷。认证蔬菜企业4家，分别是清流县嘉城果蔬种植园、福建润丰农业发展有限公司、三明市赖坊乡历史文化名村开发有限公司、清流县御品淮山有限公司。建立食用菌生产基地4个，发展食用菌专业合作社5家。全县栽培食用菌1200万袋，产量6300吨，产值6500万元。

撰　稿：雷志荣

茶产业

【概况】　2017年，清流县茶园面积3046.67公顷，其中生态茶园面积1000公顷，是福建省乌龙茶地理标志保护区域和全国重点产茶县。重点茶叶生产企业主要有苏福茶业有限公司、福建双秋农业有限公司、东方美人（清流）茶叶有限公司、清流县桦信果蔬有限公司、林畲乡福润茶厂等。福建省苏福茶业有限公司、福建省双秋农业有限公司两家茶企为福建省第八轮（2016—2020年）农业产业化龙头企业。2017年，全县干茶总产量1906吨，产值6603万元。

【茶产业项目实施】　2014年10月，清流县入选第三轮（2014—2016年）福建省现代农业（茶业）生产发展资金项目县，项目连续实施3年，每年补助500万元～700万元，用于标准化生态茶园建设和茶叶初制清洁化改造。至2017年年末，全县完成第三轮茶产业项目实施，建设生态茶园1000公顷，累计完成中央财政资金补助1674.60万元，完善茶园道路建设36.47千米，建设茶园蓄水池8621立方米，完成清洁化厂房改造7座。

【茶叶生产技术改造】　1997年前，茶叶基本靠人工采摘，1998年始，莲花茶场引进采茶机作业。2014年，福建省清流县苏福茶业有限公司投资3000万元引进1条全省最先进的全自动化红绿茶生产线并投产，成为全省单片茶园面积最大、生产全程机械化程度最高、产能最大的茶园，可年产精茶25吨，粗茶600吨，产值超过2000万元。2017年年底，三明市元臻油茶有限公司与东方美人公司合作，引进日本进口蒸汽杀青绿茶自动化生产线1条。

【创建茶叶品牌】　2009年6月，福建省苏福茶业有限公司梦园红茶、梦园绿茶、梦园白茶、梦园翠峰获农业部绿色食品认证。2012年9月，福建省苏福茶业有限公司注册的“梦园MENGYUAN及图”商标被省工商局评为福建省著名商标。2015年2月，梦园牌茶叶（绿茶）被评为福建名牌产品，同年2月、5月福建省双秋农业有限公司生产的铁观音先后通过农业部无公害食品认证和绿色食品认证。2016年在昆明召开第十四届中国国际农交会上，“梦园”红茶获金奖。福建省双秋农业有限公司生产的“双秋＋图形”牌茶叶（乌龙茶、红茶）被省政府授予“2016年福建名牌产品”。

【重点茶企】　**福建省苏福茶业有限公司**　由浙江客商苏水标先生创办，成立于2002年，注册资金1000万元。公司位于清流县林畲乡，先后被评为三明市市级农业产业化龙头企业和福建省农业产业化龙头企业，集茶叶生产、加工、销售为一体，被列入福建省农产品质

苏福茶业系列产品（杨　颖摄）

苏福茶叶晾青车间（杨　颖摄）

量安全可追溯企业，公司拥有茶园面积400公顷，各类茶树品种17个，主要有福云6号、福鼎大白、龙井43、元宵绿、毛蟹等，拥有加工厂房33000平方米。2009年苏福茶业有限公司生产的“梦园”红茶、铁观音通过农业部绿色食品认证。2012年9月，公司注册的“梦园 MENGYUAN 及图”商标被省工商局评为福建省著名商标。2014年，苏福茶业有限公司投资3000万元引进全省最先进的全自动化红绿茶生产线并投产，成为全省单片茶园面积最大、生产全程机械化程度最高、产能最大的茶园。2015年2月，公司生产的梦园牌茶叶（绿茶）被评为2014年度福建名牌产品，7月和9月分别获得美国可口可乐公司SAGP管理体系和“雨林联盟”国际认证并成为福建省唯一一家美国可口可乐供应商，每年供应干茶400～600吨。公司采用“六统一”管理模式（统一标准、统一农资、统一管理、统一加工、统一品牌、统一包装），实施“从茶园到茶杯”生态型、科技型、低农残生产管理，不断提升茶叶品质，助推“梦园”优质茶品牌，所有产品达到欧盟、日本、美国的农残出口限量指标。公司以“做老百姓喝得起的放心茶”为己任，茶园管理坚持走机械化道路，引进日本川崎公司的修剪机、采茶机、植保机、中耕机代替传统耕作，产品加工采用自动、清洁、智能化生产线，实现茶叶加工全程不落地，质量安全可追溯，流向可跟踪。产品远销江苏、浙江、福建等地，出口日本、欧盟等国家。通过实施全省第三轮现代茶业生产发展项目，建设茶园水泥道21.70千米，蓄水池2300多立方米，解决了133.33公顷茶园路难行及用水灌溉问题，亩产鲜叶增收10%以上。2017年，苏福茶业有限公司参加由福建省人民政府组织的“闽茶欧洲行”活动并载誉归来，增强了清流县茶业在世界的影响力；同年5月，在首届杭州国际茶叶博览会上，苏福茶业有限公司入选由农业部牵头国内157家知名茶企与茶业机构组成的“中国茶产业联盟”。

福建双秋农业有限公司　公司由泉州客商陈建业先生于2012年创办。2011年，陈建业先生在清流县赖坊乡开发乌龙茶基地。2012年3月，注册成立福建省双秋农业有限公司 .2016年收购赖坊大丰山茶厂。2017年，公司拥有优质乌龙茶基地333.3公顷，年产乌龙茶干茶量120吨，红、绿茶50余吨，是清流县最大的乌龙茶生产企业，先后获三明市农业龙头企业和福建省农业产业化龙头企业称号，为清流县乌龙茶带来先进的种植、生产、加工、营销模式。2015年，公司生产的铁观音获农业部绿色食品认证，2017年公司生产的“双秋+图形牌茶叶（乌龙茶、红茶）”被省质量技术监督局评为2016年福建省名牌产品。

东方美人（清流）茶叶有限公司　2011年9月，台商邓智龙在清流县注册成立东方美人（清流）茶叶有限公司，计划投资600万美金，建设200公顷集茶叶种植、加工、销售、茶文化生态旅游于一体的现代农业企业，打造清流的台湾茶叶品牌。至2017年，已种植东方美人茶26.67公顷，投入200万元，完成基础设施及水肥一体化系统建设，建成了2000平方米的茶叶加工生产车间1座，公司生产的原生态东方美人茶品质上好并获得高度好评，畅销海内外，产品供不应求。

清流县桦信果蔬有限公司　由台商许良远创办。1992年许良远先生投资700多万元人民币，创办了清流县第一家台资企业桦信果蔬开发有限公司，开启我县闽台茶业交流的序幕。公司生产的“清流正红”茶叶先后在海峡两岸茶叶博览会上荣获了金奖和银奖。2016年公司转让给山东客商徐靖华并更名为清流县靓彤生态农庄发展有限公司。

林畲乡福润茶厂　成立于2011年12月，法人代表林老伍，注册资本金200万元，地处清流县林畲乡农产品集中加工区。茶厂拥有铁观音标准化茶园基地面积13.30公顷，拥有年加工铁观音25吨生产线，获得QS生产许可证，注册“福晔”“福润”两个商标。福润茶厂通过全省第三轮茶产业项目实施，建设茶园干支道2.50千米，步道8千米；建设茶园蓄水池300立方米；种植茶园防护林、行道树1000株；新建厂房500平方米。其生产的铁观音分别于2009年、

2011 年、2013 年被福建省名优茶评审委员会评为省名茶。

【涉茶旅游项目】 “悠然国农业综合体”项目从 2015 年 8 月开始策划，是由省级重点农业龙头企业福建省双秋农业有限公司和泉州盛安投资有限公司重金打造的一家集农业、旅游、科普、教育、度假、养生于一体的乡村休闲农业旅游项目。该项目以茶文化旅游为主题，整合赖坊中国历史文化名村、大丰山道教旅游，结合茶叶、水果、莲花等绿色农产品种植、珍禽养殖等体验式休闲农业，并通过互联网 + 平台进一步整合省内外优秀乡村旅游及休闲农业资源，做成国内领先的休闲产业品牌。2016 年注册成立福建悠然国农业旅游有限公司，注册资本 8800 万元，已经与清流县政府签署框架协议并完成项目地资源整合。项目计划投资 2800 万元，投资期限 5 年，从 2017 年 6 月至 2022 年 6 月止，共分三期进行投资建设。项目区和景点主要由茶文化博览园、800 亩林下草原珍禽养殖观赏园、原始森林心灵浴场、轩坑水世界等组成。

双秋茶文化博览园旅游路线位于福建省最美休闲乡村——赖坊镇南山村，该路线把茶叶采摘体验、茶园观光度假、水果采摘体验和南山村古民居的悠然园、古樟树群、九龙庙、马氏宗祠、林氏宗祠、尚书第、日月潭、太极潭、古戏台、武庙连成一体，现代农业和人文历史交相辉映。该乡村旅游路线已基本形成，吸引众多游客前来观光。

撰 稿：雷志荣

畜牧与水产

【概况】 2017 年，全县生猪存栏 4.65 万头，出栏 7.87 万头；牛存栏 1.21 万头，出栏 1.10 万头；羊存栏 5.11 万只，出栏 7.28 万只；家禽存栏 60 万羽，出栏 117.8 万羽；肉蛋产量 1.65 万吨，比 2016 年增长 5.80%，产值 3.03 亿元，比增 6%。

【生猪养殖面源污染防治】 2017 年，全县 52 家生猪养殖场完成标准化升级改造工作，全部实现达标排放，提前 1 年完成省级下达的目标任务。加强动态巡查监管力度，对新增返养的 19 家生猪养殖场（户）和群众举报的 4 家生猪养殖场（户）及时采取有效措施，督促整改到位。畜牧、环保、政府效能办联合开展生猪标准化养殖专项督查 10 轮，促进生猪养殖场标准化升级改造。

【动物疫病防控】 2017 年，县畜牧兽医水产局加强重大动物疫病防控工作，分别于 5 月下旬和 10 月下旬开展全县重大动物疫病防控工作检查并通过三明市检查验收。针对 4 月连城县在活禽市场中监测到 H7N9 毒株事件，及时开展防控工作。承担市农业局开展的动物疫病强制免疫病种实行“先打后补”试点工作，福建省大丰山禽业发展有限公司、清流县裕农生态养殖有限公司、清流养宝生态农业有限公司等 3 家规模畜禽养殖企业被纳入政策试点企业。在全市动物疫病防控绩效考核中获第一名。

【安全监管】 2017 年，县畜牧兽医水产局工作人员检查畜禽养殖场、兽药饲料店 168 家次，没收过期兽药 20 盒，行政处罚养殖档案不完整和未办理动物防疫条件合格证的养殖场 15 家、猪肉注水案件 2 起。现场监督养殖环节无害化处理病死猪 5131 头，屠宰环节病死猪无害化处理 46 头，未发现丢弃病死猪的违法行为。完成乡镇畜禽检疫申报规范点项目建设 10 个。做好渔业防汛预警和巡察监管工作，全年未发生渔业生产安全事故。加强渔政执法，立案处罚 8 起，打击非法电力捕鱼 17 起，没收非法电鱼设备 17 台套，涉渔“三无”船舶 1 艘。

【渔业养殖技术革新】 2017 年，县畜牧兽医水产局坚持科技引领，发挥水产技术推广服务体系作用，大力推广池塘高效养殖技术、工厂化循环水养殖技术、养殖水体在线监测技术和增氧机、投饵机、智能化增氧设备等渔业新技术、新工艺、

4月11日，省海洋与渔业厅党组成员、驻厅纪检组组长刘新（右三）、厅副巡视员刘常标（右二）到清流县调研现代渔业（县畜牧兽医水产局提供）

新材料。开展渔民技术培训，做好养殖关键时期技术指导服务。注重自主创新，研究开发鳗鱼养殖智能化控制和循环利用养殖废水的“净化循环水水产养殖系统”等技术，获国家实用型专利6个。县水产技术推广站有2个科技推广项目先后获农业部“全国农牧渔业丰收农业技术推广成果”二等奖和三等奖，清流县水产技术推广站被全国水产技术推广总站授予基层水产技术推广示范站。

【项目建设】 2017年，重点项目计划总投资3.05亿元，续建项目4个，新建项目4个，全部项目完成投资任务。其中澳洲鳕鱼现代渔业产业园完成投资5000万元，建设高标准钢架养殖厂房两幢，面积1.20万平方米，精养池面积8000平方米，配套建设循环水系统及水处理设备，引进亲鱼1000尾，后备亲鱼7000尾，鱼苗2万多尾。生态蛋鸡养殖加工产业化项目完成投资1.50亿元，新建现代智能化蛋鸡养殖产舍3幢（每幢养殖规模5万羽），存栏量45万羽。6万吨饲料加工厂及6万吨有机肥加工厂建设完成投入使用，完成厂区道路硬化、环境绿化，1500平方米职工宿舍建设完工、完成网络电商销售平台建设。

【招商引资】 2017年，县畜牧兽医水产局先后派人到江苏海安、广东广州、福州等地开展项目招商活动，与日本株式会社中日友交商会对接洽谈鳗鱼加工项目，并签订投资意向，新引进鳗鱼养殖企业3家。

【“平安渔业示范县”建设】 2017年，县畜牧兽医水产局加强对水产养殖企业的养殖过程监管，规范水产养殖生产、用药、销售等三项记录制度，建立水产养殖物联网管理平台。10年来，水产品检测全部合格。严厉打击电、毒、炸鱼和灯光诱捕等破坏渔业资源非法捕捞行为，设立移动信息局域网，及时对洪灾、旱灾、冻灾预报，率先在全省开展淡水池塘养殖保险试点和利用淡水水域养殖权抵押贷款，解决渔业生产自然灾害损失和融资难问题。多年未发生渔业生产安全事故。自2010年迄今，清流县连续四届被评为全国“平安渔业示范县”。

撰　稿：廖生枝

溪鱼产业

【概况】 清流县水产资源十分丰富，且水质良好，境内流域的各种鱼虾种类繁多，当地统称其为清流溪鱼，尤以“清流鳜鱼”“清流草鱼”“清流鳙鱼”“清流白刀”为最，号称清流溪鱼“四大宝”。其体大形美，肉质细嫩，味甜鲜美，无泥腥味，高蛋白、低脂肪、营养丰富；氨基酸较之普通鱼含量更高，特别是体现肉质鲜美的氨基酸中的天冬氨基酸、谷氨酸、甘氨酸、丙氨酸四种氨基酸含量较高；经国家食品质量监督检测中心（福州）测定，4种氨基酸含量占检测的17种氨基酸含量的38.8%，含量比普通鱼分别高出11.50%、5.60%。

清流鳜鱼 清流鳜鱼属鮨科，鳜亚科，鳜属，当地俗称：桂花鱼、贵鱼，腹部呈灰白色，体侧具有明显的不规则的暗棕色斑点及斑块，肉质鲜美，鱼味清香，脂肪含量低（≤2%）；营业丰富，蛋白质≥18.60%，天冬氨酸、谷氨酸、甘氨酸、丙氨酸等四种氨基酸总含量≧72克/千克，钙≧250毫克/千克，铁≧1.80毫克/千克，锌≧2毫克/千克。清流鳜鱼的捕捞要求≥1000克/条。

清流草鱼 清流草鱼属鲤科、雅罗鱼亚科、草鱼属，鱼体背部深青灰，腹部银白，胸、腹鳍略带金黄，肉质鲜美，鱼味清香，脂肪含量低（≤3%）；营业丰富，蛋白质≥18.60%，天冬氨酸、谷氨酸、甘

清流鳜鱼

清流草鱼

清流白刀

清流鳙鱼

氨酸、丙氨酸等四种氨基酸总含量≧64克／千克，钙≧75毫克／千克，铁≧3.50毫克／千克，锌≧2.50毫克／千克。清流草鱼的捕捞要求≥2000克／条。

清流白刀　清流白刀属鲤科，鲌亚科，鲌属，当地俗称：九龙白刀、翘嘴，体背呈青灰色，两侧银白，肉质肥美，鱼味清香，脂肪含量低（≤5.5%）；营业丰富，蛋白质≥18.0%，天冬氨酸、谷氨酸、甘氨酸、丙氨酸等四种氨基酸总含量≧72克／千克，钙≧80毫克／千克，铁≧4毫克／千克，锌≧3毫克／千克。清流白刀的捕捞要求≥2000克／条。

清流鳙鱼　清流鳙鱼属鲤科，鲢亚科，鳙属，当地俗称：大头鲢、花鲢，头极肥大，体侧上半部深黑色，腹部银白，两侧杂有许多黑色的不规则小斑点，肉质鲜美，鱼味清香，脂肪含量低（≤3%）；营业丰富，蛋白质≥17.5%，天冬氨酸、谷氨酸、甘氨酸、丙氨酸等四种氨基酸总含量≧67克／千克，钙≧250毫克／千克，铁≧5毫克／千克，锌≧2.50毫克／千克。清流鳙鱼的捕捞要求≥1500克／条。

【养殖规模】　2008年始，在国家和省现代渔业发展政策的支持下，清流县启动并快速推进现代渔业建设，连续实施三轮农业部现代渔业发展资金项目，累计投入1.50亿多元，其中中央和省级财政资金补助5000万元，带动1亿多元社会资金投入，推进全县渔业向标准化、工厂化、循环生态健康养殖发展，养殖产量和效益大幅提高，渔业产业基础整体提升，现代渔业产业初步形成。2017年，全县清流溪鱼养殖面积3866.67公顷，各类水域投放鱼苗4500万尾、鱼种1012吨；水产品产量2.72万吨，同比增加2129吨，增幅8.45%，渔业产值4.47亿元，同比增长10.51%。

【创建“清流溪鱼品牌”】　“清流溪鱼”先后获“国家地理标志保护产品”“福建省十大农业区域品牌”“2015年福建省名牌产品”和“福建省著名商标”称号，通过GAP认证和国家级集体商标注册，“九龙湖白刀”入选福建省第二批十大渔业品牌。至2017年，全县已有9个规模养殖场的6000多亩水面、9个水产品种获无公害产地认定和无公害农产品认证。龙峰渔业、合创、万和3家公司和清溪渔业专业合作社、清泉特种水产养殖场等5家水产养殖场被农业部授予“水产健康养殖示范场”称号。

撰　稿：黄文华　李春仁

林　业

【概况】　2017年，县林业局开展“践行绿色发展，争当红色先锋”主题实践活动，推进林业改革与林业生态有序前行。全年新造林地面积1712.87公顷，林地面积保持在15.40万公顷，森林覆盖率78.69%，森林蓄积量1442.70万立方米。全年完成木材生产5.07万立方米，完成规模以上林业产值33.89亿元，比2016年增长15%。办理林权流转97起，流转金额1598.40万元，流转面积2786.67公顷。商品林保险在保面积5.82万公顷，占应保面积70%。

【林业金融改革】　2017年，县林业局推广普惠林业金融产品“福林贷”，做好政策宣传和服务指导，在开展试点积累经验基础上，在全县各乡镇整体推进，以盘活林业资产，满足林农发展林业生产资金需求。全县完成放贷金额2330万元，授信金额4348万元。贷款村57个、授信村69个、办理营业执照村76个，已贷款村占推广任务村数75%。全县办理林权抵押贷款34笔，贷款金额1.42亿元，抵押面积4170.2公顷。林业贴息贷款3190万元，兑现贴息61.94万元，受益农户230人。

【林地规模化经营】　2017年，新增新型经营主体示范点3个，其中：省级标准化家庭林场1个、市级示范家庭林场2个。全县完成新型林业经营主体工商登记222个，完成新型经营主体面积49133.33公顷，占用材林总数55%。

【森林经营模式创新】　2017年，县林业局推进合作造林，利用林业部门技术和资金优势，推广“基金站＋村委会＋农户”的经营模式，规划从2018年起至2028年，分3个阶段实施合作造林面积13333.33公顷以上，村委会每年获得林地使用费和保底预分红，山场经营收益由基金站和村委会（或农户）按6∶4进行收益分成，解决村级组织有林地无收入问题，增加村集体收入。

【涉林矛盾纠纷调处】　2017年，县林业局办理涉林信访件11件，其中按信访条例规定不予受理1件（转由乡镇处理），处理办结8件，已在调查核实2件。全县各乡镇、村受理并协议调解承包经营纠纷案件7起，调处面积5.83公顷（其中龙津镇5起、面积5.06公顷，嵩溪镇2起、面积0.77公顷）。

【项目建设】　2017年，创新型油茶健康产业项目完成投资8100万元，完成标准化高产油茶种植基地面积166.67公顷；林下种植黄花菜等面积33.33公顷；改造完成年产1000吨精炼茶油生产线；开发茶油下游产品5项。李家乡李村、灵地镇杨源村油茶基地完成林地流转面积186.67公顷报批手续。兰花博览园建设项目完成投资510万元，建成智能温室3840平方米，已在完善基础设施；现代农业观光园项目，完成投资2000万元，新建花卉连拱大棚面积4.33公顷、花卉智能温室面积0.67公顷投入使用。完成垂钓中心、景观溪流、茶花品种园、珍稀果蔬采摘园规划设计。生物竹炭项目 4 月投产，每月产能 300 吨；凯林竹业已在进行厂房钢梁基础设施建设，累计完成投资 1300 万元。

【招商引资】 2017 年，县林业局策划生成项目 3 个，总投资 7.49 亿元。即总投资 4.20 亿元的县大丰山省级森林公园旅游开发项目，完成项目可行性研究报告和总体规划；总投资 2 亿元的县凤凰谷慢生活森林休闲体验区项目及总投资 1.29 亿元的县森林食品产业化项目，均完成项目可行性研究报告。招商项目 2 个，总投资 1.80 亿元。其中，与上海益先投资中心签订总投资 8000 万元的《花卉苗木产业核心区建设项目》合同书；与香港雪宝国际集团有限公司签订总投资 1 亿元的《生态免漆板项目招商引资协议书》。

11月8日，省林业厅副厅长严金静（中）到清流县调研林业扶贫工作（县林业局提供）

【提升科技服务能力】 2017 年 5 月 20—27 日，县林业局参与县委宣传部、县科技局、县科协联合有关部门举办的以“科技强国 创新圆梦”为主题的科技周活动，发放科普宣传材料 1420 份、林业法律法规手册 1150 本、警示挂图科普图画 22 幅、接待咨询群众 500 余人次。举办林业实用技术培训 4 期，参训 350 人次。接受 96355 林业科技热线咨询电话 30 余次。鼓励科技人员从事林业重点工程、林业科技试验示范基地建设，开展科技特派员下乡、“工程师在行动”等活动。向上申报林业科技项目 3 个，其中林业科研项目 2 个、推广示范项目 1 个，争取补助资金 100 万元。继续抓好县多花黄精标准化示范区建设项目实施，通过省市检查组阶段进展绩效核查，获优秀评价。

【林业精准扶贫】 2017 年，县林业局以发展林下经济项目和花卉产业，利用生态公益林补偿基金实施精准扶贫。通过林业专业合作社、家庭林场等示范基地项目，以常年雇工、生产季节雇工和免费提供养殖种苗等方式，为当地贫困户提供就业条件。同时，引导贫困户通过发展花卉产业实现脱贫致富，通过花卉技术人员进行“点对点”技术指导服务，有 15 户贫困户种植非洲菊面积 4.05 公顷，帮助协调 6 户贫困人员到花卉企业务工，年内贫困户实现脱贫 21 户，年增收 75 万元。对符合条件、有劳动能力的贫困人员转为生态公益林护林员。

【森林资源保护】 2017 年，县林业局加强森林起源变动管理，对县 2011 年以来违规调整天然林起源情况进行全面核实，对存在问题依法依规进行处理。按照“份额分解、分类排序、公开透明、强化监督”的采伐指标分配机制，规范林木采伐指标分解，特别是对林农的采伐指标需求给予优先保障。伐区设计质量成果抽样检查，抽样率不低于 15%。开展伐区伐前、伐中、伐后监督检查，建立伐区信息档案，严格监管。不定期对加工企业进行盘仓检查，规范木材加工企业依法经营、守法经营，签订《保护森林资源告知书》。全县备案发证木材加工企业 23 家，换发《木材经营（加工）批准书》22 家，依法取缔 1 家，查处非法经营加工木材 4 起；签订有关守法承诺书 23 份。对全县 2017 年度伐区开展“双随机”抽查，对年内办理的项目建设用林地审批全面自查，发现问题，及时处理。

【林业资源培育】 2017 年，全县完成造林面积 1712.87 公顷。其中“三带一区”（沿海基干林带、生物防火林带、森林生态景观带建设和重点生态区位林分修复）完成造林面积 211.33 公顷，人工造林更新完成面积 1501.53 公顷；义务植树 34.80 万株。完成中央、省级财政森林抚育项目面积 1.53 万公顷；2017 年农业综合开发国家储备林示范项目，争取资金 320 万元；2017 年森林质量精准提升示范项目由九龙溪林场实施，项目争取到中央基本建设投资 205 万元。完成育苗面积 45.80 公顷，总产苗量 3190 万株，其中大田苗约 3060 万株，容器苗 130 万株。依托昊天集团、山珍源油茶、嘉成农业等企业资金和技术优势，新植油茶示范基地面积 138.33 公顷，带动农户种植面积 20 公顷。完成竹业产值 2464 万元。

【发展林下经济】 2017 年，县林业局扶持培育新型林业经营主体示范带动发展林下种养林菌、林药、林蜂，鼓励集约经营和适度规模经营，提升自我发展能力和规范管理水平。开展2015—2016年省市财政资金补助林下经济项目实施情况检查验收。全县完成林下经济产值6.01亿元。林下经济发展总面积2.03万公顷。其中，林下种植面积8746.67公顷，主要品种有黄花倒水莲、仿野生灵芝、铁皮石斛、七叶一枝花、竹荪、金银花、黄精；林下养殖面积1266.67公顷，主要品种有中华虎头蜂、蜜蜂、家禽等；相关产品采集加工面积7640公顷，主要是鲜切花采集、油茶（茶籽油加工）、竹笋加工等；森林景观利用面积2666.67公顷。2017年落实项目10个，总投资498万元，安排省级财政补助243万元，重点扶持林下种植黄花倒水莲、仿野生灵芝、铁皮石斛和林下养殖中华虎头蜂等项目。

【生态保护】 2017年，县林业局完成森林资源“双增”目标。全县森林覆盖78.69%，森林蓄积量1442.7万立方米，林地保有量15.41万公顷，均超额完成市政府下达责任目标。加强天然林保护，做好天然商品林停伐补助有关工作，层层落实管护责任。创新生态公益林管护机制。推行管护人员智能化管理，对415名护林员手机安装智能护林APP软件，实现精减、增效。全年审核审批征占用林地32起，面积196.67公顷，收取森林植被恢复费4115万元。完成小班区划调查小班区划面积1.33万公顷，外业调查面积1333.33公顷。争取省财政资金100万元，实施赖坊林业站标准化建设。嵩口林业站建设项目已在进行土地报批工作。召开迎接中央环保督察工作动员大会，按照省、市督查组和县自查发现的问题，制定《清流县林业领域生态环境保护问题材料清单》，分解落实责任单位和责任人，制定整改措施，重点对3个突出问题进行整改。其中，龙津镇下戈村天然林被调整为人工林问题，对涉案人员进行追查，制定整改方案，采伐迹地已更新；县高宝、永福氟化工企业环境治理问题，由林业局无偿提供油茶苗68万株，由企业负责种植油茶面积86.80公顷，其中高宝种植面积70.07公顷、永福种植面积16.73公顷，并在裸露地块播撒10千克胡枝子草试种。莲花山省级自然保护区越界违规搭建仓库问题。搭建主体已拆除完毕，钢筋、铁皮等全面切割碎化。

【森林防火】 2017年，县林业局印发《清流县森林防火奖惩和责任追究办法》，并签订《2017—2020年森林防火责任书》。成立清流县森林消防大队龙津水泵中队，队员40人。开展防火培训、演练26次，督查5次，排除隐患40处，制止违章用火32起。

【森林病虫害防治】 2017年上半年，全县林业有害生物发生面积1951.07公顷。其中，马尾松毛虫发生面积638.13公顷，轻度，主要分布在余朋、灵地、李家、赖坊等地。喷施白僵菌7122.50千克。萧氏松茎象发生面积748.27公顷，轻度。主要发生在嵩口、龙津、田源、林等地。采取大面积人工捕捉防治。松墨天牛发生面积564.67公顷，未发现松树危险性病害，但受采脂、环剥及有有毒物质污染等因素影响，造成林畲、余朋等地松树零星枯死。采取松枯死树清理、白僵菌防治和人工诱杀、林分抚育管理。全年森林病虫害成灾率控制在3‰以内，无公害防治率100%，苗木产地检疫率100%。

【林业执法】 2017年5月始，县林业局在全县开展为期3个月打击乱垦滥占林地、乱砍滥伐林木、违法运输木材、非法收购等涉林违法犯罪为重点的专项行动。全年办理林业行政案件270件。其中：盗滥伐林木案件22起，毁坏林木、苗木5起，违法征、占用林地案件72起，非法收购、运输木材案115起；非法经营、加工木材9起；其他案件47起。对全县7起机砖厂征占林地情况进行核查，其中：非林业用地5起，已移交国土部门查处；涉嫌刑事并移交森林公安案件3起。森林公安全年立案22起，破案21起，移送起诉17起23人。

【国有林管理】 2017年，清流国有林场强化目标责任管理，完成年度各项工作任务。全年造林面积14.93公顷；完成中幼林抚育面积900公顷；完成森林经营示范林基地建设面积102.47公顷；完成马尾松松毛虫防治面积81.47公顷。完成木材生产4832立方米；完成木材销售6699立方米，实现营业收入671.05万元。营林投资407.18万元，管理费用支出423.89万元，实现净利润198.11万元。全年实现无森林火警火灾、无安全生产责任事故，被三明市林业局评为“2016年度全市国有林场综合评比二等奖”。改善田源中区管护站条件，购买田源华源花园780多平方米房产，改善田源中区管护站用房条件，于5月搬迁入住，有房间14间、床位24个，配有食堂，安装热水器3台、空调3台和无线网络。

撰稿：周建铭 张标强

苗木花卉种植业

【概况】 2017年，全县年末花卉种植面积913.33公顷、绿化苗木种植面积3622.67公顷。全县有花卉苗木企业83家、花卉苗木协会（合作社）62个，带动农户3540户，直接相关从业人员1.60万人。年内实现销售收入5.39亿元，从业人员人均纯收入2.65万元以上。花卉苗木总产值17.50亿元，其中花卉4.48亿元、绿化苗

0.94 亿元。

【扩大苗木花卉种植规模】 2017 年，县苗木花卉产业以创新带动创业、创业促进就业，通过典型示范、政策扶持，全县新增花卉苗木投资 12000 万元，新增花卉苗木种植面积 82.53 公顷，其中新增花卉面积 41.20 公顷（鲜切花面积 38 公顷、兰花等盆栽花面积 1.07 公顷，食用药用花卉面积 2.13 公顷）、苗木面积 41.33 公顷。

【设施花卉种植保险】 2017 年，县林业局在 2016 年试点工作取得成效基础上，争取设施花卉种植保险列入县为民办实事项目。县出台《清流县 2017 年设施花卉种植保险方案》，对参加设施花卉种植保险的企事业单位、合作社、种植户，县级财政给予 15% 的保费补贴，省级财政给予 20% 的保费补贴，花卉种植户自缴保费 65%。县林业局派出花卉技术人员配合县人保财险公司制定详细保险协议，并深入田间地头做好参保指导及服务工作。全年办理参保花卉大棚 103.84 公顷，总保额 2073.45 万元，总保费 33.87 万元，受益花农及企业 185 户。争取“双创”项目资金 500 万元，扶持花卉苗木产业发展，主要补助新品种试种、土壤改良、花卉研发等方面。

林畲乡种植的洋桔梗（县林业局提供）

清龙生态兰园种植的石斛兰花（县林业局提供）

【开办非全日制园艺专业学历班】 2017 年，为提高县花农、林农科学种植水平，县林业局协调福建三明林业学校在清流县开办林农学历班，学员学满 3 年且成绩合格的，颁发国家承认的福建三明林业学校中专学历证书及园艺技术技能证书。3 月 9—10 日、11 月 2—3 日，三明林校教师到县为学历班进行专业授课两期。授课的专业为园艺专业，140 名花卉苗木种植户学员参加学习。

【花卉品牌】 2017 年，在第十三届林博会上，参展的九利油脂有限公司的“9 利”牌茶籽油、耿道理生物科技有限公司的文心兰、清龙生态兰花的清花蝶三种产品获林博会金奖。在第十九届海峡两岸花卉博览会上，清流县组织清龙生态兰花、鑫瑞花卉合作社、鸿翔农庄、健宇家庭农场 4 家花企、42 件展品参与国兰、鲜切花两大类评奖，斩获 3 金 3 银 4 铜。

撰　稿：周建铭

清流罗汉松

【概况】 清流县属中亚热带季风气候区，区内土地肥沃，气候温和，雨量充沛，适宜罗汉松生长。罗汉松在县内广泛种植、历史悠久，是县内林业重要产业之一，2011 年被中国经济林业协会授予“中国罗汉松之乡”称号，全县罗汉松种植面积约 146.67 公顷，全年全县罗汉松产值 2500 余万元。

【基地建设】 清流县罗汉松种植分布广泛，其中田源乡永明园艺，灵地镇藤头园林、益盛苗木等基地规模较大。灵地镇罗汉松种植已有500多年历史，种植面积约83.33公顷，带动相关从业人员200余人，实现销售收入1400余万元。

【特色产品】 清流罗汉松产业特色产品主要有盆景、绿化苗木。清流罗汉松根本粗大、树高度适中、分叉匀称、枝条丰满，当地种植户在种植过程中把毛坯树枝条拉开，进行修剪、切枝，用铝丝缠绕、固定枝条，整理细枝和叶片，形成独特盆栽造型。全年，培育盆景1万余盆，培植绿化苗木5.83万株，用于市政绿化、公园改造、小区绿化、景观造型等。

撰 稿：江 斌

水 利

【概况】 2017年，全县水利项目建设总投资3.16亿元，其中实施水利重大项目8个、面上项目13个，完成投资3.26亿元，占年度计划投资103%。

【建立实施河长制】 县域集雨面积10平方千米以上河流50条(段)、流域面积1775平方千米。2017年，县委、县政府贯彻落实习总书记关于全面推行河长制工作的重要指示精神，出台《清流县全面深化河长制实施方案》，明确党政主要领导对河库（湖）管理保护工作负全面领导责任，各河流河长、河段长为片区流域的第一责任人。各乡镇作为本辖区流域整治的责任主体，相应制定综合治水规划和年度工作计划，明确治理任务、进度要求、完成时限、责任单位和责任人。县环保、农业、畜牧水产、林业、水利、交通、国土、经济开发区管委会等县直有关部门各司其职、各负其责，密切配合、协调联动，依法履行流域治理、保护管理的相关职责。3月1日，县、乡河长制办公室挂牌成立。年内，各乡（镇）、各部门按照省市关于深化河长制工作统一部署，建立"一河一档一策"、在河道管理保护、生态环境攻坚等方面，构建责任明确、协调有序、监管严格、保护有序、全民参与的河湖管理保护长效机制。全县组织召开河长制工作推进会6次，联席会议2次，开展督查暗访、验收考评5次，通报整改解决各类问题130余项。县委、县政府制定河长年度考核考评和奖惩办法，县、乡逐级开展年度考核，考核结果与干部使用、生态补偿、以奖代补等挂钩，并纳入政府绩效考评和领导干部自然资源资产离任审计的内容，对于不履行或不正确履行职责造成环境污染和生态环境破坏，以及未能完成年度工作任务的，依据有关规定进行问责，同时在生态补偿金的分配上，向河流治理、保护突出的乡镇给予重点倾斜。

4月2日，县常务副县长刘远隆（左三）到沙芜乡调研河长制工作（沙芜乡提供）

【河道治理】 2017年，县水利局全年组织联合执法10次，严厉打击河道非法采砂、吸砂、湖面非法网箱、非法电鱼、灯光诱捕等破坏河湖生态的行为。依法关停或拆除无证非法采砂点15处、非法吸砂12处、非法洗砂2处、非法制砂1处。

【最美河流及"十佳"河长、专管员评选】 2017年，县水利局开展以"一溪一水清流景、一点一滴生态情"为主题的征文、标语、摄影大赛及2017年度"最美河流（段）""十佳河长""十佳河道专管员"评选活动，促进保护、防治、治理、修复等各项工作开展，发动公众参与河道维护、监督、管理。

【生态环境综合治理】 2017年，县水利局按照"六治、三清"要求，开展生态环境综合治理行动，全面排查全县主要流域重点涉水工业企业，发现问题11家，立案查处4家，限期整改7家；取缔"十小企业"2家；县重点污染治理项目涉及企业3家完成，2家停产整治；关闭、拆除规模化畜禽养殖场25家，拆除面积1.38万平方米，完成养殖标准化升级改造52家。完成污水管网建设7千米，建设乡镇垃圾转运系统9个，新建改造三格化粪池4231户。完成44座小水电站生态下泄流量核定及60座电站"一站一策"初步方案制定，及3座水电站最小下泄流量视频监控安装任务。

【水利项目建设】 2017年，县水

利局实施续建项目2个：其中城北溪安全生态水系工程（一期）竣工验收；闽江防洪工程三明段（一期）清流段年度计划投资3500万元，实际完成投资3569.36万元，占年度计划投资101.90%。新开工项目3个：其中内涝治理工程年度计划投资2200万元，实际完成投资2200万元，占计划的100%；县河道治理工程年度计划投资4400万元，实际完成投资4400.30万元，占计划100%；县城区雨水管网改造提升工程年度计划投资2000万元，实际完成投资2000.10万元，占计划100%。前期项目（3个）：长潭河长校沙坪段河道治理工程完成初设编制工作，并列入县PPP项目盘子：闽江防洪工程三明段（三期）项目，完成可研编制工作：清流县矮洋水库项目，《可研性研究报告》编制完成，前置条件之一的《清流县水资源配置总体规划》编制接近尾声，该项目年度计划投资300万元，完成投资228万元，占计划96.30%。

5月19日，县水利局在嵩口镇举行防汛救灾应急演练（嵩口镇提供）

【面上水利项目】 2017年，县水利局实施面上项目13个，计划投资12551万元，实际完成投资12554.50万元，占年度计划100.08%，项目全部竣工。其中，河道岸线及河岸生态保护蓝线规划项目，完成投资150万元；水资源节约保护项目（含水库水源地保护、水功能区水质监测运行、水生态修复示范、节水型社会建设、水资源系统建设与维护等），完成投资250万元；农村饮水安全巩固提升工程，完成投资240万元；小型农田水利重点县建设项目，完成投资600.20万元；中小型灌区续建配套与节水改造项目，完成投资900.30万元；新增千亿斤粮食产能工程项目，完成投资610万元；其他部门节水灌溉（含农业综合开发、国土土地整理、烟田水利基础设施建设等）投入4019万元；山地水利项目，完成投资30万元；农田水利管护及水利工作站能力建设项目（含农水管护试点、用水户协会建设等），完成投资222万元；冬春水毁修复项目，完成投资2401万元；大坝安全鉴定及水利设施维修养护项目，完成投资70万元；水土流失综合治理项目，水利部门完成投资1502万元，林业、国土等其他部门完成投资1410万元；其他部门水利（市政、交通等相关水利部分）项目，完成投资150万元。

【防汛指挥系统建设】 2017年，县水利局加强防汛视频会议系统、视频监控、暴雨洪水预警报系统、会议录音等设备维护。委托福建四创软件公司完成防汛指挥图编制、基础资料录入和数据复核，并于3月17日审查通过交付使用。升级全县洪水预警报系统站点，完成新建站点安装。于6月28日完成山洪灾害防治项目初验并投入试运行。

【防汛物资储备】 2017年，县水利局改善物资仓储条件，规范物资储备品种和定额，规范物资出入库管理。搬迁整理县级防汛仓库，仓库面积100平方米。各乡镇设立专门的防汛仓库，制定防汛物资管理制度，规范出入库管理。县防汛抗旱指挥部投入70万元，添置应急强光灯、抛射枪、救生圈等防汛物资，分发至乡镇和各抢险队伍。

【防汛抗旱】 2017年3月初，县水利局组织5个汛前安全检查组深入各乡镇，对水库、山塘、堤防、在建水利工程开展汛前安全大检查，查找防汛薄弱环节和安全隐患，督促整改。4月1日始，严格汛期24小时值班和领导带班制度，密切监视雨情、水情，强化预警预报，加强信息发布和沟通，确保信息畅通。县、乡、村三级及时进行预案修订，各水库完成防汛抢险预案和度汛方案的编制，并按分级管理权限进行报批。在“5·31”“6·13”“6·26”强降雨及2号台风“苗柏”期间，及时启动应急响应，做好水库、山塘、危房、水上船只、山洪灾点和校舍、工棚等重点区域防范，持续开展拉网式隐患排查，加强水库调度管理，及时转移危险区人员，全年启动应急响应6次。

【防汛抢险队伍建设】 2017年，武警、公安特警、消防、城管各组建抗洪抢险应急救援队伍1支，共49人；人武部组建民兵预备役防汛救灾抢险应急分队125人，并配备必要的抢险防护装备。各乡（镇）组建抢险应急队伍，各村、水库组建抢险自救队伍。各地灾点落实专人监测和转移工作。5月19日，县水利局在嵩口镇开展县级防汛抗洪抢险联合演练，组织乡（镇）抢险人员进行防汛器械操作培训，提升县乡村各级的防汛指挥实战能力。各乡（镇）、村及重点自然村也相应组织开展防洪演练，增强抢险应急能力，确保遇险时拉得出、抢得上和守得住。

【防灾避灾宣传】 2017年，县水利局与县综治办、教育局等单位联合印发《关爱成长、安全护航》安全知识宣传手册并发放到中小学生手中。结合“世界水日”开展山洪、台风防御知识宣传，提高全民防灾避灾意识。

【水行政执法】 2017年，县水利局执行建设项目水资源论证、取水许可、水资源有偿使用的水资源管理三项核心制度，全县征收入库水资源费256.30万元。按照水土保持监督执法相关建设目标和具体要求，开展水土保持监督管理能力建设。按照“预防为主、保护优先”的水土保持工作方针，正确处理生产建设与生态环境保护的关系，严格执行生产建设项目水土保持“三同时”制度［指一切新建、改建和扩建的基本建设项目（包括小型建设项目）、技术改造项目、自然开发项目，以及可能对环境造成损害的其他工程项目，其中防治污染和其他公害的设施和其他环境保护设施，必须与主体工程同时设计、同时施工、同时投产］，做好县域生态环境保护工作。年内审批开发性建设水土保持方案报告(表)书9项，征收水土保持补偿费75.60万元。

撰 稿：张政平

水土保持

【概况】 2017年，全县水土流失治理共投入资金4132万元（其中水土保持专项资金投入1189.32万元），完成水土流失治理面积4.27平方千米。

【重点项目建设进展】 2017年，清流县2017年度省级重点县水土流失综合治理项目。批复总投资1000.25万元，完成综合治理面积1344.50公顷，林草、工程措施基本完工。完成总投资990万元，占批复总投资的99%。福建省2017年度水土流失重点乡镇项目——清流县嵩溪镇水土流失综合治理项目。批复总投资189.07万元，完成新建生态护岸900米，修复引水渠1000米，完成总投资170万元，占批复总投资的89.90%。

【水土保持宣传】 2017年，县水土保持委员会办公室（以下简称县水保办）利用全省水土保持宣传日活动和新《水土保持法》颁布实施周年纪念等契机。在城区繁华地段利用LED视频宣传播放水土保持宣传视频，在城区和项目区乡镇悬挂标语、横幅20多条，印发水土保持宣传册3000多份，在水土保持工程项目区乡镇利用乡镇圩天组织水保宣传，在县电视台、新闻网开设水土保持专栏，滚动播放宣传标语。并通过制作电视宣传片、发表宣传文章、制作永久性宣传牌、通过党校教育宣传等向全社会宣传水土保持法律法规、水土保持工作任务和建设成果。

【重点小流域治理】 2017年，县水保办以南面乡镇红壤区林下水土流失、崩岗为治理重点，从封山育林，改变林分结构入手，加大资金投入，通过工程建设、推广生态补偿机制等举措，有序推进水土流失治理工作。重点抓好嵩溪青山溪、建新溪2条省级重点县小流域水土流失综合治理及嵩口重点乡镇小流域水土流失综合治理项目。其中，嵩口镇小流域水土流失治理项目总投资150万元，主要新建生态护岸1.10千米、亲水散步道218.50米、排水涵洞1处，河道清淤1千米，修复引水渠1.03千米。

【水土流失区封禁治理】 2017年，县水保办对全县所有水土流失区实行全面封禁治理。落实封禁管护制度。组建专业管护巡查队伍，对确定的92名专职管护人员进行年度考核，加大护林巡山和禁柴巡查力度；实施改燃禁柴补助，引导群众以电、沼气、煤、液化气等燃料代替柴草，对全面封禁治理的灵地镇、李家乡、赖坊乡、嵩溪镇、嵩口镇等有关单位实行改燃禁柴补助，共计发放燃补资金20万元。对全县乡镇建档立卡贫困人口实行改燃禁柴补助制度，每人每年120元，并签订改燃禁柴协议书。

【创新水土保持模式】 2017年，县水保办探索防灾减灾与水土流失治理相结合模式。对严重威胁到人民生命财产安全的地质灾害治理（如滑坡、崩塌等），采用削坡、减重反压、设置抗滑挡墙、抗滑桩、锚固和预应力锚固等方法，裸露表面绿化，做到水土流失治理与改善生态、改善民生相结合。以嵩溪镇、嵩口镇为重点，对水土流失治理重点村，结合新农村建设、村容村貌整治、家园清洁行动及沿村河道护岸建设，探索水土保持与打造“美丽乡村”建设结合模式。

【水保监督执法】 2017年，县水保办严格执行生产建设项目水土保持“三同时”制度，把水保方案落实真正作为矿产开发许可证颁发，环评、立项的前置条件。禁止在坡度25度以上的地区进行新的开发；对已开发的建设项目进行水土保持综合治理执法监督；加强部门协作，与国土、环保、林业、安监等部门联合开展水土保持执法专项行动，遏制人为造成新的水土流失。依法处理群众举报的水土流失违法行为，及时出动执法人员检查、处理各类涉及水土流失的非法活动。全年，全县审批开发性建设水土保持方案报告（表）书9项，征收水土保持补偿费21.30万元。

撰　稿：赫　丽

农业机械化

【概况】　2017年，全县拥有拖拉机3574台（其中大中型拖拉机11台），水稻联合收割机505台，水稻插秧机502台，其他配套机具6113台（套）。年内，落实农机购置补贴资金474.34万元（其中中央补贴296.98万元，省补贴177.36万元），新增机具数量1523台，受益户数1073户，带动农户投入750余万元。全面落实取消行政事业收费政策。

【农机服务】　2017年，县农业机械管理中心组织县乡科技人员下乡16次，指导农机务农工作，投入机具9296台套，检修农机具11839台套，完成机耕面积14666.67公顷，水稻机耕面积11040公顷，水稻机插面积3466.67公顷，水稻机收面积9800公顷。

【农机安全检查】　2017年，县农业机械管理中心办理拖拉机年检18台，驾驶证换证178本。年内，组织执法人员路检56人/人次，检查拖拉机125辆，纠正违章12人次。发放宣传资料700份、悬挂宣传横幅6条、粘贴警示图片18幅、为群众解答咨询300多人次。5月18日，对全县13个乡镇农机维修网点、农机专业合作社进行清理检查1次，重点排查整治农机安全生产隐患，共检查农机维修点28家，农机专业合作社10家，拖拉机26辆，发放整改通知书3份，签订安全生产责任书28份。全年未发生农机安全事故。

撰　稿：雷志荣

农村工作

【土地确权】　2017年，全县完成权属调查及合同签订111个村、915个村民小组、农户27673户，占全县总村民小组98%。实测地块178811块、实测面积1.14万公顷。

【项目工作】　2017年，县农村工作委员会办公室（以下简称县农办）办参与全县中心工作，协助抓好农业农村工作组、扶贫工作组的重点项目建设，全年完成“五比五赛”项目策划38个（其中亿元项目策划23个），完成2017年农业重点项目33个，完成投资11亿元；完成招商引资8场次，引进落地项目8个，到资额1.23亿元；完成农业固定资产投资1.70亿元。

5月18日，县农业机械管理中心对全县13个乡镇农机维修网点、农机专业合作社进行安全生产检查（县农业机械管理中心提供）

【贫困户挂钩帮扶】　2017年年初，全县有31个贫困村23个空壳村，贫困户1027户3229人，各乡镇落实一户一档案、一户一帮扶、一户一项目、一户一走访、一户一兑现的扶贫工作机制。对贫困户进行全面摸排、走访调研，全县576名县乡村干部与1116户贫困户建立帮扶扶贫机制。发放并填写《扶贫手册》1116本，《挂钩帮扶工作手册》1420本。落实解决问题580个、确定帮扶项目2120个、落实帮扶资金1700万元，其中，县财政投入扶贫资金1577万元。年底全县退出贫困村、空壳村各12个，602户、1840人脱贫，2017年年底还有19个贫困村11个空壳村1户4人未脱贫。

【扶贫增收模式】　2017年，县扶贫办总结县行之有效的扶贫模式，推出资源开发、股份合作、项目带动等3类贫困村（空壳村）增收模式，实现全县利用3类增收模式的贫困村（空壳村）全覆盖。列出光伏扶贫模式、搬迁扶贫模式、带创孵化基地模式、电商扶贫模式、三加三带模式、兜底保障模式、金融扶贫模式、家门口就业模式、资金折股量化模式等9种贫困户帮扶“菜单”。贫困村（空壳村）和贫困户根据各自实际需求选择1～3个增收（帮扶）项目，确保贫困村（空壳村）有2个以上增收项目，年内村集体营业性收入达到10万元以上，贫困户有2种以上的帮扶措施。

【扶贫政策保障】　2017年，县扶

贫办按照“应保尽保”的原则，宣传落实教育、健康、低保、保险等各项政策。对参加医保及住院医疗叠加报销、健康体检、住房、农业保险、大病保险、小额意外伤害保险、贫困学生助学平安保险等情况进行动态跟踪管理，做到不漏项，确保贫困群众实现义务教育、基本医疗、住房安全等“两不愁三保障”（《中国农村扶贫开发纲要（2011—2020年）》提出，到2020年我国扶贫开发针对扶贫对象的总体目标是：“稳定实现扶贫对象不愁吃、不愁穿，保障其义务教育、基本医疗和住房”，简称“两不愁、三保障”）目标。多层次帮助因病、因残、因学、因灾的贫困户规避风险，提升脱贫成效。

【扶贫重点工程】 光伏扶贫。2017年，全县3个市级贫困乡建成乡级分布式光伏电站873千瓦，里田乡、林畲乡乡级光伏电站已并网发电、赖坊镇已在建设；49个贫困村（含空壳村）各建成30千瓦村级光伏电站1座并并网发电，每年每村可增收4.60万～5万元；为符合建设条件的306户贫困户各提供5万元免息担保贷款，建设6千瓦户用光伏电站各1座，每户年可增收8000～8500元。

信贷扶贫。2017年，县扶贫小额信贷促进会分别与县农村信用联社、县农行开展小额担保贷款业务；在林畲、赖坊、里田等3个重点贫困乡成立乡扶贫担保基金会，宣传扶贫担保基金政策，为贫困户提供小额贴息贷款服务。截至2017年年末，全县扶贫小额信贷风险担保金累计担保贷款余额3051.10万元，其中2017年发放担保贷款1969.50万元。累计扶持贫困户590户，担保贷款覆盖率58.50%。

雨露计划。2017年，县扶贫办以县职业高中和乡镇农业服务中心为培训基地，开展花卉果树种植、鸡鸭养殖、电商、家政等各类实用技术培训。全县完成“雨露计划”培训635人，其中长校镇、嵩口镇、灵地镇、里田乡、赖坊镇、温郊乡超额完成培训任务。

造福工程。县农办采取集中安置与分散安置相结合机制，做到搬得出、留得住，能致富。全县2017年造福工程易地扶贫搬迁落实191户920人，占年度任务1319人的69.70%（其中省定贫困人口易地扶贫搬迁落实 17户70人，占任务100人的70%）。全县已动工191户920人，占年度任务69.70%，其中省定贫困人口易地扶贫搬迁已动工17户70人，占任务100人的70%）。全县落实集中安置区3个，安置139户农户，已动工139户，一层封顶139户，完成搬迁134户。

【贫困人口动态调整】 2017年，全县各乡镇全面摸查所有贫困户，特别关注低保标准低于扶贫标准的低保人口群体，坚持以收入和“两不愁三保障”为识别标准，将符合条件的低保人口全部纳入建档立卡贫困人口范围，应扶尽扶。贫困人口识别工作严格按照农户申请、村民评议和“两公示一比对一公告”的程序。

【建立贫困退出机制】 2017年，县农办按照《关于建立贫困退出机制的实施意见》，参照贫困村和空壳村退出标准，把落实1725人脱贫、17个贫困村、12个空壳村退出任务分解到村。

撰 稿：王顺才

赖坊镇姚家村东方龙樱花基地（林旭煌摄，2017年）

城乡建设

综　述

【概况】 2017年，县住房和城乡规划建设局（以下简称住建局）围绕“壮大总量、延长产业、做优财政、激发活力、惠及民生”工作重点，扶持建筑业企业发展，加大房地产去库存力度，抓好城市建设重点项目及城乡宜居环境建设项目实施。全年完成项目谋划26个，签约1亿元以下项目12个、亿元以上项目3个。开工1000万～1亿元项目12个，1亿元以上项目5个。竣工1000万～1亿元项目10个，竣工1亿元项目1个。增资1000万～1亿元项目2个。

【招商引资】 2017年，县住建局外出招商8次，签约项目15个，正式落地11个，引进项目到资4007万元。落地项目企业主要有福建省禹天工程建设有限公司、福建鑫展图建设发展有限公司等建筑施工企业8家，以及富顺光电科技股份有限公司（充电桩项目）、上海钧正网络科技有限公司（钧正智能共享单车）、中化地质矿山总局福建地质勘查院（在清流成立清流县龙华矿业有限公司）。

【向上争取项目资金】 2017年，县住建局争取到位上级补助项目资金约2249万元。其中，8个美丽乡村补助资金共计580万元；2017年危房改造补助资金79.60万元；农村污水治理方面省级专项补助资金93.86万元；农村垃圾治理省级专项补助资金101.70万元；2017年城市公共停车设施建设省级“以奖代补”资金50万元；2017年供水管网建设补助资金250万元；城乡建设补助资金30万元；2017年保障性安居工程购改租廉租住房中央补助374万元；清流县铜锣山绿道休闲公园列入省住建厅和财政厅组织竞争性选拔评审确定的20个2017年“三边三节点”整治省级重点项目名单，争取省级奖励资金500万元。争取2017年农村生活污水垃圾治理市级“以奖代补”资金189.92万元。

【城建项目建设】 年内，县城市建设工作组计划实施重点项目33个，总投资91.50亿元，年度计划投资13亿元，完成投资13.30亿元，占年度计划投资102.60%。其中，续建项目23个、新开工项目10个。

【宜居环境项目建设】 2017年，县住建局落实宜居环境建设行动项目63个，争取上级项目补助资金2249万元，年度计划投资12.54亿元，完成投资12.73亿元。新建、改建城市道路6.30千米、雨水管网13千米、污水管网7.18千米、供水管网9千米、绿道10千米。文华小区、景鸿世纪广场等6个小区燃气已实现连通供气。

城乡规划

【县城总体规划修改】 2017年，县住建局着手开展清流县城总体规划修改工作，完成2009年总体规划实施评估报告初稿。

【城乡建设规划编制】 2017年，县住建局完善控制性详规和修建性规划编制，先后完成东莹化工项目扩建规划选址论证；火车站前片区概念规划设计和城市设计方案报批稿；清流县帅风建材有限公司20万活性石灰建设项目方案专家评审；以及燃气管道专项规划编制。

【重点项目规划方案审查】 2017年，县住建局审查修改重点项目规划方案11项，包括城南工业园小微双创基地、库区移民工业园、清流国家级气象观测站搬迁项目、铜锣山休闲绿道、邓家村文化活动中心、嵩溪第二幼儿园、清流县第三小学、第三幼儿园、清流县档案馆、工人文化宫综合大楼、清流县医院医疗综合大楼建设项目等重点项目。新增建设用地面积 49.07 公顷，工程规划许可总建筑面积 10.28 万平方米。全年办理用地规划许可 28 件，用地面积 49.07 公顷，工程规划许可 22 件，总建筑面积 10.28 万平方米。

撰　稿：吴丽华

城市建设

【概况】 2017 年，县龙翔城市建设投资中心（以下简称县城投中心）承担城建项目 43 个，总投资 17.22 亿元。年内完成投资 1.58 亿元，其中为民办实事项目投资 3402.5 万元。

【水东路改造】 2017 年，该项目投资 900 万元，实施水东路改造工程，道路长约 680 米，工程含改造沥青路面、人行道、强弱电缆化、路灯、绿化、雨污水管网、自来水管网。

【碧林北路至北山道路建设】 该项目 2016 年 6 月开工，投资 900 万元，施工道路全长 320 米，路面宽 36 米，采用混凝土路面，人行道配套管网、路灯等基础设施，2017 年 6 月 23 日竣工验收合格。

【新一中校园周边道路交通安全渠化改造】 2017 年，县城投中心投资 776 万元，进行新一中校园周边道路交通安全渠化改造工程(一期)，实施山体部分搬移、道路工程（沥青路面）、交通工程、雨水工程、污水工程、给水管网、强弱电工程及燃气工程等。投资 195 万元，实施新一中周边道路整治工程，改造新一中校门左侧留芳村口 220 米，新建边坡防护等，增加停车位 40 个。

【屏山二路道路建设】 2017 年，县城投中心投资 230 万元，实施屏山二路道路土方开挖，新建混凝土道路 194 米，含人行道、路灯、绿化、雨污水管网工程，新建停车位 40 个。

【迎宾大道二期工程改造】 2017 年，该项目县城投中心投资 99 万元，设计停车场、交通安全设施改造、信号灯工程、公交车停靠站改造及相关路面硬化等，新增停车位 42 个。

清流一中新校区周边道路交通安全渠化改造工程（县城投公司提供）

【留芳路改造及排水管网、附属工程建设】 2017 年，该项目县城投中心投资 170 万元，铺设沿河截污水干管 286 米，支管 98 米。投资 190 万元，改造留芳路（新一中至公安局）道路工程，路线总长 682 米，含人行道隔离、防撞墙加高、路灯布置及新建人行步道等。

【铜锣山绿道休闲公园建设】 2017 年 9 月，项目开工建设，项目总用地面积 13.6 公顷，其中林地面积 6.89 公顷，规划建设休闲步道全长 6000 米，其中环山步道 3500 米、支线登山步道 2500 米，总投资约 3500 万元。

【桥下沿河景观工程】 工程于 2016 年 12 月 30 日开工建设，景观部分已完成。该项目总投资 1350 万元，总规划面积 5.9 万平方米，建设拦河坝、沿河两岸园林绿化、管网、景观及市民休闲配套设施等。钢坝工程于 2017 年 10 月恢复施工。

【县医院医疗综合楼项目建设】 2017 年，该项目总投资 2.8 亿元，建筑面积 4.52 万平方米，完成规划选址、用地、项目可研审批及立项、设计招标等前期工作，已在进行地质勘察及周转房装修。

【气象站综合楼项目建设】 2017 年，该项目总投资 1100 万元，建筑面积 4500 平方米，已完成招投标，10 月中旬开工。

【环卫中转站停车场建设项目】 2017 年，该项目总投资 500 万元，10 月开工建设。建设 20 个停车位的环卫停车库；日处理量 150 吨的生活垃圾压缩中转站 1 座；仓库 1 座，占地面积 600 平方米。

【翠园片区内河治理工程】 2017 年，该项目县城投中心总投资 710 万元，修补、清淤 2*D2000 水泥管长 150 米，新建 3.50×3 米箱涵 80 米，并把污水管布置在箱涵内侧，解决翠园片区内河明渠脏乱现状。

【其它市政工程建设】 2017年，县城投中心完成南滨公园、儿童公园改造工程以及景鸿小市场项目、太极公园（碧林公园）二期、龙城街道路排水修缮改造工程、市场管理附属楼装修工程、“一河两岸”夜景提升工程（一期）建设。推进东大路路灯改造、行政服务中心搬迁工程建设。

【城市公交】 2017年，县城区公交班线7条，分别为城区公交1、2、3、5路，清流至嵩溪、清流至嵩口城乡公交，清流至宁化城际公交。年内，县住建局改造提升城区公交站点31个，新（改）建临时停靠点19个；调整公交运营时间、班线，解决新一中学生上、下学乘车问题。全年公交运输旅客272.29万人次，全年收入366.34万元，利润-245.86万元。全年政府运营补助180万元，城市公交车成品油价格补助51.90万元。

【共享单车】 2017年5月18日，清流县举行Hellobike共享单车投放运营发布会，首批300辆共享单车正式向市民开放。一期规划投放18个站点，每个站点根据人口密度不同投放单车10～20辆不等，市民只需用微信、支付宝或下载Hellobike单车APP，扫描单车上的二维码，实时查看单车位置后，找到最近的单车，扫码开启车锁骑行即可。租车费用为每半小时1元，押金199元。

【招商引资】 2017年，县城投中心引进落地项目2个。其中，引进富顺光电科技股份有限公司，投资3000万元，计划安装电动汽车60千瓦直流充电桩120台，已在县政府停车场及龙津镇政府停车场安装11台。引进上海钧正网络科技有限公司投资1000万元，计划布放智能哈罗共享单车站点50个、单车3000辆。

【资金筹措】 2017年，县城投中心筹措资金8298.09万元，其中县财政转入城建资金5063.59万元，安排债券资金2000万元；县住建局转入专项资金550万元，其他部门转入资金684.5万元。

【成立子公司】 2017年，县城投中心为提高建设效率，降低建设成本，扩宽融资渠道，成立龙翔物资公司、龙翔建设开发公司、财鑫公司3个子公司。

撰　稿：邱建安

镇村建设

【小城镇建设】 2017年，各乡镇开展沿街环境整治，嵩口镇、林畲乡分别按照打造养生温泉特色小镇、桂花特色小镇的要求，推进基础设施、文化设施、餐饮和旅游服务设施等建设。赖坊茶业园，嵩溪现代农业观光园、光伏农业、工业园基础设施建设，灵地中心幼儿园施工，嵩口天芳悦谭二期工程土建施工、温泉地质博物馆基本完成。

【污水、生活垃圾治理】 2017年，全县完成村庄污水治理13个、农村垃圾治理29个，生活垃圾做到日产日清。建设三格化粪池4231个、乡镇垃圾转运站9个。12月15日，完成农村生活污水垃圾治理PPP（政府与社会资本合作模式）项目项目招标工作。实施李家乡吴家村、灵地镇尤坊甲村、龙津镇下戈村等12个美丽乡村建设，即污水处理设施建设、污水管网配套、裸房整治等工作。

【危房改造】 2016年，清流县农村危房改造任务410户，其中省委省政府为民办实事项目任务10户，国家2015年提前下达清流县任务400户。2017年，农村危房改造开工任务数61户，其中完工任务数24户。2016年危房改造任务全部竣工；2017年，农村危房改造任务开工61户，开工率100%，竣工49户（完工任务数24户）。

撰　稿：吴丽华

供　水

【概况】 2017年，县自来水公司完成售水量294.92万吨，实现销售收入505万元，比2016年增长3%。实现利税15万元。水质综合合格率99.92%，全年未发生安全生产事故。

【保障供水安全】 2017年，县自来水公司在中共十九大召开及厦门金砖峰会期间，投资10万余元，在净化车间四周围墙布置电子围栏460米，并安装周界报警系统，增设24小时值班门卫1名，保证安全供水。

【城区供水管网改造】 2017年，县自来水公司投资136万元，实施城区供水管网改造，改造工程从城市主干街道延伸至老旧小区、巷子，完成翠园后街、下坪巷、水东路支路等10余条小路、小巷管网改造4.40千米。投资105万元，完成城关中学片区一级、二级加压泵房和北山天城片区一级泵房升级改造，解决城关中学片区经常停水问题。

【创新服务手段】 2017年，县自来水公司增设微信支付水费和信用社银行代扣水费功能，至12月末，使用微信缴费用户达50%以上，全年水费回收率99.94%。利用微信平台向用户发布节水倡议、预防冰冻灾害天气、供水抢修、停水通知等服务信息，用户可随时掌握用水情况。

【协助改造南面乡镇净水厂】 2017年，县自来水公司协调三明市自来

1月10日，县自来水公司施工人员在安装人才公寓前消防栓（县自来水公司提供）

水（工程）公司帮助县南面乡镇供水项目部做好净水厂技术改造，安装进厂水流量计1台，新建絮凝剂投加系统1套，新增絮凝剂搅拌机、液下泵各1台、投加泵2台，新建二氧化氯消毒剂投加系统1套，检修无阀滤池两组，更换新滤料，安装DN300盘通管1条，保证在一体化净水设备检修期间正常供水。完善厂区自用水系统，协助培训南面乡镇供水净化操作工人6人。

【提高水质自检能力】 2017年，将原子吸收仪等4台大型仪器经调试后投入使用。化验室水质检测能力从原先17项提高至25项。

撰　稿：肖绯腾

电力供应

【概况】 2017年，县供电公司全年完成固定资产投资5181.92万元；全县发电装机容量113.60兆瓦，全年发电1586.60万千瓦时。全口径售电量6.15亿千瓦时，比2016年增长24.44%。全社会用电量7.30亿千瓦时，比上年增加24.82%。其中第一产业用电量12000万千瓦时，比上年增加36.12%。第二产业用电量5.72亿千瓦时，比上年增加30.27%。第三产业用电量4500万千瓦时，比上年增加10.22%。城乡居民用电量1.01亿千瓦时，比上年增加4.97%。网供最高负荷109.90兆瓦，比上年增加30.7%。综合线损率5.21%。

【安全生产】 2017年，县供电公司检查发现一般隐患46项，安全事件隐患48项，全部完成整改。组织开展春秋季安全大检查及各类专项检查，发现问题322条，整改率100%；开展施工队伍驻地建设，并选派2名业务骨干进驻担任安全班长。定期梳理抢修储备物资清单，满足启动应急响应2小时内紧急供应调拨需求。配合完成金砖厦门会晤保电、中共十九大保电及安全维稳任务。公司实现连续安全记录4035天，全年无责任事故发生。

【电网建设】 2017年，县供电公司35千伏长校变、余朋变二期扩建土建工程完工。完成县域“十三五”电网滚动规划修编。投资3603万元，完成小城镇中心村、“村村通动力电”及配网自筹项目建设124项。新建及改造10千伏线路53.17千米、0.40千伏线路47.76千米、配变86台、容量14080千伏安，改造户表4568户。

【供电服务】 2017年，县供电公司客户故障报修1128起，县电力公司维修人员到达现场及时率100%，客户问题一次解决率100%，客户满意率99.90%。县电力公司与铁路建设办公室对接，受理57户兴泉铁路10千伏业扩用电申请，送电57户，送电率100%。受理39户浦梅铁路10千伏业扩用电申请，送电39户，送电率100%。

撰　稿：谢炜明

4月19日，供电公司技术人员在处理里田乡供电线路安全隐患（县电力公司提供）

供　气

【液化气供应】　2017 年，全县有液化气供应企业 1 家，即龙昌液化石油气有限责任公司，液化气供应点 19 个，其中城区 1 个，乡镇 18 个，全年销售液化气 10052 瓶，销售额 115 万元。

【管道燃气工程建设】　2015 年 12 月，三明中燃城市燃气发展有限公司和清流财通国有投资有限公司合资成立清流中燃城市燃气发展有限公司，主要经营燃气管网建设及燃气销售业务。县天然气管道建设项目总投资 9565 万元，项目分两期实施，一期计划投资 3745 万元，完成建设 1 座 LNG 气源站（占地面积 6429 平方米，建筑面积 783.53 平方米的 LNG 气化站）、1 座 L/L—CNG 加气合建站，同时铺设燃气输配系统，包括中压管道、天然气管网干线及到达各工厂、小区、楼前用户的支线管网，满足居民和工商业用气需求。二期工程包括 1 座门站、58 千米次高压管网及配套的中低压管网等设施，计划投资 5820 万元。2017 年，完成投资 780 万元。完成瓶组气化站、部分小区燃气管网和设备安装。其中，市政中压燃气管道铺设 10.79 千米，通气 10.79 千米，投资约 540 万；LNG 燃气管网系统庭院铺设约 8.60 千米，立管安装 3453 户，开发用户约 750 户，通气 416 户，完成投资约 240 万元。怡景书院，九龙明珠、龙郡首府、玫瑰佳苑文华小区、景鸿世纪已通气。全年建设费收入约 120 万元，燃气销售收入 10 万元。

供　稿：县中燃公司

城市管理

【市容市貌整治】　2017 年，县城市管理局开展流动摊贩占道经营等行为专项整治行动，取缔占道摊点 140 余个，清理店外堆放杂物 460 余处，规范排档经营 210 余处，清理违章设置的流动广告牌 247 个。清理城区“牛皮癣”4.90 万张。清理大型违章、污损破旧广告牌 107 块，小广告牌 210 块。加强渣土整治，出动人员 180 人次、车辆 60 人次，查处渣土车洒漏 50 余起。新增设便民市场——景鸿小市场，解决周边马路市场占道经营问题。规范摩托车、非机动车辆停放 265 处，查处乱停乱放交通违法行为 247 余起，依法拖移车辆 150 余辆。

灵地镇大坪美丽乡村（陈汝辉摄）

【学校周边环境专项治理】　2017 年 6 月，县城市管理局会同公安交警部门在步行街路口、凤翔街、文化街设置禁停标志 11 块，在上下课高峰时段，规范车辆停放。配合公安交警部门加大对城区“僵尸车”顽症治理，加大对学校周边占道停车的疏导管控。

【市政设施改造与修缮】　2017 年，县城市管理局投入 18.50 万元，完成翠园后街雨水管道水毁修复工程约 275 米。投入 25 万元，修复改造三角尾城南路路口道路破损及排水 170 米，宽 4.50 米。投入 20.50 万元，完成坪背下坪巷排水改造工程 138 米。投入 42.80 万元，完成水东路公共停车场场地平整硬化面积 1438 平方米，建设排水、道路面积 330 平方米，完成砼铺设 100%。投入 3 万元，修缮雁塔小区步道路面面积约 100 平方米。投入 14.50 万元，完成九龙广场木作地面改造工程（含广场前木作舞台及上坪背沿河景观防腐木），面积约 250 平方米。投入 6.50 万元，完成东门桥伸缩缝改造工程，长度 20.60 米。投入 9.50 万元，完成屏山大道路面标线和交通标志工程。投入 3.60 万元，完成北大路道路路面破损修复工程，面积 145 平方米。投入 6 万元，修复怡园路破损次干道路面，面积 240 平方米。投入 2.15 万元，完成宾馆大门边拆除小屋（次道拓宽）零星项目工程。投入 4.30 万元，完成清流县车站及龙津广场标志、标线零星项目工程。投入 4.27 万元，完成城区道路公共停车位标志、标线零星项目工程。投入 7113 元，完成老一中后改单行道工程。

【城市园林绿化】　2017 年，县城市管理局投入 9700 元，更换龙津、南门桥及龙津广场摆花 6900 株。投资 84.80 万元的龙津广场绿化提升改造工程完成工程总量 90%。

1月10日，城管工作人员到污水处理厂进行安全生产检查（县城市管理局提供）

【路灯、景观灯维护】 2017年，县城市管理局整改城区黄泥坑路段路灯52盏，解决该路段亮度不够问题；城南路、长兴南街宏发巷各增加路灯5盏。修复新交警大队至龙郡首府路段被挖断路灯地下管线。修复联通公司至老公安局门口路段地下管线炸线的中华灯5座。维护人员每天巡查城区路灯、景观灯路灯设备，发现问题及时处理。

【加强城区管网管理】 2017年9月，县城市管理局对城区13.76千米污水主管、支管开展内窥检测、排查。11月末，完成淤积、堵塞支管清淤疏浚维护工作。12月，完成城区管网现状普查。实行每季排查、雨季加密巡查制度，加强雨污水管网日常管理，修缮维护显见破损的雨污管（井），提升城区污水管网运行效率。

【燃气安全监督】 2017年，县城市管理局督促企业落实主体责任，要求企业做到四个100%、“五到位”（风险和隐患100%制表列出清单、100%建立台账、100%制订管控措施和整改方案、100%落实事故隐患整改责任、措施、资金、时限、预案“五到位”）。下发自查通知6次，落实入户燃气设施检查和燃气安全使用宣传。全年对龙昌液化气公司及下属站点检查45次，参与检查人员24人次，下发整改通知书12份，消除安全隐患41起。落实瓶装液化石油气购气实名制工作，企业在册用户数6100户，个人实名制登记在册2814户。

【环卫系统安全生产专项检查】 2017年，县城市管理局组织开展环卫系统安全生产专项检查，重点检查大路口垃圾填埋场安全生产工作。排查出安全隐患5处（垃圾填埋场3处、清运班组2处），均列出整改措施、完成时限，整改率100%。

【市场服务管理】 2017年，县城市管理局每月组织龙津市场从事饮食、食品类制作、销售和服务的经营者参加消灭“四害”活动1次。利用禽流感高发时段对活禽交易、禽类宰杀处喷洒H7N9消毒防疫药品12次。聘请清洁工5人，内设垃圾桶6个，垃圾做到日产日清。清理整治占用消防通道经营行为65处，组织人员对龙津市场投放鼠药和喷洒消毒液10次，清理水沟及下水道12次。加强市场创建工作，悬挂条幅、横幅12条，发放宣传资料200份，现场解答群众热点难点问题12次。设立各类宣传牌和专栏厨窗6块，健康专栏宣传12期，卫生专栏宣传12期。处置消防安全隐患8起，避免损失1.20万元。清理消防通道乱堆放36处，更换盖板25块。投入1.56万元，维修与改造市场消防器材与照明设施。

【“两违”治理】 截至2017年年末，全县13个乡镇累计录入“两违”数据2391条，违法建设面积97.69万平方米，拆除面积92.65万平方米；违法占地面积77.58万平方米，腾出土地面积76.15万平方米。其中年内“两违”违法建设面积22.57万平方米，拆除面积22.47万平方米；违法占地面积21.76万平方米，腾出土地面积21.51万平方米。各乡镇开展“无违建”创建活动，新增里田乡为无违建示范乡镇，13个乡镇按照无新增违建、分类处置率达到70%以上以及防控体系和疏导机制健全完善等标准，各确立新增无违建示范村1至2个。

【中央环保督查迎检工作】 2017年，县城市管理局做好城区生活垃圾收集和处置、清扫保洁、公厕管理、一河两岸环境治理等内页资料的汇总和报送。重点督查大路口垃圾填埋场渗滤液处理设施的改造提升、相关台账的规范填报等工作。3月，完成台账整改及检测人员培训。4月6日，完成垃圾填埋场渗滤液处理设施提升改造工程，填埋场排放达到GB16889—2008要求。投入130万元，推进城镇生活污水处理厂污泥安全处理处置，将污水处理厂污泥处置设施由自然干化工艺改造为沼气池加污泥快速箱式静态生物干化技术处理工艺。

撰　稿：罗海青

房地产

【促进房地产业复苏】 2017年，县住建局推动“一企一策”，促进房地产业恢复发展。落实房地产项目挂包责任制，推进后续项目建设，

14个问题楼盘中有12个开工、复工，景鸿广场、九龙明珠和龙郡首府的住宅部分、建材城基本销售完成，光明地产、迎屏佳苑、如意大厦等陆续交房。元鸿广场完成项目用地性质变更手续。相关信访、群体性上访等事件得到有效缓解。加强商品房预售资金监管，促进房地产开发市场健康、良性、有序运行。

【房地产去库存】 2017年，县住建局宣传县购房鼓励政策，兑现购房补贴和契税奖励。推动“一盘一策”，促进房地产去库存。全年商品房销售面积12.48万平方米，比2016年增长5.97%。其中销售住房484套、6.37万平方米，比增37.88%。销售商业办公房产面积6.11万平方米，与上年销售商业店铺面积2565.23平方米相比，大幅增长。商品房库存22万平方米，去化周期12.80个月。存量房交易面积6.96万平方米，比2016年增长21.68%，其中住宅交易404套5.32万平方米，比增 59.28%。

【保障房建设及管理】 2017年，上级下达清流县城市棚户区改造目标任务105套。其中，县城关中学学生宿舍危旧房改造94套，总建筑面积5459平方米，总投资200万元。嵩溪中心小学教师宿舍危旧房改造11套，105套危旧房改造项目已竣工并交付使用。购买49套商品房用于保障房，总投资730万元，已完成产权登记。申请受理审核保障房家庭对象103户。2017年1月1日起，下调廉租房、公租房租金标准，与全部租户重新签订配租合同并收缴租金，全年降低用户租金支出10余万元。

撰　稿：吴丽华

建筑业

【概况】 2017年，新增建筑施工企业8家，总数由年初19家增加至27家，其中施工总承包一级资质3家、二级2家、三级22家，年均从业人员3069人，年内完成省内建筑业产值54.14亿元，比2016年增长16.10%。

【开展建筑工程质量安全提升行动】 2017年，县住建局加强对受监工程参建各方责任主体质量安全行为的监督，对工程实体的关键部位和重点工程部位，实行重点监管。全年组织检查组12个，出动检查人员56人次，检查企业17家，整治违规违章28起，发现工程质量安全隐患260处，发出质量安全整改通知书52份，隐患已整改258条，整改率99%。全面落实质量终身制，推行开工前质量安全承诺和竣工后永久性标牌制度，全县新办理的18个项目，均已签署质量安全终生责任承诺书，新办理竣工验收备案的工程13项，建筑面积12.20万平方米，设立永久性标牌的工程13项。

撰　稿：吴丽华

住房公积金

【概况】 2017年，全县全年应缴住房公积金人数17080人，实际发生归集业务单位320个，实缴9363人，新增开户单位13个，净增加110人，覆盖率55%。全年归集住房公积金1.49亿元，比2016年增长9.82%。

【住房公积金提取】 2017年，提取住房公积金1.12亿元，比2016年增长26.09%。其中全年偿还贷款提取5456.31万元，比上年增加683.87万元。购建房提取2262.97万元，比上年增加664.24万元。离退休支取1665.49万元，比上年增加530.98万元。

【逐年冲还贷业务办理】 2017年，实有贷款人数2548户，累计办理“逐年冲还贷”2241户，签约率87.95%，比2016年增加3.97个百分点。

【住房公积金贷款】 2017年，发放住房公积金贷款213笔计6154.70万元，比2016年减少37笔1368.70万元。年内贷款累计回收5630.90万元，比上年增长31.99%。累计贷款总额7.48亿元，年末未结清贷款户数2548笔，贷款余额4.81亿元。10月始，发放“公转商”贷款24笔、698.10万元。截至年末，公转商贷款余额696.68万元。

【住房公积金增值收益】 2017年，实现住房公积金业务收入1622.95万元，住房公积金业务支出1194.05万元。住房公积金增值收益428.90万元，比2016年增长50.86%。

【协助办理不动产他项权证】 2017年，协助怡景书苑、景鸿地产、龙腾御景、龙郡首府、九龙明珠办理不动产他项权证，截至12月，收到不动产他项权证253户。11月21日，磐安地产113户公积金贷款中51户保证金共72万元转入指定监管账户。

撰　稿：林承祯

国土资源管理与环境保护

国土资源管理

【概况】 2017年，县国土资源局围绕保障发展更加有力、保护红线更加坚决、保障民生更加有效、服务社会更加优质的工作主线，较好地完成各项工作目标任务。全年受理群众信访、“12336”举报、“12345”政府服务热线投诉、县政府交办复查件等各类信访件31件，办结率100%。

【保障项目用地】 2017年，经国务院审批浦梅铁路（清流境）项目农转用面积约116.87公顷。经省政府审批农转用和土地征收批次10个、单独选址2个，涉及项目13个，用地总面积47.72公顷。经市政府审批农村住宅农转用批次3个，用地总面积4.20公顷。县国土资源局审批项目建设临时用地21宗，面积19.43公顷。供应土地18宗，总面积62.73公顷，土地出让金总额1282.59万元。完成兴泉铁路（清流境）用地征收面积70.67公顷。办理划拨土地使用权补办出让及个人建房增容补办出让124宗，收取土地出让金136.41万元。审批农村村民住宅单独选址建房45户。办理项目用地预审32宗。完成清流县征地区片综合地价制定和城镇（乡）基准地价修编工作。

【土地利用规划调整】 2017年，县国土资源局完成《清流县土地利用总体规划（2006—2020）》调整完善工作，经省政府批准实施，编制上报审批使用有条件区方案6个批次，涉及项目15个，调整使用有条件建设用地区面积14.77公顷。

【永久基本农田划定】 2017年，县国土资源局落实“落地块、明责任、设标志、建表册、入图库”5项任务，完成全县永久基本农田划定任务数面积1.11万公顷，签订基本农田保护责任书153份，更新永久基本农田保护标志牌26个，新增设立保护界桩130个。

【耕地保护】 2017年，县国土资源局推进耕地保护目标责任考核制度，签订2017年度县一乡一村三级《耕地保护目标责任书》488份，做到保护面积、保护人员、工作责任三落实，保障全县耕地保有量面积1.31万公顷目标实现。建立基本农田管护员制度、基本农田保护补助制度等基本农田保护制度10项，在6个乡镇试点选聘村级基本农田管护员12人。

【旧村复垦】 2017年，县国土资源局申请省国土资源厅结算旧村复垦项目6个，土地增减挂钩指标结算面积12.52公顷。通过市级验收旧村复垦项目5个，新增耕地面积12.20公顷，其中水田占98%，产生挂钩指标面积11.28公顷。通过市级审核旧村复垦项目5个，产生挂钩指标面积约11.65公顷。

【高标准农田项目建设】 2017年，县国土资源局完成高标准农田建设面积277.30公顷，完成报备补充耕地面积46.72公顷。出让补充耕地指标面积14.01公顷，交易金额864.70万元。申请市级立项土地开发整理项目5个，总面积465.13公顷，新增耕地面积59.27公顷，总投资1643.80万元。

【基本农田保护项目建设】 2017年，县国土资源局投资726万元，实施基本农田保护基础设施建设及旱改水项目10个。验收灾毁耕地复垦工程及水土流失治理项目17个。

【矿政管理】 2017年，县国土资源局执行矿山图纸交换制度，开展煤矿超层越界开采专项检查，完成矿业权人勘查开采信息公示。年

5月12日，召开清流县矿产资源总体规划（2016—2020）论证会

内追缴矿山生态恢复治理保证金337.11万元，累计缴纳矿山生态环境恢复治理保证金约3904万元。制定每月“双巡查”制度，全年县、乡两级国土资源部门联动开展矿山巡查382人次。

【土地、矿山执法监察】 2017年，县国土资源局开展土地、矿产卫片执法。年内国土部下发清流县疑似违法图斑245个。经核查举证，违法用地图斑28个，违法用地面积3.39公顷，其中耕地面积0.99公顷。立案查处违法用地卫片案件27宗，移送宁化国土局查处1宗。违法用地面积占新增建设用地总面积7.10%，违法占用耕地面积占新增建设用地占用耕地总面积6.90%。全年县乡两级开展动态巡查98天260余人（次），建立巡查台账98份，发现并制止国土资源违法行为56起，发出制止违法行为法律文书56份，立案查处国土资源违法案件60宗（含卫片案件27宗），涉及违法占用土地面积4.68公顷。

【地质灾害预防】 2017年，全县地质灾害点63个，高陡边坡隐患点231处，涉及13个乡（镇）85个行政村，受威胁群众566户、3671人。全县63个地质灾害隐患点全部制定防灾预案，加强地质灾害隐患点和危险区域的监测、巡查和防范。县国土资源局开展地质灾害防治知识培训7次，补充地质灾害警示牌79块，高陡边坡警示牌229块。与省地灾重点实验室和省地矿建设集团建立业务支持和技术支撑合作，为县地灾防范工作提供技术指导。

【地质灾害治理】 2017年，县国土资源局争取地灾治理补助资金4087万元，其中3处国土部地质灾害工程治理补助资金3900万元，占全省补助资金总数32.50%。田源温潭地质灾害工程治理项目补助资金187万元。 已完成龙津镇水东路东面山滑坡、龙津镇城南山边队滑坡、长校镇中华客家祖山文化园、温郊乡温家山村大运上崩塌治理、田源乡田源村温潭滑坡及崩塌等5处地灾点勘察设计。

【农村地籍与房屋调查】 2017年，县国土资源局完成全县59个行政村的测量资料收集、地籍档案扫描和宅基地地籍图测量，对33个行政村开展入户调查与房屋测量，清流县该项工作进度全市排名第一，全省排名23。

【不动产统一登记】 2017年，县国土资源局办理不动产各类登记4461宗，其中不动产权证书1899宗，证明2562宗。与银行“无本续贷”类业务实行无缝对接，当日办结，办理“无本续贷”业务41宗，帮助企业融资1.42亿元。解决东莹化工变更登记权属调查确认、富民小区安置户办证、磐安房地产土地及房产查封登记等各类历史遗留问题。

【林权抵押登记】 2017年，县国土资源局服务林农贷款抵押，办理林权抵押权首次登记业务33宗，总面积4151.93万平方米，抵押总金额2.17亿元。

【招商引资】 2017年，县国土资源局策划包装项目32个，招商签约项目2个，落地开工项目2个，增资技改项目2个。与中化地质矿山总局福建地质勘查院签订萤石资源开发战略合作协议，并已注册合资公司。

【完成例行督察整改】 对省域土地督察意见书提出的问题清单，开展核实举证，推进问题清单整改。3宗闲置土地问题整改全部完成，批而未供整改完成率84.75%。

撰稿：温平

环境保护

【概况】 2017年，县环保局落实省、市、县关于加快推进生态文明建设的决策部署和要求，为建设宜居宜业幸福清流提供良好的环境支撑。县城区环境空气优良天数364天，优良率99.73%，位居全省环境空气质量排名第六；辖区内主要河流地表水水质达到国家Ⅲ类水标准以上，交界断面水功能达标率100%，饮用水源水质达标率100%；城区区域环境噪声平均值控制在56分贝（A）以内，城区交通干线噪声平均值控制在66分贝（A）以内。主要工业污染物排放量均控制在市政府下达的控制指标内，初步形成生态良性循环、人与自然和谐发展的态势。

【落实生态环保责任】 2017年，县环保局与13个乡（镇）和14个县直有关部门主要领导签订生态环保目标责任书，并将其纳入绩效考核重要内容，制定下发《清流县党政领导生态环境保护目标责任书工作考核办法（试行）》，定期组织有关部门人员深入13个乡（镇）及14个县直有关部门开展督查，全县生态环保责任书重点项目43个，完成38个，其余5个项目持续推进中。

【水污染防治】 2017年，县环保局加强与宁化县沟通协调，达成水源地环境整治协议，对水源保护区烤笋、生活污染源进行有效治理，保证水源水质。完成5个乡（镇）饮用水源地保护区调整划定工作。深化河长制工作，全县6条流域均制定下发2017年流域水环境整治实施方案，将影响流域水质的突出问题列入重点解决清单。完成金星工业园区及福宝化工集中区污水收集管网建设，建成大路口片区污水处理厂并投入运行。实施总投资7300万元的嵩溪溪小流域综合治理项目，完成北坑钨矿生产废水处理，华顺养殖专业合作社、闽新畜牧场、宏成农牧有限公司3家生猪养殖场标准化升级改造，嵩溪镇、林畲乡河道综合治理，嵩溪镇元山村水土流失综合治理，嵩溪镇区污水管网建设等工程，嵩溪溪水质改善。

【农业面源污染防治】 2017年，县环保局指导农民科学选用高效、低毒、低残留农药，严禁高毒和高残留农药使用。对统防统治的农药包装物进行回收，交由农业部门进行无公害化处理。定量有偿回收烟农使用过的农膜，减少耕地内农膜残留，降低农膜污染。拆除关闭养猪场25家，完成规模化生猪养殖场标准化升级改造52家，其中环保验收14家、调试38家。

【大气污染防治】 2017年，县环保局新建大气自动监测站1座并投入使用。整治工业尾气，红火水泥窑尾气脱硝设施运行正常、达标排放，东莹化工回转窑尾气脱硫设施建成投入运行。督促全县6家不符合产业政策的黏土砖生产企业开展环保设施改造，取缔非法煤矸石露天焚烧点2个。严控机动车尾气排放，完成黄标车淘汰118辆，占任务101.72%。推进建筑工地绿色施工，加大对建筑施工、道路施工等扬尘监管，落实施工工地围挡、车轮冲洗等扬尘防治措施。

【土壤污染防治】 2017年，县环保局核实全县农用地土壤污染状况详查点位，确定土壤污染重点行业企业14家，划定详查单元7个，核实农用地详查点位44个。确定、公示清流县土壤环境重点监管企业和重点行业企业及大宗固体废物堆存场所，并与企业签订土壤污染防治责任书8份。

【环境监管】 2017年，县环保局开展污染物总量减排，县2个重点减排项目按时序推进——福建红火水泥加强脱硝设施运行管理，完善在线监控和中控系统，确保正常稳定运行，脱硝效率60%；县污水处理厂新建配套管网、完善雨污分流，提高进水浓度和污水收集率，运行负荷达75%。年内，审批建设项目26个，完成建设项目环保“三同时”验收14个，环评执行率和工业项目环保“三同时”执行率均达100%。全年发放排污许可证16本，依法征收排污费251.65万元。开展环境监测工作，在完成常规监测基础上，完成监督性监测83家次，完成环保竣工验收监测14家。推进环境信息公开，向社会公开涉企信息106条，发布环境质量公报4期，发布环保工作相关信息40余条。

【环境执法】 2017年，县环保局出动环境执法人员826人（次），检查企业236家（次），处罚违法企业27家（次），其中立案查处环境违法企业17家（次），处罚金额21.80万元；查封企业7家（次）；

2017年3月19日，县环保局开展饮用水源地突发环境事故应急演练

停产限产 2 家（次）；移送行政拘留 1 家。受理群众来信来访、“环保 110”投诉件 113 件，处理率 100%。

【中央、省环保督察迎检工作】 2017 年，全县梳理环保突出问题 23 个，完成整改 17 个。省上环保督察涉及清流县具体问题 8 个，县环保局已逐项制定整改问题清单。中央环保督察组转办的 9 件信访投诉件，均做到按时办结，办结率 100%。

【环保机制改革】 2017 年，县环保局推进环境污染第三方治理，签订实施农村垃圾、污水和河道治理 PPP 项目框架协议，完成论证和财政承受能力报告、前期审批（立项 / 可研）、方案编制、招投标等工作。委托第三方社会化运营对县污水处理厂、南方水泥等国控、省控企业在线监测监控系统。从污染防治、生态保护、环境管理、社会监督等四大类 22 项指标对全县 16 家企业进行环保信用等级评价，其中获省级环保良好企业 1 家、市级环保良好企业 11 家、市诚信企业 1 家、县级环保良好企业 3 家。推进排污权有偿交易，县南方水泥和氨盛化工通过工程减排措施，完成主要污染物减排量有偿出让。东莹化工通过排污权交易申购取得扩建项目总量指标，排污权成交总额 1000 余万元。探索试行环境污染强制责任保险制度，全县 4 家企业办理环境污染强制责任保险。

撰　稿：陈志勋

客家传统服饰（林旭煌摄，2017 年）

财政 税务

财 政

【概况】 2017年，县财政局坚持稳中求进总基调，履行财政职能，支持发展、保障民生、促进改革、规范管理，财政收入保持平稳增长态势，为建设“宜居宜业幸福新清流”提供保障。全县一般公共预算总收入完成5.89亿元，比2016年增长22.70%，增幅列全市第一位。其中：县级一般公共预算收入完成3.62亿元，完成年初预算74.40%，较上年同期增收2980万元，比增9%，增幅列全市第一位；税性收入比重77.30%，较上年同期提高12.80个百分点，列全市第一位。全县公共财政预算支出17.53亿元，较上年同期增支2.53亿元，增长16.84%。一般公共预算支出中教育、科技、文化、社会保障和就业、医疗卫生、环保、农林水等八项民生重点支出10.73亿元，比2016年增长25.82%。全年争取上级转移支付补助4.66亿元，比2016年增加8377万元。争取新增地方政府债券资金2.73亿元，比上年增加2400万元。

【盘活财政存量资金】 2017年，县财政局加强部门结转结余资金管理，对于结余资金和结转2年以上的项目资金收回统筹使用，全年清理收回部门财政性存量资金5775万元。

【支持招商引资及项目建设】 2017年，清流县出台《清流县招商引资奖励办法》《清流县乡镇招商引资转移支付补助办法》、修订《清流县县域产业发展专项资金管理办法》、出台《清流县关于促进总部经济发展的指导意见》。县财政局安排重点项目前期经费、招商引资专项资金等555万元，促进项目策划生成和引资落地。推广PPP模式，组织相关部门论证、评价《清流县水利和环境综合治理及道路工程PPP项目（一期）》“两报告一方案”（物有所值评估报告、财政承受能力论证报告、实施方案）和“一协议一合同”（投资合作协议、PPP项目合同），完成PPP项目采购。投入资金5.06亿元，实施农田水利、生态流域治理、铁路、城乡路网、市政公用设施、教育、卫生等重大项目建设。

【促进县域工业发展】 2017年，县财政局筹措资金1.82亿元，支持集美（清流）共建产业园、福宝化工园和城南工业园区建设。兑现增产增效、固定资产投资补助、出口奖励等惠企资金4830万元，支持重点工业企业技术改造、节能减排和科技创新。拨付资金7155万元，用于企业科技进步奖励、企业技术改造、用电奖励、节能项目、智能制造、软件产业、工业企业救灾、外贸出口及利用外资奖励等。

【支持房地产发展】 2017年，县财政局投入资金1026万元，兑现购房优惠政策，建立房地产平稳发展长效机制。

【完善社会保障体系】 2017年，县财政局投入6742万元，用于城乡居民社会养老保险制度全覆盖、落实被征地农民社会保障、提高新农合参保农民医疗保险政府补助标准、落实城乡居民医疗救助政策、提升公共卫生服务能力、完善城乡低保、优抚安置双拥，实施新增城镇就业、农村劳动力转移就业和创业型小额（担保）贷款贴。

【支持医药卫生体制改革】 2017年，县财政局全年拨付医疗卫生与计划生育经费1.96亿元，比2016年增长21.02%。投入4310万元，用于乡镇卫生院、中医院和社区服务中心装修及添置办公和部分医疗设备、县总医院智能化系统、县总医院医疗综合服务大楼建设、灵地

2017年度清流县一般公共预算转移性收支决算一览表

表5　　　　　　　　　　　　　　　　　　　　　　　　单位：万元

项　　目	决算数	项　　目	决算数
一般公共预算收入	36169	一般公共预算支出	173833
上级补助收入	99897	补助下级支出	
返还性收入	2971	返还性支出	
一般性转移支付收入	54783	一般性转移支付支出	
专项转移支付收入	42143	专项转移支付支出	
下级上解收入		上解上级支出	2736
体制上解收入		体制上解支出	1842
专项上解收入		专项上解支出	894
待偿债置换一般债券上年结余	1818		
上年结余	10082		
调入资金	8796	调出资金	3387
债务收入		债务还本支出	5590
地方政府债务收入		地方政府一般债务还本支出	5590
债务转贷收入	32890	债务转贷支出	
地方政府一般债务转贷收入	32890	地方政府一般债券转贷支出	
地方政府一般债券转贷收入	32890	地方政府向外国政府借款转贷支出	
调入预算稳定调节基金	6442	补充预算稳定调节基金	
		待偿债置换一般债券结余	1818
		年终结余	8730
		减:结转下年的支出	8730
		净结余	
收　入　总　计	196094	支　出　总　计	196094

分院建设，提升服务能力。

【精准扶贫投入】2017年，县财政局投入5000万元，扶持建档立卡的贫困村产业发展、“整村推进”及县级扶贫示范村建设、光伏扶贫项目建设、造福工程搬迁、国有贫困林场补助及农业生产发展、农村危房改造、贫困村空壳村村集体经济发展和省级贫困村认购信用社股份。

【生态环境建设】2017年，县财政局投入2.30亿元，推进64个村级公益事业一事一议财政奖补项目建设，做好饮用水源地保护、城乡污水垃圾处理设施建设、畜禽养殖业污染整治、水生态修复、水库移民安置区环境整治等流域污染治理和生态保护、黄标车淘汰、土壤污染防治、铜锣山绿道休闲公园、村庄三格化粪池新建改造、林业生态建设、水土流失综合治理和中小河流治理、嵩溪溪安全生态水系、国土整治、地质灾害防治、消除废弃矿山造成的“青山挂白”等乡村建设和农村环境综合治理，美化农村环境。

【夯实农业基础】2017年，县财政局发放耕地地力保护补助资金1236.99万元。投入5585万元，支持苗木花卉林下经济项目生产，补贴农机购置，推进设施农业建设、农业科技创新，做好农业综合开发产业化建设、高标准农田建设、农田水利设施管护，扶持培育农业、林业家庭农场，推进特色农业保险，提高防灾减灾能力，支持省级农民创业园建设。

【促进文化繁荣】2017年，县财政局支持农村文化发展，全年安排专项经费24.17万元，对农村电影放映工程放映场次进行补助，一次性安排老电影放映员补贴20万元；安排公共文化支出专项资金973.31万元，其中公共文化服务体系专项资金195万元，“三馆一站”免费开

8月23日，纪委派驻市财政局纪检组长刘继善（左三）到清流县开展扶贫领域工作延伸检查（县财政局提供）

放经费专项资金36万元。

【支持教育发展】 2017年，县财政局保障县委强师优师和教育补短板工作部署，支持基础教育均衡发展，全面实施义务教育经费保障机制改革。投入2940万元，实施校舍安全保障长效机制、全面改善义务教育薄弱学校办学条件，实施李家中心幼儿园、嵩溪第二中心幼儿园等公办幼儿园建设。拨付1192.19万元，做好教育“四免一补”工作。开展中等职业学校、高中低保生助学和中等职业学校低保生免学费等工作。

【提高公职人员待遇】 2017年，县财政局筹措资金6325万元，确保教育系统职称教学奖励、教师通讯费，公务用车制度改革，职级与职务并行制度，精神文明奖，综治考评奖，年终绩效奖等政策及时落实兑现。

【推进财税改革】 2017年，县财政局完善全口径预算编制工作，加大政府性基金、国有资本经营预算与一般公共预算统筹力度。整合县域产业发展专项资金等同类型的专项资金，形成财政资金合力。推进国库管理改革，推进财政管理一体化信息系统推广实施改革工作。扩大财政支出绩效管理覆盖范围，推进预算绩效管理工作。对43个预算单位 100个项目支出开展绩效管理，项目金额合计29011万元，绩效管理覆盖率比上年提高18.70个百分点。运用评价结果，完善评价结果和预算安排挂钩机制。

【财政资金监管】 2017年，县财政局完成各类评审预算项目93个，送审金额4.14亿元，审后金额3.54亿元，净核减金额5972.84万元，净核减率14.40%。强化对行政事业单位固定资产监管，加强地方政府性债务投资项目资产管理，跟踪各房地产开发商应返还给政府的公租房、廉租房以及社区配套用房落实情况。

【政府采购网上公开信息系统运行】 2017年，县财政局更新使用福建省政府采购网上公开信息系统，杜绝临时性、随意性采购，推进交易电子化。全年完成招标采购项目72批（次），网上电子反拍项目337批（次）。政府采购预算金额7475.14万元，实际采购金额7111.66万元，节约金额363.48万元，节约率4.90%。

【乡镇资金使用督查】 2017年，配合纪检监察部门开展乡镇资金使用安全督查、支农专户资金安全性督查、扶贫资金机动式专项巡察工作，查处并收回使用不合规的造福工程专项资金143.30万元。

撰　稿：张晓斌

国　税

【概况】 2017年，县国税局落实“放管服”改革要求，推进绩效管理，组织收入，完成各项工作任务，并被省国税局授予“福建省法治税务基地”。东莹化工有限公司入库税款首次突破亿元，全县国税总收入完成0.36亿元，比2016年增收0.19亿元。县级收入累计完成0.17亿元，同比增收9839万元。

【提高纳税服务质量】 2017年，县国税局开展“问需求 春风进万家”大走访和“便民办税春风行动”活动，走访纳税人15户，汇总纳税人意见11条，反馈意见11条。建设电子税务局，推行网上办税、掌上办税、自助办税，以及二维码一次性告知服务。纳税人通过电子税务局申报12881笔，占比87.69%，网上代开增值税专用发票2657份，占比84.06%。

【实现国地税业务“一窗通办”】 2017年，县国税局在全国百佳国地税合作县级示范区的基础上，率先在全市开展国地税“一窗通办”业务，推行“一人一窗双系统一POS”服务，联合办理登记2790户（次），国税代征地税税费681.72万元，地税代国税累计征收增值税1067.22万元。

【依法治税】 2017年，县国税局完善重案陪审员制度、重案审理

2月23日，市国税局局长何荔春（前右1）到东莹化工调研（县国税局提供）

机制，聘任6名专业人员为重案陪审员。警税联手成立公安局派驻税务联络机制办公室，排查税收风险管理漏洞，行政处罚违法违章行为26起，处罚金额3.57万元。开展行政执法公示制度试点工作，梳理整合公示内容23项。

【纳税风险防控】 2017年，县国税局推进“放管服”改革，加强税收风险识别与应对，采取风险提醒、纳税评估、税务稽查等加大税收征管力度，评估补税入库995.71万元，比2016年增收299.46万元，风险管理程序贡献率2.76%。

【税务稽查】 2017年，县国税局开展积案清理、医药行业专项整治、打击出口骗税及打击虚开专票专项检查、重点税源随机抽查、打击发票违法犯罪活动、协查案件检查等一系列稽查重点工作。全年稽查案件立案14户，结案4户，查补入库184.50万元。

【落实税收优惠政策】 2017年，县国税局做好审批权限下放后的退税服务，减轻企业资金周转压力，累计退税额1024.63万元。为小微企业减免增值税税额1359万元。小型微利企业减免企业所得税税额23.99万元，实际受惠面100%。办理资源综合利用、汇算多缴退税224万元。

撰　稿：罗美华

地　税

【概况】 2017年，县地方税务局组织入库各项收入3.07亿元，比2016年下降7.43%，其中税收收入16075万元（含耕契两税），同比下降20.80%，非税收入14581万元，比增13.79%。地方级财政一般预算口径收入12066万元，同比下降19.20%。清流地税被国家税务总局授予“全国百佳国税地税合作县级示范区”，被市局评为2016年度“优秀班子”建设先进单位，办税服务厅被市委宣传部评为“2017年度三明市学雷锋示范点”。

【服务县域经济发展】 2017年，县地方税务局落实省地方税务局出台的减税降负十条政策服务措施，建立减免税台账制度，加强报备类减免税资料核实，新增4户企业备案减免项目。享受小微企业所得税优惠企业44户，减免企业所得税36.57万元，受惠面100%。开展房产税、城镇土地使用税两税困难减免审批工作，12户企业申请困难减免，其中减免房产税97.92万元，城镇土地使用税30.83万元。辅导辖区内高新技术企业报表填报，确保优惠政策落到实处。联合国税局开通总部企业“服务直通车”，扶持总部经济健康发展，全年建筑业总部经济企业入库企业所得税2380万元，比2016年增长124.60%。

【依法治税】 2017年，县地方税务局制定推行执法“三项制度”（落实行政执法公示制度、执法全过程记录制度和重大执法决定法制审核制度）试点工作方案，精选国地税法律业务骨干，外聘专业律师1名，组建税收法律顾问组，参与重大税务案件审理、纳税人维权咨询及税法普及工作。与县法院建立常态化协作机制，在涉税信息共享、破产清算、欠税企业财产分配、税收保全强制执行及法律咨询等方面开展合作。

【深化税制改革】 2017年，县地方税务局健全地方税制体系，开展各类实地调研，形成氟化工行业专题报告1篇，助推供给侧改革。推进国地税深度合作，7月，在全市率先实现“全业务一窗通办”，通办窗口办理业务8236笔，累计征收地方税费893.39万元。平均压缩办税时间10分钟。协同推进“放管服”工作，深化内控机制建设，形成各部门权力制衡。公开地税部门“最多跑一趟、一趟不用跑”办事清单，确保行政审批下放到位、事中事后监管得力。

【税收风险防控】 2017年，县地方税务局运用“金三”系统“税收风险管理”模块，开展风险识别、风险分析、风险评价，撰写并选送《清流县金山萤石矿有限公司税收

7月18日，县地方税务局实现地税窗口全业务一窗通办（县地方税务局提供）

风险分析报告》。完成6户房产税、土地使用税风险应对，补缴税款3.50万元。8户企业风险评估，入库税款63万元，实现风险分析识别命中率100%。

【各税征管】 2017年，县地方税务局提前两个月完成年所得12万元以上个人自行申报纳税工作，任务完成率126.30%，位列全市第一；跟踪落实个人所得税全员全额管理，将所有单位纳税人列入上线管理；完成独资、合伙企业和对企事业承包承租经营所得的个税年度汇算清缴工作。加强2处以上工薪所得项目管理，处理完成率100%。备案辖区内3户非居民个人股权转让信息，完成2016年度企业所得税汇算清缴及后续复查，汇算面100%，申报补（退）税2180.96万元。强化财产行为税（简称财行税）管理，落实财行税统一申报表。落实车船税代收代缴制度。增强与国税合作，实行房地产税收一体化管理，建立22个项目登记台账，完成1户符合土地增值税清算条件项目的清算申报。根据最新城区规划，适时调整城镇土地使用税等级税额范围及征收标准，预计调整后每年可增收地方税收60万元。

【国地税联合稽查】 2017年，县地方税务局开展税收专项检查、股权转让检查、医药行业专项整治、金融保险重点企业税收自查，全年立案4户，结案5户，查补税款140.50万元、滞纳金8.83万元、罚款3.50万元，移交“一案双查”企业2户。改进稽查执法服务，按照“双随机一公开”监管机制，随机抽取2户重点企业，查补金额共102.59万元。打击发票违法犯罪活动，查处发票违法企业3户。成立清流县公安局派驻税务联络机制办公室，开启“公安+税务”深度合作新模式。

【服务高税性产业发展】 2017年，县地方税务局对清流县8家氟化工行业相关企业进行跟踪式辅导与服务，持续关注氟化工产业链延伸项目落地情况，制定审批事项清单，精简办税流程，开展基础数据、涉税信息比对分析。年内氟化工企业入库税收1.34亿元，其中增值税8237.20万元、企业所得税4888万元、教育费附加247.12万元。

【房地产行业清欠】 2017年，县地方税务局筛选4户欠税房地产企业进行首批试点，通过以不动产为抵押，争取银行贷款盘活企业资金，完成烂尾工程、去库存。利用国地税合作优势，共享企业清缴信息、共同发布欠税公告，通过“以票控税”保证“新税有纳、欠税有清”。化解房地产库存548套，清理欠税及滞纳金524.10万元。

撰　稿：罗晓璇

金　融

货币政策与金融服务

【概况】 2017年，中国人民银行清流县支行围绕全国金融工作会议和上级行年初工作会议精神，强化内部管理，推动工作创新，传导货币政策，提升金融服务水平，维护金融稳定。

截至年末，全县有金融机构6家，从业人员289人；保险机构8家，从业人员54人，营销员497人。全年银行卡发行总量47.32万张，比2016年同期净增4.19万张。全县有ATM（自动柜员机）71台，ATM机实现跨行清算交易195.28万笔，交易金额50.35亿元，增长10.8%，有特约商户1587户；POS机实现交易12.36万笔，交易金额5.18亿元，增长13.44%。年末，全县金融机构本外币各项存款60.21亿元，比2016年增长10.5%。各项贷款30.64亿元，比年初增加4.13亿元，比增15.58%，增幅居全市第三位。全年处置不良贷款2.72亿元，实际完成贷款增量6.85亿元，占政府年初下达增贷任务137%。全县进出口总额2131万美元，比2016年下降311.9%；银行结售汇总额2045万美元，比增12.05%，其中银行结汇1928万美元，比增9.23%；银行售汇117万美元，比增95%；结售汇顺差1811万美元，比增106.2%。

【金融精准扶贫示范区建设】 2017年，中国人民银行清流县支行组织协同金融机构实地考察，确定在赖坊镇南山村和嵩溪镇元山村建立精准扶贫示范区。县政府制订印发《清流县金融机构精准扶贫示范区工作方案》，明确示范区创建工作目标、原则、任务及责任。联合县农业、财政、民政和银监办制订《清流县扶贫小额信贷工作实施方案》，规范扶贫小额信贷资金管理，增强县扶贫小额信贷风险担保金杠杆作用。召开清流县金融精准扶贫示范区建设推进会，强化扶贫再贷款政策运用，支持法人金融机构带动贫困户就业和提高建档立卡户的金融服务力度。向信用社发放扶贫再贷款100万元，激励引导信用社优先支持示范村，在利率等方面给予倾斜和优惠，推动特色农业产业发展。人保财险清流县支公司加大保险精准扶贫力度，开展贫困人口意外伤害保险，向贫困大学生提供意外身故、疾病身故、残疾等保险。辖内涉农金融机构推出“合作社＋基地

3月15日，中国人民银行清流县支行在龙津广场开展“3·15”消费者权益日宣传活动（中国人民银行清流县支行提供）

+贫困户”模式，向合作社和入股贫困户提供信贷支持，帮助发展花卉苗木等特色产业；推出“光伏贷+光伏项目+贫困户”模式，采取“借鸡生蛋”方式帮助贫困户快速脱贫；推进“福林贷”“水电贷”和“台创宝”等金融扶贫新模式，撬动扶贫信贷精准投入。示范区金融机构将扶贫与支持地方特色产业发展相结合，满足示范区企业、农户生产经营资金需求，推动种植、养殖、乡村旅游等特色产业快速发展。年内，清流县3家涉农金融机构共办理扶贫小额信贷669笔、2988万元，受益建档立卡贫困户数661户。省级“扶贫开发重点村”元山村，2016—2017年贫困户累计获贷款900万元，通过支持花卉、苗木、黄羊养殖、豆腐皮加工等产业，实现脱贫8户28人。当地县委、政府对金融精准扶贫工作给予高度评价，扶贫工作动态被三明市中支采用3篇，《清流县扶贫工作开启“精准定制”新模式》被福州中支《福建省金融精准扶贫专题》第7期采用，《金融之水激“活”农业产业》被《三明日报》9月22日专版采用。

【货币政策传导】 2017年，中国人民银行清流县支行加强货币政策宣传解析，主动向当地党委政府汇报传达。组织金融机构签订金融工作责任状，将增贷目标等各项工作任务分解到金融机构。与县经信局、金融办共同主办“清流县产融合作政银企对接会”，辖内6家金融机构与10家企业签约2.57亿元。

【加强MPA管理】 2017年，中国人民银行清流县支行采取月初调查项目储备、月中现场核查贷款需求真实性、月末约谈了解调控计划等措施，确保贷款增量规划调控精准，引导法人机构广义信贷合理增长。针对贷款余额波动较大情况，及时沟通，在向上争取指标的同时指导信用社做好MPA(英文“Macroprudential Assessment”的缩写，即“宏观审慎评估”)评估的各项测算工作，确保考核达标，结合辖内经济增长亮点和信贷需求，争取贷款规划数倾斜。为满足“福林贷”“水电贷”等业务拓展需求，争取500万元扶贫专项规模。年内，清流联社实际增贷1.49亿元，偏离度较低，贷款增量规划执行较好。上报《MPA关键时点控制难点及建议》等报告，为三明市中支加强MPA管理建言献策。

【绿色金融体系建设】 2017年，中国人民银行清流县支行执行三明市《绿色金融体系建设实施方案》和《绿色金融发展实施细则》，引导金融机构结合清流林业资源实际，加大绿色金融信贷投入。全县6家银行业金融机构有5家开展绿色金融业务。促成清流县东莹化工有限公司办理首笔碳排污权抵押贷款150万元。年末，清洁能源、生态保护项目等绿色金融及林业贷款3.80亿元，比2016年增长55.10%。推进绿色保险业务发展，年末森林综合保险金额1.58亿元，实现保费收入34.75万元。支行撰写的《绿色债券信息披露与资金运用的国内外对比》一文被福州中支采用。

【助力房地产去库存】 2017年，中国人民银行清流县支行推出“金融+一盘一策”模式，促进停工楼盘重新开工。推动成立清流县财鑫公司，筹集房地产风险处置资金5330万元，搭建房地产专项收购融资平台，支持楼盘扫尾工程。光明地产、北山天城等楼盘共获3150万元盘活资金，启动人防、消防等扫尾工作。引导金融机构克服农民工流动性较大，收入不稳定，收入证明难，贷款风险较高，贷后管理不便等困难，以村委会开出的收入证明或务工企业证明代替，细化贷前调查，推出“安家贷”“安居贷”“乡居贷”等贴近农民购房贷款需求的信贷产品。全年增加农民工“安家贷”“安居贷”“乡居贷”166笔、5155万元，占全部住房贷款增量45.22%，比2016年增加2156万元。召开房地产信贷推进会，促进商业银行帮助“去库存”，提出对策措施。强化房地产金融和市场运行情况监测，对涉及信贷资金的楼盘进行重点排查，对存在资金链断裂风险或集体断供风险的楼盘，及时向银行机构作出风险提示。年末去化周期34个月，比年初缩短8个月。《清流县“疏、堵”结合推动房地产市场去库存与化风险》《“金融+一盘一策”化解县域房地产高库存的良方——清流县金融促进房地产去库存成效显著》分别被福州中支《货币信贷动态》2017年第19期和2018年第3期采用。

【金融调研】 2017年，中国人民银行清流县支行加强调查制度体系建设和调查样本管理，突出特色产业花卉、肉羊等定点调查，提升政策执行准确性。开展氟化工产业等特色行业监测，注重调查案例动态收集整理，采用“观点+案例”方法，科学研判发展趋势。《三明氟化工产业发展现状调查》被《福建金融调研与分析》采用；《清流氟化工行业发展现状、存在问题及建议》被福州中支《货币信贷动态信息》采用。做好重点课题调研，确定《金融支持山区县供给侧结构性改革的实践与探究--以清流县为例》重点课题。通过重点课题研究讨论以及成果评价，实现以课题带队伍。年内上报各类调查分析文章31篇，被上级行采用23篇次。

【维护辖区金融稳定】 2017年，中国人民银行清流县支行派出人员常驻县金融办，协助化解金融风险。与金融机构签订金融稳定责任书，强化区域金融稳定意识。跟踪关注清流农行郑某某案的法律纠纷处置进程，防止客户发生过激行为造成不良影响，协调农行与政府加强沟通，妥善处理纠纷。协助农行维护秋口煤矿 9666.61 万元债权，促成企业出具《还款承诺函》，按上季度销售收入 6% 按季归还农行贷款。开展综合评价和综合执法检查。改进金融稳定定点监测，完善监测方案，做好风险提示预警，完善金融风险应对和处置机制。做好存款保险制度组织实施，开展农村信用社存款保险评级，准确、及时、足额交纳保费。

【落实普惠金融】 2017 年，中国人民银行清流县支行推进农村助农支付便民点建设，改善农村支付环境。县政府出台《清流县预算列支助农支付便民点财政补贴方案》，将助农取款服务补贴纳入财政预算。年内，全县所有行政村均设有助农取款服务点，覆盖率 100%。开展“助农取款服务优质示范点”建设，选出 2 家交通便利、服务好、人流量大、业务量大的服务点为示范点建设对象，年内完成示范点建设 1 家。开展普惠金融服务点改造试点工作，确定长校镇江坊村便民点为试点改造点，制订改造方案，对服务点机构设置、服务类型、服务环境、日常管理、风险管理等事项进行规范。联合辖内 6 家金融机构开展以“共建支付安全环境，喜迎党的十九大”为主题的支付结算知识竞赛，提升辖区支付结算岗位人员业务素质及支付结算服务管理水平。同时，大力推广电子商业汇票业务，实现商业汇票电子化零的突破，全年电票率 100%。

【国库服务民生】 2017 年，中国人民银行清流县支行推广国库集中支付电子化，与财政、金融机构研究制订实施方案、管理办法等制度，11 月起正式上线集中支付无纸化系统，是三明辖区第三个上系统的支库。推进国库业务与普惠金融便民服务点深度融合。利用便民点开展国债业务宣传，与社保、税务等部门协商，在便民点开办社保、税款缴交等业务。全年通过便民点缴交个人社保金 1.27 万笔、101.32 万元。全县便民点均实现税款便利缴纳。国库科《“营改增”对相关行业影响分析》调研及联动课题《国库会计档案电子化问题研究》均被《福建国库信息调研》采用。加强国库事前监督，将柜面监督等发现的问题撰写成国库案例，并被《福建国库情况反映》和总行《国库情况反映》采用。

【外汇管理服务】 2017 年，中国人民银行清流县支行推进外汇“放管服”改革，修订出台《清流县支局资本项目外汇管理内控制度执行方案》，明确岗位职责。对涉汇企业大额、异常购付汇及时进行窗口指导，引导跨境资金流出。引导展化化工有限公司改变 1000 万元人民币利润汇出计划，促进辖内控流出工作。引导出口未收汇的三明佳祥实木家俬有限公司等企业加大货款回收。优化外汇管理服务，推行一个窗口受理、一日办结审批、一次业务辅导、一纸廉洁服务承诺、一份宣传资料的“五个一规范”，形成外汇审批“服务 +”的新型行政审批模式。扩大外汇服务内涵，建立起外汇局与涉汇企业互信桥梁。强化外汇业务监管，修订出台《清流县支局资本项目外汇管理内控制度执行方案》，明确岗位职责。构建非现场与现场监管、日常监管和随机抽查与定期核查、专项业务系统与跨境资金流动监测系统“三结合”的事后管理机制，加强对货物贸易大额购付汇、少收汇，服务贸易与个人大额、高频、分拆购付汇，虚假境外投资、大额利润汇出等高风险业务核查，防范异常跨境资本流动风险。

【人民币流通管理】 2017 年，中国人民银行清流县支行应用农村金融便民服务点设立宣传爱护人民币和反假人民币窗口，指导金融机构在城区各社区聘请宣传员开展爱护人民币和反假人民币宣传。建立反假微信公众号，加强与公检法、工商等部门的交流与协作，防范和打击假币犯罪违法行为。辖内所有银行业金融机构营业网点配置残损币兑换仪，不定期对现金自助设备进行升级改造，适应新版人民币流通需要。加快硬币流通环境建设，督促金融机构布放自助设备。辖内中行和信用联社各配备硬币自助兑换机 1 台。征集硬币收支大户微信号，建立硬币自循环微信预约平台，开展硬币调剂。全年平台共办理硬币自循环 83 笔，累计办理 1 元硬币收付 17.87 万枚、5 角硬币收付 5600 万枚、1 角硬币收付 3300 万枚。确定每月 20 日为金融机构硬币兑换日，开设专门窗口方便群众集中兑换。全年兑换硬币 154.54 万枚、金额 103.93 万元。推进人民币主办行建设进程，修订完善考核管理办法，规范柜面现金收付行为，开展人民币流通及反假人民币管理专项检查。开展现场检查 3 次、暗访 6 次，对存在的不规范行为及时要求整改。

【提高反洗钱工作质量】 2017 年，中国人民银行清流县支行与公、检、法以及纪检、税务等部门签订合作备忘录，通过开展情报会商、案件协作等形式，运用案件倒查机制，拓展重点线索来源渠道。年内，辖内反洗钱义务主体上报可疑交易 2 起，向当地公安机关报告可疑交易线索 1 起并立案侦查。督促法人机构完成反洗钱自主监测系统改造、制度建设、人员配置等。加强反洗钱安全员队伍建设，组织开展业务培训，提高反洗钱工作质量。

【金融基础教育进校园】 2017 年，中国人民银行清流县支行与教育局联合签发《清流县金融基础教育银校合作共建制度》，督促各金融机构分别与 1 所小学签订《金融基础教育合作备忘书》，深化金融基础教育。6 月，组织员工到县城关小学，对校内师生开展以“送金融知识进校园，树立正确金融意识”为主题的宣传教育活动。9月，组织各金融机构开展“金融知识进课堂”活动6次，对6所小学400多名学生开展金融知识教育。

【金融消费权益保护宣传】 2017年，中国人民银行清流县支行与县工商局、消费者协会、辖区金融机构等10余家单位联合，在龙津广场集中开展“3·15”国际消费者权益日大型宣传，发放宣传资料3000余份，解答群众提问200余人次。联合辖内金融机构，深入县残联开展“普及金融知识，守住钱袋子”集中宣传。组织辖内金融机构结合各自业务特点，开展“金融知识普及月”活动，突出针对台创园小微企业和农户开展金融知识宣传。普及月期间，开展各类宣传活动18次，发放宣传资料6000余份，接受咨询3500余人次。收集金融消费权益保护典型案例，其中《银行工作人员利用虚假业务凭证代购理财产品“非法吸收公众存款”案》被三明中心支行采用。

【征信信息安全管理】 2017年，中国人民银行清流县支行规范机构信用代码证发放、换发、变更日常管理。全年发放机构信用证395份，变更5份。建立完善查询服务管理制度，完成自助查询设备采购安装。加强对接入机构监管，开展现场检查，规范机构行为，与接入机构签订《清流县银行业金融机构征信信息安全管理责任状》。协助人行三明中心支行完成沙县农村信用信息管理系统平台切换及安全升级，提供技术支持。

撰稿：罗新华

银行业监督管理

【概况】 2017年，三明银监分局清流办事处按照福建省银监局和三明市银监分局工作部署，依法合规监管，突出风险管控，保障银行业金融机构稳健运行，实现辖内经济金融良性互动。全年，清流县银行业金融机构各项存款余额59.30(60.21)亿元，比年初增加5.64亿元；各项贷款余额30.64亿元，比年初增加4.13亿元；不良贷款率2.78%。

【化解不良贷款风险】 2017年，三明银监分局清流办事处运用经济金融分析会、化险工作领导小组等平台，及时将辖内不良贷款清收中存在的困难，向县领导汇报，帮助银行业机构清收不良贷款。全年处置不良贷款3亿元，比2016年增加1亿，其中：清收0.40亿元，核销1亿元，打包转让1.32亿元；不良贷款余额0.85亿元，比年初减少0.61亿元，不良率2.78%。

【农村信用联社转型发展】 2017年，三明银监分局清流办事处督促信用联社增户扩面，加快转型。实现贷款户数上升、贷款面上升；户均贷款余额下降、大额贷款笔数金额下降。引入上杭农商行、县自来水厂等3家企业作为战略投资者，优化信用联社股权结构，年内完成投资入股3000万股。督促农信社走村入户开展二次建档并举办座谈会132场和产品推介会，创新产品。年内，“福林贷”累计发放80个村、633户，贷款金额6701万元；农村土地承包经营权抵押贷款1户，金额190万元。截至年末，联社贷款损失准备覆盖率192.77%，比年初增加68.46个百分点；贷款偏离度57%，比年初下降292.52个百分点。

【金融精准扶贫】 2017年，三明银监分局清流办事处依托“国家级台湾农民创业园”平台优势，支持贫困乡镇发展苗木花卉、豆腐皮等特色产业。实施工作联动、贷款方式联动、扶贫模式联动。根据《三明银行业支持清流台湾农民创业园扶贫开发示范基地建设实施方案》精神，建立扶贫开发示范村1个，即元山村；建立扶贫开发示范基地4个，即福建省金春源生态农业有限公司（里田基地）、福建灵台山生态农业开发有限公司、三明市飞翔生物科技有限公司、清流县玉雪香农林科技发展有限公司，带动贫困户63户，投入信贷资金437万元。年内为贫困村建设福利设施捐资20万元；捐资助学6.9万元；发放建档立卡贫困户助学贷款38户、

3月24日，三明银监分局副局长廖美珍主持召开清流台创园金融扶贫开发示范基地推进会(县银监办提供)

金额51.42万元。截至年末，发放各类精准扶贫贷款3882万元，比年初增加2480万元，增速177%，高于总信贷增幅161个百分点，扶持贫困户650户；建档立卡贫困户贷款户数582户，比年初增加334户，贷款余额2769万元，比年初增加1799万元，增幅185%，高于总信贷增幅169个百分点。

【营造良好金融消费环境】 2017年，三明银监分局清流办事处督促指导银行机构开展防范新型电信网络诈骗犯罪、打击和防范非法集资、小微企业金融服务、金融知识进万家4个专项宣传活动，向公众普及金融知识。并成功堵截电信网络诈骗7起、金额5万余元。协助公安机关抓获网上追逃的犯罪嫌疑人2人。妥善处理金融消费者服务纠纷投诉2起。推进普惠金融发展，完善农村基础金融服务，保护人民群众资金安全。

撰　稿：罗尚荣

银　行

中国工商银行清流支行

【概况】 2017年，中国工商银行股份有限公司清流支行深入贯彻省、市分行行长会议精神，紧紧围绕省分行打造精品强行建设战略目标，夯实经营基础，开展网格化市场营销，提高经营管理能力，各项业务快速发展。在分行经营绩效考评中获二类行第二名、年度运行管理专业考核中获第二名。全年存款余额5.29亿元，比2016年增幅1.89%；贷款余额1.59亿元，比年初减少1636.02万元，下降9.30%；不良贷款882.21万元，不良贷款率5.53%，比年初减少5.74%。实现拨备前利润1069万元，净利润实现522万元。

【理财产品营销】 2017年，中国工商银行股份有限公司清流支行个人理财销售时点增量695万元，新增私人银行签约客户1户，私人银行产品配置余额3363万元。第四季度个人金融业务综合考核全市第一，其中：客户发展指标排名第二，个人金融资产增长指标排名第一，储蓄存款增量指标排名第二。

【银行卡业务】 2017年，中国工商银行股份有限公司清流支行信用卡发卡579张，完成率41.36%；新增个人有效客户数2828户，金融资产1万元以上客户数比年初增286户；收单商户新拓展132户，完成率88%；拓展二维码扫码业务72户，完成全年任务102.86%；二维码开通微信e支付266户，完成率100%。

【推广互联网金融平台】 2017年，中国工商银行股份有限公司清流支行融e行业务净增客户数1294户，完成率115%；融e联客户净增数1335户完成率121%；新增融e行行外客户数783户，完成率190%；融e联移动月均动户数序时完成率排名前三；企业网银证书版净增动户数71户，完成率473%；电子银行业务全年考核全市第一名。

【推进网格化营销】 2017年，中国工商银行股份有限公司清流支行组建网格化营销团队，将理财、银行卡等优势产品信息以短信发给客户，挖掘按揭客户，办理中央及地方预算单位公务卡、商友卡。对机关、烟草、电力、医院、学校重点营销白金卡、个人贷款、商友卡、理财产品。加强与工业园区、工商、土地、会计师事务所等中介联系、沟通，拓展新户。全年储蓄存款1.96亿元，比年初增加2685万元；储蓄日均存款比年初增加2129万元，日均增量县域同业第一，时点增量同业第二。

【个贷营销】 2017年，中国工商银行股份有限公司清流支行利用差别化利率政策，及时上报目标客户金融服务需求。与实力较强、市场份额占有率较大的二手房中介建立并加强联系，掌握房源和客户信息。至年末，个人住房按揭贷款累计发放871万元。

【中间业务收入】 2017年，中国工商银行股份有限公司清流支行开辟新的收入增长点，完成对公理财产品日均余额2087万元，个人理财产品3363万元。加大网上银行、

9月15日，中国工商银行股份有限公司清流支行进校园开展"普及金融知识万里行"活动（中国工商银行股份有限公司清流支行提供）

电话银行、手机银行等营销力度，拓宽结算中间业务收入渠道。做好保险、基金、公积金等代理业务，增加中间业务收入。发展分期付款业务，新增借记卡2828张，办理分期付款3807万元。全年中间业务收入455万元。

撰　稿：江满红

中国农业银行清流支行

【概况】 2017年，中国农业银行股份有限公司清流县支行贯彻落实省、市分行发展战略，围绕“控险发展、扭亏为盈”核心目标，主动融入当地经济，全力以赴做好各项工作，实施经营转型，各项工作取得较好成效。全行本外币各项存款余额8.76亿元，比年初增加3239万元；各项贷款日均余额4.21亿元，日均增量1698万元。经营扭亏为盈，全年实现拨备前利润1481万元，比2016年同期增加546万元，增幅58%。不良贷款实现“双下降”，不良占比4.32%。支行通过省级文明单位总评，连续7届保持省级文明单位称号。9月12日，清流嵩口营业所升格为二级支行，并更名为中国农业银行股份有限公司清流嵩口支行。

【化解不良贷款】 2017年，中国农业银行股份有限公司清流县支行通过核销、重组盘活、诉讼、协议还款等方式，实现“双下降”。对29户、不良贷款金额743万元进行依法诉讼；申请法院强制执行不良贷款22户、执行标的1256万元；清收公职人员贷款及公职人员担保贷款52户、贷款金额132万元。全年不良贷款余额1675万元，比年初减少4380万元，不良占比4.32%，比年初减少10.94个百分点。其中收回历年表外息（即银行对到期未能收回的贷款资产进行单独管理，按照基本计息率和含有违约成份罚息计算的利息）316万元；呆账核销不良贷款3586万元；重组盘活634万元；现金清收不良贷款1666万元。

6月14日，中国农业银行股份有限公司清流县支行举办普及金融知识，守住“钱袋子”活动志愿者为残疾人普及金融知识（中国农业银行股份有限公司清流县支行提供）

【营销理财产品】 2017年，中国农业银行股份有限公司清流县支行理财产品余额1.03亿元，比2016年同期增加1416万元；日均余额1.03亿元，比上年同期增加2848万元。

【拓展信贷营销】 2017年，中国农业银行股份有限公司清流县支行发放法人质押贷款530万元；票据贴现累计1.50亿元，年末余额5479万元。金穗“快农贷”成为个贷新亮点。信贷结构逐步优化。“一县一快贷”工作得到上级行及媒体认可，中央电视台和省电视台对清流农行花卉快农贷进行报道。营销掌上银行等电子产品。上报网捷贷白名单单位10个，客户数642人，贷款比年初上升405万元。累计投放“网捷贷”、理财产品质押贷款等个人线上消费贷款7435万元。

【推进中间业务转型】 2017年，中国农业银行股份有限公司清流县支行将信用卡、电子银行、贵金属、基金等产品作为重点营销项目，推进中间业务收入稳步增长。全年实现中间业务收入509万元，比上年同期增加27万元。零售中间业务收入406万元，对公中间业务收入103万元。

撰　稿：伊春鸿

中国银行清流支行

【概况】 2017年，中国银行股份有限公司清流支行以“担当社会责任，做最好的银行”为目标，攻坚克难，真抓实干。截至12月末，支行各项存款余额2.25亿元，比2016年增加2856万元；各项贷款余额3.08亿元，同比增加1.56亿元；不良贷款余额102万元，不良率0.33%。中间业务收入406.15万元，完成率及新增额均列三明辖区网点第一。

【银行卡业务】 2017年，中国银行股份有限公司清流支行新增信用卡有效卡1806张，完成率三明辖区网点第一；信用卡新增有效客户832户，完成率和新增量三明辖区第一；发卡获客指标完成量（系数调节后）3155.80户，完成率及完成量三明辖区第一。

【电子银行业务】 2017年，中国银行股份有限公司清流支行拓展电子银行业务，手机银行激活客户数2190户，全年任务完成率95.22%。

【铁路补偿款发放】 2017年，中国银行股份有限公司清流支行配合铁办、龙津镇、供坊村开展工作，跟进拆迁补偿项目，同相关部门沟通协调，走村入户，累计发放铁路拆迁补偿款1000余万元。

撰 稿：赖俊杰

中国建设银行清流支行

【概况】 2017年，中国建设银行股份有限公司清流支行围绕转型创效主线，认真落实寻标、对标、创标，市场竞争力与不良内控管理双提升，各项业务稳步健康发展。年末，一般性时点存款余额8.64亿元，时点新增3122万元；各项贷款余额6.14亿元，新增1.03亿元。全行营业收入3064万元，利润总额2310万元。

【信用卡业务】 2017年，中国建设银行股份有限公司清流支行拓展信用卡分期业务，以专项分期和一般分期产品为抓手，持续提升信用卡业务创收能力。信用卡客户数年内净增745户；信用卡专项分期业务共进件511件，其中专项分期交易3370万元，一般分期480.43万元；手机银行客户新增2685户，手机活跃客户总量4681户，当年新签约手机银行激活率84.33%；短信银行新增2002户；收单商户210户，年内新增20户；单位结算卡年内新增152张，账单自助服务客户新增168张；对公网络活跃客户新增150户；基金定投新增23户；电销保险销售9.98万元；首发基金销售40.20万元；券商集合计划销售1819万元；专项分期交易额3370万元。

【推广个人快贷业务】 2017年，中国建设银行股份有限公司清流支行针对当地房地产市场不景气，房价水平低的现状，运用新型金融产品，推广个人快贷业务。累计发放个人快贷7033万元，年内新增2217.87万元，比年初提升0.62%。

【发展创利厚利型产品】 2017年，中国建设银行股份有限公司清流支行加强趸缴、期缴、电销三大类保险产品销售，提高财险、电销、建信期缴比重和创收贡献。拓展代理团险业务，扩大对公保险规模。推进实物贵金属、金钞综合营销，建立个人交易类业务客户分层营销与咨询。

【资产质量管控】 2017年，中国建设银行股份有限公司清流支行加强与政府、法院沟通协调，利用政府处置抵押物、诉前调解等创新手段控制不良贷款。全年现金回收核销不良贷款49.68万元，全行不良贷款率0.89%。

撰 稿：方 杰

清流县农村信用合作联社

【概况】 2017年，清流县农村信用合作联社始终坚持服务“三农”宗旨，重点围绕“支农支小、扶贫扶绿、助力民生”中心任务，以强化管理、增贷化险、转型发展为重点，持续推动各项业务全面发展。年末各项存款余额23.39亿元，比年初增量2.88亿元，增幅14.03%，高于全省1.68个百分点，增幅排名全省第30名、全市第四名，其中对公存款9.50亿元，增幅18.90%，储蓄存款13.89亿元，增幅10.91%。市场份额39.44%，比年初上升1.21个百分点，存款存量和增量稳居全县第一。各项贷款余额13.09亿元，增量1.49亿元，增幅12.83%，高于全省1.43个百分点，增幅排名全省第27名、全市第四名，其中涉农贷款11.79亿元，小微企业贷款5.36亿元。不良贷款余额3651万元，较年初减少803万元，降幅18.03%，不良贷款占比2.79%，比年初下降1.05个百分点。财务总收入1.47亿元，比2016年增加3983万元，同比增幅37.15%；其中：利息收入9223万元，增加1290万元，增幅16.26%；金融机构往来收入5106万元，增加2588万元，增幅102.76%。拨备前利润7611.90万元，同比增加2565.73万元，增幅50.85%。

【金融产品创新】 2017年，县农村信用联合社与工业园区合作推出“园区按揭贷款”，发放该类贷款3笔，金额773万元。与县贯源融资担保公司合作开办小微企业担保贷款业务，解决小微企业担保难问题，发放贷款1笔，金额200万元。推广“福林贷”产品，在80个村开办该项业务，办理“福林贷”业务633笔，金额6701万元。与七星公司合作开展贷记卡消费分期业务，拓展市场半径，累计办理352笔、金额902万元。新开办代理理财、贵金属代销等中间业务。截至年末，开办达标中间业务产品22种，满足客户多元化金融需求。

【提升电子银行服务水平】 2017年，县农村信用联合社夯实移动支付基础，推广手机银行业务。年末手机银行存量3.08万户，较年初增长1.46万户，其中有效户增长1.20万户。推广普惠金融卡业务，年收入1973万元。普惠金融卡存量9268张，较年初增长3254张，授信5.99亿，较年初增长2.86亿，用信3.66亿元，较年初增长1.76亿元。不良余额14.90万元，不良率0.04%，全年累计利息收入1973万元。创新营销模式，布局线上支付渠道。除手机银行移动支付渠道外，相继推出微信支付、银联二维码等支付平台，通过实时排名、实时奖励为主等措施，年内新增9376余户微信绑卡新用户。抢占农村市场，做好服务三农工作。

11月3日，三明银监分局伊跃峰副局长（左一）到清流县长校镇调研农信社金融扶贫工作（县农村信用合作联社提供）

年内，逐步更新便民点机具、新增便民点、各个网点安装 CRS，实现 CRS 网点全覆盖，电子业务替代率从年初 79% 上升至 88%。下半年，联社新增硬币兑换机 1 台，为县域首台硬币兑换机。全年安装 POS 机 137 台，新增移动扫码商户 133 台，ATM 13 台，存取款一体机 20 台，自助终端 6 台。

【精准建档与增户扩面】 2017 年，县农村信用联合社将客户精准建档工作与“福 e 贷、薪金卡、家庭宝、小微宝、分期贷、福林贷、光伏贷”等普惠金融新产品相结合联动营销，通过“移动终端”应用平台，综合办理水、电、广电收视费代扣、手机银行等中间业务，以“整村推进”为行动方案，夯实、拓展基础客群，提高农信金融服务覆盖率。截至年末，精准建档 9133 户、精准建档评级覆盖面 100%、授信覆盖面 68.77%、手机银行覆盖面 80.68%、中间业务覆盖面 97.85%。“福 e 贷”授信 829 户，授信总额 3522 万元，用信余额 2772 万元。

【助力“精准扶贫”】 2017 年，县农村信用联合社作为全省农信系统 5 个扶贫金融机构示范点之一，充分发挥网密根深和贴近农村的优势，各项工作紧扣精准扶贫、精准脱贫。通过“公司＋基地＋贫困户”等模式带动 77 户缺技术、缺资金的精准贫困户脱贫致富，发放产业扶贫贷款 265 万元；促成“清流县扶贫小额信贷促进会”以及 3 个“扶贫发展基金合作社”落户，发放扶贫担保基金担保贷款 2347.59 万元；深入全县 13 个乡镇 43 个自然村，对贫困户和扶贫企业进行宣传引导，通过示范效应带动脱贫，确立精准扶贫的示范基地 4 个、示范项目 1 个。通过“光伏项目＋光伏贷＋贫困户”“水电项目＋水电贷＋贫困户”模式对贫困户进行扶持。全年发放光伏扶贫贷款 189 户、金额 945 万元，发放水电扶贫贷款 98 户、金额 485 万元。截至年末，发放扶贫贷款 558 户、贷款余额 2819.42 万元，增幅 193.98%，高于农户贷款平均增幅 168.81 个百分点，高于清流县银行业各项贷款平均增速 178.40 个百分点。

【不良资产处置】 2017 年 2 月，县农村信用联合社成立联社资产保全部，负责不良资产处置协调工作。与合规部门分别从“化旧”“堵新”两个层面相互协作，双向并行，确保风控管理质效。制定不良贷款偏离度压降整改方案。10—12 月，开展清收不良资产攻坚战，将清收措施及责任制度化，并以激励奖惩机制为手段，强化风控执行力。开展不良贷款处置，组包转让资产 21 户 24 笔，贷款余额 9993 万元，其中账面不良贷款 4868 万元。加强内外协作，促成政府召开农信社不良资产处置专题协调会，出台相关会议纪要，对联社不良资产进行收储，成功处置不良贷款 1 笔，金额 390 万元，协商处置林权抵押不良贷款 3 笔，金额 2210 万元（含社团）。对案情复杂、题量较大的社团贷款（鲲鹏公司）采取“第三方承债”“抵押资产无缝对接”方式分批处置不良资产，已对其形成不良的 994 万元社团贷款签订处置协议，债务承接人通过司法竞买方式成功竞买该笔抵押资产，且为鲲鹏公司名下其余资产处置提供可复制模式。加大公职人员清欠力度，与县金融办、经侦部门相互协作，对涉及公职人员担保贷款采取保证人承债方式清收化险，已通过转贷、清收方式化解公职人员不良贷款 32 笔，金额 135 万元。

【金融风险管控】 2017 年，县农村信用联合社定期开展疑点排查，及时发现风险苗头，落实整改。严格企业法人客户统一授信管理，将贷款、透支、票据业务等表内外业务纳入统一授信管理，合理监测同业客户风险暴露水平。以“先授信，后投资”为原则，落实同业业务、理财业务和代销业务的审慎管理。全面排查关联客户群，于 6 月底前在信管系统中准确、完整地建立集团客户并维护客户关联信息，如实反映集团类客户的实际用信情况。提高员工合规意识和案防素质。7 月，举办柜面及信贷法律风险防范及不良资产化解专题培训，外聘专家授课，参加人员 140 余人次。加大投入，更新设备，增强安全防护能力，全年投入安防费用 73 万元。

【金融消费者权益保护】 2017 年，

县农村信用联合社落实理财"双查"（机构自查、监管督查）制度，在全辖布设理财全程同步"双录"（录像、录音）设备，完整、清晰记录业务办理过程，理财客户经理均通过银行从业资格证《个人理财》科目，具备代销资格。明确主体责任。推进"金融知识普及月""金融知识进万家""金融知识万里行"等联合宣传，通过各类"进校园、进社区"等行动，发放宣传折页2600余份，收集民众意见建议32条，通过LED、微信公众号等媒体平台，推送防范"校园贷"和网络诈骗等信息21条。

撰　稿：李学伟

中国邮政储蓄银行清流支行

【概况】　2017年，中国邮政储蓄银行清流县支行贯彻省、市分行工作会议精神，抓好"控新降旧"工作，推进风控、经营、管理及服务转型。完成电子银行目标954户。年末各项存款2.15亿元，比2016年增加1312万元。各项贷款总额2.89亿元，比年初增加4092万元。不良贷款1660万元，不良率5.70%。全年实现拨备前利润974万元，业务收入1873万元，利润440万元。

【个人负债业务】　2017年，中国邮政储蓄银行清流县支行个金开展进商圈、进社区、进单位、进协会客户活动108场，开展各项产说会25场。全行个金储蓄存款余额2.15亿元，期末余额比年初增加1313万元；其中活期储蓄存款余额1.04亿元，占存款总余额比重49%；比年初增加520万元，列全市第二。时点金融资产年增加4974万元，列全市第四；年均金融资产年增加4727万元，列全市第二。价值客户年增加467户，完成年目标78%，列全市第一；VIP客户年增加92户，完成年目标38%，列全市第九。特色资金及代发类项目，新增客户突破1000户，代付金额3500万元。

【理财类业务】　2017年，中国邮政储蓄银行清流县支行基金理财国债销量完成6962万元；保险完成747万元，列全市第四。第三方存管年增270户；基金定投完成74户；贵金属实物销售16万元；TD交易2516万元。中汇机具新增121户、邮享付新增378户，完成率及动户率均列全市第一。

【信用卡业务】　2017年，中国邮政储蓄银行清流县支行结存卡5778张，年发卡1705，列全市第五；年新增客户1138户，列全市第四；卡片激活率78%，列全市第三；年收入199万元，列全市第四。在全市开展决胜首季、定势2018——信用卡周PK竞赛活动中，完成进件788张、完成竞赛目标300%、完成首季目标92%，列全市第一。

【公司负债业务】　2017年，中国邮政储蓄银行清流县支行新增余额3469万元；揽收债券资金2笔2800万元，新增铁路、水利、路桥等重点项目资金近5000万元；城投账户起用，余额868万元；新开基本户4个、一般户12个。截至10月31日，支行优享贷授信703户，金额1.40亿元，均位列全市第一。

【不良贷款降旧控新】　2017年，中国邮政储蓄银行清流县支行落实转贷化解风险等措施，加强与法院沟通协调处置，对无法化解的不良贷款及时起诉及申请执行，多方寻找买家，推进不良资产处置。全年收回不良小额贷款16笔71.20万元、个商不良贷款12笔84.10万元，收回已核销不良贷款17笔228.90万元。

【扶持特色农业】　2017年，中国邮政储蓄银行清流县支行选择花卉苗木种植、腐竹加工、溪鱼及生猪养殖等地域行业作为小额贷款主要投向，完善各类合作社平台22个，组织各类产说会60余场，邀请客户突破1300人。完成信用村建设90%，新增授信户数196户、储备251户，授信金额1722万元，支用930万元，均列全市第一。

撰　稿：罗秀莲

9月15日，中国邮政储蓄银行福建省分行肖建明副行长（中）到元山村调研花卉产业（中国邮政储蓄银行清流县支行提供）

保 险

中国人民财产保险清流支公司

【概况】 2017年，中国人民财产保险股份有限公司清流支公司贯彻省、市保险工作会议精神，构建高效经营机制，增强盈利、服务、内控和创新能力。全年实现保费收入2560.40万元，比2016年增长18.14%。其中车险保费1451.74万元，比增9.30%；企财险127.50万元，比增55.16%；货运险0.97万元，比2016年下降52.45%；责任险138.37万元，比增0.12%；意外健康险221.03万元，比增82.58%；家财险76.88万元，比增31.08%；农财险完成保费543.89万元，比增41.03%。全年处理理赔案件289笔，赔付金额856.78万元，赔付率61.60%。

【服务“三农”】 2017年，中国人民财产保险股份有限公司清流支公司为建档立卡贫困户投保人身意外险26万元。全年水稻保险投保面积8466.67万公顷，保费152.41万元，赔付228万元；森林保险投保面积153.50万公顷，保费229.63万元，赔付116.87万元；农房统一保险户数2.79万户，保费41.48万元，赔付69.03万元。“设施花卉保险”投保111户，保费33.87万元，赔付1.26万元；能繁母猪承保4户、3028头，保费18.17万元，赔付6.80万元；育肥猪承保3户/35064头，保费96.43万元，赔付18.54万元。

撰 稿：林晓清

11月3日，财保工作人员在进行森林保险理赔现场堪查（中国财保清流之公司提供）

中国人寿保险清流支公司

【概况】 2017年，中国人寿保险股份有限公司清流支公司全体员工团结协作，积极进取，公司各项业务持续健康有序发展。全年实现总保费（含集团）收入6110.23万元，比2016年同期增长3.78%。股份保费收入6015.04万元，比上年同期增长5.52%；完成长险首年保费2715.25万元；续期保费收入2929.85万元；首年期交保费完成1480.09万元，比上年同期增长24.29%；十年期交完成878.15万元，比上年同期增长12.11%；短期险保费完成369.94万元，比上年同期增长12.42%；寿代产业务完成391.79万元，比上年同期增长34.68%。

【拓展承保渠道】 2017年，中国人寿保险股份有限公司清流支公司个险渠道稳定扩充销售队伍，长险首年保费完成1141.78万元，比2016年同期增长9.28%，10年期及以上期交保费完成777.36万元，比上年同期增长6.99%；标准保费638.97万元，比上年同期增长34.75%，短期险完成173.55万元，比上年同期增长21.73%；银保渠道推动新单业务发展，有步骤地转移渠道经营重点，年内实现十年期交保费100.79万元，比上年同期增长77.70%；标保完成124.23万元，比上年同期增长170.71%；团险渠道持续扩大学生平安保险、农村小额保险、计生险承保覆盖面，重点拓展非第三方责任险、女性安康保险等新项目。年内短期险完成178.08万元，比上年同期增长3.93%；短期意外险完成99.41万元，比上年同期增长5.19%。

【理赔业务】 2017年，人寿保险清流县支公司处理理赔案件911件，赔付金额296万元，赔付率67.92%。其中，短期险赔款175.92万元，比2016年增长56.36%。

撰 稿：林珍芳

商贸 旅游

商　务

【概况】　2017年，县商务局围绕建设“宜居宜业幸福新清流”总体目标，发扬“马上就办、真抓实干”精神，开展“五比五晒”活动，突出外经外贸、商贸流通、电子商务、招商引资等工作重点，推动商务事业发展。2017年，全县社会消费品零售总额23.96亿元，比增13%。限上批发业完成销售额13.70亿元，比增21.90%。限上住宿业完成销售额0.68亿元，比2016年增长8.30%。限上批发业完成销售额0.61亿元，比2016年增长14.70%。

【外经外贸】　2017年，全县完成验资口径实际利用外资1217万美元，比2016年增长10.70%，增幅居全市第一。为重大外资企业提供全程代办注册手续服务，年内，新批办外资企业6家。全年完成外贸出口1.47亿美元。组织企业赴境内外参展15场（次），开拓国际市场。协助气枪厂成为全市第1家通过海关高级认证重新认证的企业。

【市场体系完善】　2017年，县商务局引进电商税源型企业，总投资5亿元实施朵伶朵俐餐饮项目。引进集餐饮、娱乐、休闲、购物为一体的龙郡华联购物广场建成试营业。新增限上商贸企业9家（其中批发3家、零售4家、餐饮2家）。原5家省级城市副食品基地通过审核继续列入，新增省级城市副食品基地1家（大丰山禽业发展有限公司）。争取省级副食品调控基地改造建设项目补助资金75.60万元。

【电子商务】　2017年，县商务局开展电商培训14期，累计培训947人，其中精准贫困户175人。免费为37家电商企业进驻农产品质量可追溯平台。8月，通过商务部国家级电子商务进农村示范项目绩效考评，排名全省第4。协助春舞枝获批“国家商务部2016—2017年度电子商务示范企业”。全县各乡镇拥有农村淘宝服务网点30个和赶街服务网点130个。

【招商引资】　2017年，县商务局承担县招商引资工作日常事务和全

1月11日，召开三明海关颁授清流汽枪厂高级认证企业证书暨关企合作备忘录签订仪式，在县商务局协助下清流气枪厂通过海关高级认证

县招商引资考评工作，草拟招商引资工作方案、考评办法、若干规定（试行）、驻点招商方案、“五企招商”工作机制政策汇编等文件。负责县主要领导外出招商联络对接和后勤保障工作，牵头做好“9·18厦洽会”筹备各项工作。全县组织外出招商126场（次），其中工作组（含县领导）外出招商59场（次）、乡（镇）自行组织（随同）外出67场（次）。签约总投资1000万元以上招商项目154个（其中亿元以上项目40个），总投资118.92亿元；落地项目76个（亿元以上15个），引进境内项目资金6.68亿元。

【项目建设】 2017年，承担县商贸旅游工作组日常事务，安排县级重点商贸旅游项目9个，年度完成总投资6.10亿元。全年组织外出招商12次，谋划项目9个、签约15个、落地14个，到位资金4796万元。实行“一线工作法”，对重点建设项目实行一个班子成员带一个具体工作人员的“1+1”贴身跟踪服务，及时帮助协调解决项目建设中遇到的实际困难。引进总投资1亿元的塑料BB弹生产线项目建成投产，产品全部出口；挂包企业双叶猕猴桃科技股份有限公司于5月25日在海峡股权交易中心成功挂牌。

【商务执法】 2017年，县商务局加强对商业特许经营、再生资源回收、成品油市场、单用途商业预付卡、家庭服务业等领域的执法监管，维护商务领域市场稳定。落实安全生产“一岗双责”，贯彻省市县关于安全生产的系列决策部署，深入商场超市、限上商贸企业等商务领域开展安全生产大检查126家次，全年无事故发生。

撰　稿：陈金虎

商贸流通

【成品油贸易】 2017年，全县有成品汽、柴油供应企业3家，即：中石化、中石油、中油气运。有加油站18个，其中城区3个，乡镇15个，全年销售成品汽、柴油14078.94吨，实现销售额15269.69万元。

【医药经营】 2017年，全县有鑫九龙药业有限责任公司、佳又和连锁有限公司等药品批发零售企业及网点33家，全年药品销售总额1320万元。

【汽车、摩托车贸易】 2017年，全县有汽车贸易企业13家，有摩托车贸易企业1家、摩托车销售个体户61户。

【个体私营商业】 2017年，新增批发、零售私营企业104户、从业人员2830人，注册资本3.51亿元，全年从事批发、零售私营企业515户、从业人员4188人，注册资本18.12亿元；新增从事批发、零售业个体634户、从业人员1242人，资金数额9873.62万元，全年个体从事批发、零售业4724户，从业人员8494人，资金数额4.64亿元。

【个体私营服务业】 2017年，住宿、餐饮业新增私营企业6户、从业人员103人，注册资金3.51亿元；租赁和商务服务业新增私营企业19户、从业人员80人，注册资金1.11亿元；新增个体户28户、从业人员58人，资金数额314万元。居民服务和其他服务业新增私营企业3户、从业人员18人，注册资金150万元；新增个体户91户、从业人员213人，资金数额1882万元。文化、体育、娱乐业新增私营企业1户、从业人员5人，注册资金200万元；新增个体户11户、从业人员41人，资金数额170万元。

供　稿：统计局、市场监督局
相关企业

2017年清流县个体、私营商业服务网点数

表6

类　别		户数（个）	从业人员（人）	注册资金（万元）
个体工商户	住宿和餐饮业	884	1910	6418
	租赁和商务服务业	116	271	2127
	居民服务和其他服务业	638	1368	5312
	文化、体育、娱乐业	26	87	477
私营企业	住宿和餐饮业	27	329	181278
	租赁和商务服务业	137	1430	143410
	居民服务和其他服务业	41	374	19192
	文化、体育、娱乐业	26	165	20909

民爆物资供应

【概况】 2017年，县物资总公司坚持“安全第一、服务至上、稳中求进、科学发展”的经营理念，开拓市场，强化安全工作管理。全年实现民爆物品销售收入2123万元，上缴税金160万元；爆破作业收入1104万元，上缴税金46万元。

【民爆安全管理】 2017年，县物资总公司将模拟信号监控视频系统改造为数字信号高清监控视频系统。修订应急救援预案，组织应急

预案演练，提高救援能力。开展安全生产月活动，做好公司安全生产标准化常态工作。完成民爆销售许可的年检工作，强化安全教育培训，强化基层管理工作，严格事故报告，严肃事故查处。加强民爆物品使用环节安全管理，对兴泉、浦梅两条铁路建设爆破施工所使用的民爆物品统一配送到工地，当天未使用完的及时收回入库，决不允许民爆物品在外过夜。

【民爆安全整治】 2017年，县物资总公司加强日常安全隐患排查，每月对公司民爆物品仓库、配送作业、爆破作业3个环节进行安全隐患排查4次，检查、督促安全措施落实，发现隐患立即整改。完成民爆专项整治、安全生产月活动、安全生产百日大检查及“回头看”安全大检查等一系列重大活动，开展以实现生产标准化和安全现状达标为目标的检查，提出安全整改要求5条，安全建议6条，闭环整改隐患5项，山海公司汇总大检查及公司自查一般隐患8条，记入隐患台帐管理，均已整改到位。

撰　稿：范俊峰

供销合作

7月26日，省供销合作社联合社党组书记，主任林少雄一行到清流县供销合作社督察调研

【概况】 2017年，县供销合作社联合社实现利润总额225.20万元，商品销售额13.30亿元，连锁销售额5.43亿元，农产品购进1.86亿元，农产品市场交易额2986万元，日用消费品零售7.45亿元，售给农民农业生产资料4503万元，再生资源购进3304万元，实现化肥冬储4660吨。超额完成省市下达的各项指标。嵩溪爱珍豆腐皮农民专业合作社、清流县大丰山赖坊花生专业合作社被全国农民合作社发展部际联席会议办公室授予“国家农民合作社示范社”称号，清流县文达农机专业合作社被福建省供销合作社联合社授予2017年度全省供销社系统农民合作社示范社称号。

【供销合作社综合改革】 2017年，县供销合作社联合社推动《中共清流县委、清流县人民政府关于深化供销合作社综合改革的实施意见》各项政策措施落实到位，解决剩余政策性亏损挂账35万元。开展综合改革试点，复制推广对接广东省供销合作社的“社有企业产权合作促进供销合作社上下贯通”经验做法。加快基层组织建设和网点建设，建设农资连锁经营网点1个，改造提升农资网点8个，建设日用消费品连锁经营网点1个，改造提升日用消费品网点1个，建设供销惠农服务中心3个，改造提升长校供销社为标杆社。与农民联办农民专业合作社6家，建设农村综合服务社6家。打造“中村模式”的赖坊镇供销社有限公司，聘请农村能人、专业合作领办人担任基层社主任、副主任、理事等职务。嵩口供销社聘任“全国农业劳动模范”、沧龙渔业专业合作社理事长陈志仁为副主任，嵩溪供销社聘任“最美农民”、爱珍豆腐皮农民专业合作社理事长兰爱珍为副主任。7月，省供销社对县供销社推广乡镇供销社“中村模式”取得的成效给予肯定，列为全省推广项目。

【农村社区综合维修体系改造】 2017年，全县建成农村社区综合维修服务中心 1个、农村社区综合维修服务站13个、综合维修服务点14个。

【基层设施维护】 2017年，县供销社联合社统一管理县社及基层社所属全部资产，确保资产不流失。对嵩溪加油站、林畲门点、温郊仓库等采取延期代建方式维修，对李家、邓家和城关社等房屋资产由供销总公司出资进行加固、防渗漏等修缮，对长校、里田、灵地、余朋、嵩口等门点结合“惠农工程”“庄稼医院”等项目建设进行维修改造。

【拓宽服务“三农”领域】 2017年，县供销合作社联合社推动基层社对接清流台湾农民创业园，融入县花卉苗木、淡水鱼、油茶、豆腐皮、花生等农业产业化发展。将金融便民服务、电商、代购、代缴水电费、中介、物流等新业态纳入综合服务社内容，全县建有村级综合服务社

92家，占行政村78%。通过“惠农工程”项目提升和改造灵地供销社庄稼医院和长校供销社信息站。成立供销兴农电子商务有限公司，3家电子商务公司参股，实现农产品线上交易1200万元，实现农产品流通渠道多样化。建设完善农产品信息服务网络，全年发布市场动态信息800条，帮助农民发布供求信息900条，完成当地大宗农产品、农资价格调查预测预报工作。参与和推进“生态环保”，继续开展化肥零增长行动。推进科学用药和统防统治，构建农资质量可追溯平台和质量监管体系。

【精准扶贫工作】 2017年，县供销合作社联合社深入到挂钩村灵地镇坑甲村和挂包邓家小学进行扶贫帮助和慰问，开展计生户、残疾人帮扶，落实各类帮扶资金3.50万元。制定切实有效的帮扶措施，带动和引导贫困户种植花生、地瓜，鼓励贫困户到企业打工。鼓励贫困户发展嵩溪豆腐皮加工企业，嵩溪爱珍豆腐皮专业合作社每年从盈利中提取10%作为扶贫互助金，每户贫困户发展豆腐皮加工企业给予免息借款5万元，年底从豆腐皮加工销售收入中扣回。并每年选择无劳力、缺乏资金的特困户10户，每户无偿赠送3000～5000元的化肥、饲料，减轻种植养殖户负担。

【安全监督检查】 2017年，县供销社联合社建立微型消防站，配备站长1名，消防员6名，制作消防站站牌，完善相关规章制度，购置齐全常用消防器材。“厦门金砖会议”和党的十九大会议期间，加强安全生产监督检查，组织机关工作人员，进网点、仓库、厂房，尤其对安全隐患较大的烟花爆竹、加油站、火柴厂进行安全检查工。配合安监、公安等部门重点开展烟花爆竹专项整治，查扣走私烟花爆竹1148箱。全年供销系统无安全事故。

撰　稿：吴景琪

10月31日，省级粮库竣工验收

粮食管理

【概况】 2017年，县粮食局以保障粮食安全为主线，完善粮食稳价保供体系，保障粮食安全，完成省市下达订单粮食收购2800吨（省储备粮公司1500吨、省闽粮购销有限公司1300吨）、县级储备粮轮换1500吨任务。

【粮食质量监测】 2017年，县粮食局完成县域储备库、军供站、加工厂的原粮或成品粮抽样检测2批次，库存粮食全部达到国家储备粮标准。

【储备粮管理】 2017年，县粮食局强化日常管理，规范各项保粮制度，落实保粮责任。经春秋季安全普查，县购销有限公司储备的1.01万吨原粮，委托鸿旺工贸有限公司动态储备的60吨大米、九利油脂有限公司动态储备的食用油20吨，均达到管理要求。8月，通过福州粮食交易市场拍卖2014年度县级储备粮1500吨，完成年度轮换计划。

【“四合一”智慧粮库竣工】 2017年10月31日，由县粮食局负责建设、总投资2880余万元的2万吨“四合一”（即粮情检测、机械通风、环流熏蒸、谷物冷却合一）省级智慧粮库建设项目竣工通过验收。该粮库建筑面积4887.25平方米，3幢平房仓总面积4118.25平方米，堆粮线7米，仓间罩棚面积388平方米，附属用房面积360.75平方米，药剂库房面积20.25平方米，消防水池378吨。配备“四合一”储粮技术和空调降温、充氮气调系统。

撰　稿：彭　程

烟草专卖

【概况】 2017年，县烟草专卖局（分公司）坚持稳中求进工作总基调，完成全年目标任务。全县种植烟叶面积2446.67公顷，实际收购烟叶5110吨，产量连续8年保持全市第二位。实现烟农售烟收入（含补贴）1.65亿元，烟叶税3468.38万元，户均收入（含补贴）5.17万元。全县集中回收地膜面积2446.67公顷，重量600余吨，清理回收率100%。县烟草专卖局被三明市烟草专卖局（公司）评为精益管理降本

9月6日，三明市烟草局（公司）局长、经理白万明到清流调研

增效工作先进单位。县烟草专卖局客户服务中心被三明市烟草专卖局（公司）授予“先进客服中心”称号。

【卷烟销售】 2017年，县烟草专卖局销售卷烟4993.70箱，销售额1.31亿元，条均价104.64元。年内，以最小市场单元为突破，重新划分全县49个基础最小市场单元，开展会期营销、乡情营销等培育活动14场次。

【落实烟叶生产技术】 2017年，县烟草专卖局推广集中育苗专人管理面积212.40公顷，确保培育无毒高抗壮苗；稻草堆沤面积492.6公顷，稻草溶田面积611.67公顷（含石灰溶田），生石灰撒施面积557.87公顷。加强田间管理，强化培土力度，全县完成培土比例95.13%。

【烟基设施建设】 2017年，县烟草专卖局投入资金650万元，建设常规项目30项，分布全县10个乡镇，受益烟农3000多户、烟田面积2000公顷。完成俞坊水库及岭官水库市县两级清库验收工作。建立政府烟基管护制度，从当年烟叶税中提取3%作为烟基管护滚存专项资金，用于项目损毁修复和管护人员经费，确保烟田基础设施正常运行。

【烟农合作社整合】 2017年，县烟草专卖局按照“总社＋分社”要求，注销及变更乡镇烟农专业化合作社11个，并建立适应乡镇实际情况的机械服务运行和管护长效机制，确保烟用机械管护到位。

【专卖管理】 2017年，县烟草专卖局全年开展打击假冒伪劣卷烟专项行动5次，出动执法检查人员726人次，查处各类涉烟案件26起。其中，侦破“互联网＋物流寄递”领域涉烟案件13起，为历年来最多。查获烟叶涉刑案件2起，案值57万余元，其中“8•7”非法经营烟叶案件涉案烟叶3.64吨，案值29万元，已移送公安部门处理。落实2017年出台的许可证管理办法实施细则，实施停业4户、责令整顿4户、歇业25户、注销7户、恢复营业1户。联合县市场监督管理局查处无烟草专卖许可证户2户。

撰　稿：黄　玲

旅　游

【概况】 2017年，县旅游局以建设海峡西岸经济区重要的休闲养生胜地和旅游目的地为目标定位，加快推动清流县旅游产业发展转型升级。全年向上争取小微企业创业创新、红色旅游、乡村旅游特色村、品牌宣传、“绿野乡居”民宿补助、旅游厕所项目建设等各类专项资金438.30万元。与福建昌昊盛园养老产业有限公司签订清流县里山耘居康养旅游度假项目合同。全年主要景区（天芳悦潭生态旅游景区、中华桂花文化园、灵台山）接待人数21.60万人次，比2016年增长21.10%。旅游项目年度计划投资2.80亿元，年内完成2.89亿元，占年度计划103%。

【旅游项目建设】 2017年，天芳悦潭温泉生态休闲度假区项目，年内完成投资8050万元，产权式酒店1～8号楼完成封顶，3号楼3、4层装修完毕投入使用，2层已在装修，5层基本完成装修，完成13号、14号楼及旅游厕所主体建设。中华桂花文化园项目，年内完成投资1.50亿元，完成桂花园半山庄主体工程、龙厅及围墙建设、一、二、三展厅内部装修、镜山湖防渗漏及蓄水、游步道、公厕等工程建设，已在进行魁星阁办事处施工建设。地质公园博物馆项目，总投资3000万元，占地面积2300平方米，建筑面积1900平方米，项目包括地质公园博物馆、科普电影馆等，2016年底开工，年内完成投资2880万元，基础设施建设及装修布展已完成，进入开园验收准备工作。林畲乡村游项目，年内完成投资3020万元，完成石下村仙女峰步道、生态绿道路面硬化工程，已在进行林畲游客集散中心项目前期工作、生态绿道及林畲溪景观步行道绿化工程建设。

8月14日，酒店星评员林芳到我县对山城山庄进行3星级酒店复评，县旅游局副局长陈振华及行管股干部陪同学习

【旅游宣传】 2017年1月，县旅游局与林畲中华桂花文化园共同协办“圆明重光文化展”。2月，与赖坊镇共同协办第二届赖坊樱花文化节、与长校镇、文体广电出版局等单位协办“清新福建·水韵清流因‘果’随缘客家祖山行”、10月，与沙芜乡协办“健康·自在九龙湖”清流首届生态湿地露营骑游大会、11月，与县文体广电出版局协办环中央苏区·清流全民健身骑游文化节等旅游节庆活动。县旅游局先后参加北京旅游推介会、“悠然三明”旅游推介活动，6月30，举办水韵清流——天芳悦潭（泉州）专场旅游推介会。升级改造清流旅游微信公众平台，适时发布清流旅游资讯。在东南卫视《东南早间气象》和海峡卫视《海峡气象》栏目开设“清流”旅游天气预报窗口，在福州公交站台投放清流旅游广告，借助各种宣传媒体加强对清流旅游宣传促销。

【发展乡村、民宿旅游】 2017年，县旅游局根据2016年制定出台的《清流县旅游产业扶持办法》，补助旅游企业及旅游乡村共300余万元。乡村旅游发展初现格局，全县有宗良民宿、红军民宿、赖坊客栈、绿野乡居民宿，龙泉鱼庄、人民公社农家乐、宏彬渔场等旅游企业，从事乡村旅游人数3000余人，乡村旅游经营户500多户，人均可支配收入5500余元。其中，人民公社农家乐的经济及社会效益最为明显，该农家乐共吸引3万余名游客，创收180余万元，吸纳当地9名村民就业。

撰　稿：伍玉芬

生态龙津河（林旭煌摄，2008年）

教　育

教　育

综　述

【概况】　2017年，清流县拥有独立高级中学1所，职业中学1所，独立初级中学6所（其中保留建制镇初中4所），乡镇中心小学13所，县直小学2所，教学点16个，实验幼儿园1所，乡镇公办中心幼儿园13所，注册民办幼儿园5所，特殊教育学校1所。设有县教师进修学校、电大工作站、县青少年校外活动中心、青少年学生社会实践基地。全县有教师1756人。年内，县教育局围绕全县教育改革发展总体目标，着力提高办学质量，推进教育均衡发展，教育整体水平稳步提升。县义务教育阶段教育质量进位前移、跻身全市中上水平。全县高考本一、本二上线人数分别为148人、469人。中考成绩良好率、及格率、平均分位连续3年保持在全市第三位，处于全市前列。招聘补充中小学（幼儿园）新教师131人，其中招聘补充幼儿教师20人。6月21日，清流县教育局和福州金桥学校举行合作办学签约仪式。全年财政投入教育经费3.33亿元，比2016年增长22.85%。

【学前教育管理】　2017年，县教育局加大全县幼儿园（特别是民办幼儿园）管理力度，严格办学准入，指导民办园提升保教质量，认真落实安全监管。开展创建县级示范园活动，完成对邓家、里田中心幼儿园和文华幼儿园（民办）县级示范园评估验收。

【教师队伍建设】　2017年，县委、县政府制定印发《补短板提质量加快教育事业发展的实施意见》和《关于强师优师提升教师队伍整体素质的实施意见》，建立以奖励性职称、奖教奖学等措施在内的教育正向激励机制。招聘新教师53人（其中，幼儿教师20人）。选派校长、教师参加省、市各类培训36人，依托进修学校组织全县中小学心理健康教师、中小学音乐教师、中小学体育教师、初三年级各学科及小学思品等专项培训，参训人数400余人。利用假期开展全员师德培训，参训教师1700余人。做好本年度教师资格证认定工作，认定授予教师资格49人。从乡镇学校选调76名教师到城区学校工作。

【筹措办学经费】　2017年，县教育局加强经费和项目管理，改善办学条件。全年争取前教育等教育建设项目资金6781万元，教育扶贫专项资金400万元，已到位资金5642.50万元。统筹安排教育经费，按生均公用经费标准，依法及时足额将教育经费拨付到位，全县下拨教育公用经费4948.19万元、免杂费资金1284.67万元，扶贫专项资金400万元。改善校园装备。投入1430万元，用于清流一中新校园安装教育信息化设备、安防设施，添置图书、实验仪器和校园监控系统、中考考场标准化建设等设备采购、安装。

【教育基础设施建设】　2017年，全县教育基础设施建设累计完成投资2232万元，建筑总面积11800平方米。清流一中新校园、实验幼儿园雁塔分园、余朋幼儿园、温郊幼儿园、长校中心幼儿园（扩建）等项目投入使用。李家学校教学楼、赖坊中心小学学生宿舍食堂、林畲教学楼加固工程、嵩溪中小教师周转房加固工程、廖武小学、嵩口中学学生宿舍楼等项目全部竣工并已通过验收。灵地中心幼儿园、嵩口学校教学楼建设项目和嵩溪中心小学教师周转房改造项目已在建设。城区第三所小学、第三幼儿园选址方案已确定并进行初设工作。

【落实教育扶贫】　2017年，县教育发放各类扶贫助学资金396.23

万元。学前教育阶段，对在园孤儿或残疾幼儿、低保家庭幼儿、烈士子女或优抚家庭子女和其他经济困难幼儿发放补助 25.63 万元。义务教育阶段，免除教科书经费和簿籍费 95.58 万元，下拨寄宿生营养餐补助金 304.47 万元，受益寄宿生 2975 人。高中阶段，发放助学金 48.42 万元，免除学费 10.48 万元。中职阶段，发放家庭困难学生助学金 7.30 万元，全额免除中职学校全日制学生学费；审批助学贷款 226.67 万元。

【表彰奖励优秀教师】 在第 33 个教师节之际，县委、县政府召开教师节庆祝暨表彰大会，表彰为县教育事业作出突出贡献的先进单位 5 个，先进个人 131 名，其中杰出校长 3 名、优秀校长 4 名、十佳班主任 10 名、杰出人民教师 10 名、最美乡村教师 10 名、优秀班主任 28 名、优秀教师 61 名、先进教育工作者 5 名。

【落实教师队伍“县管校用”】 落实县委十三届四次会议审议通过的清流县全面推进教师“县管校用”改革方案，由县级教育行政部门在核定的教职工编制总额和岗位总量内，统筹使用各校教师编制数，统筹中小学教师职称职数比例、岗位结构比例，并向同级机构编制、人力资源社会保障和财政部门备案。

撰　稿：李永茂

学前教育

【概况】 2017 年，全县有幼儿园 19 所，其中城区公办实验幼儿园 1 所，乡镇公办中心幼儿园 13 所，注册民办幼儿园 5 所。幼儿专任教师 260 人。3～5 周岁适龄儿童 6039 人，在园幼儿 5920 人，3～5 周岁入园率 98%。县教育局规范幼儿园办园行为，发挥示范校作用，提高办园质量，推进乡村幼儿教育均衡发展，为幼儿创设安全、宽松、自由的成长环境。县实验幼儿园获“清流县诚信教育示范学校”、县教育局 2015—2016 学年度教育目标管理考评一等奖；获市“优秀教师”、县“优秀校长”、县“优秀班主任”、获县“诚信教师”各 1 人获“县优秀教师”2 人。

【改善办园条件】 2017 年 9 月，总投资 1200 万元，占地面积 2295 平方米，建筑面积 4150 平方米，可容纳幼儿 360 人的实验幼儿园雁塔分园，以及总投资 400 万元，占地面积 1000 平方米，建筑面积 1500 平方米，可容纳幼儿 180 人的长校幼儿园竣工投入使用。总投资 1200 万元，占地面积 4500 平方米，建筑面积 4234 平方米，规划教学班 12 个，可容纳幼儿 360 人的灵地中心幼儿园年底竣工验收。开学初，县实验幼儿园结合幼儿年龄特点，对室内外装饰、墙面设计、吊饰等进行改装。该学年添置 1 楼墙面玩具、大型景观风车及大量户外体育活动器械，如幼儿户外体能设备、移动篮球架、小踩车等。各班添置美工桌、展示柜等。

【清流县幼儿园优质课评选活动】 2017 年 11 月 8 日在清流县实验幼儿园举行。参加活动的有清流县进修学校教研员、清流实幼、乡镇幼儿园的教师。全县共 10 名选手参加评选活动。活动为幼儿教师搭建了一个互相学习、相互促进的沟通与交流平台。

【幼儿园教师教学技能大赛】 2017 年 12 月，分别在一中、实验中学、实验小学、县实验幼儿园举行第一届中小学幼儿园教师教学技能大赛决赛。参赛选手 121 人，分 38 个学科组比赛。比赛项目为满分 100 分，其中教学设计与片段教学占 40%，观课评课占 30%，学科技能占 30%。经过 3 天各赛区竞争，评选出各学科组第一名 38 人，这 38 名选手代表清流县参加三明市中小学幼儿园教师教学技能比武角逐。2017 年 1 月和 5 月，实验幼儿园分别开展教师教学比武——赏识教育活动设计比赛和主题环境创设比赛，各评出一、二、三等奖 9 名、10 名。

【加强园本培训】 2017 年，县实验幼儿园选派 3 名教师参加省市县举办的教育培训、观摩研讨。鼓励教师参加进修培训，该学年各有两名教师本科毕业、本科在读。每周开展区域观摩、主题环境创设研讨活动，通过听课、说课、评课、思

12 月 6 日，县实验幼儿园面向全县举办教学开放活动（县实验幼儿园提供）

课等活动，以及教师“带好一次活动”常规教研活动，改进教学方法，促进教师共同进步。

【提高保教质量】 2017年，县实验幼儿园新生入园体检率，在园幼儿测体重率、体检率，以及全园教职员工体检率和体检合格率均达100%。坚持每月对每个幼儿各方面发展作一次评价，并及时反馈给家长。做好幼儿心理健康教育和传染病预防工作，向家长宣传疾病预防知识，发现传染病及时隔离。加强保育员学习培训，先后举办保育老师操作比赛和食堂工作人员岗位练兵比赛。加强卫生保健规范化管理，严格执行食品验收制度、卫生保健制度、消毒制度等，把好食堂进菜关。正确使用《幼儿带量平衡食谱》。争创食堂“明厨亮灶”量化分级A级单位，加大资金投入，实施硬件设施升级改造，安装食堂监控设备1套。

【注重幼儿全面发展】 2017年，县实验幼儿园制定科学的幼儿一日活动计划，丰富教育教学活动内容，培养幼儿创新精神和实际动手能力，并注重个别教育。开展特色活动，进行班级美工区域活动试点，改革美工活动教育观念、活动目的，通过各种美工技巧的掌握、技能的运用，培养幼儿美的感受及对生活的联想。4名教师指导的幼儿绘画作品在“三明市第32届青少年科技创新科幻画大赛中分获二、三等奖，15名教师指导的幼儿绘画作品在“清流县第32届科技创新绘画大赛中分获一、二、三等奖。2017年6月，举办讲故事比赛，展示幼儿才艺。3名教师指导的幼儿舞蹈作品在清流县第六届中小学生艺术节中均获一等奖。

【开展教学课题实践研究】 2017年，县实验幼儿园开展县级课题《深化幼儿园赏识教育的实践研究》研究，结合家乡本土特色及教材，探讨、建立赏识教育园本化课程体系，深化校园赏识文化内涵建设，挖掘、拓展本土材料开发渠道，从清流“美景”“美食”“民俗”等方面入手，将富有本土客家文化特色的“十番锣鼓”“五经魁”“舞龙灯”等加入到音乐区、表演区、运动区中。县知名的生态温泉休闲度假区“天芳悦潭”、客家风味小吃、花卉电商产业“春舞枝”等则在建构区、角色区、美工区中再现，使孩子们在接触本土资源中激发爱乡情感。2017年5月9日，在市开放活动中的大班综合活动《我就是喜欢我》、小班亲子活动《爸爸去哪儿》和大班建构游戏《天芳悦潭》，结合校园文化赏识教育，培养幼儿探究意识，让每一个孩子都有展示自己的舞台。

【实现家园共育】 2017年，县实验幼儿园整合教育资源，各班充分利用家园联系栏，丰富并及时更换家教经验，为家长提供良好的育儿参考；向家长进行消防安全、防溺水、防走失等各种安全知识宣传教育及办园愿景，让家长进一步了解赏识教育，促进家园共育。做好幼儿家访，了解幼儿情况，增强服务意识。利用微信、校讯通等方式，做好和幼儿、家长的沟通工作，实现“离园不离教”；办好家长学校、家教讲座、社区宣传活动，在家长间开展主题班会“如何赏识孩子”、座谈会“做个优秀的家长”。各年段召开家长会2次，听取家长委员会合理建议，并请他们对幼儿园工作进行监督评议，促进幼儿园创立优良行风，提高办园效誉。开展家园趣味运动会、“迎新年、庆元旦”亲子表演活动、“庆三八”亲子活动、邀请家长参加“六一表彰暨游园活动”，通过亲子表演、亲子游戏等活动形式促进师、幼、家长之间和谐关系，使家长们进一步了解幼教工作，形成家园合力，共促幼儿发展。

【发挥示范校作用】 2017年，县实验幼儿园践行以游戏为基本活动的教育理念，全方位展示作为一所省示范性幼儿园落实《指南》的教学成果。2017年5月9—10日，举行面向全市的开放观摩活动，来自全市的140多名园长及幼儿教师参加此次活动。本次观摩内容包括晨间活动、早操、环境创设、区域活动、教师公开课，全方位展示该园践行赏识教育的教学成果。开展全县幼教辅导示范工作，县实验幼儿园与余朋、温郊两所中心幼儿园结对子，组织开展“教育教学观摩”“座谈交流”“实地帮扶”等活动，帮助乡村幼儿园提高教育教学和管理水平，缩小城乡幼儿园差距。2017年5月，邀请全县幼儿园教师到县实验幼儿园观摩教学及区域活动，并参观园内主题环境创设。通过教学观摩活动，传递、辐射新的教学模式与新理念、好经验，实现教研活动城乡互动，促进全县幼儿教育均衡发展。

【创建平安校园】 2017年，县实验幼儿园坚持执行行政人员每天一巡查、安全小组成员每月一次安全大检查制度；定期开展自查、排查，发现问题及时整改。建立健全学校保卫机构、配齐配强专职保安员队伍，建设完善技防设施。2017年4月，新增电子刷卡机，全园实行刷卡入园、离园制度，保证幼儿安全、有序离开幼儿园，将陌生人杜绝门外，排除潜在危险因素。制定处置突发事件预案，组织教师、幼儿、保育员、食堂人员进行防火、防震、防踩踏及应急安全演习。将安全工作和教师考评工作相结合，实行安全事故一票否决制。加强对教师和幼儿的安全教育。以安全教育周、开学安全月、国旗下的讲话等为载体，定期开展法制教育讲座、安全演练活动。根据不同年龄段特点开展内容不同的安全教育活动，提高幼儿日常生活中的安全防范意识和自我保护能力。

供　稿：教育局

小学教育

【概况】 2017年，清流县有县直小学2所，乡镇中心小学13所，教学点16个，小学专任教师680人，小学生9959人（其中，城区小学在校生4867人，占比48.9%，乡镇小学在校生5092人，占比51.1%）。年内，各小学以提高教育教学质量为核心，以人的全面发展为根本，注重科学、规范管理，加强师德教育，重视队伍建设，努力构建“和谐校园”；以教育科研为先导，以培养学生创新精神和实践能力为重点，狠抓教育常规，深化课堂教学改革。2017年5月，嵩溪中心小学通过“义务教育管理标准化学校”评估验收。县城关小学获2015—2016学年县学校目标管理考评小学组一等奖，3月，省体育传统特色项目学校实地评定，该校获好评。

【加强师德师风建设】 2017年，全县各小学组织教师学习师德师风相关法律法规；与教师签订师德师风建设责任书和违规补课、违规征订使用教辅材料专项整治承诺书，严禁教师违规收受礼品礼金、违规征订教辅、有偿补课、有偿家教等行为。县实验小学举行学习宣传廖俊波同志先进事迹党员教师专题会议。举办以“纪念中国共产党建党95周年暨中国工农红军长征胜利80周年”为主题的教师诵读比赛活动。2017年5月25日，嵩溪中心小学开展以“学习廖俊波，做合格教师”为主题的教师师德演讲比赛活动。灵地中心小学举办“忠诚履责，爱生乐教”为主题的教师演讲比赛、开展师德案例评选等系列活动。

【重视学生德育工作】 2017年，县实验小学利用开学第一节课的时间，对学生进行安全教育及行为规范教育；举行“远离毒品珍爱生命”禁毒宣传和警示教育活动，提高少年儿童识毒、防毒、拒毒的能力；邀请县关工委老同志到校举行“学党史、学国史、听党话、跟党走”主题宣讲报告会；举行新队员入队仪式，对新队员进队知识教育；在教师节开展“尊师重教”尊重知识教育活动；开展国庆征文及书画展活动，举行纪念中国共产党建党95周年暨中国工农红军长征胜利80周年歌咏比赛，激发学生爱国热情。举办“为文明点赞、为清流点赞、为实小点赞”迎新年少儿卡拉OK比赛、庆六一艺术节、书法、征文比赛活动。沙芜学校陈新福校长撰写文章《微信：建构起家校联系的新态势》，展示学校推广班级微信群的做法与成果。该文刊登于《河北教育》（2017年4期）“校长论坛”栏目，

【强化养成教育】 2017年，实验小学争创省级文明学校，强化文明礼仪、纪律、卫生、学习等常规评比，开展文明礼仪教育月活动，制定班级文明公约，开展“讲文明，树新风”主题教育活动，开展班级“文明之星”“校园之星”评比。加强学生心理卫生健康教育，配备专职健康教育老师对学生进行授课。利用红领巾广播室、宣传橱窗、黑板报等宣传阵地，结合学生心理和季节特点，进行《春季传染病预防知识讲座》《保护孩子健康，预防手足口病》《小学生卫生健康小知识》《遇到挫折怎么办》等方面的讲座。该学年，学校“心理咨询室”接待学生20余人次。5月，对全校2000余名学生进行体检和视力专项检查，及时反馈结果，通知有疾病的学生及早就医治疗。赖坊中心小学开展“文明小卫士”活动，学校师生100多人参与，到圩上、古民居街上、农户家中宣读讲卫生、爱森林、洁卫生的意义。会同清流县林业局、赖坊林业站，发起“森林小卫士”评选活动，授予14名语言表达能力强、有责任心的学生“森林小卫士”称号。

【打造办学特色】 2017年，城关小学抓好书香校园建设，继续开展中华经典诵读活动、开展阳光体育及太极进校园活动，促进学生个性化发展。在省中小学校外教育艺术素质展演活动中参加人数近200人，获奖人数达115人；2016年11月，在三明市规范汉字书写大赛，罗华清老师指导的王虹灵，马立萍老师指导的吴与同均获得市级一等奖，6月，在市首届小学生规范汉字听写大赛获团体二等奖，获一等奖、三等奖各1名，二等奖2名。在县庆元旦象棋比赛中，2名学生获第一名；1月，蔡诗琦在三明市小学生校园足球基本大赛中获“优秀运动员”称号；4月，孙祺鹰、上官温馨参加三明市少年儿童乒乓球比赛清流县选拔赛分别获男子女子单打第一名；同时，在参加三明市少年儿童羽毛球比赛清流县选拔赛中，邹清航、卢毅分别获男子甲组、乙组第一名；5月，在县“水世界”杯中华传统经典诵读大赛中，刘如娇老师指导的《出塞》和《满江红》，谢雪珍老师指导的《弟子规》均获县级一等奖，黄菊仙老师指导的花中四君子——《梅、兰、竹、菊》获县级二等奖。6月，在县教育局组织的第32届福建省科技创新大赛选拔赛中，共有27人获奖，其中罗华清指导上官彧玮的《昆虫多功能果蔬智能机》、黄千葵指导的《雾霾净化飞碟器》获县级一等奖，并获得市级二等奖。抓好传统特色项目，科学制定大课间和课外活动计划，正常开设以田径、足球、太极拳、葫芦丝、大提琴、彩泥软陶、跳绳、踢毽子等各类课外活动兴趣小组，满足不同特长、不同兴趣、不同层次学生的发展需要。组织学生参加各类比赛，开展校内课余文体比赛和各类实践活动，展示学生特色特长。在市第32届青少年科技创新大赛中，五一班学生陈旭发明的“空中机器人”获一等奖。嵩溪中心小学校女子足球队获清流县2017小学生足球赛第一名，

5月27日，清流县首届乡村学校少年宫艺术展演在城关龙津广场举行（杨 颖摄）

5月，参加省联赛（三明赛区）获三等奖。廖欣懿、余宣参加县中小学生校外教育艺术素质展演比赛中分别获声乐小学B组、古筝小学A组第一名。赖坊中心小学把“围绕地方特色，挖掘名村内涵”定为校园文化建设的基本方向，做细校园文化特色。灵地中心小学依托“广益之光乡村学校少年宫”平台，开展阳光体育活动，探索“体育艺术2+1”艺术教育活动，以发展学生个性特长为突破口，成立腰鼓、书法、乒乓球、舞蹈、习作等15个兴趣小组，组织学生开展古诗文背诵，手抄报比赛，课本剧表演等喜闻乐见的活动。年内，学生在参加县级以上各项活动中有15人次获得奖励。长校中心小学开展乡村少年宫活动，学校开设三大类28个活动项目，全校学生每人至少参加1个项目。学校聘请2名校外辅导员，将长校“十番锣鼓”引进课堂。学校少年宫考核获第一名。学校编排的舞蹈《绿色的梦》和传统大鼓《普天同庆》获市第六届艺术节艺术展演三等奖，1人获市级美术作品二等奖，3人获三等奖。六年级朗读《火红的七月》获县纪念中国共产党成立95周年朗读二等奖。街舞啦啦操代表县小学组参加三明市比赛获小组第一名。两名学生获“水世界”杯中华传统经典诵读三等奖。

【提高教师专业化水平】 2017年，县实验小学利用福建省名师“送培下乡”、市第三教研片区小学体育专题研训活动、市小学英语（闽教版）优质课评比暨教学观摩研讨活动及县小学课堂教学优质课评选活动均在该校举行的契机，组织教师参与听课学习，帮助教师进一步提高专业水平和教育教学能力。组织开展教师学名师和一对一的师徒结对活动，定期进行交流，互相学习督促。开展“一师一优课、一课一名师”活动，提高教师课堂教学水平。选派教师外出学习培训，促进教师尽快成长，同时实施外出培训交流汇报制度，以汇报课、交流体会为主要形式，在校内进行二次培训，实现外出培训效益最大化。灵地中心小学教师派出40余人次参加县级培训学习，12人次参加市级培训，4人次参加省级培训；图书室每年购进有关教育科研的图书，订阅各种教育教学杂志和报纸30余种，提供给教师学习。赖坊中心小学借助远程网络工程开展多种形式的校本培训活动。派出24位教师到先进学校学习、跟岗，回校做好二次培训；强化教师个人空间管理，做好晒课工作。长校中心小学开展教学技能练兵活动。2017年3—4月，开展教师写字、简笔画等比赛。1名教师参加三明市信息技术教学比武获二等奖。余朋学校加大网络知识培训力度，做到人人网上办公、能利用多媒体资源进行教学。

【抓好教科研工作】 2017年，各小学加大课堂改革研究力度，加大信息技术进课堂的落实与创新，开展校本教研。各小学校普遍推行领导行政班子每人挂一个年段，或结合一个薄弱班级推门听课、现场评议，抓课堂教学有效性。每月对教师的教学常规工作进行检查，及时通报，发现问题，限时纠正；组织教师参加教学交流研讨活动，激发全校教师深化课改的动力和智慧。加强教学质量检测和监控，适时组织学科教学质量调研，做好质量分析，提高教学质量。加强与当地政府沟通协调，促成当地政府每年教师节期间对在县统考中排名前列的教师进行奖励，激发教师工作热情。对学校表现突出的学生进行表彰。城关小学教学质量经市、县质检，在全市小学属中上水平，在全县质检中教学成绩名列前茅。该校3名老师参加县优质课堂评选，其中，黄彩霞老师执教的《1000以内数的认识》获一等奖，李晓梅执教的英语获一等奖，吴清秀执教的《三角形的三边关系》获二等奖，谢雪珍执教的品德与生活《大家一起来》获县一等奖。6名老师撰写的论文在CN级刊物发表。

开展校本课题研究，县实验小学4名教师承担的福建省教育信息技术研究课题《信息化环境下提高品德课堂实效性》通过专家组评审，以鉴定结果“优秀”结题。灵地中心小学小学开展县级语文课题——“小学生独立阅读能力的培养研究”和市级数学课题——“小学数学课堂教学生活化策略研究”的研究工作。余朋学校开展网上教学研讨，每周由各教研组在校园网上上传1篇有质量的文章或案例。沙芜学校先后派出5位教师分别到泰宁、清流、邓家、永安等地参加县级以上教学交流活动。3月，派出两位教师到永安巴溪湾小学学习教务管理工作，儿童阅读推广落实。邀请市名师工作室成员、县进修学校专家，兄弟学校教师到校讲学、交流、培训，拓展教师教学视野。

【建设平安和谐校园】 2017年，各小校制定安全预案，组织开展防火、防地震等逃生安全演练，提高学生安全自护自救能力。经常检查校舍、各室及公共场所中的电器线路、装置、设备，发现问题及时解决，消除安全隐患。长校中心小学整改公厕旁围墙，修缮江坊小学和茜坑小学玻璃，门窗等。重建幼儿园边上老围墙，改造老师宿舍、学生宿舍电线线路等。将学生法制教育、安全教育、卫生教育、心理健康教育纳入教育教学计划。抓好警校共建，请法制副校长进行法制讲座，向全校师生宣传《中华人民共和国未成年人保护法》《中华人民共和国预防未成年人犯罪法》及治安管理处罚条例等法律法规。各班主任、任课教师利用学生集会、班会、少先队活动、学科渗透等形式和黑板报、校园广播等阵地，开展经常性的安全教育，并结合实际情况，对学生进行防食物中毒、防溺水、防雷电、防地震、防交通事故、防火等其他突发事件等专项安全教育，提高学生安全意识和自我保护能力。加强学校食品安全管理，对食堂管理和工作人员、生管老师及相关人员进行食品安全培训，确保食品采购、保管、操作、消毒、卫生等各个环节安全，坚决杜绝食物中毒等突发事件发生。赖坊中心小学组织专门机构，加强课间及路队安全管理。该学年举行各类演练4次，观看安全图片2次。邀请司法部门工作人员举行法制讲座2次，假期组织学生带法回家。联合交警、运管、司法等部门，集中整治非法接送学生私家车3辆。田源学校开展学生乘车情况调查，加强对学生的交通安全教育，加强对接送车辆的监督，防止超载情况的发生。余朋学校针对H7N9禽流感病情蔓延之势，严格执行因病缺课上报制度，做到天天上报。

【改善办学条件】 2017年，灵地中心小学办公楼通过主体验收，教学楼主体工程基本完工。长校中心小学投入8000多元，添置图书600多册。并按照要求配齐配足体、音、美室和科学室的器材。投入9000余元为每位寄宿生更换新的被套及床单，以及室内拖鞋，牙杯等。江坊小学添置图书架及图书500多册。嵩溪中心小学，加大资金投入，改造校容校貌，更换学校围栏、粉刷、修缮教学楼，修剪学校树木花草、建设社会主义核心价值观内容及立志益德信条等墙文化。基头小学教学楼、廖武小学教学楼、邓家学校学生宿舍楼先后竣工。

供　稿：教育局

中学教育

【概况】 2017年，清流县有普通中学7所，其中独立高级中学1所，独立初级中学6所（其中保留建制镇初中4所）；职业中学1所。全县有教师1756人，其中专任教师518人；高中教师169人，职业中学专任教师75人。全县有高中生3175人（一中：2052人；职中：1123人，其中，全日制学生460人，灵活学制学生663人），初中生3906人（其中，城区初中生3621人，占比92.7%，乡镇初中生285人）。县各所中学围绕“办社会满意的学校、做终身受益的教育”的办学理念，上下同心同德，迎难而上，力求创新，凸显各校办学特色，完成各项教育教学工作任务。县城关中学获清流县中小学校教育目标管理考评一等奖，清流一中、县实验中学获二等奖。县城关中学推进实施新教育行动，打造区域内品牌学校，争创省级示范初中校，被授予三明市义务教育标准化学校。2016年12月1日，三明市校长提高班约70位校长到该校参观交流。清流一中被授予三明市第一批市级中小学心理健康教育特色学校，2017年全国青少年校园足球学校。县实验中学获“三明市毒品预防教育示范学校”称号，被推荐“市文明学校”。清流一中、县城关中学被授予第二十三届“传承中华文化 共筑精神家园”全国青少年爱国主义读书教育活动组织奖。县城关中学获“书香网”杯福建省首届“书香班级主题阅读PK赛”第二名。该校器乐节目《十送红军》获三明第六届中小学生艺术节中学组二等奖，获县基层团建示范点等称号。

【师德师风建设】 2017年，各校组织开展向廖俊波学习活动。开展教师有偿补课专项整治。县城关中学2016年8月29—31日开展全员师德培训。举办“学习总书记讲话，争当‘四有’好老师”主题系列报告会。

【教学交流展示】 2017年2月24日清流一中校领导带领高三部分班主任和备课组长到宁化一中交流学习。3月13日，市聂国先名师工作室成员一行5人到清流一中开展“送教下乡”活动。3月16—17日，市2016—2017学年第二学期高中新课程背景下高三思想政治学科高考复习策略研训会在清流一中召开，公开课观摩、专题讲座、经验交流。3月27日，市高三学科指导组专家一行9人到该校讲学指导。5月4日，县城关中学5名教师在校长带领下到长校中学开展送教下乡活动。1名教师参加三明市信息技术学科优质课评比获二等奖。

【教师业务培训研修】 2017年，

各校注重加强教师培训和研修，开拓教师视野，转变观念。5月，开展骨干教师教学比武活动。县城关中学组织全体教师参加县教育局举办的师德教育培训和福建省中小学教师信息技术应用能力提升工程。组织教师参加三明市微课大赛和三明市初、高中毕业班复习教学“微课”评选活动，共报送“微课”25件。2月17日，县实验中学组织全体教师进行“高效课堂”理论培训。3月10日，分别邀请清流一中老师到校做《如何辅导学生进行科技创新活动》的讲座，县委党校老师到校进行礼仪课程培训。该学年，该校选派1人到南京参加“创新与坚守”钱梦龙语文教学研讨会，参加省级培训9人、市级培训30人、县级培训80人。

8月28日，县委书记池芝发到清流一中新校区调研（县教育局提供）

【强化教师示范引领作用】 2017年6月，清流一中组织开展“新教师汇报课”，促进教师业务水平提高。该学年有4名教师被授予市学科带头人，教师被推荐为省、市学科带头人培养对象各2人。县城关中学有省级名校长培养人1名，省级学科带头人培养对象1人，市级学科带头人2人，市级学科带头人培养对象2人，市骨干8人，县级骨干40人。该校发挥10名教师进修学校兼职教研员的引领作用，开展中高级教师与青年教师结对子活动，发挥老教师传、帮、带作用，促进青年教师尽快成才。

【教研活动】 2017年，清流一中以教学为中心，探索提高教学成绩的有效手段。深化“创建特色教学模式 打造优质高效课堂”的研究，寻找分层教学之路，寻求各层次学生的有效突破。2017学年开展市级课题研究2个，县级课题11个，校级课题29个。教师发表CN论文15篇，县汇编11篇。在2017年高考中，本一上线总人数209人，上线率为31%，本二以上上线总人数559人，上线率为83%。同时，高一、高二期末考各科成绩稳步提高，部分科目居全市前列；会考成绩超过一级达标高中校的标准要求。县城关中学以教育改革试点项目为载体，推进“先学后教，当堂训练”的教学模式。组织教师进行课件制作培训，使全校大部分教师能用多媒体进行教学。以课题研究和网络教研为载体，扩大教师学习视野，提高教师科研能力。开展省级课题研究1个，市级课题1个，县级课题6个。办好特色课程。在美术组实施传统剪纸项目，体育组推进武术操、三人篮球、五人足球等项目。已形成较成熟的“剪纸艺术”“书法”等校本教材和《教研通讯》《德育通讯》。深化新教育实验行动，从营建书香校园、师生共写随笔、聆听窗外声音、培养卓越口才、构建理想课堂、建设数码社区、推进每月一事、缔造完美教室八个方面同时推进，在师生中形成“过一种幸福完整的教育生活”的教育理念和工作状态。

【促进学生全面发展】 2017年，清流一中深入开展第二课堂活动，促进学生个性发展。成立兴趣小组16个，组织学生参加学科竞赛，获国家奖4人，省级奖17人，市级奖28人，县级奖51人次。在市第32届青少年科技创新大赛中，清流一中学生参赛项目20个，有3个项目获市一等奖，占全市高中组推荐名额14.30%，居全市前列。2017年3月17—19日，第32届福建省青少年科技创新大赛复赛中，清流一中高一（1）班黄叶岚同学申报的《创新课堂教学模式 共享优质教育资源——基于二孩政策下农村小学教学点课程安排的思考》获银牌，另有两个项目获铜牌。开展大课间活动，落实学生每天锻炼一小时，开展阳光体育活动。在清流县第十五届中小学生运动会上，校代表队囊括高中组团体总分第一名、第二名，摘取16个单项项目的15个冠军，有6名同学破县记录。该学年，清流一中举办2017年春季足球趣味运动会。县城关中学开展“读书漂流”活动、读书节、名著阅读知识竞赛、亲子共读活动、课前诵读、演讲、教师共读等，校刊《辰光》定期出刊。心天地阅读教室投入使用，在各级各类读书、征文、演讲活动中，共有18人次获奖。开展综合课程实践活动，通过实践课，让学生发挥特长，展示才华，体验成功和快乐。利用东华书院、水写台、年段走廊等平台推进书法教育综合实践课程。开展硬笔书写工作，赖火祥老师编纂的校本教材《成语字帖》正式出版，并在全市部分兄弟学校中交流和使用。学校在各类大型考试中，把汉字书写分（20分）计入学生考试总成绩。该学年，在各级各类书法、书画活动中，共有44人次获奖。“六一”举行“趣味运动会”，11月11—12日，举行第二十届田径运动会。县城关中学在各级各类体育活动中，有34人次获奖。学生参加各类竞赛获国家、市、县奖109人次。县实验中学花球课间啦啦操在福建省中学生联赛啦啦操锦标赛初中组获第三名。在福建省中小学校外教育艺术素质展演活动中，该校40余名同学获奖。在第32届福建省青少年科技创新大赛青少年科技创新成果项目比赛中2人获奖。在清流县第六届中小学生艺术节活动6人获奖。在三明县第六届中小学生艺术节活动中，学生表演类节目——舞蹈“茉莉花”获一等奖。在三明市学生规范汉字书写大赛中，罗思远获得软笔二等奖。在三明市教育系统纪念中国共产党成立95周年和中国工农红军长征胜利80周年主题征文活动中4人获奖。在清流县第十五届中小学生运动会中12人获名次。在2017年清流县中小学象棋比赛中5人获奖。

【学生德育教育实践】 2017年，各校寓德育教育于活动，坚持立德树人。县实验中学利用周末时间组织寄宿生参与食堂管理。进行各班“文明餐桌”评比。加强对“孤儿”“单亲子女”“离异子女”“留守儿童”“特困学生”“特异体质和心理异常学生”及“严重不良行为学生”等特殊学生群体进行分级管理并建立跟踪管理档案，个性化管理。校心理咨询室分年级为全体学生开设心理健康教育讲座，并为学生提供个别心理诊断和辅导。县城关中学多渠道开辟育人阵地，通过召开主题班会、升国旗仪式、报告会等形式对学生进行思想、道德、理想、行为等方面教育。创新构建楼梯文化，开设共青团知识主题活动，法制教育、健康伴我行、节日简介、环保教育、文明礼仪等8个主题。践行新教育“每月一事”，1月4日，举行“庆元旦、迎新年、颂祖国”诗歌朗诵会。6月1日，组织开展第十八届校园科技文化艺术节暨庆六一系列活动、表彰会、文艺汇演、初一、初二学生趣味运动会、优秀书画展等。开展“我们的节日·中秋”主题活动、志愿服务活动。新吸收志愿者48名，共组织志愿服务8次，学生志愿者参与人数约160人次，志愿服务内容涵盖敬老、邻里守望、文明卫生、文明交通、学生帮扶等方面。县实验中学加强家校联系，2月，召开家长委员会代表座谈会，72人参加会议。会议传达了规范办学行为、规范收费行为、两免一补、营养早餐等相关政策，介绍学生评先评优和违纪处理的具体措施，动员家长代表参与到学校教育教学管理工作中。并利用微信平台开展家庭教育微客活动。开展“学校、家庭、社会”三位一体办教育尝试，邀请部分家长住校参加值日值班，让学生始终处在教师和家长的关注关爱中。3月24日，县实验中学与县公安局交警大队联合开展“大手牵小手，共建文明家园”为主题的文明礼让斑马线活动，在校门口路段和公安局附近红绿灯路口进行文明交通引导，对不文明交通行为进行劝导教育，20名师生志愿者和4名家长志愿者参与。5月1日举办主题为“喜迎金砖会晤，放飞青春梦想”——文明校园创建文艺展演。5月5日，举办的“喜迎金砖会晤”知识竞赛。5月26日，开展“我们的节日——端午”中华经典诵读展演活动。

【推行幸福成长工程】 2017年，县城关中学重视寄宿生管理工作，出台《进一步加强学生管理办法工作意见》，配齐配强生管教师10人，严格实行夜间巡查、值班、请假登记、晚点名和查铺制度，评出文明宿舍并给予奖励。每两周一次对寄宿生实行集中管理，有序开展丰富多彩的综合实践活动。实行寄宿生积分制，根据寄宿生思想动态和表现情况进行奖惩。学校食堂继续实行配餐制，落实国家中小学生营养早餐计划，让孩子吃得健康、卫生、营养，家长放心。完善三房五室（“三房”：洗衣房、开水房、洗澡房。“五室”：心理健康咨询室、卫生室、活动室、亲情室、阅览室）建设。关心关爱贫困生，为低保生、建档立卡生、单亲家庭且家庭是民政部门确认的低保户或乡（镇）政府核定的贫困户、孤儿、烈士子女、残疾学生、思源班学生发放助学金共计48.88万元。完善思源班设施，落实办班政策，从思想、学习、生活各方面关心农村优秀学生的健康成长。县实验中学开展“爱心妈妈团”帮教活动，邀请各行业具有爱心、愿意帮扶困难学生的女性与孤困学生一对一结对帮扶，让孩子们感受到社会大家庭的温暖。

【建设平安校园】 2017年，县实验中学加强校园值班、巡逻，并组建反恐应急分队暨护校队，各司其职，分工协作，保证校园稳定。县城关中学规范学生请假离校制度。各校重视做好教育防范工作。县实验中学、城关中学以签字、主题班会，观看警示电影等方式开展防欺凌专项教育、禁毒专项教育、交通安全专项教育、禁止零食进校园等各类教育专项培训和“抵制枪爆犯罪 共创平安和谐”主题宣传教育以及心理健康教育等专项整治活动。3月，县实验中学针对H7N9禽流感传染病疫情，及时落实疫情报告制度与防控预案、开展H7N9禽流感知识宣传，做到早发现、早报告、早处置。3月13日，邀请清流县市场监督管理局工作人员上食品安全课，倡导学生养成注意食品卫生安全的良好习惯，拒绝“垃圾食品”。3月24日、27日，县实验中

2017 年 7 月 7 日，清流一中新校园举行揭牌仪式

学、城关中学分别举行第 22 个“全国中小学生安全教育日”暨第 10 个“福建省学校安全教育周”启动仪式、并先后开展反恐、消防逃生演练、防震减灾疏散演练。交通志愿者活动，举办校园安全主题班会。该学年，县城关中学处理违纪打架事件 52 起、106 人（次），收缴管制刀具 3 把，处理违纪抽烟人数 18 起、41 人（次），破坏公物 5 起，爬围墙 6 起，处理辱骂教师、扰乱课堂秩序 5 起，敲诈勒索案件 3 起、5 人（次），偷窃 12 起、10 人（次），其它违纪 25 起、61 人（次）。

【改善办学条件】 2017 年，县城关中学共投入资金 66 万元，改善办学条件，加强校园文化建设。投资 180 万进行学生公寓改造，进行食堂、校舍修缮，添置设施和教学设备，维修班班通；添置教师办公桌椅。加强各功能室建设，更换学生电脑 80 台。创建大提琴室。加强学校舞蹈室建设，重新采购成套音响。改造书法室，采购 50 套书法教室桌椅和 1 张讲台桌。同时加强物理、化学、生物实验室、音乐室、美术室、图书室、科技室的建设，添置实验室学生凳子 100 张；安装篮球馆安全防护网；艺体楼安装电子监控等。艺体楼一楼装饰毛主席题词及诗画；制作大幅社会主义核心价值观宣传画、传统文化广告牌等，绿化美化校园。7 月 7 日，清流一中新校区正式投入使用，校区占地面积 9.11 公顷，总建筑面积 50079 平方米。项目总投资逾 2.20 亿元，主要建筑包括教学楼 3 幢，学生宿舍 4 幢，行政办公楼、科技楼、图书馆、体艺馆、食堂（人才保障用房）各 1 幢，标准运动场 1 个，可容纳学生 3600 人，有教学班 72 个。9 月，投资 450 万元，占地面积 550 平方米，建筑面积 1818 平方米的嵩口中学新建学生住宿楼工程完工，投入使用。该校新添置办公电脑 20 台、空调 21 台、音响设备 1 套，购进学生课桌椅 150 套。改善学生餐厅、食堂、厕所及配套设施。投资 100 万的嵩溪教师周转房加固改造工程 9 月初如期完工并交付使用。为建设 24 个标准化考场，县教育局投入数十万元对县实验中学中考考场加装监控，已投入使用。

供　稿：教育局

特殊教育

【概况】 清流县特殊学校坐落于县城南花园丘路松子潭 23 号，是一所招收智障少年儿童的九年制义务教育学校。2017 年，学校占地面积 5082.50 平方米，有教学楼 1 座、学生宿舍 2 座，建筑面积共计 3842 平方米。学校按标准化建设，功能齐全，设备完善，有多媒体室、心理咨询室、科普实验室、音乐治疗室、运动康复室、感觉统合训练室、早期语言评估与干预室、言语评估与训练室、认知能力评估与训练室、家政室、体育活动室等功能室，还建立学生电脑室，组建了校园局域网，建立特教资源库等。各班级教室均配备多媒体教学设备，各功能室设备齐整，各类学科教具、器材和康复设备齐全。图书室藏书 2490 册，生均图书 46 册。在校学生不仅可以学习基础文化知识、进行生活适应训练，还能接受科学专业的康复训练。2017 年，学校有教学班 6 个，学生 53 人，送教生 8 人，寄宿生 34 人，学生住宿、餐饮实行全额免费。教师 15 人，其中大专学历 13 人。学校教师先后获“全国交通银行特教园丁奖”“省优秀教师”等称号，学校 2017 年度在县教育局期末目标考评中获二等奖。

【教师培养培训】 2017 年，县特殊学校先后选派教师赴福州、厦门、泉州等地培训，培训内容涉及课程改革与分类教学、自闭症教育、感觉统合训练、运动康复训练等。参加市特教学校校际教研活动；承办三明市片区教研活动，开展师徒结对子活动，建立骨干教师档案、教师业务档案管理制度和骨干教师考核制度，发挥学校骨干教师的骨干、示范和辐射作用，促进教师专业成长。

【教学研讨】 2017 年，县特殊学校坚持以“铸造健全人格，练就生存技能，融入主流社会”为办学培养目标，对学生进行德、智、体、美、劳全面素质教育的同时，实施有针对性的个体化教育及康复训练，并在日常教学中大胆尝试开展“康教结合”课程研究。以生活能力训练和潜能开发为目标，努力实现课程与生活的融合、知识与技能的融合、教育与康复的融合，培养学生的生活适应能力、社会适应能力，使其逐步融入社会、回归主流。加强校本课程研究，组织教师编写校本教材《丝网花制作》《行为规范习惯养成教育》《感觉统合训练与指导》。按照新课程标准制定教学计划，开设好文化基础课程同时，着力培养学生职业技能，先后开设缝纫、烹饪、按摩等 10 个职教专业。学校注重培养学生的兴趣特长，开齐开足运动、律动、绘画等课程，开设体育、美术、舞蹈、手工等兴趣小组，发扬校羽毛球传统项目优势，注重训练培养，使学生个性特长得到充分挖掘。2017 年，特校学生参加省特奥会获 5 金 4 银 1 铜佳绩。

【强化控辍保学措施】 2017 年，县特殊学校开展随班就读指导，选派责任心强的教师，为重度残疾儿童送教上门，制定系统完整的个别化教育计划，建立送教上门工作档案，确保每个残疾儿童接受合适的教育。

【加强学校安全工作】 2017 年，县特殊学校建立和完善安全保卫制度和应急预案，配备专职保安 2 名和必备的安防器械及消防、监控、报警等安全设备。学校实行封闭式管理。定期开展安全知识教育和培训、安全疏散等应急演练，提高师生安全意识和自我防护能力。落实学生上下学接送制度，与家长签订安全责任协议，确保学生安全。

【改善办学条件】 2017 年，县特殊学校投入近 120 万元用于运动场前期建设，包括学校后山土地工程平整；运动场地四周的挡墙及排水工程等。

撰　稿：上官昭

职业教育

【概况】 2017 年，清流有职业中学 1 所，专任教师 75 人，在校生 1123 人。年内，县职业中学明确办学目标，完善教育教学管理，改善办学条件，加强职教中心实训基地建设、信息化实训教学、平安校园建设。招生和培训工作有新举措和新进展，校园文化建设显现自身特色，教育教学质量稳中有升。2017 年高职单招，43 名学生参加考试，专科上线率 100%，计算机专业 1 名学生考取本科院校。

【创新办学模式】 2017 年，县职业中学强化校际、校企交流与合作，与福建商贸学校、厦门市集美职业技术学校、三明工贸学校、厦门金旸有限公司签订对口帮扶协议书，采用“1+1+1”或“1+2”等办学模式进行联合招生。根据企业需求，合理设置专业课程，合作办学，达到资源互补，降低培养成本。集美职校与三明工贸学校与县职业高中校进行专业人才培养方案、教学标准、课程标准和信息化教学等资源共享，指导县职业高中重点开展汽车应用与维修、电子商务、饭店服务与管理等专业建设。

【教师培训】 2017 年，县职业中学组织教研室同志到大田、明溪学习教研经验和成果，派出 31 名教师参加市级以上学习培训，多名教师参加县级培训，两次组织相关学科教师到三明一中参加教学开放周活动；先后邀请三明市“聂国先名师工作室”和“彭佩烘名师工作室”名师到校讲学，拓宽教师视野，增长教师才能。成立名师工作室，加强名师工作研究与交流。

【教学研究】 2017 年，县职业中学各教研组围绕教研专题开展听课评课活动，探讨教材教法和教改问题，促进教学交流。开展校级公开课、说课、讲座 95 节次，并成功举办县级教学开放周，开课 16 节，讲座 1 次。5 月，举办优质观摩课竞赛。3 名教师在市级观摩课竞赛中获一等奖；2 名获二等奖；1 名老师在学校优质观摩课竞赛中获一等奖。有 7 名教师论文在 CN 刊物发表，5 名教师论文在省级刊物获奖汇编；2 个县级课题已结题，又 2 个课题获县级立项。申报市级和省级立项课题各 1 个。

【加强学生德育工作】 2017 年，县职业中学完善和落实《分年段德育目标和实施方案》，以“五个一”活动为主线，紧扣德育教育“一月一主题”，开展爱国主义、集体主义、理想、前途和习惯养成教育。组织高一新生进行军训，增强学生体能，强化军风军纪教育；利用班会课，对学生全面进行思想、纪律和劳动、消防、交通、游泳等方面的安全教育。召开主题班会，培养学生尊师守纪、爱国守法、勤奋进取的良好道德情操。

【学生技能训练与培养】 2017 年，县职业中学组织 14 个队 58 人参加省、市各项技能大赛，获市级一等奖 1 人（中餐面点），二等奖 5 人（素描 2 人、声乐 1 人、软笔书法 1 人、西餐热菜 1 人），三等奖 20 人（中餐面点 1 人、会计手工 3 人、税务技能 2 人、客房中式铺床 2 人、中餐宴会摆台 2 人、西餐热菜 2 人、手工剪纸 2 人、素描 1 人、硬笔书法 3 人、演讲 2 人）。税务技能赛获团体第二名，个人分获二等奖和三等奖各 1 人。在省级技能竞赛中，西餐烹饪 1 人获三等奖，8 人优秀奖。

【丰富校园文化生活】 2017 年清明节，县职业中学组织团员青年前往凤翔山“祭扫烈士陵园”，聆听老红军的报告，了解清流革命斗史，接受革命传统教育；结合“五一”“五四”、国庆等重大节日开文体活动。以“放飞青春梦想，弘扬工匠精神”为主题，举办第十七届校园文化艺术节。在师生中开展网络禁毒和禁止网络售烟教育。

【平安校园建设】 2017年，县职业中学举行第22个“全国中小学安全教育日”启动仪式和防踩踏、防暴恐专项教育活动，提高师生安全意识和自我防范能力。学校实行上学、放学迎送制度，学校每天安排4-5位行政值班，严格检查、登记，加强巡查，确保学校正常教学秩序。开展学生文明宿舍评比。

【就业和培训】 2017年，县职业中学通过召开校企合作暨就业供需见面会，为学生提供就业岗位1000余个，安排近20名学生到泉州世贸大酒店和县东莹化工有限公司实习。开展各类培训，为大众创业、万众创新服务。该学年，举办“SYB创业”培训4期119人；与县农业局共同举办新型农民培训，受训275人，“雨露”计划培训45人。

【基础设施建设】 2017年，县职业中学投入95万元，改造修缮塑胶运动场；投入6.20万元，购买监控和电脑设备；投入5万元，改造食堂设施；投入60多万元，改造装修学员宿舍；投入36.20万元，新建录播教室；投入18.20万元，新建音乐室和舞蹈室；投入50万元，配备办公教学电脑和新建云机房1个。

供　稿：教育局

民办教育

【概况】 2017年6月21日，县教育局通过与福州金桥学校多次磋商，与福州金桥学校签订合作办学协议，利用清流二中校园兴办民办高中，发展特长教育，并带动当地义务教育发展，正式定名为清流金桥学校，为清流县第一所也是唯一一所民办学校。

【办学规模】 2017年，福州金桥学校实行全封闭管理，有固定专职教师5名，流动专职教师6名，生管3名。设高一1个班，高二2个班，2017年秋季招生68名。该校先后投入200余万元，修缮校舍，添置空调及多媒体教学设备等，改善办学条件。

供　稿：教育局

电大教育

【概况】 2017年，县电大工作站推进电大开放教育改革，强化优质高效服务师生，确保教育教学各项工作稳步发展，打造清流县成人教育品牌。被三明电大评为招生工作先进单位和教学管理工作先进单位。被福建广播电视大学评为招生工作先进集体。

【师资队伍建设】 2017年，县电大工作站新增教师2人，调整和充实外聘教师队伍，有专职教师8人，兼职教师16人。

【招生工作】 2017年，县电大工作站深入企事业单位、农村基层、厂矿了解急需专业，调整招生政策，做到全年招生，做好预约登记，鼓励电大专科毕业生升读本科。做好奥鹏网络教育招生工作，开办非学历教育，拓宽办学路子。年内，招生331人，其中春季招生185人，秋季招生146人。在校生726人，其中开放教育479人，奥鹏远程教育247人。

【提升教学质量】 2017年，县电大工作站做好每学期面授课程教学安排，组织学生参加直播课堂和网上讨论等网上教学活动。鼓励教师进行课程教学模式改革，做好个性化学习支持服务。组织学生开展小组学习活动，专业主任指导检查并做好记录。规范形成性考核和课程实践教学。做好本、专科毕业论文选题申报、撰写、修改、定稿及本科毕业论文答辩等每一个环节。

【教学管理】 2017年，县电大工作站制定电大各项工作规范操作规程，不定期进行检查监督，发现问题要求立即整改。更新、充实电大在线教学资源，加强教学支持服务。要求教师以学生为主体，科学进行教学改革，做好各种教学支持服务工作，抓好教学质量监控。

撰　稿：叶金华

9月9日，清流金桥学校举行开办挂牌仪式（县教育局提供）

教师进修

【加强教研员业务学习】 2017年，县教师进修学校组织教研员分别赴福州、厦门、三明、泉州、漳州、平潭、南平等地参加省级培训、教学观摩研讨会、课题研讨会议，学习课改先进地区经验，了解课改新动态、新方向、新信息，促进教研员业务素质提升。

【开展师资培训】 2017年，县教师进修学校以“强师德、提素养，培养高素质教师队伍”为目标，采用“走出去、请进来和自我开发课程”培训模式，组织四批教师到外地培训学习，聘请19位省、市、县外专家、学者到县进修学校讲学。组织师资培训28场次，培训3053余人次。

全员培训。8月，校组织教研员20余人对全县中小学教师进行政治理论培训。2016年8月至2017年2月对中小学教师进行信息技术能力提升工程培训。

教师队伍建设专项培训。4月组织全县体育教师进行足球培训，参训人数46人。3—6月，组织13批次24名教研员和骨干教师参加福建省县区教研员、优秀骨干教师助力成长及跨省教改试验区交流培训。7月组织校（园）长32人及部分教研员，前往北京师大学习培训。组织分管德育的副校长、德育室主任46人前往西南师大培训。与实验中学联合举办现代家庭教育指导专题培训，参训人数32人。8月组织分管教学的副校长、教务主任50人前往宁波教育学院学习培训。9月25—30日，组织新教师岗前培训53人，举办县中小学毒品预防教育培训。10月组织县级立项课题负责人培训36人。3月、10月开展心理健康教师专项培训，参训人数52人。

学科专业提升培训。4月，举办初中毕业班学科工作会议培训，

3月30—31日，2017年三明市小学英语（闽教版）优质课评比暨教学观摩研训活动在清流县实验小学举行（县教育局提供）

9个学科，200余人参加。10月，举办小学数学学科教师培训，参训人数48人。10月28日，举办2017年清流县学科带头人及骨干教师培养对象培训班，参训316人。12月，举办初中化学学科培训，培训人数15人，举办初中道德与法治学科培训，培训人数32人。5月、12月，举办义务教育音乐、美术教学质量监测专题研训活动，参训33人。此外，举办小学语文、小学道德与法治、小学科学教材等培训。

【基地校课改开放周活动】 2017年，县教师进修学校中小学教研室和基地校一起共同抓好课改开放周活动，发挥课改基地校的示范作用，探讨新课程课堂教学模式的创新。12月6日，小学教研室与实验幼儿园举办教学开放活动，各乡镇和私立幼儿园60余人参加，教师们进行听课、听讲座、评课研讨活动。12月6—7日在实验小学承办三明市第三片区主题为“把握教材特点，优化教学结构，提高语文素养”的教学研训活动，教研员讲座2场，观摩课2节，参加人员90余人。中学教研室于2017年12月26—29日，在城关中学开展为期4天的清流县2017—2018学年上学期初中教学开放周暨精品教学研讨活动。活动采用同课异构，教学讲座与教学研讨等形式，开设语文、数学、英语、物理、音乐等五个学科共计15节公开课和5个教学讲座。城关中学、实验中学、长校中学、嵩口中学和清流二中等五校近180名教师参与了此次活动。

【教学常规管理】 2017年5月31日至6月8日，县教师进修学校组织教研员分四组深入到全县各小学校进行教学常规管理检查。通过查阅有关材料、随堂听课、个别访谈、集中反馈等形式，对各学校教学常规管理情况进行全面检查，听评课60多节，查阅教案、作业、手册420余本，召开反馈、座谈会15场。

【学科专题校本教研】 2017年，县教师进修学校继续实施以学科专题引领的校本教研制度，按照“专题引领，片区轮动；常态实施，协作攻关”原则，将全县13所中心小学（校）分成三个片区，根据“一片区一学期一专题”校本教研要求，组织三个片区学校完成语文、数学、英语、附设幼儿园各专题实践研究。

【组织城区学校送教下乡】 2017年，县教师进修学校利用城区校优质的教师资源，落实城区校优秀教师支持农村教育长效机制，发挥城区校优秀教师引领和辐射作用，通过现场观摩、当堂点评、专题讲座等系列教学活动，以点带面，改变乡镇学校教师教育教学观念，提高课堂教学水平，全面提升农村教师队伍整体素质。

【基础教育课题研究】 2017年5月，县教师进修学校组织专家组对各校上送的39项课题进行评审，立项县级课题27项，上送申报市级课题12项，其中5项课题获市级立项。2017年6月，对2015年立项的36项课题和2014年延期的1项课题进行结题验收。

【举办教师比武竞赛】 2017年3月，县教师进修学校举办小学英语、数学优质课评选，各评出一等奖2名，二等奖3名。同月，承办三明市小学英语（闽教版）优质课评选暨教学观摩研训活动，受训教师86人，评出市级一等奖2名，二等奖3名。县实小陈燕老师获市一等奖。4月，开展思品学科优质课评选，参赛教师5人，评出一等奖2名，二等奖3名。

【教学质量监控】 2017年，县教师进修学校组织好中小学期中、期末和毕业班质检工作。6月，联合明溪、大田两县，进行期末质检试卷统一命题。重视考查学生基础知识和基本技能的学习，以及分析问题、解决问题的能力。协助县教育局开好质量分析会。

【毕业班教学指导、帮扶】 2017年5月，县教师进修学校召开全县初中毕业班各学科会议、质量分析会议，总复习经验交流会议，对毕业班教学工作进行指导。下学期分别到长校、二中、三中、城关中学、实验中学等基层学校调研，听评课90多节次，参加教研组、备课组活动几十余次。根据毕业班质检情况列出薄弱校的名单、科目，和教育局一道组织相关学科的教研员以及一线的优秀教师到学校进行教学帮扶。 根据2017年县毕业班学生参与三明市毕业班质量检测结果，毕业班教研员，深入城区两所中学课堂听、评课，分析存在问题，制定解决问题方案。建议毕业班教师要立足考纲，夯实基础；关注核心素养，提高应用能力；加强训练，规范答题。

【组建县中小学教学名师工作室】 2017年，县教师进修学校中研室协助教育局在全县各中小学（幼儿园）、教师进修学校组建涵盖中小学各学科的“中小学教学名师工作室”27个。

撰　稿：杨兆椿

绿野彩虹（林旭煌摄，2017年）

科技 文化 体育

科学技术

综　　述

【概况】 2017年，县科技局贯彻中央科技创新工作会议精神和全省科技和知识产权工作会议精神，实施创新驱动发展战略，提高科技服务水平，以发展高新技术企业为主攻方向，着力推进区域创新体系建设、技术创新和科技成果转化，各项工作取得显著成效。全年兑现2016年度专利奖励59.48万元；高新技术企业奖励2家、20万元；配套奖励2016年度三明市科技进步三等奖2项、4万元。帮助小微企业申请市级专利发展专项资金15.35万元，市级高新技术企业认定补助资金40万元，科技成果购买补助资金1.7万元。

【科技创新】 2017年，县科技局帮助诺德生物科技、松燕木业2家企业成功申报高新技术企业。年内，列入省级科技小巨人领军企业培育2家，通过省科技型企业备案2家。鑫磁线圈制品有限公司被授予“市级企业工程技术研究中心”。

【大众创业、万众创新】 2017年，县唐人豆众创空间的“土地全托管、半托管商业经营模式”项目在第六届中国创新创业大赛（福建·三明赛区）暨第二届三明市创新创业大赛复赛中获优秀奖。帮助众创空间争取2016年度市级财政补助资金45.39万元、2017年众创空间市级绩效奖励资金30万元。

【科技项目申报】 2017年，县科技局组织全县申报市级以上科技项目4个，其中大丰山禽业申报省星火科技计划项目“复合微生态制剂在蛋鸡集约化健康养殖中的应用”，展化化工申报省区域发展项目“过硫酸钠生产废气循环利用技术”、省科技成果购买补助项目“过硫酸钾生产技术秘密转让”，益晟农林公司申报市级科技项目“野鸦椿快繁技术研究与示范”。帮助春舞枝、捷鸿家俱、苏福茶叶3家公司成功申报省级科技创新券（“创新券”是由政府向科技型中小企业和创新

3月12日，县气象局工作人员利用圩日到赖坊镇开展气象知识宣传（县气象局提供）

创业团队免费发放的权益凭证，用于补助科技企业、创客、省重大科研基础设施和大型科研仪器网络平台单位购买科技创新服务)。

【专利管理】 2017年，全县专利申请306件，占市下达任务122.49%；专利授权111件（其中发明专利3件)。

【知识产权保护】 2017年，县科技局联合市知识产权局开展专利执法检查行动，对县域大型超市进行检查，查获假冒专利产品20余件。

撰　稿：黄定秋

气　象

【概况】 2017年，县气象局贯彻落实省、市气象局长会议工作部署，围绕重点工作和任务，强化责任意识、主动意识，服务清流经济社会发展，较好地完成各项工作。全年未出现重大漏发、错发天气预报、灾害性天气警报情况。

【气象预报预警】 2017年，县气象局新增重点企业、乡村农技员等发布序列，拓宽预警信息覆盖面。全年发布预警短信189条，短信接收3.60万人次。重要天气预警报告36期，重要气象信息专报20期，短时强降水报告21期，气象灾害预警信号89期，下周天气40期，重要专题气象服务20期，灾情直报3期，气象、国土联合发布地质灾害气象风险预警2期。

【农业气象服务】 2017年，县气象局针对基层业务人员对农业气象知识较为匮乏，组织人员现场学习了解烟叶、葡萄、花卉等作物的种植环境，与烟草部门、花卉种植企业、大户、各种合作社面对面交流，了解需求。与县农业局、国土局、县烟草公司建立合作机制，共同做好为农服务专题气象服务。全年发布农业专题气象服务20期。

【人工影响天气作业】 2017年3月，县气象局组织全县各乡镇人工影响天气作业人员40余人参加培训，通过现场实际操作考核，提高作业人员作业水平。全县取得人工影响天气指挥资格人员7人，作业操作员62人，通过安全等级评定作业点20个。年内开展人工防雹作业12次，发射人工影响天气火箭弹91枚。

撰　稿：常志岗

防震减灾

【防震减灾宣传】 2017年5月8—14日，县科技局在全县开展主题为“减轻社区灾害风险，提升基层减灾能力”的防震减灾宣传活动。5月8日上午，县减灾委牵头，组织县科技局等相关部门在人民广场举办宣传活动，通过在人民广场摆放展板、悬挂横幅、发放地震科普读物和宣传品，设咨询台等方式进行现场宣传与咨询答疑。5月10日，县地震办深入凤翔社区开展防震减灾科普宣传，响应“平安中国梦舟起航　防灾文化电影节”活动，为社区居民播放故事片《逃出生天》。并在广场人口集聚区悬挂横幅，摆放展板，发送《防震减灾知识宝典》书本和宣传彩页等方式，广泛宣传防震减灾的基本知识和自救互救技能和应对突发事件处置方法措施。

【防震减灾演练】 2017年3月第10个福建省学校安全教育周，“5·12”防震减灾日、“11·9”消防安全日，县科技局地震办组织县实验幼儿园、城关中学、长校中心小学等中小学校开展防震减灾宣传教育和防震减灾疏散逃生演练，增强全体师生防震减灾意识，提高师生防范、抵御各类自然灾害和紧急逃生、自我保护的能力。

【创建省地震安全示范社区】 2017年，县科技局按照《福建省地震安全示范社区创建工作标准（暂行)》和《福建省地震安全示范社区创建工作任务》的各项要求，开展省级地震安全示范社区创建活动。凤翔社区位于清流城区西面，总面积约2.40平方千米，有居民1536户，2017年户籍人口4578人。下辖电力小区、龙郡首府、九龙明珠、怡景书苑等新建小区，所有建筑物均达到抗震烈度6°的标准，辖区内

5月10日，在龙津广场开展第九个防灾减灾日公益电影放映活动（杨　颖摄）

医疗服务网点、大型商场、应急物资储备等公共配套设施齐全，县地震应急避难场所——清流县职业高级中学位于该区，占地面积10000平方米，是一个Ⅲ类应急避难场所，场所各应急配套设施按标准配置，地形宽广，易于疏散。凤翔社区制订并落实创建地震安全示范社区实施方案，建立凤翔社区地震应急预案、地震应急工作制度、震情值班制度、社区应急电话通讯录、震情信息报知和报送制度，完善地震灾情速报员网络，同时与超市、医疗机构建立共建机制，有地震应急物资储备室，配备配全应急物资。组建39人的社区地震应急志愿者队伍。加强"三网一员"防震减灾队伍建设。年内，县地震办联合县消防大队、地震应急志愿者、龙津镇凤翔社区工作人员在社区辖区内开展地震应急演练1次。组织社区干部、工作人员、居民参加凤翔社区组织的防震减灾知识讲座5课时。全年向社区居民发放防震减灾宣传画册1200份、书籍220册。利用科技•人才活动周、"5•12"防灾减灾日、"7•28"唐山大地震纪念日、全国科普日和国际减灾日等节日，通过展板图片展示、播放防震减灾影像视频、分发防震减灾宣传资料图册等形式，在社区开展形式多样的防震减灾科普宣传工作。在社区建立防震减灾知识宣传栏、防震减灾图书角、防震减灾阅览室等，方便居民随时了解防震减灾知识。开展防震减灾知识进校园活动，在辖区学校定期开展防震减灾知识讲座，提高广大师生防灾减灾意识。通过省地震局审核认定，凤翔社区达到国家级地震安全社区的标准，12月，被授于"国家地震安全示范社区"。

撰 稿：黄定秋

公共文化

【概况】 2017年，全县有公共文化服务单位141个，其中县级文化单位9个（文化馆、图书馆、博物馆、客家文化博物馆、少年儿童业余体校、广播电视发射台、影剧院、农村电影放映队、清流广电网络公司），乡镇综合文化站13个，农家书屋119个。正常开展活动的民间业余综合文艺团队68支，总人数2800余人。年内，县文体广电出版局在创建国家级公共文化服务体系示范区、图书管理、文化市场管理、物质与非物质文化遗产保护等方面取得成效。清流县被授予三明市"创建国家公共文化服务体系示范区先进集体"称号。在"舞动中国——排舞联赛"福建赛区比赛中，清流选手获幼儿组、小学组团体总分两个第一名，幼儿组（大集体）规定、串烧、自选曲目三个第一名和小学乙组（大集体、小集体）规定、自选、串烧曲目3个第一名。

【文艺活动】 2017年，县文体广电出版局举办及协助各部门举办春节团拜会、正月正民间戏曲展演、元宵文艺晚会、"五一"工会文化大集进园区慰问演出、"喜迎党的十九大 建设幸福新清流"——越剧专场文艺晚会、"圆明重光"圆明园文化巡展等各类文艺演出、活动30场。深入龙津镇、李家乡、嵩口镇等12个行政村开展《中华人民共和国公共文化服务保障法》宣传活动；至各乡镇开展喜迎（贯彻）十九大"半台戏"公共文化服务配送下乡巡演35场；组织人员到李家、龙津等乡镇开展文化、卫生、科技"三下乡"集中服务活动。大提琴日常教学工作正常开展，有教学班8个，学员110人。

【文化产业项目】 2017年，县文体广电出版局完成毛泽东旧居项目景区道路、安防中心建设和室内布展任务，红军夜校、红军烈士墓维修工程完成。毛泽东旧居纪念馆日常接待工作正常开展，全年接待游客6.10万人次。中华桂花文化园申报第十一批省级文化产业示范基地和小微文化企业"双创"扶持资金工作已通过省有关部门审核。

【文化市场管理】 2017年，县文体广电出版局完成开展"清源""固边""净网""护苗""秋风"（"清源"专项行动内容包括严厉查处盗版盗印违规行为，清理整顿无证经营和夹杂经营书报刊网店；固边"专项行动重点是加强对交通运输和邮政寄递环节的治理，堵塞管理漏洞；"净网"专项行动则是将网上"扫黄打非"纳入公安、经信、文化市场综合执法、互联网管理办、电信部门互联网监测平台，对网站等实行动态有效监管；"护苗"专项行动以中小学校园周边为重点，集中整治校园周边出版物市场，引导少年儿童自觉远离和抵制有害出版物及信息。"秋风"专项行动主要是督促重点电商加强网上售书店铺的审查清理，清查各类非法报刊采编机构和非法互联网报刊）五大专项行动，全年派出执法人员945人次，检查文化经营场所315家次，其中网吧120家次，歌舞娱乐场所164家次，印刷业38家次，书报刊12家次，艺术品经营24家次，接到举报1起。收缴非法音像制品150张（盘）、非法书刊267本（册）、非法卫星电视广播地面接收设施17套。拓展"扫黄打非"进乡村、社区、企业、学校等基层领域。

【文化遗产保护】 2017年，清流县拥有国家级历史文化名镇1个，省级传统村落1个，市级古迹名村9个，省级文物保护单位10处21个点，县级文物保护单位41个。林畲红军史迹群（毛泽东旧居、红军夜校、红军医院）、里田罗氏家庙（罗炳辉旧居）、长校红军旧址

2017年6月13日，“邯郸、泉州、三明”三地非遗走进清流展演活动在清流影剧院举行（杨 颖摄）

群（长校红三十四师101团部旧址、红军医院旧址）被列入三明市第一批红色文化遗址名录。东坑建筑群、南山宗祠建筑、长校红军旧址群3处18个点成功申报为第九批省级文物保护单位。县文体广电出版局完成省级文物保护单位嵩溪镇“青州巫庄公屋”全面修缮。实施省级文物保护单位集中成片传统村落保护利用项目，投入资金350万元，完成赖氏宗祠、迎熏宅等5处赖坊古民居修缮。

【非物质文化遗产保护】 2017年，县文体广电出版局做好清流县国家客家文化（闽西）生态保护实验区规划和建设工作，深入嵩溪等乡镇开展非遗项目调研，收集整理非遗文字资料。完成第四批省级非物质文化遗产代表性项目和代表性传承人申报工作。完成赖坊欧阳真仙、长校拔龙、龙津三角戏申报省级非物质文化遗产的材料准备工作。开展非遗进校园宣传活动6场次，承办大型非遗宣传展演活动2场次。

【图书管理】 2017年，县文体广电出版局加强馆藏建设，全年外借图书8.97万册（次），新增电子图书3000册，到馆9万人（次）。完成全国公共图书馆第六次评估申报。拓展阅读模式，引进歌德电子书借阅机，开展数字阅读推广。开展“幸福清流·文化惠民”“亲亲宝贝”亲子系列等“全民阅读”推广活动，全年开展各项读者活动82场，下基层业务辅导7次。

【农村电影放映】 2017年，县文体广电出版局实施农村电影放映“2131工程”，全年放映农村电影1338.60场，其中商业片701场，观影人数4.55万人。对符合条件的25名农村电影老放映员发放生活补助。在全县111个行政村开展“禁毒影片进百村”宣传活动，放映禁毒宣传片111场。

撰 稿：张丽洪

广播 电视

【概况】 2017年，县广播电视台围绕县委、县政府工作中心，坚持正面宣传为主的新闻宣传工作方针，努力提高广播电视节目质量和舆论引导水平，确保安全播出。改进会议报道，增加社会新闻份额，贴近民生，贴近百姓、贴近生活；坚持走群众路线，把新闻镜头更多地对准老百姓身边的人和事，宣传干部敬业奉献精神，宣传奋战一线的同志们，为“幸福清流”建设聚集“正能量”。以“活动带节目”，结合清流县各个阶段的旅游宣传及庙会活动，深入景区、村庄，把老百姓自编自演的歌舞等节目搬上荧屏，展现老百姓自娱自乐，健康向上的精神风貌。广播电视新闻宣传工作获得好成绩。专题片《清流酿酒师》获三明广播电视新闻奖电视类二等奖；广播消息《成都花木交易所清流兰花正式上市交易》《清风热线808》获三明广播电视新闻奖广播类三等奖；《清流新闻》获三明市播音、主持作品奖三等奖。全年推送微信178期，新闻1330余条，年度推送新闻总点击41.46万次，比2016年增长28.10%。其中，福建省全民健身百村行（清流长校站）暨因“果”随缘客家祖山行活动，相关新闻推送点击率2.35万次。环中央苏区，全民健身骑游文化节暨全国山地自行车赛相关推送点击率2.13万次，清流首届生态湿地露营骑游大会系列活动推送点击率1.34万次。

【对内宣传】 2017年，县广播电视台做好中央省市文件精神宣传以及五比五晒、项目建设、“6·18”第十五届中国·海峡项目成果交易会、“9·8”厦门国际投资贸易洽谈会、“11·6”第十三届海峡两岸（三明）林业博览会暨投资贸易洽谈会、“创省级文明县城”等县委、县政府中心工作和招商引资等重大新闻策划报道的基础上，突出“幸福清流”宣传主题，制作党建专题片《习总书记嘱托记心间 老区人民谱新篇》及《春风化雨育桃李 润物无声谱新篇》《缤纷水果来“相会”》《清流县规范提升农村基层组织建设专题》《投资兴业福地 宜居幸福清流》《凝神聚力 建设平安幸福新清流》《我在清流等你来》等专题片；特别节目《清流酿酒师》《山区小城的国家级展览》；开辟《五比五晒》《马上就办，真抓实干》《精准扶贫摆脱贫困》《最美劳动者》《争创先锋党旗红》《环保督察》《最美教师》《电商快车道》《2017·心愿》《回眸2016》等栏目。全年《清流新闻》节目播发新闻1276条，全方位报道清流县“五比五晒”项目竞赛进展情况及全县经济社会发展情况。

【对外宣传】 2017年，县广播电视台注重宣传策划和节目创新，及时准确了解县委、县政府各个时期的重大决策、部署，明确和把握各时期的宣传报道方向和重点。及时策划、采写与之相关题材的新闻报道上传到省、市新闻媒体。邀请央视及省市电视台对清流县经济社会发展进行专题报道，年内，中央电视台编导、记者先后4批次到清流采访，是历年来央视到清流县采访并播出节目最多的一年。央视七套介绍地方旅游经济为主要内容的栏目《美丽中国乡村行》栏目组走进清流采访，并于1月18日、19日，在其栏目《两岸乡味》分别播出《大山之恋》《炊烟入梦》两集，通过主持人品味健康美食方式，向全国观众推介最具清流特色的乡村旅游资源。在福建东南卫视福建卫视新闻播出《砥砺奋进的五年 清流：脱贫致富，生活像花儿一样》《清流：因人施策贫困户脱贫找对“路”》。福建公共频道农村新闻联播《清流：光伏扶贫，让贫困户有了“阳光”收入》《清流：多策并举，打好脱贫攻坚“组合拳”》《清流：领良种备春耕盼丰收》《清流：“明前茶”飘香 茶农采茶忙》《清流：修好河堤 让村民睡上安稳觉》《清流：以虫治虫 防治深林虫害》《误打误撞“撞出”猕猴桃大市场》《开发与保护并重 修缮七处古民居》等新闻92条，市电视台播出《清流：落实本届“6·18”对接项目62项》《清流县：志愿者义务清理公园垃圾》《清流：菜单式扶贫精准施策扶持实效》《清流：因人施策贫困户脱贫找对“路”》《清流浦梅铁路（清流段）完成投资1.40亿元》《群众身边好党员——黄小清：风雨无阻用爱诠释责任》《清流：6.86亿元重大项目集中开竣工》等新闻240多条，清流新闻播出本县各类新闻1276条。

【保障安全播出】 2017年，县广播电视台先后投入近10万元，新上非线性编辑机2台、48T多媒体资源管理器1台，并把虚拟系统升级为高清，为广播电视安全播提供基本保障。与广电网络公司合作并签订协议，实行24小时轮流值班消防安全值班制度，值班人员每日巡查2次，并做好巡查记录。在重大活动、节日长假前、敏感时期，加强安全消防检查，对检查中发现隐患的问题，限期整改。加强与县综治办、公安部门、供电等部门沟通，建立联动机制，加强广播电视监测工作。

【农村广播工作】 2017年，县广播电视台做好农村有线广播“村村响”县、乡、村三级联播联控等工作，新增中央、省、市3套调频广播节目。

撰　稿：雷平生

图书发行

【概况】 2017年，福建新华发行（集团）有限责任公司清流分公司履行“为读者找好书，为好书找读者”的服务宗旨，做好优秀出版物的发行工作，开展“书香”活动，致力于实现“一个好书店温暖一座城市”，在提高发展质量和效益上有新突破。全年实现码洋销售收入715.62万元，超预算105.55%。其中，教材教辅销售码洋491.71万元，一般图书销售168.52万元，多元产品销售55.39万元。实现利润32.41万元，占全年预算104.38%。

【教材教辅征订】 2017年，福建新华发行（集团）有限责任公司清流分公司发行目录内教材教辅满足学校需要，教师用书品种增加，大中专教材有新突破，幼儿教材稳中有升，确保课前到书。第24届爱国主义读书活动用书征订学生人手一册，码洋11万元；《高中会考纲要》征订码洋6万元；《高中语文阅读与训练》销售6万元。职业高中中专教材征订4.80万元。幼儿园《幼儿活动操作材料》征订做到人手一册，码洋37万元。

【政治书籍发行】 2017年，福建新华发行（集团）有限责任公司清流分公司销售《青山绿水忆英魂》1605本，完成任务268%，销售码洋2.57万元。《全面从严治党面对面》销售720本，完成任务的120%，码洋1.43万元；《中央党内法规和规范性文件汇编》征订60套，完成任务113%，码洋1.80万元；征订《十九大报告》3770册，完成135%。新《党章》5500册，完成122%。《十九大文件辅导读本》980册，完成163%，《十九大文件文件汇编》860册，完成156%。合计销售码洋9.20万元。十九大书籍随到随送，及时满足全县党员干部学习需要。年内各类政治书籍发行25万元，创历史新高。

【一般书馆配】 2017年4月，在福州“世界读书日——海峡读者节”馆配会上，县一中、总工会、县职业中学、县城关中学合计征订各类图书10万元。福建新华发行（集团）有限责任公司清流分公司通过公开招投标方式，以77折中标清流一中馆配图书，码洋75万元。以50折中标城关小学馆配图书码洋72万元。

【拓展多元产业】 2017年，福建新华发行（集团）有限责任公司清流分公司完成多元业务55.39万元。其中，推销“莫言”牌复印纸、一体机纸500件，码洋10万元；

电教产品销售 20 万元。通过公开招投标方式，中标清流县城关小学多功能教室及图书馆设备，中标价 87.50 万元。保质保量按时做好配货、安装、验收、结算工作，使城关小学成为新华书店教育装备市场的品牌示范。

【团购业务】 2017 年，福建新华发行（集团）有限责任公司清流分公司重视单位团购和招投标工作，成立团购部，配备专门团购人员，实行联销计奖考核管理办法，员工每人年销售一般图书任务 1.20 万元，多元产品任务 8000 元，员工任务同工资奖金挂钩。全年员工团购销售 50 万元。

【“书香”校园建设】 2017 年，福建新华发行（集团）有限责任公司清流分公司邀请“晓玲叮当”（李晓玲）走进城关 2 所学校举办讲座，与学生互动，销售图书 0.80 万元。实验小学征订《快乐语文》学生近 600 人，销售额 2.30 万元。

【发行网点建设】 2017 年，清流一中校园书店 8 月底完工。该卖场营业面积 80 平方米，仓库 30 平方米，投资 8 万元。9 月初校园书店开业，仅 3 个余月，一般图书和目录外教辅销售近 13 万元。清流一中校园书店建设成为新华书香文化和校园特色文化相融合的当地文化标杆。福建新华发行（集团）有限责任公司清流分公司对中心门市卖场进行梳理，调整柜台货架，增设读者阅读区，购置阅读座椅，图书结构日趋合理。经常性开展主题营销活动，做好门市“三优”服务，勤进快销，促进一般书和多元产品销售有较大幅度增长。

撰　稿：上官鹏辉

档案管理

【概况】 2017 年，县档案局努力开拓创新，求真务实，推进档案数字化工程建设和“村档乡管”，为建设“宜居宜业幸福新清流”提供有效服务。全年接待档案查阅 720 余人次，提供档案 926 卷。

【改善馆藏档案资源结构】 2017 年，县档案局落实国家档案局相关文件精神，重新修订档案接收范围。改善馆藏结构，接收大量民生档案进馆，土地、林权、公证、婚姻等专门专业档案收集、整理更加规范，新农村建设及非公有制企业、社区、工业园区等新领域档案工作纳入县档案资源建设体系。从源头上加强对各种门类、载体档案资料的收集和管理，确保档案齐全完整，做到应归尽归，并按期移交进馆，全年接收档案 428 卷。

【提升档案服务水平】 2017 年，县档案局做好查档窗口建设，加强台账登记统计和利用实例记录整理。开发档案信息，挖掘馆藏、社会、民间资源，围绕县委、县政府中心工作打造服务亮点。围绕清流县开展红色旅游，为有关单位提供资料。加快馆藏保密到期档案的解密划控，安排专人进行划控鉴定。做好开放档案和政府公开信息的查阅利用工作，年内为群众解决退休工龄、社保缴纳、婚姻关系、亲属公证、山林确权等切身利益问题提供档案证明服务工作。

【确保档案安全】 2017 年，县档案局做好档案库房（室）的日常“八防”工作和档案安全检查工作，部分乡（镇）、县直单位（部门）按照“八防”要求建设档案库房（室），定期对档案进行检查，发现安全隐患立即解决。做好档案信息安全保密工作，制定档案网络与信息安全应急预案，开展应急演练与专项检查。做好数字档案存储与更新、数字档案和数据的在线与离线备份以及光盘、移动硬盘等离线备份介质的著录、检测与更新。执行国家档案局制定的《档案数字化外包安全管理规范》，做好信息系统、数字化外包等环节安全检查工作，确保档案信息安全。建立“微型消防站”，制定档案库房日常巡查制度及消防应急预案，组织全体干部和县消防大队消防员一起进行突发情况应急演练，增强干部应急处置能力。

【档案工作指导监督】 2017 年，县档案局及时向上对接，梳理行政权力和公共服务事项清单，推进档案依法行政，完善“双随机一公开”制度。将档案工作列入《清流县 2017 年度工作考评办法》。围绕县委县政府中心工作，跟踪做好“五比五晒”重点项目档案的监督、指导工作。会同相关部门，跟踪指导好土地确权登记颁证全过程档案的收集和整理，推动精准扶贫档案管理工作，开展美丽乡村示范村建档工作。加强对非公有制企业档案管理的监督指导，组织人员到县罗口煤矿、县优恩电力有限公司、东莹化工、高宝矿业、永福化工、展化化工等民营企业指导。全年指导监督机关事业单位档案工作 50 余家，企业 10 余家，并覆盖 13 个乡镇、111 个建置村和 8 个社区居委会。

【启动新档案馆建设】 2017 年，清流县综合档案馆建设项目列入国家中西部地区县级国家综合档案馆规划及“十三五”中央支持项目，中央补助档案馆馆舍建安工程费 439 万元到位。县委、县政府将档案新馆建设纳入 2017 年为民办实事的社会事业建设项目，下拨专项建设资金 500 万元。11 月 28 日，新档案馆建设项目开工。

【档案信息化建设】 2017 年 6 月，县档案局启动档案数字化二期工程公开招标工作，计划投入配套资金

5月12日，县档案局举办清流县2017年“村档乡管”业务培训会（县档案局提供）

26万元，扫描档案80万页，主要涉及利用率较高的民生档案。扫描完成后，可实现档案快速检索、全文阅览、打印输出一体化功能，为利用者查阅利用档案提供高效、便捷、准确的服务，提升档案服务社会、服务民生能力。

【推进“村档乡管”】 2017年，县档案局确定余朋乡为“村档乡管”试点，以点带面开展“村档乡管”工作，确保实现“一年试点、两年铺开、三年规范”工作目标。5月，举办“村档乡管”培训会，全县13个乡镇档案员和119个行政村（社区）共130余人参加培训。6—7月，在各乡镇举办“村档乡管”培训会。9月，将“村档乡管”工作列入县“2017年第二轮农村基层组织建设专项督导”工作重要督导内容，派出4名业务人员分别加入4个督导组，对全县13个乡镇，119个行政村进行全覆盖式督导。11月，在余朋乡召开全县“村档乡管”现场会，县委办、政府办组织对田源乡、灵地镇和里田乡等3个乡镇进行实地督查。各乡镇理顺乡村档案管理体制，加大硬件配套投入，推进档案业务开展。

【档案工作宣传】 2017年，县档案局向省、市、县主要宣传平台及《中国档案》《福建档案》《三明档案》等国家级、省、市专业报刊杂志上投稿，宣传清流档案工作新举措、新动态，稿件被《三明档案》采用？篇，全年撰写信息30余篇，发表20余篇。以“档案——我们共同的记忆”为主题，在县龙津广场举行“6·9国际档案日”集中宣传档案法律法规活动，通过播放电视字幕，悬挂宣传海报，发放宣传资料，举办主题征文活动及档案法律法规知识有奖竞赛活动等多种形式，面向社会大众传播档案文化知识，展现档案工作“记录历史、传承文明、服务社会、造福人民”的重要作用。借助档案信息网站、创立档案微信公众号等，增加群众咨询问答栏目，并定期更新群众较为关心的档案知识，宣传档案工作重要性，扩大档案宣传深度和广度。

撰　稿：宿　丽

党史研究

【概况】 2017年，县委党史研究室落实中央《关于加强和改进新形势下党史工作的意见》和省委《关于加强和改进新形势下党史工作的实施意见》及《三明市党史工作2016—2020规划》要求，围绕“存史、资政、育人、促发展”目标，各项工作取得明显成效。

【“中央红军村”建设】 2017年，县委党史研究室做好首批“中央红军村”的验收工作。归纳总结林畲乡林畲村被命名为“中央红军村”后发展情况，林畲村代表在第二批“中央红军村”命名大会上作交流发言。协助里田村制作第二批“中央红军村”申报材料、PPT。10月，里田乡里田村被命名为第二批“中央红军村”。

【保护与开发红色文化遗址】 2017年，县委党史研究室会同县委宣传部制定开展《三明市红色文化遗址保护管理办法》宣传活动方案，为各相关单位提供遗址资料。协助政协文史委进行“福建省红色文化遗址保护与开发利用”课题调研准备工作，撰写调研材料，提供清流县遗址遗迹保护开发情况。会同文体局编制《三明市红色旧址保护规划》（清流部分），将域内旧址进行分级认定，其中“诒燕第”毛泽东旧居等3处被认定为一级保护单位、罗炳辉旧居等3处被认定为二级保护单位。考证“诒燕第”毛泽东旧居等13个遗址点与古田会议旧址群等国家级文物保护单位的相关联系，出具史料证明。在里田锅蒙山纪念馆路旁树立朱德诗词、名言牌10处。

【党史挖掘及编纂修订】 2017年，县委党史研究室再次确定新民主主义革命时期相关人数。清流县参加红军人数6000人，游击队1900人，在册烈士234名、参加长征人数2850人，长征途中牺牲2800人，到达陕北并有史可查3人；摸底调查县域健在抗战老兵2人。继续完成《中国共产党清流历史》（1926—1949）的重新编纂工作，对初稿进行补充完善，增补1万余字。

【党史宣传教育】 2017年，县委党史研究室开展纪念建军90周年活动。于“八一”前夕，在龙津广场宣传栏张贴纪念建军90周年展板。组织清明、“七一”等节日期间专题党史教育活动，会同林畲、长校等乡镇党委政府，利用红色资源组织开展清明“继承先烈遗志 发扬革命传统”的教育活动。4月1日，在长校将军庙烈士纪念碑前，为长校镇、连城县四堡镇近千名小学生讲述革命历史。开学期间，为1300名初高中新生进行红色教育，普及清流革命历史。参与视频《英雄碑颂》拍摄，获喜迎十九大·全县职工经典诵读比赛二等奖。

【协助有关部门编纂工作】 2017年，县委党史研究室配合党工委编撰党员应知应会党史内容。协助地名普查办做好《清流县标准地名文化丛书》文稿的采编工作，深入4乡（镇）17村，提供文稿2万余字。

撰　稿：童文杰

8月27日，县委党史研究室工作人员到清流一中为新生宣讲清流苏区红色文化（县委党史研究室提供）

志鉴编纂

【概况】 2017年，县方志办坚持以“资政、存史、育人”为根本任务，发挥部门职能作用，贴近中心，服务现实，开拓创新，拓展方志工作领域，取得新成效。《清流县志（1991—2005）》进入出版印刷程序。完成《清流年鉴（2017）》编纂出版工作。继2016年《清流年鉴（2013）》获全国年鉴评比三等奖后，2017年更上层楼，《清流年鉴（2015）》获第四届全国地方志优秀成果（年鉴类）评比二等奖。

【县志编纂】 2017年7月初，县方志办根据市方志委终审意见，完成《清流县志（1991—2005）》终审稿修改。10月，完成终审稿审校工作，送交出版社审核。12月，完成《清流县志（1991—2005）》印刷招投标工作。

【年鉴工作】 2017年，县方志办根据形势变化，调整《清流年鉴》篇目和栏目设置，改进年鉴版面，提高编纂质量。《清流年鉴（2017）》注重在栏目“专记”中出新，抓住近年来清流在生态建设、美丽乡村建设、公共文化服务示范区建设、发展电子商务等方面工作亮点和突出成就，撰写专记4篇，使年鉴更富时代性，更贴近现实。

【旧志整理】 2017年，县方志办针对方志办旧志存量稀缺状况，在省方志委志书编辑处支持下，完成《清流县志》（明嘉靖，清康熙、道光，民国）4部旧志点校和排版工作，共110万字，其中，康熙版《清流县志》为首次点校出版，4部旧志已交由省方志委招标出版发行。

【《长校镇志》编修】 2017年，县方志办根据中国名镇志文化工程领导小组办公室专家审核意见，对《长校镇志》初稿作进一步修改补充。10月，召开《长校镇志》评审会，听取与会专家、学者对志稿的意见和建议，完善志稿，争取列入中国名镇志文化工程系列丛书出版。

【地情网站、资料室建设】 2017年10月，清流地情网——“清流县地方志网”正式上线。该网站链接在省方志委官网——福建省情资料库下的“福建省各市县方志网站”栏目下，设“清流新闻”“县情概览”“美食文化”“民俗风情”“文物名胜”“古今人物”“通知公告”等栏目，为社会各界了解清流、研究清流提供平台。县方志办继续开展与各省市及三明市、县兄弟单位的志书交换工作，充实资料室。资料室已有藏书4000余册，其中年内新增500册。

【服务县域发展】 2017年，县方志办接待前来查阅资料的各部门、学校工作人员以及群众和大学生10余批次，帮助查找、提供物产、姓氏源流、乡村历史、地理及民俗风情等方面资料及相关信息。开展党员进社区服务活动，“七一”前夕，向渔沧社区居委会赠送《清流县志》《清流年鉴》（2007卷至2016卷）《知

5月25日，省方志委志书编辑处处长凌文斌（右）到清流赖坊镇开展地情调查（曾嫦珊摄）

青在清流》《清流名产志》等志鉴及地情书籍60余本，普及地情知识。

【业务培训】 2017年，县方志办选派干部参加在三明、宁德、沙县等市、县举办的县志、年鉴业务培训5人次。注重以会代训，对业务工作中发现的问题和不足，进行现场点评和指导，共同提高业务工作水平。同时，要求全体干部增强政治敏感性，在年鉴和志稿编修过程中，捕捉、凸显清流县在建设、发展中践行十九大精神的亮点。干部在《福建史志》发表论文1篇，报送参与省志鉴研讨会论文1篇。

【地情资料收集编纂】 2017年，县方志办根据省方志委关于编纂出版《福建姓氏志》的相关要求，完成清流姓氏资料收集、整理、上报。根据省方志委关于开展“打造福建特色文化品牌的研究”课题的要求，收集清流县家风家训文化传承创新和品牌打造的相关资料上报。配合市方志委开展《志说三明》编纂工作，收集、整理、撰写“清流古八景”资料。参与市方志委《三明茶志》编纂工作，收集报送清流县茶叶品种及种植、生产等相关资料。参与全县地名普查工作，协助县地名办做好资料收集、整理和审核工作，并对提高地名普查工作质量提出意见和建议。参与县政协《清流客家美食》编写，多次下乡开展调研，撰写相关文章9篇报县政协。

撰　稿：钟淑珍

体　育

【概况】 2017年，县文体广电出版局继续抓好县体育中心一期（体育馆、设备用房）等大型项目工作，举办及协助举办“元旦”中小学生象棋锦标赛、“春节”象棋擂台赛、首届生态湿地露营骑游大会、“2017中国·福建·三明清流全民健身骑游文化节暨全国山地自行车赛”、庆“三·八”气排球比赛、“体彩杯”气排球比赛、“东莹杯”男子篮球赛等比赛20余场。获省体育局“参加第十三届全运会作出积极贡献”的通报表彰。

【全民健身与观光农业、旅游相结合】 2017年7月29日，由省体育局、省农业厅主办，省社会体育指导中心，三明市旅游局、体育局，清流县政府承办的福建省全民健身百村行（长校站）暨因“果”随缘客家祖山行活动在长校镇举行。此次活动以“清新福建　水韵清流”为主题，通过举办全民健身与旅游文化相结合的系列活动，打造地方特色文化，展示客家祖山灵台山的人文与自然风情，推动群众体育文化繁荣。活动协办方编排、组织了十番锣鼓、五经魁“双非遗”表演，以及灵台飞龙、太极拳、客家民俗表演；自行车骑行赛、“敲响平安钟”大赛，祖山迎客祝酒仪式，生态农业观光园趣味活动，天然生态农特产品展销；提供了风味独特的特色美食及清幽淡雅的素食。吸引游客1万余人赏、吃、购、游。8月6日，由县苏区长征健跑协会主办，里田乡党委、政府等单位协办的2017清流“新朗”杯全民健身跑暨水果采摘活动开启。清流、明溪、宁化三县150多名跑步爱好者参跑。此次健跑活动分两条线路，里田赛段为超半程跑，起始点为县政府广场至里田乡田坪村盆景葡萄基地，全程27千米。宁化县籍选手张贤友获第一名，用时2小时49分。清流县李日春和明溪县邱兴旺分获第二名和第三名。8月8日，由县全民健身领导小组主办，县委文明办、县总工会、县妇联、团县委、县残联、县老体协、县农体协协办，县委宣传部、县文体广电出版局、县体育总会承办的第九个“全民健身日”健身体育展示活动在清流县龙津广场隆重举行。县老体协、星娃艺术团、武术协会、太极拳协会等社会体育团体参加展示活动，表演健身气功八段锦、励志健身操、陈氏太极拳、柔力球等精彩节目12个。10月14—15日，由沙芜乡政府主办，县卫生和计划生育局、县旅游局、县文体广电出版局、团县委、县文明办协办的“健康·自在九龙湖”清流首届生态湿地露营骑游大会在九龙湖畔举行。来自江西、龙岩、三明等周边市县的户外骑行爱好者近400人参加活动。大会活动内容有混水摸鱼、沙滩排球、临湖垂钓、湖畔音乐会、篝火烧烤等，通过听九龙故事、探闽水奇险、越丛林溪涧、宿星光湖畔，亲临感受九龙湖的大气与神秘。

11月12日，“环中央苏区·2017中国·福建·清流全民健身骑游文化节”暨“全国山地自行车赛”在天芳悦潭鸣枪开赛。来自全国各地自行车车队的200名骑游爱好者参赛，赛事分5个组别进行，赛道30千米。经过激烈角逐，金招伟、叶龙腾、陈倩、左天琦、吴兴栋分别获得男子大龄组、男子青年组、女子组、体验组、男子公开组5个组冠军。

体育馆施工现场（杨 颖摄）

【体育中心建设】 2017年，清流县体育中心一期（体育馆、设备用房）主体建设完成，年内完成投资6000万元。投入资金500万元，建设灵地镇瑞云社区多功能运动场、翠园社区笼式足球场并投入使用。

【竞技体育】 2017年6月3—4日，县少年儿童业余体校组队参加三明市2017年少年儿童象棋锦标赛，获团体金牌2枚、银牌1枚；个人金牌3枚、银牌2枚、铜牌3枚。

6月15日，由省农业厅、省体育局、省农民体育协会主办的2017年福建省全民健身运动会首届农民健身操（舞）大赛在泉州市隆重举行，全省共9支代表队参加比赛。清流县代表队代表三明市参赛，在规定套路比赛中获一等奖，自选套路《山丹丹花开红艳艳》获三等奖。

6月17日，由国家体育总局体操管理中心、全国排舞广场舞推广中心主办，全国排舞广场舞推广中心福建省中心、泉州师范学院共同承办的“舞动中国·排舞联赛”（福建赛区）在泉州师院明德体育馆举行。有来自各专业院校、中学、小学、幼儿园以及单位社会团体的43支代表队，近600名运动员参加比赛。清流县文体广电出版局“星娃”艺术团派出运动员51人参加本次大赛，并取得优异成绩：获得幼儿组（大集体）规定曲目、串烧曲目、自选曲目三个第一名；获得小学乙组（大集体）规定曲目、自选曲目和小学乙组（小集体）串烧曲目三个第一名；获得幼儿组和小学组团体总分两个第一名；洪巧明获优秀教练员奖。在单人赛角逐中，“星娃”艺术团小朋友陈欣悦获幼儿组单人曲目第一名；陈俐萱、马菡攸分别获小学乙组单人曲目第二、三名；黄佳琪、陶婉翊获小学甲组单人曲目第二、三名。

少体校选送的田径运动员葛曼棋在2017全国田径冠军赛暨大奖赛上获女子200米冠军；中日韩田径对抗赛上获女子100米冠军及4×100米接力冠军；第十三届全国运动会上获4×100米接力金牌及女子200米铜牌。参加第十三届全国运动会，获女子4×100米接力金牌及女子200米铜牌。

【职工体育】 2017年4月16日，由县总工会、县文明办、县国税局、县地税局主办，县文体广电出版局、县体育总会协办的清流县“税改杯”气排球邀请赛在县青少年校外体育活动中心举行，共邀请城区企事业单位12支代表队参赛。经过一天32场角逐，县政法委代表队、县妇联代表队、县文明办代表队、县法院代表队依次获第一至第四名。

9月23—24日，县第六届“体彩杯”气排球赛在县青少年校外体育活动中心举行。有乡（镇）代表队12支、机关企事业单位代表队26支共300余人参赛，是清流县开展气排球运动有史以来参赛队伍最多的一次。经过为期两天100余场比赛，获乡镇组前六名的依次为嵩口镇、林畲乡、龙津镇、嵩溪镇、长校镇、沙芜乡代表队；获机关男子组前六名的依次为供电公司、教育系统二队、市场监督管理局、教育系统一队、林业局、地税局代表队；获机关女子组前六名的依次为教育系统、地税局、九龙溪林场、林业局、电信公司、烟草局代表队。

【学校体育】 2017年，少体校加强县中小学生田径、乒乓球、羽毛球、足球、篮球、跆拳道等项目的业余训练，为三明市少体校输送运动员2名。举办各类少年赛事，促进少年体育活动开展。其中，1月1日举办全县中小学生象棋比赛，4月8日，举办全县中小学生羽毛球、乒乓球选拔赛。4月15—16日，举办县小学生足球赛。6月10日，举办全县中学生男子篮球对抗赛。

组织中小学生运动员参加三明市少年儿童体育锦标赛。其中 4 月 21 日、28 日，三明市中小学生运动会武术锦标赛、乒乓球锦标赛，清流代表队分别获团体第五名、第六名。

5 月 12 日，参加三明市中小学生啦啦操联赛，清流代表队获小学组一项第一名，一项第六名；获中学组一项第二名。

6 月 3 日，三明市中小学生运动会象棋锦标赛，清流代表队获中学组团体总分第一名、小学高年级组团体总分第一、二名。

7 月 19 日，三明市中小学生运动会田径锦标赛清流代表队获小学组团体总分第一名，中学组团体总分第六名。

10 月 21—22 日　县教育局举办县第十六届中小学生运动会。全县 23 所中小学校的 32 支代表队，共 241 名运动员，参加田、径赛的 52 个单项比赛。运动会共决出单项冠、亚、季军 180 个和小学团体前 8 名，初中团体前 5 名，高中团体前 2 名，优秀组织奖和道德风尚奖各 1 名。

5 月 20 日，县老体协乒乓球分会举行夏季乒乓球友谊赛（县老体协提供）

【老年体育】　2017 年 5 月 16 日，县老体协门球分会“教育杯”门球赛在林业新村门球场举办，邀请教育、林业、卫生部门共 6 支退休职工队伍参赛，经过 1 天的角逐，教育一、二队分别获得第一、第二名，卫生一队获得第三名，林业一队获得四名，卫生二队获得第五名，林业二队获得第六名。

5 月 19—20 日，县老体协气排球分会在县老干局举办气排球比赛。共有 15 支男女赛队 90 余人参加。经过 2 天比赛，联队、电信公司、林业公司、地税队依次获得女子组前四名。供电局、一中联队、市场监督管理局依次获得男子组前三名。

5 月 20 日，县老体协乒乓球分会在青少年宫体育馆二楼举行夏季乒乓球友谊赛，比赛分 4 个组，共 60 人参赛，通过一天的比赛，B 黑桃队获得第一名，A 红桃队获得第二名，C 方块队获得第三名，D 梅花队获得第四名。

10 月 18 日，在县老体协门球场，举办喜迎十九大卫生“健康杯”门球赛。通过一天的砌磋，以实际行迎接党的十九大党代表大会胜利召开，参加本次比赛的有 6 个队，共有 36 人，林业 1 队获的第一名、林业 2 队获的第二名、教育 2 队获得第三名、卫生 1 队获得第四名、教育 1 队获得第五名、卫生 2 队获得第六名。

10 月 28 日，县老体协乒乓球分会举办重阳健身乒乓球赛。共有 34 人参赛。

【体彩销售】　2017 年，体育彩票销售额 1409.70 万元，其中电脑型彩票销售 1374 万元、即开型彩票销售 35.70 万元。

撰　稿：张丽洪

卫生和计划生育

综 述

【概况】 2017年，县卫生和计划生育局推行医药卫生体制改革，补齐医疗卫生短板，加强医卫服务能力。深化“平安医院”创建，落实医疗纠纷预防与处置“五位一体”工作机制。推进计生服务管理改革，全县出生人口政策符合率92.68%；出生人口性别比111.1，孕前免费优生健康检查556对，为目标人群数85.53%。全县拥有各级各类医疗卫生机构128个，其中县总医院、县中医院、县妇幼保健院、疾病预防控制中心、卫生计生监督所各1个、社区卫生服务中心1个、乡镇卫生院13个、村卫生所99个（由卫生院延伸设立的69个），个体诊所、医务室等其他医疗机构11个。全县开放床位647张，全县公立医疗卫生单位拥有各类卫生专业技术人员754人。

【卫生项目建设】 2017年，县妇幼保健院综合楼、疾控卫生监督综合楼和温郊、里田卫生院项目竣工并投入使用。县总医院医疗综合大楼项目完成方案设计、旧病房拆除、三通一平、地勘等前期工作，完成县总医院东院区改造，赖坊、灵地2个卫生院门诊病房综合楼主体封顶。县总医院及各分院共投入资金1587万元，引进1.5T核磁共振、彩超、脑立体定向仪等医疗设备。县卫生和计划生育局开展县乡中医药一体化管理工作，促进中医药医疗资源下沉，提高基层中医药服务水平，完成嵩溪、嵩口、长校中医馆建设并投入使用。

【医疗卫生服务】 2017年，县卫生和计划生育局启动家庭医生签约服务，全县签约率38.04%、重点人群签约率75.68%，建档立卡贫困人口和计生特殊家庭签约率100%。开展农村妇女、低保妇女免费宫颈癌、乳腺癌筛查，各完成目标任务1000例。

【公共卫生服务】 2017年，县卫生和计划生育局落实疫情报告制度，加强结核病防控、性病防治、慢性病管理、严重精神障碍患者管理，推进全人群死因监测，加强预防接种管理，开展免疫规划，儿童基础免疫接种率保持在95%以上。疾控监测范围全覆盖，对农村饮用水、城市用户水龙头水质、食品污染及有害因素和食源性疾病实行监测。加强公共场所卫生、生活饮用水卫生、学校卫生和医疗机构等的卫生监督，全年派出卫生监督员600余人次，监督检查670余户次，查处案件7起，罚没金额2.50万元。人均基本公共卫生服务项目补助标准提高到50元，向城乡居民免费提供14类基本公共卫生服务，通过省市基本公共卫生项目督导考核，在全市12个县区公共卫生2017年终督导考核中获第五名。爱国卫生运动以保障人民群众健康为目标，开展全民健康教育，普及卫生健康知识，动员全社会参与以清洁环境、创建卫生城镇、病媒生物防制、清除“四害”孳生为重点的环境卫生整治活动，常年开展公共场所及各单位卫生消杀工作，与110个单位签订消杀合同，全年消杀面积200余万平方米。巩固“省级卫生城市”荣誉称号，年内，全县创建省级卫生村8个、省级卫生社区1个。

【卫生应急工作】 2017年，县卫生和计划生育局按标准储备医疗救治设备、药品、消毒设备、防护物资等，时时保持应战状态；成立5类卫生应急专业组、44人，负责全县内突发公共卫生事件的应急处理工作和重大活动医疗保障工作；组织人员参加省、市卫生应急演练培训、技能竞赛，并在全县卫生系统开展一系列卫生应急培训演练活动。

6月28日，县总医院东院区揭牌（县卫生和计划生育局提供）

【医疗保障制度】 2017年，县卫生和计划生育局实行健康扶贫动态管理，全县建档立卡贫困户因病致贫总户数228户、患病252人。开展建档立卡贫困人口大病专项救治，大病救治定点机构实现基本医疗保险、大病保险、医疗救助、医疗叠加保险等“一站式”信息交换和即时结算，全县符合13种大病救治人员17人。全年为全县贫困户免费健康体检876人次。

【卫生人才队伍建设】 2017年，县卫生和计划生育局全面推行医疗机构、医师、护士电子化注册管理。年内，内招录用医学人才8名，引进医学硕士研究生1名；安排临床医学大专定向生14名，临床医学本科定向生1名；委托福建医科大学等4所省内本科院校和三明医学科技职业学院定向培养不同层次临床医学定向生8名。委托三明医学科技职业学院（宁化教学点）培养7名定向乡村医生。9月，组织乡村医生集中培训2期，每期5天，参训乡村医生130余人。培训采用理论授课、技能培训和临床跟班学习相结合方式，内容包括慢性病、康复治疗、传染病疫情与突发公共卫生事件报告、中医内科等。同月，县政府出台《清流县乡村医生养老保障实施意见》，建立乡村医生准入和退出机制，解决乡村医生养老保障问题。

医疗一体化改革

【概况】 2017年3月，县人民政府出台《清流县医疗卫生资源一体化管理方案》（清政文〔2017〕10号），拉开县医疗卫生资源一体化管理改革序幕。改革方案贯彻“保基本、强基层、建机制”的医改总体要求及“资源共享、权责清晰、统分结合、协调发展”的原则，构建以“县级医院为龙头，乡镇卫生院（社区卫生服务中心）为骨干，村卫生所为基础”的县乡村医疗卫生服务一体化管理格局。

【县医院、中医院一体化管理】 两院实行合署办公，县医院（县中医院）机构编制总量保持不变，管理上采取“两块牌子、一套班子、一套管理服务架构、一套财务管理”的做法，实行“八统一”机制（即人力资源、固定资产、医疗业务、财务收支、绩效分配、考核机制、药品设备耗材采购、信息系统统一），实施县医院提升工程（新建医疗综合大楼），实现人才、技术、设备等科学配置，避免重复建设，节约医疗和管理成本。一体化管理后的班子成员从两院原班子成员中按干部管理权限，由县委、县政府有关部门或“清流县公立医院管理委员会”任免，设院长1名，副院长6名，其中1名兼任中医院院长。

【县乡村医务集团一体化管理】 原各级医疗机构编制不变，实行“五不变、五统一、一推进”的管理机制（即机构设置和行政建制不变、独立法人地位不变、独立财务核算不变、承担的职能和任务不变、财政投入供给机制不变，统一人力资源管理、统一职能服务管理、统一绩效考核管理、统一设备药品耗材采购管理、统一信息化建设管理，推进县乡分级诊疗双向转诊制度建设，共享县域医疗资源，力争县域内患者就诊率提高到90%左右，基本实现“小病不出村、一般常见病不出乡（镇）、大病不出县”目标，充分体现一体化管理后医疗机构的综合实力。

【推进县总医院建设】 2017年6月，县总医院和总医院东院区挂牌运行，龙津社区卫生服务中心从中医院剥离独立。8月，各乡镇分院挂牌，开启县乡村医疗卫生服务一体化管理，落实管办分离的改革政策。参保人员转诊率4.34%，比2016年下降0.84%；全县基层门诊22.13万人次，占全县门诊量49.82%；基层住院增长10.02%。

【实施疾病收付费制度改革】 全县实施全病种付费，控制、降低病人个人自付比例。规范医疗护理行为，减轻病人负担。县总医院门急诊次均费用119.60元；基层门诊次均费用53.82元；城镇职工医保住院病人次均费用自付比32.06%。严格执行医保报销政策，对目录内的中药饮片取消门诊起付线，医保基金报销80%。2017年，县总医院纯医务性收入占医药总收入的43.03%，药品检查化验占比

50.98%，卫生耗材占医药总收入5.99%，医药总收入增长控制在9%以内的合理范围；目录外用药占比控制较好，药占比（21.39%）和药品耗材占比（27.38%）在全市二级公立医院中均为最低，排名第一。

撰　稿：李常水

计划生育

【计生服务管理】　2017年，县卫生和计划生育局推行生育全程保健服务，根据不同年龄段、不同怀孕阶段，实行精准访视，开展新婚夫妻和备孕对象孕前指导，对已孕对象进行产前、产中和产后针对性指导，保障母婴安全，全年孕产妇死亡率41.63/10万、婴儿死亡率5.41‰。突出计生政策宣传、健康知识普及、避孕药具展示、精准计生服务等，提高服务水平和质量，预防和减少非意愿妊娠。发挥卫生计生资源整合的优势，采取现场登记、信息共享登记、网上登记等多渠道登记方式，打通卫生计生信息平台，实现孕妇保健、出生分娩、预防接种、婚检、儿童访视、全员人口等信息共享。在全县开展集中整治“两非”（非医学需要的胎儿性别鉴定和选择性别的终止妊娠）专项行动。各乡镇落实出生人口性别比综合治理三项任务，共完成“两非案件”6件。

【实施两孩政策】　2017年，县卫生和计划生育局通过县电视台、手机短信、微信公众号、宣传小册等媒介做好宣传引导，做到家喻户晓。结合“5·29”计生协会会员活动日和“7·11”世界人口日，开展以贯彻落实《中共中央国务院关于实施全面两孩政策改革完善计划生育服务管理的决定》、新修订《福建省人口与计划生育条例》等为主题的大型卫计宣传活动和文艺汇演6场，在乡镇新建人口健康文化传播基地6个。结合清流县实际，出台全面两孩实施的配套措施，2017年9月30日，全县二孩出生1441人。

【计划生育扶助、奖励】　2017年，县卫生和计划生育局发放特别扶助金55.62万元。其中，发放计划生育特别扶助28户（失独17户、伤残11户）、44人、金额34.20万元；享受护理费13户（其中70岁以上2户）、21.42万元。农村奖励扶助487人，70.44万元。城镇奖励扶助245人，29.88万元。贡献奖励75人，2.70万元。农村二女绝育奖励2794人、100.58万元。“生育关怀·两节慰问”（元旦、春节）163人，慰问金额10.20万元。发放计生家庭助学金15.80万元，惠及学生210人次。

撰　稿：陈　平

疾病预防控制

【概况】　2017年，县疾病预防控制中心（以下简称县疾控中心）按照省、市、县卫生工作要求，深入开展疾病预防和控制工作。4月，县疾控中心整体搬迁，新大楼办公面积2100平方米，其中实验用房面积700平方米。投入260余万元，购置实验、办公设备，完善中心业务科室功能建设，改善中心卫生监测条件，提升实验室应急检测能力，推进县疾控中心能力建设。

【免疫规划管理】　2017年，全县出生1800人，儿童建卡建证1800人，建卡建证率100%。对0～6岁15052名儿童实施免疫接种，接种一类疫苗4.13万人次，各疫苗接种率均达到目标要求。县疾控中心对全县2012年1月1日至2016年12月31日出生的儿童，开展以麻疹、脊灰疫苗为主的疫苗查漏补种活动，各年龄组接种率均在95%以上。调查全县生物、医学实验室，登记清册其保存的Ⅱ型脊灰疫苗相关病毒及其潜在感染性材料。开展全县入托、入学儿童预防接种证查验工作，查验7112人，补证52人，疫苗补种率均在95%以上。做好AFP、麻疹、风疹和乙脑、流脑主动监测工作。报告AFP病例1例，报告疑似麻疹、风疹病例4例。

【传染病疫情防控】　2017年，县疾控中心传染病预警信息处置35条，累计报告甲乙丙类传染病1129例，总发病率823.63/10万。其中甲类传染病0例，乙类传染病12种348例，发病率253.87/10万。丙类传染病5种781例，发病率569.76/10万。新发现HIV感染病例2例。对娱乐场所艾滋病性传播干预娱乐场所服务人员3247人（次）。对监管场所新入监人员进行艾滋病知识培训938人（次）。做好输入性疟疾监测，采集、检测“三热”病人血片85片。2月，处置嵩溪食源性疾病突发公共卫生事件1起。5月，处置昂力幼儿园手足口病聚集性病例突发公共卫生苗头事件1起。12月，处置清流城关小学乙型流感暴发事件1起。

【卫生监测】　2017年，县疾控中心对29个水厂的78个水质监测点开展水质监测4次，累计采集水样312份，其中城区水样88个，合格率100%。乡镇水样224个，合格101份，合格率45.08%。开展职业健康体检1757人次，检出异常结果181人次，检出率10.30%。审核食源性疾病病例244例。开展6轮食品污染监测采样工作，在超市、农贸市场、网络购物平台等场所，采集水果、米制品、茶叶、奶制品等14类44种食品样品124份，其中城区65份，乡镇59份，送至市疾控中心检测。3份米制品（粉干）镉含量超标。对田源小学、沙芜小学两所学校进行卫生学评价，为清流一中学生体检1992人。

5 月 23 日，县疾控中心开展地方病碘盐监测采样（县疾控中心提供）

【慢性病防治】 2017 年，全县高血压患者管理 9015 人，其中规范管理 6618 人，规范管理率 73.41%；糖尿病患者管理 2325 人，其中规范管理 1637 人，规范管理率 70.41%。在册重性精神疾病患者 621 人，在册率 4.44‰，管理率 98.39%，规范管理率 78.9%，治疗率 71.5%，稳定率 96.45%。全县所有医疗机构均开展死因监测报告，报告 876 例，全县户籍人口粗死亡率 5.58‰。开展二级临床医院肿瘤报告登记，全年报告肿瘤病例 217 例。开展碘盐、尿碘、水碘、水氟的监测工作，对 5 个乡镇 8 ～ 10 岁在校儿童、孕妇家用碘盐及尿碘进行监测及 B 超甲状腺检查，其中儿童合格碘盐食用覆盖率 99.51%，孕妇合格碘盐食用覆盖率 95.05%，甲肿率 1.46%，三者检查结果均保持在国家消除碘缺乏病标准内。

【结核病防控】 2017 年 9 月，县疾控中心结核病转型工作与县总医院完成交接。全年接诊初诊病人 116 例，活动性病人 41 例（新发涂阳 22 例，涂阴病人 19 例），全年新涂阳任务完成率 95.65%，涂阴病人完成率 67.86%，活动性病人完成率 77.36%。

【健康教育与健康促进】 2017 年，县疾控中心围绕“中国公民健康素养促进行动”和“国家基本公共卫生服务项目”，宣传控烟、预防接种、艾滋病预防、常见慢性病防治等健康知识，制作编印《三减三健》《健康素养 66 条》《预防艾滋》等 15 种公共卫生宣传材料 2.60 万份，宣传物品 2000 份，制作宣传展板 18 块。指导各基层医疗卫生单位举办高血压防治、糖尿病的预防、艾滋病防治等健康知识讲座 168 期，受益人群 8 万余人。开展“3 • 24 结核病宣传日”“4 • 25 儿童预防接种日”“10 • 10 世界精神卫生日”“12 • 1 世界艾滋病日”等健康教育咨询、宣传活动 20 余次，发放各种宣传材料 3600 多份，接受健康咨询 5600 余人（次）。

【实验室检验检测】 2017 年，县疾控中心实验室投入 80 万元，购置实验室水质检测设备（离子色谱、原子荧光等）、创城应急仪器设备（气相色谱、血球仪、生化仪等）、彩超，提升实验室应急检测能力，已申报实验室资质认定。全年完成从业人员健康体检 ALT、甲肝、戊肝项目检测各 3066 人（次），职业卫生岗前体检血常规、尿常规、肝功能检查项目各 1796 人（次），新入监犯人及看守所关押人员 HIV 抗体筛查 938 人次，自愿咨询检测 328 人次，娱乐场所人员 247 人（次），公共场所监测样品 160 份，水质检测 224 份，盐碘检测 300 份，尿碘检测 309 份，餐具检测 260 份。自查实验室生物安全管理工作 1 次，并对存在问题进行整改。

撰　稿：李薛华

卫生监督

【概况】 2017 年，县卫生计生监督所进一步规范卫生监督执法行为，把好卫生许可准入关，深入开展卫生监督专项治理，整顿医疗市场秩序，防止突发公共卫生事件发生。年内组织卫生监督协管员培训 2 期，参加培训 56 人。受理投诉举报 6 件，均按时将处理结果向举报人反馈。

【卫生行政许可稽查】 2017 年，县卫生计生监督所稽查人员严格按照《行政许可法》要求，采用随机稽查、书面审查形式，对实施的卫生行政许可进行审查，并经常性地开展针对许可过程的现场稽查。全年未发现卫生监督员滥用职权、玩忽职守、越权许可现象。从经营场所的卫生管理、卫生设施，从业人员健康状况等几方面加强对资料和现场审查。全年换发证 47 户，其中新发证 23 户、换证 24 户；复核 8 户。

【行政处罚稽查】 2017 年，县卫生计生监督所稽查人员对行政处罚案件分别开展事前监督、过程监督和事后监督。经查行政处罚案卷基本做到：主体合法；事实清楚，证据确凿；适用法律正确，引用法律的条、款、项清楚；程序合法；无错案发生；从案件受理、立案、现场检查笔录、结案报告等执法文书的书写均按照《卫生行政执法文书规范》书写；各类执法案卷档案按照统一格式规范制作，一案一卷、装订整齐、卷内材料原则上按照办案过程顺序排列，整理归档及时。未发生行政执法过错事件，未发生因行政处罚所引起的行政复议或行政诉讼案件。全年行政处罚7起，罚款2.50万元。

【“双随机一公开”监管】 2017年，县卫生计生监督所对“双随机”名单中22家监管对象适时开展双随机检查。其中监督检查公共场所15家单位（游泳场所3家、住宿场所4家和美发场所8家），学校卫生2家（田源小学和沙芜小学），集中式供水单位3家（县水厂、嵩溪自来水厂和嵩口自来水厂），医疗机构2家（沙芜卫生院、里田卫生院）。经检查4家住宿场所（关闭1家）、8家美发场所（关闭1家）和3家游泳场所均有设立卫生管理制度部门或配备专（兼）职卫生管理人员、按规定建立卫生管理档案、在醒目处都设有禁止吸烟警语和标志、从业人员36人持有效健康证上岗从业；另对3家住宿场所空气质量、噪声等监测21项次，合格21项次，合格率100%。

【公共场所卫生监督】 2017年，县卫生计生监督所加强对辖区公共场所单位监管，注重执法监督与宣传教育相结合，共发放宣传单300多份。对158家公共场所经营单位进行日常监督检查和71家公共场所经营单位进行卫生监测，针对发现的问题依法要求限期整改。为推进省级文明县城创建工作，卫生监督员对城区的公共场所进行监督检查。

【职业卫生与放射卫生监督】 2017年，县卫生计生监督所专项检查辖区内开展职业健康检查的医疗机构1家，监督检查放射诊疗单位8家，并就存在问题，提出整改意见，督促整改。协助相关部门对1家放射诊疗场所进行放射防护效果评价及竣工验收，合格后发放《放射诊疗许可证》。

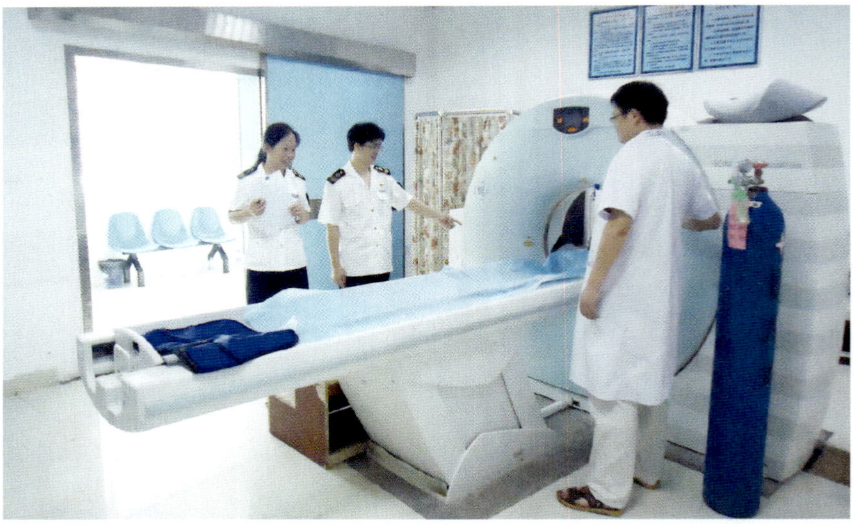

7月6日，县卫生计生监督所在县医院进行放射诊疗卫生监督（县卫生计生监督所提供）

【生活饮用水监督】 2017年，县卫生计生监督所对12家集中式供水单位、1家二次供水单位进行监督检查，预防介水传染病和突发饮用水污染事件的发生，。对检查中存在的问题下发限期整改通知书，督促供水单位做好生活饮用水卫生管理工作。做好生活饮用水宣传周活动，共发放宣传资料1200余份，接受咨询510余人次。

【传染病监督】 2017年，县卫生计生监督所监督检查集中式餐具消毒单位1家，对反映餐、饮具存在食物残渣的问题，多次进行检查，并对工作人员和业主进行培训，下发卫生监督意见书，要求及时整改。每季度对餐具消毒企业的餐饮具进行监督抽检，全年抽检40份，合格率100%。年内监督检查辖区内97家医疗机构进行医疗废物处置情况，对存在问题的医疗机构下达卫生监督意见书，督促医疗机构限期整改。

【医疗机构监督与管理】 2017年，县卫生计生监督所监督检查医疗机构的执业行为、传染病防治、医院感染控制、医疗废物管理等工作97，监督检查中发现存在使用非卫生技术人员、消毒隔离制度未落实、医疗废物管理不到位等情况，对存在问题的医疗机构下发卫生监督意见书，督促其整改。立案查处使用非卫生技术人员的医疗机构1家，给予罚款2900元。就医疗服务市场中医疗机构违法违规、医疗机构依法执业、打击非法行医、医疗服务新业态、打击非法医疗美容、查处违法违规人类辅助生殖技术和福建省监督抽检“双随机”工作等7个专项开展检查。全年立案查处无证行医场所6家，没收医疗器械6件、罚款2.23元。

【学校卫生监督】 2017年，对辖区内23家学校开展学校卫生监督检查，重点监督检查学校教学环境、传染病防控、饮用水的卫生管理情况，抽检教室采光照明和水质；开展学校卫生综合监督评价，对10家中、小学校开展教室人均面积、环境噪声、室内微小气候、采光、照明等环境卫生质量，黑板、课桌椅等教学设施的设置情况，学生宿舍、厕所等生活设施卫生情况进行监测和综合评价，对教学环境、传染病防治、生活饮用水卫生管理方面存在的问题提出卫生监督意见，督促学校落实整改。

撰 稿：黄世奕

妇幼保健

【概况】 2017年，县妇幼保健院贯彻落实“提高妇女儿童健康水平”“促进基本公共卫生服务逐步均等化”民生工程，以妇女儿童保健和计划生育服务为中心，坚持保健和临床相结合、相促进。依法做好母婴保健技术服务和管理工作，规范服务内容。2017年，依法签发“出生医学证明”1609份，补发26份，换发17份。妇保科门诊诊查9523人次，儿保科门诊诊查4600人次，计生门诊开展手术人流241例，放、取环530例，皮埋5例，取皮埋6例，生殖健康检查350余人。对县总医院各分院及村卫生所的妇幼保健工作进行业务督导、检查3次。全年业务总收入315万元，比2016年增长14.13%。收支结余82万元。

【婚检、孕前优检服务】 2017年，县妇幼保健院完成婚检564对，检出传染病人数30人，其中查出乙肝9例、梅毒7例。孕前优生健康检查人数576对，优检率 87%。

【孕产妇保健管理】 2016年10月至2017年9月，全县产妇总数2388人，活产数2403人；实名登记住院分娩率100%；孕产妇保健管理2242人，保健覆盖率93.89%；高危产妇管理958人；孕产妇系统管理2018人，系统管理率83.98%；产后访视2165人，产后访视率90.10%。

【儿童保健管理】 2016年10月至2017年9月，全县7岁以下儿童保健人数13999人，7岁以下儿童保健覆盖率为81.35%；5岁以下儿童死亡14人，儿童死亡率为5.83‰，婴儿死亡人数13人，婴儿死亡率为5.41‰，新生儿死亡9人，新生儿死亡率3.75‰，3岁以下儿童系统管理6444人，3岁以下儿童系统管理率为87.60%，高危儿童管理255人。

【重大公共卫生服务项目】 2016年10月至2017年9月，县妇幼保健院为农村住院分娩孕产妇1280人发放补助资金51.20万元。为农村育龄妇女发放增补叶酸1140人。完成农村妇女、低保妇女宫颈癌、乳腺癌免费检查各1000人。2017年1—9月，免费产前筛查诊断615人，完成率76.80%。HIV初筛实验室建设完成待验收；2017年7月，启动地中海贫血防控项目，截至年末，完成地贫筛查359对，其中检测出异常70对，建议其转上一级医疗机构进行治疗。

【托幼园所卫生保健】 2017年5—6月，县妇幼保健院为城区托幼园所2468名儿童开展保健工作，包括身高、体重、视力、口腔、心肺听诊、血常规等多方面检查以及儿童生长发育评价、保健指导等检查项目，并将孩子的评价结果反馈给家长，使家长及时了解孩子身体健康状况。10月，对实验幼儿园667名儿童开展视力保健和口腔保健。全年为贫困户及残疾儿童减免体检费用2860元。

【业务进修和培训】 2017年，县妇幼保健院安排医务人员到上级医院进修3人，外出培训及参观学习15人；举办院内职工的业务讲座5场，强化“三基”训练考核；年内，举办全县妇幼卫生信息暨妇儿保培训班2期。各乡镇药管员避孕药具培训1期。

【安全生产培训检查】 2017年4月27日，县妇幼保健院组织消防应急演练。加强院感培训和管理。5月，建成符合院感标准的医疗垃圾暂存点1座，加强医疗废物管理。6月27日，组织全院职工观看“隐患直击”系列片，提高大家的安全意识和规范化操作。

【妇幼保健、民生工程宣传】 2017年，县妇幼保健院利用电子显示屏、宣传栏、横幅、宣传画和新闻媒体等方式宣传妇幼保健知识及“妇幼卫生、民生工程”“免费婚检优检”“农村孕产妇住院分娩补助程序”等国家民生政策。7月14日，在龙津广场开展以“国家基本公共卫生——我服务你健康”主题宣传活动，提高辖区居民预防保健意识；8月1日，开展世界母乳喂养周活动，通过现场咨询、义诊、悬挂横幅、发放宣传资料等形式，宣传母乳喂养，传播母乳喂养知识和技能；9月12日，在龙津广场开展出生缺陷预防宣传周活动，增强群众优生意识，引导群众主动接受出生缺陷防治服务；9月30日，在龙津街心公园联合龙津计生办开展“为爱坚持，科学避孕”主题宣传活动，让育龄群众了解生理及避孕相关知识。

撰　稿：李利红

8月10日，在龙津广场开展母乳喂养宣传（县妇幼保健院提供）

社会生活

人民生活

【城镇居民生活水平】 2017年，城镇居民人均可支配收入28266万元，比2016年增长9.30%。人均生活消费支出19223万元，比2016年增长4.90%。人均住房使用面积48.09平方米。

【农村居民生活水平】 2017年，农村居民人均可支配收入14403万元，比2016年增长9%。人均生活消费支出10616万元，比2016年增长8.60%。人均住房使用面积63.70平方米。

供　稿：县统计局

民政事务

【概况】 2017年，县民政局履行改善民生基本职责，开展“效能建设提升年”“养老服务推进年”“社会救助提标年”活动，推进民政各项工作扎实有效开展，第二次地名普查工作通过市级验收。

【提高低保标准】 2017年1月1日起，全县农村低保标准从2600元/年提高到3000元/年。7月1日，全县农村低保标准再次提高至3550元/年，城市低保标准从452元/年提高到512元/年。全县农村低保户数1163户，保障人数2238人，农村低保总支出657万元，其中特困员人数372人，发放保障金264.05万元。城市低保户数158户，保障人数260人，占城市人口的0.70%，城市低保总支出129.87万元。

【临时救助】 2017年，县民政局制定《清流县临时救助暂行办法》，完善城乡临时救助制度，提高临时救助标准，由最高5000元提高到8000元。全年发放临时救助金额79.90万元，其中城市临时救助17户、8万元；农村临时救助154户、71.90万元。

【医疗救助】 2017年，县民政局推行医疗救助“一站式”即时结算服务，医疗救助基金筹资标准提高到每人每年400元。全年全县医疗救助124.46万元，其中城市医疗救助11人、8.25万元；农村医疗救助35人、11.96万元；1—10月，“一站式”医疗救助4270人、104.25万元。

【兑现残疾人两项补贴】 2017年，全县申请重度残疾人生活补助3157人，县民政局累计发放生活补助191.42万元。申请重度残疾人护理补贴3086人，累计发放护理补贴271.42万元。

【防灾减灾】 2017年，县民政局举办大型宣传咨询活动，发放各类防灾应急公益性宣传资料20余种、展示宣传挂图300余张，发放避灾自救小常识、农村社区防灾减灾手册、地质灾害防治、交通安全等资料1.50万份，家庭应急包200个。新建县级救灾物资储备库，面积200平方米。采购军用被500床、冬被400床、春秋被200床、毛毯20床，防滑垫、家庭包、铁锹等救灾物资若干。抓好154个自然灾害避灾点建设，其中县级避灾点3个，乡（镇）避灾点32个，村（居）避灾点119个。其中，市级补助城关中学避灾点提升建设项目资金5万元，项目已完工。与中国人保财险清流营业部签订协议，统一开展自然灾害救济救助公众责任保险。每人每年保费1.50元，由市、县财政按比例支付，农民个人不承担保险费用。全县2016—2017年农村住房叠加保险投保做到全覆盖，参保2.79万户，参保率100%。

【灾害救助及救济】 2017年，全年受暴雨洪灾影响，造成5851人

7月28日，清流县救助站在龙津广场开展炎热送清凉活动（县民政局提供）

受灾，转移安置人口871人，房屋倒塌19户19间，损坏房屋30户52间，农作物受灾面积252公顷，经济损失4380.13万元。县民政局下拨乡镇冬春自然灾害生活补助资金30万元。开展冬季救助专项行动，出动巡查救助车20余次，为受助人员提供方便食品300余包、棉衣裤30件、保暖绒衣裤25套，毛毯、棉被各30床、救助各类人员60余人。

【拥军优抚】 2017年，县民政局春节慰问县驻军部队、军分区11.50万元。慰问重点优抚对象5.50万元。依据军人随军家属安置办法，招考2名随军家属进入事业单位工作。4月，迎接双拥模范城创建检查。 投资40万元，牵头建设革命烈士纪念园便道，已验收合格。全年发放抚恤补助资金339.91万元。其中，重点优抚对象184人176.41万元，60周岁退伍军人430人66.60万元，烈士子女24人9.69万元、伤残军人29人62.77万元，其他优抚资金24.44万元。发放重点优抚对象医疗补助53人次，补助资金13.44万元。

【退役士兵安置】 2017年，县民政局接收2016冬季退役士兵59人，发放自谋职业一次性补偿金122.82万元。其中，退役义务兵39人，每人1.97万元。退役士官20人，在义务兵安置金基础上按每人每服役1年增发986元。动员退役士兵、士官参加就业短期培训，年内参加省定点培训班培训13人。

【义务兵优待金发放】 2017年，县民政局发放义务兵优待金140.64万元。其中，立功受奖优秀士兵增发优待金4.77万元；大学生士兵发放一次性补助金6.6万元。

【革命烈士陵园便道施工】 2017年，县民政局投资40万元，牵头建设革命烈士纪念园便道，铺设水泥路，全长326米，宽3.50米，已验收合格。

【婚姻登记和收养服务】 2017年4月1日起，县民政局停征婚姻和收养登记费。全年办理结婚登记997对，离婚335对，补办结婚登记285对，补办离婚登记15对。办理收养登记1人。

【社会组织管理】 2017年，县民政局引导社会组织完善法人治理结构和内部民主机制，新登记社会团体1个。开展民间组织年检工作，全县社会组织82个，已检62个，年检率75.60%。

【关爱农村留守儿童】 2017年，县民政局建立留守儿童和困境儿童信息台账，录入留守儿童531人。1月1日起，县内社会散居孤儿按900元/人。月标准、机构供养孤儿按1500元/人。月标准发放。全年发放39名孤儿生活补助金58.53万元。

撰　稿：韩建国

养老服务

【养老服务基础设施建设】 2017年，县民政局申请省级补助资金244万元。建设社区照料中心2个（龙津镇翠园社区和渔沧社区），农村幸福院2个（温郊乡小池村和龙津镇横溪村），社区服务站2个（长兴社区和凤翔社区）。投资134万元建设光荣福利院老年公寓楼外围围墙，地面硬化绿化等附属工程。全县养老总床位854张，护理床214张，占总床位25%。其中乡镇敬老院总床位数440个，入住院民244人，使用率55.50%。

【居家养老服务】 2017年，县民政局与清流县蓝丝带养老服务产业有限公司签约落地服务，完善居家养老服务体系，为居家老人提供多层次养老服务，服务对象175人，服务标准为每人每年700元。县民政局联合中国移动清流分公司、蓝丝带养老产业有限公司在龙津广场举办“一键通”手机发放仪式，标志着居家养老服务工作正式开展，步入运营阶段。联合县卫计局，分别与龙津镇敬老院、嵩口镇敬老院、长校镇敬老院、清流县安养中心（民办）4家养老机构签订医养合作协议。全县有农村幸福院28家，政府购买服务辐射周边农村社区67个，覆盖率60.40%。

【乡镇敬老院管理】 2017年，县民政局对全县13所乡镇敬老院进行房屋安全检测，其中10所敬老院检测B级，符合居住标准，为其办理设立许可证。1所C级，已在整改。2所D级不能住人。13所乡镇敬老院全部办理事业法人登记。

撰 稿：韩建国

老龄工作

【概况】 2017年，县老龄办以习近平总书记关于应对人口老龄化重要讲话精神和关于加强老龄工作的重要指示精神为指导，围绕县委、县政府中心工作，以实施老龄事业发展"十三五"规划为主线，推进养老服务工作开展。

【助推养老服务业发展】 2017年，县老龄办开展城关4个社区老年活动中心建设情况调研，重点调研活动开展、日间照料、居家养老等情况，并形成调研报告，呈报县政府。

【落实老年人三项补贴】 2017年10月起，80—90周岁老年人高龄补助从30元/月提高到50元/月，90—100周岁老年人高龄补助从50元/月提高到100元/月，100周岁以上老年人高龄补助从300元/月提高到500元/月，其中低保老年人按每人每月100元的标准增发高龄补贴。县老龄办全年发放高龄补贴142.48万元，全县领取高龄补贴3197人，其中百岁老人11人、90—99周岁342人、80—89周岁2844人。城区低保对象、计划生育特殊家庭中的完全失能老年人，按照每人每月不低于200元的标准，以老年人服务券（卡）的方式发放护理补贴。对符合条件低收入家庭老年人参加城乡居民基本医疗保险所需个人缴费部分，按规定给予适当补贴。

【老年优待】 县老龄办落实70周岁老年人免费乘坐城区公交车政策。1—11月，共办理老年人优待证419本，其中绿证7本。

【老龄工作宣传】 2017年，县老龄办发放《福建省老年人权益保障条例》（简称《条例》）1300本。将《条例》内容编成群众喜闻乐见、通俗易懂的文艺节目，在龙津广场演出，受教育人数1000多人。城关老人协会举办《条例》讲座培训，110余人参加听讲。城关、嵩溪、嵩口、林畲老年协会利用重阳老人节集体庆寿契机，组织老人踩街宣传《中华人民共和国老年人权益保障法》，参加活动老年人1000余人。

【敬老爱老活动】 2017年，重阳节前夕，县委书记池芝发、分管副县长胡立峰，走访慰问林畲乡余火妹、邱惠求两位百岁老人。县老龄办全年慰问百岁老人11人、95岁以上高龄老年人64人。沙芜乡、长校镇各表彰敬老好儿媳10名。协同老体协举办"庆祝党的十九大胜利闭幕暨九九重阳节"文艺晚会，丰富老年人精神文化生活。县老体协组织开展拳、剑、操、气排球等多项老年文化体育活动。

撰 稿：尹成郡

7月21日，市民政局到清流县督查养老机构建设专项行动落实情况（县民政局提供）

老区建设

【概况】 2017年，县老区办围绕县委、县政府中心工作，突出重点，抓落实，推动中央、省、市等有关扶持老区发展政策措施贯彻落实，全年投入省老区扶贫资金58万元，市委市政府苏区调研办实事项目拨款30万元，实施老区道路、农田基础设施、公共娱乐场所等建设和农业开发，为老区经济和社会发展献计出力。

【老区苏区宣传】 2017年，县老区办开展青少年革命传统教育，通过各种宣传媒体宣传老区经济建设和社会发展成果。对革命遗址、遗迹进行维护保护，统一挂牌。征订《中国老区建设》《红土地》等杂志

200 余份，推进老区宣传。

【老区扶贫】 2017 年，省下达资金 58 万元。其中，用于老区科技示范基地长校镇茜坑村芙蓉李、青萘水果种植示范项目建设 10 万元；老区扶贫建设资金 48 万元。其中，嵩口镇立新村、范元村乡村道路维修各 6.50 万元，里田乡里田村乡村道路维修 5 万元，嵩溪镇塘背村新建排洪渠 10 万元，嵩溪镇农科村乡村道路建设 10 万元，龙津镇俞坊村里地防洪堤建设 10 万元。

【市委市政府苏区调研办实事项目落实】 2017 年，市委市政府苏区调研办实事项目拨款 30 万元，县老区办用于嵩口镇马排村马排小学至苦竹坑道路硬化 20 万元、长校镇江坊村农民休闲公园（便民候车亭建设及绿化工程）10 万元。两个项目均已完工投入使用。

【“五老”人员及遗偶优待】 2017 年，全县建立健全“五位一体”（公共卫生服务体系、医疗服务体系、资金保障体系、药品安全供应体系、行业监督执法体系）的医疗保障制度，确保“五老”人员享受医疗“三重保障”优惠待遇。县老区办落实“五老”医疗保障工作，“五老”人员医疗补助 1000 元 / 人 • 年，其中门诊补助 580 元 / 人 • 年，纳入医疗统筹 420 元 / 人 • 年，“五老”遗偶每人每月 300 元。

撰　稿：江青梅

库区移民开发

【概况】 2017 年，县移民开发局按照省、市移民局和县委、县政府的工作部署，以“机制活、产业优、移民富、库区美”为目标，践行“马上就办、真抓实干”工作精神，参与“五比五晒”竞赛活动，强化工作措施，加大后期扶持力度，改善库区民生，库区移民工作取得新成效。

【编制水库移民后期扶持年度计划】 2017 年，县移民开发局编制大中型水库移民后期扶持项目 18 个，其中生产开发项目 3 个（含库区移民工业创业园项目 1 个）、社会事业项目 15 个，项目总投资 5507.04 万元，申请年度库区移民后期扶持资金 2827.04 万元。编制小型水库移民扶助项目 4 个，项目总投资 75 万元，申请小型水库扶助资金 75 万元。

【库区移民后期扶持项目建设】 2017 年，县移民开发局全年实施大中型水库移民后期扶持项目 49 个（含往年在建项目），项目总投资 5965.80 万元，完成投资 2856 万元；实施小型水库扶助项目 4 个，项目总投资 52.80 万元，实际完成投资 52 万元。

【库区移民工业创业园建设】 2017 年，项目规划用地面积 1.43 公顷，新建 4 层框架结构标准工业厂房 3 幢，占地面积 5725.92 平方米，总建筑面积 23761.92 平方米，项目预算总投资 4505 万元。8 月，工程进场施工，年内完成 1 号厂房 4 层楼板浇筑，2 号厂房 2 层楼板浇筑，3 号厂房 3 层楼板浇筑。

【库区移民旅游创业园租赁】 2017 年，县移民开发局拟就《清流县库区移民旅游创业园整体招租（租赁权竞卖）方案》，报经县政府常务会议研究通过后，按《方案》要求完成公开竞价拍卖工作，由福建省蒂卡酒店管理有限公司获得租赁权，并签订《清流县库区移民旅游创业园租赁合同》推进项目建设，租赁期 20 年。

【避险解困项目建设】 2017 年，县第一批大中型水库移民避险解困试点村涉及 2 个乡镇 4 个安置点，项目总投资 3909.15 万元，已完成投资 3800 万元，占计划 97.20%。第二批大中型水库移民避险解困安置点——沙芜乡九龙新村安置点，项目规划总投资 2800 万元，已完成投资 2400 万元，占计划 85.70%。

【环境综合整治】 2017 年，库区移民村赖坊镇陈家村马坊环境综合整治项目完成投资 197 万元，占计

8月30日，省移民局陈传松处长（左二）到清流县沙芜乡调研避险解困和环境综合整治项目工作（县移民开发局提供）

划投资 283.80 万元的 69.50%。嵩溪镇罗陂岗琴罗村环境综合整治项目完成投资 160.70 万元，占计划投资 180.30 万元的 89.10%。

【直补移民动态管理】 2017 年，县移民开发局加强业务指导和跟踪管理，做好直补移民身份信息核实工作。恢复核增 2 人，核减大中型水库移民后期扶持资金直补对象 247 人。其中，核减被国家机关、事业单位和国有企业或国有控股录用（聘用）对象 134 人，追回资金 46.83 万元。在此基础上编制完成《2017 年清流县大中型水库移民后期扶持资金直补移民花名册》，并及时发放移民直补资金 807.72 万元。

【移民技能培训】 2017 年，县移民开发局组织实施职业技能培训项目 5 期，参训移民 300 人（次），其中小车驾驶员培训 100 人、电子商务培训 50 人、育婴员培训 50 人、烹饪培训 50 人、旅游讲解员培训 50 人。

【移民脱贫攻坚】 2017 年，县移民开发局加强与县扶贫部门沟通，建立全县贫困移民人口信息，全县有贫困移民 67 户 127 人。年内投入资金 14.03 万元，用于种养生产发展等帮扶项目，促进贫困移民增收脱贫。

撰　稿：林才女

民族 宗教

9月6日，三明市人大代表到清流县嵩溪龙山天后宫等地开展民间信仰管理情况调研（县民宗局提供）

【概况】 2017 年，县民族宗教局按照省、市、县民族宗教工作部署要求，推进民族村经济加快发展、宗教和谐稳定，为清流经济社会发展和全县民族宗教工作新局面作出贡献。

【民族村扶持】 2017 年，县民族宗教局争取省民宗厅项目补助资金 55 万元，用于嵩溪畲族村村内道路硬化、太山畲族村小流域治理项目，支持少数民族群众创办专业合作社发展经济。开展少数民族村和自然村村情调查，研究制订扶持少数民族村经济社会发展工作措施和方案，将少数民族自然村的交通基础设施完善列入申报补助项目。按照“一村一品”思路，抓好嵩溪豆腐皮（花卉）、青溪烤烟、基头禽畜养殖、太山苗木等民族村特色产业，创新少数民族帮扶形式，建立少数民族创业基地，搭建传承民族文化和少数民族同胞创业就业平台，鼓励和引导少数民族能人创建豆腐皮生产销售、油茶种植加工专业合作社，带动少数民族群众发展特色经济，增加经济收入。

【民族村文化品牌打造】 2017 年，县民族宗教局挖掘整理少数民族民俗文化，推动各少数民族村打造自身文化品牌。成功举办第二届太山畲族风情旅游文化节活动，开展“畲乡基头，古韵新风”系列活动调研，促进民族村经济发展。

【少数民族精准扶贫】 2017 年，县民族宗教局协同有关部门指导全县建档立卡的少数民族精准扶贫户尽快脱贫摘帽，落实少数民族造福工程优惠政策，为少数民族群众申报造福工程建设补助资金近 10 万元。发挥少数民族群众创办的农民专业合作社在精准扶贫中的作用，全县建档立卡的少数民族精准扶贫户 15 户、52 人，全部实现脱贫。结对帮扶家庭经济困难少数民族群众 4 户，补助经济困难少数民族高考学生入学金 1.50 万元，发放少数民族家庭困难群众慰问金 5000 元。

【宗教事务管理】 2017 年，县民族宗教局妥善处理东禅寺、大丰山顺真道院等宗教活动场所的信访矛盾。指导宗教活动场所申办场所修缮扩建，办理房屋产权、林地权属等手续。完成宗教活动场所 48 处和宗教教职人员 34 人基础信息采集录入。开展民间信仰场所普查登记工作，全县申报登记民间信仰活动场所 108 个。指导各宗教场所建立财务管理小组，开立单位银行结算账户宗教活场所 30 个。健全县、乡、村宗教工作三级管理网络，落实乡村两级责任主体。开展宗教场所消防培训和安全检查，督促受检场所按期完成隐患整改。协调公安等部门在灵台山设立警务室，维护宗教领域安全稳定。办理落实县政协委员提出的有关宗教活动场所的提案，协调有关部门促进南极山云海寺道路完善和灵台山地灾点治理、垃圾处理等问题落实。邀请政协委员视察城关基督教堂、嵩峰寺、泰峰庵、龙山天后宫等宗教活动场所和民间信仰联系点，听取政协委员意见建议，督促相关宗教活动场所和民间信仰联系点加强场所管理。指导林畲仁寿寺及赖坊镇分别申报神农氏崇拜、欧阳真仙民俗活动非物质文化遗产保护。指导祖山禅院与武平均庆院、台湾定光佛寺、鄞山寺联合发出举办海峡两岸定光佛文化旅游节活动倡议书。指导县佛教协会举办新年禅乐会。启动《中华释姓文化大典》和《灵台山志》编修等文化活动。规范管理各宗教场所举办大型宗教活动。

【发挥宗教界服务经济社会作用】 2017年，县佛协、基督教两会分别开展慰问困难家庭活动，灵台山翠峰寺重阳节慰问河排村60岁以上老年村民100多人。全县开展宗教慈善活动捐赠资金7.40万元。县民宗局以静隐寺为平台指导建设禅休项目，完成前期准备。启动佛教双缘养老项目，入住念佛老人30多人。指导县道教协会所属仙公庙“问道下窠，真仙故里”和老君堂“反邪教、禁毒”宣传教育活动，促进移风易俗，推动庙会活动健康发展。

【便民服务】 2017年，县民宗局委托县行政服务中心代办服务事项6件。编写《民族宗教办事指南》，全面落实“一趟不用跑”“最多跑一趟”办事清单。

撰　稿：王宜峻

人力资源和社会保障

【概况】 2017年，县人力资源和社会保障局践行民生为本、人才为先、严实为要、服务为上的“四为”行业精神，推动全县人力资源社会保障事业健康有序发展。加大信访维稳工作力度，对企业退休军转干部待遇落实、欠薪、社保欠缴、经济补偿金等劳动纠纷加大排查力度，做好矛盾化解工作，“金砖会晤”、党的十九大期间无群体性上访事件。

【就业工作】 2017年，全县累计实现城镇新增就业1201人，城镇失业人员再就业855人，就业困难人员再就业202人，转移农村劳动力1610人，城镇登记失业率2.47%。争取省就业补助资金250万元，用于县高级职业中学实训基地电子商务项目建设，完成项目招投标工作。

【职业技能培训】 2017年，县人力资源和社会保障局全年开展电工、焊工、电子商务、新型职业农民、家政服务、养蜂技术等专业知识（技术工种）培训60期，培训人员2516人，其中岗位技能提升培训278人、创业培训80人、互联网创业从业人员培训1102人、农民工培训（春潮行动）1056人。

【职业技能鉴定】 2017年，全县有中级技能人才449人，高级技能人才435人，技师级技能人才34人。经市人社局和财政局批准，成立“王苏闽技能大师工作室”，县人力资源和社会保障局补助经费3万元。

【社会保险金收支】 2017年，机关事业参保单位165家，参保人数4758人。企业保参保单位624家12215人。参加工伤保险企业568户15556人。失业保险参保13600人，城乡居民应参保人数69900人、实际参保人数66803人，参保率95.57%。其中，年度缴费人数42942人，缴费率93.20%。县人力资源和社会保障局全年征收社会保险金16403.70万元。其中：企业社保基本养老金收入5878.56万元，机关社保基本养老金收入7162万元，职业年金收入1971万元，失业保险金收入214.32万元，工伤保险金收入498万元，城乡居民养老保险收入679.82万元。支出社保基金18629.92万元，其中：企业社保养老金支出7582万元，机关社保基本养老金支出8010万元，失业保险金支出301.48万元，工伤保险金支出293万元，城乡居民养老保险支出2443.44万元。

【干部人事管理】 2017年，县人力资源和社会保障局代县政府县长提请人大常委会任免领导干部2次，提请任免科局长职务1次；代县政府行文任免科级干部职务9次，开除公职1人，取消公务员录用资格3人。办理干部调动35人，更改学历47人。完成2016年度政府部门科级以下机关事业单位工作人员年度考核3348人，落实职务职级并行制度，符合晋升条件人员13人。

【人才智力引进】 2017年，县人力资源和社会保障局公开招考公务员35人，其中乡镇11人、公安系统9人、县直机关11人、参公单位4人。事业单位招聘98人（教育53人），安置省级派遣“三支一扶”毕业生16人，面向当年服务期将满考核合格和服务期满考核合格的“三支一扶”对象设置专门岗位2个。做好人才库收集、汇总工作，向县人才办报送专业技术人才272人、高技能人才9人。

【职称评聘】 2017年，县人力资源和社会保障局对推荐参评高级职称资格进行预审91人，中级职称资格预审83人，初级职称资格预审2人。审核经济专业资格考试69人，机关事业单位工勤人员技能等级岗位升级考核44人，执业药师考试21人，社会工作者职业水平考试13人，审计专业技术资格考

12月21日，县人力资源和社会保障局举办育儿嫂培训（县人力资源和社会保障局提供）

试13人。公布、批准确认专业技术职务任职资格，高级职务46人、中级职务103人、初级职务56人；考核合格批准确认初级职务89人、评审通过初级职务68人。

【工资福利管理】 2017年，县人力资源和社会保障局审批发放年终绩效管理奖4062.30万元，发放应休未休报酬1698.12万元，发放食堂补助465.50万元，发放离退休人员慰问金562.30万元。同时对机关事业单位发放津补贴进行专项督查，推动八项规定精神落实。

【退休干部职工管理】 2017年，县人力资源和社会保障局办理退休审批手续98人，其中干部65人、工人33人。办理退休干部高龄补贴审批手续38人，办理死亡人员遗属补助审批手续48人。为高级职称退休人员5人、副科以上退休干部287人、80周岁以上高龄退休干部173人送去慰问金共计5万余元。

【劳动用工管理】 2017年，全县393家企业实行劳动用工报备，报备人数3903人。非公有制企业职工劳动合同签订率95%，其中小企业劳动合同签订率93.50%，规模以上企业98%。全县累计完成工资集体协商合同和集体合同451家，签订率85%，覆盖职工14658人。劳务派遣单位93家，派遣人数573人。

【劳动监察】 2017年，县人力资源和社会保障局接待举报投诉案件75件，涉及农民工38人，涉及金额59.20万。协调案5件，涉及农民工12人，涉及金额1.20万元，按时结案率100%。受理工伤认定100件，认定工伤98件，不予认定2件。协调处理欠薪案件1件，涉及农民工54人，金额9万余元。开展清理整顿人力资源市场秩序专项行动，出动人员12人次，检查人力资源服务机构、用人单位12家。新增“无欠薪项目部”4个。

【劳动仲裁】 2017年，县人力资源和社会保障局仲裁院立案226起，其中集体性争议案件2起，不予受理4起。结案224起，其中裁决4起、撤诉1起、调解219起，涉及用人单位16家、劳动者270人，涉案标的622.04万元。6月，启用劳动人事争议调解仲裁办案系统，网上办案9起。

【精准扶贫工作】 2017年，县人力资源和社会保障局将精准扶贫对象纳入就业困难人员范围，聘用精准扶贫对象11人到公益性岗位。新增认定“零就业”家庭4户4人，通过就业援助实现就业。对农村建档立卡人员做好后台数据动态管理，为农村建档立卡人员办理《就业创业证》1152本，办理社会保险补贴357人、17850元。

【扶持创业创新】 2017年，县人力资源和社会保障局向市级推荐创业创新项目10个，获项目扶持资金11万元。其中，县玲雅音乐文化艺术中心获一等奖，里田乡东庄蜂业家庭农场和里田金梦源家庭农场获三等奖。

撰稿：陈 捷

乡镇概览

龙津镇

【概况】 龙津镇地处清流城区，位于北纬26° 05′ 17″～26° 18′ 59″，东经116° 44′ 58″～116° 54′ 25″，以流经城区的龙津河命名。东与嵩口镇、嵩溪镇相连，南与田源乡接壤，西、北面与宁化县交界。镇政府驻地设在长兴南街17幢。该镇三面环水，一面临山，有南极白云、龙津望月、北渡孤舟、灞涌金莲、龙津小“三峡”等景点。永宁高速公路东西向贯穿境域8个村。省道204线、307线过境，其中204线从北至南贯穿城区，陆路有班车与周边各县及乡镇相通。镇政府距三明市区120千米，距连城机场72千米，距长汀火车站75千米，是清流县政治、经济、文化和交通中心。

全镇区域总面积198平方千米，其中陆地面积194.84平方千米，占总面积98.40%；水域面积3.16平方千米，占1.60%。耕地面积1332.67公顷。林地总面积1.13万公顷，森林覆盖率70.36%。主要河道有一级河九龙溪，境内长14.56千米，自西向东偏南流经境内南岐村、桥下村、城东村、城南村、严坊村。

龙津镇辖建制村14个及渔沧、翠园、凤翔、长兴4个社区居委会，自然村80个，村民小组112个。2017年末，全镇总户数10911户，总人口34863人，其中城镇居民24290人，农村居民10573人；男性17940人 女性16923人。流动人口2994人。流动人口2994人。

2017年，全镇实现农林牧渔业总产值3.39亿元，比增3.60%；规模工业产值39.52 亿元，比2016年增长17.10%；固定资产投资20.63亿元，比增22.30%；农民人均纯收入19903元，比增9%；财政总收入1739.91万元，比增26.50%。

【农业】 2017年，全镇粮食播种面积1553.33公顷，产量9040吨，烤烟种植面积282.73公顷，收购烤烟605吨。在供坊村高坂建立国家级农作物品种区域试验站，推广种植荃优丝苗、广优688等抗病、优质、高产水稻品种24个，水稻产能高产示范片产量700千克，水稻良种覆盖率95%以上。完成老果园改造（高接或换种）面积33.33公顷，建设花卉种植、葡萄采摘园、设施蔬菜种植示范基地面积各6.67公顷；推广百香果、火参果等新品种种植面积6.67公顷。融合产业发展，冠裕食品列入县级农产品质量安全可追溯体系平台，创新型油茶健康产业加快推进。

【农业基础设施建设】 2017年，龙津镇实施农业重点项目6个，累计完成投资2.97亿元，其中桥下溪小流域生态修复与可持续发展试点工程、农业综合开发高标准农田建设、沙溪流域防洪堤工程（一期）、万里安全生态水系建设等重点项目动工或建成投入使用。投入120万元资金，实施旧村土地复垦项目，涉及基头、横溪、大路口3个村，共计1.90公顷。

【规模工业】 2017年，龙津镇新增规模以上工业企业1家，全镇规模以上工业企业21家，实现工业产值近40亿元，占全县工业总产值三分之一。东莹化工环保型制冷剂生产扩建、展化化工过硫酸盐专业园、气枪厂整体搬迁扩建等15个项目如期动工或建成投产；引导鑫磁线圈等3家企业实施“机器换工”；组织双叶生态农业、九利油脂参加“6·18”产品参展；汽枪厂、伊科电子、东莹化工被列为市级“两化融合”重点企业；汽枪厂成为全市2家获得海关高级认证企业之一；东莹化工成为三明市唯一纳税超亿元民营企业。

【招商引资】 2017年，龙津镇完成谋划项目38个、签约项目13个、开工项目19个、投产项目14个、增资项目6个，其中亿元项目31个，列入市里督查项目21个，“五比五晒”成绩名列全县前茅。多次赴厦门、泉州、漳州等地开展招商引资工作，落地项目3个，分别是生物颗粒燃料生产项目、新建草鱼鲤鱼等淡水鱼养殖基地、瓦楞纸生产线项目，总投资9000万元，注册资金3210万元。

【项目建设】 2017年，龙津镇实施重点项目建设40个，新增入库项目60多个，铜锣山绿道、桥下溪流域综合治理、旧村土地复垦等重大民生项目和基础设施项目序时推进。

【第三产业发展】 2017年，龙津镇新增限上商贸企业3家，新引进龙郡华联超市。全镇个体户3950户。有宏畅、老家有礼等电商企业8家，建立村级电子商务服务站14个，其中7个服务站年度销售额超过10万元。

【项目征迁工作】 2017年，龙津镇坚持“依法征迁、和谐征迁”原则，创新乡贤助力征迁工作方法，推进铁路、铜锣山绿道、城区第三小学、城区第三幼儿园等全县性民生项目征迁工作。全年完成征迁面积113.53公顷、房屋41栋，涉及农户812户。协调处理好桥下沿河景观工程二期、新一中校园周边交通渠化、水南路二期、北大路LED节能路灯改造等项目建设事宜。

【美丽乡村建设】 2017年，龙津镇完成《龙津乡村民俗文化生态旅游概念规划》编制，以供坊、俞坊、下窠、拔里、基头和暖水6个村为主线，打造龙津乡村民俗文化生态旅游带。完成总投资550万元的大路口村文化休闲公园、休闲步道工程和百亩花卉基地建设，以及总投资35万元的供坊村古戏台建设。完成以“真仙故里，问道下窠”为主题的省级美丽乡村重点整治村及配套设施建设。

【生态环境综合治理】 2017年，龙津镇做好迎接中央环保督察、省环保督察各项工作，开展生态环境综合治理攻坚行动。在大路口等4个村开展试点，建立“村级环境卫生志愿纠察队”，组织开展城乡卫生整治50余次，清理整治河道、河岸95千米、清运垃圾40余吨，为农户配备干湿分离垃圾桶3294个。拆除非法洗砂点4处，关停粘土砖厂3家。完成黄标车淘汰38辆。建成三格化粪池400个并投入使用。完成生猪标准化养殖场升级改造11家。加大“两违”专项治理，处置违建面积4.07万平方米，拆除腾出面积4.49万平方米。

5月2日，龙津镇党委书记巫扬辉一行到拔里村进行美丽乡村建设实地调研（龙津镇提供）

【土地确权】 2017年，龙津镇完成土地确权任务，涉及全镇101个村民小组2296户农户，完成合同签订小组93个，占任务92.07%。

【民生保障】 2017年，龙津镇落实国家惠农惠民政策，全额、及时兑现耕地保护补贴。做好全镇城乡居民医疗保险工作，参保18693人、参保率100%；城乡居民社会养老保险参保人数4883人，参保率95.53%；年末，全镇享受城市居民低保114户、196人，发放低保金96.84万元。农村居民低保125户、240人，发放低保金75.24万元。全镇特困救助供养56人，发放救助供养金40.73万元。全年开展就业创业培训2期166人，发放创业贷款280万元，劳动力企业用工转移3788人，城镇登记失业率控制在4%；落实失地农民生活补助人口3550人，享受60岁以上养老待遇人口2958人，完成农村住房叠加保险3100户。完成总投资100万元的桥下村造福工程集中安置区建设。实施下戈村造福工程百户点新村道路建设，完成投资1000万元，一期建设基本完成。

【落实惠民实事】 2017年，龙津镇推进严坊安置点等年度10件惠民实事建设。向上级财政部门争取“一事一议”项目80.5万元，涉及暖水村、大路口村、横溪村等6个村，建设内容涵盖公共活动场所、道路硬化、环卫设施、村庄亮化等内容。推进渔沧、翠园2个社区日间照料中心，蔬菜、横溪2个农村幸福院建设，完善提升长兴、凤翔

2个社区居家托养服务站建设。举办“半台戏”“贯彻十九大，幸福新龙津”等送文化下乡活动20余场。镇农产品检测中心建成投入使用。

【脱贫攻坚】 2017年，龙津镇发放扶贫小额信贷风险担保贷款445万元，扶贫资金38.90万元，危房改造资金6.10万元，完成造福工程易地搬迁21户、79人，落实危房改造5户。“雨露计划”培训65人。实施光伏扶贫计划，完成基头、俞坊、下窠、供坊4个贫困村光伏电站建设且并网发电，实现年度脱贫184人，供坊贫困村摘帽。

【社会治理】 2017年，龙津镇落实社会治安综合治理各项措施，完成中共十九大、厦门金砖会议等重要活动期间安保维稳工作任务。组织实施“七五”普法教育，开展法律“六进”活动，为18个村居聘请法律顾问。开展矛盾纠纷大排查，排查调处各类纠纷90件，调处成功90件，调解率100%。投入100万元，实施“雪亮工程”（以县、乡、村三级综治中心为指挥平台，以综治信息化为支撑、以公共安全视频监控联网应用为重点的“群众性治安防控工程”），新建城区高清视频监控40路、村高清视频监控9路，完成镇综治中心及网格化服务管理信息中心建设。开展防汛减灾、森林防火、禁毒巡查等工作，社会大局和谐稳定。

撰稿：罗芳

嵩溪镇

嵩溪光伏发电产业（陈汝辉摄）

【概况】 嵩溪镇地处县境东北部，位于北纬26°11′33″～26°21′01″，东经116°50′58″～117°01′31″。距县城20千米。东连温郊乡，南接嵩溪镇，西邻东华乡，北与宁化县接壤。是革命老区镇和国家级台湾农民创业园核心区，素有“豆腐皮之乡”美称。辖区面积187平方千米，其中陆地184.78平方千米，占98.81%；水域2.22平方千米，占1.19%。耕地面积1904.88公顷。

嵩溪镇矿产资源丰富，其中紫砂矿储量达2亿吨，钨储量达30万吨，北坑钨矿是世界最大的斑岩型钨矿；林木蓄积量54万立方米，盛产松、杉、毛竹等。嵩溪豆腐皮久负盛名，为国家地理标志保护产品。

旅游资源有被誉为“福建小武夷”的北斗山丹霞地貌风景区，客家先祖黄连镇将巫罗俊及巫氏墓群，苗木花卉休闲观赏和玄武岩。

省道204线贯穿全境，设有永宁高速公路互通口连接线，交通便利，是县北部重要商品集散地和商业贸易中心，商业发达。全镇辖建制村12个和新街社区居委会。2017年末，全镇总户数4367户，总人口17938人，其中男9204人、女8734人。

2017年，嵩溪镇以“稳增长、促改革、调结构、惠民生、防风险”为目标，经济社会保持稳中有进良好态势。全镇农林牧渔业总产值3.20亿元，比增5%；规模以上工业总产值26.68亿元，比增28.30%；固定资产投资11.48亿元，比增21%；财政总收入1291.52万元，比增21.36%；农村居民可支配收入19062元，比增9%。

【特色农业】 2017年，嵩溪镇粮食种植面积1824公顷，产量9305吨；烟叶种植面积186.60公顷，收购烤烟438吨。新增种植花卉面积33.33公顷，累计面积233.33公顷。发展特色农业，总投资1.85亿元的现代光伏农业产业园于6月末实现并网发电，全年发电量470万度，实现收入460.60万元。聚宏现代农业产业园、兰花繁育及种植加工基地、莲花山生态农业园等一批高标准特色农业项目有序推进。培育农业新型经营主体，年内新增农民专业合作社14家，总数达65家，新增家庭农场4家，总数达49家。推进农业改革，引导群众发展适度规模经营，完成土地确权登记3295户、面积1466.67公顷。新增新型林业经营主体13个。大力推广“福林贷”，全年新增贷款618万元。

【项目建设】 2017年，嵩溪镇结合市委“五比五晒”项目竞赛活动，全年谋划项目18个（亿元以上8个）、签约项目11个（亿元以上5个）、开工项目10个（亿元以上3个）、投产项目9个(亿元以上2个)、增资项目5个（亿元以上2个），生态免漆板、生物竹炭、雕塑家俱、扩建胶合板生产线等一批重点项目竣工投产。

【镇村建设】 2017年，嵩溪镇投入5000万元，完成嵩溪广场续建，中心粮食储备库，嵩溪法庭，伍家坊美丽乡村，和时州、阳坊美化亮化工程。水土流失综合治理、塘背文体活动中心及新街社区办公楼修缮项目有序推进，镇村基础设施及集镇功能逐步完善。投入150万元，完成镇区污水处理厂基础设施，投资45万元，实施污水管网建设；投入50余万元，完成镇区自来水预沉池建设及管网维修；投入35万元，完成元山村内部、外部组自来水改造，使全镇饮水安全进一步提升。全年累计投入900余万元，推进农村配电网系统改造项目，提升供电可靠性。

【生态环境保护】 2017年，嵩溪镇以中央及省市环保督察为契机，开展河长制、农村生活污水垃圾治理、黄标车淘汰、生猪养殖场升级改造、农村三格化粪池建设等工作。全年投入60多万元，出动300余人次开展百日攻坚行动，制止向河内倾倒垃圾、毒鱼、电鱼等破坏河流生态的行为60多次，整治养鸭场2个，河道水质和周围生态环境明显改善。投入45万元，配备垃圾摆臂车1辆、垃圾桶6000个，引导群众垃圾分类处理，逐步实现农村垃圾治理全覆盖。淘汰黄标车11辆，完成生猪养殖场升级改造2户。农村三格化粪池建设500户。

【社会事业】 2017年，清流三中考取一中12人。嵩溪中小获全县目标管理考评二等奖。投入380万元，完成中小教师周转房、围墙改造及三中、中小食堂“明亮厨房”改造工程。总投资1000万元的嵩溪第二中心幼儿园项目，完成项目前期工作。嵩溪中心敬老院建设项目重新启动，已在筹备生活设施设备采购及基础设施建设。

【精准扶贫】 2017年，嵩溪镇发挥豆腐皮和花卉孵化基地优势，着力解决贫困户缺资金、缺技术、缺动力等困难。开展光伏扶贫，为8户建档立卡贫困户贴息贷款建设6千瓦光伏电站项目，为5个贫困村各建30千瓦村级光伏电站1座，每年可实现村财增收近4万元。58户贫困户、215人全部实现脱贫。

【民生保障】 2017年，嵩溪镇完善自然灾害救助、最低生活保障体系，全镇城乡居民养老保险参保人数5339人，覆盖率93.32%，全年缴纳保费86.73万元，发放养老保险金2493人，金额302.30万元。城乡居民合作医疗参保人数15034人，参保率100%，缴纳医保金人数12963人，总额194.45万元。全镇享受农村低保122户、229人，城镇低保21户、28人，全年发放最低生活保障金87.48万元；累计发放救灾救助资金18万元、高龄补贴17万元、最低生活保障金115万元。

【平安建设】 2017年，嵩溪镇推进“平安嵩溪”建设，投入110余万元，完成涵盖综治办公室、网格化演示大厅及13路卡口监控的综治中心规范化建设。提升社会矛盾纠纷排查化解水平，全年排查各类矛盾纠纷70起，全部成功化解。加大禁毒宣传攻势和涉毒信息摸排工作，举办集中宣传活动4场，累计发放宣传单4560份，对全镇辖区内所有隐患点进行排查。完成重要节点安保维稳任务。落实安全生产责任制，开展安全隐患排查和专项整治活动。

撰 稿：邹远鹏

嵩口镇

【概况】 地处县境中部、安砂库区上游，位于北纬26°02′32″～26°12′38″，东经116°49′25″～117°00′54″，距县城17.80千米，省道307线贯穿南北，是清流工业重镇和中部商业贸易集散中心。辖区总面积227平方千米。其中陆地面积220.20平方千米，占97%；水域面积6.80平方千米，占3%。耕地面积1446.86公顷。主要河道有干流九龙溪，从县域中部由西北向东南过境，境内长23千米。嵩口电站坐落境内，拥有国家级地质公园暨国家AAAA级生态温泉度假区——天方悦潭。

2017年年末，全镇辖建制村12个和九龙社区居委会，总户数4396户，总人口18017人，其中男性9304人，女性8713人。

2017年，嵩口镇围绕“项目增后劲、产业助发展、旅游树形象、城建强基础、民生促和谐”工作思路，抢抓机遇、攻坚克难，全面推进生态文明、和谐美丽新嵩口建设。全年完成社会固定资产投资11.34亿元，比2016年增长13.40%。实现规模以上工业总产值15.30亿元，比增17.90%。农业产值2.30亿元，比增7.25%；农民人均收入17974元，比增11.30%。财政总收入1869.81万元，比增23.82%。

【工业】 2017年1月，嵩口镇引进浙江客商何建设促成鑫中天化工重组注册成立德兴源化工有限公司，总投资8000万元，占地面积4万平方米，建筑面积1万平方米，计划新开设年产2万吨白炭黑生产线1条，3月公司揭牌试运行，5月正式投产。9月，引进长汀客商朱联海创办森达木业有限公司，引进智能自动化木制品生产设备1套，主要生产指接板、生态板等木制品。年内，投资960万元，完成厂区平整硬化、钢架厂房及办公大楼建设。松燕木业扩建茶艺制品生产车间，购置30万元设备21台，新增厂区面积1.33公顷，于2017年12月获“国家高新技术企

3月26日，嵩口镇党委政府领导到德兴源有限公司指导工作（嵩口镇提供）

业”称号。全镇有工业企业39家，工业门类主要有林产化工、机械制造、水利发电等，其中规模以上工业企业18家。

【农业】 2017年，嵩口镇完成粮食种植面积2262公顷，粮食总产量11540吨，烟叶种植面积63.60公顷，烟叶收购156.37吨。完成高赖村面积133.33公顷高标准农田改造、围埔、沧龙村面积166.67公顷农田基础设施建设和沧龙村面积26.53公顷鱼塘标准化改造。嵩口和元鲜切花基地种植鲜切花面积4.67公顷，邱寨铁皮石斛基地新增温控大棚5个，其仙野牌铁皮石斛获第十三届海峡两岸林博会金奖和第九届中国花博会银奖。帮助本地客商杨文忠先生成立景佳农业生态有限公司，计划投资5000万元，在高赖寺坑新建集畜禽养殖、贵重药材种植及农业休闲观光为一体的生态特色现代农业园区。项目分二期建设，种植黄花倒水莲333.33公顷，山地林下养殖鸡鸭5000多只，发展蓝莓、桑椹采摘园近6.67公顷。一期已启动。全年全镇完成水稻种植保险面积1000公顷，落实保险理赔268户、8.40万元。

【旅游业】 2017年，嵩口镇举办十九届旅游及商品交易会。天芳悦潭温泉度假村全年接待游客10万余人次。清流温泉国家地质公园地质博物馆建设主体工程完工，进入布展。

【招商引资】 2017年，嵩口镇实施工业强镇战略，以“活老厂、引新产”为目标，积极引进化工、木材加工、环保制品、农产品种植等项目。全年组织招商8次，签约项目9个、落地项目3个。

【城乡建设】 2017年，嵩口镇完成总投资120余万元的立新村省级美丽乡村示范村建设，通过县级验收。完成2.63千米马排至苦竹坑道路拓宽、3.20千米大元至林寨路口道路硬化、梓材307省道至沧龙河前1.52千米道路拓宽，新建和元村红联桥、围埔村长墩洲桥实现通车。

【生态环境建设】 2017年，全镇配备10升干湿分离垃圾桶5000个，120升塑料垃圾桶80个；聘用卫生保洁员45名，完成600户三格化粪池建设。推进“河长制”，聘用河道专管员12名，对境内九龙溪、嵩溪溪、邱元溪实行“每日一巡查、每月一小清、一季一大清”动态式巡查管理。制作河长宣传牌72块及河长公示牌24块。全年开展大规模治理5次，打击取缔镇域内非法采砂点4处，依法拆除违规生猪养殖点11处。淘汰“黄标车”14辆。实施总投资150万元邱寨小流域水土流失综合治理项目。

【社会事业】 2017年，嵩口镇投资12.89万元，完成敬老院消防整改工程项目。完成总投资686.40万元的口嵩学校学生宿舍楼建设、“明厨亮灶”工程、学生宿舍楼用电线路改造、视频监控及一键式报警器、校园绿化、平安校园基础设施等项目建设。

【落实惠农政策】 2017年，嵩口镇开展“雨露计划”“电子商务”“科技扶贫培训”等技能培训5期，受益人口600余人。为全镇2879户农民发放三项补贴135.22万元。

【民生保障】 2017年，嵩口镇新增就业1373人，农村劳动力转移就业6859人；为2381人支付养老保险271.88万元。居民基本医疗保险参保人数14832人，缴费金额222.48万元；社会基本养老保险参保人数5353人，缴费金额72.41万元；全年为339人发放城镇农村低保金额81.72万元；完成造福工程易地搬迁36户180人申请审批，贫困户小额信贷75户365万元，全镇实现49户171人脱贫，高坑、沧龙贫困村摘帽。

【平安建设】 2017年，嵩口镇构建社会治安防控体系，完成综治网格化监控大屏系统项目建设和“雪亮工程”建设，新增高清摄像头13个，实现24小时监控；全年排查各类矛盾纠纷58件，调处成功56件，调处成功率96.60%。2017年12月，嵩口镇获“全省社会治安综合治理先进集体”称号。

撰　稿：肖映斌

长校镇

【概况】 长校镇位于县境西南部，位于北纬 25° 53′ 54″～ 26° 02′，东经 116° 40′ 01″～ 116° 50′ 18″。东邻灵地镇，西接里田乡，南连长汀馆前乡、连城四堡乡，北与田源乡接壤，距清流县城 42 千米，辖区总面积 141 平方千米。其中陆地面积 138.67 平方千米，占总面积 98.35%；水域面积 2.33 平方千米，占 1.65%。境内最大河流为长潭溪，长度 17.30 千米，自西向东流经境内河排、沙坪、黄石坑村，年均流量 15 立方米 / 秒。

长校镇是著名的革命老区镇、中国民间文化艺术之乡。“十番锣鼓”被列入省第三批非物质文化遗产名录。荷坑村瑀公庙被列为省级文物保护单位。

省道 204 线纵贯西部，交通便利，商业服务活跃，是三明市与龙岩市结合部的重要边贸古镇。境内拥有闽西北最大的寺庙群并被列入客家旅游专线景点的佛教旅游圣地一灵台山风景区。辖建制村 10 个和校溪社区居委会，有自然村 23 个，村民小组 92 个，2017 年末，全镇总户数 3721 户，人口 14516 人。其中城镇人口 3939 人，乡村人口 10577 人；男 7727 人，女 6789 人。

矿产资源稀少，是典型的农业大镇，有耕地面积 1083.15 公顷（乡镇数字 920 公顷），以粮食、烟叶、养殖业为主导产业。2017 年，全镇实现地区生产总值 5.70 亿元，比 2016 年增长 8%；规模以上工业产值 1.13 亿元，比增 8%；镇财收入 457.60 万元，比增 8.23%；农村居民人均可支配收入 17565 元，比增 9.20%。

【工业】 2017 年，长校镇规模以上企业 4 家，分别为三明市华美服饰有限公司、三明市飞翔生物科技有限公司、三明市灵台山茶叶有限公司、三明市丽宏服饰有限公司，实现工业产值 1.13 亿元，安置富余劳力 200 人就业。

【农业】 2017 年，长校镇粮食播种面积 1609.13 公顷，产量 7576 吨；烟叶种植面积 188 公顷，收购烟叶 378 吨，烟农创收 1290 万元。扩种葡萄面积 7.33 公顷、无花果面积 40 公顷、三叶木通面积 6.67 公顷。新引种台湾高产丝瓜面积 6.67 公顷。

【林业】 2017 年，长校镇成立黄石坑、黄坑、荷坑 3 个村级林业专业合作社，对林农授信 13 笔 260 万元，发放贷款 8 笔 80 万元。全年造林 7.30 公顷。

【水土流失综合治理】 2017 年，长校镇投资 100 万元，完成河排水土流失综合治理项目；投资 528.40 万元，完成校溪流域水土流失综合治理项目。做好总投资 3000 万元的长潭河（河排、沙坪段）流域治理 PPP 项目前期工作。

【农业基础设施建设】 2017 年，长校镇实施总投资 366 万元的江坊村土地整理项目。完成投资 477 万元的河排、茜坑、留坑 3 个村旧村复垦项目和投资 314 万元的黄坑土地开发整理项目，并通过上级部门验收。完成投资 90 万元的荷坑农田水毁修复项目。

【社会事业】 2017 年，长校镇投入 800 万元，完成长校中心幼儿园扩建，开展江坊完小、幼儿园项目改扩建前期征迁工作。投入 18.60 万元，动工建设长校卫生院中医馆。全面“二孩”政策平稳实施，计生服务水平稳步提高。投资 13.20 万元，完成江坊村文化活动中心标准化建设并投入使用。投资 4.50 万元，完善文化站气排球场、羽毛球场建设。开展“半台戏”公共文化服务巡回演出、“长校拔龙闹元宵”“十番锣鼓”等特色活动。投入 5 万元，支持十番锣鼓技艺传习。投资 4.60 万元，制作“中国民间文化艺术之乡、异彩纷呈的民间文艺、精湛实用的民间手艺”等 8 个文化宣传版面在文化墙及文化站进行展示。长校红军旧址群（长校红三十四师 101 团部旧址、红军医院旧址）成功申报为省级文保单位。投资 20 余万元，成功申报清流长校拔龙、长校客家服饰、长校打锡工艺为县级非物质文化遗产，已在争取申报省、市级“非遗”。

【灵台山风景区建设】 2017 年，

灵台山生态观光葡萄园（林旭煌摄，2017 年）

长校镇着眼景区整体规模开发，完善灵台山及周边沙坪等村总体规划，着力把灵台山建成集佛教寺庙群、客家文化园和美丽乡村“三位一体”的国家AAAA级以上旅游风景区。灵台山景区配套设施逐步完善，建成景区脚下生态农业观光园1处，开办民宿、农家乐2家。全年灵台山景区接待游客20余万人。

【集镇建设】 2017年，长校镇投资15万元，建设大型停车场1座，占地面积1000平方米；投资44万元，在广场建设图雕4块、字雕1块，占地面积100平方米；投资30万元建设高14米的阁楼1座，占地面积31平方米，及其他配套附属设施。投资10万元，实施校溪公园绿化工程。

【生态环境保护】 2017年，长校镇深化“河长制”工作，投资9万元，清理竹青背库湾陈年垃圾，编制“一河一档一策”，开展“三清”“六治”行动，实现镇、村级河（段）长全覆盖，达到“河畅、水清、岸绿、景美”目标。结合迎接中央环保督察和省、市“河长制”验收，开展联合整治行动6次，关停对环境造成污染的油脂厂1家，取缔禁养区生猪养殖场4家，按要求升级改造非禁养区生猪养殖场4家。按期淘汰黄标车7辆。进行农村生活垃圾污水治理，各村聘请保洁员、河道专管员负责村庄、河道日常卫生，建设三格化粪池450个，提升改造集镇污水氧化塘和排污管。投资165万元，完成留坑村百户点街道环境整治。

【民生保障】 2017年，长校镇推行城乡居民基本医疗保险和社会养老保险，参保缴费人数分别为10595人、4062人，缴费率99.44%、90.26%。开展“评选十佳孝子、模范好婆媳、孝亲敬老模范”活动（补充数据）。深化精准脱贫，采取产业扶贫、家门口就业、介绍务工等扶贫模式，建档立卡贫困户66户262人全部脱贫，河排村摘掉贫困村帽子。造福工程易地搬迁10户、49人；危房改造7户17人。建设河排、沙坪村光伏发电项目，增加村财收入。开展“百名领导干部、企业家关爱千名贫困群众”活动，落实帮扶资金20万元。

【落实惠民政策】 2017年，长校镇落实长校垄尾新村建设等10件为民实事。慰问百岁高龄老人并发放慰问金。过渡性生活救助91人次，发放救助资金10.15万元。完成灾后房屋重建3户，发放救灾资金10万元。发放种粮补贴和购置农机具等各项补贴143.60万元。

【土地确权】 2017年，长校镇完成土地确权合同签订小组数97组，占总小组数100%。

【社会治理】 2017年，长校镇发挥民间调解工作室作用，全年化解矛盾纠纷53起。开展安全检查37次，组织禁毒巡查1430人次，确保无生产或公共安全事故，建设“无毒乡镇”。

撰　稿：魏晓宇

灵地镇

【概况】 灵地镇地处清流县南部，位于北纬25°49′47″～25°59′17″，东经116°44′07″～116°52′14″。东接赖坊乡，南连李家乡，西临长校镇，西南与连城县四堡乡接壤，北邻田源乡，人民政府驻灵地村群英街52号，辖区总面积131平方千米。其中陆地128.77平方千米，占98.30%；水域2.23平方千米，占1.70%。耕地面积760.25公顷，县道大灵线和北沙线在镇区交汇，距清流县城55千米，连城县20千米，距冠豸山机场25千米、永武高速公路（文亨互通口）25千米，龙长高速公路（新泉互通口）60千米，赣龙铁路40千米，交通便利，是三明通往龙岩及广东的重要通道之一、县南部五乡镇和连城县北部乡镇商品交易的枢纽及商贸交易大镇。

灵地镇辖建制村14个和瑞云社区居委会，自然村46个，村民小组91个。2017年年末，全镇总户数3600户，总人口13160人，其中男性6997人，女性6163人。

2017年，灵地镇围绕全县“壮大总量、延长产业、做优财政、保持活力、惠及民生”工作重点和镇“农业稳镇，商贸旺镇，文化兴镇，生态美镇”的发展思路，较好完成各项任务。全镇实现工农业总产值5.52亿元，规模以上工业总产值3.30亿元；财政收入1235.10万元，比2016年增长8%；农民人均纯收入16357.60元，比增12%；完成固定资产投资11.60亿元，比增17%。全镇14个行政村、91个村民小组完成农村土地确权登记颁证工作。年内通过全省农村宣传思想文化工作示范乡镇考评。

【调整农业结构】 2017年，灵地镇种植烤烟面积632.07公顷，收购烟叶1296.15吨，实现总产值4264.4万元。上等烟比率63.78%，收购均价16.45元。烟农人均收入3090元，推广种植超级稻面积640公顷、机插秧面积190公顷；投入180万元，实施姚坊粮食产能示范片建设，建立超级稻粮食产能建设示范片面积203.33公顷、科技示范户70户。推广红荷芋、小米椒、红心地瓜等特色农产品种植。举办烟草、林业、农业、畜禽养殖等各类农业实用技术培训班12期，参训850余人次。推广“电商销售”模式，让红荷芋等特色农产品走入大城市餐桌。全镇拥有姚坊红荷芋、山地鸡养殖、农机、水利等农业专业合作社29家。

【林业】 2017年，灵地镇大力推广“福林贷”，成立村级林业专业

9月12日，县人大组织灵地片区县人大代表开展视察活动（县人大提供）

合作社9个，发放贷款128万元。

【招商引资】 2017年，外出自主招商4次，谋划千万元以上招商项目4个，引进项目6个，其中落地项目2个，达成协议项目4个，引进县外资金3397万元。

【弘扬传统文化】 2017年，灵地镇挖掘灵地文化资源内涵，做好"舞青狮"非遗项目申报；以"道德讲堂"和"北里好声音"民间文艺队伍为载体，以重大节日为契机，开展"走古事""七巧节""半台戏""孝亲敬老表彰会"等文化活动25次，推动文化事业和文化产业发展。

【集镇建设】 2017年，灵地镇以火车站建设为依托，科学编制集镇建设规划，合理布局商贸物流、产业发展、公共服务功能区。投资50万元，实施林山排市场整理工程，硬化停车坪2个，增设307个停车位；投资2.64万元，实施集镇街道标线工程，规范街道管理；投入120万元，实施灵地村廊桥及主题公园建设；投入280万元，完成邓家烟草站改建项目；投入24.90万元，完成镇综治中心"二厅四室"、纪委、瑞云社区等办公场所规范化建设；投入540万元，实施干部周转房建设；改造完成房屋立面140幢，铺设道路5.10千米，安装路灯97盏，修复排水沟2500米。

【社会事业】 2017年，灵地镇引进福州金桥学校，投入200万元完成校区改造一期工程建设项目，实现清流金桥学校当年开办、当年招生的目标。投入300万元，实施邓家学校学生宿舍楼建设项目，工程序时推进；投入1450万元，建设灵地中心幼儿园，主体工程完工，进入装修阶段。投入960万元，实施清流县总医院灵地分院病房综合楼建设，完成主体大楼建设。投入10万元，完善镇文化站基础设施建设；投入35万元完成社区全民健身综合运动场及配套设施建设项目。

【民生保障】 2017年，灵地镇镇新农合参保9372人，新农保参保4226人。新增低保22户46人，特困人员（五保户）4人。年末，全镇享受低保139户273人，发放低保金73.46万元。特困救助供养人员70人，发放救助供养金45.80万元。全年累计发放高龄补贴12.18万元，为496人发放残疾人生活补贴29.76万元，为442人发放残疾人护理补贴39.36万元，为3人发放残疾人创业补助款1.50万元；保障群众住房需求，改造农村危房45户，发放补助款46.75万余元。

【项目建设】 2017年年初，灵地镇确定重点建设项目22个，其中续建项目3个、新建项目19个，全部动工建设，完成投资4.10亿元，占年计划的111.50%。"五个一批"项目，完成谋划项目9个、签约项目6个、开工项目4个、投产项目4个、增资项目2个。

【美丽乡村建设】 2017年，灵地镇投入120万元实施尤坊甲村美丽乡村建设；投资79.60万元，建设姚坊、马寨等村3条道路，共计1.97千米；投资540万元，对步云等6个村级场所进行新建和修缮。实施南面集中供水、尤坊甲村自来水两项饮水工程，加强对自来水管网的管理和维护。

【农田基础设施建设】 2017年，灵地镇投入300万元推进左右干渠整修项目；投资80万余元，修复姚坊等5个村水渠，新建灌排渠5000米、拦水坝10座。投资122.26万元，用于姚坊、马寨等5个村的5处沟渠、3处机耕路建设，共计3.70千米。投入480万元实施步云等3个村土地整理项目建设。

【铁路征迁工作】 2017年，浦梅铁路设计规划途经灵地镇8个村，长约20千米，涉及征迁农户570余户，征用土地面积77.33公顷，其中耕地面积24.67、林地面积52.67公顷，坟墓223座、房屋28座。灵地镇本着"征迁一处，造福一片，稳定一方"原则，依法征迁、阳光征迁，处理各类纠纷100余件，帮助群众解决实际问题70余起，提前完成征迁任务，中铁二局、五局全线开工，期间未发生群访事件。

【精准扶贫】 2017年，灵地镇开展"雨露计划""春风行动"等扶贫济困活动，年内实现77户208名贫困人口脱贫，1个贫困村、6个空壳村脱贫摘帽。发放贫困户产业发展资金27.82万元，受益农户102户。投入199.75万元，完成13个村集体、38户贫困户光伏产业建设，完成“水电贷”100万元。林山排造福工程安置区基础配套设施建设已在组织实施。年内申报造福工程18户77人，已全部完工待验收。

【生态环境保护】 2017年，灵地镇投入专项资金20万元，组建30人的保洁员队伍，负责垃圾清理和河道清理；投入34.92万元，添置垃圾车1部、干湿垃圾桶2900个；投入31.75万元，建设垃圾中转站及附属工程；完成三格化粪池建设350个。开展“两违”整治工作，拆除“两违”面积1.70万平方米。开展“河长制”综合整治“五项行动”，聘请河道专管员6名，依法关停非法砂场；淘汰黄标车3辆。开展生猪养殖标准化升级改造和农业面源污染整治工作，拆除禁养区养殖场4家，升级改造11家。推进林业管护和改燃禁柴工作，实施封山育林、天然林保护等工程。

【社会管理】 2017年，灵地镇投入30万余元，实施“雪亮工程”建设，安装高清监控8个，高清抓拍卡口1个。开展“防风险保稳定，护航金砖会议，喜迎党的十九大”矛盾纠纷大排查、大调解专项活动，成功化解各类矛盾纠纷53起，年内未发生群体性上访事件。开展“七五”普法工作，聘请县法律服务所律师为常年法律顾问，推进“一村（居）一法律顾问”工作。落实“一岗双责”，加大对消防安全、食药安全、道路交通安全等重点领域排查整治力度，保障人民群众生命财产安全。坚持“打防结合，预防为主”的方针，推进禁毒各项工作。

撰　稿：黄晓东

赖坊镇

【概况】 赖坊镇地处县境东南部，位于北纬25°51′13″～25°59′04″，东经116°51′11″～116°57′59″。距县城56千米。东与永安市罗坊乡接壤，南邻李家乡、连城县，距县城27.60千米。西连灵地镇、田源乡，北与田源乡、沙芜毗邻。县道余李线纵贯全境。文昌溪蜿蜒流经官坊、陈家、赖安、赖武、南山、东山等6个村。辖区面积115平方千米，其中陆地面积113.48平方千米，占总面积98.68%；水域面积1.52平方千米，占1.32%。耕地面积1156.08公顷。赖坊镇是中国历史文化名村、中国传统村落、国家级生态乡镇以及台湾地区原任领导人马英九的福建祖居地。赖安、赖武村拥有明清时期古建筑50余座，堪称闽西客家古建筑“活化石”。南山村有500—1000年树龄的古樟树9株，大者树径8人合抱。琴源水库位于境内。

境内有省级森林公园——大丰山，建于宋代的顺贞道院坐落其中。拥有多种稀有珍贵物种，如长袍铁杉、红豆杉、娃娃鱼等。主峰棋盘山全县最高，海拔1705.70米。土特产有红衣花生、雪豆，颗粒饱满；姚家的西瓜和大蒜，以品质优取胜；东山村加工的草席远近闻名，故被外人称为“特产之乡”。

全镇辖建制村8个，村民小组71个。2017年年末，总户数2700户，总人口11883人，其中男性6326人，女性5557人。

2017年，赖坊镇主动对接全县区域发展和产业发展思路，围绕“文化旅游开发、生态产业发展、美丽乡村建设”工作重点和建设“美丽幸福新赖坊”奋斗目标，各项工作稳步推进。全年争取水土保持、生态建设、农田水利、古民居修缮及社会公共事业等上级各类专项资金补助2050余万元。实现农林牧渔业总产值2.56亿元，比2016年增长4.10%；社会固定资产投资10.10亿元，增长17.80%；新增限上商贸企业1家；新增规上企业1家，规模以上工业总产值4.55亿元，比增34.20%；财政收入1041.61万元（含体制补助和转移支付）；农民人均纯收入14870元，增长10.50%。

【农业】 2017年，赖坊镇新增茶园面积66.67公顷、高优水果

赖坊镇大丰山蛋鸡现代产业园（陈汝辉摄）

采摘园面积 66.67 公顷、花生面积 33.33 公顷、樱花面积 20 公顷。着力产业延伸，加快“322”（茶叶、油茶、花木、烤烟、花生、蛋鸡、鳗鱼）特色生态产业拓展深化。

【工业】 2017 年，台湾农民创业园赖坊核心区建设进一步提升，双秋茶叶、东方美人茶、智丰茶叶新建高标准茶叶厂房 4500 平方米，新增茶叶加工生产线 6 条，改造升级花生加工生产线，大丰山赖坊花生专业合作社被全国农民合作社发展部际联席会议办公室授予“国家农民合作社示范社”。

【第三产业】 2017 年，赖坊镇成功举办第二届福建 • 清流（赖坊）樱花文化旅游节，形成“樱花园－茶博园－古民居”一日游线路，赖坊生态游知名度持续提升；大丰山天霖文化园一期工程完成主体建设；千亩樱花基地精品示范园项目持续推进。商贸业加快发展，新增限上商贸企业 1 家，开展电商培训 2 期 127 人次，新增农村淘宝服务站 1 个。

【重点项目建设】 2017 年，赖坊镇按照“一图一平台”“一项一队伍”“一周一督查”的“六个一”要求，推进“五比五晒”项目竞赛，围绕总投资 16 亿、年度计划投资 5.03 亿元的 14 个重点项目，倒排工期，细化任务，完成年初目标任务。完成增资、技改项目 5 个，实现提产增效，其中大丰山禽业新增厂房 2 幢，养殖规模达 45 万羽，有机肥加工厂建成投产，被农业部列为畜禽养殖标准化示范场。古民居省保连片 7 幢已在修缮，完成真武庙、关帝庙、赖氏祖祠修缮，文昌溪贵安桥至大塘陂两岸古城墙动工建设。

【招商引资】 2017 年，赖坊镇主要领导率队赴泉州、厦门等地招商 5 次，落实招商项目 6 个，落地项目 5 个，其中总投资 2.80 亿元的悠然国农旅综合体项目完成用地租赁面积 33.33 公顷，以及南山茶博园木栈道、景观池、观景平台建设；台资企业元臻茶叶新建高标准厂房 2000 平方米，引进日本原装设备建成蒸青绿茶加工生产线；祥和坊生态立体种养小区建成投产；南美对虾养殖基地建成养殖及育苗基地面积 8 公顷；350 千瓦光伏发电项目建成投产。

【镇村建设】 2017 年，赖坊林业站动工建设，卫生院主体建筑完工，完成文昌街 24 幢新客家风格民居立面改造，信用社、畜牧兽医站建成投入使用，赖武、赖安新村雨污水管网等基础设施已在抓紧完善；实施陈家省级美丽乡村整治村、马坊省级库区移民整治点绿化美化。

【生态环境保护】 2017 年，赖坊镇落实“河长制”，投入 100 余万元，建成垃圾中转站。实行“户入桶、村收集、镇清运、县处理”农村垃圾处理模式，重点整治东山陈云岭垃圾填埋场，解决垃圾填埋难题。完成黄标车淘汰任务 4 辆，拆除生猪养殖场 4 家、升级改造标准化生猪养殖场 1 家，完成 621 户三格化粪池改造，南山村被住建部授予第四批美丽宜居村庄示范村，被三明市体育局、三明市老年人协会评为市级老年人健身康乐家园。通过引入社会资本，购买服务方式成立保洁公司，加强城管力量，加强集镇综合治理，集镇脏、乱、差，治理混乱现象有很大改善。

【民生事业】 2017 年，赖坊镇通过光伏扶贫、信贷扶贫、投资扶贫、量化折股、家门口就业、教育扶贫、兜底扶贫等方式，实现一户一策脱贫，2017 年实现脱贫 95 户 236 人，全镇贫困人口全部实现脱贫。落实精准扶贫四项任务，完成造福工程 108 人，完成扶贫小额贷款 311.10 万元，完成雨露计划培训 64 人，发放教育扶贫基金 5.03 万元。7 个贫困村、空壳村光伏电站建成并网发电，3 个村村财突破 10 万元，如期完成空壳村摘帽任务。南面乡镇集中供水工程投入使用，全镇基本实现供水。落实农机、粮补等各项惠农补贴 170 余万元。开展金秋助学活动，奖励帮扶困难学子 34 人，发放奖学助学金 2.92 万元。基本实现新型农村社会养老保险、医疗保险全覆盖。落实扶贫救助政策，做到应保尽保，至年末，全镇享受农村低保 139 户、272 人，发放低保金 71.26 万元；救助供养对象 39 人，全年发放救助金 26.01 万元。发放各种救济款 190 余万元。敬老院改造完成，并逐步完善基础设施，落实五保人员供养惠民政策。开展土地确权工作，推进农村“三项”（土地征收、集体经营性建设用地入市和农村宅基地制度）改革。落实“全面二孩”政策，推进诚信计生和特殊家庭帮扶，全年发放计生特殊护理费 3.30 万元。向上级财政部门争取“一事一议”项目 60 万元，涵盖公共活动场所、道路硬化、环卫设施、亮化工程等建设内容。

【社会秩序维稳】 2017 年，赖坊镇深化“平安赖坊”创建，完成“雪亮工程”建设，安装监控 18 路，打造网格化服务管理平台；设置“综治服务站”，下沉维稳重心，将矛盾纠纷化解在村、稳控在镇。全面抓好防汛抗旱、森林消防工作。全面落实安全生产“党政同责、一岗双责”，采取联合执法检查、专项检查、暗查暗访等多种方式，重点检查烟花爆竹、消防道路交通、“三合一”场所等 15 个重点行业领域，消除安全隐患，确保安全稳定。

撰　稿：赖　欣

林畲乡

【概况】 林畲地处县境东北部，位于北纬 26° 13′ 39″～26° 22′ 07″，

东经 116° 59′ 18″～117° 08′ 18″。东、东北面与明溪交界，南邻温郊乡，西接嵩溪镇，西北与宁化县接壤，素有清流“北大门”之称，为革命老区乡。享有“中国淮山乡”之美誉。上塘堀自然村存留有省级重点文物保护单位、省级国防教育基地毛泽东旧居——诒燕第。交通便利，省道204线由北向南贯穿境内，距清流县城35千米，距三明市区75千米。境内驻有福建省清流监狱。辖区面积114平方千米。其中陆地面积113.13平方千米，占总面积99.24%；水域面积0.87平方千米，占0.76%。耕地面积967.34公顷（乡镇数字840公顷）。

全乡辖8个建制村，53个村民小组，2017年，总户数1952户，人口7629人。其中男性3880人，女性3749人。是内陆新侨乡，出国人员约占总人口10%，主要分布在意大利、匈牙利、新加坡、荷兰等国家和地区。

林畲乡资源丰富，自然条件优越，属亚热带季风气候。山地9173.33公顷；是清流县主要产粮区和林区之一，木材蓄积量42万立方米，特色产品有淮山、茶叶、油奈、腊鸭，享有“中国淮山乡”之美誉。腊鸭是独具林畲乡特色的季节性农副产品，已注册“畲山腊鸭”商标。矿产资源有石灰石、高镁粘土、硅粉、玄武岩、钨等，尤其是石灰石储量丰富，达2亿吨，高镁粘土含量75%～80%。有丰富的冷泉资源，冷泉养殖的溪鱼享誉周边地区。

2017年，新增企业7家，全乡规模以上工业企业5家，农业龙头企业8家；实现农业总产值1.45亿元，乡镇企业总产值4.40亿元，其中规模以上工业总产值3.74亿元，全社会固定资产投资6.80亿元，财政收入692.15万元，农民人均纯收入19905元。

4月25日，林畲乡党委副书记、乡长赖旺发率队开展罗峰溪源头考察，探索源头共管机制（林畲乡提供）

【农业】 2017年，林畲乡推进粮食产能区增产增效，全年完成县级水稻新品种——“晶两优华占示范推广面积160.80公顷、新肥料辐射示范推广面积116.87公顷；3个水稻工厂化机插育秧示范村完成机插育秧面积17.33公顷，比手工插育增产15%。因地制宜发展“一花、两业、三薯”等特色农业，种植玫瑰、非洲菊、洋桔梗、多头菊等花卉面积80公顷，茶叶面积533.33公顷、苗木果树面积133.33公顷，甘薯、雪薯、木薯面积近33.33公顷，新建茶叶新品种示范园近面积13.33公顷。通过紫云英、豆科等绿肥种植、稻草回田等方式改良土壤面积120公顷。划定全乡基本农田面积936.20公顷，其中孙坊、石下村旧村复垦新增耕地（水田）面积1.63公顷。全乡政策性水稻保险参缴率85%，建成村级益农信息社4个、县级示范点1个，遴选农业科技示范主体30户，选派15户新型职业农民参加县级培训。完成53个村民小组、1525户农村土地确权登记工作，合同签订率100%。开展“福林贷”林业金融改革，新增经营主体13个。

【农田基础设施建设】 2017年，林畲乡投入21.40万元，修复曾坊水陂，兴建石下、曾坊、林畲、孙坊灌溉排水沟渠1.29千米。投入7万元，新增水源管道4.50千米，保障饮水安全。完成总投资893.09万元的林畲溪小流域治理，改善农业灌溉条件。完成总长5900米的岭官水库左右干渠建设，解决乡东南部饮水、灌溉难题。

【发展电子商务】 2017年，林畲乡开展电商培训170余人次，培育涉农电商从业者20余人和电商企业10余家，初步形成农业电子商务产业链。

【工业】 2017年，林畲乡工业企业7家，其中规模以上工业企业5家，实现规模以上工业总产值3.74亿元。

【项目招商】 2017年，林畲乡以“五比五晒”项目竞赛活动为抓手，全年实施竞赛项目29个，其中省级重点项目1个、亿元以上项目4个、开工3个、竣工2个。完成澳洲鳕鱼现代渔业产业园一期投资4100万元，建成高标准循环水设施繁育养殖厂房2个共1.20万平方米，养殖鳕鱼2.80万余尾。建设海峡花文化博览园，新建钢构大棚4000平方米。投入400万元，完善基础设施配套“硬”环境，协调解决澳洲鳕鱼产业园、海峡兰花文化博览园、知青农庄用地、用水问题。全年策划千万元以上招商项目 4 个，先后组织外出招商 6 次，签约玉华峡养生园、未来农场红色农业创客空间等项目 5 个，引进寿峰（闽台）现代农业园、玉华峡现代农业、清流鑫野茶叶 3 家企业落地，引进境内外招商引资项目资金 1.39 亿元。

【改善生态环境】 2017 年，林畲乡按照“保留乡村风貌、留得住青山绿水、记得住乡愁”总要求，结合省道 204 线美丽乡村景观带建设，开展农村生活垃圾污水治理专项行动，新建乡镇垃圾压缩转运站 1 座、垃圾池 18 个，新增公共垃圾桶 100 余个和有“红印林畲”标识的家用干湿分离垃圾桶 3000 个，并建立环境卫生长效保洁机制。完成三格化粪池式厕所改造 180 户，拆除禁养区猪栏 6 户 1742 平方米，完成生猪养殖场标准化升级改造 6 家。完成石下村龙津岩和舒曹村曹窠废弃采石场 2 处“青山挂白”治理。深化河长制工作，聘请河道专管员 4 名，实现乡级河长、村级河段长、河道专管员职能全覆盖，累计清除垃圾 300 余吨，清理河道近 20 千米。投入 220 万元，开展林畲、舒曹两村生活污水、垃圾分类治理，完成林畲“中央红军村”红色氛围改造、舒曹村绿色漫步道建设。新增舒曹、石忠村太阳能路灯 79 盏。淘汰黄标车 8 辆、拆除“两违”建筑 1 万平方米，完成率 100%。

【精准扶贫】 2017 年，林畲乡实行“以产业带动扶贫、以扶贫促进产业”，形成“产业发力、电商助力、基金给力”扶贫模式。为 25 户精准扶贫户贴息贷款 99 万发展生产；投入教育扶贫基金 2.94 万元资助在读贫困生 33 名；开展“福林贷”、计生扶贫，为 24 户计生家庭贴息贷款 95 万元；开展光伏扶贫，建成林畲、石下、曾坊、孙坊 4 个 30 千瓦村级光伏电站和 1 个 210 千瓦乡级光伏电站并成功发电。实施造福工程易地搬迁 5 户、14 人，改造农村危房 3 户。投入 10 万元，实施贫困残疾人安居工程。利用产业扶贫资金，引导林畲村、石下村、孙坊村分别与苏福茶业、怡达兰花、龙泉农林牧渔等 3 家公司进行村企合作，实施量化折股合作经营，促进村财增收。依托闽晖农业公司扶贫创业孵化基地，为贫困户无偿提供花卉钢架大棚面积 0.67 公顷，以及花卉种苗和鲜切花技术指导，并由公司包销，实现自我造血。实施“雨露计划”，选送 103 人参加专业技术培训。通过乡村旅游产业扶贫，资助贫困户 36 户，提供就业岗位 200 余个。通过“党建 +、结对 +、产业 +”的“三加联动”帮扶措施，全乡 48 户、194 人实现精准脱贫，石下村、孙坊村实现脱贫摘帽。

【乡村文化】 2017 年，林畲乡举办首届孝老爱亲模范表彰大会、“传承优良家风 构建和谐社会”“一座诒燕第 • 半部清流革命史”等专题讲座。成立林畲苏区如梦令文艺宣传队，编排《茶香林畲》等节目 27 个，开展唱好本地民歌《韭菜开花》、演好舞台剧《红印林畲》、讲好故事《毛主席在林畲》活动。倡导庙会新风移风易俗，农村攀比风、赌博、铺张浪费等现象减少。

【社会事业】 2017 年，林畲乡投入 102 万元，完成小学部教学楼改造及 6 间多功能室配备；投入 20 万元，完成学校生活区围墙拆建。投入 8.94 万元，开展奖学奖教、助学行动。开展计生“两非”和全面两孩政策宣传，深化计生优质服务，建成石忠、孙坊 2 个计生“六好”（加注）示范村，政策符合率 93%。推进林畲卫生院完成县医院总院一分院制改革，全年接诊病人 15285 人次，建立电子健康档案 5901 份，建档率 89.29%，六类重点人群规范管理率 97.20%，国家免疫规范接种率 98%，儿童健康管理率 90%。开展天康街机动车违停乱放重点整治，持续推进道路交通安全综合整治“三年行动”。开展安全生产隐患排查专项治理、“安全生产大检查行动”和“安全生产月”活动。

【民生保障】 2017 年，林畲乡实施城乡居民社会养老保险制度全覆盖，完成全民参保登记 1105 人、养老保险参保缴费 2787 人、参保率 96.35%，新型农村合作医疗参保缴费 4709 人、参保率 96%。至年末，全乡享受低保 50 户、98 人，全年发放低保金 29.14 万元。全乡特困救助供养 10 人，支付救助供养金 8.29 万元。全年发放各类补助、救助资金共计 170 余万元。

【维护社会稳定】 2017 年，林畲乡投入 10 余万元完善治安防控，实施综治网格化管理，实现重点区域监控全覆盖。成立综治宣传轻骑兵，深入开展“七五”普法，严格落实领导接访制度，调节矛盾纠纷 30 起，调处成功率 96.70%，信访案件化解率 100%。

【“红印乡野 • 漫步林畲”乡村旅游开发】 2017 年，林畲乡以“产业构建 + 美丽乡村 + 红色文化 + 乡村旅游”融合发展为主线，打造“红印乡野 • 漫步林畲”旅游品牌，以项目建设助推桂花特色小镇建设。新建旅游公厕 3 座，新增红军路“红印”路灯 9 盏，完成石下仙女峰登山步道建设，推进游客集散中心建设项目规划选址，实施林畲溪休闲景观漫道、1 千米迎宾路景观大道、6 千米红军路美化绿化和 10 千米生态茶园自行车骑道等乡村游项目建设。适应旅游发展需要，成立乡旅游办，完成毛泽东旧居解说员招聘工作，培训本土导游志愿者 10 名，培养宣讲员 5 名。投入近 30 万元，聘请专业团队编制林畲乡村旅游整体发展规划，完成林畲旅游Logo及标识牌系统设计。开展美丽乡村建设与乡村旅游融合发展专题培训，完成林畲乡旅游串词整理，开设“清新好林畲”微信公众号，策划发布旅游攻略。成功举办“6•10清新好林畲”一日游活动，推动旅游品牌化。成功举办为期6个月的“圆明重光”文化巡展，并与北京圆明园管理处开展深度文化合作共建。

【打造“三大”教育基地】 2017年，林畲乡发挥红色遗址群、中央红军村、中华桂花文化园、清流监狱等资源集中优势，先后投入？万元，推进红色文化、廉政文化、警示文化“三大”教育基地实施，成为三明市委党校、清流县委党校现场教学点和党性教育基地。全年接待“三大”教育参观3万余人次、其他游客6万余人次。

撰　稿：陈晓华

温郊乡

【概况】 温郊乡地处县境东北部，位于北纬26°09′39″～26°16′39″，东经116°58′15″～117°10′36″。距县城31千米，东与明溪县胡坊镇接壤，南邻余朋乡，西接嵩溪镇，北连林畲乡。永宁高速横贯全境、嵩余线纵贯西部。辖区总面积146平方千米。其中陆地面积145.43平方千米，占总面积99.60%；水域面积0.57平方千米，占0.39%。耕地面积374.99公顷。境内拥有省级生态保护区，以及珍贵树种——红豆杉，县级重点文物保护单位——梧地海会塔，始建于清代雍正丙午年六月间。乾隆壬戌年，改为石塔，塔5层，高16米。

全乡辖建制村4个，自然村22个，村民小组30个。2017年年末，全乡总户数1019户，总人口4500人。其中，男性2307人，女性2193人。

2017年，按照“工业壮实力、农业创特色、乡村提品位、民生促保障”的工作思路，攻坚克难，加快发展，全乡经济社会保持平稳较快发展。全年实现工农业总产值23.20亿元，其中规模工业总产值21.70亿元，比2016年增长26.90%；固定资产投资完成5.38亿元，比增3.50%；乡财收入571.50万元，比增5%；农民人均收入达16098元，比增11.10%。

【工业项目建设】 2017年，温郊乡氟新材料产业园第一期建设已建成两个平台面积22.67公顷，提供工业用地20公顷。平台边坡支护400米、生态挡墙800米、工业主路路基600米整理及其附属管网埋设等全面铺开，可满足企业入驻需求。建立“5+1”项目工作机制，解决金山萤石矿1号硐扩建、高宝七水硫酸镁生产项目遇到的问题。总投资800万元的第三板块稀土开发项目完工；总投资1500万的金山萤石矿环保设施改造提升项目竣工投入使用；总投资9300万的永福化工赤坑萤石矿生产项目、明胜萤石矿技改项目、高宝七水硫酸镁项目、金山1号洞扩建项目先后开工建设。

【兴泉铁路征迁】 2017年，温郊乡提前完成铁路沿线征迁工作，共征地面积31公顷（红线内面积15公顷、临时用地面积16公顷），拆除闲杂房12座1450平方米，迁移坟墓91座。调处化解矛盾纠纷30多起，确保铁路建设无障碍施工。

【特色农业】 2017年，温郊乡以现代农业和特色农业为抓手，发展花卉、苗木和生态养殖等特色农业，扩大产业基地，壮大产业规模。完成土地确权1024户、面积328.67公顷，为进一步实行土地流转奠定基础。年内新增花卉种植户5户，新增种植面积1.47公顷，全乡花卉种植面积14.67公顷。新增油茶种植面积333.33公顷；新建灵芝

7月26日，乡村干部进村入户开展精准扶贫户动态调研（温郊乡提供）

种苗繁育大棚面积 2 公顷，林下灵芝种植面积 4 公顷；培育种粮大户 10 户，流转土地面积 4175 公顷；完成生猪标准化升级改造 3 家，全年出栏生猪 1.80 万头。

【发展新型经营组织】 2017 年，温郊乡以普惠金融产品“福林贷”试点乡镇为契机，破解农民贷款难问题，全年新增林业专业合作社 4 家，率先完成 320 万元贷款任务，为农业新型经营主体发展提供资金支持。新增家庭农场 2 家；新增限上商贸企业 1 家、农村淘宝电商门店 1 家，带动电子商务从业人员 100 余人。

【农业基础设施建设】 2017 年，温郊乡投资 82 万元的小池村阳边垅粮食产能项目建设完工；投资 30 万元的小池基本农田保护项目完成河堤护岸底基浇捣，工程按序时进度推进。梧地村 100 余公顷土地开发整理项目进入项目评审。

【美丽乡村建设】 2017 年，温郊乡投入 17 余万元，聘请福州市规划设计研究院完成梧地村、桐坑村美丽乡村规划编制；投入 1.5 万元聘请福建省闽科工程顾问有限公司完成乡集镇主街道改造提升可研编制。投入 200 万元，对集镇主街道及政府大院进行改造提升，完成人行道铺设、围墙、污水管网、挡墙建设等主体工程；总投资？万元的柳池文化广场竣工投入使用；投资？万元，完善柳池小区二期新村基础设施建设；筹集 150 万元，重建或修缮村部 4 个。投资 60 万元，完成桐坑村道路、自来水管道铺设；投入 300 多万元实施 4 个“一事一议”项目和新建梧地村鲤鱼山桥，改善偏远自然村群众生产生活条件。

【招商引资】 2017 年，温郊乡组织到浙江、广东、江西、闽南等地招商 5 次，对接企业 13 家，与福建胜发科技、杭州本樽科技等 5 家企业签订总投资 2.8 亿元的氟盐系列生产项目和中药材种植、铜导体加工项目合作框架协议，为延伸氟化工下游产业链及发展林下经济奠定基础。

【环境治理】 2017 年，温郊乡按照中央环保督查、河长制和创省级文明县城等工作要求，加大环境卫生整治投入，全年投入资金？万元，建设垃圾中转站 1 座，在集镇区域和每个村配备移动垃圾箱和干湿垃圾桶？个，聘请河道专管员 4 名，维护日常管理工作。组织乡村干部、保洁员等进行全乡环境整治、垃圾清运。加大“两违”拆除力度，拆除“两违”面积 1 万余平方米。

【生态保护】 2017 年，温郊乡重点整治工业企业污染、畜禽养殖污染、非法涉砂行为、小水电生态治理、农村生活污水垃圾治理。2017 年，氟新材料产业园生态护岸建成 800 米，高宝、永福新植油茶面积 73.33 公顷，防治水土流失。总投资 220 万元，的完成生猪规模养殖场标准化升级改造 3 家，拆除环保未达标养殖场 1 家；建立生态公益天然林保护制度，砍伐指标逐年减少。依法取缔非法采砂 3 家，落实陈家园电站最小生态下泄流量。修复人工湿地污水管网，完成省重点督办的三格化粪池建设项目 80 个，淘汰黄标车 7 辆。

【民生事业】 2017 年，温郊乡总投资 350 万元的温郊卫生院综合门诊楼竣工投入使用。落实计划生育政策，89 户符合条件的二女户、独女户全部享受新农合缴费补贴政策。开展计生宣传活动 7 场，培训讲座 8 场次。全年查处“两非”案件 1 起、政策外生育立案 5 例、征收社会抚养费 2 例、2 万元。

【社会保障】 2017 年，温郊乡新型农村合作医疗参保 3851 人，参合率 95%，全年征收新型农村合作医疗基金 57.66 万元。全民参保登记率先提前完成，城乡居民养老保险参保？人，参合率 90% 以上。发放城乡低保、特困资金 25.70 万元。民政救灾救助、补贴各类资金 27.80 万元。全年支出水稻保险、种粮大户补助、农业支持保护补贴等资金 43.10 万元。落实“春蕾计划”“两癌”母亲救助、女性安康保险等工作，发放补助救助金 3.60 万元。

【精准扶贫】 2017 年，温郊乡发放财政专项扶贫资金 125.23 万元，组织 38 名精准扶贫户参加“雨露计划”培训，落实小额信贷 82 万元，实施造福工程（含易地搬迁），47 户 234 人喜迁新居。投入 100 余万元，实施桐坑贫困村道路硬化、光伏发电项目。对每户贫困户精准施策，指导和扶持他们从事特种养殖，家门口就业，发展林下经济、豆腐皮加工，实现增收目标。全乡 24 户、94 人实现脱贫。

【平安建设】 2017 年，温郊乡分别与各村、部门、企业签订社会治安综合治理目标责任书。实施“雪亮工程”，新增高清监控卡口 4 路，实现主要路口、重点部位监控全覆盖。抓好安全生产大检查、大排查、大整治、重点行业（领域）专项整治、构建双重预防工作机制等工作，全年开展企业矿山、道路交通、食品、森林防火等安全生产检查 100 趟 351 人次，未发生重特大安全事故。

【尊师重教】 2017 年，温郊乡通过教育均衡发展国家检查。2016—2017 学年度温郊中心小学教学成绩在全县各乡镇综合排名第二。总投资 1300 万元的温郊中心小学综合教学楼、学生宿舍、食堂、幼儿园项目及塑胶跑道、操场等附属设施建设完工投入使用。开展“金秋助学”活动，为 19 名大学新生发放助学金 1.30 万元。9 月 6 日，召开庆祝第33个教师节暨表彰大会，表彰先进教育工作者、优秀班主任、优秀教师13名。

【孝亲敬老】 2017年10月27日，温郊乡召开表彰大会，表彰“孝敬公婆好媳妇”和“孝亲敬老道德模范”10名。

【成立归国华侨联合会】 2017年11月9日，温郊乡召开第一次归侨侨眷代表大会，市侨联主席关文良、县委常委、统战部长马方明、县侨联主席张岐山、乡党委书记肖仓满及归侨侨眷共40余人出席会议。会议选举出温郊乡侨联第一届领导班子，并举行揭牌仪式。

【文化生活】 2017年，温郊乡举办“半台戏”文化下乡汇演活动。11月30日晚，举办以“歌颂新时代、展现新风采”为主题的歌咏比赛，来自各村、企业及乡直机关干部的18名选手参赛，9名获奖。

撰 稿：严 超

余朋乡

8月25日，余朋乡党委书记邹雄到蛟坑村食用菌基地调研（余朋乡提供）

【概况】 余朋乡位于县境东北部，位于北纬26°02′17″～26°11′35″，东经116°57′19″～117°10′29″。东与永安市、明溪县接壤，南连沙芜乡，西接嵩口镇，北邻温郊乡，距清流城关24.50千米，距永安市区68千米，省道307线过境南部。乡人民政府驻余朋村云鹏街1号。

境内矿藏资源丰富，种类齐全，点多面广，属“八闽矿产第一乡”。已探明矿藏有煤、锌、铅、银、锰、硫铁矿、稀土、莹石、地热等18种。矿冶业为该乡经济发展的重要组成部分。余朋乡东坑村具有深厚的历史文化底蕴，素有文化村之美誉。辖区面积174平方千米，其中陆地面积172.75平方千米，占总面积99.28%；水域面积1.25平方千米，占0.72%。耕地面积581.84公顷。2017年，辖建制村5个、自然村31个，村民小组43个。其中太山村为畲族村。全乡总户数1529户，总人口6019人，其中男性3165人，女性2854人。

2017年，余朋乡按照“突出工业、做特农业、突破交通、做美乡村”工作思路，全乡上下一心，开拓进取，不断夯实农业基础、推进工业经济、改善社会民生，全力推进美丽乡村建设，全乡实现工农业总产值9.27亿元，比2016年增长9%；农业总产值1.83亿元，比增9%；规模以上工业总产值6.44亿元，比增10%；全社会固定资产投资8.51亿元，比增3.15%；农民人均纯收入达17783元，比增9%。

【工业】 2017年，余朋乡重点推进宏鑫矿业有限公司的白岭萤石采选项目，完成生产厂房建设及探矿增产项目；加快鑫盛辉矿业公司的马坑萤石矿勘探开发力度，形成萤石年产10万吨能力。推进鑫福木业投资300万元改建生产厂房和新增竹胶板生产线项目。庆峰木业投资35万元，新增生产线1条，10月建成投产。

【农业特色产业】 2017年，余朋乡引进清流县昌润生态渔业有限公司，投入资金300万，规划建设占地4公顷的美洲鳗养殖基地，完成项目前期筹备工作。突出抓好百香果、猕猴桃、珍稀苗圃（桢楠、荷木、枫树、闽楠）、福建山樱花、美洲鳗养殖、食用菌等“六大基地”建设，规划种植油茶面积100公顷、茶叶面积20公顷、林下种植珍稀树种面积46.67公顷。同时以天芳悦潭、九龙湖开发和东坑村获批省级“传统村落”为契机，开发农家乐、果蔬采摘园等休闲旅游观光路线，促进生态旅游和特色农业融合发展。鼓励农民组建家庭农场、专业合作社及互联网电商平台，发展形式多样的产品销售渠道，帮助农户成立三明市惠美生态农业有限公司并成功入驻天猫电商平台，月销售额达20万元。

【乡村建设】 2017年，余朋乡抓好“一带三区”建设，投入300万元，完成金宝小区第一期水、电、路、绿化、亮化等基础设施建设，实施垃圾转运站等项目建设。投入70余万元，开展东坑美丽乡村建设，包括污水管网改建、雨污分流、环境卫生整治和桂园新村美化亮化工程。

【生态环境整治】 2017年，余朋乡聘请河道专管员7名，对全乡河流开展河流卫生清理，以流域为单元，划定水源保护区，指派专人巡查管护并制定“一河一档一策”工作制度；开展生活垃圾专项整治行动，投入80余万元完成垃圾转运站建设、购买垃圾转运车和干湿分离垃圾桶等环境治理设施设备；加大工业企业废水、居民生活污水治理力度，推进节能减排，实施节能技术改造，确保工矿企业达标排放。按期完成黄标车治理任务，淘汰黄标车5辆。

【社会事业】 2017年，余朋乡投入1265万元，完成余朋中心幼儿园建设、加大扶持太山畲族村力度，打造畲乡文化特色品牌，成功举办第二届“太山畲族风情旅游文化节”，吸引3000余人前往观光旅游。

【基础设施建设】 2017年，余朋乡投资1850万元，完成汶溪至东坑道路改建工程和新桥坂至芹溪道路改建工程并通车，实现南北贯通。投资3000万元，实施里沙坪35千伏主线变电站扩建工程。投资290万元，实施太山村炭山桥及工区桥危桥改建工程、投资45万元，实施基本农田保护工程建设。投资290万元，实施梦溪移民新村后山边坡治理和造福工程基础设施建设等项目。

【民生保障】 2017年，余朋乡参加农村新型城乡居民社会保险2142人，参保率96.55%，参加新型合作医疗5189人，参合率99%。

【精准扶贫】 2017年，余朋乡完成11户56人造福工程易地搬迁任务，帮助芹溪村完成精准扶贫工程——光伏发电项目，实现10户精准扶贫户户均年收入4000元，村财增收3万元以上，芹溪村脱贫摘帽；完成建档立卡贫困户20户、61人脱贫任务目标，实现全面脱贫。

【招商引资】 2017年，余朋乡参与全县“五比五晒”项目竞赛活动，外出招商4次，兑现扶持经济发展等一系列惠企政策措施，引进清流县鑫和竹业有限公司和清流县昌润渔业有限公司到余朋投资建厂。全年完成项目签约6个，投资总额4.1亿元。策划1000万元以上项目7个。

【平安建设】 2017年，余朋乡落实综合治理、安全生产、森林防火等工作责任状。投入33.07万元，建成“雪亮工程”联动网络即公安监控系统10路。抓好道路交通、非煤矿山、烟花爆竹、危险化学品、校园安全等重点领域安全专项整治工作。开展禁毒工作，实行禁毒巡察每15天报告机制。2017年全乡无重特大安全事故、无群体性事件发生。

撰　稿：邱燕宏

田源乡

【概况】 田源乡位于县境中部，九龙溪上游，位于北纬25°58′20″～26°05′59″，东经116°45′12″～116°55′19″。东与沙芜乡接壤，东南、东北分别与赖坊乡、嵩口镇相连，南、西南分别邻灵地镇、长校镇，西北与龙津镇、宁化县安乐乡交界。距县城32千米，连城机场51千米。交通便捷，县道大灵线（大路口至灵地）纵贯全境。辖区面积114平方千米，其中陆地面积112.35平方千米，占总面积98.46%；水域面积1.75平方千米，占总面积1.54%。耕地面积588.91公顷。

全乡辖建制村4个、自然村26个、村民小组38个。2017年年末，辖区总户数1614户，总人口6691人，其中男性3504人，女性3187人。

2017年，田源乡围绕建设“幸福田源”奋斗目标，突出产业特色，提升科技含量，延伸产业链条，加快产业立体化、互融式发展，把工业做活、农业做优、三产做深，实现产业发展转型升级。全乡实现农林牧渔业总产值1.58亿元，比2016年增长5%；规模以上工业产值6.90亿元，比增5.90%；农民人均纯收入20155元，比增9%；社会固定资产投资8.51亿元，比增11.90%。

【工业】 2017年，田源乡按照去产能、去库存与供给侧结构性改革的目标要求，全面封闭小煤矿和废旧煤矿，推进罗口煤矿“9扩15”扩建项目建设。实行工业企业与商贸流通相结合，延伸工业产业链，提高工业产品附加值。引进罗口煤矿煤矸石销售有限公司、三杉木业工贸有限公司、润君贸易有限公司3家工贸企业。

【农业】 2017年，田源乡粮食播种面积866.67公顷，粮食产量0.45万吨，烤烟种植面积80公顷、收购烟叶150吨。以永明园艺为龙头，引进高校技术资源和先进设备，建立罗汉松基因库，建设创意盆景园，大力发展精品罗汉松种植。完成创意盆景钢架厂房1座，及面积66.67公顷罗汉松种植基地喷滴灌设施建设。发挥宏硕白鹜鸭养殖基地辐射带动作用，引进白鹜鸭自动化孵化设备，建成孵化厂房1座，新增白鹜鸭养殖3万只，形成全乡年产白鹜鸭10万只养殖规模，产品大部分进入广东、厦门、泉州等地大超市，白鹜鸭及鸭蛋销售供不应求。推进廖武毛竹产业的工业化生产，引导成立廖武毛竹制品及竹笋加工企业3家，提升毛竹产业的深加工水平。投入137.60万元，加强全乡机耕路和水渠、水陂建设，完成田源村烟田基础设施改造工程。

【“五比五晒”项目竞赛】 2017年，田源乡充实项目储备，谋划亿元以上“五个一批”入库项目4个，千万以上项目3个，实施县重点建

4月19日，乡长郑晓青到田口村进行桂溪开发调研（田源乡提供）

设项目14个，其中续建项目4个，新开工项目10个，累计完成投资3.9亿元，完成田源白石尾至沙芜白塔公路改建主体工程。

【招商引资】 2017年，田源乡多次组织招商组到浙江、江苏、福清、长乐、泉州等地招商引资。与福建晟铭建设有限公司、福建畅跃建筑工程有限公司、三明宏凯建材有限公司3家企业签订协议并落地发展。

【乡村建设】 2017年，田源乡按照“因地制宜、体现特色、打造精品”的要求，规划建设田源铁路安置区百户示范点，促进美丽乡村建设有内涵、上档次、品味高。完成新村省级美丽乡村整治和38户新房建设，完善水、电、路等基础设施建设。

【生态环境保护】 2017年，田源乡推进河道清淤和治理，加快创面绿化和生态修复。实施“四绿”工程，完成造林绿化面积86.67公顷。落实“河长制”和“水十条”，抓好水土保持，净化流域水体。发挥12名“乡河长、河段长、河道专管员”巡河、护河作用，开展田源溪河道大清理，实施两岸“源头治理”，拆除生猪养殖场3家、捞沙设备2处。投入资金360万元，建设廖武至田口段河堤护岸2.30千米，排洪沟0.90千米，机耕路1千米，蓄水池4口，排水涵洞2处。实施农村生活垃圾污水治理，全乡设置120升大垃圾桶150个，配备干湿分离垃圾桶2070个。推进环境基础设施建设，投入40余万元建设垃圾中转站，配套20万元资金，购买专业垃圾转运车辆？辆，建设三格化粪池200个，强化农村垃圾、畜禽养殖、农业面源等污染防治，改善生活垃圾污染水资源问题。开展“两违”专项治理，完成拆违13宗，拆除违建面积1.02万平方米。

【民生事业】 2017年，田源乡投资14万元，改建田源乡敬老院消防设施设备。健全农村居民健康档案，提高全乡居民健康水平。培植廖武“武术”“戏曲”等民俗传统，投入10万元修缮廖武戏院及添置配套设备。发挥田口老年歌舞队、福源春韵歌舞队在农村文化建设中的作用，丰富群众精神文化生活。实施惠民工程建设，抓好田口凉亭至墩上桥机耕路道路硬化工程、田源村南头陂至桂隆桥两岸河堤建设、铺设廖武石公桥至大塘坑桥水泥路、建成集镇垃圾周转站等10件惠民实事。

【社会保障】 2017年，田源乡实现城乡居民社会养老保险、医疗保险制度全覆盖，参加养老保险2202人，参保率达91.75%，为1045名符合条件的60周岁以上群众发放养老金129.60万元。新型农村合作医疗参保农民5572人，参合率100%。新增农村劳动力转移就业人数112人。农村低保面进一步扩大，农村困难群众基本实现“应保尽保”，全年发放低保金20.10万元。落实粮食直补面积384.03公顷，发放补贴款52.95万元。

【扶贫工作】 2017年，田源乡以产业发展带动农户致富，推行“公司+合作社+脱贫户”模式，因地制宜发展畜牧养殖、山场竹林、烟叶、油茶种植等产业。重点引导宏硕生态农业发展有限公司支部开展“公司+脱贫户”扶贫机制，为贫困户无偿提供鸭苗、疫苗、技术指导，帮助贫困户加快脱贫进度。发展光伏发电项目扶贫，35户精准扶贫户共安装324.50千瓦装机容量，每户贫困户年均纯收益可达4000～6000元。为39户贫困户发放小额贷款202万元。持续开展技术帮扶活动，举办“雨露计划”培训2期，惠及43人次。投入资金45万元，实施田口贫困村基础设施建设，投入田口、廖武2个贫困村村财增收扶贫项目资金总计89.40万元，发放贫困户产业扶贫资金15.20万元，全乡44户贫困户？人已全部完成脱贫。

【综治维稳】 2017年，田源乡落实综治平安工作，做好信访工作，落实领导干部接访，化解矛盾纠纷，全年参加接访乡党政领导156人次，接待来访群众2批次、47人次，办理信访件7件。全乡无越级上访、集众上访事件发生。落实禁毒巡查工作，狠抓安全生产，定期开展安全生产大检查、“打非治违”重点行业领域专项整治行动及食品药品卫生安全监督，加强道路交通安全综合整治，抓好防汛、防火及农用车辆管理工作，全年无重特大安全事故发生。

撰　稿：刘海明

李家冷泉黄昏美景（陈汝辉摄）

李家乡

【概况】　李家乡地处县境最南端，位于北纬 25° 46′ 53″～25° 53′ 09″，东经 116° 46′ 15″～116° 54′ 38″。北接赖坊乡，东与连城县塘前乡接壤，西、南两面邻连城县北团镇，西北与灵地镇相连。县道大灵线、余李线过境。距清流县城 65 千米、连城冠豸山机场 20 千米、赣龙铁路冠豸山火车站 35 千米，距省道 204 线 10 千米。辖区面积 75.10 平方千米。其中陆地面积 73.52 平方千米，占总面积 97.89%；水域面积 1.58 平方千米，占 2.11%。耕地面积 825.49 公顷。

全乡辖建制村 8 个，自然村 38 个，村民小组 83 个。2017 年年末，全乡总人口 3436 户，13066 人。其中男性 6176 人，女性 5378 人 。

2017 年，李家乡主动适应经济发展新常态，围绕“冷泉小镇，美丽李家”的目标定位、按照打造“休闲旅游度假地、现代渔业养殖地、特色农业种植地、冷泉文化体验地”工作思路，突出产业特色，统筹乡村发展，增进民生福祉，全乡呈现社会和谐稳定、经济健康发展局面。实现规模以上工业总产值 2.50 亿元，固定资产投资完成 3.90 亿元，财政收入 784.74 万元，比 2016 年增长 48.98%，人均纯收入 16468 元，比增 11.50%。

【农业】　2017 年，李家乡加强农业科技支撑，每月定期举办农技员技术培训 1 次。壮大村办企业，提高农业生产组织化、规模化程度，村办企业总数 2 家。粮食、烤烟生产稳中有增，水稻产量 6957 吨，完成烤烟收购 615 吨。

【工业】　2017 年，李家乡开展“五比五晒”项目竞赛活动，新增亿元以上“五个一批”入库项目 1 个，实施重点建设项目 15 个，冷泉开发、鳗鱼养殖等 12 个项目建成投产或部分投产。

【浦梅铁路李家段征迁工作】　2017 年，李家乡制定《李家乡铁路建设红线严控范围巡查方案》，组织乡村干部，每周 2 次对铁路项目沿线建设红线范围内的李村、河背等村进行巡查，管控抢建、抢种等违法违章建设行为，确保浦梅铁路李家段征迁工作顺利进行。全乡成立铁路征迁小组 4 个，完成浦梅铁路李家段 4 千米沿线红线内土地征迁 9.12 公顷、迁移坟墓 80 座。

【乡村旅游开发】　2017 年，李家乡探索政府投资主导、群众参与的冷泉乡村旅游开发模式，以乡政府资金投入为主，努力打造“冷泉水乡”主题的乡村休闲旅游品牌。启动“冷泉 +”项目建设，从水上乐园、陆地游玩项目、文化、花海、美食民宿 5 个方面入手，有序开展扩大湖面、冷泉清淤、裸房整治、景观建设等工作；融入李家本土文化，依托“五经魁”文化、李氏文化、冷泉故事、现存古建筑等特色文化资源，提升冷泉旅游内涵。

【土地经营权确权】　2017 年，李家乡成立农村土地承包经营权确权登记颁证工作协调小组，制订出台《李家乡关于农村土地承包确权登记颁证工作的实施方案》，完成 8 个村的土地确权工作，进入颁证、档案整理阶段。

【美丽乡村建设】　2017 年，李家乡投入 99 万元，实施以吴家村为重点村的美丽乡村建设，完成道路绿化 500 米、建设氧化塘 4 座，裸房整治 1200 平方米，铺设排污管 2500 米，投放垃圾桶 1000 个。

【基础设施建设】　2017 年，李家乡实施集镇建设，把集镇当景区建，完成集镇主街珠山路改造、路灯安装，推进一河两岸景观带建设，完成罗口溪 4 千米护栏建设和护岸道路铺设。完成吴家至流水、李下线、李家至鲜水等道路硬化4条。完成长灌村、古坑村、李村路灯安装，修建左右干渠等水渠11.30千米。

【社会事业】 2017年，李家学校教学楼竣工投入使用，李家幼儿园开工建设。加快健康李家建设，完成基本公共卫生服务建档1.18万人，免费体检1100人，开展健康宣传教育9场次、受益500人。成立清流县五经魁文化研究会，完成鲜水冷泉周边五经魁展览馆修缮。投入10万元完成文化站搬迁，完善公共文体设施。

【生态环境综合整治】 2017年，李家乡新增各村垃圾清运员32名，垃圾车2辆，发放垃圾桶6600个，建设三格化粪池500个，生猪养殖标准化升级改造13家。严厉打击河道非法采砂，关闭采砂厂1家；完成造林绿化面积163.33公顷，其中乡村景观林面积2公顷。全面深化河长制工作，编制“一河一档一策”，选聘10名河道专管员，实现所有河段巡察整治全覆盖，河道卫生明显改善。全年淘汰黄标车8辆，拆除两违建筑10040平方米。

【水土流失治理】 2017年，李家乡投资1000余万元，完成长灌河心岛公园项目建设，成为省级水土流失综合治理的样板项目。

【落实惠农政策】 2017年，李家乡兑付粮食综合直补、粮食良种补贴、计生奖励、改燃禁柴补助、教育“两免一补”等惠农补贴？万元；兑付涉农保险理赔42.80万元。宣传农业水稻保险制度，保险参保农户3406户次，水稻保险面积764.80公顷，保险总额13.77万元。

【精准扶贫】 2017年，李家乡投入113.84万元产业扶持资金，帮助贫困户发展种养业；扶持55户贫困户发展光伏产业，建设贫困村村级光伏电站，已全部建成并网发电；全年实施雨露计划培训2期、81人；招聘公益性岗位5人；今年实现112户、264人脱贫。

【民生保障】 2017年，李家乡新农保参保人数9388人，参保率100%；全乡新农合参合人数3680人，参合率98.60%；关注低收入人群、困难家庭、残疾人士及其他福利供养（或政策救济）对象的生计生活，全乡享受低保116户，198人，发放低保金59.59 万元；特困人员救助供养 47人，救助金33.15万元。全年发放各类困难补助救济款153.40余万元。

撰稿：叶鑫

里田乡

【概况】 里田乡地处县境西南部，位于北纬25°56′26″～26°03′29″，东经116°38′17″～116°45′03″。东、东南面邻长校镇，西、西南部接长汀县馆前镇，北与宁化县安乐乡交界。为革命老区乡。省道204线自北向东穿境而过，距清流县城29千米、连城机场45千米、长汀火车站60千米，交通便捷。辖区面积73.47平方千米，其中陆地面积72.02平方千米，占总面积98.03%；水域面积1.45平方千米，占1.98%。耕地面积695.33公顷。

辖建制村7个，自然村28个，村民小组51个。2017年末，总户数1933户，总人口6969人。其中，男性3663人，女性3296人。

2017年，里田乡围绕建设“宜居宜业幸福新里田”目标，凝心聚力，攻坚克难，经济社会平稳发展，全乡实现地区生产总值4.35亿元，比2016年增长8.50%，其中农林牧渔业总产值9948万元，比增8.30%；工业总产值3.20亿元，比增8.60%；固定资产投资完成2.03亿元，比增8.50%；乡财政总收入473.51万元，比增5%；农民人均纯收入16163元，比增8.10%。信用社年末储蓄存款余额9884万元。

【农业】 2017年，里田乡烟叶种植面积202.13公顷，收购烟叶39.29吨；粮食播种面积1039.33公顷，产量5518吨，建立机收再生稻重点示范片4片，面积33.33公顷，发放杂优种子940千克。在稳定烤烟、水稻生产同时，培育壮大盆景葡萄、胡蜂、观赏鱼、猕猴桃等优特农业8家。引导成立家庭农场3个，建成工厂化机育插秧示范点1个。文达农机专业合作社被福建省供

红竹民宿（里田乡提供）

销合作社联合社授予2017年度全省供销社系统农民合作社示范社。

【工业项目建设】 2017年，里田乡实施源益木业、范阳竹业技改转型，建成年产生态木质板40万平方米，竹地板18万平方米、竹菜板6万平方米生产线并投产使用；引进世香香业有限公司，投资1000余万元，建成年产盘香3800件生产线并投产使用。

【红色旅游开发】 2017年10月，里田村被命名为三明市第二批“中央红军村”。结合传统民俗古韵和客家人文文化，投入资金约2000万元，建设锅蒙山红色旅游景观带、红色旅游客服中心、红竹民宿，配套建设公厕、垃圾收集装置、停车场等设施；修缮保护里田罗氏家庙等重点历史文物及锅蒙山战斗纪念馆，提升宣传功能，新建红军小号手雕塑像，全乡旅游基础设施和景观进一步完善。承办“清流跑协”体育赛事，协办长校镇旅游文化节，扩大乡村旅游知名度。全年接待领导和各地游客1万余人次。

【招商引资】 2017年，里田乡组织外出招商7次，完成项目签约7个，策划1000万元以上项目7个。兑现惠企政策措施，成功引进建材批发市场项目、仓储物流基地、再生物资回收与批发等项目。

【基础设施建设】 2017年，里田乡投入250万元，完成里田沿河景观建设；投入90万元，完成田坪、卢水村基本农田保护项目；投入20万元，实施地灾降险项目点治理3个；投入40万元，完成洋庄村解放碑干渠维修等；投入约130万元，推动里田村农村饮水安全拾遗补缺及水毁修复、洋庄村自来水工程项目建设；投资约100万元，实施廖蛇线（廖坊—蛇坑）道路硬化、廖坊村内两条通往长汀县馆前镇道路平整和扩宽等。

【生态环境整治】 2017年，里田乡投入约130万元，新建垃圾压缩转运站1座，购置对接垃圾车、手推垃圾板车、自卸垃圾车等垃圾运输车辆34辆，垃圾箱、垃圾桶、垃圾斗等垃圾收集装置3100个，新建改建三格化粪池170户。深化“河长制”工作，实施长潭河里田段河道污染物清除整治，配备河道专管员9名，开展日常巡查1400余次，确保长潭河等境内河段“水清、河畅、岸绿、景美”。

【美丽乡村建设】 2017年，里田乡推广洋庄村省级美丽乡村示范点经验，着力打造田坪村和里田村“宜居、宜业、宜游”美丽乡村。开展“两违”综合治理，拆除各类“两违”面积3000平方米。投入18万元，铺设污水管网1.50千米，投入80万元，建设里田村停车场及环境绿化。

【教育卫生事业】 2017年，里田乡投入资金20余万元，实施里田学校操场塑胶跑道铺设、完成“明厨亮灶”改造、学校屋顶加固和修缮等工程。资助精准扶贫户在校学生教育支出7.65万。投入90余万元，实施里田卫生院改造和医疗设备添置，完成各村卫生所标准化改造。

【社会保障】 2017年，里田乡居民参加社会养老保险2180人，参合率91%；参加医疗保险5069人，参合率99%；为925名60周岁以上老人定期发放养老金，140名困难残疾人定期发放生活补贴，142名重度残疾人定期发放护理补贴，39户低保户84人定期发放最低生活保障补贴，12户五保户13人建立分散供养关系。实施产业扶助、教育资助、医疗救助、担保帮助等一系列帮扶措施，全乡33户贫困户85人全部脱贫。通过整合乡、村、户资金约600万元，建设长约3千米的光伏发电长廊，达到抓好一项发电产业，促进“乡、村、户”扶贫三增收效果。采取与厦门灌口镇“山海协作”、与世香香业“乡企合作”、洋庄村与文达农机合作社“村社合作”等措施，巩固扶贫成果。

【平安建设】 2017年，里田乡落实领导干部接访日活动，全年接访5批8人（次），当场化解矛盾3起。查获治安案件7起；成功调处矛盾纠纷20起；全年对省道204线里田段开展道路交通安全执法48次。与周边“两市四县五乡（镇）”开展禁毒联勤联防。投入24.50万元，在全乡7个行政村主要交通路口新建高清监控视频系统7组、电子抓拍系统1组并投入使用。全乡无越级上访、进京上访以及生产安全、校园安全、人身安全等重特大事故发生。

撰　稿：李广言

沙芜乡

【概况】 沙芜乡地处县境东南部，位于北纬25°57′24″～26°03′50″，东经116°52′49″～117°04′11″。东临永安市安砂镇，西接田源乡，南临赖坊镇、永安市罗坊乡，北界嵩口镇、余朋乡，省道307县自北向东横穿境，县道余李线自东北向西南纵贯全境。距县城58千米。乡政府驻地在门珠甲（九龙街）。辖区面积129平方千米（乡镇数据135.93平方千米），其中陆地面积114.99公顷，占总面积89.14%；水域面积14.01平方千米（乡镇数据1200公顷），占10.86%。林地面积11755.88公顷（生态公益林7192.99公顷），森林覆盖率78.81%。耕地面积369.53公顷（乡镇数据346.87公顷）。境内有国家AAAA级旅游风景区——九龙湖，以及省级文物保护单位——狐狸洞。

主要河道有九龙溪，境内总长15.68千米。九龙溪从西北方向入境，向东流向永安市安砂镇，贯穿

骑行九龙湖（林旭煌摄）

铁石、新矶、洞口等村，年均流量56立方米／秒。拥有福建十大渔业品牌之一的九龙湖白刀，土特产有九龙湖鱼干。

辖建制村5个，村民小组36个，自然村28个。2017年末，全乡总户数1205户、总人口4552人。其中，移民人口2804人，占总人口61.60%；男性2374人，女性2178人。

2017年，沙芜乡围绕建设“宜居宜业幸福新沙芜”的目标，突出扶贫攻坚工作，增加农民收入，完善基础设施，建设美丽乡村，发展乡村旅游业，关注社会民生，维护社会和谐稳定，经济社会保持稳中有进、稳中向好的良好态势。全年实现规上工业产值3.34亿元，农业产值1.73亿元，财政收入696.53万元，农民人均收入15255元。完成固定资产投资8.85亿元，发放各类政策补贴资金357.73万元。

【招商引资】 2017年，沙芜乡实施“走出去、引进来”的战略方式，外出招商6次，签约项目7个，签约金额10.41亿元。新增策划生成健康养生、九龙湖生态溪鱼养殖、洞口生态漂流、九龙部落休闲度假基地、秋口乡间采摘垂钓园等项目5个，其中2个项目完成可研性报告。

【特色农业开发】 2017年，沙芜乡推进年产5000只鑫鲜黄羊养殖基地，3000平方米塑胶网箱养殖九龙湖白刀鱼种基地，面积33.33公顷新矶村铁皮石斛林下种植基地“三大种养基地”建设，壮大特色种养业规模；成立农民林业专业合作社4家，覆盖农户24户，注册资金800万；落实烤烟种植面积66.20公顷，完成烤烟收购139吨。

【旅游开发】 2017年，沙芜乡加大对外宣传力度，聘请专业公司拍摄九龙湖宣传片、制作旅游画册，印制沙芜风土人情画册，招商手册等；打造旅游新亮点，成功举办清流首届生态湿地露营骑游大会，吸引来自江西、龙岩、三明等周边市县的户外骑行爱好者400余人。

【美丽乡村建设】 2017年，沙芜乡完善农村生活垃圾转运机制，落实村级垃圾清运费11万元，新聘保洁员7名，河道专管员7名，投放垃圾斗15个、垃圾桶3500个，新建垃圾周转站1所。投入100万元，开展清水治污和环境综合整治。完成农户标准三格化粪池新建改造140户。扎实推进九龙新村建设，完成道路硬化、亮化等基础设施建设，78户住户陆续入住。

【落实河长制】 2017年，沙芜乡开展百日攻坚专项治理，投入100万元，进行清水治污和环境综合整治；联合多部门开展涉砂整治，打击非法采砂行为。查封沙场3处，拆除电力及动力设备16套。结合九龙湖航道设置规范湖面网箱养殖，发放《致九龙湖渔民的一封信》，规范网箱养殖，拆除违规网箱61个，灯光诱捕133个，地笼42个和迷魂阵35个；开展文明示范户评选、小河长亲子共建环保家园活动，收取生活垃圾处理费，鼓励群众共建共管共享。

【扶贫攻坚】 2017年，沙芜乡发放贫困户小额贷款97万，建设户用光伏电站13户，支付造福工程款9户、27.60万，开展雨露计划、电商扶贫4期116人（次），帮助16户、51人摘去贫困帽子，实现贫困户全部脱贫。通过光伏项目、折股量化等，贫困村铁石村、空壳村新矶村实现村财增收，达到退出标准。

【土地确权】 2017年，沙芜乡推进土地确权工作，完成全乡36个组合同签订工作和档案整理工作。

【旧村复垦项目】 2017年，沙芜乡拆除房屋36户、7320平方米，先行垫付拆迁补偿171.55万元。

【基础设施建设】 2017年，沙芜乡投入80万元，修缮上坪广坑涵桥1座、河堤850米，保护农田面积20余公顷；投入68.35万元，完成“双白公路”项目征山征地、拆迁房屋等工作，实现项目无障碍施工；投入663万元，改造307省道新矶段4.50千米。

【社会事业】 2017年，沙芜乡发放奖教奖学金1.69万元。优化医疗资源配置，县医院沙芜分院挂牌。落实二孩政策，全年出生婴儿86人，政策符合率98.80%，参加免费婚前优生检查夫妇26对52人。树立先进标杆，评选好乡贤、好公婆、好儿媳21名，引领社会主义新风尚。组织首届沙芜、余朋、赖坊迎“七一”系列运动会，并取得县“东莹杯”男子篮球邀请赛乡镇组第一名和气排球比赛第六名。

【民生保障】 2017年，沙芜乡新型农村合作医疗参保人数3828人，参保率93.94%，缴费金额19.08万元。新型农村养老保险参保2223人，参保率93.80%，缴费金额200.61万元，领取养老金人数872人，领取养老金411.70万元。至年末、享受低保51户，人口92人，全年发放低保金27.23万元。特困救助供养人口6人，发放救助供养金3.84万元。新增公益性岗位5个，发放公益性岗位补助资金2.70万元。

【政务公开】 2017年，沙芜乡依法履行政务公开职责，主动在清流政府网公开政府文件37份，福建省网上办事大厅上线业务指南20项。

【社会治理】 2017年，沙芜乡建立干部驻村、夜访机制，变“群众上访”为“干部下访”，在一线化解群众信访问题23件，调处矛盾纠纷12起；投入27万元，安装高清视频监控10路，对全乡交通道路安全进行实时监控；跨县联动，与永安市安砂镇、罗坊乡共建水上矛盾纠纷调处中心。开展安全生产大检查，封闭非法矿硐78个，防范和遏制特重大事故发生。

撰　稿：张连钦

农村新貌（林旭煌摄，2017年）

附　录

副科级以上在职领导名录

（2017 年 1—12 月）

一、中国共产党清流县委员会
书　记　池芝发
常委、副书记　张春华
常委、副书记　李光明
常委、纪委书记　陈孝秉（12 月免）
苏　洁（12 月任）
常委、政法委书记　欧阳圣雄
常委、宣传部部长　廖祥初
常委、统战部部长　郭　芳（2 月免）
马方明（2 月任）
常委、组织部部长　谢锦山
常　委　陈锦忠（12 月免）
彭平刚
刘远隆
陈荣辉（挂职，10 月任）

二、清流县人民代表大会常务委员会
主　任　张仕权
副主任　刘剑英
邱文宁
林新建
李兴荣

三、清流县人民政府
县　长　张春华
副县长　周美华
刘远隆
江　勇
陈　姜
邹卫东
陈荣辉（挂职，10 月任）
王　舒（挂职，10 月任）
科技副县长　胡立峰
政府党组书记　张春华
副书记　刘远隆
成　员　江　勇
钟田华
陈　姜
邹卫东
胡立峰
陈荣辉（挂职，10 月任）
王　舒（挂职，10 月任）

四、中国人民政治协商会议清流县委员会
主　席　邓炳辉
副主席　李志明
雷根旺
马卫强

五、中国共产党清流县纪律检查委员会（监察局）
纪委书记　陈孝秉（12 月免）
苏　洁（12 月任）
副书记　单建林
黄瑜俊
监委副主任　单建林（12 月任）
黄瑜俊（12 月任）
常　委　黄瑜俊
王荣华
倪端峰（3 月免）
杜世泉
监察局局长　单建林（12 月免）
副局长　欧阳尾秀（主任科员，12 月免）
监察委员会委员　杜世泉（12 月任）
赖跃强（12 月任）
黄春武（12 月任）
陈炳兴（12 月任）

六、县委巡察工作领导小组办公室
主　任　黄毅刚（2 月任）
副主任　余国卿（2 月任）

清流县委巡察一组
组　长　雷群和（正科级巡察专员，2月任）
副组长　肖秋华（11月任）

清流县委巡察二组
组　长　吴子晃（正科级巡察专员，2月任）

七、县委机关
1. 县委办公室
主　任　康荣光（1月任）
副主任　康荣光（1月免）
李海涛（11月免）
肖火龙
邹志明（4月免）
陈清华（1月免）
阳建华（1月任）
童剑恺（4月任）
廖喜宏（兼）
直属机关党委书记　康荣光（1月任）
直属机关委员会委员、纪检书记　刑冰玲（1月任，9月免）
2. 督查室
主　任　阳建华（1月免）
邓　玮（1月任）
3. 机要局
局　长　傅诗玉（4月免）
童剑恺（4月任）
4. 台　办
主　任　张岐山
5. 保密局
局　长　王　燕（1月免）
董美英（1月任）
6. 组织部
部　长　谢锦山
常务副部长　非公有制企业工委书记　李怀忠（2月免）
副部长　张是强
陈　艳
罗金华（2月任）
组织员　雷群和（2月免）
邓雪珠
李财华
非公有制企业工委专职副书记　罗金华（2月免）
单成萍（2月任）
7. 老干部局
局长、县委离退休工委书记　陈　艳
副局长　张木生
县委离退休工委副书记　王丽萍（10月任）
8. 宣传部
部长、党委书记、教育工委书记　廖祥初
副部长　魏永富
马松文
伍春春（兼）
严清海（兼）
县委宣传部正科级干部　魏焕明
县社科联主　席　倪端峰（4月任）
副主席　刘华蓉（2月任）
9. 精神文明建设办公室
主　任　伍春春
副主任　邓国云
谢新时
10. 县委、县政府信访局
局　长　廖喜宏
副局长　阳萍香（2月免）
罗明兴
马碧红（2月任）
11. 统战部
部　长　郭　芳（2月免）
马方明（2月任）
副部长　廖河程（3月免）
黄文新（3月任）
包盛吉
王宜峻
12. 政法委员会
书　记　欧阳圣雄
副书记　江　勇
董美华
郑　斌
童火根（3月免）
巫瑞坚（3月任）
综治办主任　巫瑞坚（3月免）
综治办副主任　王德宗（4月任）
政治处主任　李　俊
13. 机构编制委员会办公室
主　任　李昌荣（1月免）
李远森（1月任）
副主任　李远森（1月免）
许宇翔
事业单位登记管理局局长　邱兴富
14. 县直机关党工委
书　记　谢锦山
常务副书记　罗　辉
副书记　欧阳凡生（1月免）
邹志辉（1月任）
纪工委书记　陈积良（9月免）
工委委员　单成萍（2月免）

阳萍香（2月任）
15. 农 办
主 任 邹卫东
副主任 廖金辉（3月免）
罗承校（1月免）
罗满福（1月任）
16. 关工委
主 任 许天赠（兼）

八、县人大常委会工作部门
1. 办公室
主 任 赖汉生
副主任 黄千华
2. 人事代表工作室
主 任 李仁德
副主任 夏永宁（1月任）
3. 教育科学文化卫生委员会
主 任 上官诚亮
4. 内务司法委员会
主 任 黄水林
5. 农村经济委员会
主 任 李水旺
6. 财政经济委员会
主 任 杨锦铨
副主任 夏永宁（1月免）
7. 环境与城乡建设委员会
主 任 杨盛发
副主任 李怀通
8. 信访室
主 任 李新群

九、县政府机关
1. 县政府办公室
主 任 黄德骏（1月免）
李昌荣（2月任）
副主任 王 振（1月免）
巫金林（1月免）
陈 丽
蔡东海
李焕琳
张清恒（1月任）
县政府直属机关党委
书 记 黄德骏（1月免）
李昌荣（1月任）
副书记、纪检书记 伍德昌（1月免）
纪检书记 林 美（1月任，9月免）
2. 发展和改革局
局 长 李钦火
副局长 欧阳盛增
张清恒（1月免）
黄慧文（1月任）
王恒英（2月任）
3. 物价局
局 长 黄日盛（2月免）
王恒英（2月任）
4. 经济和信息化局
党委书记、局长 江定荣
副局长 罗异清（1月免）
黄志明（正科，2月免）
罗维英（正科）
陈怀林（正科）
谷晓华（挂职）
邓文清（正科，2月任）
王建琴（2月任）
委员、副书记 叶晓瑜
委员、纪委书记 吴子晃（2月免）
5. 教育局（文教系统党委）
文教系统党委书记、局长 江长文
文教系统党委副书记 谢峻萍（1月任）
文教系统党委副书记、纪检书记 吴 华（1月免）
文教系统党委委员、纪检书记 罗承华（1月任，9月免）
督导室主任 杨克华
副局长 张加荣
伍仕钊
董美英（1月免）
王菊英
黄清富（1月任）
王庆华（2月任）
督导室副主任 黄佑文（2月免）
伍平位（2月任）
6. 公安局
局 长 董美华（副处）
政 委 卢永强（8月任）
党委副书记 巫建华（主任科员）
副政委 苏联辉
副局长 谢世文
副局长 王锋华
纪委书记 李志昌（9月免）
指挥中心主任 陈年昌
政工室主任 魏国勤
副局长 黄 晖（4月任）
警务督察队大队长 郑辉文
警务保障室主任 沈远根（2月免）
江展标（2月任）

法制大队大队长　黄　晖
教导员　江展标（2月免）
沈远根（2月任）
国内安全保卫大队大队长　林永松
出入境管理大队大队长　温金旺
教导员　李传胜
治安管理大队队长　阳发高
教导员　罗志平
网络安全保卫大队　邱德平（2月任）
刑侦大队大队长　李金富（9月免）
教导员　罗周红（2月免）
副大队长　邹金辉
禁毒大队大队长　李勋世
经侦大队大队长　杜振文
教导员　罗瑞彬（2月免）
罗周红（2月任）
交警（原交管）大队大队长　欧群星
教导员　游　炬
巡特警反恐大队大队长　赖金盛（1月免）
郑永宁（1月任）
看守所所长　张族珍
教导员　姜占源
拘留所所长　石春明
城关派出所所长　王锋华（1月免）
江前雄（1月任）
教导员　江前雄（1月免）
李福源（1月任）
嵩溪派出所所长　童群彬
教导员　林金根（2月免）
林畲派出所所长　马智群
余朋派出所所长　罗凌斌
教导员　邱德平（2月免）
嵩口派出所所长　江华生
教导员　许育才
田源派出所所长　邹桂林
教导员　裴永雄（2月免）
灵地派出所所长　陈星明
教导员　严跃生
沙芜派出所所长　肖吉康
赖坊派出所所长　吕少明
李家派出所所长　黄国叶（2月免）
长校派出所所长　罗良策
教导员　陈跃洪
7. 森林公安分局
局　长　廖传嵘（2月免）
纪贤国（2月任）
教导员　纪贤国（2月免）
邓　娟（2月任）
副局长　林立清
陈蜀星（2月免）
副教导员、长校所所长　雷建平
刑警队长　陈蜀星
嵩口所所长　雷剑波
芹口所所长　郑雪华（2月任）
教导员　赖启威（2月免）
嵩溪所所长　赖启威（2月任）
大丰山所所长　杨鹭清（2月免）
8. 民政局
局　长　刘　忠
副局长　黄清富（1月免）
陈先根（正科）
赖有红
巫金林（1月任）
9. 老区办
主　任　黄清富（1月免）
陈先根（1月任）
10. 老龄办
主　任　刘　忠（兼）
11. 司法局
局　长　赵云峰
副局长　陈招文（主任科员）
张学良
马碧红（2月免）
龙津司法所所长　赵明强
嵩溪司法所所长　廖梅根
林畲司法所所长　黄前辉
嵩口司法所所长　李长莲（1月任）
田源司法所所长　张庆华
温郊司法所所长　赖光忠
李家司法所所长　邱金章
赖坊司法所所长　陈立根
长校司法所所长　李志建
灵地司法所所长　魏启发（1月任）
里田司法所所长　林雄荣（1月任）
余朋司法所所长　范祖晴（1月任）
12. 财政局
局　长　张增旺
副局长　邱勇卫
雷　鸣（2月任）
王　悦（挂职，10月免）
13. 公务员局
局　长　张是强
14. 人力资源和社会保障局
局　长　张是强
副局长　朱建光（主任科员）
罗　仁（主任科员）

王孙清（主任科员）
赖　弘
机关社保中心主任　李国辉（1月任）
15. 国土资源局
党组书记、局　长　黄茂鸿
党组副书记、副局长　邓谋文（4月任副局长，正科）
党组成员、副局长　吴　宁
副局长　李炳光
王永麟
国土监察大队长　伍佳源
不动产登记局局长　吴　宁（ 3月任）
不动产登记中心主任　温贵忠
纪委驻国土资源局纪检组组长　邓谋文（3月免）
赖永璋（3月任，9月免）
16. 住房和城乡规划建设局
局　长　李积钦（兼城建系统党委书记）
副书记　黄绪仁（正科）
副局长　陈明富（正科）
巫雅裕
吴丽华
纪委书记　杨秀萍（9月免）
17. 城市管理局
局　长　黄晓彬（1月免）
王耀华（1月任）
副局长　江洪亮
巫新明
城建监察大队大队长　孙　云
18. 人防办
主　任　巫雅平（2月免）
副主任　吴丽华（2月任，主持工作）
副主任　雷流芳
19. 交通运输局
局　长　丘自文
副局长　邓国桢
谢怀德
交通运输管理所　所长　彭元荣（2月免）
黄庆林（2月任）
交通综合行政执法大队大队长　吴森亮（2月免）
20. 水利局
局　长　谢荣响
副局长　陈祥宜
汤建德
21. 农业局
支部书记、局长　严香荣
副书记　杨天星
副局长　黄　非
廖金辉（4月免）
罗承校（1月免）
黄学发
罗满福（1月任）
马步光（2月任）
科技副局长　张文彬（挂职）
李光华
22. 林业局
书记、局长　俞忠水
副书记、武装部长　朱正发
纪检书记　叶永涛（1月免）
黄美芳（1月任，9月免）
副局长　林武长
严根旺（1月免）
陈俊军
欧阳凡生（1月任）
23. 卫生和计划生育局
书记、局长　吴爱银
卫生系统党委副书记、纪检书记　罗良玲（9月免）
副局长　魏正水
陈　华
邓秀清
罗　灵（1月免）
黄庆峰（1月任）
25. 审计局
局　长　廖志明
副局长　严和仁
陈　瑛（正科级）
伍炽昌
26. 环境保护局
局　长　陈　健
副局长　张荣晖
吴仁桂（4月任）
27. 科技局
局　长　黄志明（2月免）
邓文清（2月任）
副局长　范春香
28. 机关事务管理局
局　长　余青生
副局长　林先超
杨秋浪（2月任）
29. 文体广电出版局
局　长　张加荣
副局长　阮　帆
董美英（1月免）
黄清富（1月任）
王庆华（2月任）
文化市场综合执法大队大队长　王庆华（2月免）

30. 统计局
局　长　谢振坤
副局长　罗智华（主任科员）
刘进德（2 月任）
31. 粮食局
局　长　林生德（1 月免）
王　振（1 月任）
副局长　罗万明（主任科员）
32. 安监局
局　长　严友林
副局长　薛岑山（2 月免）
池凤算
罗桂水（10 月任）
33. 民族与宗教事务局
局　长　王宜峻
34. 外侨办
主　任　缺
35. 市场监督管理局
局　长　黄中创
副局长　黄毅刚（正科，2 月免）
黄庆锋（1 月免）
曹剑军（主任科员）
赖德仁
林晓峰
刘长文（1 月任）
纪检组长　彭织成（9 月免）
城关市场监督管理所所长　彭胜金
龙津市场监督管理所所长　龚恩奇
嵩溪市场监督管理所所长　刘长文（1 月免）
叶庆茂（1 月任）
嵩口市场监督管理所所长　罗炎华
灵地市场监督管理所所长　叶庆茂（1 月免）
姚　杰（1 月任）

十、县政协工作部门
1. 办公室
主　任　李寿荣
副主任　俞胜根
2. 文史学习和民族宗教委员会
主　任　江天德
3. 提案和法制委员会
主　任　李坤斌
4. 经济和港澳台侨委员会
主　任　罗承文
5. 社会事业委员会
主　任　严南明

十一、县纪委机关
1. 办公室（监察局办公室）
主　任　黄瑜俊（3 月免）
陈炳兴（3 月任）
2. 组织和宣传部（原宣传教育室）
主　任　王荣华（1 月免）
部　长　王圣荣（3 月任）
3. 第一纪检监察室（原纪检监察室）
主　任　倪端峰（3 月免）
李妙春（10 月任）
4. 第二纪检监察室
主　任　黄　宏（1 月任）
5. 案件审理室
主　任　杜世泉
6. 党风政风监督室(县政府纠正行业不正之风办公室)
主　任　赖跃强（1 月免）
王荣华（1 月任）
7. 信访室（监察局举报中心）
主　任　余锦城（1 月任）
8. 案件监督管理室
主　任　黄美芳（1 月免）
黄春武（3 月任）
9. 纪检监察干部监督室
主　　任　赖跃强（1 月任）
10. 纪检监察员
黄瑜俊
王荣华
倪端峰（3 月免）
11. 县纪委驻清流县住房和城乡规划建设局纪检组组长　杨秀萍（9 月任）
常务副组长　赖明水（9 月任）
县纪委驻清流县人民政府办公室纪检组组长　林　美（9 月任）
常务副组长　赖永璋（9 月任）
县纪委县直机关工作委员会书记　陈积良(9 月任)
常务副书记　邢冰玲（9 月任）
县纪委驻清流县教育局纪检组组长　彭织成（9 月任）
常务副组长　罗承华（9 月任）
县纪委驻清流县经济和信息化局纪检组组长　罗良玲（9 月任）
县纪委驻县林业局纪检组组长　黄美芳（9 月任）
县纪委驻清流县检察院纪检组组长　李志昌（9 月任）
副组长　刘剑羽（9 月任）
县纪委驻清流县人民法院纪检组组长　薛苏华（9 月任）
县纪委驻清流县公安局纪检组组长　张进德（9 月任）

常务副组长 王根崇（9月任）

十二、检察院

党组书记、检察长 董 新（副处）
党组副书记、正科级检察员 黄坤琳
党组成员、副检察长 廖传金（正科级检察员）
杨振宇（副科级检察员）
反贪污贿赂局局长 黄春武（4月免）
副检察长、正科级检察员 王秀春
党组成员、纪检组长、正科级检察员 薛苏华（5月任）
党组成员、政治处主任、副科级检察员 赖传根
专职检察委员会委员、副科级检察员 魏春生
公诉科科长、检委会专职委员、副科级检察员 吴晓敏（5月任检委会专职委员）
正科级检察员 罗东福
民行科科长 余生发（副科级检察员，7月免）
李炳生（一级检察官，7月任）
研究室主任 余生发（一级检察官，7月任）
李炳生（副科级检察员，7月免）
监察科科长、副科级检察员 刘剑羽
纪检组副组长 刘剑羽（9月任）
案管中心主任、一级检察官 邹春鉴
控申科科长、一级检察官 肖金娥
侦查监督科科长、一级检察官 曹发文
生态环境监察科（原林检科）科长、一级检察官 孙玉强
法警大队大队长 郑胜飞
技术科科长、副科级检察员 杨建国（9月免）
反贪局教导员、副科级检察员 黄春武（2016年11月免）
反贪局副局长、副科级检察员 张成彬（9月免）

十三、法 院

党组书记、院长 邓长峰（副处）
党组副书记、副院长 谢恩标（正科）
党组成员、副院长 童庆明（正科）
党组成员、纪检组长 薛苏华（正科，5月免）
张进德（正科，5月任，9月免）
李志昌（正科，9月任）
党组成员、政治处主任 张进德（5月免，正科）
廖尚培（5月任）
党组成员、副院长 邓志民（正科）
审判委员会专职委员 黄水根（正科）
党组成员、审判委员会专职委员、少年与家事审判庭庭长 范招玉(5月任审判委员会专职委员)
办公室主任 冯庆平（1月免）
监察科科长 黄亚闽（5月免）
行装科科长 陈梅星
立案庭庭长 赖跃迅（3月免）
刑庭庭长 邹洪标（3月免）
冯庆平（3月任）
审监庭庭长 宋燕芳（3月免）
审监庭负责人 邹洪标（3月任）
民一庭庭长 江开万
审管办主任 罗应鹏
民二庭庭长 杨木森
生态庭庭长 罗来发（3月免）
赖伟华（3月任）
行政审判庭庭长 肖永德
执行庭（局）庭（局）长 黄水根（3月免,正科）
赖跃迅(3月任,副科)
执行局教导员 宋燕芳（3月任，副科）
法警大队大队长 蔡忠新
法警大队政委 曹 平
灵地人民法庭庭长 薛苏华（正科，3月免）
熊中文（副科，3月任）
灵地法庭副庭长 赖伟华（3月免）
执行庭（局）审判员 刘 煜
副科级审判员 熊中文（3月免）

十四、群团组织

1. 总工会
主 席 谢锦山
党组书记、常务副主席 邱琳珠
副主席 蔡和轼（正科级）
黄梅群
2. 团县委
书 记 叶淑珍
副书记 范燕萍
欧阳星
3. 妇 联
主 席 包红英
副主席 施秋怀
郑周玲
兼职副主席 兰爱珍
张 微
4. 科 协
主 席 李 美
副主席 王有远
5. 残 联
理事长 余荣富
副理事长 肖钦水
6. 文 联
主 席 魏永富
7. 工商联（总商会）

党组书记、常务副主席　包盛吉

8. 社会科学界联合会

主　席　　黄文新 (3 月免)

　　　　　倪端峰（3 月任）

副主席　　林　美（1 月免）

　　　　　刘华蓉（1 月任）

9. 计生协会

会　长　陈昌帜（2 月免）

　　　　邱文宁（2 月任）

副会长　周美华

　　　　吴爱银

常务副会长　罗学宽（正科）

副会长、秘书长　曾福秀（何时任？）

10. 红十字会

会　长　周美华（兼）

常务副会长　彭华美

11. 贸促会

会　长　余土荣

12. 侨　联

主　席　张歧山（2 月任）

副主席　李　卫（2 月免）

十五、县委事业单位

1. 党　校

校　长　　谢锦山

常务副校长　刘善柱

副校长　翁冬英

　　　　邱旺根（2 月任）

2. 党史研究室

主　任　吴光豪

3. 档案局

局　长　黄梅清

副局长　邓松明（1 月免）

　　　　林清英（1 月任）

4. 报道组

组　长　邓文桂（3 月免）

　　　　吴火招（9 月任）

5. 网络信息管理中心

主　任　邹新根

十六、政府事业单位

1. 行政服务中心管理委员会

主　任　罗锦彪

副主任　上官维民

2. 旅游局

局　长　卢源成

副局长　王建琴（2 月免）

　　　　陈振华（2 月任）

3. 九龙湖管委会

主　任　雷　鸣（2 月免）

　　　　李建强（2 月任）

4. 广播电视台

台　长　严清海

5. 广播电视网络公司

总经理　黄金泉（1 月免）

　　　　黄合根（1 月任）

副总经理　杨　健（10 月免）

　　　　　林　凡（10 月任）

6. 统计局

城调队队长　林金菊

农调队队长　李柱国

7. 畜牧兽医水产局

局　长　黄　非

副局长　黄文华

　　　　魏国桢（1 月任）

8. 移民局

局　长　巫光铭

副局长　邱思东

　　　　邹志辉（1 月免）

　　　　叶　斌（1 月任）

9. 方志办

主　任　曾嫦珊

10. 供销社

主　任　江永根（4 月免）

　　　　余生贵（10 月任）

副主任　廖金辉（4—10 月主持工作，10 月免）

　　　　雷显昌（2 月任）

11. 商务局

局　长　卢燕琴

副局长　刘远发

　　　　冯素萍（挂职）

　　　　付　刚（10 月任）

12. 农业机械管理中心

主　任　赖成基

13. 城镇集体工业联合社

主　任　余晖民（2 月免 ）

　　　　欧阳尾秀（12 月任）

副主任　余小军（10 月免）

　　　　郭国华（2 月任）

　　　　翁佳作（2 月任）

14. 琴源水库

主　任　王晓华（2 月免）

　　　　陈尚平（2 月任）

十七、文教卫生系统

1. 清流一中

校长、书记　潘信国
副书记　许光伟
副校长　赖藩荣
　　　　罗海潭
　　　　邱正根
　　　　应安泉（1月免）
2. 电大工作站
站　长　廖德华
副站长　曾小英（2月免）
　　　　黄春才（2月任）
3. 教师进修学校
校　长　涂清发
书　记　杨仙根
4. 职业中学
校　长　罗兴文
书　记　罗兴文（2016年10月任）
5. 实验中学
校　长　邓文华
6. 城关中学
校　长　曹根友
7. 县总医院（原县医院）（6月成立）
院　长　邓政平（6月任）
书　记　黄德辉（4月免）
　　　　邓政平（9月任）
8. 疾病预防控制中心
主　任　江永宏（9月免）
9. 卫生监督所
所　长　潘庆年
10. 妇幼保健院
院　长　王春光

十八、省市属单位
1. 邮政分公司
总经理　周　玲（7月免）
　　　　林　宏（7月任）
副总经理　夏盛平（7月免）
　　　　　叶一黄（9月任）
2. 邮储支行
行　长　李维忠
行长助理　曾群英
3. 电信公司
总经理　林春雄
副总经理　李　斌
4. 移动公司
总经理　黄中棋（1月免）
　　　　吴细应（1月任）
副经理　李金发
5. 联通公司
总经理　汤　京（6月免）
　　　　林凤云（6月任）
6. 公路局
局　长　范跃彬
副局长　彭培清
　　　　郑道耿
　　　　方立人（6月免）
　　　　彭家福（6月任）
7. 住房公积金管理中心清流管理部
主　任　王乃明
8. 国税局
局　长　廖福潮
副局长　张　勇
　　　　刘沪荣
　　　　谢贤新
纪检组长　余世洲
9. 地税局
书记、局长　关　毅
副局长　柯应昌
　　　　张松平
纪检组长　林燕秋（5月免）
10. 烟草局（分公司）
局长（经理）　严绍训
纪检员　江青根
副局长　魏生强
副经理　吴荣生
　　　　杨淑玲
11. 人民银行清流支行
行　长　赵道升（4月免）
　　　　王思宁（4月任）
副行长　黄钰宏
　　　　陈永丰
12. 银监办
主　任　黄少华
13. 工　行
行　长　戴明辉（12月免）
　　　　赖　荣（12月任）
副行长　贾爱杰
14. 农业银行清流支行
行　长　卢泽余（2月任）
副行长　卢泽余（2月免）
　　　　张　勇（1月免）
　　　　赖东伙（4月免）
　　　　李　伟
　　　　林发达（1月任）
　　　　罗　坤（4月任）
15. 建设银行清流支行
行　长　蔡和坚（8月免）

周翠萍（8 月任）
副行长　张经林
16. 中国银行清流支行
行　长　詹淑莲（5 月免）
黄汉明（5 月任）
副行长　黄汉明（5 月免）
专职纪检监察员　罗永基（12 月免）
张颖俊（12 月任）
17. 农村信用联社
理事长　谢晓宏
主　任　杨美雄
副主任　梅兴金（1 月任）
魏　斌（1 月任）
监事长　欧阳琳
18. 人保财险营业部
经　理　黄晓芳
19. 人寿保险公司
经　理　上官明实（10 月免）
杨绍友（10 月任）
20. 福建新华发行（集团）有限责任公司清流分公司
经　理　邹洪强
21. 气象局
局　长　邓殷鸿（12 月免）
副局长　谢建兴（主持，1 月任）
刘敬澄（7 月免）
陈　岭
22. 福建省清流监狱
党委书记、监狱长　杨天良
党委副书记、政委　曾道新
党委委员、纪委书记　刘文成（6 月任）
党委委员、政治处主任　黄移虎（6 月任）
副监狱长　叶德江（6 月任）
黄晓宁
庄　标
李晓东（5 月免）
省新垦工贸有限责任公司副总经理、副调研员
陈建明
副调研员　宁化留守办主任　陈建辉
政治处副主任　吴祖银（7 月免）
刘玉虎（6 月任）
办公室主任　刘文成（6 月免）
张昌坚（7 月任）
狱政科科长　江文东（7 月任）
23. 三明高速交警支队五大队
大队长　陈永武
教导员　蔡家波
副大队长　张良明
24. 高速征管所
所　长　章永生（1 月任）
副所长　章永生（1 月免）
谢仰荣（1 月任）

十九、驻清部队
1. 武装部
部　长　陈锦忠（3 月免）
政　委　钟田华
副部长　刘先松
军事科参谋　付　刚（3 月免）
胡国良（3 月任）
政工科长　赖建平
政工干事　胡国良（3 月免）
保障科长　吴文安
2. 武警部队
大队长　宣腾马
政治教导员　韩修振（6 月免）
陈　海（6 月任）
副大队长　张开辟
3. 消防大队
大队长　沈　剑
政治教导员　唐青松

二十、其他单位
1. 龙翔城市建设投资管理中心（原城投公司）
主　任　黄晓彬
副主任　陈日春
黄汉元
郭国华（2 月免）
雷发根（2 月任）

2. 经济开发区管委会
主　任　刘远隆
常务副主任　赖文生
副主任　吴淑英
李伟烽（2 月任）
郑新家（2 月任）
温志前（10 月免）
3. 台湾农民创业园管委会
主　任　邹卫东
副主任　李光华
罗尚华
张　微（2 月免）
付利明（2 月任）
4. 商业总公司
书　记　李逢春
5. 物资总公司
书　记　吴先文

6. 国有林场
场　长　余孟杨
书　记　余孟杨（11月任）
孙祥水（11月免）
副场长　黄胜流
江先桂
7. 林业有限责任公司
书　记　张福明（正科）
副书记　陈际钦
总经理　马经旺
8. 林业执法大队
大队长　缺
9. 莲花山省级自然保护区管理处
主　任　刘日辉
10. 供电有限公司
总经理　王伟峰（2月免）
孙永成（2月任）
党委书记　林峥峻
纪委书记兼工会主席　陈素丽
副总经理　王梓华
副总经理、农服分公司党总支书记　丁剑平
副科级协理员　林庆宁
11. 煤行办（煤炭公司）
书记、主任（经理）　罗维英
副主任　吴家顺
郑新家（1月免）

二十一、乡　镇
1. 龙津镇
党委书记　巫扬辉
副书记、镇长　黄前贵
人大主席团主席　李永荣
党委副书记　尹祖文
谢洲光
纪委书记　陈炳兴（3月免）
魏祥耀（3月任）
宣传、统战委员　袁勇辉
党委委员、人武部长　黄水发
组织委员　吴细艳
党委委员、副镇长　王继龙
副镇长　李美清
邹万银
2. 嵩溪镇
党委书记　叶　峰
副书记、镇长　邱明鑫
人大主席团主席　黄昌华
副书记　任润松（挂职）
陈清华（1月任）
副书记、纪委书记　张司南
组织委员　钟家美
宣传、统战委员　张良才
党委委员、人武部长　林伙旺
党委委员、副镇长　伍武功
副镇长　李妙春（10月免）
陈　华
张　微（2月任候选人）
3. 嵩口镇
党委书记　余生贵（10月免）
王永钧（10月任）
副书记、镇长　邱生洪
人大主席团主席　邓秋浪
副书记　胡燕丽（10月免）
巫泉根
党委委员、纪委书记　邓永生
组织委员　余　健
党委委员、武装部长、副镇长　刘耀忠
宣传、统战委员　王丽萍（10月免）
副镇长　严杰耀
王晓华（2月任副镇长候选人）
科技副镇长　林嘉滨
邓哲迅（1月免）
4. 长校镇
党委书记　李梓文
副书记、镇长　黄胜木
人大主席团主席　巫仕钰
副书记、纪委书记　罗尚鹏
副书记　李志武（2016年5月任）
田由海（挂职，8月免）
组织委员　吴建坤
宣传、统战委员、副镇长　朱忠亮
党委委员、人武部长　陈佳祥
副镇长　李吉香
5. 灵地镇
党委书记　邓文清（2月免）
李怀忠（2月任）
副书记、镇长　雷正旺（10月免）
胡燕丽（10月任镇长候选人，12月当选）
人大主席团主席　黄位财
副书记　赖生旺
李健民
纪委书记　朱文欣
组织委员　李跃荣
党委委员、宣传统战委员　李常仁
党委委员、人武部长、副镇长　黄嘉俊
副镇长　黄火坤

林佳丽

6. 赖坊镇

党委书记　伍毅峰

副书记、乡（镇）长　俞文斌

人大主席团主席　罗群华

副书记　许伟超

党委委员、纪委书记　陈　华

组织委员　陈　巨

宣传、统战委员　赖耿斌

党委委员、人武部长　张　键

副镇长　罗桂水（10 月免）

陈福明（10 月任副镇长候选人）

7. 林畲乡

党委书记　陈喜雄

副书记、乡长　赖旺发

人大主席团主席　吴跃全（2016 年 5 月免）

李木青（2016 年 5 月任）

综治副书记　李木青（2016 年 5 月免）

副书记　马步光（2 月免）

邓文桂（挂职，2 月任）

纪委书记　任润松（2016 年 5 月免）

张长青（2016 年 5 月任）

组织委员　赖耀华

宣传、统战委员　黄德秀

党委委员、武装部长　郭德文

委员、纪委书记　张长清

副乡长　孙长能（正科，2016 年 5 月免）

黄德秀（2016 年 5 月免）

邹柏龄

8. 温郊乡

党委书记　肖仓满

副书记、乡长　钟春华

人大主席团主席　刘佳富

副书记　魏国洪

宣传、统战委员、副乡长　易宏增

纪检书记　魏文亮

组织委员　丘开华

武装部长　黄　火

副乡长　陈文玲

9. 余朋乡

党委书记　邹　雄

副书记、乡长　罗志成

人大主席团主席　邓新波

副书记、纪检书记　肖秋华（10 月免）

副书记　李晓珍

邓兆平（挂职）

党委委员、人武部长　张仁水

组织委员　张　鑫

宣传、统战委员、副乡长　廖仁萍

副乡长　兰自仙

10. 田源乡

党委书记　许玉峰

副书记、乡长　郑晓青

人大主席团主席　陈富财

副书记　彭春华

余小军（10 月任）

苏裔炜（挂职，12 月任）

副书记、纪委书记　赖明水（10 月免）

党委委员、人武部长　池哲铃

组织委员　曾钦水

宣传、统战委员　邱国洪

副乡长　戴志琼（10 月免）

11. 里田乡

党委书记　王兴炳

副书记、乡长　李　曦

人大主席团主席　雷　清

副书记　戴海根

纪委书记　林钦贤

党委委员　人武部长　罗雄飞

组织委员　李亮斌

宣传、统战委员，副乡长　赵贞珍

副乡长　黄雪强

12. 李家乡

党委书记　王恒英（2 月免）

彭平刚（2 月任）

副书记、乡长　马建中

人大主席团主席　上官光耀

人武部长　黄汉华（10 月免）

温志前（10 月任）

副书记　黄汉华

林宗保

宣传、统战委员、副乡长 吴小凡

纪委书记　邱江明

组织委员　黄秀清

副乡长　罗光炳

13. 沙芜乡

党委书记　王永钧（10 月免）

雷正旺（10 月任）

副书记、乡长　罗富松

人大主席团主席　魏水鸿

副书记　马华瑞

副书记、纪委书记　叶大山

党委委员、人武部长、副乡长　黄国彬

宣传、统战委员　谢金富

组织委员　兰　杰

副乡长　罗梅华

光荣榜

荣获国家、省（部）、市（厅）级表彰的单位

荣获省（部）级表彰的单位

清流台湾农民创业园获国家农业部、国务院台湾事务办公室 2016 年台湾农民创业园建设发展第三方评价“第三名”，评价等级“优秀”

清流县畜牧站被全国畜牧总站授予 2017 年基层畜牧（草原）技术推广示范站

清流县人民检察院公诉科被中国妇女联合会授予“全国巾帼文明岗”称号

共青团清流县委被中共福建省委宣传部、中共福建省委文明办、中共福建省委教育工委、共青团福建省委、福建省学生联合会授予 2017 年福建省大中专学生志愿者暑期“三下乡”社会实践活动先进单位

清流县国家税务局被共青团福建省委、福建省国税局授予“省级青年文明号（2016—2018 年）”

清流县工商联被福建省工商业联合会授予 2017 年度福建省“五好”县级工商联

清流县人民检察院被福建省人民检察院授予第五届全省检察机关派驻监管场所二级规范化检察室

清流县人民检察院被福建省人民检察院授予全省检察机关文化建设示范院

清流县人民检察院被福建省人民检察院授予全省检察机关信息工作先进单位

清流县公安局被福建省公安厅授予 2016 年度全省公安机关执法质量优秀单位

清流县农村信用合作联社被福建省农村信用合作联社授予 2016—2017 年度全省农信系统金融扶贫先进单位

清流县文体广电出版局被福建省体育局通报表彰“参加第十三届全运会作出积极贡献”

清流县人民法院被福建省高级人民法院授予全省法院系统第八届（2015—2017 年度）文明行业创建竞赛活动先进集体”

清流县人民法院立案庭被福建省高级人民法院授予“全省法院系统先进集体”

清流县人民法院立案庭被福建省总工会授予福建省“五一先锋号”

嵩口镇人民政府被福建省人力资源和社会保障厅、福建省社会管理综合治理委员会办公室授予“全省社会治安综合治理先进集体”

灵地镇人民政府被福建省委宣传部授予“2016 年度全省农村宣传思想文化工作示范乡镇”称号

清流县财政局被福建省财政厅授予《福建财政年鉴》2017 卷优秀篇目提供单位

清流县社会科学界联合会被福建省社会科学界联合会授予“深化金砖伙伴关系　开辟更加光明未来”社会科学知识有奖竞答活动优秀组织奖

荣获市（厅）级表彰的单位

清流县长校镇人民武装部被三明市人民政府征兵办公室授予征兵工作先进单位

清流县文体广电出版局被三明市创建国家公共文化服务体系示范区工作领导小组授予 三明市创建国家公共文化服务体系示范区先进集体

清流县地税局被三明市委宣传部授予 2017 年三明市学雷锋示范点

清流县地税局被三明市总工会授予职工最信赖的职工之家

清流县纪委被三明市纪委授予全市纪检监察系统喜迎十九大文艺汇演组织奖

清流县人民检察院获全市检察机关法律辩论赛团体第三名

清流县人民法院立案庭被共青团三明市委、三明市创建青年文明号活动组委会授予“2017—2019”三明市青年文明号

荣获国家、省（部）、市（厅）级表彰的农业产品、工艺产品、体育比赛项目

农业产品

赖坊大蒜被国家工商行政管理总局授予地理标志证明商标

福建省双秋农业有限公司生产的“双秋 + 图形”牌茶叶（乌龙茶、红茶）、福建省宏硕生态农业发展有限公司生产的“宏态＋ HON TIA ＋图形牌白鹜鸭”、清流县闽晖农业发展有限公司生产的“闽晖”牌鲜切花（非洲菊、玫瑰及百合）3 项产品获“2016 年度福建名牌产品”称号

清龙生态兰花公司选送的兰花获福建省花卉协会主办的福建省首届花卉电商产品评选金奖，清流县邱元农业发展有限公司选送的铁皮石斛系列产品获银奖、铁皮石斛杯苗获铜奖

九利油脂有限公司的“9 利”牌茶籽油、耿道理生物科技有限公司的文心兰、清龙生态兰花有限公司的清花蝶 3 种产品获第十三届海峡两岸林业博览会金奖

第十九届海峡两岸花卉博览会，清流县 4 家花企、42 件展品参与国兰、鲜切花两大类评奖，其中鑫瑞花卉苗木专业合作社的鲜切花品种多头菊——马蒂斯，以及清龙生态兰花有限公司的国兰品种——青花蝶、玉女丹心获金奖，鸿翔农庄农业发展有限公司的鲜切花品种非洲菊——清流红、清龙生态兰花有限公司的国兰品种红蕊、赤丹（建兰）获银奖，嵩溪健宇家庭农场的鲜切花品种——粉色康乃馨，鑫瑞花卉苗木专业合作社的鲜切花品种多头菊——菲丽、玫瑰——狂欢泡泡，清龙生态兰花有限公司的国兰品种——翡翠蝶（建兰）获铜奖。

工艺产品

李建清的石雕作品《万寿无疆》《福在眼前》分别获第十二届中国（莆田）海峡工艺品博览会金奖和铜奖，陈奕洪的木雕作品《毛泽东像》《五帝钱》分别获银奖和铜奖

体育比赛项目

清流选送的田径运动员葛曼棋在 2017 全国田径冠军赛暨大奖赛上获女子 200 米冠军；中日韩田径对抗赛上获女子 100 米冠军及 4×100 米接力冠军；第十三届全国运动会上获 4×100 米接力金牌及女子 200 米铜牌

清流县文体广电出版局选派的“星娃”艺术团获国家体育总局体操运动管理中心、全国排舞广场舞推广中心 2017 年“舞动中国—排舞联赛”福建赛区小学乙组、幼儿组排舞团体总分，大集体串烧曲目、自选曲目、规定曲目第一名

创建品牌工作

国家级品牌

清流县国家税务局、地方税务局被国家税务总局授予“全国百佳国税地税合作县级示范区”

清流台湾农民创业园被国家农业部列为 2017 年全国农村创业创新园区（基地）

清流县方志办编纂的《清流年鉴（2015）》被中国地方志指导小组授予全国地方志优秀成果（年鉴类）二等奖

清流县赖坊大丰山花生专业合作社被农业部、国家发展和改革委员会、财政部、水利部、国家税务总局、国家工商行政管理总局、国家林业局、中国银行业监督管理委员会、中华全国供销合作总社授予“国家农民合作社示范社”

清流县人民检察院办理的行政公益诉讼案件入选最高人民检察院第八批指导案例

清流县人民检察院被团中央维护青少年权益部授予“为了明天——关爱青少年彩虹行动”微电影大赛微视频类二等奖

清流县赖坊镇南山村被中华人民共和国住房和城乡建设部授予“全国美丽宜居村庄示范”

龙津镇凤翔社区被中国地震局授予“国家地质安全示范社区”

省级品牌

清流县被福建省委综治委授予“全省第三轮第三批平安县”

清流县人民检察院扶贫领域职务犯罪专项预防获全省检察机关第二届“十佳预防项目”展评优秀预防项目

清流县国家税务局被福建省国家税务局授予“福建省税务系统法治基地”

清流经济开发区管理委员会、集美（清流）共建产业园被省农办、省发改委、省经信委、省财政厅、省商务厅授予第四批福建省山海协作共建产业园

林畲乡被福建省人民政府授予“福建省第二批特色小镇——林畲乡桂花小镇”

龙津镇拔里村被福建省“两违”综治治理专项行动领导小组授予全省“无违建”创建工作示范点

清流县人民法院摄制的微电影《时刻》获福建省法官协会、福建法治报社举办的“公平正义守护者”创作大赛微电影作品三等奖

福建诺德生物科技有限责任公司、三明市松燕木业有限公司被授予省级高新技术企业

清流县赖坊镇大丰山蛋鸡现代产业园入选 2017 年省农业厅省级现代农业产业园“3211 工程”名单

由宏畅（福建）农牧科技有限公司、福建农林大学动物科学学院、清流县畜牧站等单位完成的“南方清洁型羊舍关键技术研究与集成应用”项目获“2014—2016 年神农福建农业科技奖”三等奖

市级品牌

清流县长校镇河排村被三明市综治办、市妇联授予“平安家庭”示范村

龙津镇翠园社区被三明市妇联、三明市综治办授予“平安乡镇”创建示范社区

清流县鑫磁线圈制品有限公司的“三明市磁件工程技术研究中心”名列三明市科学技术局公布的三明市首批工程技术研究中心名单

县唐人豆众创空间的“土地全托管、半托管商业经营模式”项目在第六届中国创新创业大赛（福建•三明赛区）暨第二届三明市创新创业大赛复赛中获优秀奖

先进人物

清流县嵩口镇沧龙渔业专业合作社理事长陈志仁被授予全国农业劳动模范

清流县农业局姜东明被福建省总工会授予福建省五一劳动奖章

清流县人民检察院汤元辉、吴永春被最高人民检察院授予“全国检察机关侦防能手人才”称号

清流县城关派出所副所长林世文被福建省人力资源和社会保障厅、福建省公安厅授予“全省优秀人民警察”称号

吴晓敏被福建省人民检察院授予“全省杰出检察官”“全省检察机关先进个人”称号

刘建和被中共三明市委宣传部授予三明市 2016 年度践行社会主义核心价值观基层“最美人物—最美农民”荣誉称号

余宣被中共三明市委宣传部、文明办，三明市教育局、共青团三明市委、三明市妇联、三明市民政局授予第四届三明市“美德少年”称号

附

全国农业劳动模范陈志仁先进事迹

陈志仁，男，现任清流县嵩口镇沧龙渔业专业合作社理事长。2004 年，陈志仁回乡创业，在九龙溪旁水淹地上开辟了一口 80 亩的鱼塘养殖淡水鱼，凭着对家乡人民的热爱和带领乡亲脱贫致富的满腔抱负，在沧龙这片土地上谱写他的人生华章。

2008 年 4 月，陈志仁发起成立嵩口镇沧龙渔业专业合作社，鼓励党员带头按章入社，发挥示范带头作用。十余年来，陈志仁着力示范推广草鱼注射疫苗养殖、池塘健康养殖等水产养殖技术，引进淡水白鲳、湘云鲫、黄金鲫、“中科一号”异育银鲫、“浦江一号”武昌鱼、班点叉尾鮰等新品种试验示范养殖。

着力改善环境，带领合作社养殖户抓好池塘标准化建设。2008年，陈志仁购买自动投饵机、自动增氧机和微孔增氧机等先进设备，并引进微生物制剂调水技术，组织专家培训养殖户。2012年，引进推广厦门海洋技术学院研发的水贝水产自动养殖系统，手机安装该系统后，鱼塘溶解氧、水温和pH值等参数都在掌握中。只要有手机信号的地方，该系统都可实现在线监测，并可远程操作，完成从传统养鱼走向现代养鱼的“华丽”转身。他自创鱼病诊疗室，无偿给养殖户诊断鱼病，每年就诊鱼病3000多次，为渔民挽回损失700多万元。他积极钻研技术，2015年与美国大豆出口协会合作引进池塘循环流水养殖技术，养殖效益明显提高。每亩利润增加40%，为清流县发展资源节约型、环境友好型的现代水产养殖业方面发挥了重要示范带动作用，该技术已在全省推广。

着力打造品牌，在水质管理、饲料、用药等方面严格按照无公害农产品的要求，经常跟踪落实，实行生产标准化，经营品牌化，管理规范化，渔农知识化，产品安全化。合作社采取“六统一”（即统一放大规模优质苗种、统一注射草鱼冻干疫苗、统一投喂高效配合饲料、统一调控水环境、统一注册清流溪渔商标、统一配送销售）的经营模式，有效降低生产成本，提高水产品质量和产量，带动沧龙村及全县水产养殖快速健康发展。合作社先后获农业部“无公害水产品认证”证书、“水产健康养殖示范场”、国家“良好农业规范(GAP)认证”“全国农民专业合作示范社”“福建省农业标准化示范区”等称号，陆续在三明、龙岩、泉州、厦门江西石城等地建立无公害渔业直销点，取得了较好的业绩。他热心公益事业，积极帮扶困难群众，带头捐款30000元支持乡村道路建设，无偿为渔业养殖受灾户提供种苗和渔药。他兴建农业渔业培训大楼和远程诊断中心，让养殖户在家门口就可以学到养殖技术和解决疑难杂症，带动沧龙村及全县水产养殖快速健康发展，合作社水产养殖面积从十几年前的50多亩发展到3500亩，年产鱼3500多吨，产值达3500余万元，用信息化的力量让清流溪鱼量价齐升，养殖户的腰包也随之鼓了起来，全村农民人均纯收入达2万余元。

2008年，陈志仁被评为三明市库区“十佳自主创业模范”；2009年被评为三明市劳动模范；2010年被评为福建省科普惠农兴村致富带头人；2011年被授予福建省优秀共产党员称号；2011年被评为全国科普惠农兴村带头人；2011年当选福建省第九次党代表；2013年被评为福建省劳动模范；2016年获农业部农牧渔业丰收奖农业技术推广贡献奖；2017年11月28日获全国农业劳动模范。

非公企业纳税先进单位

纳税超10000万元大户（1家）

福建省清流县东莹化工有限公司

纳税1000 ~ 3000万元大户（7家）

福建省三明南方水泥有限公司
福建金鼎建筑发展有限公司
福建高宝矿业有限公司
福建上河建筑工程有限公司
清流县金山萤石矿有限公司
福建省清流县罗口煤业有限公司
清流县明胜萤石矿有限公司

纳税500 ~ 1000万元企业（5家）

三明鑫龙建设工程有限公司
福建省展化化工有限公司
春舞枝花卉有限公司
清流县宏志矿业有限公司
三明市华泰地产开发有限公司

纳税200—500万元企业（11家）

福建省华辉建设发展有限公司
清流永顺房地产开发有限公司龙津分公司
福建三明红火矿业有限公司
福建鸿图房地产开发有限公司清流分公司
三明市景鸿房地产开发有限公司
清流县宜久房地产开发有限公司
福建省清流县长兴建筑工程有限公司
清流县博鑫光电材料有限公司
三明市怡景房地产开发有限公司清流分公司
三明市鸿盛房地产开发有限公司
福建晟华建设工程有限公司

高级职称专业技术人员名表

（2017 年 1—12 月）

至 2017 年年末，全县获高级职称的专业技术人员 360 人，其中正高级 19 人，副高级 341 人；农业（含畜牧水产）、水利系统 26 人，林业系统 16 人，教育系统 200 人，党校 2 人，卫生系统 88 人， 住建 6 人，人社 2 人，财政、文化、发改、公安、琴源水库各 1 人，乡镇政府下属部门 15 人。

姓　名	性别	职称	取得职称时间
陈建平	男	林业高级工程师	200701
俞　忠	男	林业机械高级工程师	201112
江　斌	男	园林高级工程师	201212
周自力	男	林业高级工程师	201212
黄德平	男	林业高级工程师	201401
黄述龙	男	林业高级工程师	201412
廖小平	男	营林高级工程师	201412
邓永生	男	营林高级工程师	201412
李炜珩	男	营林高级工程师	201412
曾还球	男	营林高级工程师	201512
林芳根	男	营林高级工程师	201512
黄小俊	男	营林高级工程师	201512
罗德光	男	林业高级工程师	200608
陈卫明	男	林业高级工程师	201209
吴红莲	女	高级经济师	201401
李怀祥	男	营林高级工程师	201401
李日长	男	高级农艺师	200705
姜东明	男	高级农艺师	201404
黄欢明	男	高级农艺师	201404
谢远霖	男	高级农艺师	200806
欧阳美姬	女	高级农艺师	201705
肖步金	男	农业推广研究员	201301
林贵发	男	教授级高级农艺师	201312
宁火根	男	教授级高级农艺师	201312
赖德才	男	高级农艺师	200012

姓名	性别	职称	取得职称时间
李林财	男	高级农艺师	200907
严子华	男	高级农艺师	201404
魏国桢	男	高级兽医师	201107
沈晓湖	男	高级兽医师	201705
吴辉祥	男	高级兽医师	201605
李永祥	男	高级兽医师	201504
黄文华	男	高级工程师	201011
邓皇根	男	高级兽医师	201207
林家传	男	高级兽医师	200605
廖海洋	男	高级兽医师	200605
黄永良	男	高级兽医师	201305
邓永明	男	高级兽医师	201705
江瑞炎	男	高级兽医师	201705
范天塘	男	高级兽医师	201705
赖炯云	男	高级兽医师	201705
邓樟林	男	高级兽医师	201605
李宗文	男	高级工程师	201612
肖水文	男	高级经济师	201401
吴加园	男	高级工程师	201301
黄汉元	男	高级工程师	201301
吴华钦	男	高级工程师	201301
李炳峰	男	高级工程师	201412
吴丽华	女	高级工程师	201712
邓根新	男	高级工程师	201712
邱和忠	男	高级会计师	201601

续表

姓名	性别	职称	取得职称时间
余乐辽	男	高级经济师	200605
吴　雁	男	高级会计师	201710
郭丽红	女	高级讲师	201301
姜天慧	男	高级讲师	201301
李杜锋	男	档案副研究馆员	201712
马木生	男	档案副研究馆员	201712
林文霞	女	文博副研究员	201310
严南宁	男	高级教师	201101
邓谋雨	男	高级教师	201012
罗劲峰	男	高级教师	201101
黄学春	男	高级教师	200208
魏正平	男	高级教师	200512
陈志协	男	高级教师	200609
李序侦	男	高级教师	200409
邹根明	男	高级教师	200512
杨克华	男	高级教师	199804
杨仙根	男	高级教师	200006
江志宁	男	高级教师	199804
杨兆椿	男	高级教师	200409
邵福兴	男	高级教师	199804
蔡文华	男	高级教师	200409
许春汉	男	高级教师	200409
吴玉珍	女	高级教师	200512
黄兆文	男	高级教师	200608
王立新	男	高级教师	200608
林先旺	男	高级教师	200609
黄跃明	男	高级教师	200301
谢贤钦	男	高级教师	200904
张助荣	男	高级教师	200910
黄智海	男	高级教师	201101
刘新文	男	高级教师	201102
肖文华	男	高级教师	200908
黄金才	男	高级教师	200006
陈金增	男	高级教师	199803
余瑞平	男	高级教师	199912
江荣福	男	高级教师	200512
马高福	男	高级教师	200712

续表

姓名	性别	职称	取得职称时间
黄焕煊	男	高级教师	201409
雷恩平	男	高级教师	201409
官秀金	女	高级教师	201409
叶金华	男	高级教师	200904
林永春	男	高级教师	200409
罗成忠	男	高级教师	200912
谢春秋	男	高级教师	201012
赖宁丰	男	高级教师	201012
马火昌	男	高级教师	201410
上官正亮	男	高级教师	201409
邓文才	男	高级教师	201409
邱蕃勇	男	高级教师	200512
张建荣	男	高级教师	200609
姜星宁	男	高级教师	200904
欧阳根生	男	高级教师	200904
李泽森	男	高级教师	201101
邓云东	男	高级教师	201309
黄林旺	男	高级教师	201309
晏彩平	女	高级教师	201309
李新旺	男	中高	201309
李赐友	男	高级教师	201308
叶层发	男	高级教师	201308
何马生	男	高级教师	200409
黄兆成	男	高级教师	200512
李忠勤	男	高级教师	200512
上官雄	男	高级教师	200512
江新源	男	高级教师	200608
郭起巧	男	高级教师	200608
刘玉荣	男	高级教师	200712
涂富根	男	高级教师	201012
吴绪坤	男	高级教师	201012
林庆萍	女	高级教师	201012
林钟洲	男	高级教师	201012
巫朝东	男	高级教师	201012
赖美英	女	高级教师	201012
陈玉凤	女	高级教师	201012
郭益华	女	高级教师	201012

续表

姓名	性别	职称	取得职称时间
曾宪伟	男	高级教师	201012
吴美辉	男	高级教师	201309
罗茂华	男	高级教师	201309
兰志春	男	高级教师	201309
谢雪莲	女	高级教师	201309
黄桂昌	男	高级教师	201309
伍占椿	男	高级教师	201309
黄寿佳	男	高级教师	201309
刘文铭	男	高级教师	201308
杨洪东	男	高级教师	201202
吴秋燕	女	高级教师	200609
黄建强	男	高级教师	200609
邓土福	男	高级教师	200609
林誉华	男	高级教师	200712
赖清旺	男	高级教师	200905
周美珍	女	高级教师	201309
巫文兴	男	高级教师	201709
林玉钦	女	高级教师	201708
陈生章	男	高级教师	201509
章永忠	男	高级教师	201609
肖作旺	男	高级教师	201609
温贵永	男	高级教师	201609
马显和	男	高级教师	201609
林钟祥	男	高级教师	201609
温富雄	男	高级教师	201609
苏蕴凯	女	高级教师	201609
马腾飞	男	高级教师	201401
郑清河	男	高级教师	201012
曾小流	男	高级教师	201309
陈玉英	女	高级教师	201309
邱东华	男	高级教师	201309
罗征金	男	高级教师	201309
兰素萍	女	高级教师	201309
罗伟彬	男	高级教师	201309
李凤娇	女	高级教师	201309
李宜宝	男	高级教师	201309
黄红明	男	高级教师	201309

续表

姓名	性别	职称	取得职称时间
吴伟祥	男	高级教师	201309
黄学洪	男	高级教师	201309
黄永新	男	高级教师	201409
卢清华	男	高级教师	201609
修锦庭	男	高级教师	201609
陈新福	男	高级教师	201509
黄桂秀	女	高级教师	201609
李重阳	男	高级教师	201609
阙满莲	女	高级教师	201708
杜成顺	男	高级教师	201708
黄小英	女	高级教师	201708
雷凤英	女	高级教师	201709
邓雪英	女	高级教师	201309
廖志根	男	高级教师	201309
黄天桂	男	高级教师	201509
黄梅胜	男	高级教师	201509
黄清华	男	高级教师	201510
魏建昆	男	高级教师	200409
田闽兰	女	高级教师	200712
江长茂	男	高级教师	200006
潘信国	男	高级教师	200608
罗海潭	男	高级教师	200409
赖藩荣	男	高级教师	199912
邱正根	男	高级教师	199804
许光伟	男	高级教师	200006
陈家才	男	高级教师	200409
李清朋	男	高级教师	201012
叶满姬	女	高级教师	200512
黄春林	男	高级教师	199912
赵秀英	女	高级教师	201012
沈立仁	男	高级教师	200609
邹春河	男	高级教师	200609
黄健雄	男	高级教师	201101
李德明	男	高级教师	200910
邓秋喜	男	高级教师	200512
陈跃虞	男	高级教师	199910
陈冬和	男	高级教师	199910

续表

姓名	性别	职称	取得职称时间
李金华	男	高级教师	200910
陈允丰	男	高级教师	20090
李升坤	男	高级教师	200712
魏邦仲	男	高级教师	200409
曹根友	男	高级教师	200512
邓炎华	男	高级教师	200512
李学文	男	高级教师	200512
王荣生	男	高级教师	200911
马金星	男	高级教师	201102
伍东华	男	高级教师	200512
陈跃奎	男	高级教师	200912
邓越华	男	高级教师	201101
罗德彬	男	高级教师	200712
李进发	男	高级教师	200712
李忠民	男	高级教师	200904
罗兴文	男	高级教师	200712
杨忠杰	男	高级教师	200512
黄雪霞	女	高级教师	200609
涂清发	男	高级教师	200512
孔　毅	男	高级教师	200512
林武华	男	高级教师	200609
廖德华	男	高级教师	200205
洪明通	男	高级教师	201308
罗振宇	男	高级教师	201509
邓秋风	女	高级教师	201609
李树清	男	高级教师	201102
梅小林	女	高级教师	201309
何英萍	男	高级教师	201309
谢新文	男	高级教师	201308
李革荣	男	高级教师	201308
赵玉华	男	高级教师	201409
罗吉祥	男	高级教师	201412
赖火祥	男	高级教师	201309
徐木生	男	高级教师	201309
孔建军	男	高级教师	201309
黄水娥	女	高级教师	201309
李　弘	男	高级教师	201309

续表

姓名	性别	职称	取得职称时间
刘晨昱	男	高级教师	201309
雷根旺	男	高级教师	201411
邹春灿	男	高级教师	201309
林慧颖	女	高级教师	201308
张琳珠	女	高级教师	201409
邓雪芳	女	高级教师	201409
赖声金	男	高级教师	201308
林深玉	男	高级教师	201410
李常祖	男	高级教师	201308
廖远发	男	高级教师	201309
马显昌	男	高级教师	201409
林红莲	女	高级教师	201609
孙桃香	女	高级教师	201609
张金根	男	高级教师	201410
雷忠嵩	男	高级教师	201609
谢远生	男	高级教师	201610
李志焱	男	高级教师	201708
陈丽华	女	高级教师	201606
罗征乾	男	高级教师	201708
黄志方	男	高级教师	201509
刘佳洪	男	高级教师	201509
林金盛	男	高级教师	201509
罗海华	男	副主任医师	201009
邓　强	男	副主任医师	201009
莱鹏辉	男	副主任医师	201110
刘才妹	女	副主任医师	201110
林伙明	男	副主任医师	200707
林泉裕	男	副主任医师	200908
许　丹	男	副主任医师	201110
陈　琰	女	副主任医师	201111
林正辉	男	副主任医师	201212
陈　晔	女	副主任医师	201212
温润雅	女	副主任医师	201212
卢清生	男	副主任医师	200101
谢远胜	男	副主任医师	201401
廖祥群	女	副主任医师	201401
陈万根	女	副主任医师	201401

续表

姓名	性别	职称	取得职称时间
邓建东	男	副主任医师	201401
林永生	男	副主任医师	201401
李军明	男	副主任医师	201412
李俊宏	男	副主任医师	201412
邓文玉	女	副主任医师	201412
肖美清	女	副主任医师	201412
罗明华	男	副主任医师	201412
何豪杰	男	副主任医师	201412
童跃光	男	副主任医师	201412
王香清	女	副主任医师	201412
邓清如	女	副主任医师	201412
江少荣	男	副主任医师	201401
童洪旺	男	副主任医师	201512
罗征何	男	副主任医师	201512
曾　姗	女	副主任医师	201512
赖仁宗	男	副主任医师	201612
童德升	男	副主任医师	201612
谢汉辉	男	副主任医师	201612
江水清	女	副主任医师	201612
魏月梅	女	副主任医师	201612
高玉姐	女	副主任医师	201612
程丽英	女	副主任医师	201612
童桂花	女	副主任医师	201612
李仁台	女	副主任医师	201512
邓清萍	女	副主任医师	201612
吴光霞	女	副主任医师	201612
罗丽华	女	主管医师	199807
倪阿偿	女	主管医师	200601
李广旭	男	主管医师	200506
余文斌	男	主管医师	200811
魏秀香	女	主管医师	200811
邓燕琼	女	主管医师	200904
张桂珍	女	主管医师	201101
赖怀昌	男	主管医师	201101
邱志强	男	主管医师	201112
罗　灵	男	主任医师	200609
邓政平	男	主任医师	200711

续表

姓名	性别	职称	取得职称时间
陈聪水	男	主任医师	201401
倪筱蓉	女	主任医师	201412
杨根福	男	主任医师	201412
黄德辉	男	主任医师	201512
李华峰	男	主任医师	201612
彭海清	男	主任医师	201612
曾跃龙	男	主任医师	201612
潘庆年	男	主任医师	201212
熊茂传	男	副主任医师	200101
欧阳惠珠	女	副主任医师	200507
梁小平	男	副主任医师	200707
孙秀娥	女	副主任医师	201010
吴尔平	男	副主任医师	201312
李序辉	男	副主任医师	201412
王春光	男	副主任医师	201511
陈丽琴	女	副主任医师	201511
黄美清	女	副主任医师	201511
谢素萍	女	副主任护师	201711
吴秀清	女	副主任医师	201711
江冰花	女	付主任医师	201612
邱银花	女	付主任医师	201612
张日才	男	付主任医师	201612
李水根	男	付主任医师	201712
张爱文	男	主任医师	200407
李立祥	男	主任医师	201601
林水晶	女	付主任检验技师	201711
罗尚隽	男	副主任医师	201612
李钢	男	副主任医师	200308
黄元华	男	副主任医师	200608
谢春华	男	副主任医师	201401
江新流	男	副主任医师	201401
黄述妹	女	副主任医师	201512
罗承昌	男	主管药师	200909
林金昌	男	主管医师	200912
罗维清	男	副主任医师	201611
李序生	男	副主任医师	201211
邓小兰	女	高级农经师	201605

续表

姓名	性别	职称	取得职称时间
林祥兴	男	高级农艺师	201605
魏焕文	男	高级经济师	200506
巫进华	男	高级农艺师	201705
黄寿祥	男	高级农艺师	201705
刘景辉	男	高级农艺师	2014.12
陈万福	男	高级农艺师	2002.11
曾应林	男	高级农艺师	201705

续表

姓名	性别	职称	取得职称时间
曾玉清	男	高级农艺师	201705
罗世源	男	高级农艺师	201705
黄通木	男	高级	201605
罗德远	男	高级农艺师	201504
江保寿	男	高级农艺师	201605
黄长生	男	高级农艺师	201605
罗万春	男	高级农艺师	201705

重要文件选编

清流县人民政府
关于印发《清流县医疗卫生资源一体化管理方案》的通知

各乡（镇）人民政府、县各有关单位：

《清流县医疗卫生资源一体化管理方案》已经县政府常务会研究同意，现印发给你们，请认真贯彻执行。

清流县医疗卫生资源一体化管理方案

清政文〔2017〕10 号

为深化我县公立医院改革，优化医疗卫生资源配置，推进县乡村医疗一体化发展，进一步提升公立医疗机构服务水平和能力，逐步实现基本公共卫生服务均等化目标，促进全县经济社会全面协调可持续发展，根据省市县医改精神，结合实际，制定清流县医疗资源一体化管理方案。

一、指导思想

以十八大以来党的路线、方针和中央深改组第 21 次会议精神为指导，全面落实创新、协调、绿色、开放、共享发展理念，牢固树立科学发展观，通过县医院、中医院一体化管理和县乡村医务集团一体化管理，优化医疗资源配置，创新医疗服务模式，共享县域医疗资源，全面提升全县医疗服务水平，让医改红利惠及百姓，不断满足人民群众的健康需求，为建设宜居宜业“幸福新清流”提供健康保障。

二、一体化管理目标

统筹全县医疗卫生系统人力资源、设备资源、基础设施资源及无形资产，促进医疗卫生行业的科学化、精细化管理，形成资源共享、优势互补、结果共认，促使“做强做大县级综合性医院、做专做特县级中医院、做精做细基层医疗机构”，不断提升技术水平和服务能力，降低医疗风险，提高运行效率，让服务更优质，患者更满意。

三、一体化管理要求

按照“保基本、强基层、建机制”的要求及“资源共享、权责清晰、统分结合、协调发展”的原则，优化县乡村卫生资源配置，建立以“县级医院为龙头、乡镇卫生院（社区卫生服务中心）为骨干，村卫生所为基础”的县乡村三级医疗卫生服务体系，实行“防治结合，分级诊疗，中西医并重，医养结合”的医疗模式，共享县域医疗资源，使县级医院管理模式延伸，医疗技术和设备下沉，服务领域和手段拓展，提高基层医疗机构服务水平。强化基层公共卫生服务管理能力，构建优势互补、利益共享的县乡村医疗卫生服务一体化管理格局，建立健全分级诊疗和双向转诊管理制度。力争县域内患者就诊率提高到 90% 左右，基本实现“小病不出村、一般常见病不出乡（镇）、大病不出县”的目标，充分体现一体化管理后医疗机构的综合实力。

四、一体化管理做法

1. 县医院、中医院一体化管理。县医院、县中医院实行合署办公，县医院（县中医院）机构编制总量保持不变，管理上采取“两块牌子、一套班子、一套管理服务架构、一套财务管理”的做法，实行“八统一、一剥离”机制（即人力资源、固定资产、医疗业务、财务收支、绩效分配、考核机制、药品设备耗材采购、信息系统统一，龙津社区卫生服务中心剥离独立）。

2. 县乡村医务集团一体化管理。原各级医疗机构编制不变，实行“五不变、五统一、一推进”的管理机制（即机构设置和行政建制不变、独立法人地位不变、独立财务核算不变、承担的职能和任务不变、财政投入供给机制不变，统一人力资源管理、统一职能服务管理、统一绩效考核管理、统一设备药品耗材采购管理、统一信息化建设管理，推进县乡分级诊疗双向转诊制度建设）。

五、一体化管理时间与步骤

1. 县医院、中医院一体化管理（2017 年 1—6 月）。

2. 县乡村医务集团一体化管理试点（2017 年 7—12 月）。

六、县医院、中医院一体化管理办法

（一）管理模式

采取“两块牌子、一套班子、一套管理服务架构、一套财务管理”工作思路，实现人才、技术、设备等科学配置，共享医疗资源，提高设备使用率，避免重复建设，精简管理队伍，节约医疗和管理成本。在县医院提升工程（医疗综合大楼）建设完成后，县中医院迁入县医院，挂清流县医院和清流县中医院两块牌子，原县中医院旧址设立“清流县医院城关门诊部”。

（二）管理办法

1. 优化新的管理班子：实行一体化管理后，管理班子成员从原两院班子成员中按干部管理权限，由县委、县政府有关部门或“清流县公立医院管理委员会”任免，设院长 1 名，副院长 6 名，其中 1 名兼任中医院院长。

2. 设立“县医院（县中医院）管理委员会”：由原两院班子等人员组成，设主任 1 人，副主任 2 人（主任由院长兼任，副主任享受班子待遇），“县医院（县中医院）管理委员会”成员若干人，待遇原则上不低于原有待遇。

3. 选聘中层管理人员：县医院（县中医院）中层管理人员经报“清流县公立医院管理委员会”备案后由“医院管理委员会”任免和聘任。

4. 拟设两院党总支：党总支成员经县委有关部门批准后由卫生系统党委任免，党总支书记由院长兼任，成员原则上从原两院支部委员中选举产生。

5. 原两院院长仍享受原规定的年薪制待遇，两院总会计师 2017 年以后择优选择 1 人享受原规定的年薪待遇。

6. 为充分调动医务人员工作积极性，原两院医务人员待遇在原有基础上不降低，两院财政拨补渠道和政策不变。

（三）科室管理

行政后勤科室按照不重复设置的原则设置，临床科室和医技辅助科室的设置应根据业务需要科学设置。

（四）资产一体化管理

两院基础设施、医疗设备等全部固定资产划归县医院统一管理。

（五）技术一体化管理

县医院集中配置大型高精尖医疗设备，配齐配强医学技术骨干力量，重点负责基本诊疗服务、120 急救、急重病人和疑难病症的诊治及转诊，突发事件紧急医疗救援，卫技人员培训等。县中医院主要推广中医适宜技术，做优做精中医特色专科。

（六）财务一体化管理

县医院、中医院一体化管理后，实行“四统一、一独立”制度，即“统一财务管理、统一信息系统、统一绩效分配、统一工资发放、中医服务信息独立统计”。

七、县乡村医务集团一体化管理试点

选择 1 ～ 2 家基层卫生院，按照“五个不变、五个统一、一个推进”的要求，进行县乡村医务集团一体化管理试点，具体方案届时另定。

清流县人民政府
2017 年 2 月 16 日

中共清流县委　清流县人民政府
关于印发《关于深化人才发展体制机制改革的实施方案》的通知

各乡（镇）党委、人民政府，县直各部门：

《关于深化人才发展体制机制改革的实施方案》已经县委同意，现印发给你们，请结合实际认真贯彻落实。

关于深化人才发展体制机制改革的实施方案

清委发〔2017〕23 号

为贯彻落实中共中央《关于深化人才发展体制机制改革的意见》（中发〔2016〕9 号）、省委《关于深化人才发展体制机制改革的实施意见》（闽委发〔2016〕21 号）和市委《关于深化人才发展体制机制改革的实施办法》（明委发〔2017〕7 号），加强人才工作，推进人才发展体制机制改革，实施人才强县战略，现提出以下实施方案。

一、指导思想

（一）指导思想。以邓小平理论、“三个代表”重要思想、科学发展观为指导，深入学习贯彻习近平总书记系列重要讲话精神，坚持党管人才、服务发展大局、突出市场主导、体现分类施策、扩大人才开放的原则，破除束缚人才发展的思想观念和体制机制障碍，解放和增强人才活力，为建设“宜居宜业幸福新清流”提供人才保障。

二、推进人才管理体制改革

（二）转变政府管理职能。按照政社分开、政事分开和管办分离要求，强化政府宏观管理、政策法规制定、公共服务、监督保障等人才管理职能。推动人才管理部门简政放权，建立政府人才管理服务权力清单和责任清单，清理和规范人才招聘、评价、流动等环节中行政审批和收费事项，凡是法律法规和政策文件没有规定的材料一律不再要求提供。

（三）创新人才评价机制。坚持德才兼备，注重凭能力、实绩和贡献评价人才，克服唯学历、唯职称、唯论文等倾向。清流县高层次人才应为具有较强创业创新能力，学术水平、经营管理水平达到国家、省、市、县先进，能够引领和带动我县某一领域科技进步、产业升级、文化繁荣、社会发展和管理服务水平提升。

（四）改进人才编制管理。建立编制动态管理机制，编制部门要合理核定有关部门编制，加大编制调剂力度，核减职能弱化、任务不饱和的单位编制，逐步解决结构性超编、混编混岗、编制使用效益不高等问题。每年核定 10 名以上高层次人才专用“柔性编制”，实行专编专用、人退编收的动态管理机制。柔性编制与正式编制人员待遇一致。柔性编制使用，由用人单位申请，经县委人才工作领导小组审核，并报编委会研究同意后，编制部门予以核定。用人单位编制出现空缺时，首先消化“柔性编制”。

（五）改革职称和职业资格制度。对职称外语和计算机不作统一要求，由主管部门和用人单位根据职业属性、岗位需求自主确定。完善专业技术人才岗位聘用：1. 每年核定 10 名以上高层次人才专用的高级职称聘用“柔性职数”，实行专职专用、人退职收的动态管理机制。国家引进海外高层次人才“千人计划”、国家高层次人才特殊支持“万人计划”、国家人事部等七部委“新世纪百千万人才工程”，福建省引进高层次创业创新人才“百人计划”、福建省特殊支持高层次人才“双百计划”，国家省市级劳模等专业技术人才，可不参加岗位竞聘，直接使用“柔性职数”，聘用到相应职务级别的岗位，不占核定的岗位限额。三明市“海纳百川”高端人才聚集计划（2015-2019 年）、“特支计划”等专业技术人才使用“柔性职数”仅限本轮聘用。“柔性职数”使用，由个人或用人单位申请，县委人才工作领导小组研究同意后，职称管理部门予以聘用。2. 适当放宽聘期管理规定。城区教育、医疗卫生单位专业技术人员在聘期内取得高级专业技术职务任职资格，乡镇教育、医疗卫生单位专技人员在聘期内取得中、高级职务任职资格，符合相应岗位任职条件且单位有职数空缺，经过三个月熟悉期后，表现较好、胜任工作的，予以直接聘用。3. 支持医疗卫生单位在人事部门核定的岗位结构比例基础上，对个别业绩突出的专业技术人员可实行单位自聘，自聘人员所增加费用由用人单位自行负担，人事部门给予备案。4. 清理减少准入类职业资格并严格管理，推行水平类职业资格评价市场化、社会化。

三、加强人才引进机制

（六）引进人才范围。引进党政人才、企业经营管理人才、专业技术人才、高技能人才、农村实用人才、社会工作人才等各类人才，力争在企业经营管理人才、高技能人才的引进上取得实效。

（七）引进人才重点。引进重点产业、教育、医疗等高层次人才和紧缺急需专业人才。1. 重点产业范围：氟化工、轻工电子、机械装备、精细化工、特色农业（花卉、油茶、淡水鱼、豆腐皮等）、商贸物流、旅游开发等产业。2. 重点引进和培养的高层次人才范围和对象：（1）海外高层次创业创新人才及创新团队；（2）获得国家最高科学技术奖、国家科技进步奖、国际科学技术合作奖的主要完成人；（3）承担国家“863”计划、“973”计划或科技支撑计划、国家重点工程建设的项目首席科学家或主要负责人；（4）“长江学者”、国家杰出青年科学基金获得者；（5）国家有突出贡献的专家、“新世纪百千万人才工程”国家级人选；（6）国家级重点学科、重点实验室、工程研究（技术）中心、企业技术中心的学术技术带头人；（7）省级有突出贡献的专家、省级重点学科、重点实验室、工程研究（技术）中心、企业技术中心的学术技术带头人，“新世纪百千万人才工程”省级人选；（8）在大型知名企业或著名高校、科研机构关健岗位从事研发、管理工作的高级专家或高级管理人才；（9）掌握核心技术、拥有自主知识产权或具有高成长性项目的创业人才；（10）获得中华技能大奖或全国技术能手称号的高级技师、享受政府津贴的高技能人才；（11）我县教育、医疗卫生及其他紧缺急需的优秀人才。

（八）完善引才方式。突出“高精尖缺”导向，组织引进高层次人才申报国家“千人计划”、“万人计划”、“新世纪百千万人才工程”，省“百人计划”、“双百计划”，三明“特支计划”。对有突出贡献的高层次人才探索实施“一事一议”、“一人一议”、协议工资等办法。对愿意到乡镇基层医疗卫生、文化、教育等事业单位工作的我县生源全日制大专以上学历紧缺急需毕业生，可直接采取面试与考核相结合的办法招聘，编制满员单位可先聘用入编，后核补编制。建立“周末工程师”“假日教授专家”“周末名师”等柔性引才机制，树立“不求所有、但求所用，不求常在、但求常来”的理念，鼓励以特聘专家、项目顾问、技术咨询等方式柔性引才。柔性引才费用按《清流县财政局关于印发〈清流县县直机关培训费管理办法〉》（清财文〔2014〕26 号）执行。

（九）打造引才平台。工会、共青团、妇联、社科联、科协、侨联、台联、工商联等群团组织要利用自身优势引荐人才，各建立 1-2 个引才平台或载体。发挥广东清流、上海清流、厦门清流、泉州清流、莆田清流，清流泉州、清流长汀等异地商会引才引智作用，建立引才工作联络站，征集发布人才信息。统战部要摸清清流籍海内外人才情况，建立清流籍海内外乡亲人才库，建立联系沟通机制，通报清流经济社会发展情况，为清流引才引智。发挥清流国家级台湾农民创业园作用，促进清台人才交流合作。

四、完善人才培养机制

（十）实施人才工程。突出经济社会发展需求导向，加强产业人才需求预测，加快培育重点行业、重要领域、重点产业人才。实施清流县高层次人才“十百千”工程，培育 10 名省级以上人才，100 名市级人才，1000 名县级人才。每三年评选一批优秀人才，促进优秀人才脱颖而出。

（十一）扶持重点产业人才。鼓励重点产业培养培训人才。（1）企业出资每培养 1 名博士生且毕业后在该企业服务满一年以上的，按学费 50% 的比例给予企业一次性补助。（2）对符合社会化评审任职条件，通过社会化评审取得的专业技术职称，每晋升 1 名正高级或副高级职务任职资格的，分别给予企业一次性补助 1 万元、5000 元。（3）通过国家职业技能鉴定，每培养 1 名高级技师奖励企业 5000 元。

（十二）培养专业技术人才。1. 鼓励学历教育。鼓励专业技术人员达到准入学历后根据工作岗位、专业需要，经其所在单位批准，通过自考、函授等途径取得本专业高一级学历，用人单位给予批准学习假期。2. 培养教育、卫生高层次人才。每年选拔一批骨干教师、医生到上级教育、医疗卫生机构进修深造，与聘请的省内或省外教育、医学专家顾问采取以师带徒的模式进行培养，所需经费由用人单位全额承担。3. 培养全科医生。定期选送 40 岁以下的基层卫生技术人员，到上级医疗卫生机构或先进地区进行为期半年以上的跟班学习或进修深造，使之达到全科医师水平。对聘用到乡镇卫生院、社区卫生服务中心的全日制专科（含专科）以上毕业生，5 年内须选送到县级（含县级）以上医院临床进修或跟班工作半年至 1 年，行政和工资关系保留在聘用单位。

（十三）培养技能人才。实行现代职业教育体系，完善校企联合培养模式，在县职业中学中实行“校企双制、工学一体”的办学模式，建立职业中学学历由毕业文凭和职业资格证书组成的培养制度。鼓励职业中学调整专业设置和教学计划，通过委培、定向等方式，与企业合作办学，培育“订单式”人才。

五、强化人才激励机制

（十四）激励重点人才引进。1. 重点产业引进人才薪酬和待遇：（1）引进的人才，其薪酬可以实行效益工资、协议工资、项目工资和年薪制等分配方式，由用人单位与本人协商确定其报酬，并尊重个人意愿，可临时聘用、合同聘用、协议聘用。（2）对到我县年产值五亿以上企业连续工作 5 年以上的全日制博士、硕士研究生，政府分别一次性给予每人10万元、3万元安家费。(3)对到我县各类企业工作并已签订三年以上劳动合同的全日制普通大学本科学士，政府一次性给予每人安家费5000元。2. 教育、卫生紧缺急需引进人才安家费：对教育、卫生事业单位依据我县年度紧缺急需目录引进的人才，与用人单位签订五年以上聘用合同：(1)全日制博士研究生或临床医学专业硕士研究生，政府给予一次性15万元安家费。(2)全日制硕士研究生,政府给予一次性10万元安家费。(3)副高及以上职称，中级职称，由用人单位分别一次性给予10万元、5万元的安家费。(4)由用人单位为引进人才支付原单位违约金，最高不超过 10 万元。服务年限未满五年的，安家费予以追回。

(十五)扶持人才创业。1. 鼓励优秀人才领办、自办、合办、承包各类企业，或利用专利、技术成果向各类企业投资入股。向我县提供国内外的新产品、新技术、新工艺或科研成果的，由应用单位视其技术、个人专利的实用价值一次性付给成果转让费，也可以实行技术转让成果直接参与收益分配。2. 对引进的海外高层次创业创新人才、获得国家科学技术奖等主要完成人以及国家级、省部级专家和我县产业经济发展紧缺急需的高技能人才，入股参与企业创新创业的，给予企业配套补助资金10万元。3. 落户到经济开发区创(领)办科技型企业的，由开发区提供不少于100平方米的工作场所,5年内免租金。4. 对纳入国家“863”计划、国家科技支撑计划、省级科技重大专项计划的企业研发项目,分别给予100万元、50万元、30万元资金补助。对获得国家科学技术奖一、二等奖，省科技奖一、二等奖的第一完成单位的主要完成人，分别给予100万元、50万元和50万元、20万元奖励。

(十六)支持聚才引智。1. 符合省政府出台的《海西产业人才高地建设实施办法》规定的我县产业人才高地，给予领军人才(每个产业人才高地选拔确认1名领军人才)配套补助10万元，用于科技创新和改善工作生活条件等。2. 对年度内新认定的国家级、省级企业技术中心、工程(技术)研究中心、院士工作站、博士后工作站，分别给予中心(工作站)国家级20万元、省级10万元一次性奖励。3. 对国家相关部门在我县设立国家级科研、检测、认证等分支机构的，视情给予一次性资助。4. 对有博士后进站(中心)工作的企业，按合同完成情况，视情给予一次性奖励。

(十七)建设高素质技术、技能人才。最大限度激发活力，加强基层一线专业技术人才队伍建设。弘扬“工匠”精神，大力建设产业技工培养基地，技能大师工作室等平台。以农村实用人才带头人和农村生产经营型人才为重点，培养农村实用人才。加大社会工作人才培养力度，逐年壮大社会工作人才队伍。在年度内新认定的“千人计划”、“万人计划”、“新世纪百千万人才工程”，省“百人计划”、“双百计划”，教育、卫生名师(医)、学术学科带头人，技能大师等国家、省、市、县级人才，在聘期内享受政府特殊津贴每月500元、300元、200元、100元。鼓励建立名校长、名师(医)、技能大师工作室，经县主管部门申请，县人才工作领导小组审批同意，由县人才资金给予每个工作室每年1万元工作经费补助。

(十八)保障人才住房。将人才住房纳入公共租赁住房保障范围。1. 申请公共租赁住房。(1)我县正式入编或与企业签订三年以上劳动(聘用)合同的大中专毕业生，同时符合下列条件：参加养老、失业、医疗等社会保障；本人或者配偶、未成年子女在城区无私有住房；未享受过住房保障政策且自申请之日起前5年在本县住房二级市场上没有交易行为(含买卖、赠与、继承、离婚析产或委托拍卖等)。(2)经县委人才工作领导小组认定的引进人才和紧缺急需人才优先。(3)对教育、卫生事业单位依据我县年度紧缺急需目录引进的人才，与用人单位签订五年以上聘用合同全日制博士研究生或临床医学专业硕士研究生，政府给予一套50 ㎡左右公租房，服务十五年，给予办理房产登记手续。2. 申请人才公寓，按《清流县人才公寓管理办法》(清委办〔2016〕98号)执行。3. 紧缺急需引进人才购房补助。对事业单位依据我县年度紧缺急需目录引进的人才，在我县购买首套住房的人才，服务五年期满，经县委人才工作领导小组确认后：(1)国家有突出贡献的专家、博士生导师、享受国务院政府特殊津贴人员、或国家级重点学科、重点实验室的学术技术带头人，政府给予一次性购房补助 50万元；(2)省级重点学科、重点实验室的学术技术带头人，具有正高级专业技术资格的专业技术人才和管理人才，政府给予一次性购房补助30万元；(3)具有副高级专业技术资格的专业技术人才或或从事科研、管理工作的博士研究生，政府给予一次性购房补助10万元。4. 重点产业引进人才购房补助。对引进到我县企业工作、与用人单位签订五年以上劳动合同、在我县购买首套住房的人才，服务五年期满，经县人才工作领导小组确认后：(1)国家有突出贡献的专家、博士生导师或国家级重点学科、重点实验室、工程中心、企业技术中心的学术技术带头人，政府给予一次性购房补助20万元；(2)具有正高级专业技术资格的专业技术人才和经营管理人才，政府给予一次性购房补助15万元；(3)具有副高级专业技术资格的专业技术人才和经营管理人才或博士研究生，政府给予一次性购房补助10万元。(4)对到年产值十亿以上企业连续工作 5 年以上的急需紧缺高层次人才，其在本县购买的首套商品房(144 ㎡以下)，政府给予实际购房款总额的三分之一补贴，补贴最高不超过 20万元。

(十九)努力解决人才实际困难。1. 子女入学，由用人单位报县教育部门，协调安排到公办学校就近入学。2. 其配偶原有正式工作的，由县组织人事部门根据有关规定安排；没有工作的，原则上由用人单位落实；暂时无法安排的，用人单位可以适当方式为其发放生活补贴。3. 用人单位应按有关规定为其缴交基本养老、城镇职工基本医疗、工伤保险等社会保险，同时为海外引进人才未就业的配偶、子女缴交社会保险；用人单位可为引进人才购买商业补充保险。

六、健全人才保障机制

（二十）建立人才专项资金。县人才专项资金是专门用于人才引进、培养、奖励以及有关工作方向的专项资金，由县财政局预算安排，实行专款专用，资金按县公共财政预算收入的 1% 以上提留，年预算不少于 1000 万元。每年因使用产生的缺额，纳入县财政预算，下一年度由县政府专项安排补充，同时，接纳社会各机构、团体、单位、个人的捐赠。

（二十一）人才专项资金管理。县委人才办具体负责资金管理日常工作。资金申请经县委人才工作领导小组审批同意后、财政局根据不同情况予以拨款。县财政局要会同审计局等部门每年对人才专项资金的使用情况进行审计、检查，加强监督管理。

七、加强党对人才工作的领导

（二十二）完善党管人才工作格局。发挥党委（党组）总揽全局、协调各方的领导核心作用，加强党对人才工作统一领导，切实履行管宏观、管政策、管协调、管服务职责。改进党管人才方式方法，完善党委（党组）统一领导，组织部门牵头抓总，有关部门各司其职、密切配合，社会力量共同参与的人才工作新格局。落实《三明市贯彻落实中央和省委关于进一步加强党管人才工作决策部署的意见》（明委办发〔2014〕25 号），加强人才工作力量配备，县委组织部至少配备 1 名以上专职人员。进一步明确县委人才工作领导小组职责任务和工作规则，将行业或领域人才队伍建设列入相关职能部门“三定”方案。

（二十三）加大人才工作考核力度。将人才工作作为领导班子评优、干部评价的重要依据。细化考核指标，加大考核力度，将考核结果纳入年度绩效考评，对人才工作有突出成效的单位，经县委研究，在年终绩效考评中给予适当加分。

（二十四）营造尊重人才的社会氛围。建立全县人才库和专家库，建立党委联系专家、党政领导干部直接联系高层次人才机制。建立人才交流平台，组织开展各类专家决策咨询，畅通建言献策渠道，充分发挥高层次人才在重大决策中的智库作用。加强人才工作和优秀人才典型宣传，营造尊重人才、见贤思齐的社会环境。对有突出贡献的优秀人才，在发展党员、评选劳模、推荐党代表、人大代表和政协委员等方面优先推荐。

八、其他事项

（二十五）本方案各项奖励、补助资金视同政府资金，免征个人所得税，按“就高从优不重复”的原则实行。

（二十六）本方案由县委人才工作领导小组负责解释，自发布之日起施行。原有政策与本方案不一致的，以本方案为准。

中共清流县委　清流县人民政府

2017 年 5 月 15 日

中共清流县委　清流县人民政府
关于印发《清流县法治政府建设实施方案》的通知

各乡（镇）党委和人民政府，县直各单位：

《清流县法治政府建设实施方案》已经县委、县政府同意，现印发给你们，请结合实际认真贯彻执行。

清流县法治政府建设实施方案

清委发〔2017〕4 号

为深入贯彻落实十八届四中全会通过的《中共中央关于全面推进依法治国若干重大问题的决定》，加快实现法治政府基本建成的宏伟目标，根据中共中央、国务院《法治政府建设实施纲要（2015-2020 年）》（以下简称《纲要》），省委 、省政府《福建省法治政府建设实施方案》（以下简称《方案》）和市委、市政府《三明市法治政府建设实施方案》，结我县实际，制定本实施方案。

一、法治政府建设总体要求

（一）指导思想

全面落实党的十八大、十八届三中、四中、五中、六中全会精神和省第十次党代会精神，深入学习贯彻习近平总书记系列重要讲话精神和对福建工作的重要指示，按照“五位一体”总体布局和“四个全面”战略布局，依照县第十三次党代会的部署，着力推进政府治理体系和治理能力现代化，深入推进依法行政，加快建设法治政府，为建设宜居宜业幸福新清流提供坚实的法治保障。

（二）工作目标

力争到 2017 年底，各项法治政府建设的制度机制基本建立健全；到 2018 年底，重点领域和关键环节取得重大突破和进展；到 2019 年底，基本完成《纲要》、《方案》确定的各项目标任务；2020 年进一步拓展、完善和巩固，基本建成职能科学、权责法定、执法严明、公开公正、廉洁高效、守法诚信的法治政府。

（三）基本要求

1. 加强党的领导。坚持党总揽全局、协调各方，各级党委要发挥领导核心作用，把党的领导贯彻到法治政府建设各方面。各级政府及其部门要自觉接受党的领导，谋划和落实好法治政府建设的各项工作，主动向党委报告法治政府建设中的重大问题，及时消除制约法治政府建设的体制机制障碍，推进法治政府建设向前迈进。

2. 坚持服务大局。坚持从清流实际出发，突出清流特色，运用法治思维和法治方式深化改革、推动发展、化解矛盾、维护稳定，强化我县实施创新驱动发展战略、大力推进供给侧结构性改革、生态文明建设的法治保障，发挥法治对经济社会的引导、推动、促进和保障作用。

3. 突出问题导向。针对我县法治政府建设存在的问题，明确任务、提出措施，增强法治政府建设的针对性和实效性。坚持从制约经济社会发展的障碍抓起，从基层和群众反映最强烈的问题入手，着力解决突出问题，加大问责力度，坚决纠正行政不作为、乱作为，提高各级各部门依法行政能力。

4. 建立长效机制。坚持依宪施政、依法行政、简政放权，把政府工作全面纳入法治轨道，全面落实《纲要》和《方案》规定的各项制度建设、平台建设、机制建设，实行法治政府建设与创新政府、廉洁政府、服务型政府建设相结合，推进法治政府建设不断取得新成效。

（四）核查方法

各乡镇各部门要按照县委、县政府实施方案要求，高度重视，精心部署，周密安排，认真负责，主要领导亲自抓，结合本乡镇本部门实际，对照实施方案的任务清单和时间进度安排，切实抓好任务落实。牵头部门要统筹协调有关分工任务，加强沟通协商，切实负起责任，及时向县委、县政府报告工作情况；其他责任部门要积极配合，发挥主动性、创造性，形成工作合力。落实分工任务需要增加参加单位的，由牵头单位商有关单位确定。

县委办公室、县政府办公室要加强对法治政府建设进展情况的督促检查，结合法治政府建设年度重点工作任务，每年开展定期检查和专项督查，县政府法制办每年提出督促检查建议方案，报县委办公室、县政府办公室。各乡镇各部门要健全工作督查落实机制，对已明确时间进度安排的，要对项目完成或进展情况进行检查和通报，对工作不力，存在不作为、慢作为，工作进展缓慢的，不能如期完成任务的，按照规定程序进行问责。

各乡镇各部门在实施本方案的过程中，要做到有布置、有督促、有检查，确保工作任务不折不扣完成。要把贯彻实施分工任务同推动当前工作紧密结合起来，注意研究法治政府建设的新情况新问题，及时向县委、县政府报告。要解放思想，大胆实践，开拓进取，运用法治思维和法治方式引领改革发展破障闯关、推动民生改善和社会公正，推动法治政府建设的进程，为全面推进法治建设作出积极的贡献。

二、依法全面履行政府职能

（一）深化行政审批制度改革

1. 全面清理精简行政审批事项。

责任单位：县审改办牵头，县政府法制办、县效能办参加，县直有关部门按职责分别负责。

进度安排：持续推进，到 2019 年取得重大进展。

2. 进一步精简投资审批事项，减少对生产经营活动的许可，缩小投资项目审批、核准的范围，减少对各类机构及其活动的认定。取消不符合行政许可法规定的资质资格准入许可。加大取消束缚企业生产经营、影响群众就业创业行政许可事项的力度，鼓励大众创业、万众创新。

责任单位：县发改局牵头，县审改办、县人社局、县政府法制办、县效能办参加，各乡（镇）人民政府和县直有关部门按职责分别负责。

进度安排：持续精简投资审批项目，继续取消不合法的资质资格准入许可，到 2019 年取得重大进展。

3. 做好已取消和下放审批事项的落实和衔接。及时做好国务院、省政府和市政府取消、下放事项的衔接工作，对确需下放给基层的审批事项，要在人才、经费、技术装备等方面予以保障，确保基层接得住、管得好。

责任单位：县审改办牵头，县政府法制办、县效能办参加，各乡（镇）人民政府和县直有关部门按职责分别负责。

进度安排：持续推进，到 2019 年取得重大进展。

4. 调整和完善公共服务事项。坚持以创业创新需求为导向，进一步梳理公布与群众日常生产生活密切相关的公共服务事项，明确政策支持、法律和信息咨询、知识产权保护、就业技能培训等综合服务事项，将公共教育、劳动就业、社会保障、医疗卫生、住房保障、文化体育、扶贫脱贫等公共服务事项纳入清单管理。

责任单位：县审改办牵头，县政府法制办、县行政服务中心管委会参加，县直有关部门按职责分别负责。

进度安排：持续推进，到 2019 年取得重大进展。

5. 建设统一的政务服务平台，全面推行一个窗口办理、并联办理、限时办理、规范办理、透明办理、网上办理，提高行政效能，激发社会活力。推进网上办事大厅应用，构建全县统一的网上办事服务窗口，实现省、市、县三级联动协同办理。对保留的行政审批事项，推进行政审批服务标准化管理，推进事项名称、申报材料、办理环节、办理时限和审查工作细则的标准化，建立环节标准、时限标准、材料标准，推行编码管理，促进行政审批服务公平公正。

责任单位：县行政服务中心管委会牵头，县效能办参加，各乡（镇）人民政府和县直有关部门按职责分别负责。

进度安排：持续推进政务服务平台、网上办事大厅建设，到 2019 年取得重大进展。

6. 加快建设投资项目在线审批监管平台，对非涉密的投资项目审批事项要全部纳入平台，推动项目审批各环节信息全流程联网共享。进一步精简投资项目前置审批条件，加快投资项目并联审批，缩短审批权流程和审批时间，推进投资审批提速增效。

责任单位：县发改局、县行政服务中心管委会、县经信局分别牵头，各乡（镇）人民政府和县直有关部门按职责分别负责。

进度安排：持续推进，到 2019 年基本完善。

7. 清理规范行政审批中介服务事项。依法精简前置审批中介服务项目，完善前置审批中介服务项目清单，并向社会公布，坚决切断行政机关与中介服务机构之间的利益链，推进中介服务行业市场健康有序发展。

责任单位：县审改办、县行政服务中心管委会、县市场监督管理局、县物价局牵头，各乡（镇）人民政府和县直有关部门按职责分别负责。

进度安排：持续推进。

（二）大力推行权责清单制度并实行动态管理

8. 全面推进省、市、县政府部门权力清单和责任清单的衔接，统筹推进两单融合。建立权责清单动态调整和规范运行机制，在全面梳理、清理调整、审核确认、优化流程的基础上，将政府职能、法律依据、实施主体、职责权限、管理流程、监督方式等事项以权责清单的形式向社会公开，对权责清单实行动态管理。指导推动乡镇权责清单的编制公布工作，实现全县权责清单全覆盖。

责任单位：县审改办牵头，县政府法制办参加，各乡（镇）人民政府和县直有关部门按职责分别负责。
进度安排：2017 年完成乡镇政府权责清单的编制工作，实现全县权责清单全覆盖。

9. 在全县范围内试行市场准入负面清单制度，严格执行国家公布的负面清单，放宽市场准入，各类市场主体可以平等进入清单之外领域。

责任单位：县发改局、县商务局牵头，县市场监督管理局、县人民银行参加，各乡（镇）人民政府和县直有关部门按职责分别负责。

进度安排：2017年形成制度性经验，2019年取得重大进展。

10. 实行行政事业性收费和政府性基金清单制度，严格执行收费目录清单，清理取消不合法、不合规、不合理的收费基金项目，公布行政事业性收费、政府性基金目录清单，清单之外的收费一律不得执行。

责任单位：县财政局、县物价局分别牵头，县经信局参加，各乡（镇）人民政府和县直有关部门按职责分别负责。

进度安排：2017年公布行政事业性收费、政府性基金目录清单。

11. 没有法律法规依据且未按规定批准、越权设立的收费基金项目，没有法定依据的行政审批中介服务项目及收费，一律取消；擅自提高征收标准、扩大征收范围的，一律停止执行。重点整治各种涉企乱收费现象，对企业反映强烈、社会影响恶劣的乱收费行为，开展专项监督检查，强化举报、查处和问责机制。

责任单位：县财政局、县物价局分别牵头，县监察局、县民政局参加，各乡（镇）人民政府和县直有关部门按职责分别负责。

进度安排：持续推进，到2019年取得重大进展。

（三）优化政府组织结构

12. 深化行政体制改革，按照精简、统一、效能原则，稳步推进大部门制改革，加大机构职责整合力度，依法设立、增加、减少或者合并政府机构，优化政府机构设置、职能配置、工作流程，清晰合理确定政府及部门职责权限，加快形成精干高效的政府组织体系。

责任单位：县编办牵头，各乡（镇）人民政府和县直有关部门按职责分别负责。

进度安排：按照中央和省、市部署推进，到2019年取得重大进展。

13. 推进各级政府事权规范化、法制化，强化县、乡（镇）政府执行职责。创新行政管理方式，完善政府绩效管理。

责任单位：县编办、县效能办分别牵头，县政府法制办参加，各乡（镇）人民政府和县直有关部门按职责分别负责。

进度安排：按照中央和省、市部署实施。

（四）完善宏观调控

14. 对接省上最新制订发布的投资项目核准目录清单，第一时间向全县发布企业投资项目核准目录清单，企业投资核准目录清单外的项目，实行备案管理。

责任单位：县发改局、县经信局牵头，各乡（镇）人民政府和县直有关部门按职责分别负责。

进度安排：按照中央和省、市部署实施。

15. 完善主要由市场决定价格机制，按照上级部署大幅缩减政府定价种类和项目以及全面放开竞争性领域商品和服务价格。

责任单位：县物价局牵头，各乡（镇）人民政府和县直有关部门按职责分别负责。

进度安排：2017年全面放开竞争性领域商品和服务价格，到2019年价格机制基本健全。

（五）加强市场监管

16. 清理、废除妨碍统一市场和公平竞争的各种规定和做法，打破地区封锁和行业垄断，引入竞争机制，放开自然垄断性行业竞争性业务。

责任单位：县商务局、县市场监督管理局、县物价局牵头，各乡（镇）人民政府和县直有关部门按职责分别负责。

进度安排：持续推进，到2019年取得重大进展。

17. 深化商事制度改革，进一步推进工商注册登记便利化，加快实施工商营业执照、组织机构代码证、税务登记证、社会保险登记证和统计登记证等“五证合一”、“一照一码”登记制度。推行电子营业执照和全程电子化登记，实行“一址多照”和“一照多址”。

责任单位：县市场监督管理局牵头，县统计局、县国税局、县地税局参加，各乡（镇）人民政府和县直有关部门按职责分别负责。

进度安排：持续推进。

18. 加强事中事后监管，全面推行“双随机”监管方式，建立随机抽查事项清单、检查对象名录库和执法检查人员名录库，制定工作细则。创新市场监管方式，完善市场监管体系，建立透明、规范、高效、协同监管机制，实行综合监管，探索信用监管、智能监管。

责任单位：县编办、县市场监督管理局分别牵头，县发改局参加，各乡（镇）人民政府和县直有关部门按职责分别负责。

进度安排：2017年健全完善相关制度，到2019年取得重大进展。

19. 加强社会信用体系建设，建立健全统一的社会信用代码制度和信用信息共享交换平台，积极参与国家企业信用信息公示平台建设，完成存量企业、农民专业合作社换发统一社会信用代码的工作，依法保护企业和个人信息安全。

责任单位：县市场监督管理局、县发改局、县人民银行牵头，各乡（镇）人民政府和县直有关部门按职责分别负责。

进度安排：按照中央和省、市的部署推进。

20. 完善外资管理相关规范性文件，保持外资政策稳定、透明、可预期。健全对外投资促进制度和服务体系，支持企业扩大对外投资，推动装备、技术、标准、服务走出去。

责任单位：县商务局牵头，各乡（镇）人民政府和县直有关部门按职责分别负责。

进度安排：持续推进，到2019年取得重大进展。

（六）创新社会治理

21. 加强社会治理体制机制、能力、人才队伍和信息化等建设，提高社会治理科学化和法治化水平，明晰政府管理与社会治理的权力边界和职责范围。

责任单位：县综治办牵头，县民政局参加，各乡（镇）人民政府和县直有关部门按职责分别负责。

进度安排：持续推进，到2019年取得重大进展。

22. 完善社会组织登记管理制度，按照政社分开、管办分离的原则实现社会组织与政府部门人员、机构、财务、资产、职能“五分开”，适合由社会组织提供公共服务和解决的事项，交由社会组织承担。完善政府向社会组织购买服务的操作办法和监督机制。

责任单位：县民政局牵头，各乡（镇）人民政府和县直有关部门按职责分别负责。

进度安排：2017年建立健全相关制度并组织实施。

23. 大力发展社会工作服务机构和志愿服务组织，制定志愿服务有关规范性文件，支持和发展志愿服务组织。规范和引导网络社团社群健康发展，加强监督管理。

责任单位：县文明办、县民政局牵头，县公安局参加。

进度安排：2018年建立健全志愿服务相关制度和机制。

24. 深入推进社会治安综合治理，健全落实领导责任制。完善立体化社会治安防控体系，有效防范管控影响社会安定的问题，保护人民生命财产安全。

责任单位：县综治办、县公安局牵头，各乡（镇）人民政府和县直有关部门按职责分别负责。

进度安排：持续推进，到2019年取得重大进展。

25. 提高突发事件防范处置和防灾救灾减灾能力。完善应急管理体制机制和预案建设，提高应急管理科学化和法治化水平。全方位强化防灾减灾、安全生产和卫生防疫，全过程保障食品药品安全。

责任单位：县应急办、县卫计局、县安监局、县市场监督管理局牵头，县发改局、县民政局、县国土局、县农业局、县林业局、县水利局、县气象局、县地震局参加，各乡（镇）人民政府和县直有关部门按职责分别负责。

进度安排：2019年取得重大进展。

26. 推进社会自治，发挥居民公约、村规民约、行业规章、团体章程等社会规范在社会治理中的积极作用。

责任单位：县民政局、县文明办分别牵头，各乡（镇）人民政府和县直有关部门按职责分别负责。

进度安排：2017年建立健全相关制度机制，到2019年取得重大进展。

（七）优化公共服务

27. 创新基本公共服务供给方式，加快形成政府主导、覆盖城乡、可持续的基本公共服务体系。完善公共财政体制，依法保障基本公共服务支出。着力促进教育、卫生、文化等社会事业健康发展，鼓励和引导社会力量投资兴办社会事业，深化文化市场综合执法改革，强化政府促进就业、调节收入分配和完善社会保障职能，实现基本公共服务标准化、均等化、法定化。

责任单位：县发改局、县财政局、县民政局、县教育局、县卫计局、县文广局、县人社局分别牵头，各乡（镇）人民政府和县直有关部门按职责分别负责。

进度安排：按照中央和省、市部署推进。

28. 建立政府购买公共服务的制度体系，明确政府购买服务范围，公开政府购买服务目录，完善购买服务实施办法，推动政府部门规范购买服务。行业主管部门要进一步完善购买服务的服务质量评价办法，积极推动形成提供主体多元化、提供方式多样化的公共服务新格局。

责任单位：县财政局牵头，各乡（镇）人民政府和县直有关部门按职责分别负责。

进度安排：2017年建立健全相关制度。

29. 推进公共服务提供主体和提供方式多元化，凡属事务性管理服务，原则上都要引入竞争机制向社会购买。确需政府参与的公共服务领域，推广政府和社会资本合作模式，设立政府和社会资本合作引导基金。

责任单位：县财政局牵头，各乡（镇）人民政府和县直有关部门按职责分别负责。

进度安排：持续推进，2020年前形成有效促进政府和社会资本合作模式，规范政府和社会资本合作市场及健康发展的制度体系。

（八）深入推进医疗卫生体制改革和集体林权制度改革

30. 加快建立健全现代医院管理制度，组建清流县总医院，实行县乡村一体化管理，实行医院院长聘任制。深化人事制度改革，弱化二级以上公立医院编制管理，将现行公立医院编制使用审批制改为备案制，由公立医院自主考录聘用人员。深化医院分配制度改革，推进全员目标年薪制，年薪计算工分制。严格执行工资总额政策，做到既不与药品、耗材相挂钩，也不与医学检查、化验、床位相挂钩。

责任单位：县卫计局牵头，各乡（镇）人民政府和县直有关部门按职责分别负责。

进度安排：持续推进。

31. 加快推进分级诊疗，以提高基层医疗服务能力为重点，以常见病、多发病、慢性病分级诊疗为突破口，完善服务网络、运行机制和激励机制，逐步建立符合县情的分级诊疗制度。

责任单位：县卫计局牵头，各乡（镇）人民政府和县直有关部门按职责分别负责。

进度安排：持续推进。

32. 建立健全药品供应保障体系，进一步做好药品联合限价采购，对全县医疗卫生机构临床使用的医用耗材（检验试剂）全部实行集中招标采购，进一步规范医用耗材（检验试剂）采购行为，切实降低医疗成本。在降低药品和医用耗材费用、大型医用设备检查治疗价格的基础上，理顺医疗服务比价，建立医疗服务价格动态调整机制，提高体现医务人员技术劳务价值的项目价格。

责任单位：县卫计局牵头，各乡（镇）人民政府和县直有关部门按职责分别负责。

进度安排：持续推进。

33. 完善集体林权制度改革。着力在林业经营主体、林业金融产品、林改配套机制、林业服务体系、林权资本运作上强化创新举措，持续深化林业改革。

责任单位：县林业局牵头，各乡（镇）人民政府和县直有关部门按职责分别负责。

进度安排：持续推进。

34. 构建新型林业经营体系，力争全县新型林业经营组织覆盖面占集体商品林地面积60%以上。搭建森林资源规范流转平台，健全林权流转信息平台和林权收储机构，开发林权电子交易系统，在探索林权资本化、证券化方面走出新的路子。

责任单位：县林业局牵头，各乡（镇）人民政府和县直有关部门按职责分别负责。

进度安排：持续推进。

35. 拓展林业投资融资渠道，创新林业金融新产品，扩大林权抵押贷款规模，设立林业产业基金，吸收金融和社会资本流入林业。创新金融产品和服务方式，健全担保机制，探索建立面向林农和中小企业的小额贷款与贴息扶持政策。提高政策性森林保险保费的补贴规模、范围和标准，形成政策性保险与商业保险相结合的森林保险体系。

责任单位：县林业局牵头，各乡（镇）人民政府和县直有关部门按职责分别负责。

进度安排：持续推进。

（九）强化生态环境保护

36. 认真贯彻落实《国家生态文明试验区（福建）实施方案》，制定具体工作方案和推进计划，确保试验区建设和实施方案落到实处。

责任单位：县发改局、县经信局、县环保局、县国土局、县林业局牵头，县人大内司委、环城委、县政府法制办参加，各乡（镇）人民政府和县直有关部门按职责分别负责。

进度安排：按照中央和省、市部署推进，到2020年取得重大进展。

37. 培育环境治理和生态保护市场主体，建立吸引社会资本投入生态环境保护的市场机制。建立用能权交易和碳排放权交易市场体系，完善排污权交易制度。推动绿色金融创新，构建绿色金融体系，鼓励金融机构加大绿色信贷发放力度，探索建立财政贴息、助保金等绿色信贷扶持机制。

责任单位：县发改局、县经信局、县环保局、县国土局、县林业局、县财政局、开发区管委会分别牵头，县水利局、县人民银行、县金融办以及各乡（镇）人民政府按职责分别负责。

进度安排：持续推进，2018年在全县所有工业排污企业全面推行排污权交易制度，到2019年取得重大进展。

38. 完善流域生态保护补偿机制，争取与流域下游地区通过资金补偿、对口协作、产业转移、人才培训、共建园区等方式加大横向生态保护补偿实施力度；推动清流增列为国家重点生态功能区，对接福建省重点流域生态保护补偿管理办法修订工作，争取国家和省市对我县纵向生态保护补偿力度逐步增强。统筹整合生态保护补偿资金，建立以改善流域水环境质量和促进地区发展为导向的全县流域生态保护补偿机制。完善生态保护区域财力支持机制和森林生态保护补偿机制，着力破解生态保护与经济发展的矛盾。

责任单位：县发改局、县经信局、县环保局、县财政局、县林业局牵头，各乡（镇）人民政府和县直有关部门按职责分别负责。

进度安排：持续推进，争取2018年在我县开展综合性生态保护补偿试点，到2020年时取得重大进展。

39. 改革生态环境保护管理体制，建立和完善严格监管机制。完善流域治理机制，全面实施“河长制”，深入推进重点流域水污染防治，要按照“一河一策”原则牵头制定辖区内各河流治理方案，分年度组织实施。建立农村环境治理体制机制，完善环境资源执法司法保护机制。建立统一的自然资源确权登记系统和产权体系，开展健全自然资源资产管理体制试点。

责任单位：县编办、县环保局、县国土局、县水利局、县住建局、县农业局分别牵头，各乡（镇）人民政府和县直有关部门按职责分别负责。

进度安排：按照中央和省、市部署持续推进，2017年健全完善相关制度，2018年建立形成河岸生态保护、饮用水源地保护、地下水警戒保护三条蓝线管理制度，到2020年取得重大进展。

40. 全面深化河长制，落实最严格水资源管理制度，加强水功能区和水环境功能区管理监督，科学编制河流水域岸线规划，统筹河库（湖）保护管理规划，加强涉河建设项目管理。加强水污染防治和水环境治理，加快推进水生态修复，积极参与市“最美河流”及“十佳河长”评选。

责任单位：县水利局、县环保局分别牵头，各乡（镇）人民政府和县直有关部门按职责分别负责。

进度安排：2017年完成县、乡全面深化河长制实施方案、河长制组织架构和河长办公室挂牌工作，明确各河流河长、河段长并向社会公告；到2020年，健全河库（湖）管理保护长效机制，水资源、水生态、水环境得到明显改善。

41. 建立生态文明建设目标评价体系，建立完善党政领导干部政绩差别化考核机制，探索编制自然资源资产负债表。健全生态环境损害责任追究制度和生态环境损害赔偿制度，对领导干部实行自然资源资产离任审计制度。

责任单位：县委组织部、县纪委、县监察局、县环保局、县审计局、县统计局、县发改局、县效能办分别牵头，各乡（镇）人民政府和县直有关部门按职责分别负责。

进度安排：2017年建立绿色发展指标体系，启动清流自然资源资产负债表编制方案制定工作，出台清流县党政领导干部自然资源资产离任审计实施意见，2018年建立起经常性审计机制，到2020年取得重大进展。

三、完善依法行政制度体系

（十）加强规范性文件监督管理

42. 落实规范性文件制定程序和备案审查机制，行政机关规范性文件出台前应由法制机制合法性把关，完善规范性文件备案审查机制，实行制定机关对规范性文件统一登记、统一编号、统一印发制度。

责任单位：县政府法制办牵头，各乡（镇）人民政府和县直有关部门按职责分别负责。

进度安排：持续推进。

43. 严格实行规范性文件公开制度，涉及公民、法人和其他组织权利义务的规范性文件，必须按照法定要求和程序予以公布。未经公布的不得作为行政管理的依据。健全规范性文件异议审查制度，公民、法人和其他组织对规范性文件向政府备案工作机构提出审查申请的，备案工作机构应按规定予以答复。

责任单位：县政府法制办牵头，各乡（镇）人民政府和县直有关部门按职责分别负责。

进度安排：持续推进。

（十一）建立规范性文件清理长效机制

44. 根据经济社会发展需要以及上位法的立改废，建立定期清理和专项清理规范性文件相结合的长效清理机制，建立统一的信息平台，及时公开各类清理结果。

责任单位：县政府办、县人大常委会内司委、县政府法制办牵头，各乡（镇）人民政府和县直有关部门按职责分别负责。

进度安排：2017年县政府及各乡（镇）人民政府，县直有关部门要完成对现行规范性文件的清理，清理结果向社会公布。

45. 建立规范性文件动态管理制度。实行规范性文件目录和文本动态化、信息化管理，建立统一的公众网络查询平台，向社会提供有关查询服务。

责任单位：县政府办、县政府法制办、县数字办、县行政服务中心管委会分别牵头，各乡（镇）人民政府和县直有关部门按职责分别负责。

进度安排：2019年建成政府规范性文件公众网络查询平台。

四、推进行政决策科学化、民主化、法治化

（十二）健全依法决策机制

46. 健全完善重大行政决策程序规定，明确决策主体、事项范围、法定程序、法律责任，规范决策流程，强化决策法定程序的刚性约束。

责任单位：县政府办公室牵头，县政府法制办参加，各乡（镇）人民政府和县直有关部门按职责分别负责。

进度安排：按照中央和省、市部署推进，2017年县政府及部门和乡镇政府健全和完善重大行政决策程序规定。

（十三）增强公众参与实效

47. 完善重大行政决策公众参与机制。事关经济社会发展全局和涉及群众切身利益的重大行政决策事项，应当听取广大群众、利害关系人、人大代表、政协委员、人民团体、基层组织、社会组织的意见。对社会关注度高的决策事项，应当公开信息、作出解释说明，及时对征求的意见作出反馈。

责任单位：县政府办公室牵头，各乡（镇）人民政府和县直有关部门按职责分别负责。

进度安排：2017年健全完善相关制度。

48. 加强公众参与重大行政决策平台建设，健全公众意见反馈机制。完善重大民生决策事项民意调查机制，推行文化教育、医疗卫生、资源开发、环境保护、公用事业、社会保障等重大民生决策事项民意调查制度。建立健全政务舆情收集、研判、处置和回应机制，加强重大政务舆情回应督办工作。

责任单位：县政府办公室、县教育局、县民政局、县人社局、县文广局、县卫计局、县国土局、县环保局、县住建局、县数字办、县信访局分别牵头，各乡（镇）人民政府和县直有关部门按职责分别负责。

进度安排：2018年建立健全相关制度和机制。

（十四）提高专家论证和风险评估质量

49. 完善专家咨询论证制度，制定专家参与论证重大行政决策程序规则，明确专家论证重大行政决策事项清单。探索推行专家意见采纳情况说明制度。

责任单位：县政府办公室牵头，各乡（镇）人民政府和县直有关部门按职责分别负责。

进度安排：2018年建立健全完善相关专家咨询论证制度和机制。

50. 推行重大行政决策第三方评估论证机制。制定重大行政决策风险评估程序操作规则。建立健全部门论证、专家咨询、公众参与和专业机构测评相结合的风险评估机制。

责任单位：县委政法委、县政府办公室分别牵头，

各乡（镇）人民政府和县直有关部门按职责分别负责。

进度安排：2018 年健全完善相关制度。

（十五）加强合法性审查

51. 建立健全行政机关重大决策合法性审查机制，未经合法性审查或经审查不合法的，不得提交上会讨论、作出决策。积极推行法律顾问制度和公职律师公司律师制度，建立政府法制机构人员为主体、吸收专家和律师参加的法律顾问队伍。认真实施县政府印发的《全面推行政府法律顾问制度的指导意见》，保证法律顾问在制定重大行政决策、推进依法行政中发挥积极作用。

责任单位：县政府办公室牵头，县司法局、县政府法制办参加，各乡（镇）人民政府和县直有关部门按职责分别负责。

进度安排：2017 年底前，县人民政府工作部门普遍设立法律顾问、公职律师，乡镇政府根据需要设立法律顾问、公职律师。

（十六）坚持集体讨论决定

52. 完善重大行政决策集体讨论制度，重大行政决策应当经政府常务会议或者全体会议、部门领导班子会议讨论，由行政首长在集体讨论基础上作出决定。行政首长拟作出的决定与会议组成人员多数人的意见不一致的，应当在会上说明理由。建立集体讨论情况和决定记录、存档制度。

责任单位：县政府办公室牵头，各乡（镇）人民政府和县直有关部门按职责分别负责。

进度安排：2017 年健全完善重大行政决策集体讨论相关制度。

（十七）严格决策责任追究

53. 建立健全跟踪重大行政决策执行情况和实施效果的后评估制度，采取抽样检查、跟踪调查、综合评估等方式，主动了解利益相关方和社会公众对决策实施的意见建议，及时发现并纠正决策存在的问题，根据实际需要进行决策调整。

责任单位：县政府办公室牵头，各乡（镇）人民政府和县直有关部门按职责分别负责。

进度安排：2018 年建立健全行政决策后评估等相关制度和机制。

54. 建立行政决策责任追究制度，明确追责程序。严格实施重大行政决策终身责任追究制度及责任倒查机制。对决策严重失误或者依法应当及时作出决策但久拖不决造成重大损失、恶劣影响的，严格追究相关领导干部及责任人员的党纪政纪和法律责任。建立先行先试容错纠错制度，营造勇于改革、敢于创新、允许试错的社会氛围。构建“可溯源、可追责”的重大行政决策档案制度和信息公开制度。

责任单位：县委组织部、县政府办公室、县监察局分别牵头，县政府法制办参加，各乡（镇）人民政府和县直有关部门按职责分别负责。

进度安排：2018 年建立健全重大行政决策责任追究等相关机制和制度。

五、坚持严格规范公正文明执法

（十八）改革行政执法体制

55. 根据不同层级政府的事权和职能，按照减少层次、整合队伍、提高效率的原则，合理配置执法力量。把机构改革、政府职能转变调整出来的人员编制重点用于充实基层执法力量。

责任单位：县编办牵头，县政府法制办参加，各乡（镇）人民政府和县直有关部门按职责分别负责。

进度安排：按照中央和省、市部署推进。

56. 完善行政执法管理，推进综合行政执法，加强统一领导和协调。大幅减少执法队伍种类，重点在食品药品安全、工商质检、公共卫生、安全生产、文化旅游、环境资源、农林水利、交通运输、城乡建设、商务等领域以及开发区、工业园区等区域内推行综合执法。试行跨部门综合执法，重点在生态环境保护、市场监管、城市管理、农业、交通运输、文化旅游等领域整合组建执法队伍，加大关系群众切身利益的重点领域执法力度。

责任单位：县编办牵头，县政府法制办参加，各乡（镇）人民政府和县直有关部门按职责分别负责。

进度安排：按照中央和省、市部署推进。

57. 按照中共中央、国务院关于深入推进城市执法体制改革和深化文化市场综合执法改革等部署，加强城市管理、文化市场等领域综合执法机构和队伍建设，提高执法和服务水平。

责任单位：县编办、县住建局、县城管局、县文广局牵头，县政府法制办参加，各乡（镇）人民政府和县直有关部门按职责分别负责。

进度安排：按照中央和省、市部署推进。

58. 严格依法行使行政强制权，提高行政强制执行效率。

责任单位：县编办、县法院、县政府法制办牵头，各乡（镇）人民政府和县直有关部门按职责分别负责。

进度安排：按照中央和省、市部署推进。

59. 健全行政执法和刑事司法衔接机制，完善案件移送标准和程序，深入推进行政执法与刑事司法衔接信息共享平台建设，建立健全行政执法机关、公安机关、检察机关、审判机关信息共享、案情通报、案件移送制度。

责任单位：县法院、县检察院、县公安局、县政府法制办、县数字办分别牵头，各乡（镇）人民政府和县直有关部门按职责分别负责。

进度安排：2018 年健全完善相关制度，到 2019 年取得重大进展。

（十九）完善行政执法程序

60. 健全完善行政裁量权基准制度，贯彻落实《三明市人民政府办公室关于做好规范行政裁量权工作的通知》，进一步细化、量化行政裁量标准，规范裁量范围、种类、幅度。

责任单位：县政府法制办牵头，各乡（镇）人民政府和县直有关部门按职责分别负责。

进度安排：持续推进，到2019年形成完善的行政裁量权基准制度。

61. 完善行政执法程序，进一步规范行政处罚、行政强制、行政许可、行政征收、行政收费、行政检查等执法行为。

责任单位：县政府法制办牵头，具有行政执法权的县直机关（事业单位）参加，各乡（镇）人民政府按职责分别负责。

进度安排：持续推进。

62. 健全行政执法立案、调查取证、告知、罚没收入管理等制度，明确听证、集体讨论决定的适用条件。开展执法案卷评查、案件质量跟踪评判。

责任单位：县政府法制办牵头，具有行政执法权的县直机关（事业单位）参加，各乡（镇）人民政府按职责分别负责。

进度安排：2017年建立健全相关制度。

63. 完善行政执法权限协调机制，及时解决执法机关之间的权限争议，建立异地行政执法协助制度。

责任单位：县编办、县政府法制办牵头，县法院、县检察院、县公安局参加，各乡（镇）人民政府和县直有关部门按职责分别负责。

进度安排：2018年建立健全相关制度。

64. 建立重大行政执法决定法制审核制度，未经法制审核或者审核未通过的，不得作出决定。

责任单位：县政府法制办牵头，各乡（镇）人民政府和县直有关部门按职责分别负责。

进度安排：2017年建立健全相关制度。

（二十）创新行政执法方式

65. 各级政府要根据各自的事权和职能，按照突出重点、依法有序、准确便民的原则，推行行政执法公示制度。加强行政执法信息化建设和信息共享，完善全县网上行政执法平台，加强互联网+行政执法，完善网上执法办案及其他执法业务办理信息查询系统。推广实现行政执法案卷电子化、生成自动化、智能化。

责任单位：县政府法制办、县数字办、县行政服务中心管委会牵头，各乡（镇）人民政府和县直有关部门按职责分别负责。

进度安排：2017年完善网上行政执法平台，并优化与省、市平台的互联对接。

66. 推广运用说服教育、劝导示范、行政指导、行政奖励等非强制性执法手段。实行行政执法案例指导制度，每年遴选公布一批典型行政执法案例。推进行政执法诚信体系建设。

责任单位：具有行政执法权的县直机关（事业单位）牵头，县政府法制办参加，各乡（镇）人民政府和县直有关部门按职责分别负责。

进度安排：2018年建立健全相关制度。

67. 积极运用大数据、云计算、互联网等信息技术，建立健全市场主体诚信档案、行业"红黑名单"制度和市场退出机制。

责任单位：县市场监督管理局、县人民银行牵头，各乡（镇）人民政府和县直有关部门按职责分别负责。

进度安排：2017年建立健全相关机制，到2019年取得重大进展。

（二十一）全面落实行政执法责任制

68. 依法明确不同部门及机构、岗位执法人员的执法责任事项，建立健全常态化的责任追究机制。

责任单位：县编办、县监察局牵头，县政府法制办参加，各乡（镇）人民政府和县直有关部门按职责分别负责。

进度安排：2018年健全完善相关机制。

69. 加强执法监督，建立健全投诉举报、情况通报等制度，坚决排除对正常执法活动的干预，防止和克服部门利益和地方保护主义，查处执法工作中的不作为、乱作为，惩治执法腐败现象。适时开展行政执法效果评估。

责任单位：县监察局、县政府法制办牵头，各乡（镇）人民政府和县直有关部门按职责分别负责。

进度安排：2017年建立健全相关制度和平台。

（二十二）健全行政执法人员管理制度

70. 严格落实行政执法资格制度，全面实行行政执法人员持证上岗和资格管理制度。

责任单位：县政府法制办牵头，各乡（镇）人民政府和县直有关部门按职责分别负责。

进度安排：2017年完成行政执法证件换发工作。

71. 健全纪律约束机制，加强职业道德教育，全面提高执法人员素质，完善行政执法人员考核制度，科学合理设计考核指标体系，考核结果作为执法人员职务级别调整、交流轮岗、教育培训、奖励惩戒的重要依据。

责任单位：县人社局、县政府法制办牵头，各乡（镇）人民政府和县直有关部门按职责分别负责。

进度安排：按照省、市部署实施。

72. 规范执法辅助人员管理，建立健全执法辅助人员的编制、招聘、管理、奖惩、退出等制度。依法界定和规范执法辅助人员从事执法辅助事务的职责。

责任单位：县编办、县人社局、县公安局、县财政局、县住建局、县政府法制办分别牵头，各乡（镇）人民政府和县直有关部门按职责分别负责。

进度安排：按照省、市部署实施。

（二十三）加强行政执法保障

73. 推动形成全社会支持行政执法机关依法履职的氛围。对妨碍行政机关正常工作秩序、阻碍行政执法人员依法履责的违法行为，坚决依法处理。

责任单位：县公安局、县司法局、县政府法制办、县法院、县检察院分别牵头，各乡（镇）人民政府和县直有关部门按职责分别负责。

进度安排：持续推进。

74. 行政机关履行执法职责所需经费，由各级政府纳入本级财政预算予以保障。改善执法条件，加大执法装备配备、科技建设、基础建设等方面的投入。

责任单位：县财政局牵头，各乡（镇）人民政府和县直有关部门按职责分别负责。

进度安排：持续推进。

75. 严格执行罚缴分离和收支两条线管理制度，严禁下达或者变相下达罚没指标，严禁将行政事业性收费、罚没收入同部门利益直接或者变相挂钩。

责任单位：县财政局、县物价局牵头，各乡（镇）人民政府和县直有关部门按职责分别负责。

进度安排：持续推进。

六、强化对行政权力的制约和监督

（二十四）健全行政权力运行制约和监督体系

76. 坚持用制度管权管事管人，决策权、执行权、监督权相互独立、相互制约又相互协调，完善各方面监督制度。

责任单位：县委办公室、县政府办公室牵头，县监察局参加，各乡（镇）人民政和县直有关部门按职责分别负责。

进度安排：2017 年建立健全相关制度。

77. 加强行政程序制度建设，根据上级立法进程，严格规范作出各类行政行为的主体、权限、方式、步骤和时限。

责任单位：，县政府法制办牵头，各乡（镇）人民政府和县直有关部门按职责分别负责。

进度安排：按照国家立法进程出台相关制度。

78. 加强政府诚信建设，建立政府守信践诺制度。建立公务员诚信档案，依法依规将公务员个人有关事项报告、廉政记录、年度考核结果、相关违法违纪违约行为等信用信息纳入档案，将公务员诚信记录作为干部考核、任用和奖惩的重要依据。

责任单位:县委组织部、县人社局、县监察局牵头，各乡（镇）人民政府和县直有关部门按职责分别负责。

进度安排：2017 年建立健全相关制度。

（二十五）自觉接受党内监督、人大监督、民主监督、司法监督

79. 认真贯彻落实《关于新形势下党内政治生活的若干准则》和《中国共产党党内监督条例》，自觉接受党内监督，坚持党委对党风廉政建设和反腐败工作的统一领导，各级政府及其部门党组（党委、党支部）要切实履行主体责任，主要责任人是第一责任人，对本级政府本部门党风廉政建设负总责，严格落实党风廉政建设责任制。

责任单位：县纪委、县委办公室、县政府办公室牵头，各乡（镇）人民政府和县直有关部门按职责分别负责。

进度安排：持续推进。

80. 认真执行向本级人大及其常委会报告工作制度，接受询问和质询制度，报备规章制度。认真研究处理人大及其常委会对政府工作提出的有关意见，及时研究办理人大代表和政协委员提出的意见和建议，切实改进工作。定期向政协通报有关情况。为人大代表、政协委员履职提供便利，创造条件。聘请人大代表和政协委员作为行政执法监督员参加行政执法专项监督检查活动，增强人大监督和政协民主监督的成效。

责任单位：县政府办公室、县政协办公室、县政府法制办牵头，县人大常委会办公室、人事代表工作室参加，各乡（镇）人民政府和县直有关部门按职责分别负责。

进度安排：持续推进。

81. 依法接受法院的司法监督、检察院的法律监督。支持人民法院依法受理行政案件，尊重并执行人民法院生效裁判。积极配合检察机关在履行职责中对违法行政行为的监督。加强与司法部门的沟通联系，定期召开政府与法院、检察院联席会议，共同研究依法行政和司法实践中出现的难点问题。

责任单位：县政府办公室、县法院、县检察院、县政府法制办牵头，各乡（镇）人民政府和县直有关部门按职责分别负责。

进度安排：持续推进。

82. 规范行政机关依法出庭应诉工作，贯彻执行新修订的《行政诉讼法》、国务院办公厅《关于加强和改进行政应诉工作的意见》和《福建省行政应诉办法》，规范行政应诉行为。

责任单位：县政府办公室、县政府法制办牵头，各乡（镇）人民政府和县直有关部门按职责分别负责。

进度安排：2017 年出台《关于加强和改进行政应诉工作的实施意见》,持续推进到 2019 年取得重大进展。

（二十六）加强行政监督和审计监督

83. 完善政府内部层级监督，改进上级行政机关对下级行政机关的监督，建立健全常态化、长效化监督机制。加强政府内部权力的制约，实行分事行权、分岗设权、分级授权、定期轮岗，强化内部流程控制，防止权力滥用。强化监察、审计等专门机关的监督作用。监察机关要切实履行监督责任，健全完善行政监察制度，确保廉政建设各项任务落实。完善审计监督制度，对公共资金、国有资产、国有资源和领导干部履行责任情况，实行有重点、有步骤、有成效的审计

全覆盖。

责任单位：县监察局、县审计局分别牵头，各乡（镇）人民政府和县直有关部门按职责分别负责。

进度安排：持续推进。

84. 深化“马上就办”机制，督促各级各部门创新服务、精准服务、人文服务。结合机关效能建设，推动管用、有效的载体和平台建设，通过督查、考评、问责等，推进“马上就办”机制落到实处。

责任单位：县效能办牵头，各乡（镇）人民政府和县直有关部门按职责分别负责。

进度安排：持续推进和实施“马上就办”机制，到2019年取得重大进展。

（二十七）完善社会监督和舆论监督机制

85. 建立对行政机关违法行为投诉举报登记制度，充分发挥网上信访服务平台、“12345”热线和政府门户网站等平台的作用。发挥报刊、广播、电视等传统媒体舆论监督作用，重视运用和规范网络舆论监督，推动网络舆论监督规范化、法治化，依法及时调查处理违法行政行为。

责任单位：县政府办公室、县委宣传部分别牵头，县监察局、县公安局、县信访局、县效能办、县政府法制办参加，各乡（镇）人民政府和县直有关部门按职责分别负责。

进度安排：2017年健全完善相关制度和机制。

（二十八）全面推进政务公开

86. 落实省委办公厅、省政府办公厅《全面推进政务公开工作实施意见》，完善政务公开相关制度，制定政务公开负面清单，进一步明确政府信息公开范围和内容，推进决策公开、执行公开、管理公开、服务公开、结果公开。重点推进财政预算、公共资源配置、重大建设项目批准和实施、社会公益事业建设等领域的政府信息公开。

责任单位：县政府办公室、县行政服务中心管委会牵头，县财政局、县发改局、县住建局、县民政局参加，各乡（镇）人民政府和县直各有关部门按职责分别负责。

进度安排：持续推进政府信息公开工作，到2019年取得重大进展。

87. 主动做好政策解读，坚持“谁起草、谁解读”，对涉及群众切身利益的政策文件进行重点解读。积极扩大公众参与，通过报刊、广播、电视等媒体及所属新媒体和政府门户网站、政务微信、政务客户端等互联网平台以及社区公开栏等传统公开平台，搭建政民互动平台。

责任单位：县政府办公室、县行政服务中心管委会牵头，各乡（镇）人民政府和县直各有关部门按职责分别负责。

进度安排：持续推进。

88. 完善政府新闻发言人、突发事件信息发布等制度，更好地发挥新闻媒体在政务公开中的作用。各级政府机关要畅通媒体采访渠道，创造条件安排主流媒体及其新媒体负责人列席有关重要决策会议。各级政府及部门主要负责同志要带头接受媒体采访，做好对热点敏感问题的舆论引导，及时回应人民群众关切。

责任单位：县委宣传部、县政府办公室牵头，各乡（镇）人民政府和县直有关部门按职责分别负责。

进度安排：2017年完善健全相关制度。

89. 创新政务公开方式，健全互联网政务信息数据管理制度，加快便民服务等平台建设，逐步打造本地、本部门的政务微博、政务微信、政务客户端等平台，提高政务公开信息化、集中化水平。

责任单位：县政府办公室、县数字办、县行政服务中心管委会牵头，各乡（镇）人民政府和县直有关部门按职责分别负责。

进度安排：持续推进，2019年取得重大进展。

90. 推进政府数据开放开发。建立政府数据资源清单，建设统一的政府数据开放平台，优先推动民生保障、公共服务和市场监管等领域的政府数据向社会有序开放。

责任单位：县数字办、县行政服务中心管委会牵头，各乡（镇）人民政府和县直有关部门按职责分别负责。

进度安排：分阶段建设各类网络平台，到2019年取得重大进展。

（二十九）完善纠错问责机制

91. 完善问责制度，加大问责力度。健全和完善责令书面检查、公开道歉、停职检查、引咎辞职、罢免等问责方式和程序，增强行政问责的针对性和时效性。

责任单位：县监察局、县委组织部、县人社局牵头，各乡（镇）人民政府和县直有关部门按职责分别负责。

进度安排：2017年健全完善相关机制和制度。

92. 对“四风”问题突出、发生顶风违纪问题或者出现区域性、系统性腐败案件的乡镇、部门和单位，既要追究主体责任、监督责任，又要严肃追究相关领导责任。

责任单位：县监察局牵头，各乡（镇）人民政府和县直有关部门按职责分别负责。

进度安排：按照中央和省、市部署推进。

七、依法有效化解社会矛盾纠纷

（三十）健全依法化解纠纷机制

93. 建立健全社会矛盾预警机制、利益表达、协商沟通、救助救济等机制，引导和支持公民、法人和其他组织依法表达诉求、维护权益、解决纠纷。

责任单位：县综治办、县信访局牵头，县法院、县检察院、县公安局、县司法局参加，各乡（镇）人民政府和县直有关部门按职责分别负责。

进度安排：2017 年健全完善相关制度。

94. 建立健全社会救助机制，规范和加强最低生活保障、特困人员救助供养、医疗救助、教育救助、住房救助、就业援助、临时救助等社会救助工作，确保社会救助制度公平实施。

责任单位：县民政局牵头，县财政局、县卫计局、县教育局、县住建局、县人社局参加，各乡（镇）人民政府和县直有关部门按职责分别负责。

进度安排：健全完善社会救助机制，到 2019 年取得重大进展。

95. 加强重点领域社会治理，强化依法应对和处置群体性事件机制和能力。依法加强对影响或危害食品药品安全、安全生产、社会安全、生态环境、网络安全等方面重点问题的治理。

责任单位：县综治办、县应急办、县公安局、县市场监督管理局、县安监局、县环保局、县委网信办分别牵头，县司法局、县民政局、县林业局、县国土局、县农业局、县畜牧水产局、县法院、县检察院参加，各乡（镇）人民政府和县直有关部门按职责分别负责。

进度安排：持续推进重点领域社会治理，到 2019 年取得重大进展。

96. 深入开展法治宣传教育，落实清流县“七五”普法规划。严格落实“谁执法谁普法”的责任制，建立行政执法部门以案释法制度。

责任单位：县委宣传部、县司法局牵头，县政府法制办参加，各乡（镇）人民政府和县直有关部门按职责分别负责。

进度安排：健全完善相关普法机制和制度，到 2019 年取得重大进展。

（三十一）加强行政复议工作

97. 完善行政复议制度，提高行政复议办案质量，加强行政复议规范化建设。

责任单位：县政府法制办牵头，各乡（镇）人民政府和县直有关部门按职责分别负责。

进度安排：持续推进。

98. 有关行政机关要加强行政复议能力建设，相关机构设置、人员配备应与法律规定和所承担的工作任务相适应。行政复议人员应当具备与履行行政复议职责相适应的专业知识和业务能力。

责任单位：县编办、县政府法制办牵头，各乡（镇）人民政府和县直有关部门按职责分别负责。

进度安排：持续推进。

99. 加强行政复议保障能力建设，根据办案需要，落实行政复议办案场所、车辆等相关装备保障。行政复议经费列入各级财政预算。

责任单位：县财政局、县机关事务管理局、县政府法制办牵头，各乡（镇）人民政府和县直有关部门按职责分别负责。

进度安排：持续推进。

（三十二）完善行政调解、行政裁决制度

100. 建立健全行政调解制度，进一步明确行政调解范围，规范行政调解程序，完善行政调解机制。加强行业性、专业性调解组织建设。

责任单位：县政府法制办牵头，县综治办、县司法局参加，各乡（镇）人民政府和县直有关部门按职责分别负责。

进度安排：2018 年建立健全相关制度，到 2019 年取得重大进展。

101. 健全行政裁决制度，完善行政裁决程序，依法开展行政裁决工作，强化行政机关解决同行政管理密切相关的民事纠纷功能，保障行政裁决决定的有效执行。

责任单位：县政府法制办牵头，县法院参加，各乡（镇）人民政府，县直各有关部门按职责分别负责。

进度安排：2018 年健全完善行政裁决相关制度，到 2019 年取得重大进展。

（三十三）加强人民调解工作

102. 贯彻《中华人民共和国人民调解法》，健全人民调解组织网络，实现村委会、居委会人民调解组织全覆盖，推进企事业单位、乡镇、社会团体、行业组织中人民调解组织建设。重点协调解决消费者权益、劳动关系、医患关系、物业管理等方面的矛盾纠纷，促进当事人平等协商、公平公正化解矛盾纠纷。

责任单位：县司法局、县综治办牵头，县法院、县检察院、县市场监督管理局、县人社局、县卫计局、县住建局、县政府法制办参加，各乡（镇）人民政府按职责分别负责。

进度安排：健全完善相关制度和机制，到 2019 年取得重大进展。

103. 完善人民调解、行政调解、司法调解联动工作体系，形成化解矛盾纠纷的工作合力。

责任单位：县委政法委、县综治办牵头，县法院、县司法局、县政府法制办参加，各乡（镇）人民政府和县直有关部门按职责分别负责。

进度安排：2017 年健全完善相关制度和机制。

（三十四）改革信访工作制度

104. 深入贯彻《信访条例》，把信访纳入法治化轨道，规范信访工作程序，完善信访听证、案件评审评议、信访群众依法引导、案件依法终结备案等制度，畅通群众诉求表达、利益协调和权益保障渠道，依法维护信访秩序，运用法治思维和法治方式解决信访问题、化解社会矛盾。

责任单位：县信访局牵头，县法院、县检察院、县公安局参加，各乡（镇）人民政府和县直有关部门按职责分别负责。

进度安排：2017 年健全完善相关制度和机制，到

2019 年取得重大进展。

105. 健全完善网上受理信访制度，加快网上信访信息系统建设步伐，做好与上级网上信息系统的有机衔接工作。完善信访信息发布制度，公开信访工作规程规范。

责任单位：县信访局牵头，县法院、县检察院、县公安局、县数字办参加，各乡（镇）人民政府和县直有关部门按职责分别负责。

进度安排：2017 年健全完善相关机制，到 2019 年取得重大进展。

106. 对依法应当通过复议、仲裁、诉讼等法定途径解决的事项，及时引导群众通过法定途径解决。严格实行诉访分离，推进通过法定途径分类处理信访投诉请求，完善涉法涉诉信访依法终结制度。

责任单位：县信访局、县综治办牵头，县法院、县检察院、县公安局参加，各乡（镇）人民政府和县直有关部门按职责分别负责。

进度安排：2017 年健全相关制度，到 2019 年取得重大进展。

八、全面提高政府工作人员法治思维和依法行政能力

（三十五）树立重视法治素养和法治能力的用人导向

107. 抓好“关键少数”，把法治观念强不强、法治素养好不好作为衡量干部德才的重要标准，把干部尊法守法、依法办事能力纳入考核指标体系，作为考察干部的重要内容。在相同条件下，优先提拔使用法治素养好、依法办事能力强的干部，从 2017 年起各级行政机关领导班子中至少配备一位有法律知识背景的成员。

责任单位：县委组织部牵头，县政府法制办、县人社局参加，各乡（镇）党委、人民政府和县直有关部门按职责分别负责。

进度安排：2017 年健全完善干部考核指标体系。

108. 对特权思想严重、法治观念淡薄的干部要批评教育、督促整改，问题严重或违法违纪的，依法依纪严肃处理，并形成长效机制。

责任单位：县委组织部、县纪委、县监察局、县人社局牵头，各乡（镇）人民政府和县直有关部门按职责分别负责。

进度安排：2018 年建立健全相关机制。

（三十六）加强对政府工作人员的法治教育培训

109. 严格落实领导干部学法制度，县政府及其部门要制定领导干部学法计划，明确学法方式和主要内容，通过常务会（局、办务会）坚持学法，切实提高领导干部法治素质和法治能力。每年至少举办一期领导干部法治专题培训班，每年应当举办两期以上政府领导班子法治专题讲座。

责任单位：县政府办公室、县委组织部、县政府法制办、县人社局牵头，各乡（镇）人民政府和县直有关部门、各级党校、行政学院按职责分别负责。

进度安排：持续推进领导干部学法机制建设，到 2019 年取得重大进展。

110. 加强行政机关工作人员法律知识培训，各级党校、行政学院等要将宪法法律列为干部教育的必修课。通过集中培训、法治讲座、网上学法等多种形式，推动政府工作人员强化法治意识、系统掌握法律知识。

责任单位：县委组织部、县人社局、县政府法制办牵头，各乡（镇）人民政府和县直有关部门、各级党校、行政学院按职责分别负责。

进度安排：持续推进法律知识培训，到 2019 年取得重大进展。

111. 健全行政执法人员岗位培训制度，组织开展行政执法人员通用法律知识、专门法律知识等专题培训。强化行政执法人员资格考试制度，提高行政执法人员法律知识培训质量。

责任单位：县政府法制办、县直有关部门分别牵头，各乡（镇）人民政府按职责分别负责。

进度安排：持续推进行政执法人员专门培训和考试制度，到 2019 年取得重大进展。

112. 完善公务员任职培训体系，加大对公务员初任培训、任职培训中法律知识的培训力度，培训情况统一纳入公务员管理，作为考核、奖励、晋升的重要依据。

责任单位：县人社局牵头，县委组织部参加。各乡（镇）人民政府和县直有关部门按职责分别负责。

进度安排：持续推进公务员任职培训等机制建设，到 2019 年取得重大进展。

（三十七）完善政府工作人员法治能力考查测试制度

113. 推行领导干部任职前法律知识考查和依法行政能力测试机制，要将考查和测试结果作为领导干部任职的重要参考，促进政府及其部门负责人严格履行法治建设职责。

责任单位：县委组织部、县人社局、县依法治县办牵头，县政府法制办参加，各乡（镇）人民政府和县直有关部门按职责分别负责。

进度安排：2017 年建立健全相关制度，到 2019 年取得重大进展。

114. 落实上级有关公务员晋升依法行政考核制度，将公务员依法行政纳入晋升考核范围。

责任单位：县人社局牵头，各乡（镇）人民政府和县直有关部门按职责分别负责。

进度安排：按照省、市部署推进。

（三十八）注重通过法治实践提高政府工作人员法治思维和依法行政能力

115. 要努力营造办事依法、遇事找法、解决问题用法、化解矛盾靠法的良好法治环境。政府工作人员特别是领导干部想问题、作决策、办事情必须守法律、重程序、受监督。要自觉运用法治思维和法治方式深化改革、推动发展、化解矛盾、维护稳定。

责任单位：县依法治县办、县委组织部、县司法局、县政府法制办牵头，各乡（镇）人民政府和县直有关部门按职责分别负责。

进度安排：持续推进，到2019年取得重大进展。

116. 注重发挥法律顾问和公职律师的咨询论证、审核把关作用。

责任单位：县政府法制办、县司法局牵头，各乡（镇）人民政府和县直有关部门按职责分别负责。

进度安排：持续推进。

九、落实法治政府建设保障机制

（三十九）加强党对法治政府建设的领导

117. 坚持党总揽全局、协调各方，发挥各级党委领导核心作用，把党的领导贯彻到法治政府建设各方面。各级政府要在党委统一领导下，谋划和落实好法治政府建设的各项任务，定期向党委报告法治政府建设中的重大问题，及时协调解决，消除制约法治政府建设的体制机制障碍。

责任单位：县委办公室、县政府办公室牵头，各乡（镇）人民政府和县直有关部门按职责分别负责。

进度安排：持续推进，到2019年取得重大进展。

118. 将法治政府建设纳入经济社会发展、全面深化改革总体规划，要结合本地区实际，每年制定法治政府建设工作要点，有序推进各项工作深入开展，发挥法治的引领和保障作用。

责任单位：县政府办公室、县政府法制办牵头，各乡（镇）人民政府和县直有关部门按职责分别负责。

进度安排：持续推进，每年出台法治政府建设工作要点。

119. 加强各级政府及其部门法制工作力量建设，特别要注重加强县政府法制工作力量建设，不断提升政府法制机构在推进依法行政和建设法治政府过程中的组织、协调和保障能力。

责任单位：县编办、县政府法制办牵头，各乡（镇）人民政府和县直有关部门按职责分别负责。

进度安排：按照省委、省政府的部署推进。

（四十）落实第一责任人责任

120. 党政主要负责人要履行推进法治建设第一责任人职责，将建设法治政府摆在工作全局的重要位置。对不认真履行第一责任人职责，本乡镇本部门一年内发生多起重大违法行政案件、造成严重社会后果的，依法依纪追究主要负责人的责任。

责任单位：县纪委、县委办公室、县政府办公室、县监察局、县政府法制办牵头，各乡（镇）党委、人民政府和县直有关部门按职责分别负责。

进度安排：持续推进，到2019年取得重大进展。

121. 坚持建立法治政府建设情况报告制度。县政府每年第一季度要向县委、县人大常委会和上一级政府报告上一年度法治政府建设情况，政府部门每年第一季度前要向县政府和上一级政府有关部门报告上一年度法治政府建设情况，乡（镇）政府每年第一季度前要向县政府报告上一年度法治政府建设情况。

责任单位：县政府办公室、县政府法制办牵头，各乡（镇）人民政府和县直有关部门按职责分别负责。

进度安排：持续推进，每年形成工作报告，向上一级政府、同级党委、人大常委会报告法治政府建设情况。

（四十一）强化考核评价和督促检查

122. 各级党委要把法治建设成效作为衡量各级领导班子和领导干部工作实绩的重要内容，纳入政绩考核指标体系，充分发挥考核评价对法治政府建设的重要推动作用。

责任单位：县委组织部牵头，县政府法制办、县效能办参加，各乡（镇）党委、人民政府和县直有关部门按职责分别负责。

进度安排：2017年建立健全相关制度。

123. 加强对法治政府建设进展情况的督促检查。各级政府及其部门要结合法治政府建设年度重点工作，开展定期检查和专项督查。坚持问题导向，对工作不力、问题较多的，要及时约谈、责令整改、通报批评。

责任单位：县委办公室、县政府办公室、县政府法制办牵头，县效能办参加，各乡（镇）人民政府和县直有关部门按职责分别负责。

进度安排：持续推进，到2019年取得重大进展。

（四十二）加强理论研究、典型示范和宣传引导

124. 加强法治政府建设理论研究，强化理论创新、制度创新、实践创新。

责任单位：县政府法制办、县法学会牵头，各乡（镇）人民政府和县直有关部门按职责分别负责。

进度安排：持续推进。

125. 大力开展推进依法行政、建设法治政府宣传工作，充分运用传统媒体和新媒体等多种形式，广泛宣传法治政府建设目标、工作部署、先进经验、典型做法，定期通报和曝光违法行政典型案例，分析原因、吸取教训、改进工作，正确引导舆论、凝聚社会共识，营造全社会关心、支持和参与法治政府建设的良好社会氛围。

责任单位：县委宣传部、县政府法制办、县司法局分别牵头，各乡（镇）人民政府和县直有关部门按职责分别负责。

进度安排：持续推进。

126. 继续完善依法行政和法治政府建设示范点创建活动，大力培育依法行政和法治政府建设先进典型，充分发挥示范点的示范、引领和典型带动作用，推动全县法治政府建设水平整体提升。

责任单位：县政府办公室、县政府法制办牵头，各乡（镇）人民政府和县直有关部门按职责分别负责。

进度安排：持续推进。

中共清流县委　清流县人民政府

2017 年 5 月 15 日

中共清流县委 清流县人民政府
关于印发《加快养老事业发展的实施意见》的通知

各乡（镇）党委和人民政府，县直各单位，省、市属各单位：

经研究，现将《加快养老事业发展的实施意见》印发给你们，请认真贯彻执行。

加快养老事业发展的实施意见

清委发〔2017〕6 号

按照省、市关于加快养老事业发展的部署要求，为深入贯彻落实县委十三届四次全会通过的《关于加快社会事业发展补齐民生短板确保如期全面建设小康社会的决定》，牢牢把握人民群众对美好生活的向往，补齐养老服务短板，满足老年人多层次多样化养老需求，提升老年群体的获得感和幸福指数，结合我县实际，制定本实施意见。

一、总体目标

到 2020 年全县基本建成以居家为基础、社区为依托、机构为补充，医养结合、覆盖城乡的养老服务体系；基本形成政府主导、市场运作、放管结合、优化服务的发展机制。全县养老服务水平明显提升，养老主要指标达到或高于全省平均水平。每千名老人拥有养老床位数达到 35 张以上，护理型床位占养老床位数的 30% 以上，养老机构与医疗机构合作签约率达到 100%。所有养老机构都能够以不同形式提供医疗卫生服务。居家社区养老服务照料中心覆盖建制镇全部社区，农村幸福院建设覆盖 60% 以上的建制村。基本养老服务覆盖全体老年人，形成“低端有保障，中端有市场，高端有选择”的多层次养老服务格局，让全县老年人能够安享晚年。

二、重点任务

按照“保基本、托底线、补短板、调结构、惠老年”的要求，加快实施居家养老服务、机构养老服务、兜底保障、医养结合、精神关爱、养老产业培育、养老服务队伍建设等七大工程。

（一）居家养老工程

1. 加强养老设施建设。统筹城乡养老服务设施规划布局，加强标准化建设，开展县级评定。加快推进省、市为民办实事项目和养老工程包项目建设。加快标准化居家养老服务照料中心、农村幸福院标准化规范化建设，2020 年完成农村幸福院覆盖率 60%。完善提升一批乡镇敬老院、社区居家养老服务站。统筹规划建设适宜老年人居住、出行等的相关设施，加快推进坡道、公厕等相关设施的无障碍改造，新建公共设施和养老场所无障碍率达到 100%。

2. 培育专业化服务组织。通过购买服务、公建民营、民办公助、股权合作、提供场所、补贴租金、以奖代补等多种方式，支持专业化服务组织规模化承接、连锁化运营居家社区养老服务设施，培育和打造有一定规模和实力的专业化服务组织。支持清流县蓝丝带养老产业有限公司等专业化养老服务组织开展业务服务。建立健全准入和退出机制，加快对专业化服务组织服务质量的评估和日常监督。

3. 整合完善服务功能。充分发挥社区综合公共服务平台的作用，统筹行政资源、社会资源、市场资源等，实现服务效益最大化和服务功能多样化。依托居家社区养老服务照料中心等，通过整合社区内教育、科技、文化、体育、康复、餐饮等为老服务资源，为老年人提供生活照料、医疗卫生、康复护理、文化娱乐、教育、精神慰藉、体育健身、餐饮等形式多样、内容丰富的服务项目。

4. 建设信息化平台。按照精准服务的要求，建立全县统一的老年人基本信息数据库建设，实现信息化管理。建设养老服务综合信息平台，与相关公共服务平台有效对接。推广使用8712349养老服务专用号，不断满足居家社区老年人养老服务需求。

〔责任单位：各乡镇党委和人民政府、民政局、财政局、住建局、发改局、国土局〕

（二）机构养老工程

5. 盘活用好乡镇敬老院。鼓励通过承包、委托、合资合作等公建民营方式，将敬老院交由社会组织或企业运营。选取1个以上基础条件好的敬老院启动"乡镇敬老院+光伏"试点。在优先保障特困老年人供养需求前提下，接纳周边村镇散居老年人，打造农村区域性养老中心，实现资源整合，力争2017年内实现床位使用率50%以上。引导各方力量参与和帮扶敬老院建设，建立"挂、帮、助"三叠加制度，鼓励各级文明单位积极参与敬老院帮扶活动，推动敬老院可持续运营。

6. 多元化兴办养老机构。鼓励通过公建民营、民办公助等方式兴办养老机构，进一步放宽民间资本和社会力量申办养老机构的准入条件，全面开放养老服务市场，完善和落实对民办养老机构的优惠政策。鼓励整合改造企业厂房，商业设施，存量商品房等用于养老服务，力争到2020年民营养老床位占全社会养老床位总数比例超过50%以上。

7. 加强服务质量监督。坚持"放管服"相结合，落实好《关于贯彻落实省政府办公厅促进养老服务发展"双十条"措施的通知》（明政办〔2017〕95号）的具体要求，按照"属地管理、业主负责、分类处置、限期完成"的要求，2017年底前完成已建养老机构消防安全达标和设立许可。依法依规加强对从事养老服务的机构和社会组织的全过程监管，推动养老服务规范化、标准化。大力推行养老机构服务合同制度，切实保护老年人的合法权益，坚决依法依规严厉查处欺老、虐老行为。

〔责任单位：各乡镇党委和人民政府、民政局、公安局、卫计局、市监局、老龄办、住建局、国土局〕

（三）兜底保障工程

8. 加大社会救助力度。确保所有生活困难、符合条件的老年人按规定纳入最低生活保障、特困人员救助供养等社会救助保障范围，实现应保尽保。到2020年，农村低保按省定标准每年提高350元以上，城市低保按当地最低工资标准40%确定，逐步扩大城乡低保一体化覆盖面。落实农村最低生活保障制度与扶贫开发政策有效衔接相关政策要求，确保现行扶贫标准下农村贫困老年人实现脱贫。完善医疗救助制度，逐步将低收入家庭、"支出型"贫困家庭老年人纳入救助范围。完善临时救助制度，加强对老年人"救急难"工作，按规定对流浪乞讨、遭受遗弃等生活无着老年人给予救助，建立县、乡镇、村（居）三级联动的救助网络。

9. 保障基本养老服务。加快建立养老服务需求评估机制，立足老年人服务需求，拓展服务内容。机构养老方面，提升县光荣福利院和乡镇敬老院服务质量，重点保障特困人员中的老年人、经济困难老年人、计划生育特殊家庭老年人和做出特殊贡献老年人等养老需求，切实发挥政府兜底作用。居家养老方面，充分整合服务资源，将生活照料、康复护理、情感关怀、紧急救援等居家社区养老服务逐步拓展到全体老年人。

10. 落实老年人补贴政策。逐步提高80周岁以上老年人高龄补贴标准，对其中的低保老年人按每人每月100元的标准增发高龄补贴。逐步提高对困难家庭老年人的养老服务补贴，从2017年10月起，对城区低保对象、计划生育特殊家庭中的完全失能老年人，按照每人每月不低于200元的标准，以老年人服务券（卡）的方式发放护理补贴。对符合条件的低收入家庭老年人参加城乡居民基本医疗保险所需个人缴费部分，按规定给予适当补贴。

〔责任单位：各乡镇党委和人民政府、民政局、财政局、医保中心〕

（四）医养结合工程

11. 推进医养结合试点。推进医养结合向纵深发展。支持有条件的养老机构内设医疗机构，并将符合条件的内设机构纳入定点基本医疗保险范围，不符合基本医疗保险定点条件的，就近的医保定点医疗机构要主动与养老机构签订合作协议，开展延伸医疗服务，纳入医保定点范围。2017年底前完成医疗卫生机构开设为高龄老年人提供挂号、就医等便利服务的绿色通道。力争2017年底前，所有养老机构与医疗机构签订合作协议；到2020年实现医养结合机构医保定点覆盖率100%；到2020年，65周岁以上老年人健康管理率达75%以上。

12. 落实家庭医生签约。将居家社区养老的老年人纳入家庭医生签约服务重点人群，优先签约并提供健康管理和基本医疗服务。鼓励以家庭病床模式，为病情稳定但长期卧床的居民，以及社区内高龄、重病、失能、部分失能以及计划生育特殊家庭的老年人，与医生建立签约服务关系，提供定期上门诊疗服务。规范签约医生为居家老人提供的医疗和护理服务项目，将符合规定的医疗费用纳入医保支付范围。到2020年，居家老年人家庭医生签约覆盖率达到60%以上。

13. 构建城乡老年人长期照护保障体系。建立居家、社区、机构"三位一体"的老年人长期照护服务体系，重点支持发展护理型养老机构，探索建立由政府、用人单位和个人共同分担的老年人长期照护保险制度，积极发展老年人长期照护商业保险，为失能、半失能、高龄老人的基本生活照料、医疗护理、康复服务等提供资金和服务保障。继续推进机构老年人意外伤害保险工作。

〔责任单位：各乡镇党委和人民政府、卫计局、民政局、人社局、医保中心、财政局〕

（五）精神关爱工程

14. 发展老年教育体系。落实老年教育规划，大力发展老年大学教育、社区老年教育和远程老年教育，支持县级广播电视大学建设老年开放大学，建立县、乡、村三级老年教育服务体系。到 2020 年，实现全县 90% 的乡镇、60% 的村（居）建立老年学校（学习中心），100% 的乡镇、村建立远程老年教育学习网点，基本形成覆盖广泛、多元参与、灵活便捷、特色鲜明的现代老年教育服务体系，参与学习的老年人规模超过 0.6 万人，学习参与率达到 25% 以上。

15. 丰富老年文化内容。健全老年人心理疏导、危机干预服务网络，督促家庭成员加强老年人的情感关怀和心理沟通。完善覆盖城乡的公共文化设施网络，在基层公共文化设施内开辟适宜老年人的文化娱乐活动场所，开发老年人特色文化服务项目和服务产品。广泛开展群众性老年文化活动，培育老年文化活动品牌。鼓励发行老年人喜闻乐见的图书、报刊，创作适合老年人的影视剧、戏剧、广播剧等文艺作品。鼓励制作适合微博、微信、手机客户端等新媒体传播的优秀老年文化作品。

16. 加快老年健身设施建设。加强老年体育设施建设规划，新建居住区和社区要按相关标准配套建设老年人体育健身设施，积极构建城市社区 15 分钟健身圈。到 2020 年，老年人体育活动中心要覆盖 90% 乡镇、70% 建制村（居委会）和 70% 机关、企事业单位。实施全民健身计划，力争参与体育运动的老年人口占所有老年人口比例不低于 65%。

17. 支持老年志愿服务。不断充实完善老年人才信息库。规范为老志愿服务队伍，以老助老，支持老年人积极参与基层民主监督、社会治安、公益慈善、移风易俗、民事调解、文教卫生、全民健身等工作。进一步加强对“老有所为”典型的宣传报道，在全县营造出浓厚的“老有所为”的氛围。支持老党员、老专家、老军人、老劳模、老干部开展关心教育下一代活动。积极开展“银龄行动”，组织医疗卫生、文化教育、农业科技等老专家、老知识分子参与精准扶贫等志愿服务。到 2020 年，老年志愿者注册人数达到老年人口总数的 12% 以上。

〔责任单位：各乡镇党委和人民政府、宣传部、老干局、民政局、老龄办、文广局、教育局〕

（六）养老产业工程

18. 鼓励开发老年用品。鼓励市场主体重点开发老年保健、康复护理、助行视听、老年家居等四大类老年用品。支持建设集展示、体验、销售于一体的老年用品体验馆。

19. 发展养老关联产业。引导养老与医疗、教育、健康、旅游、文化、保险等产业融合发展，实施一批具有清流特色的养老项目。因地制宜推动里山耘居康养旅游度假项目建设。打造面向海内外老年群体的“候鸟式”养老、旅居养老、养生养老地。

20. 培育养老知名品牌。建立品牌激励机制，培育一批养老服务、老年产品、健康服务、文化休闲、养老金融等养老知名品牌，充分发挥我县气候、生态、温泉、冷泉等资源优势，把我县打造成全国知名养老圣地。

21. 推动慈善助力养老。推动慈善公益组织、社工机构、志愿服务组织等对口帮扶养老服务机构、居家养老服务照料中心、乡镇敬老院、农村幸福院，为老年人提供免费午餐、捐赠老年人生活用品和日常服务设施、开展“1+1”结对帮扶等活动。鼓励具备条件的慈善公益组织结合实际兴办满足不同需求的公益性养老机构。

〔责任单位：各乡镇党委和人民政府、发改局、民政局、卫计局、科技局、市监局、经信局〕

（七）养老队伍工程

22. 加大业务培训力度。支持县中等职业学校创造条件增设养老服务专业，支持养老服务从业人员参加技能培训。加强养老护理员职业技能鉴定，提高社会和养老服务机构持有养老护理员国家职业资格证书人员比例，扩大养老从业人员培训范围，提高培训频次。

23. 发展志愿服务队伍。鼓励社工参与养老服务。依托县志愿者协会在社区建立为老志愿者注册登记、志愿服务记录制度、星级认定和嘉许回馈制度。根据志愿者的专业优势和服务特点，分类别成立家政服务、医疗保健、电器维修等类型的志愿服务队，鼓励低龄健康老人为高龄老人服务。开展“关爱空巢老人志愿服务”活动，实现社会养老志愿服务的制度化、规范化和常态化。

24. 提高从业人员薪酬。执行国家关于养老服务从业人员技术等级评定制度相关规定，按照初级、中级、高级、技师等四级分类管理，畅通养老护理员晋级渠道，建立养老服务从业人员工资待遇与专业技能等级、从业年限挂钩制度，稳步提高养老护理员的工资福利待遇。民办养老机构从业人员在技术职称评定、继续教育、职业技能培训等方面与公办养老机构享受同等待遇。

〔责任单位：各乡镇党委和人民政府、组织部、民政局、教育局、人社局、财政局、文明办〕

三、保障措施

（一）强化领导。各乡镇党委政府要高度重视养老事业补短板工作，将发展养老事业纳入经济社会发展规划，制定年度目标，做到同步研究、同步部署、同步落实，及时解决工作中遇到的困难和问题，确保各项工程有序推进。各相关部门要各司其职，协调配合，形成合力。要发挥养老服务联席会议作用，主要领导亲自抓，分管领导具体抓，强化部门协同配合，及时解决工作中遇到的困难和问题，确保各项工程有序推进。

（二）统筹规划。住建、民政、卫计、人社等县直部门要统筹考虑人口结构及变化趋势、医疗资源分布状况、增量建设和存量改造等因素，加快编制养老服务设施和服务项目布局专项规划，并纳入控制性详细规划实施。盘活用好乡镇敬老院。

（三）加大投入。县政府和各乡镇政府将发展养老事业所需资金列入年度财政预算，并随老年人口的增加逐步提高投入比例。探索采取贷款贴息、直接融资补贴、融资担保、风险补偿等方式，引导和鼓励更多信贷资金和社会资本投向养老事业。鼓励倡导慈善组织等社会各界捐赠，共同推动养老事业发展。

（四）营造氛围。发挥报刊、广播电视、网站、微信、微博、手机客户端等媒体作用，深入开展《福建省老年人权益保障条例》及养老事业相关法规政策宣传，提高老年人维权意识，保障老年人合法权益，努力在全社会营造尊老、爱老、敬老的良好氛围。

（五）加强督查。县委、县政府将加强督查考核，将推进养老事业发展的工作实绩列入乡镇和部门综合考核评价的重要内容。加强对补齐养老事业短板推进情况的督促检查，及时通报进展情况，对工作成效明显的给予表扬，对工作推进不力的进行约谈、问责，促进养老事业更好更快发展。

〔责任单位：各乡镇党委和人民政府、县直有关部门〕

中共清流县委　清流县人民政府

2017 年 9 月 19 日

清流县人民政府
关于强师优师提升教师队伍整体素质的实施意见

清政文〔2017〕63 号

为进一步激励教师爱岗敬业、奉献教育的精神，切实提高教育教学质量，推动我县教育事业又好又快发展，特制定实施意见如下：

一、强化基础性保障措施，提升学校育人水平

（一）完善校长选拔培养激励机制。拓宽校长选拔渠道，面向全市、全省乃至全国范围内招考（招聘）名校长，同时，直接从全县年轻的优秀班主任、优秀教师中破格选拔任用一批校长、副校长。对校（园）长实行年终目标责任考核。县财政每年至少安排专项资金 5 万元用于校长学校目标管理绩效奖励。具体考核方案由县教育局制定并实施。

（二）完善骨干教师、学科带头人选拔和培养机制。通过跟岗学习、省内外研修、名师工作室等多种形式，加强省、市、县三级骨干教师、学科带头人队伍建设。实施名师、名校长培养计划，选拔培养一批特级教师、学科带头人和骨干校长，培养一批在市内、乃至省内具有较高知名度、具有较大影响和引领作用的名校长、名师。对县级学科带头人、市级学科带头人、省级学科带头分别予以每人每月 100 元、200 元、300 元的岗位津贴；对市级名校长、省级名校长分别予以每人每月 300 元、500 元的岗位津贴，全县建立 27 个名师工作室，县政府每年给予每个名师工作室工作经费补助不少于 1 万元。以上所需经费列入县财政预算。

（三）加强班主任队伍建设和寄宿制学校寄宿生管理。教育主管部门和学校要高度重视班主任工作，努力为班主任营造一个良好的工作环境。要建立班主任激励机制，调动班主任工作积极性。在学校评定的绩效工资基础上，对能合格履行职责的中小学、幼儿园班主任，每个月给予增加 200 元的岗位补贴。对义务教育阶段寄宿制学校承担晨间、晚间和周末留校学生自习辅导管理任务的教职工，按晨间每节课 8 元，晚间每节课 10 元和周末每天每人 50 元的标准发放劳务费。非义务教育阶段学校参照执行。

（四）加大教师培训力度，提高教师教育教学水平。建立教师培训管理，在立足县内培训的基础上，依托省内外著名高校的丰富培训资源和平台，每年选派优秀校长和骨干教师到部属师范院校或其他高校强化培训。每年邀请一次省内外名师、专家来我县作讲座，开观摩课等。实行每五年一周期的中小学、幼儿园教师和校（园）长全员培训。强化教师教育教学能力培训，组织参加省、市、县级教师专业化成长培训。发挥“名师工作室”的作用，加强校本教研培训工作。

（五）营造尊师重教良好氛围。加大宣传教育战线的先进典型，每年教师节表彰奖励一批优秀校长、优秀班主任、优秀教师、先进教育工作者。每2年评选一次“清流县杰出校长”3名、“清流县最美乡村教师”、“清流县‘十佳’班主任”“清流县杰出人民教师”各10名，并予以嘉奖。

（六）设立政府奖教奖学基金。县财政每年向基金注入30万元，同时接受社会各界人士和机关企事业单位捐资。加大奖教奖学工作力度，各乡（镇）要鼓励引导企业、社会团体和各界爱心人士关心支持教育事业发展，指导帮助辖区学校设立奖学奖教基金。奖教奖学基金实行“章程管理”，专款专用，用于奖励特别优秀学生和特殊贡献的教师，以及特困学生和优秀困难教师。

（七）设立奖励职称制度。每年拿出学校已评未聘人数的15%作为奖励性职数，乡镇和城区学校分开核定和使用，奖励已评未聘的优秀教师，实行定数不定人，每年考核一次，做到能上能下。

二、激励教师工作热情，提高教育教学质量

围绕提高教育教学质量，激发教师工作热情，实施教学质量考评奖。每年县财政安排专项资金奖励教学成绩优秀的教师，县教育局根据小学、初中、高中和职业教育的不同特点，以国家课程方案的落实和抽考或统考成绩、高考成绩等为主要指标，分别制定出台《清流县高中教育奖教奖学办法（附件1）》、《清流县义务教育阶段奖教办法（附件2）》，科学设置考评指标，采取定量与定性相结合、平常性检查与终结性评价相结合的办法，每学年度对学校进行一次全面考核，奖优罚劣，公示结果，接受社会监督。

三、加强师德师风建设，提升教师思想素质

建立师德师风建设问责制和教师诚信管理体系，构建教师师德师风与诚信档案，落实教育、宣传、考核、监督与奖惩相结合的师德建设长效机制，将师德、诚信表现作为教师年度考核、职务晋升和评优奖励的重要依据，凡出现《福建省中小学教师职业道德考核办法（试行）》关于师德“一票否决”20种情形之一的，当年师德考核等次定为不合格，年度绩效考核定为不称职，取消当年职称申报资格。落实“两个责任”，县文教系统党委、县教育局要负起主体责任，县文教系统纪委，县教育局监察室要负起监督责任，对有擅自离岗、雇员顶岗、有偿家教、体罚学生、以教谋私、泄密谋利、工作懈怠等行为的人和事，经查实，一律在全县实名通报，有荣誉称号的取消相应荣誉称号，已经取得学科带头人、骨干教师及名师等称号的，予以撤销，并视情节轻重分别予以效能问责、组织处理或纪律处分。受到处分且情节较重的，严格按照《教师资格条例》第十九条规定，依法撤销其教师资格。属于学校领导班子成员的，一律暂停职务，再作处理。教职工当月累计旷工3个工作日之内的，予以效能告诫；一年以内被效能告诫2次及以上的，当年度年度考核定为不合格。教职工连续两年年度考核被确认为不合格的，予以解聘；教职工连续旷工超过15个工作日或一年内累计旷工超过30个工作日的，予以解聘。出现教职工擅自离岗“吃空饷”的，学校主要领导予以效能告诫。教职工擅自离岗期间的工资要依规如数追回，上缴县财政。教职工有偿补课经查实的，视情节轻重，分别给予批评教育、诫免谈话、责令检查、通报批评直至相应的行政处分。因教育管理不到位、自查自纠不到位，教职工有偿补课经查实的，追究学校领导责任。

四、理顺教师人事关系，探索教师动态管理

理顺教师人事关系，定期核定教师编制，统筹调配借用关系，人员单位对号入座，实行校长聘任制、定期交流制度，认真执行省教育厅《关于加强中小学教师专业技术职务聘后管理意见》。完善定期补充教师的良性机制，优化结构，增强活力，按每年教师减员或紧缺学科人数的适当比例招聘新教师，新聘教师城区跟岗学习两周，再到农村学校或紧缺学科岗位任教，防止教师青黄不接现象扩大。

附件：1.《清流县高中教育质量奖教奖学办法》
2.《清流县义务教育阶段奖教办法》

清流县人民政府
2017年6月14日

附件1

清流县高中教育质量奖教奖学办法

为进一步深化高中教育改革，强化高考教学质量综合考评，广泛调动广大师生施教学习的积极性，推动我县高中教育健康快速发展，特制定本考评办法。

一、指导思想

以高中省质检和高考本科上线为主要指标，着力体现公平性、导向性和操作性，强化高中教育质量意识，不断提高我县高中教育质量。

二、奖励对象

清流一中和清流职中科任教师及有关行政管理人员。

三、奖励办法

以高中省质检成绩和高考本一、本二上线率为考评依据。高考上线率是指考生上本一、本二人数与报考人数的百分比（高中省质检成绩以市教育局统计数据为准，高考成绩以考生上网查询的电子成绩截图为准，艺体生以被高校录取人数为准）。

清流一中

1. 高考上线率：本二、本一上线率分别达省本二、本一上线率奖励学校 15 万元、20 万元，每超 1 个百分点分别增加 2 万。

2. 高考状元奖：夺得全省高考状元，按每生 30 万元单设奖励（其中 10 万元奖励给学生）；夺得全市高考状元，按每生 15 万元单设奖励（其中 5 万元奖励给学生）。

3. 知名大学录取奖：①每考取一个清华、北大、香港大学（含自主招生）学生，按每生 10 万元单设奖励（其中 2 万元奖励给学生）。如果该项奖励与高考状元奖相重复的，只取一项，就高不就低。②“985”“211”高校以本县前三年录取人数的平均数为基准，每超 1 人分别奖励 2 万元、1 万元。

4. 高一、高二教学质量奖励：以市期末质量检测同年段同学科排名情况制定教学奖励方案，但个人教学奖金额度不得超过毕业班个人奖金额度的 50 %。

清流职中高考奖励：

1. 高职入学考试奖

（1）本科上线：以全省招生计划数和考生数的百分比为标准基数，每超 1 人，奖励 1 万元。

（2）名次奖励：高职入学考试成绩位于全省前 50 名的，奖励科任教师每人 500 元；位于全省前 100 名的，奖励科任教师每人 300 元。

2. 参加技能大赛名次奖（奖班教师集体）：学生参加省技能大赛获一、二、三等奖，按获奖学生数分别每人奖励 3000 元、2000 元、1000 元；学生参加技能大赛获市一、二、三等奖，按获奖学生数分别每人奖励 2000 元、800 元、500 元。

四、奖励分配

清流一中、清流职中要制定奖金分配方案，报县教育局备案。

附件 2

清流县义务教育阶段奖教办法

为了调动学校教师工作的积极性和创造性，全面提高我县义务教育阶段的教育教学质量，为高中教育打下坚实的基础，特制定如下奖励办法。

一、指导思想

以义务教育均衡发展为目的，探索科学有效的义务教育阶段教学质量评估体系，营造人人目标明确，个个争先创优的教学氛围，不断提升我县义务教育阶段教育教学质量的整体水平。

二、奖励原则

（一）坚持公开、公平、公正的原则，促进学校、教师之间的团结协作，鼓励突出学校、特优学科、拔尖教师。

（二）坚持多劳多得、优质优酬的原则。

三、初中部分奖励

（一）奖励对象

全县各初中校毕业班的语文、数学、英语、物理、化学、思品、历史、体育及八年级地理、生物的全市统考会考科目教师、进修学校教研员、学校有关行政管理人员。

（二）奖励办法

1. 笔试科目奖励：奖励前六名，全县学科单科合格率、全科合格率在全市排名第一、二、三、四、五、六名的奖励人均 6000 元、5000 元、4000 元、3000 元、2000 元、1000 元，每项指标各占 50%。（具体数据以市教育局公布的初中毕业生升学会考成绩及市教科所提供的计算排名数据为准）。

2. 体育学科奖励：中考体育中，学校体育总成绩依据 A 率（合格率）奖励：A 率（合格率）达 95 % 以上的，人均奖励 1000 元；达 90 % 的，人均奖励 800 元；达 85 % 的，人均奖励 600 元。低于 85 % 的不奖励。

3. 进修学校教研员的奖励：以当年负责初三学科教研员数，按获奖名次人均奖金额，由进修学校制定分配方案，报县教育局备案。

4. 励志奖：中考总分在全县排名前 10 名，并在本县高中就读三年者，奖励每个学生 5000 元；中考总分在全县排名前 30 名，并在本县高中就读三年，奖励学生所在初中校班级班主任每生 500 元。

5. 七、八年级教学奖：按县期末质量检测平均分，个人取全县同年段同学科前三名，第一名奖励 1000 元，第二名奖励 800 元，第三名奖励 500 元。

（三）具体分配办法

县财政会同教育按以上奖励办法算出奖励金额，县教育局再将奖金按以下办法分配到各初中校，各初中校制定奖金分配方案，报县教育局备案。

1. 以学校为单位按各学科的单科合格率和全科合格率的高低排名和任课教师数来计算奖金，全县 6 所初中学校，分三个档次，三个档次依次为第 1 名、第 2—3 名、第 4—6 名，每个档次奖金拉开一定差距。学校按以上奖励对象制定奖金分配方案报教育局审核后发给有关教师。

2. 关于学生数的核算：以初一学年初学校基层报表的数据为准，原则上九年级毕业生第二学期不予转。如有转学、休学的，以局、校审批的申报表和电子学籍为依据，没有办理转学审批手续的本县毕业生成绩回原所在学校计算，减少的学生数所有学科按零分计算。

四、小学部分奖励

（一）教学质量管理奖

在学校目标考评中，教学质量分值第一名的校长奖 1000 元；第二名的校长奖 800 元；第三名的校长奖 600 元。如当年分值出现并列时且奖励名额超过三名时，则奖励学生数多的学校。

（二）教师教学成绩奖

按县期末质量检测平均分，个人取全县同年段同学科前五名，第一名奖励1000元，第二名奖励800元，第三名奖励600元，第四名400元，第五名300元。

中共清流县委
关于加快社会事业发展补齐民生短板确保如期全面建成小康社会的决定

清委发〔2017〕7号

各乡（镇）党委，县直各单位：

为深入贯彻习近平总书记系列重要讲话精神和治国理政新理念新思想新战略，全面落实中央、省委、市委关于保障和改善民生，加快社会事业发展的重大决策部署，中共清流县委十三届四次全会就加快我县社会事业发展，补齐民生短板，确保如期全面建成小康社会，进行了深入讨论，作出如下决定。

一、总体要求

1. 重要意义。党的十八大以来，以习近平同志为核心的党中央坚持以人民为中心的发展思想，践行五大发展理念，对加快社会事业发展、保障和改善民生作出一系列顶层设计、制度安排和工作部署。县委坚决贯彻中央和省委、市委决策部署，在加快推动经济发展的同时，逐年加大民生投入，加快发展社会事业，人民群众的生活品质不断提升。但与全面建成小康社会目标、与先进地区发展水平、与人民群众更高期待相比，我县社会事业还有不少薄弱环节，特别是教育、卫生与健康、养老和城乡民生基础设施等领域短板还比较明显，群众反映比较强烈。当前，全面建成小康社会进入决胜阶段，人民群众对美好生活更加向往，期待有更多的获得感和幸福感，这些都要求我县必须把加快补齐社会事业短板摆到更加突出位置，不断增进民生福祉，推动经济社会持续健康发展。

2. 指导思想。全面贯彻党的十八大和十八届三中、四中、五中、六中全会精神，深入学习贯彻习近平总书记系列重要讲话精神和治国理政新理念新思想新战略以及对福建、三明和清流工作的重要指示，统筹推进“五位一体”总体布局、协调推进“四个全面”战略布局，增强“四个意识”，牢固树立和贯彻落实五大发展理念，坚持以人民为中心的发展思想，按照省委十届三次全会、市委九届四次全会的部署，围绕“建设宜居宜业幸福新清流”的要求，盯准薄弱、把准需求、精准发力，扩大总量、提升质量、补齐短板，不断增强经济社会发展的全面性、平衡性、协调性，让人民群众有更多的获得感，确保如期全面建成小康社会。

3. 主要目标。到2020年，社会事业发展水平与经济发展水平基本相适应，公共服务体系更加完善，供给能力明显增强，“学有所教”“病有所医”“老有所养”和“宜居宜业”等基本公共服务保障能力和水平迈上新台阶。

——教育发展更加均衡优质。各类教育资源总量扩大、结构进一步优化，“学有所教”保障能力和水平大幅提升，进入教育强县行列，教育主要指标、高中教育水平在全市提升进位，学前三年适龄幼儿入园率达98%以上，义务教育巩固率稳定在98%以上，高中阶段入学率超过97%，基本满足人民群众获得更好教育的愿望。

——城乡居民体质更加健康。深化医药卫生体制改革，覆盖城乡的基本医疗卫生制度基本建立，居民主要健康指标保持在全市中上水平，每千常住人口医疗机构床位达到6张，人均预期寿命达到80岁，“健康清流”建设迈上更高层次。

——养老服务体系更加健全。以居家为基础、社区为依托、机构为补充、医养相结合的养老服务体系基本形成，基本养老服务覆盖全体老年人，每千名老人拥有养老床位数达到35张以上，打造一批具有清流特色的养老品牌，形成多层次高质量养老服务体系。

——民生基础设施更加完善。堵、涝、污等得到有效治理，县城建成区平均路网密度达到8千米/平方千米，人均公园绿地面积达到15.2平方米，城区生活污水、垃圾处理率分别达到90%和98%以上，实现乡（镇）、村生活污水垃圾处理全覆盖，城乡环境更加宜居。

4. 基本原则

——坚持问题导向。对照全面建成小康社会目标，按照缺什么就补什么，哪里薄弱就补哪里的原则，着力解决人民群众关心关注的热点难点问题，着力提升社会公共服务水平，有效保障人民群众日益增长的多样化多层次多方面需求。

——坚持改革创新。以改革的思路、创新的方法，着力破解重点领域和关键环节存在的问题，破除影响社会事业发展的各种体制机制障碍，更好地发挥政府与市场的作用，不断增强社会事业发展的动力活力。

——坚持项目带动。坚持以项目为载体和抓手，结合开展“五比五晒”项目竞赛活动，积极策划、生成、开工、建设一批社会事业项目，实现经济发展与社会事业互促共进。

——坚持共建共享。坚持以人民为中心的发展思想，践行共建共享理念，在履行政府职责、强化各项保障的同时，发挥人民群众主体作用，凝聚全社会力量推动社会事业发展，形成“人人参与、人人尽力、人人享有”的良好局面。

二、主要任务

（一）突出人民满意教育，加快补齐教育事业短板

1. 以扩供给为重点，发展普惠性学前教育。按照公益性和普惠性原则，坚持政府主导、社会参与、公民办并举。实施第三期学前教育“三年行动”计划，实施幼儿园建设“工程包”，优化幼儿园总体布局。鼓励社会力量办园，通过政府购买服务、补贴租金、培训教师等形式，吸引社会资本新建、改建一批普惠性幼儿园，到2020年全县新建、改扩建幼儿园8所以上（城区第三幼儿园、龙津幼儿园、嵩溪第二幼儿园、灵地中心幼儿园、李家中心幼儿园、林畲幼儿园、沙芜幼儿园、江坊幼儿园），在普惠性幼儿园就读的适龄幼儿达到85%。扩大“名园集团化”办园模式，推动幼儿园达标创优，不断提升办园水平和保教质量。加强幼儿园收费管理，普惠性民办幼儿园保教费收费标准控制在本地同质公办幼儿园2倍以内。

2. 以上水平为重点，发展均衡性义务教育。推动中小学扩容达标，坚持把中小学建设纳入城乡建设发展总体规划，优先保障建设用地，到2020年新建、改扩建城区第三小学、城关小学、嵩口中学、清流三中等中小学校项目14个，70%以上的义务教育学校基本达到管理标准化要求，全面消除56人以上大班额。加快城乡义务教育一体化进程，继续推进农村中小学生“幸福成长工程”，大力改善薄弱学校，实施“改薄”等校舍改造5.30万平方米，不断缩小城乡、学校差距。推进学区制管理改革试点，探索组建校际联盟（小学部、初中部），实施小学“强基”工程、初中“壮腰”工程，通过支教和教师交流等多种方式配强农村学校师资队伍，通过政策激励和引进高素质教师，提升城区师资水平。完善义务教育“小片区管理”和薄弱校“委托管理”机制，改革初中评价制度，创建1－2所省级义务教育教学改革实验学校，整体提升教育教学质量。推动教育各项政策落实，落实义务教育划片就近入学政策，做好随迁子女、留守儿童和残疾儿童入学组织工作，保障不同群体平等享有教育权利。

3. 以抓质量为重点，发展优质性高中教育。适度扩大普通高中办学规模，加强普通高中教师配备，改进职称评聘机制，提升高中教研教改能力。推进优质高中建设，鼓励民办高中学校争创省级达标高中，力争到2018年完成清流一中省一级达标高中创建工作。探索特色高中建设，支持学校课程教学改革，积极争创省级课程改革基地，发展特色高中，满足不同潜质和兴趣爱好学生的发展需求。

4. 以促融合为重点，发展特色性职业教育。加强职业中学能力建设，确保完成职业中学达标创建。深化职业教育产教融合，对接本县氟化工、轻工电子等产业发展需求，健全专业设置，完善校企协同育人机制，力争到2020年建成1－2个市级示范专业和1－2个对接产业的特色专业，积极探索“二元制”技术技能人才培养模式改革和“现代学徒制”试点项目。创新职业教育办学机制，鼓励和支持具有实践经验的企业家、专业技术人员和高技能人才兼职任教。

（二）突出人民健康水平，加快补齐医疗卫生事业短板

1. 合理配置医疗卫生资源。加快短板学科建设，突出解决儿科、产科、精神科供给不足问题。扩大儿科资源供给，通过“培养一批、转岗一批、提升一批”，加强儿科队伍建设，到2020年县总医院儿科床位比例达10%，妇幼保健院儿科床位比例达30%，每千名儿童床位数达3张，每千名儿童儿科医师达1名。完善妇幼保健体系，建立覆盖城乡、涵盖婚前、孕前、孕期、新生儿各个阶段的出生缺陷防治服务体系。到2020年，每千分娩量产科床位数达到21张。重视精神疾病防治能力建设，在总医院开设精神科，到2020年，精神科床位不少于医院总床位数的10%，每万人口精神科床位数达3.68张。落实社会办医优惠政策，支持社会资本举办非营利性医疗机构，促进民办医疗机构与公立医疗机构实现优势互补。

2. 夯实基层医疗卫生基础。以总医院组建为契机，发挥县域医联体优势，促进优质医疗资源下沉和医疗人才双向流动，实现县内医学检验、医学影像检查结果互认，建立“基层首诊、双向转诊、急慢分治、上下联动”的分级诊疗模式，让群众在家门口享受公平可及的优质医疗服务。加快推进家庭医生签约服务工作，组建基本型、标准型、提高型等类型的家庭医生团队，通过基本签约免费服务、个性化签约有偿服务和特需签约有偿服务等形式，向居民提供综合、连续的基本医疗、公共卫生和约定的健康管理服务。到2020年，基层医疗卫生机构诊疗量占县域内总诊疗量的65%以上，县域内就诊率达90%以上，基层医疗卫生机构基础设施、基本设备实现双达标，基本实现家庭医生签约服务制度全覆盖。

3. 提高医疗卫生服务水平。以县总医院为龙头，加大与医联体医院三明市第一医院及福建省立医院、福建医大附一医院等协作医院的联系，搭建沟通交流平台，利用好驻点医师帮扶带动，全面提升医疗服务

能力，打造品牌医院目标。突出“高精尖缺”导向，组织引进高层次人才申报国家“千人计划”“万人计划”“新世纪百千万人才工程”，省“百人计划”“双百计划”，三明“特支计划”，建设消化内科、泌尿外科、肛肠科、儿科 4 个高水平临床重点专科，打造临床专科龙头，对区域形成辐射带动，提高全县临床诊疗服务水平。到 2020 年，力争 1-3 个重点专科进入市级临床重点专科行列。加强名医建设，鼓励高级职称技术人员建立名医工作室，以工作室为平台，开展课题研究，带动优秀青年医师成长。

4. 提升公共卫生服务能力。加快县疾控中心实验室建设，提高检验检测能力，提升传染病疫情预测预警水平。到 2020 年，完成实验室资质认证。开展重大传染病和突发性传染病联防联控，提高对传染病、地方病和职业病等的监测、预防和控制能力，强化疫情监测报告与风险评估，法定报告传染病发病率继续保持低水平。加强预防接种能力建设，到 2020 年，配备一辆疫苗冷藏运输车辆，预防接种门诊规范化建设完成 90% 以上，以乡镇为单位适龄儿童免疫规划疫苗接种率达 95% 以上。强化健康服务保障，深入开展“居民健康教育与促进”试点工作，加强心理教育、健康教育、治未病等前端服务，普及健康知识，提高健康素养，推动卫生工作由“以治病为中心”向“以健康为中心”转变。做强总医院，加快医疗综合大楼建设进度，改造总医院东院区（中医院），提升治未病中心、康复中心和中药炮制基地。推进中医药服务县乡一体化，建立以中医科、中药房建设、中医诊疗设备购置、康复科建设以及中医药医务人员培训为重点，以中医馆为主要形式的中医药集中诊疗区。到 2020 年，全县所有乡镇卫生院和社区卫生服务中心设有中医馆。强化卫生应急队伍建设，提高突发公共卫生事件紧急医学救援、监测预警和应急处置能力。

（三）突出养老服务体系，加快补齐养老服务短板

1. 提升居家社区养老服务水平。统筹城乡养老服务设施建设，力争到 2020 年居家社区养老服务照料中心覆盖建制镇全部社区，农村幸福院等养老服务设施覆盖 60% 以上建制村。培育和壮大专业化社会服务组织，通过购买服务、公建民营、提供场所、补贴租金、以奖代补等多种方式，支持清流县蓝丝带养老产业有限公司等专业化养老服务组织开展服务。完善“互联网 + 医养”暨“一键通”呼叫信息平台功能，建立社区老年人健康档案。完善居家养老扶持政策，鼓励成年子女与老年父母共同生活，履行赡养义务和承担照料责任。探索建立经济困难的高龄、失能老年人补贴制度，将特困供养人员、低保对象、建档立卡的贫困人口、重点优抚对象、计划生育特殊家庭成员、重度残疾人中的老年人，以及 80 周岁以上高龄老年人居家社区养老基本服务纳入政府购买服务范围。

2. 推动机构养老服务提质增效。深化公办养老机构改革，推动符合条件的公办养老机构转制为企业，实行老年人入住评估制度，优先保障特困人员集中供养需求和孤寡、失独、失能、高龄老年人的服务需求。全面开放养老服务市场，完善和落实对民办养老机构的优惠政策。鼓励通过公建民营、民办公助等方式兴办养老机构，鼓励整合改造企业厂房、商业设施、存量商品房等用于养老服务，力争到 2020 年民营养老床位占全社会养老床位总数比例超过 50% 以上。盘活用好乡镇敬老院，鼓励有实力的企业或社会服务机构规模化承接、连锁化运营，有条件的乡镇敬老院开展“乡镇敬老院 + 光伏”试点。建立领导“挂、帮、助”三叠加等制度，推进乡镇敬老院长效运营发展，力争到 2020 年床位使用率提高至 60% 以上。

3. 推进医养深度融合发展。增强养老机构医疗服务能力，支持养老机构内设医疗机构发展，强化医保支付导向，推动符合条件的内设医疗机构纳入定点基本医疗保险范围，力争到 2020 年实现医养结合机构医保定点覆盖率 100%，居家老年人家庭医生签约覆盖率达 60% 以上。加强社区医养结合卫生服务站建设，健全养老机构与医疗卫生机构合作机制，搭建双向转诊绿色通道，确保到 2020 年我县有 1 所以上护理型养老机构，护理型床位数占养老床位总数比例达到 30% 以上，大部分社区卫生服务中心、乡镇卫生院建立面向老年人的康复治疗室，构建以县总医院为主体，乡镇卫生院为依托，养老机构内设医疗机构为补充的老年病医疗服务体系。重视老年人的心理健康、精神慰藉、临终关怀等安宁养护服务，营造舒心养老环境。

4. 促进养老产业健康有序发展。充分发挥清流生态、文化等优势，引导养老与医疗、教育、健康、旅游、文化、保险等产业融合发展，实施若干具有清流特色的养老产业项目。推进养老服务项目建设，到 2020 年，完成 60% 以上的建制村农村幸福院项目；推动里山耘居康养旅游度假项目建设，培育旅居养老和候鸟式养老服务品牌。加强养老机构服务监管，限时完成已建养老机构安全达标排查鉴定、设立许可和分类处置工作。健全社会力量进入养老服务领域的准入和退出机制，强化养老服务质量监管，加强养老服务专业队伍建设，推动养老服务规范化、标准化。大力推行养老机构服务合同制度，切实保障老年人的合法权益。全面推行养老机构责任保险制度，提高抵御风险能力。全面启动养老机构、居家养老服务照料中心、农村幸福院等设施的星级评定工作。

（四）突出宜居宜业环境，加快补齐城乡民生基础设施短板

1. 持续改善交通出行条件。加快完善城市综合交通体系，强化铁路站点、高速公路与城市内部路网的衔接，加快推动城市快速路网建设，完善县城区主次

干道路网。规划完善普通国省道网建设布局，适时改造G534城关过境线。持续推进交通治堵行动，打通屏山二路“断头路”，加快主干道交叉路口渠化，至2020年，完成供电公司、法院、渡背街等路口的交通信号灯系统建设，整治完善支路小巷，加快重要拥堵节点治理，优化交通组织管理，挖潜提高现有道路通行能力。充分挖掘利用地上地下空间，加快公共停车设施和电动汽车充电设施建设，规范共享单车停放，有效缓解停车难和无序停放问题，到2020年新增城乡停车泊位700个以上。加快推进公共交通建设，提高公共交通分担率，改造公共汽车停靠站。改造提升屏山路、水南街、城南大道、北山路等有足够通行能力的步道和自行车道，并与城市公园和绿道有效联通，构建完善舒适的城市慢行系统。深入实施交通惠民工程，以部分单车道通村公路拓宽改造为重点，进一步提升城乡公路通行能力，完善城乡物流配送网络。到2020年，新建、改建农村公路69千米。

2. 构建防洪排涝安全体系。持续推进城市内涝防治行动，统筹实施蓄排结合的雨洪防御措施，着力抓好城区排水管渠系统升级改造，建立常态化清淤养护管理治理机制，加快沙溪河流域河道治理，确保城区防洪能力达到20年以上一遇，重点乡镇、重点中小河流防洪能力进一步提升。加快推进“五江一溪”防洪工程建设，继续推进中小河流重点河段治理，实施长潭河长校沙坪段、罗口溪吉龙段河道治理工程及城北溪、嵩溪溪、文昌溪、罗峰溪等河流安全生态水系工程，不断提升流域防洪排涝能力。健全灾害防御体系，完善山洪灾害监测预警系统，推进防洪抗旱指挥系统升级改造，抓好防汛视频监控系统建设，提升防汛抢险救灾应急响应能力。加强城市地灾工程治理，推进城市地灾防治工作。探索海绵城市建设，大力推进湿地公园、储水池塘、下沉式绿地、透水性广场和停车场等建设，大幅度减少城市硬化地面，推广透水铺装，鼓励单位、住宅小区、公共建筑设计安装雨水收集利用、屋顶绿化装置，构建自净自渗、蓄泄得当、排用结合的良性水循环系统。

3. 提升城乡生态环境质量。深化生态环境治理，持续推进水、大气、土壤污染防治，全面实施河长制，抓好重点流域、小流域生态环境综合整治，加快小流域水生态修复、水土保持等项目建设，促进农村生活污染、畜禽及水产养殖污染、农业面源污染的根本改善。加快工业企业烟气脱硫、燃煤锅炉节能环保综合提升等工程建设，加大工业烟（粉）尘、机动车尾气、施工扬尘等治理力度。加强危险废物规范化处置，推进废弃矿山生态修复，不断提升城乡生态环境。到2020年全县主要污染物减排总量控制在市下达指标范围内，县城区空气质量指数优良天数达到98%以上，环境空气质量优于国家二级标准，主要河流好于Ⅲ类水质的比例达到100%。优化城乡生活环境，加强城乡污水垃圾处理设施建设，抓紧完善污水配套管网，实施源头雨污分流改造，强化违法排污执法，建设城市餐厨废弃物处理厂、城市环卫智能管理系统，推行生活垃圾强制分类，提升县城污水垃圾收集处理能力。加强农村生活污水垃圾处理，全面推进农村生活污水处理设施建设，到2020年，建成南片乡镇垃圾无害化填埋场，所有乡镇建成生活污水处理设施、垃圾转运系统并有效运行，所有行政村实现生活污水和垃圾处理全覆盖。推进城乡公厕改造提升建设，全面完成农村公共旱厕改水冲厕任务。加强饮用水源地保护，加快城区应急备用水源建设，推动城乡老旧供水管网改造更新，巩固提升农村饮水安全。到2020年，农村集中供水率达到90%以上，农村自来水普及率达到80%以上。坚持低维护、节约型园林绿化理念，着力建设园林城市、森林城市。

4. 健全公共文化等社会事业设施。加快推进县体育场馆建设，改造提升县图书馆、博物馆、文化馆、非遗展示馆等一批县公共文化服务设施。统筹建设集宣传文化、党员教育、科学普及、普法教育、体育健身等功能于一体的基层综合性文化服务中心。实施公共文化数字化建设工程，建设“清流文化记忆”等地方特色数字文化资源数据库和非遗数据库，推进建设公共文化服务供需信息平台。完善公共体育设施，加强中小型公共体育设施建设，努力构建县、乡、村三级全民健身设施网络，推动公共体育设施对公众免费或低收费开放，广泛开展全民健身活动。健全社保服务设施，加快完善县、乡、村三级人社公共服务平台，到2020年全县13个乡镇全部达到标准化要求。探索建立优抚安置对象社会化服务平台，将优抚安置对象优先纳入社区、养老、医疗卫生等服务体系，引导社会力量参与优抚服务，提升服务保障水平。加强残疾人无障碍环境建设，推动公共交通工具逐步配备无障碍设施，完善公共服务场所、行业窗口无障碍信息服务，推动公园、旅游景点和公共文体设施免费或优惠向残疾人开放。推进智慧城市建设，加快实施“互联网+市政基础设施”计划，提升城市安全运营保障水平，增强城市应急能力。

三、保障措施

1. 要明确责任促落实。各乡（镇）党委政府要把加快补齐民生社会事业短板摆上突出位置，科学规划布局，明确量化目标、时间表、路线图和责任人，确保落地见效。县教育局、卫计局、民政局、住建局等职能部门要加强统筹协调，牵头抓好各项任务的推进实施，参与单位要各司其职、密切配合，共同推动各项任务落实。要加强督查考核，把补短板实绩作为领导班子和领导干部考核评价的重要内容。严格落实正向激励和逆向惩戒制度，对主动作为的部门和干部，依照“一线考察干部”“容错纠错”等机制加大奖励力度；对不作为的责任单位和责任人，依法依规严肃问责。

2. 要多元投入保发展。各乡镇各部门要加强中央和省、市社会事业补短板政策的跟踪衔接落实，用好用足老区苏区、国家扶贫改革试验区、生态文明试验区、23个省级重点扶贫开发县、国家级生态县等“多区叠加”政策，策划、生成一批针对性强、实效性高的补短板投资工程包，争取挤入省、市的“盘子”。完善公共财政投入体制，优化财政支出结构，重点保障全县民生和各项社会事业支出。用好用足金融和税收政策，发挥对社会事业发展的引导和扶持作用。发挥行业协会作用，倡导社会各界捐赠助推社会事业发展。鼓励支持公共服务投资主体和投资模式多样化，大力引进社会资本，加快培育市场主体，推进政府购买服务，形成多方参与、多元供给格局，增强社会事业可持续发展能力。

3. 要聚集人才强支撑。完善引才方式，落实好县出台的“柔性职数”，运用“周末工程师”“假日教授专家”等形式，汇聚一批行业高端人才。完善名师、名校长、学科带头人、骨干教师和优秀班主任的选拔培养和师资委培、师资补充等制度，全面推进中小学教师“县管校聘”政策，实施乡村教师支持计划，落实乡村教师生活补助政策。加强卫生人才队伍建设，多渠道引进医学紧缺人才，加大基层全科医生培养力度，开展乡村医生规范培训，着力解决基层卫生人才短缺问题。加大养老服务专业培训力度，着力培育护理专业人员，探索建立养老服务从业人员入职奖补制度。稳定基层人才队伍，提高基层一线人员待遇，完善工资收入、职称评定、技能鉴定、医疗保险、养老保障等激励政策，推动各类人才向基层流动。

4. 要创新机制提效率。深化“放管服”改革，加快事业单位分类改革，逐步将有条件的事业单位转制为企业或社会组织。鼓励探索社会事业项目建设、运营、管理新机制。加强社会事业发展规划与城乡规划、土地规划、人口规划等多规融合，推动社会事业与相关产业的合理布局、协调发展。完善支持社会事业发展的配套政策，优先保障公益事业用地、用林、污染物排放总量指标以及用水、用电、用气等指标需求。深入推进“互联网+政务服务”,以“最多跑一次”“一次不用跑”为目标，进一步简政放权、优化服务、提升效率，让“信息多跑路，群众少跑腿”。

5. 要共建共享造氛围。弘扬“四下基层”“马上就办，真抓实干”等优良传统，引导广大党员干部深入基层、深入群众、深入企业，主动听民声、汇民意、解民忧。坚持正确舆论导向，广泛宣传民生工作的典型经验做法，营造全社会关注、支持和参与民生社会事业的良好氛围。合理引导社会预期，切实增强舆论宣传的引导力和影响力。加强民生政务公开，及时向社会公布社会事业补短板项目实施进度，主动接受社会各界监督。大力发展慈善事业、社会志愿服务，引导、鼓励和支持广大群众参与。弘扬求真务实作风，注重质量为先、规范运作，切实抓好廉政建设，坚决纠正侵犯群众利益的不正之风，严肃查处各类违法违规案件，防止出现劳民伤财，真正把好事办好、实事办实，凝聚合力共建共享幸福美好生活。

中共清流县委

2017年9月20日

中共清流县委　清流县人民政府
印发《关于加快医疗卫生事业发展实施意见》的通知

各乡（镇）党委和人民政府，县各有关单位：

经研究，现将《关于加快医疗卫生事业发展的实施意见》印发给你们，请认真贯彻执行。

关于加快医疗卫生事业发展的实施意见

清委发〔2017〕8 号

为贯彻落实全国、全省卫生与健康大会精神和福建省、三明市《关于加快医疗卫生事业改革发展的实施意见》，加快我县医疗卫生事业发展，为广大群众提供全生命周期健康服务，提升全民健康水平，确保如期全面建成小康社会，制定本实施意见。

一、发展目标

牢固树立和贯彻落实五大发展理念，坚持以人民健康为中心，聚焦薄弱，对接需求，全力补齐医疗卫生事业短板，进一步提高人民健康水平。到 2020 年，建立覆盖城乡的基本医疗卫生制度，居民主要健康指标保持在全市中上水平，人均预期寿命达到 80 岁；医疗服务体系进一步健全，主要医疗卫生资源指标力争达到每千常住人口床位配置 6 张、执业（助理）医师数达到 2 人、注册护士数达到 3 人；公共卫生服务能力进一步提升，重大传染病得到有效防控，卫生应急处置能力显著提高，卫生综合监督执法体系更趋完善；群众看病就医更加便捷，多样化需求逐步得到满足，健康清流建设迈上新台阶。

二、重点任务

围绕“抓改革、促发展、补短板、上水平”要求，重点实施资源结构优化、医疗龙头提升、强基固本提质、中医振兴发展、公共卫生促进、人才队伍建设、智慧健康医疗七大工程。

（一）实施资源结构优化工程。以优化布局为基础、以补齐薄弱学科为重点、以多元办医为补充，促进医疗卫生资源合理分布。

1. 完善医疗卫生资源布局。坚持总量扩充与结构优化相结合，统筹不同区域、类型、层级的医疗卫生资源的数量和布局，重点补齐基层、专科短板。按照医疗服务体系规划要求，着力办好县总医院（含县中医院）、疾控中心以及妇幼保健机构等，重点抓好各级各类医疗卫生服务机构业务用房达标建设。县总医院下辖东院区、龙津社区卫生服务中心及乡镇卫生院，每个乡镇办好 1 所卫生院，卫生院设置的村卫生所覆盖所有行政村。县总医院实施县乡村医疗资源一体化管理，调整医疗卫生资源不合理布局和结构，优化整合全县医疗资源，建立健全基层帮扶机制，延伸医疗服务，让优质的医疗资源下沉，切实提升基层医疗服务能力。鼓励社会办医院，重点加强精神卫生、康复、医养及老年护理等薄弱领域的建设。2020 年，县总医院医疗综合大楼建成投入使用后，积极推进床位建设；县卫计、发改、财政、住建、国土、人社等部门要按规划要求协作配合，落实建设项目用地、配套资金，配备专业技术人员，确保发展目标顺利完成。到 2020 年，确保每千常住人口医疗机构床位达到 6 张。〔责任单位：各乡（镇）党委和人民政府，县卫计局、发改局、财政局、住建局、国土局、人社局〕

2. 加快短板学科建设。加强儿科补短板，扩大儿科资源供给，在总医院新增的床位重点用于儿科等紧缺床位；加强儿科队伍建设，通过“培养一批、转岗一批、提升一批”，增加儿科医务人员数量，到 2020 年县总医院儿科床位比例达 10%，妇幼保健院儿科床位比例达到 30%，每千名儿童床位数达 3 张，每千名儿童儿科医师达 1 名。加快产科补短板，加强总医院、妇幼保健院产科床位、基础设施和基本装备建设，总医院妇产科床位达到全院总床位的 10%，全县有效产科床位达 45 张，实现每千分娩量产科床位数达 21 张；完善危重症孕产妇监护救治网络、新生儿救护网络装备建设，县危重症孕产妇救治中心的产科重症监护室床位分别不少于 2 张；强化政府建设主体责任，完善妇幼健康服务体系，到 2020 年建立覆盖城乡、涵盖婚前、孕前、孕期、新生儿各个阶段的出生缺陷防治服务体系。加快精神科补短板，在总医院开设精神科，精神科床位数不少于全院总床位数的 10%，到 2020 年，全县精神卫生床位达 50 张，每万人口达 3.68 张。〔责任单位：各乡（镇）党委和人民政府，县卫计局、发

改局、财政局、国土局、住建局、综治办、民政局〕

3. 形成多元化办医格局。鼓励和支持企事业单位、社会团体、个体、慈善机构、保险机构，以及其他社会组织举办医疗机构。明确社会办医功能定位，引导社会办医向“专、精、优”方向发展，重点发展专科医院和高端医疗，与公立医院实现优势互补。优先支持社会资本举办非营利性医疗机构，加快形成以非营利性医疗机构为主体、营利性医疗机构为补充的社会资本办医体系。〔责任单位：各乡（镇）党委和人民政府，县卫计局、发改局、财政局、住建局〕

（二）实施医疗龙头提升工程。积极培育名院、名科、名医，形成有较强实力、较强带动力的区域医疗服务中心。

以县总医院为龙头，加大与医联体医院三明市第一医院及福建省立医院、福医大附一医院等协作医院的联系，搭建沟通交流平台，利用好驻点医师帮扶带动，全面提升医疗服务能力，打造品牌医院目标。突出“高精尖缺”导向，组织引进高层次人才申报国家“千人计划”、“万人计划”、“新世纪百千万人才工程”，省“百人计划”、“双百计划”，三明“特支计划”，建设消化内科、泌尿外科、肛肠科、儿科 4 个高水平临床重点专科，打造临床专科龙头，对区域形成辐射带动，提高全县临床诊疗服务水平。到 2020 年，力争 1-3 个重点专科进入市级临床重点专科行列。加强名医建设，鼓励高级职称技术人员建立名医工作室，以工作室为平台，开展课题研究，带动优秀青年医师成长。〔责任单位：各乡（镇）党委和人民政府，县委组织部、卫计局、发改局、人社局、财政局、科技局〕

（三）实施强基固本提质工程。积极促进优质医疗资源下沉、推动服务重心下移，提高基层医疗机构就诊率，发挥中医药治未病和康复理疗优势，近距离为群众提供卫生与健康服务。

1. 改善基层基础设施。建设县域医疗服务技术、协作、信息三个平台和县域消毒供应、心电诊断、临床检验、医学影像诊断、病理检验、远程会诊等六个中心，增强县域辐射带动能力。开展基层医疗卫生机构业务用房、职工周转房建设和护理、康复床位建设，配置县域六个中心建设相适应的医疗设备。建立乡村卫生服务一体化管理新模式，在县级卫计部门统一规划组织下，由乡镇卫生院延伸举办公立村卫生所，对公立村卫生所的建设、人员、业务、药械、财务、绩效考核、信息化统一归口管理。到 2020 年，全县基层医疗卫生机构基础设施、基本设备实现双达标。〔责任单位：各乡（镇）党委和人民政府，县卫计局、发改局、财政局〕

2. 组建医疗联合体。以县总医院（含中医院）为全县医联体龙头，整合全县医疗卫生资源，组成 1 个紧密型医联体，以“做强做大西医、做精做特中医、做细做实基层”为目标，逐步形成“基层首诊、双向转诊、急慢分治、上下联动”的就医格局，不断提升全县医疗技术水平和服务能力。2017 年 9 月底前，县域内组建覆盖县、乡、村三级医疗卫生机构的总医院。到 2020 年，参与全市总医院建设，在医联体内形成激励共享机制，扩大优质医疗资源覆盖面，建立较为完善的医联体体系。〔责任单位：各乡（镇）党委和人民政府，县卫计局、财政局、县委编办人社局、市医保中心清流管理部〕

3. 提高基层医疗服务能力。以总医院组建为契机，发挥县域医联体优势，促进优质医疗资源下沉，医疗人才双向流动，实现县乡医学检验、检查结果互认，提高基层医疗服务能力。落实县总医院、乡镇卫生院和社区卫生服务中心医疗服务能力基本标准和推荐标准，实现县级综合医院能够完成常见病种、关键诊疗技术和手术 459 项，基层医疗卫生机构能够完成常见疾病诊治、基本诊疗技术 198 项；将超出服务清单和服务能力的疾病患者及时转诊到上级医院，同时接收上级医院下转的康复病人，推动双向转诊。加快推进家庭医生签约服务工作，组建基本型、标准型、提高型等类型的家庭医生团队，通过基本签约免费服务、个性化签约有偿服务和特需签约有偿服务等三种形式，向居民提供综合、连续的基本医疗、公共卫生和约定的健康管理服务。到 2020 年，力争基层医疗卫生机构基础设施、基本设备达标率 100%，县域内就诊率达到 90%，基层医疗卫生机构就诊量占总诊疗量比例达 65% 以上，常住人口家庭医生签约服务率达 30% 以上，慢性病患者、老年人等重点人群签约服务覆盖率达 60% 以上。〔责任单位：各乡（镇）党委和人民政府，县卫计局、财政局、市医保中心清流管理部〕

（四）实施中医振兴发展工程。坚持中西医并重，推动中医药与西医药相互补充、协调发展，发挥中医药在治未病、重大疾病治疗、疾病康复中的重要作用。

1. 健全中医药服务体系。做强总医院，加快医疗综合大楼建设进度，改造总医院东院区（中医院），提升治未病中心、康复中心和中药炮制基地。推进中医药服务县乡一体化，建立以中医科、中药房建设、中医诊疗设备购置、康复科建设以及中医药医务人员培训为重点，以中医馆为主要形式的中医药集中诊疗区；基层医疗机构每年新招录的执业医师和医学院校毕业生中，中医药专业不少于总量的五分之一。到 2020 年，每千常住人口中医类医院床位达 0.6 张、中医执业（助理）医师数达 0.5 人；全县所有乡镇卫生院和社区卫生服务中心设有中医馆。〔责任单位：各乡（镇）党委和人民政府，县卫计局、发改局、财政局、人社局、县委编办〕

2. 建设中医“名医名科”。 鼓励、支持、遴选、推荐符合条件的中医（中西医结合）人员入选国家级和省级名老中医专家学术经验继承和优秀中医临床人才研修项目，落实名中医培养计划、名中医访问学者项目、基层老中医药专家师承带徒项目，力争入围省级基层老中医药专家师承带徒指导老师2名，建设1个基层名老中医药专家传承工作室，全县培养县乡村中医临床技术骨干5名；建设市级中医重点专科以及基层特色专科，到2020年，累计建设省级重点专科（含农村特色专科）1个，市级重点专科（含农村特色专科）1-2个。〔责任单位：各乡（镇）党委和人民政府，县卫计局、发改局、财政局、人社局、市场监管局〕

3. 推广中医特色健康服务。认真贯彻实施《中华人民共和国中医药法》，拓展中医药在预防保健、康复护理、慢性病防治及养老中的作用，推动基层医疗机构规范开展中医药健康管理、中医诊疗和康复服务，力争所有社区卫生服务机构、乡镇卫生院和70%的村卫生所具备与其功能相适应的中医药服务能力；加强县总医院治未病科、康复科建设，应用医保杠杆，提高中医非药物疗法及康复门诊报销比例，放宽住院康复治疗限制，着力建立县康复服务技术指导中心－基层医疗机构康复室－家庭的“无缝式”康复服务新模式，为患者提供专业化的指导和康复服务；以治未病理念为核心，建立中医健康状态评估方法，力争为全县65岁以上老年人开展中医药健康管理服务，为36个月以下婴幼儿开展中医药健康管理服务；推广太极拳、太极剑等中医传统运动，形成人群规模，弘扬中华民族传统文化，建设宜居宜业的太极之城。〔责任单位：各乡（镇）党委和人民政府，县卫计局、发改局、财政局、人社局、文体局、市场监管局、市医保中心清流管理部〕

（五）实施公共卫生促进工程。公共卫生事关国民健康维护、家庭和睦幸福、社会和谐稳定、国家安全强大、民族生存繁衍，是促进全民健康的基础性工作。

1. 加强疾病预防控制能力建设。加快县疾控中心实验室建设，促进检验检测能力提升，到2020年，完成实验室资质认证。开展重大传染病和突发性传染病联防联控，提高对传染病、地方病和职业病等的监测、预防和控制能力，强化疫情监测报告与风险评估，法定报告传染病发病率继续保持低水平。加强预防接种能力建设，到2020年，配备一辆疫苗冷藏运输车辆，预防接种门诊规范化建设完成90%以上，以乡镇为单位适龄儿童免疫规划疫苗接种率达95%以上。〔责任单位：各乡（镇）党委和人民政府，县卫计局、发改局、财政局〕

2. 完善慢性病综合防控机制。坚持预防为主，完善慢性病综合防控机制，强化慢性病监测与死因监测，加强健康危险因素监测和数据利用。完成全县结核病服务模式转型工作，推进县区空气污染（雾霾）对人群健康影响监测项目进展。落实城乡饮用水水质监测，巩固基本消除麻风病防治成果。加强健康教育与健康促进，提升全民健康素养。〔责任单位：各乡（镇）党委和人民政府，县卫计局、教育局〕

3. 加强卫生计生综合监督。加大饮用水、公共场所、学校卫生、涉水产品、消毒产品、传染病和放射卫生的监管力度，严厉打击非法行医、非法采供血、非医学需要胎儿性别鉴定和选择性别人工终止妊娠，实现住宿、游泳场所卫生信誉度等级100%公示，对涉水产品企业年监督覆盖率达100%，对县属医疗机构和采供血机构监督覆盖率100%，对监督过程中发现违法事实处理率100%。加强食品安全风险监测，扩大监测覆盖面，增加监测哨点医院数量。〔责任单位：各乡（镇）党委和人民政府，县卫计局、教育局、市场监管局〕

4. 加快卫生应急体系建设。建立县乡二级卫生应急指挥平台；加强县卫生应急队伍装备建设、队伍训练管理和装备维护；开展水上救援等紧急医学救援项目，提高紧急医学救援转运、收住、救治能力；提升突发传染病、中毒现场调查和检测检验能力；加强预案体系建设，规范管理卫生应急信息员队伍。〔责任单位：各乡（镇）党委和人民政府，县卫计局、发改局、财政局〕

5. 加强采供血体系建设。强化政府领导、部门合作、全社会参与的工作机制，加强对无偿献血日常宣传、组织、发动工作；县直单位、社会团体、企事业单位、每年组织一次无偿献血，各级文明单位献血率占职工总数的20%以上人次；县设置献血车停车位，依法推动无偿献血工作。到2020年，力争人口献血率达到15‰以上。〔责任单位：各乡（镇）党委和人民政府，县卫计局、发改局、财政局、红十字会〕

（六）实施人才队伍建设工程。人才是医疗卫生事业发展的基石，是提升医疗服务能力的关键因素。

1. 扩大医学人才培养总量。推进医学教育改革发展，完善医学人才培养体系。挖掘培养潜能，适度扩大医学教育资源，依托三明医学科技职业技术学院，委托培养面向乡级本土化临床医学大专毕业生；面向村级本土化医学（中专）毕业生，切实解决我县基层医疗机构卫生人才缺乏问题。加强技术协作，在县总医院设立培训基地，建设标准化的临床基本技能训练、考核基地，建立远程教学、远程会诊，加强县总医院骨干医师培训、乡医村医培训。推进继续医学教育学分信息化管理，争取培训住院医师、全科医生15名。实施临床专科特设岗位计划，加强县级公立医院骨干医师培训。〔责任单位：各乡（镇）党委和人民政府，县卫计局、教育局、发改局、财政局、人社局〕

2. 建设高层次人才队伍。认真落实《关于深化人才发展体制机制改革的实施方案》（清委〔2017〕23号）文件精神，依托“海纳百川”等六个人才政策平台，继续实施省突出贡献专家激励、医学领军人才引进、中青年骨干人才培养、高级管理人才能力提升等四个高层次卫生人才队伍建设项目，每年选派技术骨干到省市医院进修学习，培养、引进高层次卫生计生专业人才。围绕学科发展需求，精准引进医学“高精尖缺”人才，重点学科紧缺人才、高层次人才、医学院校优秀毕业生。设立人才发展专项基金，实施青年医师培养计划，鼓励外出进修学习，针对性培训填补空白，开展适宜技术。〔责任单位:县卫计局、人社局、财政局〕

3. 建立人才下沉机制。落实《医师晋级前逐级下基层服务制度》，县总医院建立健全驻点帮扶及墟天巡诊长效机制，让优质的医疗资源下沉，开展传帮带，规范基层诊疗行为，提高基层医疗质量，提升基层医疗服务能力，落实基层首诊，双向转诊措施，逐步建立分级诊疗机制。推进临床医师多点执业，引导人才下沉基层。完善基层医疗卫生机构编制核定办法，放宽基层卫技人员招聘条件，简化招聘流程，采取校园招聘、专场招聘、供需见面会等招聘方式，提高编制使用效率。引导高校毕业生到乡镇基层工作，根据县卫生人才实际情况，支持将县、乡医疗卫生计生机构紧缺急需专业高校毕业需求列入当地年度紧缺急需人才引进指导目录。按照“县管乡用”的原则，为我县乡镇卫生院招聘全科特岗医师。全县医疗、卫生、计生机构高级、中级、初级专业技术岗位比例控制标准提高至 2∶4∶4，对个别业绩突出的专业技术人员可实行单位自聘，自聘人员所增加费用由用人单位自行负担，人事部门给予备案，并认可其岗位聘任年限。加大对基层人才投入力度，积极引导人才留在基层。鼓励在岗乡村医生参加继续教育，开展乡村医生规范培训，出台乡村医生养老保障实施意见，稳定优化基层“网底”。〔责任单位：各乡（镇）党委和人民政府，县卫计局、县委编办、人社局、财政局〕

4. 加强紧缺人才队伍建设。加大紧缺急需卫生专业人才引进力度，开辟绿色通道，简化招聘程序。落实医联体内医师多点执业，针对基层卫生计生机构的专业技术人员实行差别化人才招聘和职称评聘办法，促进医疗人才下得去、留得住、用得上。增加五官科、儿科学、精神医学等紧缺专业招聘计划，扩大儿科、产科、精神科专业住院医师规范化培训规模，开展儿科、产科、精神科执业医师转岗培训。将五官科、儿科、产科、精神科、中医药、卫生计生监督等相关专业列入紧缺人才目录，采取专项公开招聘、特设岗位招聘等方式，增强人才招聘引进实效。提高儿科、精神科、产科等紧缺专业人员的薪酬待遇，保证薪酬不低于其他专业的平均水平，在绩效工资总量内予以倾斜。〔责任单位:县卫计局、县委编办、教育局、人社局、财政局〕

5. 调动公共卫生服务人员积极性。允许医疗卫生机构适当调整现行事业单位工资调控政策，完善公共卫生机构绩效工资制度，建立动态增长机制。改进公共卫生服务补助资金使用，允许疾病预防控制、妇幼保健、卫生计生监督等公共卫生机构在节约成本、完成任务后转为业务收入。对公共卫生机构完成突发性重大专项工作任务，在考核确认后增加相应的绩效工资总量。〔责任单位：县人社局、卫计局、财政局〕

（七）实施智慧健康医疗工程。运用现代化、信息化手段，增强卫生与健康服务能力，增强群众就医获得感。

1. 推行“互联网 + 健康医疗”服务。做好健康三明 APP 上线推广，为群众提供统一的预约挂号、检查检验报告查询、居民健康档案查询、就诊记录查阅、社区医生签约、网上生育登记等服务，同时为医生提供签约患者管理功能，实现家庭医生与签约患者实时沟通。加强区域远程医疗服务体系信息化建设，以县总医院为主体，优化全县医疗机构统一的结构化电子病历系统功能，推广医疗联合体分级诊疗平台，实现各级医院心电诊断、临床检验、医学影像、病理检验、远程会诊、消毒供应六大中心的数据共享，打通检查检验、药品配送、医保结算、医疗费用支付等环节，确保 2020 年远程医疗覆盖到 100%。以健康卡统一各医院的临时就诊卡，在各级医院推广使用第三方支付服务，取消院内就诊预缴金账户。推广医疗诊间结算，持续深入探索“互联网 +”在医疗方面的应用，充分利用穿戴式、植入式智能健康监测设备，结合移动端、固定端等设备，提供个性化智慧健康管理服务。〔责任单位：各乡（镇）党委和人民政府，县卫计局、数字办、市医保中心清流管理部〕

2. 建立健康医疗信息化协调机制。成立县级医疗健康信息化建设推进协调领导小组，建立健康医疗信息化专家咨询委员会制度，按照省级全民健康信息化建设总体框架，依据《三明市卫生计生信息化“十三五”规划》，统筹协调全县全民健康信息化建设。持续做好医疗健康信息化顶层设计，规范信息化建设备案审批机制，加强医院信息化管理。加大全民健康信息化建设资金投入，不断完善县级平台硬件建设，提升数据安全防护水平。建设突发事件卫生应急管理与指挥决策信息系统并纳入全省应急指挥决策系统，提高卫生应急处置能力。〔责任单位:各乡(镇)党委和人民政府，县卫计局、财政局、数字办〕

3. 推行健康医疗大数据开发共享。健全人口、电子健康档案和电子病历三大基础数据库，完善全民健康基础数据的汇聚整合，加快医改在线监测分析平台建设，推动建立全县统一的医疗卫生信息平台，集成医药耗材采购、医疗器械耗材追溯、药械安全合理使用、DRG 控费、疾病预防控制、妇幼健康管理、卫生计生综合监督、计划生育服务管理等功能，为行政监管部门提供业务监管数据。建立跨医院、跨区域的医疗数据共享互换标准体系，构建区域远程医疗服务体系，为总医院建设提供医疗业务数据协同，提升医疗技术水平。完善居民健康信息共享机制，实现个人健康信息归并、整合和共享，健全居民健康档案查询和健康信息管理工作机制，方便群众自助管理个人健康档案。〔责任单位：各乡（镇）党委和人民政府，县卫计局、数字办、市医保中心清流管理部〕

三、保障措施

（一）强化规划引领。各级政府要把区域卫生规划、医疗机构设置规划与区域经济社会发展规划结合起来，与城乡规划、土地利用规划、人口发展规划等多规融合，保障医疗卫生补短板项目需要。要认真组织实施"十三五"医疗卫生服务体系规划，使医疗卫生资源布局合理、规模适当，专业技术人才结构协调、学科完善，更好引领医疗卫生事业健康发展。〔责任单位：各乡（镇）党委和人民政府，县卫计局、发改局、财政局、住建局、国土局〕

（二）强化项目带动。围绕"十三五"医疗卫生服务体系规划建设的五大体系，实施项目带动，以项目集聚要素，着力推进紧缺学科补短板项目和基层能力提升项目。要积极协调发改、财政、住建、国土等部门共同推进医疗卫生项目建设，落实建设项目用地、配套资金和进度，确保如期完成建设目标。要围绕重点任务生成工作项目，组建工作团队，强化工作职责，推动医疗服务、公共卫生、人才培养等任务的落实。〔责任单位：各乡（镇）党委和人民政府，县卫计局、发改局、财政局、住建局、国土局〕

（三）强化机制创新。持续深化医药卫生体制改革，固牢根基，持续创新机制体制，继续释放改革红利，惠及百姓。鼓励基层因地制宜、大胆探索，特别是针对一些矛盾和问题多、攻坚难度大的改革，主动作为、勇于攻坚，创造性开展工作。创新支持社会资本办医机制，支持医疗机构与社会力量合作办医。创新资金保障机制，多渠道筹措资金，保障补短板项目建设资金需求。〔责任单位：各乡（镇）党委和人民政府，县卫计局、发改局、财政局、市医保中心清流管理部〕

（四）强化人才政策。制定出台医疗卫生领域精准人才政策支持办法，设立人才培养专项资金，引导医疗卫生计生机构申请使用人才公寓或职工过渡周转用房，改善职工住房条件，并享受公共租赁住房相关优惠政策。〔责任单位：各乡（镇）党委和人民政府，县委组织部、卫计局、人社局、财政局、住建局〕

（五）强化监督评价。各级政府要切实履行政府办医的主体责任，把相关目标、发展指标、主要任务、重点项目列入政府的工作责任制考核评价体系。建立区域卫生规划和资源配置监督评价机制，组织开展实施进度和效果综合评价，及时发现问题解决问题。适时开展联合督查，推动规划落实，确保医疗卫生发展目标任务的实现。〔责任单位：各乡（镇）党委和人民政府，县卫计局〕

中共清流县委　清流县人民政府
2017 年 10 月 11 日

附件：

1. 清流县医疗卫生方面补短板清单

2. 2017—2020 年全县医疗卫生机构及紧缺学科发展床位任务分解

3. 清流县医疗卫生方面补短板项目清单一览表

4. 2020 年国家、省、市、县医疗卫生服务体系资源要素配置主要指标

附件 1：

清流县医疗卫生方面补短板清单

一、存在的短板问题

（一）紧缺学科床位数量不足

我县总床位虽已达全省平均水平，但产科、儿科、精神科床位偏少，随着居民健康意识增强、城镇化和老龄化进程加快、全面二孩政策的实施，产科、儿科、精神科等紧缺学科床位供需矛盾突出。2016 年，全县医疗机构床位 644 张，每千常住人口床位 4.74 张，高于全省平均水平（4.62 张），低于全国平均水平（5.4 张）。全县儿科床位 46 张，占总床位数的 7.14%，低于全省平均水平（8.78%），低于国家规划儿科床位占 10% 的要求；全县产科床位 35 张，每千分娩量产科床位数 21.88 张，高于全省平均水平（21 张）；全县精神科床位 0 张，低于全省平均水平（3.5 张 / 万人口），低于国家精神病科床位中等配置标准（5.64 张 / 万人口）；全县中医科床位 60 张，每千常住人口中医类床位 0.44 张，低于全省平均水平（0.54 张 / 千人口），低于十三五规划目标值（0.74 张 / 千人口）。

（二）医疗资源结构不合理

医疗资源结构失衡。每千人口医生数明显低于国家标准，医生与护士、床位与护士之间配置比例不足（全县医护比 1：1.53，县级医院床护比 1：0.53）；县乡医疗机构的功能定位尚未有效落实，分级诊疗模式还不健全。2016 年，县医院病床使用率达 87.73%，而基层医疗机构病床使用率仅为 46.23%。县级医院与基层医疗卫生机构之间缺乏联动协作机制，"小病在基层、大病到医院、康复回基层"的合理就医秩序尚未形成。

（三）医疗服务能力不强

解决危急重症和疑难病症能力不高，重点学科发

展相对滞后，精神卫生、产儿、康复、老年护理等学科体系有待完善，缺乏有重要影响的学科带头人，整体医疗技术水平有待提高，全县医疗机构编制总量不足，部分基层医疗机构到编率低，人员结构不合理，缺少专业技术骨干，人才引进难、留住难。全县60%的基层医疗卫生机构未能配齐标准设备；多数公共卫生人员身兼数职，既要承担辖区内基本医疗服务，又要负责基本公共卫生服务，中医药服务特色发挥不够，住院人次逐年下降。46%的村卫生所业务用房未达标，30%的村卫生所设备未达标，乡村医生医疗技术水平不高，只能提供基础常见病治疗和不足40%的基本公共卫生服务。2016年以来，80%以上经审批开展产科服务的乡镇卫生院和妇幼保健院受各种因素的影响停止了产科服务。90%以上的孕产妇在县级医院分娩，县级医院妇产科床位紧张、人员短缺，孕产妇生育风险加大。儿童健康服务资源相对不足，县总医院、妇幼保健院产儿科医师严重不足。妇幼保健服务能力有限，妇幼保健院未达到妇幼保健机构等级评审要求。

（四）多层次医疗人才梯队尚未形成

高层次人才和紧缺学科人才缺。卫生高层次人才、拔尖人才占比较低，全县卫生技术人员正高级职称13人，占1.73 %。县、乡级医疗卫生机构儿科、产科、五官科、精神科等紧缺学科专业人员匮乏，至2020年，全县儿科医师缺口比例56%，产科医师缺口比例28.6%，五官科医师缺口3人，精神科医师缺口6人。公共卫生人才流失现象比较严重，到2020年公共卫生人员缺口40人。基层卫技人才不足。总量不足，学历和职称不高。乡村医生老龄化严重，存在断层现象。目前，全县基层医疗卫生机构编制数663个，在编卫技人员547人，占在岗卫技人员的72.7%，编外卫技人员205人，占在岗卫技人员的27.3%。在编卫技人员当中，高级职称占13.2%；中级职称占21.8%；初级职称占37.3%。全县注册乡村医生145人，45至60岁占34.5%，60岁以上占44.8%。中医人才缺乏，特别是基层医疗机构只有3人。中、西医人才结构不合理，从事西医的人才相对较多，从事中医的人才短缺。全县注册中医类执业医师（含中西医结合）43人，占临床执业医师数的19.7%；西医类（不含公卫）执业医师132人，占60.6%。

（五）公共卫生体系建设滞后

1. 疾病防控设施设备不达标。县疾病预防控制中心配备的仪器设备种类和数量均未达到国家标准。实验室资质认定过期，缺少申报经费。

2. 卫生计生监督执法能力不强。县卫生计生监督所存在监督执法人员偏少、监督执法人员激励机制政策（卫生监督员职级分级管理）未能落实、卫生监督信息网络平台建设滞后等问题，现场快速检测设备、执法取证工具等配置不足等，不能满足监督执法需要。

3. 基层卫生应急处置能力不高。基层应急队伍缺少储备、演练、培训；县、乡缺少卫生应急基本装备，基层卫生应急处置能力跟不上社会经济发展要求。

（六）信息化服务能力较弱

县级信息化平台软件监管功能不够完善，平台数据汇聚质量不高。远程医疗信息化建设未覆盖乡镇。基层电子病历系统尚未实现全覆盖。第三方支付平台未实施，群众就医预缴金仍无法全面通用。医院信息化建设投入不足。

二、目标任务

（一）医疗卫生人才队伍建设

1. 采取灵活的招聘政策。落实清委〔2017〕23文件，拓宽招聘渠道，加强与医学院校对接，招聘紧缺卫生专业人才，满足用人需求。①每年初研究确定当年紧缺急需专业毕业生范围和年度事业单位招聘计划，适时组织招聘，并放宽招聘名额。②对于临床医学专业大学本科及以上毕业生（定向培养学生除外），入编后与用人单位签订服务协议的，给予返还 50%的在校学费。③凡我县生源的医学类全日制高校本科毕业生，按照紧缺急需专业招聘工作的有关规定免笔试，经面试、体检与考核合格，报人事部门审批办理聘用。④实行“走出去”的人才招聘办法，积极参加省内外医学高校各类卫生人才招聘会或供需见面会，简化招聘手续，对成绩优秀的临床医学本科人才可通过紧缺急需专业人才的招聘方式予以招聘。

2. 加快卫生人才培养。①加强定向生培养；②制定人才短缺专业人员引进计划和优惠措施，加快紧缺专业人员培养。

（二）基础设施建设

1. 医疗综合大楼建设。县总医院医疗综合大楼，项目面积45200平方米，总投资2.8亿元。

2. 精神科病房建设。方案①新建精神科病房楼，拟设床位50张。方案②医疗综合大楼建成投入使用后，精神科病房设在现病房综合楼，拟设床位50张。

3. 妇幼保健院产儿科建设。儿科床位由目前5张增设到15张。

4. 乡镇卫生院基础设施建设。（1）林畲卫生院：现有门诊病房综合楼面积为1200平方米，业务用房不足，需新建病房综合楼（含职工周转宿舍），建设面积2700平方米，资金675万元；（2）李家卫生院：无职工周转房，需新建职工周转房，建设面积1500平方米，资金375万元；（3）长校卫生院：需新建长校卫生院病房楼综合楼（含职工周转宿舍），建设面积4100平方米，资金1230万元；（4）里田卫生院：病房楼后山护坡地质灾害治理，资金40万元;（5）赖坊卫生院：整体搬迁，但医院智能系统、影像科及中医馆建设未列预算，资金缺口约120万元。加强全县乡镇卫生院基础设施统筹规划，逐步实施建设，对危房及地质灾害隐患进行治理。

5. 村卫生所改造提升。加强村卫生所业务用房改造和基本设备配备，到 2020 年完成 6 个村所改造，所需资金 36 万元。

（三）医疗设备配置

1. 县总医院：县总医院组建，实行县乡村一体化管理，完善乡镇卫生院必须的医疗设备配置，建设全县心电中心，实行互联互通，中心院添置彩超、生化仪、移动 DR 等设备。县总医院医疗综合大楼建成后，增设精神科，更新设备，引进 64 排 CT、DSA、乳腺钼靶机、血透仪、康复器械等。近期需投入设备资金 1500 万元，近 5 年，累计设备资金投入 7000 万元。

2. 县疾控中心：加强疾控中心实验室建设，增加相关仪器设备，提升实验室检测检验能力。需配备仪器设备：梅里埃食物中毒快速检测仪、原子吸收分光光度计、全自动细菌鉴定仪、水质智能一体化蒸馏器、水质应急快速检测箱、原子吸收（石墨炉）、数字化 X 线摄影系统（DR）、听力测定仪和骨密度测定仪，配备一辆疫苗冷藏运输车辆，增加实验室资质认定评审相关经费等，需要资金合计 405 万元。

3. 卫生监督所：加强卫生监督执法能力建设，配置现场快速检测设备、执法取证工具等，所需资金 17 万元。

（四）信息系统建设

为实施县乡村一体化管理，县总医院需建设全县统一的医联体信息中心，建立远程会诊中心、医学检验中心、心电诊断中心、消毒供应中心、病理诊断中心、医学影像中心，实行县乡村三级信息互联互通。建立电子病历、区域卫生公共 WEB 服务平台等。经前期调研，医联体信息中心需多次投入，其中一期拟投入资金 570 万元，其中硬件 420 万元，系统改造 150 万元；二、三期拟投入资金 2100 万元，其中硬件 500 万元，软件 1600 万元。

附件 1

2017—2020 年全县医疗卫生机构及紧缺学科发展床位任务分解

各医疗卫生单位	2016年医疗机构位数（张）					2020年医疗机构床位数（张）					2017—2020年医疗机构床位增加量（张）				
	总计	其中				总计	其中				总计	其中			
		有效产科床位数	儿科	精神科	中医		有效产科床位数	儿科	精神科	中医		有效产科床位数	儿科	精神科	中医
合　计	644	35	46		63	816	45	82	50	83	172	10	36	50	20
县总医院	360	35	41		60	500	45	60	50	60	140	10	19	50	
县妇幼保健院	55		5			55		15			0		10		
龙津社区卫生服务中心	4					6					2				
13个乡镇卫生院	225				3	255		7		23	30		7		20

备注：1. 有效产科床位数指，年活产数在 10 人 / 床以上的产科床位；

2. 中医床位：指中医类医院床位；

3. 县妇幼保健院儿科床位数增加 10 张从总床位数中调整至 15 张。

附件 3

清流县医疗卫生方面补短板项目清单一览表

序号	项目名称	规　模	总投资（万元）	资金缺口（万元）
1	县总医院医疗综合大楼	建筑面积 45200 平方米	28000	23000
2	县总医院精神科病房建设	2300 平方米，床位 50 张	700	700
3	县总医院医疗设备配置	完善乡镇卫生院必须的医疗设备配置，建设全县心电中心，实行互联互通，中心院添置彩超、生化仪、移动 DR 等设备。县总医院医疗综合大楼建成后，增设精神科，更新设备，引进 64 排 CT、DSA、乳腺钼靶机、血透仪、康复器械等。近期需投入设备资金 1500 万元	7000	7000
4	县总医院信息系统建设	建设全县统一的医联体信息中心，建立远程会诊、医学检验、心电诊断、消毒供应、病理诊断、医学影像六大中心和电子病历、区域卫生公共 WEB 服务平台等。一期拟投入资金 570 万元，其中硬件 420 万元，系统改造 150 万元；二、三期拟投入资金 2100 万元，其中硬件 500 万元，软件 1600 万元	2670	2670
5	乡镇卫生院基础设施建设	(1) 新建林畲卫生院病房综合楼（含职工周转宿舍），建设面积 2700 平方米，资金 675 万元；(2) 李家卫生院职工周转房，建设面积 1500 平方米，资金 375 万元。(3) 新建长校卫生院病房楼综合楼（含职工周转宿舍），建设面积 4100 平方米，资金 1230 万元；(4) 里田卫生院病房楼后山护坡地质灾害治理，资金 40 万元；(5) 赖坊卫生院医院智能系统、影像科及中医馆建设未列预算，资金缺口约 120 万元	2440	2440
6	村卫生所改造提升	加强村卫生所业务用房改造和基本设备配备，到 2020 年完成 6 个村所改造，所需资金 36 万元	36	36
7	县疾控中心实验室建设	需配备仪器设备：梅里埃食物中毒快速检测仪、原子吸收分光光度计、全自动细菌鉴定仪、水质智能一体化蒸馏器、水质应急快速检测箱、原子吸收（石墨炉）、数字化 X 线摄影系统（DR）、听力测定仪和骨密度测定仪，配备一辆疫苗冷藏运输车辆，增加实验室资质认定评审相关经费	405	405
8	卫生监督所执法能力建设	配置现场快速检测设备、执法取证工具等	17	17
合　计			41268	36268

附件 4

2020 年国家、省、市、县医疗卫生服务体系资源要素配置主要指标

主要指标	2020 年目标				指标性质（国家）
	国家	省	市	县	
每千常住人口医疗卫生机构床位数（张）	6	6	6.5	6	指导性
每千常住人口执业（助理）医师数（人）	2.5	2.5	2.5	2	指导性
每千常住人口注册护士数（人）	3.14	3.14	3.2	3	指导性
每千常住人口中医类医院床位数（张）		0.6	0.76	0.6	指导性
每千常住人口中医执业（助理）医师数（人）		0.45	0.5	0.5	指导性
医护比（医生数与护士数之比）	1:1.25	1:1.25	1:1.27	1:1.53	指导性
县办及以上医院床护比（床位数与护士数之比）	1:0.6	1:0.6	1:0.6	1:0.6	指导性
县办综合性医院适宜床位规模（张）	500	500	500	500	指导性
儿科床位数（张）	国家规定儿科床位占总床位的			82	指导性
每千常住人口精神科床位（张）	5.64	5.64	5.64	3.68	指导性
每千分娩量产科床位数（张）		21	21	21	指导性

中共清流县委 清流县人民政府
关于印发《补短板提质量加快教育事业发展的实施意见》的通知

各乡（镇）党委和人民政府，县直各单位，省、市属各单位：

经研究，现将《补短板提质量加快教育事业发展的实施意见》印发给你们，请认真贯彻执行。

补短板提质量加快教育事业发展的实施意见

清委发〔2017〕9 号

为深入贯彻落实《中共清流县委关于加快社会事业发展补齐民生短板确保如期全面建成小康社会的决定》，进一步补齐教育短板，提升教育质量，加快我县教育事业发展，不断提升人民群众的教育获得感，确保我县如期全面建成小康社会，现提出如下实施意见。

一、总体要求

（一）指导思想

高举中国特色社会主义伟大旗帜，全面贯彻党的十八大和十八届三中、四中、五中、六中全会精神，深入学习贯彻习近平总书记系列重要讲话精神和治国理政新理念新思想新战略，紧紧围绕统筹推进“五位一体”总体布局和协调推进“四个全面”战略布局，

牢固树立和贯彻落实五大发展理念，聚焦教育事业发展薄弱环节、热点难点问题和体制机制障碍，加快补齐教育事业发展短板，促进教育公平，提升教育质量，提高基本公共教育服务供给能力和共享水平，为建设宜居宜业幸福新清流提供更加有力的人才支撑和智力支持。

（二）发展目标

到2020年，教育各项主要发展指标达到全市平均以上水平，力争部分指标保持全市前列，教育事业发展水平与清流经济社会发展位次相匹配，学前三年入园率超过98%，义务教育巩固率稳定在98%以上，高中阶段入学率超过97%；基础教育质量稳步提升，现代职业教育加快发展，教育作为全县创新驱动主力军的作用更加凸显；优质教育资源总量不断扩大，教师队伍素质全面提升，教育公共服务供给能力基本满足人民群众多样化需求。

（三）基本原则

1. 坚持问题导向。聚焦教育事业发展薄弱环节，特别是普惠性学前教育资源供给能力不足，入公办幼儿园难、入民办幼儿园贵；义务教育城区“挤”与农村初中“弱”并存；新高考综合改革后普通高中资源不足；职业教育校企合作主体的积极性不够高；教师队伍“量不足、管不畅”等热点难点问题，找准着力点和突破口，加快推动解决。

2. 坚持需求导向。正确认识我县正处于全面建成小康社会决胜阶段的发展实际，积极适应人民群众对教育的要求和期待越来越高的新形势，紧紧围绕县委、县政府中心工作，把补齐教育事业发展短板放在全县工作大局中谋划，确保教育发展与经济社会发展相适应，促进教育事业更好地惠及民生、驱动发展。

3. 坚持创新导向。以深化教育的结构性改革为主线，瞄准教育事业发展短板中的体制机制问题，深化教育领域“放管服”改革，释放更多政策“红利”，增强各级党委、政府发展教育的动力，激发各级各类学校及全体教育工作者办好教育的活力，凝聚社会各界积极参与教育的合力。

4. 坚持均衡导向。加强城乡统筹，大力促进学校与学校之间的合作互动，既调动城区学校的积极性，更要调动乡镇所在地、农村学校的积极性，积极打破学校之间、城乡之间的壁垒，用活优势教育资源，缩小城乡教育差距。

二、主要任务

（一）扩大普惠性学前教育资源

1. 多渠道扩充普惠性学前教育资源。新建一批幼儿园，到2020年，城区新增城区第三幼儿园、清流县龙津幼儿园，乡镇新建嵩溪第二幼儿园、灵地中心幼儿园、李家幼儿园、林畲幼儿园、沙芜幼儿园、江坊幼儿园等，规划总建设面积3.2万平方米，总投资1.34亿元，争取列入省级财政补助新建的公办幼儿园“工程包”，县财政配套公办幼儿园建设资金。坚持公办民办并举，通过“工程包”形式，鼓励社会资本参与幼儿园建设运营，吸引社会资本投资建设普惠性幼儿园。建立教育与规划建设等部门在规划、验收环节的会商机制，严格落实配套幼儿园与城镇住宅小区同步规划、同步建设、同步交付使用的政策。城市规划和学前教育规划内新建住宅小区配套幼儿园竣工后移交地方教育部门，严禁将按规定配建的幼儿园私有化或挪作他用，已私有化和挪作他用的要在两年内收回，移交给教育部门。改建一批幼儿园，盘活机关、企事业单位停办、闲置、改变用途的办公用房，改造举办幼儿园，满足就近入园需要。建立政府牵头，教育、住建、消防等部门定期会商制度，在确保安全的前提下，允许企事业单位和社会资本充分利用闲置房产，通过法定程序改变使用功能，改建普惠性幼儿园。到2020年，基本满足人口聚集城区和城乡适龄儿童的入园需求。〔责任单位：各乡（镇）人民政府，县教育局、财政局、发改局、国土局、住建局、消防大队〕

2. 健全学前教育普惠发展保障机制。进一步落实《三明市普惠性幼儿园认定管理及政府购买服务实施办法》，建立健全学前教育普惠发展保障机制，继续认定普惠性民办幼儿园。建立政府购买学前教育服务经费保障机制，购买服务资金纳入各级财政年度预算，主要用于补充普惠性民办幼儿园冲抵保教费、添置教玩具、维修改造园舍设施（或支付园舍租金）和教师业务培训等费用，逐步缩小普惠性民办幼儿园与同质公办幼儿园的收费差距。在人民群众家庭负担合理范围内，根据地方办园成本和经济发展水平差异及政府补助情况，逐步调整公办幼儿园收费水平，但到2020年总体涨幅不得超过现有保教费标准的50%。普惠性民办幼儿园保教费收费标准控制在当地同质公办幼儿园的1.8倍左右，最高不得超过2倍。积极发展0-3岁婴幼儿早期教育，探索建立以幼儿园和妇幼保健机构为依托，面向社区、指导家长的公益性婴幼儿早期教育服务模式。到2020年，普惠性幼儿园覆盖率达到85%。〔责任单位：各乡（镇）人民政府，县教育局、物价局、财政局、人社局、卫计局〕

（二）进一步促进义务教育均衡发展

3. 统筹解决城区义务教育学校拥挤现象。优先保障中小学建设用地，建立教育行政部门参与的教育用地联审联批制度，落实国务院关于城镇新建住宅区配套中小学校与住宅建设首期项目同步规划、同步建设、同步交付使用的政策。多方筹措资金，实施城镇中小学扩容工程和义务教育提升工程，重点加强城区中小学校建设，新建、改扩建城区第三小学、城关小学、嵩口中学、清流三中等中小学校项目14个，实施“改薄”

等校舍改造5.30万平方米，总投资1.78亿元，提高学位供给能力，基本消除大班额现象。推动各地完善流动人口随迁子女入学制度，提高教育公共资源均等化服务效率，进一步缓解城区义务教育入学压力。到2020年，70%以上的义务教育学校基本达到管理标准化要求。〔责任单位:各乡（镇）人民政府，县财政局、教育局、发改局、国土局、住建局〕

4. 全面提升义务教育质量。实施小学“强基”、初中“壮腰”工程，小学阶段实行片区化办学，以实验小学、城关小学为龙头组建涵盖乡镇各中心校在内的两大教学片区，各片区内由总校统筹教育教学、共享教育资源，师资可在各片区内和两大片区间相互流动，促进县域内城乡之间、学校之间均衡发展，促进农村生源回流，就近入学，减轻城区就学压力；初中阶段采取“1+2”模式进行管理，即一所城区初中校，带两所镇初中校组建教学联盟，建立教师互派、互促、共享成长机制，以教师交流、送教下乡、资源共享为主，实行统一教研时间和内容，开展教育教学竞赛，促进联盟间良性互动与竞争。财政要加大义务教育投入力度，着力补足小学、初中办学条件缺口，缩小城乡、校际办学差异，实现教学与管理信息化。加强教师、教研队伍建设，完善骨干教师、学科带头人选拔和培养机制，通过跟岗学习、省内外研修等多种形式，加强学校骨干教师队伍建设，进一步完善校长和后备力量的培养机制，每年组织部分校长参加高端培训，举办一期学校党组织书记培训。每年选派部分优秀校长和骨干教师参加省、市组织的优秀校长和骨干教师培训班，依托省内外著名高校的丰富培训资源和平台，组织部分校长、教师到相关高等院校强化培训，选派部分校长、教师到省内优质学校跟岗学习。到2020年，力争我县市级以上骨干教师达到教师总数的20%以上。〔责任单位:各乡（镇）人民政府，县教育局、财政局、义务教育阶段学校〕

（三）做优做强普通高中

5. 优化高中办学资源配置。加大普通高中建设投入，积极争取中央、省、市资金支持，完善县级资金配套，实施高中阶段教育普及攻坚计划建设项目2－3个，根据需要，扩充高中教学用房、配齐教学设备，进一步提升我县高中阶段办学条件。到2018年，普通高中资源配置满足高考综合改革新要求，清流一中完成省一级达标高中创建，达标高中在校生比例达90%，力争培育1所特色高中或改革创新示范普通高中。〔责任单位：县教育局、财政局、发改局、人社局〕

6. 加强普通高中教师配备。根据国家高考综合改革部署，统筹协调普通高中教职工编制标准问题，满足高中选课走班教学需要。对教学改革取得成效的示范高中、达标高中和课改基地校，将高、中、初级岗位结构比例适当提高至2.5：5：2.5，激励普通高中优质特色发展。〔责任单位:县教育局、财政局、发改局、人社局、县委编办〕

7. 提升高中教研教改能力。借助市教科所的教学研究与指导作用，加强对我县高中教学视导，建立基于教学成果的教研人员准入机制，建立一支教学教研相结合的高中学科教研队伍，发挥高中教研队伍在高中教学中的指导作用。加强教师队伍培训，着力提升教师教研能力，推进学校教学改革。调整教育投入结构，不断加大教研教改经费投入，财政部门切实按教职工年度工资总额2%的标准，核拨教师继续教育经费，用于教师参加培训所需的差旅费、伙食补助、资料费和住宿费等开支，保障高中教师培训、教育信息化建设的开展和教师及教研人员能力的提升。〔责任单位：县教育局、财政局、人社局、县委编办、清流一中〕

8. 全面提升普高教学质量。实施高中“筑梦”工程，建立培优补差机制，优化教育教学管理，借力名师巡回交流讲学、学科联合教研攻关、远程信息平台实时授课等有力措施，提高普通高中教学实效，积极参与普高联盟，实施优秀生培养计划，实行初、高中培优补差制度，因材施教，分层授课，全力提高优秀生的自主学习能力，巩固提升中等生的学习成绩，积极帮助学困生不断取得进步，让不同层次、不同潜质的学生都得到发展。建立初中毕业升入普高学生跟踪管理机制，对中考全市前50名、前1000名、前4000名学生进入普高后，进行实时跟踪管理，明确培养目标。〔责任单位：县教育局、清流一中〕

9. 探索初高中一体化办学。以“委托管理”的形式，确定实验中学、城关中学作为初高中一体化办学试点校（争取明后年在一中恢复初中部），做到师资互补、资源共享、质量共提，双方互派教师参加校本教研、开设讲座、公开课等一体化教育教学活动。利用国家、省和市教育课题申报，共同组织课题研究小组，开展学段衔接、学科衔接和拔尖学生培养等方面一体化教科研。统一研制相互衔接的初中、高中各学科教学质量标准，统一对学生学业水平考试和素质发展水平进行监测。实行一体化拔尖学生培养，面对新高考带来的挑战，由高中校牵头在初中开展兴趣小组、学科竞赛活动，实行初高中双导师制度，对表现优异学生提前制定培养计划，力争在新高考中赢得主动权。〔责任单位：县教育局、各中学〕

（四）推动职业教育产教深度融合

10. 构建校企合作协同育人机制。依托职业教育联席会议机构，健全校企合作办学制度，增强企业办学主体意识，将企业开展职业教育情况纳入企业社会责任报告；支持有实践经验的企业家、专业技术人员和高技能人才到职业中学任教，支持职业中学与企业合作共建兼具生产、教学和研发功能的实训基地；通过现代学徒制等试点，改革校企共同育人模式，推动校企联合招生、联合培养、定向就业、服务企业的机制形成。建立校企合作激励机制和绩效考核分配机制，对校企合作成效显著的企业，从省、市支持现代职业教育发展专项经费中安排一定经费予以奖补，政府予以表彰、奖励和政策支持；中等职业学校校企合作和社会服务产生的收入，可部分用于学校绩效工资分配，增加绩效工资总量，充分调动教职员工的积极性。〔责任单位：县人社局、教育局、发改局、经信局、财政局、国税局〕

11. 提升职业中学服务产业发展能力。研究出台政策措施，推进产教深度融合。完善顶层设计，加大财政投入，择时规划建设职业中学学生宿舍楼、实训楼，建设面积6000平方米，总投资1650万元，做专、做特、做优职业教育，形成目标明确、特色凸显、服务产业和区域发展的职业教育新格局。到2020年，不断提高县职业中学（职教中心）专业结构与产业结构和社会需求的契合度。〔责任单位:县教育局、人社局、发改局、经信局、财政局、城投公司〕

（五）统筹加强中小学教师队伍建设

12. 完善师资补充机制。教师编制实行总量控制，人员统一管理，针对中小学教师缺编问题，探索建立跨部门的编制调整机制，多渠道补充教师编制不足，实行教职工编制城乡、区域统筹和动态管理，盘活编制存量。借助三明学院建立师范生定向培养机制，每年培养一定数量的学前教育、小学、初中教育教师。完善教师统一招聘制度，加大补充招聘新教师力度，2018-2020年按每年实际减少教师数的150%补充招聘，重点补充紧缺学科教师，加大幼儿教师招聘力度。到2020年，中小学教师结构性缺人问题得到有效缓解。〔责任单位：县委编办、县人社局、教育局、财政局〕

13. 统筹城乡师资配置。全面推进教师“县管校用”改革，切实落实由县级教育行政部门在核定的教职工编制总额和岗位总量内，统筹使用各校教师编制数，统筹中小学教师职称职数比例、岗位结构比例，并向同级机构编制、人力资源社会保障和财政部门备案的政策。县域内义务教育城镇学校、优质学校每学年校长教师交流轮岗到乡村学校和薄弱学校的比例不低于符合交流条件教师总数的10%，其中骨干教师交流轮岗应不低于交流总数的20%。实施乡村教师支持计划，落实乡村教师生活补助，加快教师周转房建设，确保乡村教师“下得去、留得住、教得好”。到2020年，城乡师资配置进一步优化，教师队伍素质全面提升。〔责任单位:县人社局、教育局、财政局、县委编办〕

三、保障措施

14. 建立挂钩联系制度。继续实施党委、政府领导和党政部门（单位）挂钩联系学校制度，县委、县政府领导每人挂钩联系1所学校，县直各部门（单位）挂钩联系1所学校。挂钩联系领导每年组织召开一次现场办公会议，及时协调解决学校办学条件改善、项目建设推进等问题，挂钩部门（单位）与学校建立常态化的联系机制，通过重心下移，靠前督导，为学校提供多方面的支持和帮助，共同营造尊师重教氛围，促进基础教育工作健康快速发展。〔责任单位：县直各部门〕

15. 完善教育投入机制。坚持把教育作为财政支出重点领域给予优先保障，财政教育支出占公共财政支出比例不低于省核定标准，各类教育生均公共财政预算公用经费达到全省平均水平以上。依法保障教师平均收入水平不低于当地公务员平均收入水平。通过加强政策引导、制度设计带动投入，支持教育事业发展补短板项目。建立正向激励机制，提高教师待遇，教师绩效考核年终奖等福利待遇与其他事业单位相同，列入单位工资总量控制予以发放。

县财政每年按全县教职工工资总额的2%安排继续教育经费，用于开展全县教学研究和教师培训。中小学校按学校年度公用经费预算总额的5％安排教师培训经费。县财政按班主任实际人数以每人每月300元的标准核拨，由学校按正向激励机制差别化考评发放（幼儿园班主任岗位补贴由幼儿园根据实际安排）。每个县级名师工作室由县财政每年安排1万元工作经费。设立教育基金，提高教育资源保障水平。

落实定期对教师进行身体健康检查、因地制宜安排教师进行休养的法律规定，利用寒暑假，由学校组织教师到省内外先进地区学习借鉴外地学校先进教育教学工作经验，促进教师与外界的沟通交流。〔责任单位：县财政局、人社局、教育局〕

16. 创新教育管理机制。完善“以县为主”的教师管理体制，对中小学教师编制职称实行“县管校用”，由县编办会同相关部门核定的人员编制交给县教育局统筹管理与使用，县内校际间教职工编制可以互补余缺，县教育局在核定的编制总额内，根据班额、生源等情况统筹分配各级各类学校教职工编制，并报县委编办备案后实施。由县人社部门会同县教育局核定县中小学岗位设置总量及其结构比例后，总量打包给县教育局，县教育局在核定的岗位总量内，充分考虑校长、教师流动的需要，统筹分配相关学校各等级岗位数量，根据人员编制、班额等情况实行动态调整，并商县人社局同意后实施。健全教师准入和新任教师公开招聘制度，确保完成每年招聘任务。在现有教师岗位结构基础上，建立奖励性职称制度。实施职称管理新机制，教师职称去行政化，校长、副校长保留待遇(不占职数，保留晋级空间)，职称职数用于一线教师；对教育主管部门组织的学科竞赛获得省一等奖及以上奖励的指导教师，考上清华、北大的学生所在班级的班主任等人员，已评未聘相应职称（或等级）的，可不占职数聘任三年；对已取得中、高级职称资格但两个聘期（六年）满仍未聘任的一线教师，且教育教学成绩突出的，另增核中、高级专业技术人员3%的岗位职数给所在学校，用于解决已评未聘教师职称问题。落实好职称聘后管理制度，实行动态管理，能上能下，对不认真履行岗位职责的教师，职称低聘一档；对拿到职称没在一线从事教学或对不能从事相应技术职称岗位工作的教师（因工作需要借入教育行政部门从事教育行政管理工作的除外），取消聘任资格，从事生管、实验员、图书管理员等工作的教师，可按省市文件规定参加职称评聘，充分发挥职称调动教师积极性的正向激励作用。搭建校长成长平台，注重名师优师培养，抓好班主任队伍建设，强化教研员工作考核，建好校长、名师、班主任、教研员等四支队伍。加强教育教学常规管理督查，健全问责机制。〔责任单位：县财政局、人社局、教育局、发改局、县委编办〕

17. 强化项目支撑。组织实施学前教育三年行动计划、城镇中小学扩容工程、义务教育提升工程、小学“强基”、初中“壮腰”、高中“筑梦”工程、现代职业教育体系建设工程等重大项目，加强教育与发改、财政、住建、国土等相关单位及各地的协同联动，加大土地、资金等向教育补短板领域的政策倾斜力度，800万元及以上的教育建设项目由县城投公司建设完工后移交教育部门使用，形成推动教育发展的强大合力。〔责任单位：县教育局、发改局、经信局、财政局、国土局、住建局、人社局、县委编办、城投公司〕

18. 严格督查考核和考评机制。建立党委、政府抓教育年度检查考核制度，把教育发展列入党委、政府领导任期目标，并作为年度考核和选拔干部的重要依据。加强监督检查，把本意见落实情况纳入各级各有关部门目标责任制考评体系，建立健全定期督查、评估、考核制度，及时发现、解决实施中存在的问题，确保各项工作有效落实。建立基础教育发展正向激励机制，把提升教育教学质量列入重点工作考评，设立资金、政策、待遇等奖项，对在高考和中考中取得突出成绩的校长和教师进行奖励。〔责任单位：各乡（镇）党委和人民政府，县教育局、发改局、财政局、人社局、县委编办〕

中共清流县委　清流县人民政府
2017年10月12日

中共清流县委办公室　清流县人民政府办公室
关于印发《清流县关于推进合作造林增加村级集体收入的实施方案》的通知

各乡（镇）党委和人民政府、县相关单位：

经县委、县政府研究同意，现将《清流县关于推进合作造林　增加村级集体收入的实施方案》印发给你们，请认真抓好落实。

清流县关于推进合作造林增加村级集体收入的实施方案

清委发〔2017〕67号

为深入贯彻习近平总书记对福建集体林权制度改革重要指示精神，进一步深化我县集体林权制度改革。根据《中共中央、国务院关于推进农业供给侧改革加快培育农业农村发展新动能的若干意见》（中发〔2017〕1号）、《国务院办公厅关于完善集体林权制度改革的意见》（国办发〔2016〕83号）、《福建省人民政府办公厅转发国务院办公厅关于完善集体林权制度改革意见的通知》（闽政办〔2017〕30号）等文件精神，在“创新、协调、绿色、开放、共享”五大发展理念指导下，创新经营机制，探索发展集体经济，积极引导各类生产经营主体投资林业，开展多种形式股份合作。实现森林经营适度规模化和林地高产高效与资源生态永续利用，推进生态文明试验区建设，构建绿色发展的生态经济体系和可持续的资源支撑体系，特制定本方案。

一、基本现状

1. 森林资源基本情况。清流是全国南方重点集体林区县之一，全县土地总面积271万亩，林业用地面积 231.2 万亩（其中：商品林 165.4 万亩，生态公益林 65.8 万亩），森林覆盖率 78.7%，林木总蓄积 1441.6 万立方米。

2. 集体林地经营现状。集体林权制度改革后，出现林权结构小型化、林地状态分散化、林业管理复杂化问题；村集体经营的林地因缺乏资金投入，林地经营粗放；承包到村民小组和部分转让后采伐再造林的山场也因大多数经营者投入的造林资金不足，管理不到位，林分质量下降；村委会对集体林地疏于管理，未能及时收回承包、流转期限到期的山场，被村民无序瓜分、抢种，导致村集体资产流失和引发社会矛盾，林地使用费收缴不到位。以上问题使村集体徒有大量林地却无法从林地取得持续稳定的村财收入。

为解决以上问题，提高村集体林地的经营管理水平，增加村财收入，鼓励村委会将集体林地入股与有资金和技术优势的县林业局林业基金投资管理站（以下简称“基金站”）开展合作造林，进行适度规模的集约经营，促进林地高产高效和森林的生态、经济效益显著提高，村级集体收入稳步增长。

二、开展合作造林的重大意义

集体林地是我县各村村级集体组织重要的共有资源，是林业重要的生产要素，是发展村集体经济的重要保障。开展村级集体林地与基金站合作造林，有利于深化集体林权改革，促进林业经济发展和生态文明试验区建设，壮大村集体经济和村财增收，推动林业生态扶贫全面建成小康社会。各乡（镇）党委政府和村级组织必需充分认识集体林地在村集体经济发展中的作用，积极推动村级组织以集体林地入股与基金站合作造林，拓宽村财增收渠道，发展壮大集体经济。

三、开展合作造林的目标任务

总体目标：实现森林质量提升与壮大村级经济同步发展，生态文明建设与村级公益事业同步发展，绿水青山与金山银山并举。从 2018 年起，合作造林工作分三个阶段实施，每年合作经营林地 2 万亩以上，至 2028 年底全县合作经营林地达 20 万亩以上，参加合作造林的村委会获得保底预分红 280 万元以上。

第一阶段（策划规划阶段）：到 2021 年底，实现村与基金站合作经营集体林地 8 万亩以上，每年全县村财从林地取得的稳定收入达 64 万元以上。

第二阶段（试点实施阶段）：到 2024 年底，实现村与基金站合作经营集体林地 14 万亩以上，每年全县村财从林地取得的稳定收入达 154 万元以上。

第三阶段（复制推广阶段）：到 2028 年底，实现村与基金站合作经营集体林地 20 万亩以上，每年全县村财从林地取得的稳定收入达 280 万元以上，新造林地 12 年左右还可获得间伐木材的收益分成，基本形成村级集体经济自我发展的良性循环，村级组织正常运转得到保障、服务能力显著提高。

四、开展合作造林的模式、职责

（一）合作模式、范围及利益分配

1. 合作模式：以“基金站 + 村委会 + 农户”股份制模式，村委会或农户以林地、林木入股进行利益分成，实现“集体林地入股，集约经营增效”的绿色富村合作造林。

2. 合作范围：全县境内有集体林地的村民委员会和取得集体林地承包权的农户。

3. 合作经营期限：合作造林山场经营期限到林木主伐期(原则上为30年)。林木至主伐期未采伐的山场，合作经营期限顺延至林木采伐结束。

4. 利益分配：①新一轮合作造林山场，基金站以每年每亩 5 元为基数，按每 3 年增加 3 元的标准将经营利润保底预分红给村委会，支付的最高预分红资金按第三十年封顶计算，不再增加。山场的经营利润收益，基金站与村委会或农户按 6 ∶ 4 进行经营利润分成（村委会的利润分成包含预分红部分。基金站与农户合作造林的山场不进行经营利润预分红，林地使用费由基金站支付并列入经营成本）。②县林业局与村委会原来合作造林的山场，林木收益时基金站与村委会按 7 ∶ 3 比例分成（世行贷款造林山场基金站与村委会按 8 ∶ 2 比例分成）；合作造林分割后由基金站独立经营的集体林地到期未采伐的山场，按 5 元 / 亩的标准逐年缴纳林地使用费给村委会，至采伐完止缴。

（二）合作主体的职责

1. 基金站职责。合作造林实施主体为基金站，基金站作为自收自支的事业单位，经营合作造林山场按企业化管理，市场化运作，主管单位为清流县林业局。主要职责：负责经营管理与村委会新一轮合作造林的山场，向上争取营林项目资金，认真抓好合作造林山场的造林、抚育、采伐、护林防火、森林病虫害防治等森林经营日常管理工作，并负责经营管理原有林业局投资的“育林基金投资”“世行造林”“松脂基地”山场。

2. 村级组织主要职责：提供权属清楚、相对集中的集体林地进行合作造林；依法管理合作造林的林地，制止村民侵占林地、毁林造林和种果竹等违法行为；协调营林、采伐生产活动涉及的道路开设问题；做好护林防火、森林病虫害监测等日常工作。

五、开展合作造林的保障措施

（一）提升合作经营水平。要进一步明晰县基金站和村委会的职责、权利、义务及利益分配，签订合作协议，基金站负责经营管理，村委会配合做好护林防火及其他协调工作；基金站要对合作造林的山场加强管理，加大资金投入，进行林分质量精准提升，对低产低效林分进行改造后重新造林，提升林分质量，提高森林生态效益和经济效益。

（二）加大合作管理力度。要稳步扩大合作经营面积，鼓励有条件的村级组织或农户利用采伐迹地、火烧迹地、低产林分改造等林地入股与基金站合作造林，由基金站提供资金，负责造林、抚育、采伐等森林经营管理活动，村委会或农户配合做好协调管理工作；要稳定村集体收入，基金站支付给村委会的利润预分红部分严格执行每年一缴方式，以保证村委会有持续稳定的收入来源。

（三）稳定合作经营面积。稳定“育林基金投资”“世行造林”“松脂基地”等前期合作经营项目的经营面积，林木至主伐期未采伐的山场，合作经营期限顺延至林木采伐结束为止。各乡（镇）党委、政府要督促协助村委会将采伐后的原合作经营山场林地继续与基金站合作，进行新一轮的造林。同时，督促村委会及时收回其他流转、承包经营中违约应终止或期限到期的集体林地与基金站合作造林，做大集体经济，增加村财收入。

（四）加强合作组织领导。要把深化林权制度改革、发展壮大村级集体经济工作列入农村党建考评的重要内容，督促乡（镇）、村，推动合作造林工作开展。各乡（镇）党委、政府要高度重视，成立以乡（镇）党委书记为组长的发展壮大村级集体经济领导小组，帮助村级组织理清深化林权制度改革、发展壮大村级集体经济的思路，制定工作目标，落实工作措施。各村党支部要加强对深化林权制度改革发展壮大村级集体经济工作的领导，研究讨论合作造林等有关重大事项，村党支部书记作为直接责任人，要组织协调落实好村级集体经济发展的日常工作，保障合作造林工作顺利开展。县林业局及基金站作为方案的组织实施单位，要协助指导各村做好合作造林具体工作。

中共清流县委办公室
清流县人民政府办公室
2017 年 10 月 26 日

索　引

说　明

一、本索引按主题词首字汉字拼音字母顺序排列，同音词按声调排列，第一字相同的，则按第二字音序排列，依次类推。

二、索引条目后的阿拉伯数字表示本书的页码。

三、本卷中“特载”“专记”“大事记”，附录中的副科级以上领导名录、重要文件选编、以及各部门单位、乡镇概况，不列入本索引检索范围。

A

B

C

D

J

K

N

P

Q

R

S

T

W

X

弟子規聖人訓首孝弟次謹信泛愛衆而親仁有餘力則學文父母呼應勿緩父母命行勿懶父母教須敬聽父母責
須順承冬則温夏則清晨則省昏則定出必告反必面居有常業無變事雖小勿擅爲苟擅爲子道虧物雖小勿私藏
苟私藏親心傷親所好力爲具親所惡謹爲去身有傷……德有傷貽親羞親愛我孝何難親憎我孝方賢親有過
諫使更怡吾色柔吾聲諫不入悅復諫號泣……侍不離床喪三年常悲咽居處變酒肉絶
喪盡禮祭盡誠事死者如事生兄道友弟道恭兄弟……忿自泯或飲食或坐走長者先
幼者後長呼人即代叫人不在己即到稱尊長勿呼……長無言退恭立騎下馬乘下車
過猶待百步餘長者立幼勿坐長者坐命乃坐尊長……卻非宜近必趨退必遲問起對視勿移事諸父
如事父事諸兄如事兄朝起早夜眠遲老易至惜此……便溺回輒淨手冠必正紐必結襪與履俱緊切

【尽心·竞作·精品】

友情提示

以真心周到服务
以实力精心制作
以精美完现创意

精装书籍前后均夹有衬纸，一年内不要扔掉，以防止封面中的水分渗透到内页，引起内页皱褶。新出厂的精装书籍，不要竖放，请平放，并在上方叠加其它书籍，以防止精装本外壳的变形。

力人彩印 LIREN PRINTING CO., LTD.
本书如有质量问题，请致电：13905926296